Geschichten vom Trüffelschwein

D1669642

a working class hero is something to be

John Lennon, 1970

Michael Steffen

Geschichten vom Trüffelschwein

Politik und Organisation des
Kommunistischen Bundes 1971 bis 1991

Assoziation A

Für Anne Holzum (1964–1987)

°Berlin Hamburg Göttingen 2002
Assoziation A
Gneisenaustr. 2a
10961 Berlin
Tel.: ++49-30-69582971
assoziation-a@t-online.de

ISBN 3-935936-07-9

Umschlaggestaltung (unter Verwendung eines Fotos
der Brokdorfdemo 1977 von Günter Zint) und Satz: kv
Druck: Winddruck

Inhalt

Der Autor

Michael Steffen, Jahrgang 1962, promovierter Politologe aus Marburg, war nie Mitglied des KB oder einer anderen K-Gruppe, sondern in den 80er Jahren in der autonomen Bewegung aktiv. Heute arbeitet er freiberuflich im Medienbereich. Kontakt: micha_steffen@t-online.de.

Vorwort

Ein »linkes Trüffelschwein« nannte Georg Fülberth den Kommunistischen Bund (KB) 1991 in einem Nachruf in der Zeitschrift *konkret*. Er bescheinigte der in den 70er Jahren »relativ erfolgreichsten kommunistischen Organisation« der Bundesrepublik einen ausgezeichneten Riecher bei der Auswahl und der Operationalisierung gerade solcher politischer Themen, mit denen die Traditionslinke, insbesondere die Deutsche Kommunistische Partei, schon aus rein ideologischen Gründen nichts zu tun haben wollte, wie etwa die Geschlechterfrage oder die Problematik neuer Technologien. Auch im historischen Kontext verdeutliche sich die Sonderstellung des Hamburger Bundes im Spektrum der »linksradikalen Vereinigungen« der Bundesrepublik: Allenfalls dieser könne einen Vergleich mit den »ziemlich effektiven Kleingruppen der Weimarer Periode« bestehen. Die Geschichte des KB, die zu schreiben Fülberth sich in Abschätzung der Quellenlage (die Wichtigkeit der K-Gruppen scheint sich in deren eigener Sicht am Output bedruckten Papiers bemessen zu haben) und aus »Absicht künftiger Faulheit«[1] geweigert hatte, wird hiermit vorgelegt.

Dieses Buch ist die gekürzte Fassung einer Dissertation, die unter gleichem Titel 2002 vom Fachbereich Gesellschaftswissenschaften und Philosophie der Marburger Universität zur Promotion angenommen worden ist.[2] Die Studie zum KB entstand in der zweiten Hälfte der 90er Jahre, zu einem Zeitpunkt also, an dem die gesamte Periode politischer und sozialer Bewegung in der Bundesrepublik seit den 60er Jahren nach der weltpolitischen Zäsur von 1989/91 zu einem gewissen Abschluss gekommen war. Der Zusammenbruch der sozialistischen Staaten bedeutete auch das Ende der Neuen Linken in der Form, wie sie sich in der Zeit nach 1960 herauskristallisiert und in der Phase zwischen 1968 und 1973 aus der studentischen Bewegung ausdifferenziert hatte. Das scheint zunächst paradox, bestand doch ein Essential dieses Spektrums gerade in der Abgrenzung vom realen Sozialismus. Letztlich unterstreicht ein solcher Zusammenhang aber nur die Bedeutung des »weltgeschichtlichen Bezugsrahmens«, wie er durch die Chiffre »1917« gesetzt war[3], für *alle* Fraktionen der Linken in der Bundesrepublik, ganz gleich, ob sich diese positiv auf die Sowjetunion bezogen oder diese als »antirevisionistisch« verstanden.

Als exemplarische Untersuchung einer Gruppe der Neuen Linken, des Kommunistischen Bundes, im Verlaufe ihrer 20-jährigen Geschichte, also von 1971 bis 1991, und in ihren Assoziationen und Abgrenzungen zu konkurrierenden Fraktionen der revolutionären Linken der Bundesrepublik will die Analyse dazu beitragen, das Bild dieser Periode zu verdichten. Die Entstehung der Arbeit geht dabei letztlich auf die Wahrnehmung eines Desiderats zurück: Eine Monografie des KB war bislang nicht existent. Die Liste der vorhandenen Literatur zum Thema (durchweg kürzere Aufsätze in Anthologien und kleinere Abschnitte in Monografien zu umfassenderen Themen) ist äußerst kurz. Zudem sind diese Texte teilweise in völliger Unkenntnis der Quellen verfasst worden.

Zur Rekonstruktion der Geschichte des KB waren zunächst die wichtigsten gedruckten Materialien (Periodika, Broschüren, Bücher, Flugblätter) und die wesentlichen internen Quellen (Protokolle, Bulletins, Rundbriefe), die verstreut in diversen Archiven und Privatsammlungen lagern, aufzufinden, zu sichten, zu katalogisieren und systematisch auszuwerten.[4]

Von vornherein war davon auszugehen, dass sich die Geschichte des KB nicht ausschließlich aus diesen gedruckten Quellen würde rekonstruieren lassen. Wichtig war daher die Erschließung der Archivalien, wie etwa der »Beschlussprotokolle« des Leitenden Gremiums oder des »Organisationsbulletins«.

Neben der Auswertung der Primärmaterialien schien es ratsam, eigens für diese Studie weitere Quellen zu produzieren: Die von mir mit ehemaligen Aktivisten des KB geführten Interviews, Gespräche und Korrespondenzen waren zwar ebenso kritisch zu rezipieren und zu hinterfragen wie das historische Material (wobei das Problem der Erinnerungsfähigkeit über 20 Jahre nach den abzuhandelnden Ereignissen naturgemäß eine große Rolle spielte), eröffneten aber andererseits einen überaus wichtigen »subjektiven« Blick auf den Gegenstand der Analyse: Die Aussagen ehemaliger KB-Kader wurden so zu einer wichtigen Instanz der kritischen Einschätzung der weitgehend auf eine normative Sichtweise beschränkten weiteren Materialien.

Bei der Erstellung dieses Buches war ich auf vielerlei Hilfe angewiesen. Ganz herzlich möchte ich mich bei Georg Fülberth bedanken, Professor am Fachbereich Politikwissenschaft der Philipps-Universität Marburg, auf den die Idee zu dieser Arbeit zurückgeht, deren Vorankommen er stets kompetent, fordernd und interessiert begleitete. Für fachliche Hilfe danke ich ferner Frank Deppe und Gert Meyer, für wertvolle Anmerkungen und Hinweise zum Manuskript Rolf Löchel, Bernd Schieffer, Bernhard Rosenkötter und Raimund Martig.

Für die inhaltsreiche, engagierte und kritische Diskussion und ihre Unterstützung danke ich meiner Frau Heike Grün, ohne deren Hilfe diese Studie nicht hätte zum Abschluss gebracht werden können. Für »Beistand in allen Lebenslagen« möchte ich mich ferner bei Claus Schoendorf und Reinhard Graw bedanken. Meinem Vater danke ich für eine Intervention in »kritischer Lage«, meiner Mutter für ihre Besorgnis.

Die Bereitschaft ehemaliger Funktionäre des KB, zur Geschichte ihres untergegangenen Bundes in Interviews, Gesprächen und Korrespondenzen Auskunft zu geben, hat mich zutiefst beeindruckt. Bestimmte Aspekte dieser Arbeit, die den Quellen nicht oder nur eingeschränkt zu entnehmen waren, gehen ausschließlich auf diese Kommunikation zurück. Mein Dank an die Adresse der vormaligen Kader gilt umso mehr, als diese, was das hiermit vorgelegte Resultat angeht, im Einzelnen nicht wissen konnten, auf was sie sich mit ihrer »Erinnerungsarbeit« einließen und insbesondere mit den Wertungen dieser Studie nicht immer einverstanden sein mögen. Mein spezieller Dank geht an Hans-Hermann Teichler für dessen Offenheit und Freundlichkeit und seine Geduld, mir jederzeit alle möglichen und unmöglichen Fragen so genau und (selbst-) kritisch wie möglich zu beantworten. Danken möchte ich ferner Gabi Bauer, Ingo Borsum, Lioba Dicke, Thomas Ebermann, Heinrich Eckhoff, Kai Ehlers, Jürgen Elsässer, Claudia Gohde, Klaus »Willi« Goltermann, Sylvia Hebisch, Daniela Hitzwebel, Jörn Dirk Hitzwebel, Brigitte Honnens, Günther Hopfenmüller, Eva Hubert, Jürgen Jakoby, Ulla Jelpke, Hans-Joachim Kiene, Matthias Küntzel, Wolf-Rüdiger Marunde, Knut Mellenthin, Svende Merian, Heiner Möller, Henning Nielsen, Michael Pickardt, Jürgen Reents, Eike Andreas Seidel, Eckehard Seidl, Andreas Skrypietz, Rainer Trampert, Henning Venske, Joachim Welsch und Hartmut Wojahn.

Für die freundliche Aufnahme bei meinen zahlreichen Aufenthalten in Hamburg danke ich Volker Böge, Dirk Hauer, Bernd Schulz, Karsten Wächter und Georg Wissmeier.

Für die Hilfe bei der Literaturrecherche geht mein besonderer Dank an Jürgen Schröder vom Archiv Außerparlamentarische Opposition und Soziale Bewegungen (Berlin). Wichtige Quellen zur Geschichte des KB und der ML-Bewegung fanden sich außerdem im Archiv des Hamburger Instituts für Sozialforschung und in dem der Zeitschrift *analyse & kritik* (Hamburg), bei deren Mitarbeiter(inne)n ich mich hiermit ebenfalls herzlich bedanken möchte. Ferner danke ich für die private Überlassung von Materialien Achim Bellgart, Peter Bremme, Peter von der Forst, Georg Hanna-Keller, Uwe Klußmann, Jörg Lünsmann, Walter Meutzner, Rainer Schneider-Wilkes, Ulli Siegmann und Jörg Stoll.

Für die Übersetzung chinesischer Termini danke ich Herrn Chen (Hamburg) und Jürgen Maruhn, für die Unterstützung bei einer speziellen Recherche dem Grünflächenamt, Friedhofsabteilung, und dem Standesamt der Stadt Hannover sowie Matthias Kröger, für technische Hilfe Annette Müller.

Für die finanzielle Unterstützung durch ein dreijähriges Stipendium danke ich dem Buntstift (Göttingen) bzw., seit Abschluss des Fusionsprozesses der grünennahen Stiftungen im Juni 1997, der neuen Heinrich-Böll-Stiftung (Berlin). Für die Betreuung seitens des Studienwerks möchte ich insbesondere Birgit Schneider und Jutta Helm meinen herzlichen Dank sagen.

Last but not least möchte ich dem Verlag Assoziation A danken, der diese Veröffentlichung trägt, insbesondere Theo Bruns sowie Britta Grell für ihre kompetente Lektorierung und Klaus Viehmann für den Satz und die Gestaltung des Covers.

[1] Fülberth, Georg: Der Tod des linken Trüffelschweins. In: konkret, Hamburg, (1991), Nr. 1, S. 52-54, hier S. 52.

[2] Die längere Version kann ab Anfang 2003 im Internet unter: http://archiv.ub.uni-marburg.de/diss/z2002/0060/ eingesehen werden.

[3] Reemtsma, Jan Philipp: ... the bad and the ugly. In: Ebd., (1990), Nr. 12, S. 26f, hier S. 27.

[4] Ausgewertet wurden die entsprechenden Bestände des Archivs Außerparlamentarische Opposition und Soziale Bewegungen, Berlin, des Archivs des Hamburger Instituts für Sozialforschung und des Archivs der Zeitschrift *analyse & kritik*, Hamburg. In Bezug auf die Zitierweise soll in dieser Arbeit zweigleisig verfahren werden. Die *Quellen*, wie sie in einer Auswahl in der Bibliografie im Anhang zusammengestellt sind (Teil 4.1), werden in Endnoten nachgewiesen, und zwar entweder nach einer ersten kompletten Nennung im Weiteren in Kurzform (a. a. O.) oder durchgängig in Siglen (Verfassungsschutzberichte, Parlaments- und Wahlhandbücher sowie Teile der ML- »Klassiker«). Weitere Quellen wie auch einzelne Texte, die keinen Eingang in das Verzeichnis gefunden haben, sind ab der zweiten Nennung in den Endnoten per Querverweis zu erschließen (kapitelweise Zählung). Einige der ehemaligen Kader des KB, mit denen ich in Kontakt stand, zeigten sich im Rahmen dieser Studie nur unter der Bedingung der Verschlüsselung ihres Namens auskunftsbereit; diese Personen werden in den Nachweisen wie auch im übrigen Text per Kürzel benannt (die nicht unbedingt mit den vormals von diesen organisationsintern verwendeten Zeichen identisch sein müssen). Alle *Darstellungen und Sekundärschriften* werden direkt auf Textebene in »amerikanischer« Zitierweise nachgewiesen (teilweise auch hier in Siglen). Die gesamte so angeführte Literatur ist über die Bibliografie (Teil 4.2) auffindbar. Anmerkungen des Verfassers finden sich in Zitaten und als Ergänzungen in Quellennachweisen in eckigen Klammern. Insgesamt folgt die Arbeit der neuen Rechtschreibung, wobei alle Zitate und bibliografischen Titel alter Schreibweise den neuen Regeln angepasst wurden, ohne dass hierauf im Einzelfall hingewiesen wird.

Einleitung

I.

Die Neue Linke der Bundesrepublik ist Geschichte. Ihr Untergang Anfang der 90er Jahre verweist auf zwei wesentliche Voraussetzungen ihrer Existenz, denen sich die beteiligten Protagonisten nie in genügender Weise bewusst waren: Wohlstandsgesellschaft und Kalter Krieg.

Der erstmals in der zweiten Hälfte der 60er Jahre auftretende »neue« Linksradikalismus, der eng mit sozialen Bewegungen »neuen« Typs verknüpft blieb (zunächst mit der 68er-Bewegung, dann, ab Mitte der 70er Jahre, mit den neuen sozialen Bewegungen), war in zweierlei Hinsicht ein Produkt der von Hobsbawm so genannten Epoche des »golden age of capitalism«.[1] *Erstens* entstand in den 60er Jahren im Zuge eines nachfrageinduzierten Bildungsbooms eine intellektuelle Massenschicht, die das wichtigste soziale Rekrutierungsfeld für Aktivisten der Neuen Linken darstellte und deren »postmaterialistischer« Horizont den konzeptionellen Rahmen ihrer Politik umschrieb. *Zweitens* stellte sich überhaupt erst mit den tief greifenden ökonomischen, sozialen und kulturellen Transformationsprozessen der westdeutschen Gesellschaft in den 60er und 70er Jahren infolge der dritten technologischen Revolution die Anschlussfähigkeit für die von der Neuen Linken und den »neuen« Bewegungen vertretenen soziokulturellen Issues her. Die Akteure waren hier weniger Avantgarde der »Kulturrevolution« (wie das noch dem Selbstverständnis der 68er-Bewegung entsprochen hatte) als vielmehr Bestandteil der »stillen Revolution« (Inglehart 1979, 279), eines essenziellen Wertewandels, wie er in den krisenhaften Auflösungsprozess »fordistischer« Strukturen und der heute noch unabgeschlossenen Herausbildung eines »nachindustriellen« Formationstypus eingebunden war.

Insofern die Wohlstandsgesellschaft der Bundesrepublik, wie sie sich nach 1945 im Zeichen von Fordismus und Keynesianismus zu etablieren begann, ihre »heimliche« Begründung in der Existenz eines konkurrierenden Gesellschaftsmodells bzw. der Dynamik des Kalten Krieges fand, war der »sozialstaatliche Nachkriegskompromiss« mit dem Untergang des »realen Sozialismus« 1989/91 und dem Anschluss der DDR »nicht nur konzeptionell, sondern auch praktisch-politisch erfahrbar« (Roth 1995, 105) am Ende. Mit der Rückkehr der sozialen Frage auf die politische Agenda seit Anfang der 90er Jahre stürzten die »postmaterialistische« Linke und die neuen sozialen Bewegungen, auf die sie sich bezog, in die Bedeutungslosigkeit, da beide hinsichtlich der »harten Themen« ohne Kompetenz waren.

II.

Die Geschichte der Neuen Linken ist von einem zweifachen Paradigmenwechsel geprägt. Die antiautoritäre Bewegung der 60er Jahre, Urzelle dieses Spektrums, kreierte ein neues Verständnis revolutionärer Politik, das stark auf die Sphäre der Reproduktion ausgerichtet war und mit dem sich die Protagonisten von den Konzepten der klassischen Bewegung »alten« Typs, der Arbeiterbewegung, und ihrem »produktivistischen« Paradigma abzugrenzen suchten.

Im Mittelpunkt des Interesses der »alten« Linken, in der bekanntlich seit Beginn des 20. Jahrhunderts mit dem Aufkommen des »Revisionismus« in der deutschen Sozialdemokratie zwei ideologische Strömungen, eine reformistische und eine revolutionäre, präsent waren, standen Fragen der ökonomischen Verteilungsgerechtigkeit und der politischen Macht. Wenn auch die Ziele zwischen sozialdemokratischer und kommunistischer Tradition umstritten blieben, so stimmten beide Strömungen doch in der Vorstellung von der Arbeiterbewegung als emanzipativer Kraft und der »Fabrik« als strategischem Ort gesellschaftlicher Veränderung überein. Beide Ansätze waren insofern etatistisch angelegt, als oppositionelles Handeln auf seine Wirkungen im staatlichen Raum berechnet war. Organisatorisch knüpften sich hieran Konzepte möglichst schlagkräftiger Parteien, die in ihren Strukturen entsprechend zentralistisch angelegt waren.

Anfang der 60er Jahre begann sich in Abgrenzung zu diesen politischen Richtungen in der Bundesrepublik eine Strömung herauszubilden, die allgemein als Neue Linke definiert wird und ihren Anfang in den USA und Großbritannien (»New Left«) genommen hatte. Als wichtigste Trägerin eines solchen Ansatzes hierzulande fungierte in der zweiten Hälfte der 60er Jahre die studentische Protestbewegung, die um 1968 ihre maximale Ausdehnung erreichte (»68er-Bewegung«). Sie sah den Spätkapitalismus durch seine gewaltigen Integrationspotenziale charakterisiert und begriff die Arbeiterklasse als funktionalen Bestandteil der »eindimensionalen Gesellschaft«.[2] Ihre strategische Aufgabe sahen die Antiautoritären darin, die herrschende »Totalität« im Zuge einer als »Kulturrevolution« verstandenen Umwälzung der soziokulturellen Sphäre (und nicht so sehr der ökonomisch-politischen) zu durchbrechen, um so Revolution in den »Zentren« überhaupt wieder denkbar zu machen. Als Subjekte und Katalysatoren eines solchen Prozesses wurden als systemfern definierte »Randgruppen« verstanden.[3] Die 68er-Bewegung war insofern nicht etatistisch orientiert, als sie eine Dialektik aus Selbstveränderung und Gesellschaftsveränderung betonte, die mit aktionistisch-provokativen Mitteln in die Praxis umgesetzt werden sollte. In organisatorischer Hinsicht bedeutete dies einen Bruch mit der Tradition »bürokratischer« Großformationen, die als Funktionselemente der gesellschaftlichen Integration der Arbeitermassen interpretiert wurden. Die Antiautoritären priorisierten demgegenüber eher räteartige und informelle Strukturen, die als der geeignete Rahmen dafür angesehen wurden, ihre Konzeption einer »neuen« Politik praktisch werden zu lassen.

Mit der von weiten Teilen der antiautoritären Bewegung vollzogenen »proletarischen« Wende verlor das beschriebene kulturrevolutionäre Paradigma innerhalb der Neuen Linken an Anziehungskraft. Die 68er-Bewegung zerfiel in unterschiedlich ausgerichtete ideologische Fraktionen, die aber zumindest anfangs (abgesehen von der neuen Frauenbewegung, die ebenfalls hier ihren Anfang nahm, und Teilen der Spontis, insofern diese an Randgruppenansätzen festhielten) in ihrer positiven Bezugnahme auf die Arbeiterbewegung übereinstimmten. Diese wurde seit dem Pariser Mai 1968, dem italienischen »heißen Herbst« 1969 und den Septemberstreiks in der westdeutschen Montanindustrie im gleichen Jahr von weiten Teilen der Neuen Linken mehr oder weniger stark als relevanter Faktor emanzipativer Veränderung wahrgenommen, wenngleich hiermit auch durchaus unterschiedliche Konzeptionen verbunden waren (u. a. marxistisch-leninistische, trotzkistische, spontaneistisch-operaistische, syndikalistische, linkssozialistische, militante).

Die Kommunistischen Gruppen (»K-Gruppen«), wie sie zwischen 1968 und 1973 im Anschluss an die Studentenrevolte und in »Überwindung« ihres Paradigmas entstanden waren und die als organisatorische und ideologische Zentren einer breiteren marxistisch-leninistischen Bewegung (»ML-Bewegung«) fungierten, zeichneten sich in ihrer »proletarischen« Bezugnahme durch eine besondere »Orthodoxie« aus. Die Parteien und Bünde dieses Spektrums hatten sich die Rekonstruktion der historischen, 1956 vom Bundesverfassungsgericht für illegal erklärten und in der Folge zerschlagenen KPD auf ihre Fahnen geschrieben. Sie bemühten sich in Orientierung am chinesischen Bezugssystem (Internationalismus, Kulturrevolution, Maoismus) und in Abgrenzung zum sowjetischen Modell (Vorwurf des »Revisionismus« und der Konvergenz zu den USA) um die Operationalisierung eines »authentischen« Leninismus (Bock 1976, 269) sowie um eine konzeptionelle Anknüpfung an die Politik der Weimarer KPD der 20er und 30er Jahre (Notwendigkeit der Avantgardepartei, Proletariat als revolutionäres Subjekt, Betonung des Gewaltmittels, Diktatur des Proletariats als strategisches Ziel). Was ihre Strukturen anging, betonten die K-Gruppen die Gültigkeit der Prinzipien des demokratischen Zentralismus, der maoistisch geläutert, d. h. auf »nicht-bürokratische« Weise, zur Grundlage des eigenen Organisationsaufbaus gemacht werden sollte. Jahre später setzte der Katzenjammer der Aktivisten über den pathologischen Alltag in ihren Organisationen ein. Die »Erfahrungsberichte aus der Welt der K-Gruppen« fielen vernichtend aus: »ML-Schrott«.[4] Krise und Zerfall der K-Gruppen, die sich in den folgenden Jahren entweder transformierten oder von der Bildfläche verschwanden, erklären sich im Zusammenhang eines erneuten Paradigmenwechsels linksradikaler Politik: Große Teile der Neuen Linken verbanden sich mit den seit Mitte der 70er Jahre verstärkt hervortretenden neuen sozialen Bewegungen[5], die erneut Fragen der Reproduktion ins Zentrum politischer Praxis rückten und auch in ihren Prinzipien nicht-instrumenteller Organisierung direkt an die Tradition der 68er-Bewegung anknüpften, ohne allerdings deren revolutionsstrategisches Denken zu teilen. Im Gegensatz zur hochpolitisierten, an einem »radikal-emanzipatorischen und revolutionären (nicht attentistischen) Marxismus« (Raschke 1985, 70) orientierten Revolte der 60er Jahre bildeten die neuen sozialen Bewegungen keine »ideologisch homogenen Deutungssysteme« aus, sondern operierten auf der Basis eines »diffusen postmaterialistisch-ökologisch-basisdemokratischen Wertekonsenses«, wobei innerhalb des Gesamtspektrums eine »ausgeprägte Pluralität von Weltbildern, politisch-kulturellen Orientierungsmustern und Lebensstilen« existierte (Brand 1992, 509).

Die Marginalisierung dieser heterogenen Spektren seit den 80er Jahren, ihre institutionelle und parlamentarische Einbindung (etwa im Rahmen der Grünen) wie auch die Diffundierung der »zweiten Kultur« (Peter Glotz) in die sich modernisierende Mehrheitskultur mussten diejenigen enttäuschen, die in den neuen sozialen Bewegungen das mögliche Subjekt eines »sozialrevolutionären gesellschaftlichen Veränderungsprozesses« (Hirsch 1980, 164) gesehen hatten. Die Integration des »Bewegungssektors« in die herrschende Politik belegt das Scheitern der Radikalisierungsbemühungen der Neuen Linken, die in ihrer Verschmelzung mit den neuen sozialen Bewegungen selbst zu einem Teil dieser Anpassung geworden ist (vgl. Schmidt 1998).

III.

Die Verortung der ML-Bewegung in einem Spektrum links des etablierten Parteiensystems, wie es in der Bundesrepublik und Westberlin in den 70er und 80er Jahren bestand und welches hier zusammenfassend als »radikale« oder auch »revolutionäre Linke« umschrieben werden soll, wirft einige Probleme auf. In Ermangelung einer besseren Begrifflichkeit wird in diesem Zusammenhang auf die in der Literatur gängige Unterscheidung zwischen »alter« und Neuer Linker zurückzugreifen sein, obwohl einer solchen Klassifizierung zahlreiche Widersprüche und konzeptionelle Schwächen immanent sind, wie ihre Verwendung in Studien zur radikalen Linken deutlich macht, wo sie über den Status von Schlagworten nicht hinausgekommen ist (vgl. Rowold u. a. 1992, 368).

Obwohl sich die proletarische Bezugnahme der ML-Bewegung gerade durch den Rückgriff auf eine besondere »Orthodoxie« auszeichnete, soll sie hier als Bestandteil der Neuen Linken begriffen werden, und zwar deswegen, weil sie, wie zu zeigen sein wird, zum einen unmittelbar aus den Transformationsprozessen der antiautoritären Revolte hervorgegangen ist und zum anderen, was ihre soziale Rekrutierung angeht, sich im Folgenden zu keinem Zeitpunkt in signifikanter Weise im Proletariat verankern konnte, sondern stets im Großen und Ganzen den Mittelschichten verhaftet blieb. Eine solche, in der Literatur nicht unumstrittene Klassifizierung[6] bietet sich an, auch wenn sich die Entstehung der K-Gruppen gerade einem Bruch mit den Essentials der Neuen Linken und einer über das chinesische Revolutionsmodell vermittelten Rückkehr zur »klassischen« Tradition der Bezugnahme auf die Arbeiterklasse verdankt. Insofern die ML-Kader einerseits dem 68er-Milieu entstammten und ihre aus dem chinesischen Referenzsystem abgeleitete politische Identität andererseits gerade aus der Frontstellung gegen den »Reformismus« und »Revisionismus« der »alten« Linken gewannen, wäre erst noch zu überprüfen, ob der Transformation der antiautoritären in die marxistisch-leninistische Bewegung – entgegen den subjektiven Wahrnehmungen der Akteure, die hier einen radikalen Bruch mit ihrer bisherigen Geschichte und den zuvor vertretenen Ansätzen eines »westlichen Marxismus« (Anderson 1978) konstatierten – tatsächlich nicht auch in ideologischer Hinsicht wichtige Kontinuitätslinien zugrunde lagen.[7]

Letztlich ist aber einzuräumen, dass die hier vorgeschlagene Klassifizierung unbefriedigend bleiben muss: Während die K-Gruppen unabhängig von ihrer »orthodoxen« konzeptionellen Ausrichtung aufgrund ihrer politischen Herkunft aus der antiautoritären Revolte und ihrer sozialen Verankerung in den Mittelschichten der Neuen Linken zugerechnet werden, erscheint die ebenfalls programmatisch auf die Arbeiterklasse ausgerichtete DKP als Partei der »alten« Linken (und wichtigste Organisation der sich revolutionär definierenden Kräfte dieses Spektrums), obwohl sie in ihrer sozialen Rekrutierung in den Jahren nach ihrer Gründung als »Doppelpartei« zu beschreiben ist, die einerseits im Milieu der alten KPD und andererseits im intellektuellen Umfeld der Hochschulen eine gewisse Etablierung erreichte (Fülberth 1990, 117-143).

IV.

Die Vermutung, dass der Terminus »K-Gruppen« vom Bundesamt für Verfassungsschutz geprägt worden sei (vgl. Schröder 1990, 65), hat sich nicht bestätigt. In den jährlich vom Innenministerium herausgegebenen Berichten dieser Behörde wird der Begriff erst ab 1977 benutzt[8]; vorher hatte er in Publikationen der an leitender Stelle für den Inlandsgeheimdienst der Bundesrepublik tätigen Hans Josef Horchem, Peter Frisch und Günther Nollau keine Verwendung gefunden.[9] Tatsächlich taucht der Ausdruck bereits in der Sekundärliteratur der ersten Hälfte der 70er Jahre auf, wo er zur kritischen Kennzeichnung derjenigen Organisationen herangezogen wurde, die ihre politische Linie im Rückgriff auf das chinesische Referenzsystem begründeten (vgl. Kukuck 1974, 97). Später gebrauchten die so bezeichneten Parteien und Bünde diesen Ausdruck teilweise auch in selbstreferenziellem Bezug. Akademische Versuche, die Bezeichnung »K-Gruppen« auch auf kommunistische Organisationen mit positivem Bezug zur Sowjetunion wie die DKP oder die trotzkistische Gruppe Internationale Marxisten (GIM) auszuweiten (vgl. Probst 1980, 20; Markovits u. a. 1997, 98-106), waren methodisch wenig überzeugend und blieben isoliert.

Gegen eine Verwendung des Terminus im wissenschaftlichen Diskurs ist eingewendet worden, dass er eine lexikalische Größe, den Buchstaben »K«, zum Kriterium erhebe und soziale Aggregate, die in Wirklichkeit als Organisationen bzw. Parteien und Bünde zu beschreiben wären, als »Gruppen« verstehe – und daher zu unspezifisch sei (Weil 1991, 18). Die von Weil ins Feld geführte »korrekte Bezeichnung« als »die sich auf die von der chinesischen KP geübte Kritik an der politischen Linie der KPdSU ab 1956 positiv beziehenden Organisationen« beschreibt aber im Grunde nur, was im Begriff »K-Gruppen«, so wie er heute in politologischen Studien angewendet wird, ohnehin beinhaltet ist. Für eine Operationalisierung dieses Begriffs spricht daher, dass er in Bezug auf den zu bezeichnenden Gegenstand (unabhängig von dessen Bewertung) inhaltlich klar umrissen ist und dazu auch im akademischen Diskurs eine gewisse Etablierung erfahren hat (vgl. Ahlberg 1979, 75; Backes u. a. 1993, 150).

Die ebenfalls in der Literatur, teilweise alternativ gebrauchte Kennzeichnung »dogmatische Gruppen der Neuen Linken« (vgl. Langguth 1983, 52), die einer in den Verfassungsschutzberichten vorgenommenen Klassifizierung folgt, ist dagegen zurückzuweisen, da hiermit einem behaupteten konzeptionellen Defekt ein fragwürdiger kategorialer Status verliehen wird.

Bezeichnungen wie etwa die »maoistischen Gruppen« (Langguth 1971, 105) oder die »pro-chinesisch-kommunistischen Gruppierungen« (Schlomann 1980, 18) wurden von den so definierten Organisationen als pejorativ verstanden und abgelehnt. Das mag damit zusammenhängen, dass diese Mao Tse-tung zwar für einen großen Klassiker kommunistischer Theorie hielten, über den sie ja ihre spezifische Lesart eines »revolutionären« Leninismus konstruierten, aber natürlich in der Bundesrepublik keine bäuerliche Partisanenarmee aufbauen wollten, sondern eine proletarische Partei. Zudem schwang in Begriffen dieser Art stets die antikommunistische Vorstellung von den besagten Gruppen als »Pekings Filialen in Westeuropa« (Schlomann u. a. 1970) mit.

Die so definierten Organisationen selbst bevorzugten zu ihrer Kennzeichnung zumeist den Begriff »ML-Partei« bzw. »ML-Gruppe«, in dem sie ihr marxistisch-leninistisches Selbstverständnis authentisch zum Ausdruck gebracht sahen (vgl. Langguth 1971, 49). Eine Anfang der 70er Jahre innerhalb der ML-Bewegung gebräuchliche Charakterisierung der eigenen Ansätze als »antirevisionistisch« sollte ebenfalls einem solchen Zweck dienen.[10] Insofern es in dieser Studie zum Kommunistischen Bund vor allem darum geht, dessen Geschichte auch und gerade in empirischer und phänomenologischer Hinsicht nachzuzeichnen, sollen die von ihm und seinem Umfeld verwendeten Begriffe herangezogen werden. Sie sind am besten dazu geeignet, eine Analyse nicht von vornherein mit methodischen Normen aufzuladen, unter denen der Gegenstand der Betrachtung verschüttet zu werden droht.

V.

Wo das Paradigma des »Linksradikalismus« zur Bewertung der K-Gruppen in die Literatur Eingang gefunden hat, basiert es zumeist auf demokratietheoretischen Überlegungen und fungiert quasi als Synonym zum Terminus »Linksextremismus« (vgl. von Weiß 1975, 41; Ahlberg 1979, 76f).

Mit dem Begriff des »Linksradikalismus«, wie er anhand der theoretisch-taktischen Diskussionen der Zweiten und der frühen Dritten Internationale inhaltlich rekonstruiert und konzeptionell auf Engels, Kautsky, Radek und Lenin zurückgeführt werden kann (vgl. Bock 1976, 7), ist ein solcher Ansatz nicht kompatibel. Die ältere marxistische Kritik sah im Paradigma des »linken Radikalismus« unterschiedliche Elemente beinhaltet: »Die Überrepräsentanz junger Intellektueller als Spezifikum seiner sozialen Rekrutierung; eine simplifizierende Situationsanalyse der Klassenverhältnisse als Kennzeichen seines theoretischen Zuschnitts; die Hypostasierung der spontanen revolutionären Aktionsfähigkeit der Massen als Grundlage seiner organisationspolitischen und taktischen Forderungen; die antizentralistische und antibürokratische Programmatik als Kern seiner organisationspolitischen Vorstellungen; die prinzipielle Ablehnung der Parlaments- und Gewerkschaftsarbeit als typische Festlegung seiner Taktik; und schließlich seine Affinität (nicht aber Identität) mit den theoretischen, organisatorischen und taktischen Positionen des Anarchismus bzw. Syndikalismus« (Bock 1976, 35).

Das Konzept der K-Gruppen verweist normativ auf die politischen Bestimmungen der Komintern (KI) der 20er Jahre und ist insofern vom Begriff des »Linksradikalismus« marxistischer Tradition abzugrenzen, wie er von Bock nachgezeichnet worden ist. Eine Nähe zu linksradikalen Ansätzen ist aber festzustellen. Diese ergab sich einerseits aus der Bezugnahme auf ein historisches Konzept, dem schon in der Praxis der KPD der Weimarer Republik zumindest zeitweise starke »ultralinke« Tendenzen immanent waren (parlamentarische Obstruktion, Gewerkschaftsopposition, Sozialfaschismusthese). Andererseits ist die Nähe der ML-Politik zu historischen Positionen des Linksradikalismus maoistisch fundiert: In der Praxis wurde das KI-Konzept von den Gruppen des ML-Spektrums unterschiedlich stark zentralistisch und schematisch gehandhabt, wobei die »antibürokratischen« Normen einer maoistischen Intention entsprachen.

VI.

Im Gegensatz zur antiautoritären Revolte der zweiten Hälfte der 60er Jahre, die als wissenschaftlich umfassend dokumentiert und aufgearbeitet angesehen werden kann, ist die Literaturlage zu den K-Gruppen »nicht sonderlich gut« (Backes u. a. 1993, 150). Eine »vergleichende und gewichtende Gesamtdarstellung« der Organisationen des ML-Spektrums ist ein »Desiderat der Forschung« (Backes u.a. 1989, Bd. I, 222), Monografien einzelner Gruppen sind äußerst rar. Selbst biografisch motivierte Abhandlungen ehemaliger Aktivisten, die, was die 68er-Bewegung angeht, in Regalmetern zu bemessen sind, blieben hier Mangelware. Dieses dürfte einerseits damit zu tun haben, dass das Thema »K-Gruppen« kaum eines wissenschaftlichen Diskurses für würdig befunden wurde. Zum anderen mag hierfür verantwortlich sein, dass die ehemaligen ML-Kader nach der erneuten Tendenzwende linker Politik in der zweiten Hälfte der 70er Jahre ihrem vormaligen Handeln derart ablehnend gegenüberstanden, dass sie es im Weiteren zumeist vorzogen, ihre »totalitäre« Verfehlung und die »verlorenen Jahre« schamhaft zu beschweigen. Das von Gerd Koenen vorgelegte Buch, mit dem der ehemalige KBW-Kader sich Rechenschaft abzulegen sucht über Motive und Handeln seiner Alterskohorte im »roten Jahrzehnt« (1967-77), jenen »Zeiten eines finsteren Extremismus«[11], ordnet sich hier ein. Es schließt gleichzeitig an die »Kulturkämpfe« um die politische Bewertung der 68er-Bewegung an, die den einen die Ursache zahlreicher Missstände und moralischen Verfalls und den anderen das eigentliche Gründungsdatum einer »zivilen« Republik ist. Die Debatte um die Rolle von Außenminister Fischer in der Frankfurter radikalen Linken der 70er Jahre zeigte, dass dieser Historisierungsprozess weiterhin nicht abgeschlossen ist.

VII.

Mit der hier vorgelegten Studie zum Hamburger Kommunistischen Bund, der ersten Gesamtdarstellung einer K-Gruppe überhaupt, verbindet sich die Zielsetzung, die Organisationsstrukturen und Politikkonzepte des KB im Verlaufe seiner 20-jährigen Geschichte, also von 1971 bis 1991, im Kontext der Entwicklungslinien der Neuen Linken nach 1968/73 herauszuarbeiten, wobei der Schwerpunkt auf die 70er Jahre und die Hochzeit der K-Gruppen gelegt worden ist. Die Kapitel folgen der historischen Genese des KB und seines Umfelds, wobei die systematischen Vertiefungen folgender Periodisierung entsprechen: *erstens* die Gründung der Gruppe 1971 in Hamburg im Zeichen eines marxistisch-leninistischen Selbstverständnisses; *zweitens* die bis 1975 zu datierende Phase einer ML-Politik im engeren Sinne (Primat der Betriebsarbeit und des Internationalismus); *drittens* die Umorientierung auf die Politikfelder der neuen sozialen Bewegungen und der Versuch der radikalisierenden Einflussnah-

20

me auf deren Konzeptionen, der auch eine Unterstützung des Gründungspro-
zesses der Grünen mit einschloss; *viertens* die Spaltung des Bundes 1979 im
Spagat zwischen ML-Anspruch und Praxis in der alternativen Bewegung; *fünftens* die Marginalisierung des KB in den 80er Jahren und schließlich seine Fraktionierung und Auflösung 1991 in der mit den weltpolitischen Ereignissen von
1989/91 einsetzenden Krise der gesamten radikalen Linken der Bundesrepublik. Ergänzend zu den Kapiteln finden sich im Anhang neben den üblichen Ver-
zeichnissen biografische Anmerkungen zu führenden Kadern des KB sowie eine
Sammlung von Karikaturen, wie sie in der KB-Presse zur Schmähung einer geg-
nerischen ML-Organisation, des KBW, abgedruckt worden sind.

[1]   Hobsbawm unterteilt seine Konzeption des »kurzen 20. Jahrhunderts«, welches von 1914,
dem Beginn des Ersten Weltkrieges, bis 1991, dem Ende der Sowjetzeit, datiert, in drei
Phasen: *erstens* das »Katastrophenzeitalter«, 1914 bis zu den Nachwirkungen des Zweiten
Weltkriegs; *zweitens* das anschließende, etwa 25 bis 30 Jahre, also bis 1970/75 dauernde
»goldene Zeitalter«; und *drittens*, seitdem, eine »neue Ära des Verfalls, der Unsicherheit und
Krise« (Hobsbawm 1995, 20).

[2]   Vgl. Marcuse, Herbert: Der eindimensionale Mensch. Studien zur Ideologie der fortgeschrittenen Industriegesellschaft. Neuwied u. a. 1970.

[3]   Marcuse, Herbert: Das Ende der Utopie. Vorträge und Diskussionen in Berlin 1967. Frankfurt a. M. 1980. S. 46f.

[4]   Wir warn die stärkste der Partein ... Erfahrungsberichte aus der Welt der K-Gruppen. Berlin
(1. Aufl.: 1977) 1978. S. 80.

[5]   Der Begriff »neue soziale Bewegungen«, u. a. gemünzt auf die Alternativbewegung, die Anti-
AKW-Bewegung, die Ökologiebewegung, die Dritte-Welt-Bewegung, die Frauenbewegung,
die Friedensbewegung und ihre Organisationen und Milieus, hat sich in der Bundesrepublik seit Beginn der 80er Jahre zunächst im wissenschaftlichen Diskurs, dann auch im
Sprachgebrauch der Bewegungsakteure durchgesetzt (vgl. Brand 1992, 508). Die Frage, ob
diese heterogenen Bewegungen überhaupt unter einer einheitlichen Kategorie subsumiert
werden sollten, blieb in der akademischen Debatte umstritten (zu kritischen Anmerkungen
zur Diskussion des Konzepts »neue soziale Bewegungen« vgl. Stöss 1984; Greven 1988;
Koopmans 1995).

[6]   Während Backes und Jesse innerhalb ihres Extremismusparadigmas überhaupt nicht auf
den Begriff der »Neuen Linken« zurückgreifen wollen (vgl. 1989, Bd. I, 21/46/145), lehnt
Weil eine Rubrizierung der K-Gruppen in dieses politische Lager explizit ab (vgl. 1991, 17).
Andere Autoren haben demgegenüber die K-Gruppen sehr wohl als Teil der Neuen Linken
beschrieben (vgl. Rowold 1974, 185; Bacia 1986, 1649; Langguth 1976, 74).

[7]   Anderson selbst sah sich zwar ad hoc außerstande, »Eigenart und Einfluss des Maoismus«
in seinem historisch-genetischen Schema von »klassischem« und »westlichem Marxismus«
zu verorten, erkannte aber zumindest in Bezug auf einige zum Maoismus übergegangene
Theoretiker des »westlichen Marxismus« (Sartre, Althusser) eine »Kontinuität der strukturellen Beziehung« (1978, 148).

[8] Zunächst war hier in Bezug auf die Gruppen der ML-Bewegung von »prochinesischen« (BRD-VS 1974, 83) bzw. »maoistischen Organisationen« (BRD-VS 1975, 43) die Rede gewesen. Erst 1977 wird zur Bezeichnung des »maoistisch-kommunistischen Flügels« der Neuen Linken auch der Begriff »K-Gruppen« gebräuchlich (BRD-VS. 1977, 95).

[9] Vgl. Horchem, Hans Josef: Extremisten in einer selbstbewussten Demokratie. Freiburg 1975. S. 90-127. Vgl. auch Frisch, Peter: Extremistenbeschluss. Zur Frage der Beschäftigung von Extremisten im öffentlichen Dienst mit grundsätzlichen Erläuterungen, Argumentationskatalog, Darstellung extremistischer Gruppen und einer Sammlung einschlägiger Vorschriften, Urteile und Stellungnahmen. Leverkusen 1976 (2., aktual. u. erw. Aufl.). S. 76-84; Nollau, Günther: Wie sicher ist die Bundesrepublik? München 1976. S. 61-97.

[10] Vgl. Schneider, Michael: Gegen den linken Dogmatismus, eine »Alterskrankheit« des Kommunismus. In: Kursbuch, Berlin, (1971), Nr. 25, S. 73-121, hier S. 87.

[11] Koenen, Gerd: Das rote Jahrzehnt. Unsere kleine deutsche Kulturrevolution 1967-1977. Köln 2001. S. 9.

I. Formierung der ML-Bewegung und Gründung des KB (1971)

Von der antiautoritären Revolte zur proletarischen Revolution

Wesentliche Keimzelle der ML-Bewegung und ihrer K-Gruppen war die Ende der 60er Jahre in diverse politische Spektren zerfallende studentische Protestbewegung. Zwar hatten sich erste ML-Zirkel bereits Mitte der 60er Jahre herausgebildet, diese blieben jedoch marginal. Erst die in der Periode 1968/70 von Westberlin ausgehende »Transformation der antiautoritären in eine proletarische Bewegung«[1] schuf die Voraussetzungen dafür, dass sich die ML-Bewegung als Massenbewegung etablierte, deutlich an Dynamik gewann und in der ersten Hälfte der 70er Jahre zur hegemonialen Kraft innerhalb der Neuen Linken wurde. Der Abschied vom Antiautoritarismus und die »Rückwendung zum proletarischen Traditionalismus« (Schneider 1988, 588) erfolgte primär auf der Basis der fortlaufenden Radikalisierung der antiautoritären Opposition ab 1967. Die Transformation der antiautoritären Massenbewegung vollzog sich zwischen 1968 und 1970 zunächst »ohne nennenswerten personellen und zeitlichen Bruch« exemplarisch in Westberlin (und dann zeitverzögert auch in anderen Städten und Regionen der BRD) und lässt sich hier »stringent auf Ereignisse, Erfahrungen und Theoreme in der Endphase der antiautoritären Bewegung zurückführen« (Kukuck 1974, 94). Die Bereitschaft weiter Kreise der 68er-Revolte, sich als Kadergruppen zu reorganisieren und ML-Politik zu praktizieren, wurde nicht von außen an die »gute alte« studentische Bewegung herangetragen, »sondern ging aus dieser selbst hervor« (Lefèvre 1977, 13).

Ab Mitte 1969 begann der von weiten Teilen der antiautoritären Bewegung vollzogene Paradigmenwechsel – hin zu den Konzeptionen eines maoistisch vermittelten Marxismus-Leninismus – in der Bundesrepublik und Westberlin auf breiterer Basis organisatorische Gestalt anzunehmen. Die meisten der in der ersten Hälfte der 70er Jahre in der BRD auftretenden Gruppen, Bünde und Parteien der ML-Bewegung verstanden sich dabei gemäß der maoistisch-leninistischen Traditionslinie als kommunistisch, revolutionär und internationalistisch. Sie sahen ihre zentrale Aufgabe darin, das Proletariat zu befähigen, die kapitalistische Klassengesellschaft in der Metropole in strategischer Sicht mit notwendigerweise gewaltsamen Mitteln in die sozialistische/kommunistische Gesellschaft zu transformieren und diese neue Formation mittels Diktatur des Proletariats, permanenter Revolution und Kulturrevolution unumkehrbar zu machen. Mit dieser Positionsbestimmung gewannen sie ihre politische Identität primär im Zuge einer dreifachen Abgrenzung: *erstens* gegen die antiautoritäre Geschichte der Bewegung, der sie zumeist entstammten und die ihnen ideologisch tendenziell den Weg gewiesen hatte (Entdeckung des Marxismus in seiner »westlichen« Variante, Internationalismus, Avantgardekonzeption, maoistische Affinität und in der Spätphase nach dem Mai 1968 Entdeckung des Proletariats); *zweitens*, der chinesischen »Polemik« folgend, gegen den »modernen Revisionismus«, wie er im Lager des realen Sozialismus und in den diesem verbundenen Parteien im Westen verortet wurde, insbesondere gegen die Deutsche Kommunistische Partei (DKP); und *drittens*, wie zu zeigen sein wird, in teilweise scharfer Konkurrenz zu den anderen K-Gruppen des eigenen Spektrums.

Zur Herausbildung der sechs Zentren der ML-Bewegung

Hatten sich die ersten ML-Zusammenschlüsse noch in relativer Unabhängigkeit von den Transformationsprozessen der Neuen Linken herausgebildet, so löste das zu diesem Zeitpunkt innerhalb der Studenten- und Lehrlingsbewegung weithin akzeptierte Postulat einer »Überwindung der antiautoritären Phase« einen regelrechten Gründungsboom »proletarischer« Organisationen aus. In fast allen Regionen und Städten entstanden nun ML-Gruppen und -Grüppchen, die zunächst ausnahmslos lokal beschränkt blieben und oft kaum ein Dutzend Personen umfassten. Anfang der 70er Jahre existierten diverse Kommunistische Bünde/ML, Kommunistische Arbeiterbünde, Sozialistische Arbeiter- und Lehrlingszentren, Kommunistische Gruppen, Arbeiterbasisgruppen sowie zahlreiche weitere Zusammenschlüsse unterschiedlichen Namens, die sich alle (an Selbstbewusstsein herrschte innerhalb der Bewegung kein Mangel) – in der Begrifflichkeit Lenins und in Analogie zur Situation im Russland der Jahrhundertwende – als »Zirkel«, d. h. als Keimformen einer aufzubauenden Kommunistischen Partei, begriffen. Aus der »Überwindung des Zirkelwesens« sollte – so die innerhalb der ML-Bewegung allgemein akzeptierte Perspektive – eine bundesweit relevante revolutionäre KP in der Tradition der Komintern der 20er Jahre entstehen.

Die erste ML-Gruppe, die die Phase des Zirkelwesens für sich selbst als abgeschlossen erklärte und glaubte, das Erbe der Weimarer KPD antreten zu können, war die bereits im Dezember 1968 in Hamburg gegründete Kommunistische Partei Deutschlands/Marxisten-Leninisten (KPD/ML). Schon bald erhob die im Februar 1970 in Westberlin – zunächst als »Aufbauorganisation« (AO) – konstituierte Kommunistische Partei Deutschlands (KPD) denselben Anspruch. Beide Parteien konnten sich eine weitere Integration der ML-Bewegung nur in der Form eines Anschlusses an ihre jeweiligen Organisationen vorstellen, was von den übrigen Zirkeln unisono als »größenwahnsinnig« abgelehnt wurde. Das verbleibende, zwischen »ultralinken« ML-Parteien und »rechtsopportunistischer« DKP positionierte marxistisch-leninistische Spektrum konnte seinen Anspruch auf Überwindung des Zirkelwesens im Folgenden ebenso wenig realisieren. Aus den hier unternommenen Versuchen organisatorischer Zentralisierung gingen lediglich vier weitere überregional bedeutsame Gruppen hervor, die sich allesamt als »Bünde« definierten. Ende 1971 gründete sich in Hamburg der Kommunistische Bund (KB), im August 1972 der württembergische Kommunistische Arbeiterbund Deutschlands (KABD), im Mai 1973 in Regensburg der Arbeiterbund für den Wiederaufbau der KPD (AB) und schließlich im Juni 1973 in Bremen der Kommunistische Bund Westdeutschland (KBW).

Alle marxistisch-leninistischen Parteien und Bünde, wie sie zwischen 1968 und 1973 entstanden sind, entwickelten sich in ihren jeweiligen regionalen Hochburgen durch die »relativ ungebrochene Integrierung« von Teilen der in der antiautoritären Bewegung politisierten Schichten (Schröder 1990, 63). Während die Herkunft der meisten K-Gruppen aus der zerfallenden 68er-Bewegung unbestritten ist[2], hat die dominierende Rolle Ernst Austs[3] in der KPD/ML zu der Annahme verleitet, die Entstehung dieser Partei sei primär aus der Spaltungsgeschichte der »alten« Linken zu begreifen (vgl. Stöss 1983, 261; Backes u. a. 1993, 150). Eine solche Darstellung deckt sich zwar mit dem Selbstverständnis der KPD/ML, die sich ja tatsächlich als einzig legitime Nachfolgerin der historischen KPD verstand, entspricht aber keineswegs den Tatsachen. Die Behauptung, dass die Partei-Initiatoren »zum überwiegenden Teil« Mitglieder der 1956 verbotenen KPD gewesen sind (Bacia 1986a, 1810), kann inzwischen als widerlegt gelten, überwogen doch in Wirklichkeit unter den 33 Gründungsaktiven die in der antiautoritären Revolte politisierten Kräfte (vgl. Schröder 1990, 67). Das Durchschnittsalter des vom Gründungsparteitag gewählten neunköpfigen Zentralkomitees soll 29 Jahre betragen haben (vgl. Schlomann u. a. 1970, 251), da es Aust trotz seiner großen Popularität in den alten KPD-Kreisen nicht gelungen war, auch nur »ein halbes Dutzend Menschen aus seinem Wirkungskreis in der Hamburger KPD für die KPD/ML« zu gewinnen[4]. Es muss auch bezweifelt werden, dass die Gruppe in ihrer Anfangsphase »mehr Arbeiter als Studenten zu ihren Mitgliedern« zählte (wie Rowold 1974, 188, meint). Obwohl die KPD/ML unbestritten gerade in ihren Anfangsjahren einige Altkader der KPD aufnahm (und teilweise schon bald wieder abstieß), avancierte die Aust-Gruppe erst mit dem Zulauf aus der ehemals antiautoritären Bewegung zu einer der überregional bedeutsamen K-Gruppen der ML-Bewegung (vgl. Langguth 1976, 107).

Zwar ist es prinzipiell richtig, dass sich die ML-Bewegung aus »zwei Quellen« speiste (»alte« und Neue Linke)[5], doch ist sie primär ein originäres Produkt der Transformationsprozesse der Neuen Linken gewesen. Die aus der illegalisierten KPD stammenden Kader blieben innerhalb der Bewegung von Anfang an in der

Minorität, was daran gelegen haben dürfte, dass sich die westdeutsche KP –
im Gegensatz zu den Kommunistischen Parteien anderer westeuropäischer Länder (z. B. Italiens) – in den 60er Jahren nicht in größerem Maße in der Revisio-
nismusfrage fraktionierte. Da die KPD zu diesem Zeitpunkt verboten war,
hat so wenig Spielraum für Fraktionsdebatten bestanden. Die in der ML-Bewegung auftretenden KPD-Altkader waren Einzeldarsteller und nicht Vertreter
von relevanten Strömungen innerhalb der »alten« Linken. Dass Einzelne dieser
Kader zu Führern von K-Gruppen wurden (KPD/ML: Aust, KABD/MLPD: Dickhut[6]), begründet sich mit dem Bedürfnis der Jung-MLer, an die »Tradition der
kommunistischen Arbeiterbewegung« anzuschließen[7]. Das konnte aber nicht
mehr als ein symbolischer Akt sein, da die ML-Bewegung im Wesentlichen eine
Jugendbewegung blieb.

Essentials und Dissonanzen: K-Gruppen und Organisationsfrage

Ein wesentlicher konzeptioneller Unterschied zwischen den K-Gruppen bestand
in der Frage, inwiefern sie dem Anspruch, eine revolutionäre KP zu sein, aktuell
schon genügen konnten. Die beiden ML-Parteien sahen sich bereits als gelunge-
ne Rekonstruktion einer KP in der Weimarer Tradition an. Die Westberliner KPD
betrieb ihren Aufbau unter der 1924 von der Komintern ausgegebenen Parole
der »Bolschewisierung«. Die Parteigründung war hierbei lediglich ein »formeller
Akt«, deren Aufbau »als lineares Wachstum der eigenen Formation« vonstatten
gehen sollte (Schröder 1990, 15). Die KPD/ML agitierte unter der Parole »Für die
Einheit aller Marxisten-Leninisten in der KPD/ML«, die mit dem so genannten
»Erstgeburtsrecht« legitimiert wurde, welches beinhaltete, »dass die KPD/ML
als erste marxistisch-leninistische Partei gegründet worden war und sich weitere Parteien oder Gruppen erst bilden dürften, wenn der KPD/ML Revisionismus
nachgewiesen worden sei« (Schröder 1990, 75). Die ML-Bünde sahen demgegenüber den Aufbau der proletarischen Avantgardepartei als Fernziel an, wobei
das Selbstverständnis, Bund und nicht Partei zu sein, keine linkskommunistische Parteikritik (Antizentralismus, Antibürokratismus) enthielt, sondern lediglich die qualitative Differenz zwischen der eigenen Gruppe und einer erst noch
aufzubauenden Weimarer KP unterstreichen sollte. Diese Organisationen waren
in der Praxis eher »Sammlungsbewegung« von unten mit der Perspektive der
Gründung der Partei (wobei der KABD eine gewisse Ausnahme darstellte[8]). Die
Bünde unterschieden sich von den ML-Parteien nicht durch eine schmalere
Basis, eine andere (konspirativere) Arbeitsweise oder eine weniger verbindliche
Organisationsstruktur. Die Differenz bestand lediglich darin, dass die Bünde
einen anderen Weg des Parteiaufbaus befürworteten: »Für sie konnte die Partei
nicht von einer kleinen Gruppe proklamiert und dann als Führungsanspruch
gegenüber den anderen Gruppen durchgesetzt werden, sondern sollte durch

den Zusammenschluss von und die Auseinandersetzung zwischen den verschiedenen Zirkeln entstehen« (Schröder 1990, 9).

Alle K-Gruppen bezogen sich ausdrücklich auf die leninistische Funktionsbestimmung der KP als Avantgarde der Arbeiterklasse. Während die ML-Parteien vorgaben, diese Rolle bereits ausfüllen zu können (»Die KPD/ML ist die Avantgarde des Proletariats«[9]), gingen die ML-Bünde davon aus, dass sie diese Funktion erst in der Perspektive eines gelungenen Parteiaufbaus würden übernehmen können. Alle Organisationen akzeptierten jedoch das theoretische Konstrukt Lenins, der die Avantgarderolle der Partei mit dem strukturell »tradeunionistischen Bewusstsein« des Proletariats legitimierte und der Partei die Funktion zuwies, das revolutionäre Bewusstsein »von außen« in die Klasse zu implementieren.[10] Blieben die ML-Gruppen auch marginal und konnten sie sich zu keinem Zeitpunkt als führende Kraft proletarischer Massen etablieren, so kam der Avantgardetheorie doch auch praktische Relevanz zu, und zwar auf organisationsinterner Ebene. Die Vorstellung, zentrale Institution revolutionären Bewusstseins zu sein, legitimierte die (de facto der gesamtgesellschaftlichen Isolation geschuldete) Exklusivität dieser Gruppen vor ihren Mitgliedern. Zur Übernahme der Avantgarderolle wollten sich die ML-Organisationen durch das intensive Studium der Texte von Marx/Engels, Lenin, Thälmann, Stalin und der Mao-Tse-tung-Ideen (die KPD/ML bezog sich zudem speziell auf Enver Hodscha) befähigen. In der Praxis der ML-Bewegung kam dem Instrument »Schulung« eine wichtige Integrationsfunktion zu. In allen Gruppen bestand in mehr oder weniger ausgeprägter Weise der Anspruch der Führung an die Gesamtorganisation, sich einer aus den Klassikertexten ausbuchstabierten »proletarischen Linie« unterzuordnen.

Das Konzept der inneren Strukturierung der K-Gruppen sollte den Prinzipien des demokratischen Zentralismus entsprechen. Der Maoismus spielte hierbei nur insoweit eine Rolle, als unter Verweis auf die KPCh die Möglichkeit der »Wiederherstellung eines authentischen demokratischen Zentralismus« (Bock 1976, 269) betont werden konnte (disziplinierte, zentralistische, schlagkräftige Partei *und* »Massenlinie«, paternalistischer Führungsstil, »Einheit, Kritik, Einheit«). In der ML-Organisationspraxis spielten Mechanismen antizentralistischer Korrektive, wie sie in Maos Konzept tendenziell enthalten sind, allerdings kaum eine Rolle, was daran gelegen haben dürfte, dass aufgrund der gesamtgesellschaftlichen Marginalität dieser Gruppen der »Rekurs auf die Massen« stets eine einseitige Angelegenheit bleiben musste.[11]

Eine primäre Voraussetzung für die Mitgliedschaft in einer ML-Organisation war an die Bereitschaft der Aufzunehmenden geknüpft, sich in »Zellen« aktiv zu engagieren. Dieser Aktivitätsnorm wurde großes Gewicht beigemessen. Alle Parteien und Bünde sahen für ihre potenziellen Neumitglieder so genannte Kandidatenzeiten vor, in denen sie sich in der Praxis zu bewähren sowie theoretische Schulungskurse zu absolvieren hatten. Die Möglichkeit einer passiven Mitgliedschaft ist im Leninschen Modell nicht vorgesehen, gefordert ist der aktive Kader, der »Berufsrevolutionär«.[12]

Die Frage nach der Legitimation bürgerlicher Intellektueller im Kontext proletarischer Organisierung und Politik drängte sich den ML-Aktivisten geradezu auf, da sie in hohem Maße die Problematik der eigenen Rolle als überwiegend aus der Mittelschicht stammende Akademiker mit marxistischem Selbstverständnis betraf (vgl. Kukuck 1974, 97-161). Die »Selbststilisierung« der eigenen Politik zur Praxis der »proletarischen Avantgarde« hatte die Transformation des »kleinbürgerlichen Intellektuellen« in einen »proletarischen Revolutionär« zur Voraussetzung. Das allgemein akzeptierte Postulat, »sich nach dem Vorbild des Proletariats umzuformen«, führte zu einer »Projektion von Intellektuellen auf das, was ein solcher Typus sein *sollte*«, oftmals in Form eines regelrechten »Proletkults«. Kehrseite dieser Praxis war ein in allen K-Gruppen mehr oder weniger stark ausgeprägtes Ressentiment gegen Intellektuelle.[13] Der Zugang von Studierenden und Akademikern in die »proletarischen« Organisationen wurde folglich äußerst restriktiv gehandhabt.

Vorgeschichte und Gründung des KB

Zwischen Oktober und Dezember 1971 gründete sich in Hamburg der Kommunistische Bund (KB). Es ist nicht möglich, ein exaktes Datum der KB-Gründung zu benennen, da dieser – im Gegensatz zu anderen K-Gruppen – keinen Konstituierungs*akt* (Kongress, Delegiertentag, Gründungskonferenz o. Ä.) vollzog, sondern einen Konstituierungs*prozess* durchlief, an dessen Ende sich der Kommunistische Bund herausgebildet hatte. Die beiden direkten Gründerzirkel, die Hamburger Gruppen Sozialistisches Arbeiter- und Lehrlingszentrum (SALZ) und Kommunistischer Arbeiterbund (KAB), hatten seit Oktober 1970 – zunächst nur sporadisch, ab Frühjahr 1971 aber immer intensiver – politisch zusammengearbeitet und waren schließlich im Oktober 1971 zum Kommunistischen Bund fusioniert.

Wichtiger Initiator des Hamburger KAB war Knut Mellenthin, der hier (wie auch später im KB) als »Chefideologe« fungierte und zuvor sowohl in die Konstituierungsphase der KPD/ML als auch in die des Mannheimer/Tübinger Kommunistischen Arbeiterbundes (Marxisten-Leninisten), eines Vorläuferzirkels des KABD, involviert gewesen war. Mellenthin hatte sich aus unterschiedlichen Gründen aber letztlich keiner dieser beiden Gruppen angeschlossen und stattdessen im Mai 1970 mit der Gründung des KAB ein eigenes Projekt auf die Beine gestellt. Das Selbstverständnis dieses kleinen Theoriezirkels (Zeitung: *KAB-AZ*[14]) war insbesondere in Abgrenzung zu Ernst Austs voluntaristischer Parteigründung »von oben« begründet: Die weitere Zentralisierung der ML-Bewegung sollte auf breiterer Basis vorangetrieben werden.

Während der KAB ein kleiner Theoriezirkel blieb, entstand mit dem SALZ eine der »größten proletarischen Gruppen innerhalb der revolutionären Linken«[15] der BRD und Westberlins. Die Besonderheit der Organisation (Zeitung: *KAZ*[16]) lag darin, dass diese als Produkt der Lehrlingsbewegung über eine gewisse Anziehungskraft und Verankerung in Kreisen des Hamburger Jungproletariats verfügte. Das »Produktive« der Zusammenarbeit von KAB und SALZ bestand darin, dass das SALZ als Organisation mit einer gewissen »Massenbasis« und vielfältigen Praxisaktivitäten (gerade auch im betrieblichen Bereich) Defizite im theoretisch-ideologischen Bereich beklagte, während die Texte und Analysen des theorielastigen KAB im SALZ auf fruchtbaren Boden fielen, weil sie den eigenen praktischen Erfahrungen entsprachen.[17]

Die Beziehung zwischen SALZ und KAB »war lange von Misstrauen und falschen Ansprüchen durchzogen«, bevor es ab Frühjahr 1971 auf der Basis einer gemeinsamen Praxis zu einem »wirklich solidarischen Verhältnis« kam. Die ersten, im Oktober und November 1970 geführten Gespräche zwischen beiden Gruppen, die der Klärung theoretisch-ideologischer Fragen dienen sollten (Parteiaufbau, Einschätzung der KPD/ML, Gewerkschaftsfrage), waren ausgesprochen vorbelastet: »Die KAB-Genossen sahen im SALZ in erster Linie einen lokalen Zirkel mit bewegter Vergangenheit und politisch-theoretisch völlig unklarer Grundlage; ob das SALZ Hamburg überhaupt als marxistisch-leninistische Organisation zu betrachten war, erschien jedenfalls ihnen durchaus noch nicht geklärt (vor allem in Hinblick auf die bewegte Vergangenheit!). Andererseits sahen die SALZ-Genossen in der Gruppe KAB Hamburg zunächst nur einen akademischen Klüngel, der im Begriff stand, durch die Aufnahme einer eigenen ›Arbeit im Proletariat‹ die bestehende Verwirrung noch zu verstärken. Daher war der Kontakt zwischen SALZ und Gruppe KAB Hamburg gerade im Anfang erheblichen Zerreißproben ausgesetzt.«[18] Das SALZ erhob gegenüber dem KAB einen »Anspruch auf Integration« in die Organisation des eigenen »kommunistischen Parteiansatzes«, der für den KAB nicht akzeptabel war. Zwar sicherte der KAB der größten Organisation der Hamburger ML-Bewegung seine »Unterstützung« zu, wollte sich dem SALZ jedoch nicht unterordnen.[19] Irritationen im SALZ ergaben sich auch daraus, dass der KAB der »proletarischen« Politik nicht immer mit dem nötigen Ernst begegnete und eine gewisse Neigung zur Selbstironie an den Tag legte. Die Feste der Mellenthin-Gruppe, auf denen Genossen zu vorgerückter Stunde in leicht alkoholisiertem Zustand beliebige Konferenzen der Komintern nachzuspielen pflegten und hierbei in die Rollen von Lenin, Stalin und Bucharin schlüpften, waren berüchtigt. Dem SALZ soll eine solche Kultur äußerst suspekt gewesen sein.[20]

Die zunehmend engere praktische Zusammenarbeit (beginnend mit der Laos-demonstration vom 13. Februar 1971 und den Maiaktivitäten 1971) basierte auf einer grundsätzlichen konzeptionellen Übereinstimmung: Beide Gruppen wollten das sich zwischen KPD/ML und DKP öffnende politische Feld in Rückgriff auf eine für ML-Ansätze eher moderate und pragmatische Weise bearbeiten. »Alles das, was der KAB an politischen Inhalten formuliert hat, war im SALZ sehr lebendig, es war lediglich nicht das Potenzial da, das so zu formulieren, wie das der KAB konnte. D. h., die Worte, die Formulierungen, die nicht bloß Nachäfferei gewesen wären, sondern politische Eigenprodukte, die kamen aus dem KAB.«[21] Nach den Erinnerungen des SALZ-Gründers Klaus Goltermann fügte sich das glänzend zusammen. »So haben wir das jedenfalls damals empfunden. Wir haben kein Hehl gemacht aus unseren Lücken, und der KAB hat auch nicht erzählt, er sei eine proletarische Organisation, obgleich der Name das vielleicht nahe legen konnte.« Wesentliches Medium der theoretisch-ideologischen Einflussnahme des KAB auf das SALZ war die *KAB-AZ*, die noch vor der Fusion der beiden Gruppen zum KB auch zur Zeitung des SALZ wurde, wo sie »einen großen Einfluss« entfaltete.[22] Die vom KAB ausformulierte Positionierung einer ML-Politik, die Thesen zur Einschätzung der Faschismusgefahr, zur Bewertung der SPD, zur Gewerkschaftsfrage wie auch die Kritik an der RAF konnten vom SALZ unmittelbar zum Verständnis und zur Begründung seiner Praxis herangezogen werden und halfen die eigenen, eher schematischen Theorieansätze zu modifizieren.

Der Durchbruch zur Gründung des KB ergab sich aus der Zusammenarbeit von SALZ und KAB in der »Aktionseinheit zur Metalltarifrunde« (Metall-AE). In diesem von Juli bis September 1971 bestehenden Kampagnenbündnis hatten sich zahlreiche ML-Zirkel zur Unterstützung der Metallarbeiter in den Tarifverhandlungen zusammengeschlossen. Neben konkreter Solidarität ging es auch um eine »weitergehende Vereinheitlichung« der ML-Bewegung, d.h., es sollte dem Projekt einer bundesweiten ML-KP auf die Sprünge geholfen werden.[23]

Die eigentlich zu Kooperationszwecken ins Leben gerufene Metall-AE endete in einer mehrfachen Fraktionierung, die direkt in die Gründung des KB (als Zusammenschluss der Hamburger Zirkel SALZ und KAB) überleitete und auch die weitere organisatorische Ausdifferenzierung der ML-Bewegung vorstrukturierte: Aus den Münchner ABG entstand im Mai 1973 der Arbeiterbund für den Wiederaufbau der KPD (AB). Eine im Rahmen der AE erstmals gemeinsam auftretende Fraktion, bestehend aus der Heidelberger KG/NRF (zu der Anfang 1972 eine Mannheimer Gruppe hinzukam) und dem Bremer KB, der auch der Göttinger KB zuzurechnen ist, gründete im Juni 1973 den Kommunistischen Bund Westdeutschland (KBW).

Ein erster Entwurf der Gründungserklärung und des Statuts des KB wurde bereits am 3. Oktober 1971 in einem »Rundbrief des Leitenden Gremiums« des SALZ intern zur Debatte gestellt. In diesem Rundbrief wurde die Gründung des KB noch für denselben Monat in Aussicht gestellt, wobei die Leitung des SALZ zunächst die Meinung vertrat, »dass es günstig wäre, wenn bereits der Gründungsakt von weiteren kommunistischen Organisationen mitgetragen würde«.[24] Den beiden Hamburger Gruppen gelang es in den zu diesem Zwecke zwischen dem 8. und 24. Oktober 1971 geführten Vorgesprächen, weitere größtenteils schon aus der gemeinsamen Metall-AE bekannte ML-Zirkel in das KB-Projekt einzubinden.[25] Gewicht hatte hier insbesondere die »Konferenz zur Gründung des KB« vom 23. Oktober 1971, die allerdings nicht als KB-Gründungskonferenz missverstanden werden darf. Tatsächlich ist davon auszugehen, dass der Beschluss zur Konstituierung des KB zu diesem Zeitpunkt bereits in einer Absprache auf Leitungsebene von SALZ und KAB getroffen worden war und in der Fusion beider Gruppen und dem Anschluss weiterer ML-Zirkel vollzogen werden sollte. Bei den Vorgesprächen wie auch bei der Zusammenkunft vom 23. Oktober sei es nämlich – wie rückblickend festgestellt wurde – lediglich darum gegangen, »möglichst noch vor der *Bekanntmachung* der KB-Gründung weitere Organisationen mit einzubeziehen«. Von daher sei diese Konferenz natürlich auch kein die Gruppe konstituierendes Treffen »im eigentlichen Sinne« gewesen.[26] Eine solche Lesart ist auch der Gründungserklärung zu entnehmen, die zusammen mit dem Statut in der im November 1971 letztmalig erscheinenden *KAB-AZ* publiziert worden ist: »Die Organisationen SALZ und KAB Hamburg sind übereingekommen, sich unter dem Namen Kommunistischer Bund enger zusammenzuschließen.« Weiter wurde hier festgestellt, dass sich die KB/ML-Zirkel aus Flensburg und Eutin, die SALZ-Gruppen aus Bremerhaven und Frankfurt a. M. sowie die KAG Oldenburg »mittlerweile dem KB angeschlossen« hätten, womit unterstrichen wurde, dass diese Organisationen nicht zu den eigentlichen Gründergruppen gezählt wurden.[27] Mit dem Erscheinen der ersten Ausgabe des gemeinsamen Zentralorgans, *Arbeiterkampf* (AK), im Dezember 1971 fand der Konstituierungsprozess des KB seinen Abschluss. Alle dem Bund angeschlossenen Gruppen gaben spätestens jetzt ihre alten Zirkelnamen auf und traten nun auch offiziell als Ortsgruppen des KB auf (wobei SALZ und KAB teilweise schon ab Oktober 1971 unter dem Namen Kommunistischer Bund, Gruppe Hamburg, firmiert hatten[28]). Drei weitere norddeutsche Gruppen arbeiteten nach der KB-Gründung als »sympathisierende Organisationen« zwar eng mit diesem zusammen, blieben aber zunächst autonom und integrierten sich erst zu einem späteren Zeitpunkt (wie der KB/ML Lübeck und das SALZ Stade) bzw. überwarfen sich mit dem Bund (wie das SALZ Cuxhaven).

Die beiden Hamburger Gründergruppen verstanden den KB als Dachverband bzw. Assoziation kommunistischer Zirkel, die mit »unserer Politik weitgehend vereinheitlicht sind«.[29] Zwar war beabsichtigt, dass alle im KB zusammenge-schlossenen Gruppen »vorerst ihre organisatorische Selbständigkeit«[30] behiel-ten, doch sollte die neue Qualität der Konstituierung des KB gerade in der Schaffung gemeinsamer Gremien zum Ausdruck kommen. Einigkeit herrschte schon in den Vorgesprächen darüber, dass bei der Herausbildung dieser Gremi-en »natürlich nicht demokratisch« vorgegangen werden könne, weil ansonsten dem »Zirkelwesen nur noch zu längerer Lebensdauer« verholfen würde.[31]

Der KB, der seine Konstituierung als einen (wenn auch bescheidenen) Bei-trag zur Überwindung des Zirkelwesens verstand, begriff sich laut Gründungser-klärung weder als Partei noch als Parteiersatz, sondern »als Organisationsform in der jetzigen Etappe der Parteischaffung, wo vom Zirkelwesen schrittweise zum Wiederaufbau der Kommunistischen Partei übergegangen wird«.[32] Was die-se Perspektive betraf, wollte er sich allerdings keinerlei Illusionen hingeben: Der Bund umfasse nur sehr wenige Zirkel und sei »weitgehend auf Norddeutsch-land beschränkt«. Auch wenn sich möglicherweise weitere Gruppen anschließen sollten, sei die »Vereinheitlichung der kommunistischen Bewegung« nicht als »Zusammenschluss im Kommunistischen Bund« zu erwarten. Prognostiziert wurde, dass die »Mehrheit der Zirkel, und hierunter gerade die bedeutendsten«, dem KB »wahrscheinlich nicht beitreten« werden[33] – was sich in der Folge als völlig zutreffend herausstellen sollte.

Ideologischer Kampf versus regionale Hegemonie: Zur allgemeinen politischen Positionierung der K-Gruppen

Der Versuch der Zentralisierung der zahlreichen lokalen Zirkel führte letztlich nur zum organisatorischen Neben- und Gegeneinander der bis 1973 recht heterogenen ML-Bewegung in sechs Organisationen überregionalen Anspruchs. Die K-Gruppen rangen während der gesamten 70er Jahre in scharfer Konkur-renz zueinander um Einfluss auf eine gegen Ende dieses Jahrzehnts ohnehin immer schmaler werdende Basis (wobei gerade der ideologische Kampf zwi-schen KB und KBW, der zwischen deren jeweiligen Vorgängerzirkeln in der Metall-AE seinen Anfang genommen hatte, bestimmend war). Dabei verorteten sie sich gegenseitig im Rechts-links-Schema, was dazu dienen sollte, die jeweils bezeichnete Gruppe zu diffamieren und die Richtigkeit der eigenen politischen Linie zu unterstreichen.

Die Aufsplitterung der ML-Bewegung in konkurrierende Zentren kann aber nicht ausschließlich als Folge ideologischer Differenzen begriffen werden, son-dern war »auch oder gar wesentlich durch einen Faktor der regionalen Hegemo-nie« bestimmt (Schröder 1990, 22). Die Bünde und Parteien versuchten, ihre einmal errungenen Hochburgen gegen den Einfluss konkurrierender Organisa-tionen zu halten und gegebenenfalls auch auf die Regionen auszuweiten, in denen die anderen Gruppen organisatorisch stärker waren als sie selbst. Die unterschiedlichen Konzepte der K-Gruppen wären dann vor allem als Machtmittel im Kampf um Absicherung und Ausdehnung einer innerhalb der ML-Bewegung und teilweise auch der gesamten radikalen Linken regional bestehenden Hegemonie der eigenen Organisation zu interpretieren (vgl. Schröder 1990, 63).

Anhand der differierenden Praxen der einzelnen K-Gruppen lassen sich innerhalb der ML-Bewegung rein systematisch auf einer Rechts-links-Skala drei politische Lager ausmachen, die allerdings real keine Entsprechung hatten (die Konkurrenz war nahezu total, Zusammenarbeit die Ausnahme):

»Ultralinke« Parteien: Bis zur Loslösung aus dem chinesischen Bezugssystem (ab 1976) war die *KPD/ML* (Schwerpunkte vornehmlich im Ruhrgebiet und in Ostwestfalen) die sich am stärksten »maoistisch« gebärdende Gruppe der Bundesrepublik. Sie agierte unverhüllt revolutionaristisch und beschränkte sich in ihrer Tagespolitik größtenteils auf abstrakte Bekenntnisse zum Marxismus-Leninismus. Die teilweise äußerst militant auftretende »Rödel- und Pöbelpartei«, wie sie in einem internen Papier zur Aufarbeitung der Parteigeschichte von Anfang der 80er Jahre genannt wurde[34], wies den Kampf um Reformen aus ideologischen Gründen zumeist als »ökonomistisch« und »reformistisch« zurück. 1975 ging die Aust-Organisation, deren Programmatik auch zuvor schon stark national konturiert gewesen war, als erste ML-Gruppe in Anlehnung an die chinesische Drei-Welten-Theorie auf eine Position der »Vaterlandsverteidigung« über, wovon sie sich allerdings schon Monate später wieder distanzierte. In der zweiten Hälfte der 70er Jahre bemühte sich die Gruppe stärker um reale soziale Bewegungen, was zu einer gewissen Modifizierung ihrer Praxis führte. Die *KPD* (Hochburg in Westberlin), die bis 1975 in ihrer »antiimperialistischen« Orientierung stärker »antiwestlich« ausgerichtet war (die Bekämpfung des »Sozialimperialismus« trat erst danach in den Vordergrund), wirkte in der Praxis der ersten Hälfte der 70er Jahre ebenfalls als äußerst aktivistische und militante »proletarische« Kampfpartei. Für die »Gruppe Rote Fahne«, wie sie in kritischer Abgrenzung von ihrem Parteianspruch nach ihrem Zentralorgan genannt wurde, die den Aufbau ihrer strikt zentralistischen Organisation normativ als »Bolschewisierung« betrieben hatte, war der Tageskampf im Wesentlichen ein Propagandaspektakel für das Endziel (»Für die Diktatur des Proletariats«). Mit der 1975 analog der KPD/ML auf Basis des außenpolitischen Paradigmenwechsels der VR China vollzogenen »Linienkorrektur« (Politik des antisowjetischen »Antihegemonismus«) verband sie dann aber eine moderatere Praxis, in der bündnispolitischen Erwägungen ein höherer Stellenwert eingeräumt wurde.

»Zentristische« Bünde: Die in Bezug auf ihre organisatorische Ausdehnung erfolgreichste K-Gruppe der 70er Jahre, der *KBW* (Hochburgen in den Regionen Mannheim/Heidelberg sowie Bremen), vertrat demgegenüber radikaldemokratische und sozialpolitische Forderungen, befürwortete die Gewerkschaftseinheit und war in gewisser Weise bündnispolitisch (»Aktionseinheit«) und reformerisch (Komiteepolitik) orientiert. Dieser eher pragmatische Ansatz wurde jedoch immer wieder durch einen gewissen Schematismus sowie die eigenen strategischen Vorgaben (»Die Massen wollen nach links«) konterkariert, was zu einer ständigen Überhöhung und offensiven Zuspitzung der tagespolitischen Praxis führte. Die Ausrichtung auf die Politik der KPCh auch nach 1976 verstellte der Gruppe darüber hinaus den Blick auf die politischen Realitäten, insbesondere auf internationaler Ebene. Der *KB* (Hochburg in Hamburg) agierte in der Tradition seiner beiden Gründerzirkel als homogene, praxisorientierte, programmatisch flexible, in einer breiten Basis verankerte Organisation. Der Hamburger Bund ist insofern von *allen* anderen K-Gruppen zu unterscheiden, als ihn sein relativer Pragmatismus in hohem Maße handlungsfähig hielt. Sein oberstes Ziel war die Umsetzung seiner auf Systemüberwindung zielenden Politik einer »revolutionären Realpolitik«[35] auf relevante Felder gesellschaftlicher Auseinandersetzung. Tatsächliche Einflussnahme und praktische Interventionsfähigkeit waren ihm immer wichtiger als abstrakte Linientreue. Das ahistorische Gebaren konkurrierender ML-Gruppen blieb ihm weitgehend fremd.

»Rechte« Bünde: *KABD* (Schwerpunkte in Baden-Württemberg, Bayern, Südhessen und Saarbrücken) und *AB* (größtenteils auf Südbayern beschränkt, Zentren in München und Regensburg) waren demgegenüber kleine, primär auf eine »trade-unionistische Politik« ausgerichtete Gruppen, die, vom Terrain der Fabrik ausgehend, im Horizont der tagespolitischen Praxis »ökonomistisch« operierten und sich dabei im Wesentlichen auf die Erfüllung von Funktionen einer quasi »nur-gewerkschaftlichen« Interessenvertretung beschränkten.[36] Während der KABD fast vollständig auf eine außerbetriebliche Praxis verzichtete, war der AB Ende der 70er, Anfang der 80er Jahre besonders im Bereich antifaschistischer Politik (»anachronistischer Zug«, Stoppt-Strauß-Kampagne) engagiert, ohne sich inhaltlich jedoch als KB-Gruppe zu profilieren. Der AB war auch die einzige ML-Organisation, die jemals bei Wahlen (1974) eine Empfehlung zugunsten der DKP abgab.

---

[1] Hartung, Klaus: Versuch, die Krise der antiautoritären Bewegung wieder zur Sprache zu bringen. In: Kursbuch, Berlin, (1977), Nr. 48, S. 14-43, hier S. 33.

[2] So entstammt die Westberliner KPD vor allem den an der dortigen Freien Universität auftretenden Roten Zellen, der KB ist primär ein Produkt der Hamburger Lehrlingsbewegung, der KABD ist in den Tübinger, der AB in den Münchener Basisgruppen verwurzelt und der KBW steht in Kontinuität zum Heidelberger SDS.

[3] Ernst Aust (1923-1985), seit Ende der 40er Jahre Mitglied der später verbotenen KPD und 1968 zentrale Gründungsfigur der KPD/ML (vgl. Backes u. a. 1989, Bd. III, 275f und Langguth 1976, 109).

[4] Kt.: Zum Tod von Ernst Aust. In: AK, Hamburg, 15. Jg. (1985), Nr. 262, S. 39.

[5] nyg. sowie weitere Genossen aus Berlin: Mao, oder die Hoffnung auf Glück. Die chinesische Geschichte von *ak* und KB. In: ak, Hamburg, 26. Jg. (1996), Nr. 397, Jubiläumsbeilage, S. 22-24, hier S. 22f.

[6] Willi Dickhut (1904-1992) zählt wie Aust zu den wenigen Kadern, die den Weg aus der »alten« Linken (er war ebenfalls Mitglied der KPD) in die ML-Bewegung gegangen sind (vgl. Langguth 1971, 115; Weil 1991, 43f und Backes u. a. 1993, 285f).

[7] nyg. u. a.: Mao, oder die Hoffnung auf Glück (Anm. 5), S. 22.

[8] Dieser Bund definierte sich bei Gründung als »Partei in ihrem Anfangsstadium« (Weil 1991, 61) und tendierte damit zu dem Anspruch, die revolutionäre Partei der Arbeiterklasse auf der Basis der eigenen Ressourcen aufbauen zu können (wie das KPD/ML und KPD ja auch vorgaben). Der KABD erklärte sich 1982 folgerichtig zur Marxistisch-Leninistischen Partei Deutschlands (MLPD).

[9] Erklärung zur Gründung der Kommunistischen Partei Deutschlands/Marxisten-Leninisten (KPD/ML). In: Programmatische Erklärung und Statut der Kommunistischen Partei Deutschlands/Marxisten-Leninisten, lt. Beschluss des Gründungsparteitages vom 31.12.1968, o. O., o. J., S. 1-5, hier S. 4.

[10] Lenin, W 5, 353-551: Was tun?, hier 385f.

[11] Rossanda, Rossana: Der Marxismus von Mao Tse-tung. Berlin 1971. S. 30.

[12] Lenin: Was tun (Anm. 10), 489.

[13] Schlögel, Karl: Was ich einem Linken über die Auflösung der KPD sagen würde. In: Ders. u. a., Partei kaputt, Das Scheitern der KPD und die Krise der Linken, Berlin 1981, S. 12-39, hier S. 20f.

[14] Die *Arbeiterzeitung des Kommunistischen Arbeiterbundes (KAB-AZ)* erschien zwischen November 1970 und November 1971 in insgesamt elf Ausgaben; Angaben zur Höhe der Auflage waren dem Blatt nicht zu entnehmen (vgl. KAB-AZ, Hamburg, 1.-2. Jg., 1970f, Nr. 1-11/12).

[15] »Studentenbewegung, Leninismus und der Mythos vom Wiederaufbau der KPD«, Geschichte der revolutionären Linken in der BRD 1969-1973, Bd. 1, hektografiertes Manuskript des Autorenkollektivs der ehemaligen Marxistischen Aufbauorganisation, o. O., o. J. (HIfS-Archiv), S. 16.

[16] Die *Kommunistische Arbeiterzeitung* (KAZ) erschien zwischen Februar und November 1971 in insgesamt zwölf Ausgaben (darunter zwei Sonderdrucke zum 1. Mai und zur Novellierung des BVG) als DIN-A4-Blatt im Umfang von bis zu 20 Seiten (vgl. KAZ, Hamburg, 1. Jg., 1971, Nr. 1-12). Die Auflage betrug zunächst 10.000, später 4.000 Exemplare, stieg aber immer dann, wenn die Zeitung zu bestimmten Anlässen (Demonstration zum 1. Mai 1971, Kundgebung zum 85. Geburtstag Ernst Thälmanns u. a.) oder Themen (Novellierung des Betriebsverfassungsgesetzes, Tarifauseinandersetzungen in der Chemieindustrie u. a.) vertrieben werden sollte, auf zwischen 17.000 und 55.000 Stück pro Nummer.

[17] Mellenthin, Knut: Protokoll des Gesprächs mit d. Vf. vom 14.1.1994 (PBdVf).

[18] »Zur Entstehung der Gruppe KAB Hamburg«, Artikelvorlage, o. O., o. J. (ak-Archiv), o. P.

[19] »Drittes Gespräch zwischen KAB und SALZ Hamburg, 14.11.1970«, hektografiertes Protokoll, o. O., o. J. (ak-Archiv), o. P.

[20] Seidl, Eckehard: Protokoll des Gesprächs mit d. Vf. vom 3.4.1998 (PBdVf).

[21] Ehlers, Kai: Protokoll des Gesprächs mit d. Vf. vom 25.2.1994 (PBdVf).

[22] Mellenthin, Knut: Protokoll des Gesprächs mit d. Vf. vom 24.2.1994 (PBdVf).

23 Aktionseinheit in der Metalltarifrunde 71. In: KAZ, Hamburg, 1. Jg. (1971), Nr. 9, S. 1/4f, hier S. 1.

24 »Gründung eines Kommunistischen Bundes«, in: Rundbrief des LG des SALZ, o. O., 1971, Nr. 3a (ak-Archiv), S. 50f, hier S. 50. Vgl. »Statut des Kommunistischen Bundes«, in: ebd., S. 52–54.

25 Im Einzelnen waren das die KB/ML-Zirkel aus Flensburg und Eutin, das SALZ Bremerhaven und die KAG Oldenburg. Diese schlossen sich zusammen mit dem SALZ Frankfurt a. M. als erster Zirkel dem neu gegründeten KB an.

26 Vgl. [»Liebe Genossen«], Kopie eines Briefes des KB, Gruppe Hamburg, an die KAG Oldenburg vom 14.11.1971 (ak-Archiv), S. 1.

27 Kommunistischer Bund gegründet. Gemeinsame Erklärung von SALZ und KAB Hamburg. In: KAB-AZ, Hamburg, 2. Jg. (1971), Nr. 11/12, S. 1f. Vgl. auch Statut des Kommunistischen Bundes. In: Ebd., S. 2-4. Beide Dokumente waren gegenüber dem ersten Entwurf vom 3.10.1971 leicht modifiziert.

28 Vgl. einen mit dieser Absenderangabe versehenen, vom 28.10.1971 datierenden Brief an die Betriebsprojektgruppe Göttingen (ak-Archiv).

29 »Gründung eines Kommunistischen Bundes« (Anm. 24), S. 50.

30 Statut des Kommunistischen Bundes, a. a. O., S. 3.

31 »Zusammenfassender Bericht über die Vorgespräche zum Aufbau des KB«, Protokolle der Gespräche mit KB/ML Eutin, KB/ML Flensburg, KAG Oldenburg und SALZ Bremerhaven [vom 8.10. u. 10.10.1971], o. O., o. J. (ak-Archiv), S. 9.

32 Kommunistischer Bund gegründet, (Anm. 26), S. 1.

33 Was bedeutet die Gründung des Kommunistischen Bundes? In: UW, Hamburg, 2. Jg. (1972), Nr. 14, S. 20-24, hier S. 21.

34 Pauli-Papier zur Kritik der KPD/ML, Schluss mit den Lebenslügen, 1984; zit. n. AK, Hamburg, 15. Jg. (1985), Nr. 258, S. 46.

35 W. D.: Die Ostverträge und die Kommunisten. In: UW, Hamburg, 2. Jg. (1972), Nr. 16/17, S. 31-33, hier S. 32.

36 Zu diesen Begriffen vgl. Lenin: Was tun (Anm. 10), 392/429.

II. Der KB als regionales Zentrum der ML-Bewegung (1971–75)

Politik und Organisierung: Ziel und Struktur einer Kadergruppe

Die explizit geäußerten und faktisch maßgeblichen Ziele des KB determinierten dessen Struktur. Normativ am Prinzip des demokratischen Zentralismus orientiert, war der Bund in der Organisationswirklichkeit der gesamten 70er Jahre streng hierarchisch gegliedert, während institutionelle Mechanismen demokratischer Art völlig fehlten. Dennoch wäre es verfehlt, das Organisationsklima des KB in dieser Phase uneingeschränkt als repressiv zu kennzeichnen. Im Gegenteil: Die bündnispolitische Offenheit des Bundes erforderte und ermöglichte gerade ein hohes Maß an Eigeninitiative und Selbsttätigkeit auch der einfachen Mitglieder. Der KB, der von Teilen der ML-Bewegung als »Spontigruppe« bezeichnet wurde, war faktisch weniger hermetisch strukturiert und, zumindest was die intern geführten politischen Debatten anging, transparenter als andere K-Gruppen.

Ideologische Grundausrichtung und politische Praxis

Auf der »Grundlage des Marxismus-Leninismus und seiner Weiterentwicklung durch Mao Tse-tung« versuchte der KB einen Ansatz zu entwickeln, in dem die Verteidigung der »unmittelbaren politischen und ökonomischen Interessen der Arbeiterklasse« als Ausgangspunkt »für die Beseitigung des kapitalistischen Ausbeutersystems und die Zerschlagung seines Staatsapparates« betrachtet wurde. In der strategischen Perspektive des Aufbaus des »Sozialismus unter der Klassenherrschaft des Proletariats« sprach sich die Organisation »für eine kommunistische Gesellschaft ohne Ausbeutung des Menschen und ohne Herrschaft des Menschen über den Menschen« aus.[1]

Die Ableitung tagespolitischer Aufgabenstellungen (»Verteidigung proletarischer Interessen«) aus übergeordneten strategischen Zielen (»Revolution«) findet sich in den programmatischen Äußerungen aller ML-Gruppen. Die wesentlichen Differenzen werden erst dann sichtbar, wenn deren *tatsächliche* Praxen untersucht werden, die sich aus der Konkretisierung des vagen und interpretationsbedürftigen Fernziels ergaben. Während die »ultralinken« Parteien in der ersten Hälfte der 70er Jahre der Auffassung gewesen zu sein scheinen, »spektakuläre Aktionen« und besonders »rrrevolutionäres« Auftreten mit »viel Mao-Bildern und lautem Geschrei« könnten dem »Klassenfeind« Angst einflößen[2], und sich der auf Transformation zielende Anspruch im politischen Alltag der »rechten« Bünde nicht mehr so recht vermitteln lassen wollte, waren die »zentristischen« Bünde um die Vermittlung von Theorie und Praxis bemüht. Der KB nahm mit seiner stark an Bewegungskonjunkturen orientierten Konzeption einer »revolutionären Realpolitik« innerhalb des ML-Lagers eine Sonderposition ein, die gegen die politischen Linien *aller* konkurrierenden K-Gruppen, auch und gerade die des KBW, abzugrenzen ist.

Mit Ausnahme des KB verfügten alle Parteien und Bünde der ML-Bewegung über Grundsatz- und Aktionsprogramme[3], in denen ihre Normen und Ziele teilweise äußerst detailliert festgeschrieben waren. So vertrat etwa der KBW unter strategischen Gesichtspunkten im »demokratischen Kampf« ein Spektrum von Forderungen, mit denen er Einfluss unter den »Massen« gewinnen und diese an die Revolution heranführen wollte, die jedoch in ihren Konkretionen (z. B. »Ersetzung der Polizei und des stehenden Heeres durch die allgemeine Volksbewaffnung«[4]) in das »Kapitel Skurrilitäten der linken Szene« gehören[5]. Der Kampf zur Durchsetzung dieser und ähnlicher Forderungen sollte so geführt werden, »dass er auf jenen Punkt zustrebt, an dem er umschlägt in revolutionäre Maßnahmen zur Zerschlagung des bürgerlichen Staates und zur Eroberung der politischen Macht«.[6] Die Parolen des KBW, die vom Programm der SDAPR in der revidierten Fassung von 1917 inspiriert waren, dienten der Gruppe real lediglich als Anhängsel einer teilweise mit einem kamikazehaften Offensivgeist vorgetragenen Praxis.[7] Demgegenüber sah der KB keine Notwendigkeit, seine strategischen und taktischen Vorstellungen programmatisch zu fixieren. »So ersparte man sich die Konstrukte.« Der Ansatz des Hamburger Bundes war nicht, »Fantasiestrategien und taktische Spinnereien« zu entwerfen, sondern konkrete Anknüpfungspunkte radikaler Politik gerade auch jenseits normativer Vorstellungen in der Wirklichkeit aufzuspüren und zu operationalisieren.[8]

Organisationsnorm

In dem im November 1971 veröffentlichten Statut des KB ist neben der politischen auch die organisatorische Norm fixiert.[9] Im weiteren Verlauf der KB-Geschichte spielte diese Satzung, die eigentlich dem »organisatorischen Entwicklungsprozess« der Gruppe kontinuierlich angepasst werden sollte, kaum mehr eine Rolle. Die sich in den 70er Jahren vollziehende Ausdifferenzierung der Strukturen des Bundes (die teilweise ohnehin lediglich informellen Charakter hatten) wurde nicht mehr statuarisch festgeschrieben (erst im Juli 1980 verabschiedete eine Delegiertenversammlung des KB ein neues Statut, das allerdings im Zerfallsprozess der Organisation nur noch Makulatur war). Insofern der KB sich bei Gründung als organisatorisches Dach verschiedener ML-Zirkel verstand, zielten die in seinem Statut enthaltenen Normen nicht (wie in den

Satzungen anderer ML-Organisationen üblich) auf die Reglementierung *personaler* Mitglieder, sondern beanspruchten ihre Gültigkeit gegenüber den assoziierten Mitglieds*gruppen.*

Ein Katalog aus Rechten, Pflichten und Disziplinarmaßnahmen sollte den Umgang der unter dem KB-Dach zusammengeschlossenen Gruppen miteinander regeln. So gab es die Verpflichtung, die »gemeinsam gefassten Beschlüsse aktiv zu vertreten und durchzuführen«, mit »ganzer Kraft« die »Sache der Arbeiterklasse« zu vertreten, »ständig revolutionäre Wachsamkeit gegenüber dem Klassenfeind« zu üben und dabei den KB vor »Angriffen des Klassenfeindes« zu schützen sowie an der Zeitung der Gruppe mitzuarbeiten und diese »aktiv in die Arbeiterklasse zu tragen«. In den Organisationsgremien sollte das »proletarische Prinzip der Kritik und Selbstkritik« angewendet werden, etwaige »Disziplinarmaßnahmen« dienten der »Stärkung des KB« und waren an den maoistischen Grundsätzen »Aus früheren Fehlern lernen« und »Die Krankheit bekämpfen, um den Patienten zu heilen« ausgerichtet[10] (als disziplinarische Mittel waren im Statut »Verwarnung«, »befristeter« und »endgültiger Ausschluss« genannt). Gefordert war das Bemühen, den »politisch-theoretischen Bewusstseinsstand der einzelnen Mitglieder der eigenen Organisation zu heben«, wobei die Lektüre der gemeinsamen Zeitung als verbindlich galt.[11]

Das eigene Organisationskonzept war normativ an der chinesischen Kulturrevolution ausgerichtet. Dieses historische Datum vermittele Methoden, mit denen die kommunistischen Gruppen, »die heute noch auf dem Boden des Kapitalismus für die sozialistische Revolution kämpfen«, in die Lage versetzt werden sollten, ihre eigene »revisionistische Rückentwicklung« abzuwenden. Nach Ansicht des KB lehre die Kulturrevolution, »den Fragen der Beziehung zwischen kommunistischen Organisationen und den Massen sowie der innerorganisatorischen Demokratie stärkste Aufmerksamkeit zu geben« und den »Ungeist« des »sklavischen Gehorsams« entschieden zu bekämpfen und den »Gebrauch des eigenen Kopfes« zu fördern.[12] Dabei widersprach der KB dem von Ausläufern der antiautoritären Bewegung vertretenen Ansatz der Selbstorganisation (etwa: Sozialistisches Büro) und plädierte für den demokratischen Zentralismus als dem besten Organisationskonzept. Es müsse darum gehen, »die politisch führenden Individuen einer möglichst weitgehenden Kontrolle durch eine möglichst breite organisatorische Basis zu unterstellen und die Basisdiskussion wirklich zu entwickeln«.[13]

Strukturelemente der Kernorganisation

Bei der Gründung des KB wurde zunächst auf die Strukturen des SALZ zurückgegriffen. Erst im Laufe des weiteren Aufbaus bildete sich der KB in seiner spezifischen Form heraus. An der Spitze der Organisation stand das Leitende Gremium (LG), eine mittlere Kaderebene fungierte als Scharnier zur Basis des KB, den Grundorganisationen (Zellen). Wesentliches Strukturelement war das gemeinsame Medium, der *Arbeiterkampf*, der als »kollektiver Organisator« fungieren sollte. Der Aufbau bundesweiter Strukturen, der von der Zentralen Regionalkommission (ZRK) koordiniert wurde, kam bis Ende 1975 nur schleppend voran.

Leitendes Gremium (LG)

Das Leitende Gremium war die Entscheidungszentrale des KB. Dem Gremium – das Durchschnittsalter seiner Mitglieder lag 1976 bei etwa 28 Jahren – gehörten bis zur Spaltung im Dezember 1979 maximal zwölf Personen an, darunter vier Frauen. Klaus »Willi« Goltermann, Knut Mellenthin und Hartmut »Heinz« Wojahn, die schon in den Vorgängerzirkeln des KB eine wichtige Rolle gespielt hatten, bildeten als *inner circle* des LG so etwas wie die informelle Führung des Bundes. Hans-Hermann Teichler, Heiner Möller und Detlef zum Winkel kamen als Verantwortliche der ZRK ins LG, Ulla Jelpke als Anleiterin des Metallkomitees, Heidi Kaiser und Genossin »a.« als Vertreterinnen der AG Frauen, Heinrich Eckhoff, zuvor Mitglied der Politischen Leitung des studentischen SSB, als Zuständiger für den Schul- und Hochschulbereich und Eva Hubert in Verantwortung für die grün-bunte Wahlbewegung. Joachim Welsch, Anleiter des Druckkomitees, gehörte dem LG des KB zwar seit Gründung an, schied aber bereits 1976 wieder aus.

Die LG-Mitglieder entstammten größtenteils der Mittelschicht, kamen teilweise aber auch aus recht bescheidenen sozialen Verhältnissen (z. B. Ulla Jelpke). Alle bezeichneten die zweite Hälfte der 60er Jahre (Auftreten der 68er-Bewegung) als erste wichtige Phase ihrer eigenen Politisierung.[14] Etwa ein Drittel des Führungsgremiums verfügte über eine abgeschlossene Lehre oder Berufsausbildung, ein weiteres Drittel über einen akademischen Abschluss, die restlichen LG-Kader hatten das Studium zugunsten der politischen Betätigung abgebrochen. Alle Funktionäre des LG waren in Hamburg ansässig (die wenigsten allerdings hier gebürtig). Einige verließen die Hansestadt im Auftrag ihrer Organisation: Möller war 1975 zum Aufbau einer Ortsgruppe nach Bremen »verschickt« worden, und zum Winkel hatte 1977 Jürgen Reents in seiner Funktion als Anleiter der Frankfurter Ortsgruppe und weiterer KB-Strukturen in Hessen und Süddeutschland abgelöst und war deshalb in die Mainmetropole gezogen.

Während der gesamten 70er Jahre fanden keine Wahlen zum Leitenden Gremium des KB statt (erst nach der Spaltung auf dem 1. Kongress der Gruppe 1980 wurde das LG per Mitgliedervotum *en bloc* bestätigt, 1989 dann namentlich gewählt). Die genaue personelle Zusammensetzung des Führungszirkels wurde aus Gründen der Konspirativität vor der Organisation geheim gehalten. Auch innerhalb des Leitungsgremiums hat es »nie so was wie eine personelle, demokratisch alternative Wahl« gegeben.[15] Die Sitzungen des LG fanden zweiwöchentlich statt, wobei »sehr nahe an der politischen Praxis« diskutiert worden sein soll. »Es gab keine theoretischen Diskussionen in dem Sinne. Keine langen Diskussionen über Einschätzungsfragen. Ausgangspunkt waren stets praktische Fragen rund um Kampagnen.«[16] Faktisch gab es eine ständige Kooperation, auch über die Sitzungstermine hinaus. Die LG-Genoss(inn)en besuchten sich, telefonierten miteinander, wohnten teilweise zusammen und trafen sich abends in denselben Kneipen im Hamburger Schulterblatt. Das LG, dessen Mitglieder zum überwiegenden Teil »freigestellt« waren, d. h. für ihre Funktionärstätigkeit von der Organisation bezahlt wurden (ein Salär, das sich freilich zumindest in den 70er Jahren auf dem Niveau der Sozialhilfe bewegte), war so gesehen eine Körperschaft, die in Permanenz tagte.

Das Vorhaben, eine »zweite Linie« als Parallelstruktur zum bestehenden LG zu konstituieren, macht deutlich, dass die KB-Führung in den 70er Jahren durchaus von der Gefahr eines Organisationsverbots sowie von der Annahme ausging, dass die anleitenden Kader dem Staatsapparat im Wesentlichen bekannt waren und ihre Ausschaltung daher relativ leicht gewesen wäre. Auch wenn nicht erwartet wurde, dass eine »faschistische Zerschlagung der Arbeiterbewegung« oder auch nur »die totale Unterdrückung der Kommunisten« unmittelbar bevorstand, so galt es dennoch als »höchst gefährlich, sich in einer falschen Sicherheit zu wiegen«.[17] Mit der »zweiten Linie« sollte im Falle eines Verbots des KB und der Verhaftung seiner Leitung »von heute auf morgen« ein »neues LG« tätig werden.[18] Tatsächlich blieb es bei der Idee. Eine »zweite Linie« hat es nie gegeben, was an der Schwierigkeit gelegen haben dürfte, klandestine Strukturen mit der Kultur einer legalen und offen auftretenden Organisation zu vereinbaren.[19]

Die Hauptaufgabe des Leitenden Gremiums bestand in der praktischen und ideologischen Instruierung der Organisation. Zum einen waren einzelne Mitglieder des LG teils in persona, teils delegierend für die Anleitung der mittleren Kaderebene zuständig. Zum anderen kontrollierte das LG die Publizistik des Bundes. So wurde etwa die Herausgabe des *AK* als »Leitungssache«[20] verstanden und lag in den Händen des LG (eine eigenständige Redaktion hatte es nur unmittelbar nach der Gründung des KB gegeben). Das ebenfalls zentral erstellte Theorieorgan *Unser Weg* (UW) ist in seiner Bedeutung für die Organisation demgegenüber weit geringer zu veranschlagen.[21] Im Gegensatz zum SALZ hat es im KB in den 70er Jahren keine zentral angeleiteten Schulungen der Mitglieder gegeben. Es existierten lediglich Empfehlungen an die Grundorganisationen, bestimmte Texte zu lesen und zu diskutieren, wobei die regelmäßige Lektüre von *AK*, *UW* und anderer Veröffentlichungen des Bundes als verpflichtend galt.

Wichtiges Hilfsmittel bei der Anleitung der Organisation war ein internes systematisches Berichtswesen, wie es ab 1972/73 bestand und dem ursprünglich zwei Funktionen zugedacht waren. Einerseits sollte es dazu beitragen, dass die Leitung »stets genau informiert« war, was in der Organisation »vor sich ging«. Zu diesem Zweck waren die Grundorganisationen aufgefordert, dem LG in Berichten regelmäßig Rechenschaft über ihre Arbeit abzulegen. Andererseits sollten die Auswertungen der Berichte aber auch der Basis zugänglich gemacht werden, um diese über die Aktivitäten der Leitung und der Gesamtorganisation auf dem Laufenden zu halten.[22] In der Praxis gab es allerdings nur einen Nachrichtenfluss von »unten nach oben«. Während die Grundorganisationen ihrer Pflicht der Berichterstattung in umfassender Weise nachkamen und das LG so stets »über alle wichtigen Vorgänge, über die geleistete Arbeit und die konkreten Schwierigkeiten in den verschiedenen Bereichen der Organisation«[23] in Kenntnis war, existierten umgekehrt keinerlei systematische Mechanismen der Rückvermittlung dieser Informationen in die Organisation hinein.

Mittlere Kaderebene

Auf der zwischen Führung und Basis angesiedelten mittleren Kaderebene bestanden zwei Strukturtypen. Zum einen gab es die Komitees, in denen einzelne zuständige Genoss(inn)en des LG bzw. von diesen benannte operative Verantwortliche mit allen Anleitern der Zellen einer Branche bzw. eines Bezirkes zusammentrafen und sich um deren Instruierung bemühten. Wichtige Leitungseinheiten im Branchenbereich waren das in der Verantwortung von »Willi« Goltermann angeleitete Chemiekomitee (operativ war hier Ingo Borsum tätig) und das Metallkomitee, das anfangs von »Heinz« Wojahn betreut wurde (operativ: Heiner Möller), später von Ulla Jelpke. Darüber hinaus existierten das von Wojahn betreute Komitee im ÖTV- und Hafenbereich sowie das bis 1976 von Joachim Welsch, danach von Hans-Hermann Teichler angeleitete Druckkomitee. Letzterer war auch für das Komitee im HBV-Bereich zuständig. Mit der 1974 vorgenommenen Umorganisierung der Bezirksarbeit entstanden auch lokale Komitees, nämlich in Altona, Barmbek, Bergedorf, Eimsbüttel, Harburg, Wilhelmsburg, St. Georg, St. Pauli und Wandsbek/Billstedt, die direkt den Branchenkomitees und deren Verantwortlichen untergeordnet waren (wobei die Bereiche »Chemie« und »Metall« einen Großteil der Anleitungstätigkeit leisteten).

Ein zweiter Strukturtyp der mittleren Kaderebene umfasste die Kommissionen und Arbeitsgruppen, die als Unterfunktion der Leitung für die Bearbeitung bestimmter Politikfelder verantwortlich zeichneten (und nicht mit den späteren, 1975, gegründeten Kommissionen des *AK*-Unterbaus zu verwechseln sind). Wichtig war hier die Bündniskommission, in der anfangs Delegierte des Sozialistischen Schülerbundes bzw. Studentenbundes (SSB), des Ringes Bündischer Jugend und Vertreter des Lehrer- und Elternbereiches mit einem Kader des LG zusammenkamen (zum Winkel), um die Kooperation mit anderen politischen Organisationen und Bewegungen inhaltlich und praktisch voranzubringen. Bedeutung hatte auch die von Heiner Möller instruierte Gewerkschaftskommission, die sich aus Mitgliedern des Chemie-, des Metall- und anderer Branchenkomitees zusammensetzte und die für die Gesamtkoordination der Betriebs- und Gewerkschaftsarbeit des Bundes unterhalb der Leitung zuständig war. Zu Beginn des Wintersemesters 1975/76 kam es in Hamburg zur Gründung der aus SSB-Mitgliedern bestehenden Arbeitsgruppe Studenten, die von Heinrich Eckhoff angeleitet wurde und die Erfahrungen des Hochschulkampfes an anderen Orten der Bundesrepublik und in Westberlin auswerten und der eigenen Praxis verfügbar machen sollte.[24] Die Anti-AKW-Kommission unter Hans-Hermann Teichler arbeitete die politische Linie aus, die für den KB bei seiner Mitarbeit in der entsprechenden Bewegung nach 1975 maßgeblich war. Die 1975 gegründete und von dem LG-Mitglied Knut Mellenthin »beratene« AG Frauen war Ausdruck eines innerhalb des KB bestehenden feministischen Autonomieanspruchs und gleichzeitig das Terrain, auf dem die Auseinandersetzung um die frauenpolitische Ausrichtung des Bundes ausgetragen wurde.

Ein Teil der Gremien der mittleren Kaderebene sowie bestimmte *AK*-Kommissionen, die später intern als »Zentrum« bezeichnet wurden, waren in eine übergreifende Anleitungsstruktur integriert. Mit dem Begriff selbst sollte darauf abgehoben werden, dass die hier vertretene Branche (Chemie) wie auch die hier angesiedelten Bezirke (z. B. Eimsbüttel) und *AK*-Kommissionen (fast alle zum Thema »Internationalismus«) für die Arbeit des Bundes als grundlegend angesehen wurden. Kern des Zentrums waren die von »Willi« Goltermann angeleiteten Organisationseinheiten. Dieser fungierte als Kopf der (informellen) Zentrumsleitung, der sieben weitere Kader des KB (Eva Hubert, Achim Kienle, Thomas Ebermann, Bettina Hoeltje, Ingo Borsum, Jürgen Reents und Marion Pein) angehörten. In den Prozessen, die der Spaltung des Hamburger Bundes seit 1978 vorausgingen, entwickelte sich der von den genannten Personen repräsentierte Zusammenhang zur etwa 200 Mitglieder umfassenden Zentrumsfraktion. Diese verließ den KB im Dezember 1979 geschlossen in Richtung der Grünen (»Gruppe Z«).

Basis

Alle Mitglieder des KB (mit Ausnahme der LG-Kader) waren in Betriebs- oder Bezirkszellen organisiert, die in der Regel aus vier bis zehn Personen bestanden. Die Zellen bestimmten aus ihrer Mitte eine Anleitung, die in das zuständige Komitee delegiert wurde, regelmäßig an dessen Sitzungen teilnahm und als Verbindungsglied zwischen der mittleren und der unteren Kaderebene fungierte. Die Aufnahme neuer Mitglieder oblag den Zellen (wobei das LG allerdings via Berichtswesen jederzeit über geplante Rekrutierungen unterrichtet war und gegebenenfalls Einspruch erheben konnte). Lediglich bei Gruppenanträgen auf KB-Mitgliedschaft war das LG von vornherein die maßgebliche Entscheidungsinstanz. 1975 dürften dem KB annähernd 1.000 Mitglieder angehört haben, die zum überwiegenden Teil in Hamburg wohnten.[25]

Betriebszellen

In der ersten Hälfte der 70er Jahre unternahm der KB – entsprechend der Erhebung der Arbeiterpolitik zum primären Praxisfeld – den Versuch, sämtliche Mitglieder, unabhängig von ihrer bisherigen Tätigkeit und sozialen Herkunft, gezielt in die Betriebe »umzusetzen«. »Die überwiegende Masse im KB bestand aus Schülern und Studenten. Einzelne, die aus Arbeiterfamilien stammten, waren Exoten.«[26] Die Organisierung der Mitglieder des KB sollte am Arbeitsplatz erfolgen, und zwar in Betriebszellen, die zumeist auf der Ebene einzelner Unternehmen angesiedelt waren (falls die Anzahl der innerbetrieblich aktiven Kader vier unterschritt, also zur Bildung einer Zelle als zu gering angesehen wurde, schlossen sich diese den Gruppen anderer Firmen an). Betriebszellen des KB gab es in den 70er Jahren vor allem in der Hamburger Metall- und Chemieindustrie.[27]

Eine der Hauptaufgaben dieser Zellen bestand in der Herausgabe von Betriebszeitungen wie *Der Chemiearbeiter*, *Der Metallarbeiter*, *Der Hafenarbeiter*, *Der Druckarbeiter* und *Zur Sache*, die vor allem in der ersten Hälfte der 70er Jahre in zahlreichen regulären Nummern und Dutzenden von Betriebs- und Sonderausgaben erschienen.[28] Andere KB-Betriebsblätter folgten in den 70er Jahren mit zumeist niedriger Auflage. So sollten etwa Beschäftigte in der Schifffahrt mit dem Blatt *Aktivruder* angesprochen werden, das allerdings aufgrund des Ausschlusses der Gruppe Seeleute aus dem KB im Oktober 1973 über zwei Ausgaben nicht hinauskam.[29] Ab 1975 gab die Betriebszelle Lufthansa einige Ausgaben ihres Blattes *Das Leitwerk* heraus. Für die »Kollegen im Gesundheitsbereich« wurde ab 1976 *Wie geht's uns denn?* publiziert. Mit *die rote Anna* wollte der Metallbereich der Gruppe Mitte der 70er Jahre eine eigene »Frauenbetriebszeitung« gründen, die jedoch nach der Nullnummer schon wieder eingestellt wurde.

Bezirkszellen

Das Primat der Arbeiterpolitik hatte zunächst zu einer Abwertung von bezirklichen Organisationsansätzen geführt. Eine »politische Arbeit im Stadtteil« wurde von der Hamburger Gruppe des KB auf Initiative des LG im Februar 1972 aufgenommen, konzentrierte sich in der Anfangszeit jedoch vor allem auf den Vertrieb der KB-Presse und schwerpunktmäßig des *AK* in den Wohngebieten. Zuvor waren hierfür mit dem KB sympathisierende Schul- und Hochschulzirkel (KOB,

SdKB) verantwortlich gewesen, was aus Sicht des Bundes zahlreiche Probleme (»Unzuverlässigkeit«, »niedriges ideologisches Niveau«) mit sich gebracht hatte, die mit dem Aufbau einer eigenen Vertriebsorganisation (VO) gelöst werden sollten. Ziel war es, eine bezirkliche Struktur zu schaffen, die es ermöglichte, ein »Massenflugblatt, das ohne Vorankündigung nachts herauskommt, schon am nächsten Morgen im Berufsverkehr an allen wichtigen Plätzen Hamburgs zu verteilen«. Ende 1972 wurde das beschränkte Verständnis von Stadtteilarbeit als Anhängsel der eigentlichen KB-Politik als Fehler betrachtet und aufgegeben. Auch wenn der KB »den Betrieb« weiterhin als operativen Kernbereich einschätzte, wollte er die Bezirksarbeit nun nicht mehr länger links liegen lassen. Im *AK* publizierte »Untersuchungen von Widersprüchen, wie sie speziell im Stadtteil auftreten«, identifizierten nunmehr Konflikte (hohe Mietpreise, Wohnungsnot, Situation an den Schulen), die »bei ihrer Weiterentwicklung zur Explosion treiben werden« und gar in Zukunft zum Ausgangspunkt »von politischen Massenkämpfen« werden könnten. [30]

Die Bezirkszellen des KB, wie sie aus der Vertriebsorganisation des Bundes hervorgegangen waren, wurden zunächst von Bezirksleitungen geführt, die innerhalb der Hierarchie des Bundes über ein gewisses Maß an Autonomie verfügten. 1974 gingen diese daran, eine Umorganisierung ihrer Arbeit vorzunehmen. Inhaltlich bestimmte Projektgruppen (Wohnungs-, Jugend-, Schularbeit) sollten die bis dahin maßgeblichen Strukturen ersetzen. [31] Das LG, das eine Organisierung »nach Aufgaben« als »unkommunistisch« ablehnte (die »Massenarbeit« im Bezirk müsse »allseitig« betrieben werden), verhinderte jedoch diese Umstrukturierung mit der Begründung, dass es die Bezirksorganisation seit Beginn ihrer Arbeit nicht verstanden habe, »eine auf die Bedürfnisse und Interessen der Massen orientierte Politik im Stadtteil zu entwickeln«. [32] Dieser Konflikt führte zum Rücktritt der bisherigen Bezirksleitungen. Im Folgenden wurde die Anleitung der Bezirkszellen von »gestandenen Betriebskadern« (teilweise direkt von LG-Mitgliedern, teilweise von operativ Verantwortlichen) übernommen. [33] Der gesamte Bezirksbereich wurde so den Betriebskomitees untergeordnet und politisch wie auch praktisch (Einteilung zu Verkaufs- und Verteilerstellen) streng zentralistisch ausgerichtet.

Ziel war es, die »Genossen« erstens für einen »möglichst guten Verkaufseinsatz mit unseren Materialien im Stadtteil« und zweitens für eigenständige Initiativen zur Politisierung sozialer Konflikte auf Stadtteilebene »fit zu machen«. [34] Die Bezirksarbeit insgesamt, die intern (nicht zuletzt auch von den Mitgliedern der Bezirkszellen selbst) im Vergleich zur politischen Tätigkeit in den Betrieben als minderwertig angesehen wurde, blieb in den potenziellen Zielgruppen nahezu ohne Resonanz. Das als Medium der kommunalpolitischen Arbeit vom KB geschaffene Blatt *Unsere Stadt* musste schon nach kurzer Zeit wieder eingestellt werden.[35] Ein größeres Gewicht der bezirklichen Strukturen ergab sich erst nach 1975, als der Hamburger Bund sein Engagement auf die neuen sozialen Bewegungen konzentrierte. Die KB-Gruppen, die als Trägerinnen der Anti-AKW-Politik fungierten, waren zum überwiegenden Teil auf Stadtteilebene organisiert.

Arbeiterkampf (AK)

Wichtigstes Strukturelement des KB war sein Zentralorgan, der *Arbeiterkampf* (AK), der – auf einen Begriff Lenins zurückgreifend – »als kollektiver Propagandist, Agitator und Organisator« verstanden wurde.[36] Dem *AK* sollten damit zweierlei Funktionen zukommen: Zum einen wirkte das Blatt als politisches Sprachrohr des KB nach außen. Zielgruppe waren hier, zumindest dem Anspruch nach, die »bewussteren Teile der Arbeiterklasse«[37] (und damit auch die unterschiedlichen Fraktionen der ML-Bewegung und der übrigen Linken, die sich als deren Vertretung gerierten). Eine solche politische Stoßrichtung sollte schon im Titel des Blattes vermittelt werden: Der *Arbeiterkampf* erschien bis in die 80er Jahre hinein mit der Unterzeile »Arbeiterzeitung des Kommunistischen Bundes« und mit dem Emblem der einen Schraubenschlüssel umklammernden Faust vor strahlender Sonne. »Kollegen, Genossen, abonniert den *Arbeiterkampf*« hieß es in einer gezeichneten Werbung aus dem Jahre 1972, in der männliche Proletarier vor dem Hintergrund von Fabrikhallen, Kränen und rauchenden Schloten in der KB-Postille lesen.[38] Eine spezielle *AK*-Preispolitik sollte der Verankerung des Blattes in der anvisierten Zielgruppe ebenfalls dienlich sein: Beim Kauf der Zeitung vor dem Betrieb waren anfangs statt 50 nur 30 Pfennig zu zahlen. Dass das Blatt überhaupt verkauft und nicht einfach wie die ersten Ausgaben der *KAZ* des *SALZ* kostenlos verteilt wurde, hatte einen ökonomischen und einen konzeptionellen Grund. Zum einen habe der KB »nichts zu verschenken«, bekomme »kein Geld aus der DDR oder sonstwo her« und wolle »auch nicht wie die bürgerliche Presse von Anzeigen abhängig« sein.[39] Zum anderen erhoffte man sich vom Verkauf der Zeitung den Aufbau eines festen Leserstamms (was mit einem kostenlos an ein eher beliebiges Publikum verteilten Blatt weniger erfolgversprechend schien).[40]

Tatsächlich kam dem *AK* in ganz anderer Hinsicht Bedeutung zu: In der zweiten Hälfte der 70er Jahre war er eines der wesentlichen Organe linker »Gegenöffentlichkeit« und fand auch in Kreisen, die dem KB als politischer Organisation eher ablehnend gegenüberstanden, gewissen Absatz.

Die zweite wichtige Funktion des *AK* war eine organisationsinterne. Indem der Bund als »Zeitungsorganisation«[41] seine Ressourcen auf die Erstellung und den Vertrieb des Blattes konzentrierte und hierfür alle Ebenen der Gruppe (von der einzelnen Zelle bis zum LG) einspannte, wurde die Zeitung zur zentralen

Schnittstelle der Organisation. Der *AK* diente als »Zentralorgan« der programmatischen Integration des KB, war Mittel der Kaderrekrutierung und auf der Basis von *AK*-Verkaufseinsätzen Instrument zur Ausweitung der Organisation über Hamburg und den norddeutschen Raum hinaus in andere Regionen der Bundesrepublik. Der *AK* war »Leitungssache« und »der zentrale Inhalt« der LG-Arbeit.[42] (Die in der Gründungsphase des KB bestehende Trennung zwischen Leitung einerseits, Redaktion andererseits war bald aufgegeben worden.) Die offiziell gar nicht bestehende Rolle eines »Chefredakteurs« füllte Knut Mellenthin aus. Alle wichtigen Programmartikel der frühen 70er Jahre, insbesondere die zur Faschisierungsthese, sind von ihm verfasst worden.[43]

Die Einbeziehung der übrigen Organisation in die *AK*-Produktion war vielfältiger Natur. Zum einen waren alle Aktivisten des Bundes dazu aufgefordert, sich an der Erstellung der Zeitung zu beteiligen, zu recherchieren, zu diskutieren und zu schreiben. Die besondere Bedeutung dieser Unterstützung wurde mit dem Aufruf der Leitung an die Organisation, Kommissionen zu gründen, um so die *AK*-Arbeit zu stärken, unterstrichen. Ab 1975 entwickelte sich innerhalb des KB eine Struktur, die zu der ansonsten bestehenden Hierarchie in gewisser Weise quer lag. Mit den Kommissionen entstanden Gruppen, in denen Mitglieder aller Kaderebenen (aber auch Externe) unter dem Gesichtspunkt eines gemeinsamen inhaltlichen Interesses zusammenkamen. Ihre Aufgabe bestand darin, ein bestimmtes politisches Thema zu erschließen und dem *AK* inhaltlich zuzuarbeiten. Teilweise fungierten die Kommissionen, die direkt unterhalb des LG angesiedelt waren, aber auch als Träger von nach außen gerichteten Aktionen des KB. Die größte Gruppe dieser Art war die von Kai Ehlers instruierte Antifakommission, deren Thematik speziell in der zweiten Hälfte der 70er Jahre für den KB von großer Relevanz war. 1975/76, in den internationalistischen Kampagnen, kamen den Kommissionen zu Afrika (Leitung: Thomas Ebermann) und Portugal (Leitung: »Willi« Goltermann) größere Bedeutung zu. Daneben bestanden in der zweiten Hälfte der 70er Jahre, je nach politischer Konjunktur, zahlreiche Kommissionen mit unterschiedlichen inhaltlichen Schwerpunkten, die oft nur wenige Mitglieder umfassten, aber zum Teil sehr effektiv arbeiteten.[44]

Neben der Mitarbeit an der Erstellung des *AK* waren alle Zellen des KB zu regelmäßigen Verkaufseinsätzen ihres Blattes verpflichtet, die mit einem erheblichen Aufwand und unter großen persönlichen Mühen der Mitglieder durchgeführt wurden. 1972 und 1973 wurde die Zeitung monatlich, 1974 und 1975 dreiwöchentlich, ab 1976 sogar 14-täglich herausgegeben. Die gedruckte Auflage stieg im selben Zeitraum von durchschnittlich 12.350 (1972) auf 19.150 (1976). Nur ein kleiner Teil wurde im Abonnement vertrieben, der Rest im freien Verkauf. Allein die Hamburger Organisation des KB setzte 1976 pro Ausgabe 10.000 Exemplare ab, wobei allerdings 50 Prozent hiervon an »Stammleser«, d. h. das eigene Umfeld, gegangen sein sollen.[45] Zum Schutz der Mitglieder der Betriebszellen wurden diese nur zum Verkauf außerhalb Hamburgs eingesetzt. (Das bedeutete, dass sie sich an Wochenenden von Hamburg aus z. B. auf den Weg nach Bremen machen mussten, um dort vor dem Hauptbahnhof den *AK* zum Kauf anzubieten.)

Für den öffentlichen Verkauf direkt in Hamburg, d. h. vor den Betrieben, in Fußgängerzonen, an Wohnungstüren und in Kneipen, waren die Bezirkszellen zuständig, die teilweise zweimal wöchentlich zum Einsatz kamen. Aufwand und Ertrag standen in einem eher ungünstigen Verhältnis. Die Kader mussten bei Wind und Wetter, oft zu nachtschlafender Zeit präsent sein. Laut Daniela Hitzwebel, in den frühen 70er Jahren im Bezirksbereich Altona organisiert, war dies ein weithin ungeliebter Job: »Ich musste zwei Verkaufseinsätze pro Woche machen. Einen am Altonaer Bahnhof. Am Altonaer Bahnhof zu stehen, das war noch schlimmer als die Kneipentour. Man stand dort gemeinsam mit Verkäufern der KPD/ML, der KPD, des KBW in einer Reihe und versuchte den Leuten, die von der Arbeit kamen, diese Zeitung zu verkaufen. Ich war nicht die Einzige, die da unheimlich wenig Zeitungen verkauft hat. Das war schon eine Mischung aus eigenem Anspruch, die Zeitung unter die Leute zu bringen. Es gab andererseits aber auch einen massiven Druck, das machen zu müssen. In der Bezirkszelle war das eine von den allermeisten gehasste Arbeit, die wir nur widerwillig gemacht haben, auch weil wir in dem damaligen gesellschaftlichen Gesamtklima gehörig unter Druck waren. Es war auch eine Form von Solidarität. *AK*-Verkauf mussten alle machen. Wie sollte ausgerechnet ich dazu kommen, das abzulehnen? Es war damals, wenn keine führenden Genossen in der Nähe standen, einer der beliebtesten Sprüche von uns zu sagen: Die müssten mal selber am Altonaer Bahnhof stehen.«[46]

Die einzelnen Einheiten waren angehalten, »regelmäßig (auf jeder Sitzung)« einen Überblick über den Verkaufseinsatz und »die Ergebnisse der einzelnen Genossen« zu erstellen und diesen auf dem Berichtsweg zur Auswertung an die übergeordneten Gremien des KB weiterzuleiten. Als größtes Problem des Straßenverkaufs wurde immer wieder ein »breit verwurzelter Antikommunismus in der Masse« genannt. »So bekommen wir immer wieder Fahrkarten in die DDR ›geschenkt‹ oder werden beschimpft mit Sprüchen wie ›Geht doch erstmal arbeiten!‹ oder ›Faules Studentenpack!‹ und Ähnliches mehr.« Deutlich wurde, dass der *AK* über die linke Bewegung hinaus (in der »Normalbevölkerung«) kaum Absatz fand. Den KB-Kadern wurde nahegelegt, sich nicht nur technisch, sondern auch inhaltlich auf ihre *AK*-Verkaufseinsätze vorzubereiten. Im Vorfeld einer neuen *AK*-Ausgabe sollten die wichtigsten Artikel den Aktivisten in den Bereichen zur »sofortigen Pflichtlektüre« vorgelegt und auf einem »regelmäßigen Termin vor dem entsprechenden Einsatz« diskutiert werden, um so den *AK* offensiver anbieten und antikommunistischen Angriffen wie auch ernsthaften Anfragen souveräner begegnen zu können.[47] Trotzdem wurde der *AK*-Verkauf von den Bezirkszellen als »notwendiges Übel« begriffen und »ohne Schwung« durchgeführt. Bei einzelnen Kadern soll eine »starke politische Unsicherheit zu regelrechter Angst vorm Verkaufen« geführt haben, da sie sich »möglichen Diskussionen und Anmachereien nicht gewachsen« fühlten.[48]

Apparat, Unternehmen, Finanzen

Den Apparat des KB bildete ein Stamm politischer Kader, die der Führung der Gruppe zuzurechnen waren, und einige wenige Angestellte der »Technik«, deren Aufgabenbereich die Produktion (Layout, Satz) und den Vertrieb des *AK* und anderer Publikationen des Bundes umfasste. Hier arbeiteten in den 70er Jahren ein bis zwei von der Organisation bezahlte Koordinatoren, denen eine Vielzahl von Genoss(inn)en des KB in »freiwilligen Schichten« unbezahlt zur Seite stand. Dass es vor allem die »wichtigsten« Funktionäre des KB waren, die für ihre Organisationstätigkeit freigestellt und entlohnt wurden (die Angestellten der Technik waren *politisch* ohne Gewicht), zeigt die Bedeutung, die der »obersten Verantwortungsebene« innerhalb der Struktur beigemessen wurde. Die hier erzielten Einkommen waren freilich minimal. Feste Gehaltsstrukturen wurden erst in der zweiten Hälfte der 70er Jahre eingeführt (zuvor gab es je nach Bedarf lediglich Zuschüsse zu den sonstigen Einkünften). Anfangs waren lediglich drei, bis zum Zeitpunkt der Spaltung 1979 bis zu 14 politische Kader, darunter lediglich eine Frau, freigestellt. Mit der Einführung fester Gehaltsstrukturen betrug deren monatliches Einkommen einheitlich 1.000 DM, in den 80er Jahren – bei einem stark verkleinerten Apparat – maximal 1.550 DM (was allerdings über den Löhnen lag, die ansonsten im alternativen Bereich, etwa bei der *taz*, gezahlt wurden).

Der KB verfügte zudem über eine Reihe von Unternehmen, die formal zwar selbständig waren, aber in der Infrastruktur des Bundes eine wichtige Rolle spielten und von diesem »teilweise stark subventioniert« wurden. Der Buchladen »Arbeiterbuch« im Hamburger Grindelhof war bereits 1970 vom SALZ gegründet worden. Als Druckerei, die die meisten KB-Publikationen (mit Ausnahme des *AK*) herstellte, unterhielt die Organisation den Anfang der 70er Jahre aus der alten AStA-Druckerei hervorgegangen Betrieb Hein & Co (Lerchenstraße). Daneben leistete sich der KB einen eigenen Verlag, der bis 1976 als Verlag Arbeiterkampf, danach bis zur Spaltung des Bundes als j.-reents-verlag firmierte (anfangs in der Rutschbahn, dann in der Lerchenstraße). In der nach der Spaltung des Bundes 1979 einsetzenden Finanzkrise war ein Teil dieser Unternehmen jedoch nicht mehr länger zu halten.

Der KB finanzierte sich aus Mitgliedsbeiträgen und Spenden. In den 70er Jahren existierte keine verbindliche Regelung zur Höhe der Beiträge. Diese wurden je nach den finanziellen Umständen der einzelnen Mitglieder (Vermögen, Einkünfte), die vor der Organisation transparent zu machen waren, festgelegt. Ende der 70er Jahre wurde ein solches Verfahren als »sehr eingreifend in die persönliche Sphäre« kritisiert und daher abgeschafft. Fortan existierte ein Beitragswerk, dessen Staffelung an den Nettoeinkünften der einzelnen Mitglieder orientiert war. Die Mitgliedsbeiträge waren teilweise erheblich. »Besserverdienende« mussten in den 70er Jahren monatlich bis zu 800 DM berappen.[49] 1977 soll das Beitragsaufkommen allein in Hamburg 45.000 DM im Monat betragen haben. Ein zweiter wichtiger Faktor zur Finanzierung der Organisation waren Spenden. Die Bereitschaft der Mitglieder und Sympathisanten des Bundes, bestimmte Aktivitäten ihrer Gruppe, etwa einzelne Publikationen oder Kampagnen, gerade im internationalistischen Bereich, finanziell zu unterstützen, war außerordentlich groß. Die seit 1979 jährlich durchgeführten Spendenkampagnen zugunsten des *AK* erbrachten darüber hinaus Summen, mit denen der Fortbestand der Zeitung auch bei abnehmenden Verkaufszahlen gesichert werden konnte.[50]

Zentrale Regionalkommission (ZRK)

Das im Spätsommer 1972 gegründete Gremium zur Koordinierung der außerhalb Hamburgs existierenden Gruppen des Bundes war eine Unterabteilung des LG und trug den bezeichnenden Namen »Zentrale Regionalkommission«: Aus Sicht der hanseatischen Hochburg des »KB-Nord«, wo selbst auf dem Zenit des bundesweiten Aufbaus, 1977, die Hälfte der Mitglieder des Gesamtverbandes ansässig war, erschienen alle weiteren lokalen Ansätze des KB als Peripherie. Der in Hamburg bestehende Apparat dominierte den Bund auch in seinen bundesweiten Strukturen. Anfangs war daran gedacht worden, die Integration des KB mithilfe der »erweiterten Redaktionskonferenz« des *AK* zu gewährleisten, was sich aber in der Folge als nicht praktikabel erwies. Hauptaufgabe dieser ZRK war die Befähigung der bestehenden Regional- und Ortsgruppen des KB zur Umsetzung zentraler Richtlinien in die »örtliche Wirklichkeit«.[51] In der Anfangszeit des Bundes wurde im ZRK die Politik einzelner Ortsgruppen bis ins Detail besprochen, wobei auch hier zunächst die Betriebsarbeit und nach 1975 stärker die Aktivitäten in den neuen sozialen Bewegungen (»Kampagnenpolitik«) im Mittelpunkt standen. Zu verschiedenen Anlässen und Themen wurden Flugblätter erstellt sowie Veranstaltungen und Demonstrationen organisiert. Es gab eine bündnispolitische Ausrichtung, wobei die politischen Schwerpunkte der Kampagnen zentral im ZRK bestimmt wurden und dann vor Ort umzusetzen waren.

Auf dem Höhepunkt der Organisation 1977 gehörten dem inneren Führungskreis des Gremiums, das proportional zum nationalen Aufbau des Bundes gewachsen war und sich primär aus in Hamburg ansässigen Funktionären zusammensetzte, in einem engeren Sinne acht Kader an, darunter zwei Frauen (die hier namentlich nicht genannt werden wollen). Hans-Hermann Teichler, der die Leitung der ZRK 1974 von Jürgen Reents übernommen hatte (als dieser zur Wahrnehmung von Anleitungsfunktionen nach Frankfurt a. M. gezogen war), Thomas Ebermann, Heiner Möller, Detlef zum Winkel, Detlef Facklam, Ingo Borsum sowie die Genossinnen »a.« (verantwortlich für die Frauenarbeit in den Ortsgruppen) und »g. E.«. Teichler, Möller und zum Winkel waren gleichzeitig freigestellte Mitglieder des LG, was die Bedeutung des ZRK als »Unterabteilung« des Leitenden Gremiums unterstreicht. Darüber hinaus bestand ein Kreis von 15 Genoss(inn)en aus verschiedenen Ortsgruppen, die 14-täglich an den Sitzungen des »erweiterten ZRK« teilnahmen und ansonsten überwiegend in der regionalen Arbeit tätig waren. Ein ZRK-Büro koordinierte die Arbeit der Kommission zwischen den Sitzungsterminen.[52] Als Unterstrukturen der ZRK existierten auch so genannte regionale Anleitungen. Der KB Bremen war für den Bereich Unterweser (von Oldenburg bis Emden) zuständig. Die Frankfurter Gruppe war Zentrale für weitere Orte in Hessen (die Ausweitung dieser Funktion auf Baden-Württemberg und das Saarland misslang). Die lokalen Ansätze und Gruppen des Bundes in Nordrhein-Westfalen wurden von Bochum aus koordiniert. Diese Unterstrukturen waren über die zentral Verantwortlichen an das ZRK angebunden. Nach der Spaltung des KB 1979 wurde die Zentrale Regionalkommission aufgelöst. Die »Regionen« konnten im Folgenden ihre Delegierten direkt ins LG schicken.[53]

»Auswärtige« Ortsgruppen

Die Versuche des KB, sich in weiteren Regionen der Bundesrepublik und in Westberlin zu verankern, waren bis Ende 1975 wenig erfolgreich. Ortsgruppen des Bundes außerhalb der Hansestadt bestanden zu diesem Zeitpunkt lediglich in 17 Städten, zum überwiegenden Teil in Norddeutschland.[54] Die Schwierigkeiten, die sich mit der nationalen Ausdehnung für den KB verbanden, hingen in erster Linie mit seiner politischen Isolation in der radikalen Linken als Folge seines Wahlaufrufes zugunsten der SPD bei den vorgezogenen Bundestagswahlen von 1972 zusammen. Die nationale Etablierung des KB erfolgte erst in der zweiten Hälfte der 70er Jahre vor dem Hintergrund seiner Kampagnenpolitik zu internationalistischen Themen und aufgrund seines Engagements in der Anti-AKW-Bewegung.

Bei den Ortsgruppen können sechs Methoden der Konstituierung unterschieden werden. *Erstens* schlossen sich einige der Zirkel aus dem norddeutschen Arbeitszusammenhang des SALZ und eine kleinere hessische Gruppe dem KB unmittelbar nach dessen Gründung an. So entstanden 1971 die Ortsgruppen in Bremerhaven, Eutin, Flensburg, Oldenburg und Frankfurt a. M. *Zweitens* gelang es dem KB immer wieder, selbständige Gruppen zu integrieren. Der Göttinger KB ging Ende 1975 aus einem Sympathisantenkreis hervor, der Kommunistischen Arbeitergruppe Göttingen (KAG).[55] Der Nürnberger KB entstand aus der Gruppe Nürnberger Kommunisten (GNK), die sich 1974 von der KPD/ML abgespalten hatte. Der Kasseler KB stützte sich bei seiner Konstituierung auf eine spontaneistische Organisation namens »Rote Panther«.[56] Der Darmstädter KB ging im Mai 1976 aus einer lokalen Gruppe des Bundes Demokratischer Jugend (BDJ) hervor.[57] *Drittens* wurden Gruppen von lokalen Kadern und Sympathisanten des KB direkt vor Ort aufgebaut. 1973 entstand so etwa in Westberlin die später nach der Hamburger Zentrale mitgliederstärkste Ortsgruppe des Bundes. *Viertens* waren die von Hamburg aus forcierten *AK*-Verkaufseinsätze und die Einrichtung von »Lesekreisen« wichtige Mittel zum Aufbau erster Ansätze, aus denen dann später, teilweise unterstützt durch »Kaderverschickungen«, Ortsgruppen des Bundes hervorgingen. 1975 entstand so der Bremer KB. Auch die Strukturen des Bundes in Lüneburg und in Teilen Nordrhein-Westfalens waren solchen Ursprungs. *Fünftens* kam es zum Aufbau lokaler Gruppen im Anschluss an zentral von Hamburg aus in den Regionen organisierten politischen Aktivitäten. 1974/75 waren das vor allem die internationalistischen Kampagnen zu Chile, Portugal und Afrika, insbesondere Angola. Veranstaltungen, die zunächst in Hamburg im großen Rahmen in den Messehallen oder im Audimax der Universität durchgeführt worden waren, gingen anschließend auf »Tournee« durch die Bundesländer, wo sich der KB organisatorisch lediglich auf »wenige örtliche Sympathisanten, Kontakte, *AK*-Liebhaber« stützen konnte, und wurden so zur Keimzelle neuer Ortsgruppen.[58] Den nach 1976 forcierten Kampagnen in der Anti-AKW-Bewegung kam in der Aufbaukonzeption des Bundes ein ähnlicher Stellenwert zu. Besonders die Demonstration in Kalkar 1977, die »ja im Wesentlichen mit Hilfe des KB zustande gekommen« war, verlieh den in Nordrhein-Westfalen teilweise schon bestehenden Organisationsansätzen einen weiteren Schub. *Sechstens* spielten beim Aufbau von Ortsgruppen die bereits erwähnten »Kaderverschickungen« eine gewisse Rolle. Waren die ersten lokalen Kontakte geknüpft, wurde praktisch »nachorganisiert«, indem Hamburger Kader des KB ihren Lebensmittelpunkt an die entsprechenden Orte verlegten. Über die Verschickung entschied das LG, manchmal auch ohne die Zustimmung der jeweiligen Kandidaten. »Teilweise wussten die bis zu den Terminen nicht einmal, worum es sich handelt.« Die Betroffenen dieser Aufbaupolitik, für die am neuen Ort Arbeits- bzw. Studienplätze organisiert wurden, waren entweder Studierende aus dem SSB oder Mitglieder der mittleren Kaderebene des KB (z. B. Möller, der erst später ins LG aufgenommen wurde). Darüber hinaus wurden politische Ortswechsel auch von Mitgliedern der Führungszirkel vollzogen (Reents, zum Winkel). Solche zentralen Verschickungen gab es etwa nach Nürnberg, wo die alten GNK-Strukturen rasch zusammengebrochen waren, aber auch nach Nordrhein-Westfalen, Bremen, Freiburg und Frankfurt a. M.[59]

Die lokalen Gruppen des KB konnten über die Aufnahme neuer Mitglieder und die politische Umsetzung zentraler Richtlinien weitgehend selbständig entscheiden, waren aber über ein auch hier bestehendes Berichtswesen eng an die ZRK bzw. deren Unterstrukturen angekoppelt. Die Mitgliedsbeiträge wurden von der Ortsgruppe selbst eingezogen, wobei eine gewisse Summe, die für die lokalen Apparate und Aktivitäten aufzuwenden war, einbehalten und der überwiegende Rest an die Hamburger Zentrale überwiesen wurde. Die in der ersten Hälfte der 70er Jahre bestehenden Ortsgruppen hatten ihren Arbeitsschwerpunkt zum überwiegenden Teil im betrieblichen Sektor, wobei einige insbesondere in der gewerkschaftlichen Jugendarbeit über starke Positionen (z. B. der KB Kiel bei der dortigen Howaldtswerke Deutsche Werft, HDW) verfügten.[60] Mit der Krise der Betriebsarbeit 1975 brach jedoch dieser Ansatz auch in den Ortsgruppen nahezu vollständig zusammen.

Analog zum Hamburger Vorbild erfolgte ab Mitte der 70er Jahre der Versuch, in verschiedenen Städten eine eigenständige Presse aufzubauen, in der den lokalen Bezügen eine größere Rolle zugemessen werden sollte.[61] Die Ortsgruppen wollten mit ihren »Stadtzeitungen« das Zentralorgan des KB und die anderen Hamburger Publikationen jedoch nicht ersetzen (was ja den Zentralismus innerhalb der Organisation untergraben hätte), sondern mit einer Art örtlicher Kolorierung inhaltlich ergänzen (erste Exemplare der Lokalpresse wurden dem *AK* regional beigelegt). Gemeinsam war den Blättern, dass sie (teilweise weit) hinter das inhaltliche und technische Niveau des *AK* zurückfielen. Es zeigte sich recht schnell, dass die Lokalpresse nur wenig zum Ziel der Etablierung des KB und seiner Politik außerhalb Hamburgs beitrug. Hinzu kam, dass die Herausgabe so zahlreicher Titel die Kräfte der Organisation überstieg und somit zu Lasten der zentralen Periodika des Gesamtverbandes ging. Mit der überwiegend bis 1977 erfolgten Einstellung der Lokalzeitungen verband sich so das Ziel, die Ressourcen des Bundes (innerhalb und außerhalb Hamburgs) wieder voll auf die Erstellung und den Vertrieb des *AK* und anderer zentraler Publikationen konzentrieren zu können.

Suborganisationen

Wie andere ML-Organisationen auch konnte der KB zusätzlich auf einige sympathisierende Gruppen zurückgreifen, die zwar formal unabhängig blieben, aber politisch eng an den Bund angelehnt waren.

Initiativkomitee Arbeiterhilfe e. V. (IKAH)

Das Initiativkomitee Arbeiterhilfe entstand 1972 als Abspaltung der Roten Hilfe Hamburg. KB-Kader, die hier zuvor mitgearbeitet hatten, wurden ausgeschlossen, nachdem ihre Organisation auf einer Veranstaltung am 29. Mai 1972 die Politik der RAF in Frage gestellt hatte.[62] Auch der von der Roten Hilfe vertretene Ansatz war in die Abgrenzung des KB einbezogen: Statt sich wie diese auf eine »kritiklose Unterstützung« der RAF zu kaprizieren, müsste die Antirepressionsarbeit auf die »breite Unterstützung aller vom Kapital Verfolgten« zielen.[63] Zur Realisierung dieser Aufgabe wurde das IKAH gegründet, das als »eingetragener Verein« eine eigenständige Gruppe war, allerdings direkt von Mitgliedern des Hamburger Bundes getragen wurde. Dass die Initiative zur Konstituierung der Arbeiterhilfe ausgerechnet von Kai Ehlers ausgegangen war und dieser auch deren Leitung übernahm, hatte einen konkreten Grund: Als presserechtlich Verantwortlicher stand sein Name unter den meisten Publikationen des KB (wie zuvor schon des SALZ), weshalb er organisationsintern auch lapidar als »Sitzredakteur« bezeichnet wurde: Er war derjenige, der schon bald »im Knast sitzen« konnte, falls KB-Veröffentlichungen, für die er im juristischen Sinne persönlich haftbar zu machen war, einen Straftatbestand dargestellt hätten. Nach einem ersten Ermittlungsverfahren wegen eines Flugblattes, in dem die Erschießung Petra Schelms im Juli 1971 in Hamburg als »politischer Mord« bezeichnet worden war, sah sich Ehlers von einer Prozesswelle bedroht.[64]

Mit der Gründung des IKAH wollte sich der KB explizit in eine zweifache Tradition der überparteilichen Massenorganisierung der KPD in der Weimarer Republik stellen: zum einen in die der 1921 von Willi Münzenberg gegründeten Internationalen Arbeiterhilfe[65], deren Hauptaufgabe die soziale Unterstützung notleidender Arbeitermassen, insbesondere bei Streiks und Aussperrung gewesen war; zum anderen in die der 1924 konstituierten Roten Hilfe Deutschland[66], die sich im Wesentlichen auf die Unterstützung und Betreuung von politisch Verfolgten und deren Angehörigen beschränkt hatte (vgl. Flechtheim 1976, 244). Zum einen sollte das IKAH eine »proletarische Selbsthilfeorganisation« sein, ein »machtvolles Instrument«, um sich gegen die »übelsten wirtschaftlichen und politischen Übergriffe der Ausbeuter« wehren zu können. Zum anderen, und dem nachgeordnet, sollte dem IKAH die Aufgabe der »Genossenhilfe« zukommen, d.h., es sollte die solidarische Unterstützung von Kadern organisieren, die staatlicher Repression ausgesetzt waren.[67]

Letztlich konnte das Initiativkomitee diese hochgesteckten Ansprüche in keiner Weise erfüllen. Obwohl ihre Tätigkeit innerhalb des KB sehr angesehen war, lebte die Gruppe vom »Impetus weniger Personen« und vermochte sich nie auf breiterer Grundlage zu etablieren.[68] Ihre Praxis bestand im Wesentlichen in konkreter Prozesshilfe, was sowohl arbeitsrechtliche als auch strafrechtliche Verfahren gegen politische Kader umfasste. Flankiert wurde dieser Ansatz von einer vom Komitee herausgegebenen, breit angelegten Ratgeberliteratur zu juristischen Fragen.[69] Während das IKAH in den 70er Jahren in einem eher schleichenden Prozess organisatorisch zerfiel, wurde die Solidaritätsarbeit im Folgenden von unterschiedlichen Zusammenhängen innerhalb des Bundes übernommen, die sich je nach konkretem Anlass herausbildeten und schnell wieder auflösten. Als Rahmen dieser Tätigkeit fungierte die 1976 gegründete Antirepkommission, die ebenfalls von Kai Ehlers angeleitet wurde.

Sozialistischer Studentenbund (SSB)

Der Sozialistische Studentenbund entstand im April 1972 aus den Restbeständen der Sympathisanten des KB (SdKB) an den Hamburger Hochschulen. Die etwa 200 Mitglieder zählende Gruppe hatte sich im Januar 1972 auf einer Vollversammlung wegen einer unterschiedlichen Bewertung der Faschisierungsthese, des wichtigsten Essentials des KB, gespalten. Ein größerer Block, der als »PI-Fraktion« bezeichnet wurde (was darauf verwies, dass seine Anhängerschaft mehrheitlich am Pädagogischen Institut studierte), lehnte diese These ab. Aus ihr ging wenig später die Sozialistische Studentengruppe (SSG), Vorläufer der Hamburger Ortsgruppe des KBW, hervor.[70] Eine kleinere, etwa 40-köpfige Fraktion, welche die Position des KB in der Faschismusfrage teilte, fungierte kurze Zeit später als Gründungszirkel des SSB. In der hochgradig ideologisch und emotional aufgeladenen Spaltung der SdKB an den Hamburger Hochschulen war das spannungsreiche Verhältnis zwischen KB und dem später gegründeten KBW bereits vorgezeichnet (vgl. Langguth 1976, 206).

An der Spitze des SSB (»Politische Leitung«) standen sechs Personen, von denen Heinrich Eckhoff später einen Sitz im LG des KB einnahm. Die Norm der Unterordnung des studentischen Bundes unter den KB war statuarisch verbindlich festgelegt. »Der SSB orientiert sich an der politischen Linie des Kommunistischen Bundes, unterstützt aktiv die Politik des KB und arbeitet mit dem *Arbeiterkampf* in der Studentenschaft. Die Mitglieder des SSB sind verpflichtet, sich dem KB gegenüber solidarisch zu verhalten.«[71] An der Basis war die Hochschulgruppe in Zellen nach Fachbereichen organisiert, für die Rekrutierung gab es Sympathisantengruppen und »*Arbeiterkampf*-Lesezirkel«, die allerdings keine reinen Schulungsgruppen waren, sondern auch in die praktische Tätigkeit des SSB einbezogen wurden. Der Übergang vom Sympathisantenstatus in die Mitgliedschaft war fließend (Kriterium war die Beitragszahlung von monatlich, je nach Einkünften, 20 bis 100 DM).[72]

Das Primat der Betriebsarbeit, wie es vom KB in der ersten Hälfte der 70er Jahre vertreten wurde, beinhaltete eine Abwertung des politischen Kampfes an den Hochschulen. Zunächst beschränkte sich der SSB auf die Propagierung der

KB-Essentials, wobei der Zeitungsarbeit ein zentraler Stellenwert eingeräumt wurde. Die erstmals im Mai 1972 erschienene *Solidarität* (Oberzeile: »Vorwärts und nicht vergessen«) wurde per Statut zum »wesentlichen Instrument unserer Agitation und Propaganda« bestimmt[73]. Tatsächlich hat das Blatt in der Arbeit des SSB »nie eine besonders große Rolle« gespielt; als »Hauptinstrument« diente auch hier der *AK*.[74] Der SSB blieb marginal: 1973 gehörten ihm lediglich 65 Mitglieder an, während im Kommunistischen Studentenverband der KPD im gleichen Jahr bereits 1.100 Genoss(inn)en organisiert waren. Die Kommunistische Hochschulgruppe und der Kommunistische Studentenbund des KBW verfügten 1974 über etwa 2.000 Aktive.

Ring Bündischer Jugend (RBJ)

Dass der Marxismus-Leninismus in der ersten Hälfte der 70er Jahre durchaus über die einschlägigen Zirkel hinaus Attraktivität entfaltete, zeigt eine Organisation wie der Ring Bündischer Jugend in Hamburg, der mehrheitlich den KB als seine Bezugsorganisation akzeptierte. Der RBJ hatte sich Ende der 60er, Anfang der 70er Jahre aus dem Zusammenschluss mehrerer lokaler Sektionen überregionaler Gruppen in Hamburg herausgebildet[75], die sich in der Tradition der bündischen Jugendbewegung begriffen, im Zuge der 68er-Bewegung einen Politisierungsprozess durchlaufen hatten und sich in Abgrenzung zu der vorherrschenden rechten Ausrichtung ihres Gesamtspektrums als »antifaschistisch« definierten.

Der RBJ, dem über 300 Mitglieder angehörten, verfügte über eine ausgedehnte Infrastruktur und einen eigenen Apparat, die er als »Träger der freien Jugendhilfe« bis zur Aberkennung dieser Gelder 1974 auch aus öffentlichen Mitteln finanzieren konnte. Vorsitzende des RBJ war Heidi Burmeister, Geschäftsführer Bernd Kautz, Bildungsreferent Volker Tonnätt. Bezirkszentren der Gruppe, meist angemietete alte Ladenwohnungen, befanden sich u.a. in Eimsbüttel (»Lutte«), in Altona (»Eule«) und in Eppendorf (»Schramme«). Die Gruppe betrieb zahlreiche Jugendzentren, Wohnkollektive und einen Filmclub, organisierte Bildungsangebote, politische Kampagnen (u. a. gegen den »Faschismus« in Griechenland), Jugendfreizeiten, Sommerlager, Kindergruppen, nahm an internationalen Treffen teil (X. Weltjugendfestspiele 1973 in Berlin/DDR) und gab eine eigene Zeitung heraus, die zunächst unter dem Titel *RBJ-Kommunikation* erschien und später in *Kämpfende Jugend* umbenannt wurde.[76]

Der RBJ gründete im September 1972 einen gleichnamigen Verband auf bundesweiter Ebene, dem neben dem Hamburger Verein weitere lokale Gruppen bündischer Verbände, u. a. in Pforzheim, Mannheim, Darmstadt, Kassel und Duisburg, angehörten.[77] Im Dezember 1972 fusionierte der RBJ mit dem zuvor aus dem Weltpfadfinderverband ausgeschlossenen Bund Deutscher Pfadfinder

(BDP) zu einem Dachverband namens Bund Demokratischer Jugend (BDJ).[78] Ziel dieser Verbindung war es, den BDJ als (bundesweiten) »demokratischen Jugendverband« aufzubauen, was jedoch misslang, weil beide Gruppen (RBJ und BDP) lieber selbständig bleiben wollten.

Erste Kontakte des RBJ zum KB ergaben sich deswegen, weil führende Verantwortliche der Jugendgruppe mit den SdKB an den Hamburger Hochschulen sympathisierten. Nach 1971 kam es innerhalb des RBJ zu einem Bruch, als dieser begann, sich eindeutig am KB zu orientieren und sich von den »eher Unpolitischen« trennte. Auffassungen, den RBJ als reine Jugendgruppe zugunsten »proletarischer« Projekte aufzulösen, wie sie einige der Verantwortlichen des Jugendrings vertraten, wurden von führenden Funktionären des KB zurückgewiesen: Aufgabe des RBJ im Rahmen der Konzeption des Parteiaufbaus sollte es sein, auf der Basis der vorhandenen Ressourcen einen breiten demokratischen Jugendverband zu schaffen. Statt die Gruppe zu zerschlagen, »nur weil drei oder vier Kader« an den KB anzuschließen gewesen wären, sollten deren Potenziale im »demokratischen Spektrum« ausgebaut werden.[79]

Im Folgenden kam es zu einer engen Zusammenarbeit zwischen KB und RBJ, wie z. B. bei den Demonstrationen zum 1. Mai, zu Vietnam und Chile. Der Chor des RBJ war gern gesehener Gast auf den Veranstaltungen des KB. Wöchentlich fanden auf informeller Ebene und »betont privat« Treffen zwischen Verantwortlichen des RBJ und LG-Genossen des KB (Mellenthin, zum Winkel) zur Erörterung politischer Fragen statt.[80] Eine organisatorische Anbindung des RBJ an den KB ergab sich aus der Mitarbeit zweier Funktionäre der Jugendgruppe in der Bündniskommission des KB. Größere Bedeutung bekam die Kooperation beider Gruppen 1974, nachdem der Hamburger Senat dem RBJ die öffentlichen Fördermittel gestrichen hatte und sich hiergegen eine maßgeblich von KB, SSB (Schule) und RBJ getragene »Aktionseinheit gegen die reaktionäre Jugend- und Bildungspolitik des Senats« formierte, die über Jahre eine große Mobilisierungskraft entfaltete (allein das Potenzial des RBJ soll über 1.000 Personen betragen haben).

Dass der RBJ eine »demokratische Tarnorganisation« des KB darstellte, wie damals behauptet wurde[81], ist zu bestreiten. Die Gruppe war zwar in die »politisch-ideologische« Hegemonie des KB eingebunden, von einer praktischen Einflussnahme des Hamburger Bundes konnte allerdings keine Rede sein.[82] Nach Angaben eines damaligen Führungsmitglieds des RBJ, Eike Andreas Seidel, vollzog sich die Einbindung der Gruppe in die Politik des KB auf eine viel indirektere Weise, als es die Vorstellung vom »organisierten Befehlsverhältnis« plausibel machen will. »Wir haben den *AK* gelesen, wir haben den *Rebell* gelesen. Wir haben nach dem KB geschielt. Wir machten unsere ersten Erfahrungen mit richtigen Arbeitern und Lehrlingen.« An der Basis der Organisation habe es die allgemeine Bereitschaft gegeben, im Auftrag einer kommunistischen Gruppe »demokratische Jugendpolitik« zu praktizieren.

Spätestens jedoch 1976 zeigten sich die Schwierigkeiten und Grenzen einer Arbeit »außerhalb einer Klientel, die nicht nur für kommunistische Propaganda ansprechbar war«. Man habe mit weniger Erfolg als erwartet Kindergruppen organisiert, Filmclubarbeit gemacht und Jugendfreizeiten organisiert. »Auch die nationale Aufbauarbeit kam über erste Ansätze nicht hinaus.«[83] Zum anderen gab es Kräfte innerhalb des KB und speziell des schulischen SSB (dessen Anleiter soll ein »knallharter Sektierer« gewesen sein[84]), die dem Ansatz »demokratischer Jugendpolitik« der bündischen Gruppe negativ gegenüberstanden und eine klarere ideologische Ausrichtung verlangten, was für den RBJ auch intern zu schweren Legitimationsproblemen führte. »An den Fragen, die eigentlich unser ureigenes Betätigungsfeld waren, haben wir weniger Erfolg gehabt, als notwendig gewesen wäre, um daraus eine Selbstbestätigung zu ziehen und unsere Existenz gegenüber einem sich kommunistisch erleuchtet fühlenden SSB zu rechtfertigen.« 1976 löste sich der RBJ schließlich auf.[85]

Sozialistischer Schülerbund (SSB)

Der SSB (Schule) ging aus Spaltungen in marxistisch-leninistischen Zirkeln hervor, die sich an der Frage der »Orientierung« am KB und seinen Positionen »in der Faschismusfrage, der Bündnispolitik und dem antiimperialistischen Kampf« zerstritten hatten. Während die »Mehrheit« des an den Hamburger Oberschulen aktiven Kommunistischen Oberschülerbundes (KOB) den KB zu ihrer Bezugsorganisation erklärte, sich »parteilich« an diesem orientieren und seine »prinzipiellen Positionen« in den genannten Fragen zu Eigen machen wollte, verließ 1972 eine der SSG nahe stehende »Minderheit von Genossen« den KOB und reorganisierte sich als Sozialistische Schülerfront (SSF).[86] Der KOB änderte wenig später seinen Namen in Sozialistischer Schülerbund (SSB), um der Tatsache Rechnung zu tragen, dass sich der Gruppe auch »Volks- und Realschüler« angeschlossen hatten. Die Veränderung des politischen Selbstverständnisses (statt »kommunistisch« nun »sozialistisch«) folgte der Überlegung, dass »Schüler« aus sich heraus aufgrund ihrer sozialen Herkunft »nicht konsequent den proletarischen Klassenstandpunkt« einnehmen könnten. Der SSB sah seine Aufgabe darin, die »Mitschüler« für den »Kampf des Proletariats gegen Ausbeutung und Unterdrückung und für den Sozialismus« zu gewinnen und den KB in seiner »Agitations- und Propagandaarbeit« zu unterstützen.[87]

Zu diesem Zweck publizierte der SSB ein eigenes Blatt, das *Sozialistische Schüler-Forum (SSF)*.[88] Die orthografischen Fehler in dieser »Zeitung für den Schulkampf« (so die Unterzeile der Nummern 22 bis 24) müssen so zahlreich gewesen sein, dass sich die Redaktion genötigt sah, darauf hinzuweisen, dass die Autoren ihre mangelnden Rechtschreibkenntnisse »der bürgerlichen Klassenschule und ihrem Lehrpersonal« verdankten.[89] Intern wurde kritisiert, dass das Blatt »zu oberflächlich« sei, manchmal lediglich wie ein »Aufguss« des *AK* wirke und hauptsächlich bereits »interpretierte, in vereinfachte Thesen und in Schwarz-Weiß-Malerei umgewandelte Informationen« biete.[90] 1974 wurde das *SSF* zugunsten des als »Jugendzeitung des Kommunistischen Bundes« (und nicht des SSB) betitelten *Rebells* eingestellt, der in direkter Verantwortung des LG stand, von Detlef zum Winkel geleitet wurde und mit dem die Jugendpolitik des KB unabhängig von dem oftmals »sektiererisch« wirkenden Auftreten des SSB auf eine breitere Grundlage gestellt werden sollte.[91]

Der Gruppe gehörten zwischen ihrer Gründung 1972 und dem organisatorischen Zusammenbruch 1977 kontinuierlich 100 bis 120 Mitglieder an verschiedenen Hamburger Schulen an.[92] Seinen »politischen Höhepunkt« erreichte der Schülerbund 1975/76 im Zusammenhang mit der »Aktionseinheit gegen die reaktionäre Jugend- und Bildungspolitik des Hamburger Senats«, in der er sich allerdings in Konkurrenz zum Ring Bündischer Jugend begriff. In der Krise des KB 1978/79 gelangte man zu der Ansicht, dass der SSB die an ihn gestellten Aufgaben einer »Sympathisantenmassenorganisation« des KB im Schul- und Jugendbereich »nie zu erfüllen« vermochte und er es »zu keinem Zeitpunkt« verstanden hätte, das auf ihn bezogene Spektrum organisatorisch einzubinden und diesem eine »politische Orientierung« zu geben.[93]

Demokratie oder Zentralismus?

Entgegen den normativen Festschreibungen waren die Möglichkeiten der Einflussnahme der Basis des KB auf die Entscheidungsprozesse ihrer Organisation während der gesamten 70er Jahre in der Praxis eher unterentwickelt. Ihre Rechtfertigung fanden die fehlenden demokratischen Strukturen einerseits im leninistischen Selbstverständnis und andererseits in der mit der Verbotserwartung begründeten Notwendigkeit zu einer konspirativen Arbeitsweise. Die in »Wir warn die stärkste der Partein«[94] geschilderten Pathologien einer solchen Praxis waren durchaus auch im KB vorhanden. Von einer »systematischen Kontrolle der leitenden Genossen« durch die Hamburger Grundorganisationen[95] konnte schon deswegen keine Rede sein, weil die genaue personelle Besetzung des LG der überwiegenden Zahl der Mitglieder unbekannt blieb. Innerhalb des Bundes existierten nicht einmal minimale institutionalisierte Verfahren (z. B. Wahlen, Rechenschaftslegung), die es der Basis ermöglicht hätten, dem Kompetenzanspruch ihrer Führung eigenes Gewicht entgegenzusetzen.[96] »Der KB war niemals eine basisdemokratische Organisation. Die Dinge wurden im Wesentlichen immer ausgeguckt.«[97] Insbesondere die Verpflichtung der Grundorganisationen zu *AK*-Verkaufseinsätzen soll gerade in den Hamburger Bezirkszellen nicht sonderlich beliebt gewesen sein – ohne dass sich hiergegen Protest erhoben hätte. Das mag damit zusammenhängen, dass die Notwendigkeit einer zentralistischen Organisierung im Grunde auf *allen* Ebenen des KB, auch an der Basis, prinzipiell akzeptiert war. Diejenigen am Ende der Befehlskette hatten daher keine Möglichkeit, ihre eigene Funktionalisierung als negative persönliche Erfahrung zu thematisieren. Die Fälle, dass Zellenmitglieder die nicht verkauften Zeitungen stapelweise unter dem eigenen Bett versteckten und »nach oben« als verkauft meldeten, sollen jedoch auch im KB vorgekommen sein.[98] Die innere Logik des K-Gruppen-Systems erzeugte Subversion ganz eigener Art.

Den Hamburger Bund unterschied allerdings von anderen K-Gruppen, dass er in der Umsetzung eines solchen Zentralismus weniger zu Schematismus und Bürokratismus neigte. Der programmatische Pragmatismus des KB, seine Bereitschaft, sich auf konkrete soziale Bewegungen einzulassen, tat ein Übriges. Auf diese Weise strömte immer wieder eine »spontaneistische« Klientel in den Bund oder sein Umfeld, was dazu beitrug, ihn vor einer gewissen »Dogmatisierung« auch in organisatorischer Hinsicht zu schützen. Die Hierarchien innerhalb des KB waren nicht starr. Führungsaufgaben fielen solchen Kadern zu, die sich in der Praxis bewährt hatten bzw. politische Felder repräsentierten, die allgemein als wichtig angesehen wurden. Fluktuationen waren hier keineswegs ausgeschlossen. Die Anleitung des Bundes erfolgte unter funktionalen Gesichtspunkten. Der Führungsanspruch des Leitenden Gremiums war in der Wahrnehmung der Basis durch die politischen Qualitäten seiner Kader gerechtfertigt und insofern nicht autoritär. Die Akzeptanz des vorgegebenen politischen Kurses seitens der KB-Mitglieder ergab sich aus Identifikation, nicht aus Zwang. Die Linie des Bundes war zum einen aufgrund des Primats der Politik- und Praxisfähigkeit äußerst diffus und eröffnete so den Grundorganisationen ein breites Feld von Handlungsoptionen. Zum anderen waren plötzliche programmatische Wechsel, wie sie von anderen K-Gruppen des Öfteren über die Köpfe ihrer Mitglieder hinweg vollzogen wurden, im KB nicht zu erwarten, was der Arbeit an der Basis eine gewisse Berechenbarkeit gab. Die Einflussnahme der oberen und mittleren Kaderebene auf die Tätigkeit der Zellen erschöpfte sich so nicht in quasi-administrativen Direktiven, sondern hatte in der praktischen Arbeit immer auch einen kooperativen Charakter. Gerade mit dem ab 1975 aufgebauten Kommissionswesen zur Fundierung des *AK* entstand ein Rahmen, in dem selbsttätiges Arbeiten nicht nur erlaubt war, sondern geradezu gefördert wurde. Die vom LG im Vorfeld bestimmter Ereignisse (z. B. Bundestagswahlen, Maidemonstrationen) an die Basisorganisationen gerichtete Aufforderung, eine jeweils »von oben« vorgeschlagene politisch-programmatische Option zu debattieren (z. B. die Empfehlung, bei den Bundestagswahlen 1972 zugunsten Willy Brandts aufzutreten, oder die alljährlich obligatorische »Maiplattform«), lässt sich nicht auf das Kalkül der Führung reduzieren, die von ihr vorgegebene Linie so effizienter operationalisieren zu können. Tatsächlich waren die Initiativen des LG des Öfteren Ausgangspunkt kritischer und vehement geführter Debatten in den Grundorganisationen, deren konträre Positionen zudem im *AK* publik gemacht wurden. Diese Praxis beinhaltete ein Stück demokratischer Streitkultur und diente der Homogenisierung der Organisation auf der Basis des Konsensprinzips.[99]

Weltsystem: Die Haupttendenz ist Revolution?

Auch in ideologischen Fragen war der KB nie sonderlich dogmatisch. Seine Perzeption des Weltsystems erfolgte in den frühen 70er Jahren in tendenzieller Orientierung am chinesischen Bezugssystem, ohne dass er einen solchen Ansatz allerdings jemals programmatisch stringent entfaltet hätte. Die VR China wurde anfangs aber durchaus auch vom KB, wie verstreuten Äußerungen in seinen Publikationen zu entnehmen ist, als »Bollwerk der Weltrevolution« begriffen und stand im Mittelpunkt einer internationalistischen Konzeption, in der eine Dialektik metropolitaner (Proletariat) und trikontinentaler Kämpfe (nationale Befreiungsbewegung) zum Ausdruck gebracht wurde. Hierin unterschied sich der Hamburger Bund anfangs gar nicht so sehr von anderen K-Gruppen. Dem außenpolitischen Paradigmenwechsel der VR China, mit dem diese der Gegnerschaft zur Sowjetunion als der gegenüber den USA aggressiveren »Supermacht« größeres Gewicht verlieh, folgte der KB dann aber nicht. Der Bund, für den die ideologische Bekämpfung des »Sozialimperialismus« auch zuvor keine Rolle gespielt hatte, blieb stets einem »antiwestlichen« Antiimperialismus verpflichtet und kritisierte die Politik der »Vaterlandsverteidigung«, wie sie Teile der ML-Bewegung in Rezeption der neuen chinesischen Globalstrategie in der Bundesrepublik praktizieren wollten, als »sozialchauvinistisch«.

VR China: Strauß in China, zum Kotzen!

Der KB geriet in einen tiefen ideologischen Widerspruch, als die VR China, zuvor sein wichtigstes ideologisches Bezugsland, in der ersten Hälfte der 70er Jahre eine strategische Umorientierung ihrer Außenpolitik vornahm, die 1974 mit der Drei-Welten-Theorie ihre konzeptionelle Grundlage erhielt. Die Praxis einer frontal gegen den sowjetischen »Hegemonismus« gerichteten Politik bei gleichzeitiger Annäherung an die USA und andere imperialistische Mächte des »Westens« wollte sich der Hamburger Bund nicht zu Eigen machen, wobei insbesondere der »herzliche Empfang«, den Pekinger Offizielle dem CSU-Vorsitzenden Strauß bei seinem Besuch der Volksrepublik (1974) bereiteten, als Katalysator der Erkenntnis wirkte. Im Februar 1976, noch bevor mit dem Tode Maos und dem Ende der Kulturrevolution das zweite wichtige Moment der solidarischen Haltung des KB gegenüber der Volksrepublik entfiel, erklärte sich dieser zu einer Gruppe ohne »sozialistisches Vaterland«.

Zwei Momente solidarischer Bezugnahme

Die VR China wurde vom KB zunächst in den frühen 70er Jahren als das »stärkste sozialistische Land der Welt« und der »wichtigste Stützpunkt der proletarischen Weltrevolution« begriffen, während sich die Sowjetunion nach seiner Ansicht »zunehmend auf dem Weg der Liquidierung des Sozialismus nach innen und einer imperialistischen Politik nach außen« befand.[100] Als »zentrale Aufgabe« der internationalen kommunistischen Bewegung, als deren Teil sich der KB verstand, wurde daher die »Verteidigung der chinesischen Revolution« benannt.[101] Im Gegensatz zu den meisten konkurrierenden ML-Fraktionen wollte sich der Hamburger Bund hierbei um ein Verhältnis kritischer Solidarität bemühen. Ein »blindes Vertrauen in die Richtigkeit der jeweiligen Entscheidungen der jeweiligen Führer der KPCh« sei mit dem »Marxismus-Leninismus« und dem »proletarischen Internationalismus« nicht zu vereinbaren.[102] Zwei Momente waren für die positive Perzeption der chinesischen Politik maßgeblich. *Erstens* verfügte der KB über ein rein ideologisch-affirmatives Verständnis der 1966 einsetzenden Großen Proletarischen Kulturrevolution, die als Exempel und Modell dafür verstanden wurde, wie in einem sozialistischen Land eine »kapitalistische Restauration« verhindert werden kann.[103] *Zweitens* machte sich der Hamburger Bund das im Trikontparadigma enthaltene Essential von der VR China als Zentrum des weltrevolutionären Prozesses zu Eigen.[104] Letzteres sah der KB in Frage gestellt, als die Volksrepublik im Zuge ihres außenpolitischen Paradigmenwechsels die Bekämpfung der Sowjetunion immer stärker in den Vordergrund rückte.

Zur Rezeption der Drei-Welten-Theorie

Mit dem Beginn der Politik der Westorientierung 1971 stellte die chinesische Führung den »Sozialimperialismus« als die gegenüber den USA aggressivere und gefährlichere Macht dar. Die Staaten und Bewegungen, denen sich die UdSSR in der Praxis verbunden sah, waren in diese Feinderklärung ebenfalls mit einbezogen. Der chinesische Antibolschewismus beinhaltete die offene Unterstützung bürgerlicher Diktaturen oder proimperialistischer Terrorbanden. So rechtfertigte die VR China den Putsch des chilenischen Militärs gegen Allende (1973) und arbeitete im Weiteren eng mit dem Pinochet-Regime zusammen. Die Verurteilung der Ostverträge, der KSZE wie auch der Teilung Deutschlands war genauso antisowjetisch motiviert wie die Forderung nach einer Stärkung der Nato und der EWG. Das vormalige außenpolitische Konzept der Volksrepublik, das sich auf das Trikontparadigma Lin Biaos bezog und das China im Verbund mit Albanien, Nordkorea und Nordvietnam an der Seite der revolutionären Befreiungsbewegungen und antikolonialistischen Staaten der Peripherie im Kampf gegen den US-Imperialismus sah und ein Übergreifen der revolutionären Welle vom »Süden« auf den »Norden« erwartete, war damit nicht mehr maßgebend (vgl. Näth 1975, 324).

Im April 1974 formulierte Deng Hsiao-ping gemäß der neuen außenpolitischen Linie die Theorie der Drei Welten, in der die UdSSR und die USA gemeinsam unter der Kategorie der »ersten Welt« subsummiert waren. Die »zweite Welt« bestand demnach aus den alten imperialistischen Mächten Europas sowie Japan, Australien und Kanada. Zur »dritten Welt« wurden China und die Peripherie (die Länder Asiens, Afrikas und Lateinamerikas) gerechnet. Im Rahmen dieser Doktrin wurden die UdSSR und die USA als um Hegemonie ringende, konvergente »Supermächte« verstanden. Gegen deren »imperialistischen Anspruch« formulierte China die Notwendigkeit eines »antihegemonistischen« Bündnisses der Staaten der im Sinne der bezeichneten Theorie »zweiten« und »dritten Welt«. In der realpolitischen Praxis diente die Drei-Welten-Theorie freilich der weiteren Legitimierung der Ende 1971 begonnenen Politik der Westorientierung, die mit der Stilisierung der SU zum totalen Feind einherging. Die Formel von den »zwei Supermächten«, die es zurückzudrängen gelte, war so lediglich Propaganda zur Kaschierung dieses Tatbestands.

Große Teile der ML-Bewegung folgten Anfang der 70er Jahre dem chinesischen Theorem der zwei einander ebenbürtigen »Hauptfeinde« weltweiter Transformation, der imperialistischen USA und der »sozialimperialistischen« UdSSR, wie sie von der KPCh in dieser Pointierung ab 1968 vertreten wurde. Die beiden Staaten wurden als »Supermächte« begriffen, die ihre jeweiligen Verbündeten und Einflusszonen hegemonial beherrschten und, in scharfer Konkurrenz zueinander stehend, die gleichen aggressiven politischen und militärischen Mittel anwandten, um eine Erweiterung ihres eigenen Machtbereichs zu Lasten des anderen zu erreichen. Ab Mitte der 70er Jahre kam es in der ML-Bewegung im Zusammenhang mit dem Paradigmenwechsel der chinesischen Außenpolitik zu tief greifenden Differenzen. Als erste K-Gruppe schwenkte die KPD/ML auf eine aus der Drei-Welten-Theorie abgeleitete Linie ein. Ernst Aust bezeichnete den »sowjetischen Sozialimperialismus« in seiner Kieler Rede vom März 1975 als »Hauptfeind der Völker«. Die SU sei eine »aggressive, unersättliche, imperialistische Supermacht«, deren Bestreben dahin gehe, »Westeuropa mit seinem enormen Wirtschaftspotenzial und seinen über 200 Millionen Menschen unter ihre Kontrolle zu bringen«.[105] Im April 1975 vollzog die Westberliner KPD einen ähnlichen Kurswechsel (»Erklärung des Ständigen Ausschusses des Politbüros des ZK«[106]), indem sie die bis dahin gültigen Grundlagen ihrer Politik, in denen die USA als Hauptantagonismus weltweiter Transformation begriffen worden waren, revidierte. Nun ging die Partei davon aus, dass der »russische Sozialimperialismus« dem »USA-Imperialismus« insbesondere in Europa »militärisch, politisch und ideologisch überlegen« sei. »Der Sozialimperialismus ist der gefährlichste Feind der Völker und Staaten Europas.«[107] Der KBW akzeptierte die Drei-Welten-Theorie ebenfalls, folgerte aus ihr aber nicht, dass die Sowjetunion die »aggressivere Supermacht« sei, sondern behauptete weiterhin deren Konvergenz zu den USA. »Mit dem Machtantritt des Revisionismus und der Machtübernahme der Bourgeoisie in der Sowjetunion ist die sozialistische Sowjetunion in eine zweite Supermacht verwandelt worden, die als aufstrebende Supermacht mit dem US-Imperialismus immer heftiger um die Weltherrschaft rivalisiert. Die Entwicklung der internationalen Widersprüche, die Herausbildung der unterdrückten Nationen zu einer Haupttriebkraft der Geschichte und das Entstehen zweier Supermächte haben in der gegenwärtigen internationalen Situation drei Welten hervorgebracht: die dritte Welt der Entwicklungsländer, die erste Welt der beiden Supermächte und die zweite Welt von imperialistischen und kapitalistischen Ländern. Die beiden Supermächte sind die größten internationalen Ausbeuter und die hauptsächlichen Mächte der Konterrevolution.«[108]

Der KB lehnte die Drei-Welten-Theorie und ihre Implikationen kategorisch ab.[109] Ein solcher politischer Ansatz liefere der VR China »dürftig zusammengezimmerte pseudowissenschaftliche Alibis« für ihre »reaktionäre, pro-imperialistische Außenpolitik« und basiere auf einem »total pervertierten« Konzept der »Einheitsfront«, das sich »angeblich« gegen beide »Supermächte«, USA und SU, richte, in Wahrheit aber einseitig den »sowjetischen Sozialimperialismus« als globalen »Hauptfeind« bekämpfe.[110]

Der KB sah sich infolge dieser Argumentation von Teilen der ML-Bewegung dem Vorwurf der »Chinafeindlichkeit« ausgesetzt, dem er nur sehr defensiv begegnen konnte, da seine eigene Position hier zunächst widersprüchlich blieb. Einerseits wollte der Bund die VR China weiterhin als das »wohl wichtigste Land« und »Bollwerk der sozialistischen Weltrevolution« begreifen, andererseits kritisierte er die Außenpolitik der VR China offensiv als »pro-imperialistisch« (und hoffte, dass die KPCh diese Position im »Kampf zweier Linien« korrigieren werde).[111] Eine zwischen Oktober 1973 und Januar 1974 im *AK* veröffentlichte Artikelserie nannte die Außenpolitik Chinas ein »Rätsel für seine Freunde«, das innerhalb der ML-Bewegung insgesamt zu großer »Unsicherheit« führe.[112] Die Kritik der außenpolitischen Orientierung der VR China, wie sie der KB leisten wollte, sollte »natürlich nicht« etwa der »Diffamierung Chinas«, sondern im Gegenteil der »Verteidigung der chinesischen Revolution und des sozialistischen Chinas« dienen.[113]

Den Besuch Nixons in Peking und Schanghai vom Februar 1972 hatte der KB in strategischer Hinsicht noch positiv bewertet und konstatiert, dass China gegenwärtig um die Verbesserung seiner Beziehungen zu den USA bemüht sei, ohne dabei »jedoch außenpolitische Zugeständnisse zu machen oder seine Unterstützung für die Weltrevolution aufzugeben«.[114] Der Besuch des CDU-Vorsitzenden Helmut Kohl in der VR China vom September 1974 verstärkte die ohnehin schon bestehenden Irritationen im ML-Lager. Die Volksrepublik übe, so jedoch die Einschätzung, wegen ihrer »revolutionären Innenpolitik (allerdings kaum wegen ihrer momentanen Außenpolitik Richtung Westeuropa und USA) weiterhin auf viele fortschrittliche Menschen eine große Anziehungskraft« aus.[115]

KB – K-Gruppe ohne sozialistisches Vaterland

Mit dem Chinabesuch des CSU-Vorsitzenden Franz-Josef Strauß im Januar 1975 war für den Hamburger Bund das Maß allerdings voll. Der *AK* titelte »Strauß in China: Zum Kotzen!« Kein Vertreter des »westdeutschen Imperialismus« sei bisher in der VR China mit »derart demonstrativer Freundlichkeit und so ausgesuchten Ehrenbezeichnungen« empfangen worden wie ausgerechnet Strauß, »prominenteste Figur des Rechtsradikalismus in der BRD«. Aus einem »aggressiven Antikommunisten und Kriegstreiber« wolle die chinesische Führung gemäß ihrer neuen außenpolitischen Doktrin einen »sympathischen Politiker« machen, der »erfreulicherweise ›wachsam‹ gegen den ›Sozialimperialismus‹« sei. Eine solche »Anbiederung und Verbrüderung« müsse von »jedem Kommunisten, Antifaschisten und Demokraten der BRD als Schlag ins Gesicht« empfunden werden. Gegenüber dieser Außenpolitik der VR China sei »jede ›solidarische‹ Zurückhaltung« fehl am Platz.[116]

Am Ende eines Prozesses intensiver Auseinandersetzung mit der chinesischen Außenpolitik sah der KB die Hoffnungen, die »viele Revolutionäre und Kommunisten« auf die Volksrepublik gesetzt hatten, enttäuscht und distanzierte sich schließlich von seinem ideologischen Bezugsmodell (zu einer zweiten Distanzierung kam es in Zusammenhang mit der als »Rechtsputsch« bewerteten innenpolitischen Entwicklung der VR China nach dem Tode Maos). 1976 wurde festgestellt, dass die »Arbeiter aller Länder und die unterdrückten Völker« kein »sozialistisches Vaterland« mehr hätten.[117]

Die Haltung des KB ist deutlich von der kritiklosen Solidarität anderer K-Gruppen abzugrenzen. KBW und KPD führten in der zweiten Hälfte der 70er Jahre zahlreiche Gespräche mit hochrangigen Vertretern des ZK der KPCh. Bei Besuchen 1977 und 1978 wurden Delegierte der Westberliner ML-Partei vom Vorsitzenden der chinesischen Staatspartei, Hua Guofeng, persönlich empfangen. »Damit war klar, dass die KPCh die KPD offiziell als Bruderpartei anerkannte« (Langguth 1983, 83). Die KPD/ML verfügte über besondere Kontakte zu Albanien, die sich 1978 nach dem Bruch Tiranas mit Peking noch verstärkten. Delegationen der Gruppe unter der Leitung von Ernst Aust nahmen regelmäßig an den Parteitagen der PdAA teil. Diese nahm die KPD/ML Mitte der 70er Jahre in den »Tiraner Zusammenschluss« europäischer ML-Parteien auf.[118]

Sowjetunion: Zur Rezeption der Konvergenztheorie

Die Parteien und Bünde der ML-Bewegung teilten mehrheitlich die von der KPCh in den 60er Jahren getroffene Feststellung, dass sich in der UdSSR ein kapitalistisches System etabliert habe und dieses nach außen »sozialimperialistischen« Charakters sei. Als zentrale Akteurin des Restaurationsprozesses wurde die KPdSU ausgemacht, die sich im Zuge ihrer »revisionistischen« Deformierung zur Initiatorin der neuen Ordnung entwickelt habe. Auch in den anderen Staaten und Gesellschaften des »realen Sozialismus« habe sich eine ähnliche Entwicklung vollzogen, auch hier hätten sich die Staatsparteien in neue bürgerliche Eliten transformiert. Zwar war die vom KB vorgenommene Bewertung der Länder des Warschauer Pakts und ihres Zentrums, der Sowjetunion, zumindest anfangs stark von der chinesischen Theorie der 60er Jahre geprägt, doch lässt sich sein spezifischer Ansatz lediglich über einzelne verstreute, teilweise in sich widersprüchliche Äußerungen im *AK* oder in anderen KB-Publikationen erschließen und wurde kaum einmal systematisch vorgetragen (während andere K-Gruppen diesem Thema ganze Broschüren oder Bücher widmeten).

Sozialismus oder Restauration?

Der KB sprach von einer seit Anfang der 60er Jahre zu beobachtenden »Entwicklung des modernen Revisionismus zu einem von innen nicht mehr zu korrigierenden System«[119] und konstatierte, dass die SU »zunehmend den Charakter eines sozialistischen Landes« verliere. Im Innern schreite die »Restauration kapitalistischer Verhältnisse« voran, gleichzeitig nehme die sowjetische Außenpolitik »imperialistische Züge« an.[120] In einer ideologischen Auseinandersetzung mit dem Münchner Arbeiterbund für den Wiederaufbau der KPD (AB) machte der Hamburger Bund allerdings deutlich, dass er diesen Prozess, in Abgrenzung zur vorherrschenden Position in der ML-Bewegung, noch nicht für abgeschlossen halte. Eine Einschätzung der SU und anderer Staaten des »realen Sozialismus« als »kapitalistisch« bzw. »sozialimperialistisch« stütze sich »bis heute nicht auf Analysen«. Das Privateigentum an den Produktionsmitteln als wesentliches Merkmal kapitalistischer Produktionsverhältnisse existiere dort nicht. Die »neue Bourgeoisie« sei in ihrer Klassenlage nicht mit der »herkömmlichen Bourgeoisie« identisch. »Aus der Tatsache, dass es sich eben nicht um kapitalistische Länder handelt, erklärt sich auch, warum z. B. in der DDR die Arbeiterklasse immer noch eine Reihe großartiger sozialer Errungenschaften zu verteidigen hat. In der Konsequenz wäre es verheerend, wenn wir die Widersprüche zwischen den Herrschenden der BRD und der DDR als innerimperialistische Widersprüche behandeln würden. Andererseits wäre es irreführend, diese Länder als ›sozialistisch‹ zu bezeichnen. Wir gehen davon aus, dass die ›neue Bourgeoisie‹ den kapitalistischen Weg geht, d. h. schrittweise zu den Gesetzmäßigkeiten des kapitalistischen Marktes, der Ausbeutung der Arbeitskraft usw. zurückgeht.«[121]

Der KB ging im Unterschied zu den anderen innerhalb der ML-Bewegung vertretenen Ansätzen davon aus, dass sich »längere Zeit vor 1956 in der Sowjetunion eine neue Bourgeoisie im Staats- und Parteiapparat« herauszubilden begann und damit eine »Verschiebung des Kräfteverhältnisses« einsetzte, »bevor schließlich die konterrevolutionären Kräfte jene Stärke erreichten, die notwendig war, um die Diktatur des Proletariats zu liquidieren und ihre eigene Diktatur« zu errichten. Die These ist hier also die, »dass es mit der Restauration des Kapitalismus in der SU nicht erst 1956 losging«, wie die KPCh behauptete, »sondern dass diese eingeleitet wurde, während Stalin noch lebte und Führer der KPdSU war«. Die »Ursache« für die »schrittweise Restauration des Kapitalismus« sah der KB in »einer Vernachlässigung der korrekten Beziehungen zwischen Partei und Massen nach dem Tode Lenins«. Die »Massen« seien in den politischen Auseinandersetzungen der 20er und 30er Jahre »weitgehend« in eine »Statisten- und Zuschauerrolle« gedrängt worden. Es sei ein Fehler Stalins gewesen, den ansonsten positiv zu wertenden Kampf gegen die »Rechten« und »Trotzkisten« nicht in erster Linie als »Klassenkampf«, sondern als Kampf gegen »ausländische Agenten« geführt zu haben. Der KB argumentierte hier also ganz maoistisch, indem er die »Massen« als Korrektiv der Partei und die »Massenmobilisierung« als Damm gegen die »revisionistische« Entartung der Parteilinie und die Restauration des Kapitalismus begriff.[122]

Warum sollte uns Stalin weniger teuer sein?

Die in einem solchen Argumentationsmuster implizierte Stalin-Kritik war nicht besonders weitgehend. Die »Geheimrede« Chruschtschows, die dieser auf dem XX. Parteitag der KPdSU gehalten hatte und mit der ein vorsichtiger Prozess der Entstalinisierung eingeleitet worden war, galt dem KB als »Hetzrede«. Den vom Münchener AB erhobenen Vorwurf[123] einer »Verunglimpfung Stalins« wies der KB als »albern« zurück. »Unter Führung Stalins stand die KPdSU vor einer Aufgabe, die vielleicht noch schwerer war als die Revolution von 1917 und der folgende Bürgerkrieg. Unter schwersten Bedingungen wurde die sozialistische Industrialisierung durchgeführt, stand die Sowjetunion im siegreichen Kampf gegen den faschistischen Überfall. Es ist doch gar keine Frage, dass diese Aufgaben nicht mit den Klugscheißereien zu lösen waren, die der Renegat Trotzki in seiner mexikanischen Villa von sich gab, sondern dass diese Aufgaben tatsächlich gelöst wurden durch die sowjetische Arbeiterklasse und ihre KPdSU mit

Stalin an der Spitze. Warum sollte uns Stalin weniger teuer sein als den Münchener Genossen? Allerdings blasen wir nicht jedes Mal beim Ertönen des Namens Stalins die Fanfaren.«[124]

Die gesamte ML-Bewegung folgte in ihrer Einschätzung Stalins im Grunde der Position der KPCh aus den 50er und 60er Jahren. 70 Prozent »Leistungen« (Aufbau und Verteidigung des sowjetischen Sozialismus) stünden 30 Prozent »Fehler« (Ausmaß der Unterdrückung der »Konterrevolution« in den 30er Jahren) gegenüber – so lautete in etwa die maoistische Faustformel in dieser Frage.[125] Alles in allem sei aber unbestreitbar, dass das Lebenswerk Stalins das »eines großen Marxisten-Leninisten, eines großen proletarischen Revolutionärs« gewesen sei.[126]

Der KB vertrat eine solche Position zwar nicht sehr offensiv (diesbezügliche »offizielle« Erklärungen sind rar, auch fehlten auf Demonstrationen des Bundes die bei anderen K-Gruppen üblichen Stalin-Bilder), gleichwohl soll diese Einschätzung intern durchaus mehrheitsfähig gewesen sein. Erst Ende der 70er Jahre kam es angesichts der Öffnung des KB gegenüber den neuen sozialen Bewegungen zu einer breiteren Diskussion innerhalb der Gruppe, in der diese Haltung kritisch hinterfragt wurde. Die RGW-Kommission des Bundes legte 1979 einen Band »Texte zur Stalinfrage« vor, in der ein Genosse die Überzeugung äußerte, dass die »relativ ärmlichen Verdienste« Stalins seine »Irrtümer und Verbrechen« nicht im Geringsten aufwiegen würden.[127]

Hauptfeind oder taktischer Verbündeter?

Die ideologische Bekämpfung der Sowjetunion spielte in Agitation, Propaganda und Praxis des Bundes zu keinem Zeitpunkt irgendeine Rolle. In der Vietnamsolidarität der frühen 70er Jahre etwa lehnte der Hamburger Bund die von der KPD/ML vertretene Parole »Nieder mit dem sowjetischen Sozialimperialismus!« rigoros ab. »Das vietnamesische Volk erhält von der Sowjetunion eine beträchtliche materielle Unterstützung. Sowjetische Schiffe sind im Hafen von Haiphong von amerikanischen Bombenangriffen getroffen worden und durch Verminung der Seewege aktuell gefährdet. In dieser Situation und bei diesem Anlass zum Kampf gegen die Sowjetunion aufrufen zu wollen ist eine Provokation gegenüber dem vietnamesischen Befreiungskampf und der westdeutschen Arbeiterbewegung.«[128]

Der weiteren Zuspitzung der chinesischen Wahrnehmung des »Sozialimperialismus« als der »gefährlicheren Supermacht« stand der KB vollkommen ablehnend gegenüber und bekämpfte stattdessen diejenigen K-Gruppen (KPD/ML, KPD, KBW), denen er eine solche Position zuschrieb, als »Vaterlandsverteidiger«. Wie kaum ein anderes Thema biete der »Kampf gegen die Supermächte«, und hier vornehmlich die Polemik gegen den »Sozialimperialismus«, ein »beschämendes Bild« für große Teile der »nicht-revisionistischen« Linken. »Unbekümmert wird hier mit übelsten Fälschungen und Fantasieprodukten der Imperialisten manipuliert, wird mit allgemeinsten Behauptungen gearbeitet, wird Zickzack gefahren und die politische Logik auf den Kopf gestellt. Die Basis derartig unsachlicher und die politische Vernunft beleidigender ›Analysen‹ und Polemiken ist zum einen eine geradezu groteske Gutgläubigkeit vieler linker Genossen gegenüber ihren jeweiligen ›Führern‹ und ihrer Presse; zum anderen spielt hier offenbar auch ein tief verwurzelter Antikommunismus eine Rolle, der es erlaubt, die unsinnigsten Behauptungen gegen die Sowjetunion in Umlauf zu bringen.«[129]

In Ablehnung der These von den zwei konvergenten »Supermächten« bzw. von der »besonderen Aggressivität« des »russischen Sozialimperialismus« propagierte der KB ab Mitte der 70er Jahre sein Konzept von der UdSSR als einem potenziellen Verbündeten trikontinentaler Befreiungsbewegungen, ohne jedoch die machtpolitischen Interessen der SU vollständig zu negieren.[130] Da die UdSSR aber »in vielen Fällen gezwungen« sei, ein Bündnis mit den Gegnern des Westens, den »antiimperialistischen und demokratischen Bewegungen und Staaten« einzugehen, könnten sich diese die Situation zunutze machen, wenn dabei vermieden werde, »in neue Abhängigkeiten von einer Großmacht hineingezogen zu werden«.[131]

Ein solch »konstruktives« Verständnis des Antirevisionismus erlaubte es dem KB zudem als einziger bundesdeutscher K-Gruppe, eingeschränkte Kontakte zur SED zu pflegen.[132] Aus seiner Sicht sollte es bei den Gesprächen mit DDR-Offiziellen, wie sie insbesondere in der ersten Hälfte der 70er Jahre in kleinem Rahmen und unter konspirativen Bedingungen stattfanden, darum gehen, die Abwertung der »gesamten Linken in der BRD jenseits der DKP« durch die SED etwas zu mildern.[133] Vonseiten des KB waren das »strategische Spielereien«, die allerdings beim Gegenüber nicht verfingen.[134] »Es hat Treffen gegeben, einzelne Kontakte, aber das werden wahrscheinlich hauptsächlich nur Stasileute gewesen sein.«[135]

Imperialistische Zentren: Nationale Frage oder Klassenkampf?

Von allen K-Gruppen war es der KB, der den klassischen, gegen die USA und die Bundesrepublik gerichteten »antiwestlichen« Antiimperialismus der studentischen Bewegung der 60er Jahre am stärksten pflegte und ins Zentrum seiner politischen Aktivitäten stellte.

Koordinaten eines antiwestlichen Antiimperialismus

Der KB begriff den »US-Imperialismus« als die »reaktionärste, verfaulteste und verbrecherischste Kraft im Weltmaßstab« und die Nato als »die militärische Waffe der international verbündeten Kapitalisten gegen die Proletarier aller

Länder«.[136] Die Bundesrepublik wurde als der »gefährlichste und inzwischen stärkste Imperialismus Westeuropas« angesehen. Als »zu spät« gekommene Kolonialmacht richte das ökonomisch und militärisch starke Deutschland seine »Expansion vor allem gegen seine Nachbarn« und strebe die »Herrschaft über Europa« an. Nach zwei gescheiterten Versuchen verfolge die deutsche Bourgeoisie seit 1945 erneut das Ziel, die »Vormachtstellung in Europa zu erreichen«, diesmal mit der Forderung nach einer »europäischen Integration«. Die sich unter westdeutscher Hegemonie herausbildende EWG sei eine »Gemeinschaft von Imperialisten« mit drei Stoßrichtungen: *erstens* gegen die Länder Osteuropas, *zweitens* gegen den Trikont und *drittens* gegen die Konkurrenz der USA. Die hier behauptete und historisch begründete »besondere Aggressivität« des bundesdeutschen Imperialismus ging als wesentliche Determinante in die Faschisierungsthese des KB ein.[137]

Die Frage nach den maßgeblichen »konterrevolutionären« Kräften im internationalen System erforderte stets auch eine Bestimmung des primären politischen Gegners im nationalen Rahmen sowie des hieraus zu folgernden Charakters des politischen Kampfs. Der KB war klar antikapitalistisch ausgerichtet. Den »Hauptfeind« der bundesdeutschen Arbeiterklasse stellte für ihn die eigene »Kapitalistenklasse« dar.[138] Die »deutsche Wiedervereinigung« war für den KB kein »programmatisches Ziel«.[139] Alle Ansätze innerhalb der ML-Bewegung, die in diese Richtung gingen und der »nationalen Frage« beim »Herankommen an die Revolution« in der Bundesrepublik Bedeutung beimaßen (»Wiedervereinigung unter sozialistischen Vorzeichen«), wurden als Unterstützung der »westdeutschen Reaktion« und des »Imperialismus« begriffen.[140]

Zur Position der Vaterlandsverteidigung

Bei der KPD/ML dagegen hatte eine tiefe nationalistische Einfärbung der proletarisch-revolutionären Programmatik von ihrer Gründung an eine wesentliche Rolle gespielt. Ihre starke nationale Betonung des Kampfes für eine »proletarische Diktatur« wurde einerseits aus dem Maoismus abgeleitet, der auch als (trikontinentaler) Befreiungsnationalismus interpretiert werden kann, und ergab sich andererseits im Rückgriff auf bestimmte Programmerklärungen der historischen KPD, die im Verlaufe ihrer Geschichte zumindest zeitweise ebenfalls versucht hatte, die soziale Frage mit nationalen Inhalten zu verknüpfen.[141]

Bis Anfang 1976 vertrat die KPD/ML bezogen auf die Frage nach dem »Hauptfeind« für »ganz Deutschland« (BRD, DDR) die Vorstellung vom Primat des Kampfes gegen die »Supermächte«. Der Charakter des Kampfes war national bestimmt, die Partei propagierte patriotisch-proletarische und antiamerikanische Phrasen. Nur eine Lösung der »nationalen Frage«, die untrennbar »mit der allgemeinen Frage der sozialistischen Revolution« verbunden sei, könne den Weg frei machen zur »Errichtung bzw. Wiedererrichtung der Diktatur des Proletariats in Deutschland«. Das Ziel des Kampfes bestand darin, die »Besatzungsmächte und ihre Lakaien von deutschem Boden« zu vertreiben, um so die Voraussetzungen für ein »vereintes, unabhängiges, sozialistisches Deutschland« (so auch die Hauptparole der KPD/ML in dieser Zeit) zu schaffen. Das Subjekt eines solchen Prozesses sollte eine »Kampfgemeinschaft aller friedliebenden und patriotischen Deutschen im Osten und Westen unseres Vaterlandes« sein. In ihrer im Dezember 1973 unter dem Titel »Deutschland dem deutschen Volk!« verabschiedeten ZK-Erklärung zur »nationalen Frage« rief die KPD/ML zur »Verteidigung der fortschrittlichen deutschen Nationalkultur gegen den Amerikanismus« auf. Der »american way of life« sei durch kulturelle »Verflachung und Primitivität« sowie »Konsumdenken« und »Rassenhass« gekennzeichnet. Erinnert wurde demgegenüber an »unsere schöne deutsche Heimat mit ihren Wäldern und Weiden, Bergen und Tälern, Flüssen und Seen, von der wir nicht wollen, dass sie von profitgierigen Kapitalisten weiter verseucht und verpestet wird«. Im Kampf für die »Einheit der deutschen Nation« wurde gar auf die besondere »psychische Wesensart des deutschen Volkes« verwiesen sowie auf seinen »Arbeitsfleiß« und »Ordnungssinn«.[142]

Im März 1975 wurde dieser Konzeption, dem chinesischen außenpolitischen Paradigmenwechsel folgend, eine neue Pointierung gegeben: Der sowjetische »Sozialimperialismus« wurde jetzt als die »aggressivere Supermacht« begriffen und zum primären »Hauptfeind der Revolution in Deutschland« erklärt. Der Parteivorsitzende Ernst Aust schlug in seiner Kieler Rede als Reaktion gegen die behaupteten Gefahren des »sowjetischen Hegemoniestrebens« die Schaffung einer nationalen »Einheitsfront« vor.[143] Im Kriegsfalle müsse die revolutionäre Linke zur »Vaterlandsverteidigung« bereit sein.[144] Für die »deutschen Werktätigen«, so Aust, sollte ein Krieg zwischen den beiden »Supermächten« von Anfang an ein antifaschistischer, antiimperialistischer Befreiungskampf sein, »in dem wir uns mit jedem verbünden, der bereit ist, mit uns gemeinsam jeden Angreifer, jeden Besatzer vom Boden unserer Heimat zu verjagen«, um »das Banner der sozialistischen Revolution über ganz Deutschland zu hissen!«[145] Da die KPD/ML beanspruchte, für die »Errichtung der Diktatur des Proletariats in ganz Deutschland« zu kämpfen[146], gab sie eine zur Einschleusung in die DDR bestimmte Sonderausgabe des *Roten Morgens* heraus (vgl. Schlomann 1980, 20). Zur Jahreswende 1975/76 erklärte die Aust-Gruppe, es sei ihr gelungen, in der DDR eine Sektion ihrer Partei zu etablieren, was im März 1976 auf einer Großveranstaltung in Dortmund mit 2.000 Teilnehmern gefeiert wurde, in der Praxis allerdings ohne jede Relevanz blieb.

Im April 1975 vollzog die Westberliner KPD einen analogen Kurswechsel und vertrat in der Folge ein Primat des »antihegemonistisch-demokratischen«

Kampfs, womit gemeint war, dass »die Diktatur des Proletariats« nicht siegen könne, ohne dass die »Supermächte« aus Deutschland vertrieben würden (vgl. Bacia 1986a, 1815). Die Westberliner KPD hatte sich zunächst als »Partei der Arbeiterklasse in der Bundesrepublik Deutschland und in Westberlin« verstanden.[147] Mit ihrer »Linienkorrektur« erkannte die Gruppe, ähnlich der KPD/ML, die Verpflichtung an, »die Partei der gesamten deutschen Arbeiterklasse zu sein – sowohl hinsichtlich der politischen Aufgaben als auch hinsichtlich der Notwendigkeit des Aufbaus der Partei in der DDR«.[148] In der Praxis beinhaltete dieser Linienschwenk einen Bruch mit dem eigenen »ultralinken« Maximalismus der frühen 70er Jahre, der äußerst militant, strikt antikapitalistisch und in seiner antiimperialistischen Konzeption primär »antiwestlich« gewesen war[149], und gleichzeitig die Begründung eines eher moderaten bündnispolitischen Ansatzes, der die Bekämpfung des »realen Sozialismus« in den Mittelpunkt stellte. Der Schwerpunkt der politischen Arbeit der Partei bis zu ihrer Auflösung 1980 bestand in der »Entlarvung des sowjetischen Sozialimperialismus als der aufsteigenden, gefährlicheren Supermacht«. Die »nationale Frage« wurde zum zentralen operativen Feld »revolutionärer« Politik. Die gegen die beiden »Supermächte« aufzubauende »antihegemonistische, demokratische und patriotische Front« wurde als »wichtigste Form des Herankommens an die proletarische Revolution« verstanden.[150]

Das Einschwenken auf die Position der »Vaterlandsverteidigung« führte auch zu einem veränderten Verhalten der beiden ML-Parteien gegenüber der Bundeswehr, die zuvor von allen K-Gruppen als Instrument des bundesdeutschen Imperialismus bekämpft worden war. Die Kader sollten in der Truppe aktiv werden, um sich an der Waffe ausbilden zu lassen und um Propagandaarbeit zu leisten.[151] Der KB teilte eine solche Einschätzung der Bundeswehr, sah sich aber aufgrund mangelnder organisatorischer Möglichkeiten nicht in der Lage, die Truppe organisiert zu infiltrieren. 1976 stellte der Hamburger Bund fest, dass er »bisher so gut wie keine organisierte Soldatenarbeit« geleistet habe.[152] Mit ihrem Kurswechsel gaben KPD/ML und KPD ihre »Zersetzungslinie« auf. Die Westberliner Partei blieb zwar bei ihrer politischen Einschätzung der politischen Rolle der Bundeswehr, sprach sich aber nun unter der Parole des Antihegemonismus für deren »Stärkung«, eine »verbesserte Waffenausbildung«, eine Forcierung der Rüstungsanstrengungen sowie den Verbleib der Bundesrepublik in der Nato aus: »Je schwächer die Nato, um so einfacher die Aggression des Sozialimperialismus. Nichts wünschen die Sozialimperialisten sehnlicher als den weiteren Zerfall der Nato.«[153]

Die programmatische Annäherung beider ML-Parteien bedingte Initiativen zur Zusammenführung der Gruppen in einer gemeinsamen Organisation. Den Anstoß hierzu hatten Gespräche gegeben, die KPD/ML und KPD im Mai und

Juni 1975 unabhängig voneinander, aber fast zum selben Zeitpunkt in China mit der dortigen KP aufgenommen hatten. (Die chinesische KP soll sich hiervon die Vereinheitlichung der westdeutschen ML-Bewegung in *einem* Zentrum versprochen haben, was nicht gerade für eine genaue Kenntnis der hiesigen Szene sprach.) Die ab November 1975 geführten Verhandlungen zwischen beiden ML-Parteien scheiterten jedoch recht bald, wobei auch »personelle Animositäten eine erhebliche Rolle« gespielt haben dürften (Langguth 1983, 87). Mit der im Januar 1976 im *Roten Morgen* veröffentlichten »Grußadresse des ZK zum Jahrestag der Parteigründung« entfielen wichtige Teile der programmatischen Grundlage der anvisierten engeren Kooperation. Die KPD/ML nahm hier einen erneuten Linienschwenk vor, der offensichtlich lediglich dazu dienen sollte, der Partei in Abgrenzung von der KPD ein neues Profil zu verschaffen (vgl. Langguth 1976, 163f). Jedenfalls gab die Aust-Gruppe zu verstehen, dass das »Novemberplenum« des ZK der KPD/ML eine wichtige Kursänderung vorgenommen habe, indem die von ihr bis dahin vertretene Auffassung, der eigene Kampf müsse »in erster Line gegen die beiden Supermächte und erst in zweiter Linie gegen den westdeutschen Imperialismus geführt werden«, für falsch erklärt worden sei.[154] Mit dieser Entwicklung begann sich die KPD/ML – noch vor dem Tode Maos – aus dem chinesischen Bezugssystem zu entfernen. In der zweiten Hälfte der 70er Jahre trat die Partei im Gegensatz zu ihrem Wirken in der ersten Hälfte des Jahrzehnts deutlich moderater auf und stand den neuen sozialen Bewegungen mit einer gewissen bündnispolitischen Offenheit gegenüber.

Zur Kritik des Sozialchauvinismus

Für den KB offenbarte sich mit dem 1975 vollzogenen Linienwechsel der beiden ML-Parteien deren Charakter als »antikommunistische Provokationsgruppen, die nicht für, sondern gegen die Revolution arbeiten«.[155] Wer sich wie die KPD/ML und die KPD die außenpolitische Position der VR China zu Eigen mache und sich »in der Propaganda für die Kriegsvorbereitungen des ›eigenen‹ Imperialismus, für den aggressiven Nato-Pakt, für die ›nationale Einheitsfront‹ mit faschistischen Gruppen, in der zügellosen Hetze gegen die Sowjetunion, gegen die revisionistischen Parteien und gegen fortschrittliche Staaten« gefalle, sei offen ins Lager des »Sozialchauvinismus« gewechselt.[156] Eine solche Position wurde als pro-imperialistisch begriffen, da sie die politische und militärische Integration der westeuropäischen Staaten, deren Neutralität in Abgrenzung gegenüber den »Supermächten«, speziell der Sowjetunion, propagiere und somit dem Aufstieg des EG-Imperialismus unter »BRD-Führung« positiv gegenüberstehe. Die chinesischen Empfehlungen an Politiker der Bundesrepublik für eine Verstärkung der »Verteidigungsanstrengungen« und der »Wachsamkeit« gegenüber der Sowjetunion würden der »Faschisierung und Militarisierung von Staat und Gesellschaft« Vorschub leisten. Den ML-Parteien wurde vorgeworfen, die »Verteidigung, Rechtfertigung und Unterstützung« dieser Politik zu ihrer eigenen Sache zu machen.[157] Aufgabe der »westdeutschen Kommunisten« müsse es demgegenüber sein, dem »ganzen Lügengeflecht« von »nationaler Unabhängigkeit und Würde«, von »nationaler Verteidigung gegen die Drohung aus dem Osten« und von »europäischer Solidarität« entgegenzutreten und dessen »expansionistischen Hintergrund« aufzuzeigen.[158] Da der »BRD-Imperialismus« eine aggressive Macht sei, »die an der Seite und im Windschatten des US-Imperialismus auf Raubzüge aus ist«, unterstütze die Forderung nach »Stärkung der Verteidigungsbereitschaft gegen den Sozialimperialismus« unmittelbar dessen Ziele.[159]

In seiner Auseinandersetzung mit den »Vaterlandsverteidigern« richtete sich der KB vor allem gegen den KBW, der eine solche Position allerdings nie vertreten hat, sondern stets antikapitalistischen Positionen verpflichtet blieb. Auch wenn der KBW die Analyse der internationalen Lage durch die Kommunistische Partei Chinas teilte, so hat er den »Antihegemonismus« nie zum Schwerpunkt seiner politischen Arbeit in der Bundesrepublik gemacht. Hinsichtlich der »nationalen Frage« vertrat er die Auffassung: »Das westdeutsche Proletariat muss die westdeutsche Bourgeoisie schlagen und Westdeutschland aus dem System des Imperialismus herausbrechen, ehe es die Frage der Wiedervereinigung auf die Tagesordnung setzen kann. Die Kommunisten treten allen Versuchen entgegen, das westdeutsche Proletariat unter der Fahne der Wiedervereinigung der Nation für eine imperialistische Politik gegenüber der DDR zu gewinnen.«[160]

Peripherie: Es lebe der Sieg im Volkskrieg!

In der dritten Phase der Entkolonialisierung, in der bestimmte Gebiete der »Peripherie« seit 1945 einen rasanten sozioökonomischen Wandel durchliefen und die nationalen und antiimperialistischen Befreiungskämpfe teilweise eng mit sozialistischen Projekten verknüpft waren, schien es, als wären die im Einzelnen doch recht unterschiedlichen Aufstandsbewegungen Elemente eines einzigen umfassenden Transformationsprozesses, der zu den emanzipativen Kämpfen in den »Metropolen« in ein dialektisches Verhältnis würde treten können. Spätestens 1975 hatte der dieser Wahrnehmung zugrunde liegende Prozess seinen Scheitelpunkt erreicht, blieb in der Neuen Linken der Bundesrepublik aber auch lange danach noch Erklärungsmuster ihres Handelns. In der Praxis des KB kam dem Internationalismus, der seit der Oppositionsbewegung gegen den Vietnamkrieg generell eines der wesentlichen Politikfelder der Neuen Linken war, stets ein übergeordneter Stellenwert zu. Insofern seine Ansätze vor dem Hintergrund einer in den 70er und 80er Jahren in der Bundesrepublik breiten Solidaritätsbewegung zur »Dritten Welt« verstanden werden müssen, teilte der

Bund die konzeptionellen Schwächen dieses Spektrums, fügte diesen aber – im Rückgriff auf einen »proletarischen Internationalismus« chinesischer Observanz – noch einige spezifisch »marxistisch-leninistische« hinzu.

Die Bezugspunkte der Solidaritätsarbeit in der Bundesrepublik waren generell »extrem konjunkturabhängig«[161] und wechselten im Rhythmus von Idealisierung und Distanzierung: Algerien (1957), Vietnam (ab 1965), Persien/Iran (1967, 1978), Palästina (ab 1967), Chile (ab 1973), Portugal, Angola und Mosambik (ab 1974), Nicaragua (ab 1978), El Salvador (ab 1980), Südafrika (ab 1985) hießen wichtige Stationen des Engagements (vgl. Balsen u. a. 1986). Abgrenzung und Themenwechsel erfolgten oftmals dann, wenn die Situation in den Ländern aufgrund zunehmender Komplexität und Widersprüchlichkeit nicht mehr so ohne weiteres in den üblichen Freund-Feind-Schemata abgehandelt werden konnte, weil »reale Entwicklungen anders verliefen als in den Projektionen der westlichen Solidaritätsbewegungen« angenommen.[162] Desinteresse bzw. offene Entsolidarisierung setzte oftmals an dem Punkt ein, an dem eine zuvor unterstützte Befreiungsbewegung zur Staatsklasse geworden war – wie in Vietnam, Angola oder Mosambik (1975). Die Chilesolidarität flaute ab, als deutlich wurde, dass schnelle Erfolge entgegen den anfangs geschürten Erwartungen nicht wahrscheinlich waren. Die positive Bezugnahme auf Portugal fand ihr Ende, als die »Nelkenrevolution« in eine normale bürgerlich-parlamentarische Demokratie überführt worden war (1976); ähnlich die Entwicklung in Nicaragua (1990). Die westdeutsche Palästinasolidarität bildete insofern eine Ausnahme, als sie aus historischen Gründen relativ marginal blieb und seit Anfang der 80er Jahre unter dem (Selbst-)Vorwurf des »linken Antisemitismus« vollends in sich zusammensackte.

In der ersten Hälfte der 70er Jahre galt die Aufmerksamkeit des KB vor allem Entwicklungen in Palästina/Israel, Chile, Portugal und Afrika (Angola, Zimbabwe). Der Hamburger Bund vertrat einen Ansatz »kritischer Solidarität«, in dem er im Unterschied zur DKP und anderen K-Gruppen seine Entscheidung, einer bestimmten Befreiungsbewegung mit den eigenen bescheidenen Mitteln politisch und materiell beizustehen, nicht von deren Stellung zur Sowjetunion oder zur VR China abhängig machte, sondern Wert darauf legte, eigene Positionen und Widersprüche herauszuarbeiten und diese in seinen Zeitungen zur Diskussion zu stellen.

1. Mai – Saigon ist frei!

Der Internationalismus war in der ersten Hälfte der 70er Jahre neben der Betriebsarbeit das wichtigste Praxisfeld des KB. Tausende wurden zu Veranstaltungen und Demonstrationen der Gruppe in Hamburg mobilisiert; die dabei zugunsten ausländischer Organisationen erzielten Spendeneinnahmen waren

beachtlich.[163] Einer der Höhepunkte und Ausdruck eines regelrechten internationalistischen Überschwangs (der einige Jahre später in tiefe Ernüchterung
umschlug) war der 1. Mai 1975 in Hamburg. Die Anlässe zum Feiern waren
zahlreich: die Niederlage der USA und ihrer Verbündeten in Vietnam und Kambodscha (1975), der »Sturz der faschistischen Diktaturen« in Griechenland und
Portugal (1974) und – damit verbunden – der Zusammenbruch des portugiesischen Kolonialsystems, die Unabhängigkeit von Angola und Mosambik (1975)
und die sozialistische Perspektive in diesen Ländern, die Entwicklung in Portugal selbst, wo sich eine »antiimperialistische Bewegung« zu entwickeln schien,
die »die wirtschaftlichen, politischen und militärischen Positionen der Imperialisten in diesem Land bedroht«, das absehbare Ende des »Faschistenregimes«
Francos in Spanien, die positive Entwicklung in Italien und die scheinbare Perspektive des chilenischen Widerstands. Selbst der zumeist defensiv argumentie-
rende KB war, was die Perspektive weltweiter Transformation anging, äußerst
hoffnungsvoll gestimmt: »Der 1. Mai dieses Jahres ist gekennzeichnet durch
verschärfte Auseinandersetzungen zwischen den Völkern der Welt, vor allem
den Völkern der Dritten Welt, und den Imperialisten sowie zwischen den Imperialisten untereinander. Die Zeiten haben sich geändert, nicht nur in Indochina:
Trotz zeitweiser Rückschläge für die Völker – wie dem faschistischen Putsch
in Chile 1973 und dem folgenden furchtbaren Blutbad unter den Arbeitern und
Bauern – stößt der Imperialismus weltweit immer mehr auf seine Schranken
und wird zurückgeworfen, setzt sich die Tendenz zu nationaler Befreiung und
sozialistischer Revolution durch. Über Niederlagen und Rückschläge hinweg
gehen die Völker einer Welt der Freiheit, des Friedens und des Sozialismus entgegen.«[164]

Am 1. Mai 1975 formierte sich das um den KB gruppierte Spektrum (»Aktionseinheit«), das zunächst an der offiziellen DGB-Maikundgebung teilgenommen
hatte, zu einer eigenständigen »sozialistischen Demonstration«. Bis zu 6.000
Menschen zogen durch »die Arbeiterviertel von St. Georg bis zum Hansaplatz,
traditioneller Sammelplatz linker Demonstrationen«. Dieser Zug stand völlig
im Zeichen des »Sieges der Völker Indochinas«. Die beliebtesten Parolen sollen
»1. Mai – Saigon ist frei!« und »Saigon ist hin – und trägt den Namen: Ho
Chi Minh!« gewesen sein. Das Leittransparent war mit »Vietnam: Sieg im Volkskrieg!« beschriftet. Bei der Abschlusskundgebung auf dem Hansaplatz sprachen ein Vertreter des KB, des RBJ, der Jungdemokraten und des chilenischen
MIR. Dazu wurde eine über das zuständige Ministerium zugeschickte Grußadresse des portugiesischen MFA verlesen. »Alle Redner wurden immer wieder
durch große Beifallsstürme unterbrochen; besonderen Beifall lösten vor allem
die Reden der ausländischen Genossen aus, die immer wieder durch den Ruf
›Hoch – die internationale Solidarität!‹ sowie durch spanische und portugiesi-

sche Parolen unterbrochen wurden. Der gemeinsame Gesang der ›Internationale‹ beendete diese erfolgreiche Kundgebung.« Im Anschluss hieran fand in den Messehallen ein »antiimperialistisches Volksfest« mit 4.500 Besuchern statt, auf dem der »Sieg der indochinesischen Völker« gefeiert wurde. »Es wurde ein Film über Vietnam gezeigt, mehrere Chöre trugen ein – insgesamt mehrstündiges – politisches Musikprogramm antifaschistischer Lieder aus aller Welt vor.« Dazu gab es kurze politische Ansprachen von Vertretern der Hamburger Aktionseinheit sowie des MIR. Eine weitere Grußbotschaft erreichte die Veranstaltung von der palästinensischen PFLP, die mit »Vertretern« anwesend war. In dem folgenden »beschwingteren« Teil des Abends spielte eine chilenische Musikgruppe zum Tanz auf. Es folgten einige Politrock- und Bluesgruppen, ergänzt durch Kino, Diavorträge, Spiele (»das beliebte Faschistenwerfen«) und ein Kinderprogramm. »Dazu haben viele Gruppen der Aktionseinheit Agitationsstände, Wandzeitungen, Ausstellungswände vorbereitet, auf denen ihre Arbeit dargestellt wurde; hier hielten sich Genossen und Freunde zu Diskussion und Information bereit.« Eine Spendensammlung zugunsten der vietnamesischen FNL ergab die stolze Summe von 28.896,77 DM.[165]

Der Internationalismus spielte auch in der Publizistik des Bundes eine herausragende Rolle: In diesem Bereich existierten die meisten *AK*-Kommissionen; Artikel zu den entsprechenden Themen bildeten den Schwerpunkt in der Berichterstattung des Blattes (noch vor der Rubrik »Betrieb und Gewerkschaft«).[166] Mit der *Internationale*, »Zeitung des Kommunistischen Bundes für den proletarischen Internationalismus«[167], gab der Hamburger Bund ein eigenständiges Organ der Solidaritätsarbeit heraus, das vor allem in den eigenen Reihen und in der sonstigen organisierten Linken Verbreitung fand.

Proletarischer Internationalismus

In seiner Solidaritätsarbeit orientierte sich der KB am Prinzip des »proletarischen Internationalismus«, an das sich seit seiner Prägung Mitte des 19. Jahrhunderts unterschiedliche Konnotationen knüpften. Marx und Engels hatten sich in ihrer Konzeption noch primär auf die »modernen Lohnarbeiter« der »zivilisierten Länder« bezogen. Diese sollten unter der Parole des Kommunistischen Manifestes von 1848, »Proletarier aller Länder, vereinigt euch!«, für ein gemeinsames Ziel, den Sturz der bürgerlichen Ordnung, kämpfen.[168] Mit der russischen Revolution erfuhr dieser Ansatz eine grundsätzliche Erweiterung (und in der 1919 gegründeten III. Internationale ihre institutionelle Entsprechung). Hierin war jetzt eine Trias von Kräften unter der fortgeschriebenen Parole »Proletarier aller Länder und unterdrückte Völker, vereinigt euch!« zusammengefasst und aufeinander bezogen, die als Subjekte eines weltweiten Transformationsprozesses verstanden wurden: *erstens* die Sowjetunion bzw. ab 1945 das

»sozialistische Weltsystem«, *zweitens* die Arbeiterbewegung der Metropolen und *drittens* die trikontinentalen Befreiungsbewegungen bzw. »jungen« National-staaten.

Die Relevanz der einzelnen Akteure für das Gesamtkonzept wurde im Laufe der Geschichte von diesen selbst jedoch recht unterschiedlich bewertet. Während der »revolutionären Nachkriegskrise« in Teilen Europas (1917–1923) galt das Proletariat in den Zentren, insbesondere in Deutschland, als die Hauptkraft. Die Existenz der Sowjetunion wurde als abhängig betrachtet vom Erfolg der Revolution in einem fortgeschrittenen Industrieland. Mit dem Scheitern dieser Perspektive und der Proklamation des »Sozialismus in einem Lande« durch Sta-lin (1924) ging die Rolle der Hauptkraft auf die Sowjetunion über, die nun als das »Zentrum« und das »erstarkende Bollwerk« des proletarischen Internatio-nalismus verstanden wurde. Der »Schutz« und die »Verteidigung« der SU wur-den zur »erstrangigen Pflicht eines jeden Internationalisten« und zur Grund-bedingung der »Beschleunigung« des weltweiten revolutionären Prozesses in Metropole und Peripherie erklärt.[169]

Vor dem Hintergrund des sowjetisch-chinesischen Schismas (ab 1956) erlitt diese Position innerhalb der kommunistischen Bewegung und der sozialisti-schen Staatenwelt einen gewissen Hegemonieverlust. In der von der KPCh in der Frage des proletarischen Internationalismus vorgenommenen Neubewer-tung war die Sowjetunion aus der Trias der internationalistisch relevanten Kräfte gestrichen. Die VR China erklärte stattdessen die trikontinentalen Bewe-gungen und vom Kolonialismus befreiten Staaten zu den »Sturmzentren« der Weltrevolution und sich selbst zur Hauptmacht eines Prozesses, dessen Dyna-mik die metropolitane Revolution perspektivisch erst möglich mache (»Trikont-paradigma«). In der 68er-Bewegung der Bundesrepublik hatte diese Position großen Anklang gefunden und war an deren Ende von der ML-Bewegung aufge-griffen worden (wobei die Randgruppen als revolutionäres Subjekt in der Metro-pole nun durch das Proletariat substituiert worden waren).

Das Trikontparadigma spielte in der Ideologie der ML-Bewegung generell eine herausragende Rolle. Wurde für die BRD die Errichtung eines faschisti-schen Staates als potenzielle Gefahr nicht ausgeschlossen, so kontrastierte diese Einschätzung mit einer denkbar optimistischen Perspektive, die primär aus der chinesischen Wahrnehmung der revolutionsstrategischen Funktion der Periphe-rie im Weltsystems abgeleitet war, in der aber auch Lenins Imperialismustheo-rie[170] eine gewisse Bedeutung hatte. Was bei isolierter Betrachtung nationaler Verhältnisse recht ernüchternd hätte wirken müssen, ließ sich, eingebettet in den weltweiten Kontext, ganz anders darstellen: »Die Haupttendenz in der Welt von heute ist Revolution.« Auch der Hamburger Bund teilte diese von Mao geprägte Parole[171], wollte sie aber als Ausdruck einer historisch-materialistisch interpretierten Entwicklungstendenz, quasi als »objektive geschichtliche Wahrheit« verstanden wissen, nicht aber in Bezug auf die Situation in der Bundesrepublik und in anderen Metropolen[172]. Mit einer solchen Pointierung der Metropole-Peripherie-Dialektik handelte er sich von konkurrierenden ML-Gruppen den Vorwurf des »revolutionären Defätismus« und der Schwarzmalerei ein.[173]

Der KB argumentierte in seiner Internationalismusarbeit stets defensiver und weniger ideologisch als andere K-Gruppen, betonte aber gleichwohl die wechselseitige Verbundenheit und Einheit der weltweiten Kämpfe in Peripherie (nationale Befreiungsbewegung) und Metropole (Arbeiterbewegung), die über den gemeinsamen Gegner (Imperialismus), die gemeinsamen Ziele (Transformation) und, zumindest anfangs, das gemeinsame Zentrum (VR China) in einen revolutionär-strategischen Bezug gesetzt waren.[174] Als die »beste Unterstützung«, die »wir dem antiimperialistischen Kampf in der ganzen Welt« geben können, galt der Kampf in der BRD.[175] Ganz im Sinne des chinesischen Trikontparadigmas von 1965 wurde der Volkskrieg in der Peripherie als »Herzstück« des »proletarischen Internationalismus« begriffen, der US-Imperialismus als der »Hauptfeind«.[176] Mit dem außenpolitischen Paradigmenwechsel der VR China und insbesondere mit der Verabschiedung der Drei-Welten-Theorie sah der KB einen »Verrat der chinesischen Regierung am proletarischen Internationalismus«[177] verbunden. Er hielt an seiner Konzeption fest, auch wenn diese nun ihres Zentrums, des »Bollwerks der Weltrevolution«, beraubt war. Seine Distanzierung von der VR China erlaubte es, sich von anderen ML-Positionen abzugrenzen, in denen in positiver Rezeption der Drei-Welten-Theorie die Gegnerschaft zur Sowjetunion zum primären Kriterium einer »internationalistischen« Bezugnahme gemacht werden sollte.

Trotz seines vergleichsweise offenen Ansatzes verfuhr auch der KB in seiner Internationalismusarbeit höchst selektiv: Die Peripherie des Weltsystems wurde lediglich in ihrer Bedeutung als Objekt imperialistischer Einflussnahme und als Subjekt eines weltweiten Transformationsprozesses zur Kenntnis genommen. Die »innere Dynamik« revolutionärer Prozesse wurde nur »sehr oberflächlich« analysiert: Mit Begriffen wie Imperialismus, Zionismus, Reaktion, Volk, Befreiung und bewaffneter Kampf wurde »holzschnitthaft« hantiert.[178] Der KB war primär eine Gruppe der Praxis: Untersuchungen, die es ermöglicht hätten, die zugrunde gelegten Kategorien kritisch zu entwickeln, wurden nicht erstellt. Einen herausragenden Stellenwert nahm in diesem Zusammenhang das Gewaltparadigma ein, das nicht nur im KB, sondern in weiten Teilen der Solidaritätsbewegung gleichsam den Rang eines Dogmas hatte (und eine wichtige Unterscheidungslinie zwischen den verschiedenen Spektren der Bewegung markierte). Allgemein wurde davon ausgegangen, dass die »radikalste Lösung der Imperialismusfrage« dort vonstatten geht, »wo geschossen wird«.[179] Auch die enge Verknüpfung von nationaler und sozialer Frage wurde kaum problematisiert. Das Stalinsche Diktum von der »nationalen Befreiung als Teil der proletarischen Weltrevolution« traf im KB auf breite Akzeptanz.[180]

Palästina und der Antizionismus

Der Nahostkonflikt mit seiner bis heute ungelösten Palästinafrage erwies sich für die westdeutsche Linke als historisch vermintes Terrain.[181] Dass sich in den Gründermythen des zionistischen wie auch des westdeutschen Staates (Israel als Fluchtburg der Überlebenden des Holocaust, die kollektive Schuld aller Deutschen an diesem Verbrechen) gleichzeitig auch realgeschichtliche Erfahrungen reflektierten, erschwerte zusätzlich eine Positionierung der westdeutschen Linken. Bis Mitte der 60er Jahre war deren Haltung von einer »pathetischen Glorifizierung des jüdischen Staates« geprägt (Kloke 1990, 46). Die eigene politische Grundhaltung beinhaltete eine »Wechselbeziehung zwischen Antifaschismus, Proisraelismus und innenpolitischer Restaurationskritik« (Kloke 1998, 18). Angesichts des israelisch-arabischen Krieges von 1967 vollzog ein Großteil der Neuen Linken einen Paradigmenwechsel. Dieser ergab sich einerseits aus der Abgrenzung gegenüber einer in der Bundesrepublik mit dem Sechstagekrieg einsetzenden Begeisterung über die militärische Schlagkraft Israels (in der Springer-Presse wurde der zionistische »Blitzkrieg« stürmisch gefeiert) und hatte andererseits mit der Entwicklung der Neuen Linken selbst zu tun. Diese hatte in der zweiten Hälfte der 60er Jahre mit ihrer Kritik an der belgischen Kongopolitik, am Schahregime und am Vietnamkrieg zu einer spezifischen internationalistischen Haltung gefunden, die eine Parteinahme zugunsten Israels nicht länger zuließ. Die Palästinafrage wurde im Folgenden unter Verwendung antiimperialistischer Essentials interpretiert, wobei der Antizionismus der Neuen Linken eng an Positionen angelehnt war, wie sie von der PLO bzw. deren antiimperialistischem Flügel vertreten wurden.

Die Palästinaarbeit spielte im KB gegenüber anderen Feldern internationalistischer Solidarität (Chile, Portugal, Afrika) in den 70er Jahren nur eine untergeordnete Rolle (das verantwortliche Nahostkomitee wurde 1975 gegründet). Anfangs herrschte innerhalb der Gruppe bei der Frage der eigenen antizionistischen Orientierung große Verunsicherung. Die während der Olympiade 1972 in München von der palästinensischen Gruppe Schwarzer September durchgeführte Aktion[182] beurteilte der KB in einer ersten Stellungnahme als ein legitimes Mittel palästinensischer Revolutionäre, der KBB (Vorläufergruppe des KBW) dagegen verstand sie als Ausdruck eines »außerhalb jeder ernsthaften politischen Massenaktion« agierenden Terrorismus[183]. In der anschließenden scharfen Polemik zog der Hamburger Bund seine Position wieder zurück und musste sein »gegenwärtiges Unvermögen zu einer gründlichen Antwort« eingestehen.[184] Der KB sah sich nicht in der Lage, eine »parteiliche Stellung« zum »ideologischen Kampf« verschiedener linker palästinensischer Gruppen abzugeben. Eine Anfang der 70er Jahre unternommene Reise in den Libanon sollte hier Klarheit bringen. Eine sich »Palästina-Arbeitsgruppe Hamburg« nennende Delegation des Bundes führte dort zahlreiche »Interviews und Gespräche mit Kämpfern verschiedener palästinensischer Widerstandsorganisationen«, die zu einer Klärung der politischen Praxis beitragen sollten, jedoch nicht das erhoffte Ergebnis erbrachten. Es wurde zusätzlich bemängelt, dass die Hamburger Genoss(inn)en mit »großen Vorurteilen« in den Libanon gefahren waren: »Die umfassende zionistische Propaganda in der BRD hat uns alle beeinflusst.« Immerhin wurden die Gespräche mit der Popular Front for the Liberation of Palestine (PFLP) im Nachhinein als besonders wichtig bewertet, was zum Ergebnis hatte, dass die von George Habasch geführte PFLP in den 70er Jahren zu der palästinensischen Bezugsorganisation avancierte, mit deren politischen Einschätzungen, Mitteln und Zielen der KB weitgehend konform ging.[185]

Zionismus war für den KB in den 70er Jahren definiert als genuin »imperialistische Ideologie und Politik«.[186] Als »eigentliche Ursache« des Nahostkonfliktes wurde die »Existenz des zionistischen Staates Israel« begriffen, der »unter Missachtung des Willens des palästinensischen Volkes und durch dessen gewaltsame Vertreibung« entstanden sei.[187] Politisch eingebettet in den Westen und eng mit den USA als »Schutzmacht« liiert, fungiere Israel als »Stützpunkt des Imperialismus gegen die arabischen Völker«.[188] Allgemein wurde der Nahostkonflikt in der Konfiguration folgender Akteure begriffen: »Auf der einen Seite stehen der US-Imperialismus und die anderen Imperialisten, die arabischen reaktionären Regimes, die Zionisten und die Faschisten. Das sind die Feinde. Auf der anderen Seite stehen die arabischen Arbeiter, Bauern und armen Massen mit ihren politischen Organisationen, die ihre Interessen vertreten.«[189] Was die Konfliktlösungsstrategien anging, vertrat der KB die Position der PFLP: Eine Befreiung vom Zionismus sei nur durch einen »lang dauernden Volksbefreiungskrieg« zu realisieren, der aber nur als Teil der Revolution im gesamten arabischen Raum erfolgreich sein könne und in dem sich die »palästinensischen Widerstandsorganisationen«, so der KB, auch um die Unterstützung der »jüdischen Werktätigen Israels« zu bemühen hätten.[190] In der Zielperspektive dieses Kampfes sprach sich der Hamburger Bund für die »Zerschlagung Israels« und die Bildung eines sozialistischen Staates Palästina aus, in dem die autochthone Bevölkerung und die eingewanderten Juden »gleichberechtigt« zusammenleben sollten.[191] Der Konflikt im Nahen Osten könne nicht anders gelöst werden als durch die »Zerschlagung des zionistischen Staates«, wobei jedoch die »Existenz des hebräischen Volkes in dieser Region« respektiert werden müsse.[192] Ein »freies Palästina« sei aber letztlich nur »als Teil eines sozialistischen arabischen Raumes« denkbar.[193]

Seit Anfang der 80er Jahre kam es zu einem schnellen Zusammenbruch der Palästinasolidarität in der Bundesrepublik (vgl. Kloke 1990, 137-163), was zum einen den allgemeinen Zerfallsprozessen der Neuen Linken geschuldet war und andererseits auf die historisch bedingten Widersprüche eines *deutschen* Antizionismus verweist, die zu klären sich die meisten Akteure der Neuen Linken, geprägt durch ein antifaschistisches und internationalistisches Selbstverständnis, nie in genügender Weise bemüht hatten. Dem innerhalb des eigenen Spektrums zuerst 1976 (»Entebbeschock«) formulierten Vorwurf des »linken Antisemitismus« und der verstärkt seit 1982 (Libanonkrieg) und infolge des Zweiten Golfkriegs (1991) geäußerten These der moralischen Verwerflichkeit eines »Antizionismus nach Auschwitz« (Kloke 1990, 11) konnte oder wollte so niemand mehr etwas entgegensetzen. Teile der Neuen Linken, unter ihnen der KB, schwenkten auf prozionistische Positionen ein.

Chile und das Gewaltparadigma

Das Chile der Unidad Popular war für große Teile der bundesdeutschen Linken lange Zeit kein Thema gewesen. Die im September 1970 erfolgte freie Wahl des erklärten Marxisten Salvador Allende zum chilenischen Präsidenten sowie »Chiles Weg zum Sozialismus« stieß in der hiesigen Linken zuerst nur auf »bescheidenes Interesse« (Balsen u. a. 1986, 310). Erst mit dem von den USA protegierten Militärputsch unter General Augusto Pinochet am 11. September 1973, dem Tod Allendes und der Repression, die in den Jahren nach dem Staatsstreich schätzungsweise bis zu 4.000 Menschen das Leben kostete, entstand in der Bundesrepublik und Westberlin eine Solidaritätsbewegung, wie sie in dieser Breite nie zuvor existiert hatte. Hierzu trugen nicht unwesentlich die Reaktionen konservativer Politiker und von Teilen der bundesdeutschen Wirtschaft und Medien bei, die den blutigen Umsturz in Chile und insbesondere die von der Junta eingeleitete neoliberale Wende unverhohlen begrüßt hatten (Pinochet ließ die Ökonomie von den an Milton Friedman orientierten »Chicago Boys« auf Basis des Monetarismus umbauen).

Zwischen Herbst 1973 und Frühjahr 1974 nahmen rund 50 Chilekomitees in der Bundesrepublik und Westberlin ihre Arbeit auf, wobei die Bewegung schon nach kurzer Zeit in »zwei Blöcke« gespalten war: in den Block der DKP (sowie ihrer befreundeten Organisationen), der Jusos und einen Großteil der Exilchilenen auf der einen Seite und in den Block der »nicht-reformistischen« Gruppen von den Spontis bis zu den K-Gruppen auf der anderen. Das »reformistische« Spektrum sprach sich für die Bildung einer breiten »antifaschistischen Front« in Chile aus, die von der Unidad Popular bis zu den Christdemokraten reichen und deren Nahziel die Wiederherstellung der bürgerlichen Demokratie sein sollte. Das »nicht-reformistische« Spektrum, dem auch der KB zuzurechnen war, agitierte demgegenüber für den »Sieg des Sozialismus« in Chile, wies darauf hin, dass dieser nur mit gewaltsamen Mitteln zu bewerkstelligen sei, und solidarisierte sich primär mit den dortigen revolutionären Ansätzen. (Balsen u. a. 1986, 323f)

Unmittelbar nach dem Militärputsch, noch im September 1973, führte der KB in Hamburg eine Solidaritätsveranstaltung zugunsten des chilenischen Widerstandes durch, an der sich 2.000 Menschen beteiligten. Ein »Genosse des lateinamerikanischen Studentenverbandes« erklärte bei dieser Gelegenheit, er habe gerade die Nachricht erhalten, dass eine »erste« nach dem Vorbild des spanischen Bürgerkrieges gebildete »argentinische Kolonne« internationaler Brigaden zur Unterstützung des chilenischen Widerstands die »Anden bereits überschritten habe«. Was sich später als Falschmeldung herausstellte, belegt erneut recht eindrücklich die politische Euphorie und die internationalistischen Hoffnungen der Neuen Linken zu dieser Zeit.[194] Dabei wurden die Verlautbarungen des KB zur Situation in Chile und den Perspektiven des Widerstands von den konkurrierenden ML-Fraktionen in der Regel der »Schwarzseherei« geziehen.[195] Der Hamburger Bund wiederum polemisierte gegen die »rosaroten Träumereien« des KBW, der die Lage der Junta als »hoffnungslos« bezeichnet und ihren raschen Sturz prophezeit hatte.[196] Für den KB bewies das Vorgehen der USA in Chile, »mit welch brutaler Verzweiflung der untergehende US-Imperialismus immer noch versucht, das Rad der Geschichte rückwärts zu drehen, den Befreiungskampf der Völker der Welt blutig zu unterdrücken«.[197] Allerdings sei nicht darum herumzureden, dass diese imperialistische Politik der chilenischen Arbeiterbewegung eine »schwere Niederlage« zugefügt habe.

Die Entwicklung in Chile wurde von der bundesdeutschen radikalen Linken vor allem unter einem Gesichtspunkt wahrgenommen: entweder als Exempel der Möglichkeit eines »friedlichen Übergangs« zum Sozialismus (DKP-Spektrum) oder als Beleg der Unmöglichkeit eines solchen Weges (K-Gruppen). Die K-Gruppen übertrugen die chilenischen Erfahrungen auf alle anderen Länder. Für den KB hatten die Ereignisse in Chile die »entscheidenden Fragen der Strategie der Arbeiterbewegung im Kapitalismus« erneut auf die politische Tagesordnung gesetzt.[198] Den »faschistischen Staatsstreich« sah der KB als bedeutsamen historischen Einschnitt für die gesamte internationale Arbeiterbewegung. Chile sei von den »Reformisten aller Schattierungen« zu einem »Paradebeispiel« für die Möglichkeit eines »friedlichen Übergangs« zum Sozialismus gemacht worden.[199] Mit dem Scheitern dieses Projektes habe sich Chile jedoch als ein »Musterbeispiel« für die »Hilflosigkeit und Ohnmacht« des Sozialismus gegenüber der »bewaffneten Konterrevolution« erwiesen, womit die universelle Richtigkeit des Gewaltparadigmas des klassischen Marxismus – auch und gerade für Westeuropa und die BRD – erneut bestätigt worden sei.[200]

Diese strategische Einschätzung teilte der KB mit der Roten Armee Fraktion (RAF), während sich seine taktischen Rückschlüsse allerdings deutlich von denen der RAF unterschieden. »Alle historische Erfahrung unterstreicht«, so der Bund damals, »dass der bewaffnete Kampf nur dann erfolgreich sein kann, wenn er einem aktuellen Bedürfnis der bewusstesten Teile des Proletariats entspricht.«[201] Dies war eine eindeutige Kritik daran, den bewaffneten Kampf »hier und heute« und gestützt auf die eigenen marginalen Kräfte zu beginnen, was die RAF in Operationalisierung der Focustheorie zum Programm erhoben hatte.[202] Der bewaffnete Kampf, so der KB, bedürfe der »Zustimmung und Unterstützung von breiten Teilen der Arbeiterklasse und der übrigen werktätigen Bevölkerung« und müsse vor dem Hintergrund der »isolierten Taten einer Minderheit, die sich selbst als elitäre Vorhut begreift«, zwangsläufig ins politische Abseits führen. Den zentralen Fehler der RAF sah der KB darin, »Politik ohne die Massen des Volkes« zu machen, worin »ein arrogantes, überhebliches und zutiefst misstrauisches Verhältnis zur Arbeiterklasse« zum Ausdruck komme.[203]

1973, zeitgleich mit seiner Chilekampagne, publizierte der KB ein Buch mit historischen Texten »zu den politischen Problemen des bewaffneten Kampfes der Arbeiterklasse« unter dem programmatischen Titel »Die politische Macht kommt aus den Gewehrläufen«.[204] In der Werbung zum Buch hieß es: Es wäre »verhängnisvoll«, würde sich »die westdeutsche Arbeiterklasse erst dann eingehend mit den Problemen des bewaffneten Kampfes befassen«, wenn dieser in der Bundesrepublik auf der Tagesordnung stehe.[205] Ebenfalls vor dem Hintergrund der Ereignisse in Chile erging an die Organisation der Aufruf, Lenins »Zwei Taktiken der Sozialdemokratie in der demokratischen Revolution«[206] zu Schulungszwecken heranzuziehen. Dort sei die Theorie von der »Notwendigkeit des bewaffneten Aufstands« sowie die Richtigkeit der »Lehre von der Notwendigkeit der Zerschlagung des Staatsapparates« dargelegt.[207] »Nur der Griff der Massen zum Gewehr schafft den Sozialismus her« lautete eine Parole der KPD/ML, die der KB zwar der Form nach ablehnte und für »kindisch und schädlich« hielt, mit der er aber in der Sache übereinstimmte: Die Notwendigkeit der »bewaffneten Revolution« zur Errichtung des Sozialismus sei eine »von der Geschichte vielfach bestätigte Erfahrung«.[208]

Ihren Bezugspunkt im chilenischen Widerstand fand eine solche Konzeption im Movimiento de Izquierda Revolucionaria (MIR), auf den sich der KB in seiner politischen und materiellen Unterstützungsarbeit konzentrierte.[209] Der MIR, eine kleine Gruppe, die für den bewaffneten revolutionären Kampf eintrat, hatte der Unidad Popular zwar nicht angehört, diese aber unterstützt. Nach dem Putsch wollte die Organisation als Katalysator eines »revolutionären Volkskrieges« in Chile fungieren. Der Erfolg eines solchen Krieges, so der Einwand des KB, hänge allerdings in »großem Maße von der Einbeziehung der städtischen Wohngebiete in den bewaffneten Kampf« ab. Der MIR sei zwar »offensichtlich inzwischen zum wichtigsten Faktor« im Spektrum der bewaffneten Opposition geworden, aber eine »wirklich revolutionäre Führung«, eine »starke marxistisch-leninistische Partei, die auch in Chile der Motor und Garant eines längerfristig erfolgreichen Klassenkampfes sein wird«, existiere dort bislang nicht. Trotz dieser Einschränkungen ging auch der Hamburger Bund von einem »längerfristigen Sieg« der Widerstandskräfte in Chile aus.[210] »Dabei geht es nicht um Tage oder Wochen (wie der KBW immer noch seinem gutgläubigen Publikum vorgaukelt), sondern sicher zumindest um Monate, wenn nicht um einen Zeitraum von mehreren Jahren.«[211] Das zeigt, dass auch der KB die »Kampfstärke der chilenischen Linken« und insbesondere des MIR, der schnell blutig zerschlagen wurde, jahrelang völlig überschätzt hat.[212] Die Generalisierung des Gewaltparadigmas trübte darüber hinaus den Blick für die Verankerungsfähigkeit des Volkskriegskonzeptes unter den spezifischen chilenischen Bedingungen (lange parlamentarische Tradition, zivilgesellschaftliche Strukturen, mehrheitlich urbane Bevölkerung).

Ihren Höhepunkt erreichte die Chilesolidarität im Herbst 1974, als die beiden konkurrierenden Spektren zum Jahrestag des Putsches getrennt voneinander eigene bundesweite Demonstrationen in Frankfurt a. M. durchführten. Während den Aufrufen des »reformistischen« Lagers am 11. September 1974 lediglich einige Tausend gefolgt waren, hatten die Chilekomitees der Neuen Linken einige Tage später, am 14. September, 30.000 Menschen mobilisieren können (vgl. Balsen u. a. 1986, 345). Der KB verzichtete auf eine Teilnahme mit der fadenscheinigen Begründung, dass eine zentrale Demonstration nicht das »geeignetste Kampfmittel« sei, um einen »möglichst massenhaften und wirkungsvollen Protest zu organisieren«. Sein Gegenvorschlag war, am Jahrestag des Putsches »Demonstrationen in allen größeren Städten der Bundesrepublik auf möglichst breiter Basis zu organisieren«. Am Aufruf der Chilekomitees wurde der mangelnde Bezug zur »innenpolitischen Entwicklung in der Bundesrepublik«, der fehlende Hinweis auf die »grundsätzlich konterrevolutionäre Rolle des Imperialismus« und die hieraus abzuleitende »Notwendigkeit der bewaffneten Revolution« kritisiert, die der KB als eine »zentrale Lehre der chilenischen Ereignisse« betrachtete.[213]

Das vom KB in diesem Kontext praktizierte Sektierertum hatte einen Grund: Den Strukturen und Aktionen der »nicht-reformistischen« Chilekomitees musste er von Anfang an fernbleiben, da diese vom KBW und der trotzkistischen GIM dominiert wurden, mit denen er aus ideologischen Gründen nicht enger zusammenarbeiten konnte. Der KB blieb in der Chilesolidarität so weitgehend auf seine eigenen Mobilisierungsfähigkeiten beschränkt, die allerdings relativ beachtlich waren. Seine Positionierung erfolgte weitgehend in Abgrenzung zu den Chilekomitees der Neuen Linken, denen er eine Taktik der »Öffnung nach rechts« und der »unpolitischen Verflachung und der opportunistischen Zugeständnisse« unterstellte – und die er von links zu kritisieren versuchte.[214]

Die weitere Entwicklung zeigte dann allerdings, dass sich die moralische Empörung der Chilesolidarität in der Bundesrepublik bald verbraucht hatte und keinem der linken Spektren weitere spektakuläre Mobilisierungen gelangen. Die Hoffnung auf einen Aufschwung bewaffneter, sozialistisch ausgerichteter Massenkämpfe in Chile, die der Militärjunta ein schnelles Ende bereiten würden, erwies sich schnell als illusionär. Die Vorstellung, dass das Pinochet-Regime von einer Volksbewegung mit *gewaltsamen* Mitteln besiegt werden würde, waren ein »typischer Ausdruck der westeuropäischen Wünsche«.[215] Zum Niedergang der »nicht-reformistischen« Chilebewegung trug darüber hinaus ein abrupter Linienwechsel des KBW bei, der die Skepsis des KB gegenüber dessen Solidaritätsarbeit zu bestätigen schien. Vor dem Hintergrund der Anbindung des KBW an die chinesischen außenpolitischen Vorgaben wollte die Gruppe die Chilekomitees, die er seit dem Rückzug der GIM 1975 dominierte, darauf festlegen, die bis dahin einhellig erhobene Forderung nach einem Wirtschaftsboykott Chiles fallen zu lassen. Während sich der KBW mit diesem Schritt in der Bewegung isolierte, verstärkte er gleichzeitig die Krise der Komitees, von denen sich die meisten bis 1976/77 aufgelöst hatten (vgl. Balsen u. a. 1986, 353). Da war freilich die Solidaritätskarawane bereits weitergezogen: Mitte der 70er Jahre richteten sich alle Hoffnungen auf Portugal.

Portugal und die neue Internationale

Als am 25. April 1974 Frontoffiziere der portugiesischen Kolonialarmee (»Movimento das Forcas Armadas«, MFA) mit einem Militäraufstand das heimische Caetano-Regime beseitigt hatten und begannen, ihr Programm aus »Entkolonialisieren, Demokratisieren, Entwickeln« in die Tat umzusetzen, überwog innerhalb der radikalen Linken in der Bundesrepublik eine allgemeine Skepsis. Konnte es überhaupt so etwas wie revolutionäre Militärs geben? Die chilenische Erfahrung, die damals überaus präsent war, schien keine positive Antwort zuzulassen. Auf dem internationalen Chilekongress in Frankfurt a. M., der mit dem Beginn der Nelkenrevolution zeitlich zusammenfiel, war dieses Ereignis »von keinem einzigen der vielen Redner einer Erwähnung für wert befunden« worden.[216] Auch der KB war in seiner Beurteilung der portugiesischen Revolution, die er zunächst in Anführungszeichen setzte und als bloßen taktischen Machtwechsel verstand, anfangs sehr zurückhaltend. Es müsse klargestellt werden, »dass eine derart ausgedehnte oppositionelle Strömung im Heer, hätte sie sich grundlegend gegen die Interessen der Bourgeoisie gerichtet, mit ganz anderen Mitteln bekämpft worden wäre«. Vielmehr müsse man davon ausgehen, »dass die kritische Strömung in der Armee gewissen Absichten der Bourgeoisie entgegenkam und sie dieser Strömung bisher auch ohne große Gefahr freien Lauf lassen konnte«.[217] Tatsächlich war es in Portugal nach einer 48 Jahre dauernden reaktionären Diktatur gelungen, Massen zu politisieren, die anfangs erfolgreich versuchten, ihre Interessen in den Revolutionsprozess einzubringen (Fabrik- und Landbesetzungen, Gründung von Kooperativen).

Erst als deutlich wurde, dass der Aufstand der MFA einen breiten gesellschaftlichen Aufbruch freisetzen konnte, entstanden hierzulande wie auch im übrigen Westeuropa Solidaritätsbewegungen zu Portugal, das 1974/75, den »heißen« Revolutionsjahren, zu einem beliebten Reiseziel eines teilweise schwärmerischen linken Polittourismus wurde. Der KB stellte nun fest, dass Portugal im heutigen »kapitalistischen Europa« das »fortgeschrittenste Beispiel für einen revolutionär-demokratischen Prozess« sei und verstand es als seine »internationalistische Pflicht, den Kampf des portugiesischen Volkes zu unterstützen und zu verteidigen«.[218] Positiver Bezugspunkt waren zudem die afrikanischen Befreiungskämpfe in den ehemaligen portugiesischen Kolonien, die durch den Lissabonner Staatsstreich Auftrieb erhalten hatten, wobei die Aussichtslosigkeit eines militärischen Sieges des »Mutterlandes« der eigentliche Auslöser des Aufstandes der MFA gewesen war: Insbesondere die nationalen Befreiungsbewegungen in Angola und Mosambik (Unabhängigkeit 1975) fanden das rege Interesse der westdeutschen Linken.

Die Solidaritätsarbeit des KB zu Portugals intensivierte sich, nachdem im Sommer 1975 das Rollback gegen eine radikale Weiterentwicklung der Nelkenrevolution begonnen hatte. Vor allem die US-amerikanische und die bundesdeutsche Regierung taten alles, um das Nato-Land Portugal vor dem »kommunistischen Fall« zu bewahren. Die in den folgenden Monaten einsetzenden Ereignisse schienen nichts Gutes zu verheißen: die Putschversuche General Spínolas, der, außer Landes geflohen, im spanischen Exil Getreue der Diktatur zu einer militärischen Invasion Portugals sammelte; der Machtzuwachs der 1973 unter tätiger Mithilfe der SPD in Bad Münstereifel gegründeten Sozialistischen Partei von Mario Soares, die in den Wahlen zur verfassungsgebenden Versammlung vom 25. April 1975 zur relativ stärksten Kraft wurde und alles daransetzte, »den Sozialisierungskurs zu bremsen und den Einfluss der Gewerkschaften und portugiesischen Kommunisten zurückzudrängen« (Sperling 1997, 61); der daraufhin einsetzende Zerfall der MFA, die zuvor als Garant eines radikalen Kurses der Transformation fungiert hatte (März 1975 Verstaatlichung aller Banken, Versicherungen und Großindustrien sowie Legalisierung der Betriebs- und Landbesetzungen); das massive Auftreten der militanten Rechten in Portugal, die im

August 1975 die Zentren der Gewerkschaften und der KP im Norden des Landes in Flammen aufgehen ließ; die Wiederherstellung der »Ordnung in der Armee« am 25. November 1975, mit der konservative Militärs die Revolte der linksradikalen Gruppe um Carvalho beendeten und diese im Fraktionskampf der MFA ausschalteten. Dies alles schien aus Sicht des KB nur zwei politisch abzulehnende Entwicklungsperspektiven für Portugal zuzulassen: die Restauration oligarchischer Herrschaft oder die »normale« bürgerlich-parlamentarische Demokratie. »Portugal darf nicht das Chile Europas werden!« lautete die Hauptparole des KB, mit der er sich auf die »Gefahr eines von der Reaktion entfesselten Bürgerkrieges und einer neuen faschistischen Diktatur« konzentrierte und vor einem »riesigen Blutbad unter der Arbeiterklasse, Massenverhaftungen, Konzentrationslagern, Folter und totaler Repression« warnte.[219] Eine besondere Aufgabe sah der KB darin, die Rolle der regierenden SPD herauszustellen, die sich mithilfe der Sozialistischen Internationale »ständig in Portugal einmischt«, darauf abziele, Portugal »putschreif« zu machen, und somit im Dienste eines »chilenischen Weges« stehe.[220]

In der Portugalsolidarität war dem KB zunächst unklar, welche Akteure er politisch wie materiell unterstützen sollte. Noch im April 1974 konnte er in Portugal keine politische Partei oder Gruppierung erkennen, die den Kämpfen mit einem kommunistischen Programm eine sozialistische Stoßrichtung hätte geben können.[221] Daher bemühte er sich, ein breites Spektrum der zersplitterten portugiesischen »nicht-revisionistischen« Linken in seine Solidaritätsarbeit einzubeziehen, um sich gleichzeitig von den militant »antihegemonistischen« ML-Zirkeln, die von den chinatreuen K-Gruppen der Bundesrepublik unterstützt wurden, zu distanzieren.[222] Ab 1975 arbeitete der KB mit dem Movimento da Esquerda Socialista (»Bewegung der Sozialistischen Linken«, MES) zusammen, das vor der Nelkenrevolution den linken Flügel der antifaschistischen Einheitsfront gebildet und sich danach von dieser getrennt hatte. Die linkskommunistische Organisation vertrat ein »antirevisionistisches« Programm, ohne allerdings dabei die Kommunistische Partei Portugals (PCP) zum primären Gegner zu erklären (was die meisten der von KBW, KPD und KPD/ML favorisierten portugiesischen Gruppen taten). In seiner Solidaritätsarbeit bezog sich der KB insgesamt auf Kräfte, die im portugiesischen Parteienspektrum marginale Größen waren, die er jedoch als Keime einer stärkeren »revolutionären Linken« verstand; sie allein seien dazu in der Lage, die Arbeiterbewegung dafür zu mobilisieren, den Kapitalismus in Portugal zu schlagen (und damit die Restauration des »Faschismus« zu verhindern).

Die Unterstützungs- und Zusammenarbeit fand – weitaus stärker als bei anderen internationalistischen Kampagnen – direkt vor Ort, in Lissabon und den anderen Zentren der portugiesischen Revolution, statt. Zahlreiche Genoss(inn)en des KB hatten sich auf den Weg nach Süden gemacht, um auf diese Weise konkrete Solidarität zu üben, in Kollektiven und Kooperativen mitzuarbeiten und somit direkt am politischen Prozess der Transformation Portugals teilzunehmen. Im Sommer 1975 gab es in Lissabon den *AK* zu kaufen, der von KB-Zellen bei der Lufthansa quasi auf dem »Dienstweg« ins Land gebracht und dort von Aktivisten des Bundes vertrieben wurde. Die *AK*-Artikel zum Thema wurden in Portugal recherchiert und gelangten auf dem gleichen Luftweg wieder zurück nach Hamburg.[223] Zentrale dieses Informationsflusses war die Spanien-/Portugalkommission, die im Sommer 1974 ihre Arbeit aufgenommen hatte und von »Willi« Goltermann geleitet wurde. Ihr sollen zu ihren Hochzeiten, 1975, über 20 Personen angehört haben, darunter angeblich auch Mitglieder des Konsulats und Vertreter portugiesischer Firmen.[224] Auf besonders große Nachfrage traf die erstmals im März 1975 vom KB herausgegebene Broschüre »Die politischen Parteien in Portugal«, die im September des Jahres ihre fünfte Auflage (18.000 Exemplare) erreichte und laut eigener Aussage die zur damaligen Zeit »einzige verfügbare und geschlossene Darstellung des portugiesischen Parteienspektrums« beinhaltete.[225]

Als im Februar 1976 Delegierte des KB am II. Kongress des MES in Lissabon teilnahmen, soll es »starken Beifall« bei ihrer Vorstellung und bei der Verlesung einer Grußadresse auf der Abschlusskundgebung gegeben haben.[226] Auf einer im Anschluss durchgeführten Veranstaltung zum »proletarischen Internationalismus«, an der neben Organisationen der radikalen Linken aus Frankreich, Dänemark, Italien, Spanien und der Bundesrepublik auch Delegierte der Frente Polisario aus der Westsahara teilnahmen, schlug der KB in einem selbst von der portugiesischen Tagespresse beachteten Referat den Aufbau einer »neuen Internationale« vor.[227] »Die Bedeutung des Internationalismus, die war seit der 68er-Bewegung selbstverständlich«, erinnert sich Eckehard Seidl, damals verantwortlicher Redakteur des KB-Blattes *die Internationale* und Anleiter der Nahostkommission. »Das ist erst später verloren gegangen, an Nicaragua und dem Zweiten Golfkrieg. Eine ›neue Internationale‹ gründen zu wollen, das war nur unsere Ausprägung dieser Selbstverständlichkeit. Man kann natürlich von heute aus sagen: Was für Illusionen! Aber man kann auch die Entwicklung angucken, in der wir dringesteckt haben, und die war erstmal ermutigend. Bis 1977 zumindest. Es war eine ständige Expansion. Wir füllten ganze Messehallen. Es war eine ständige Expansion – die ins Leere lief. Das wusste man aber erst hinterher.«[228]

Nichts schien dem KB Mitte der 70er Jahre also nahe liegender, als die unterschiedlichen fortschrittlichen Kräfte in Westeuropa und im Trikont in ein gemeinsames strategisches Konzept einzubinden, was eine gegenseitige materielle Unterstützung, eine enge Zusammenarbeit in programmatischen Fragen und das »Projekt einer internationalen theoretischen Zeitschrift mit Ausgaben in verschiedenen Sprachen« beinhalten sollte.[229] »Wir meinen, dass es heute eine ganz konkrete und aktuelle Aufgabe der revolutionären und kommunistischen Organisationen ist, mit dem Aufbau der Keimformen für eine neue Kommunistische Internationale zu beginnen. Der ›Internationale‹ der Imperialisten und der ›Internationale‹ der Revisionisten müssen wir die Einheit der Revolutionäre entgegenstellen!« Die ausländischen Organisationen, mit denen sich der KB aufgrund praktischer Erfahrungen und ideologischer Gemeinsamkeiten eine engere Kooperation wünschte und vorstellen konnte, erwiesen sich jedoch teilweise als »sehr eigenwillig«. Letztlich kam das etwas großspurig anmutende Projekt einer »neuen Internationale« so über den Austausch von Zeitungen nicht hinaus.[230]

Spätestens mit den ersten regulären Wahlen im April 1976, die mit dem Sieg der Sozialistischen Partei und der Verabschiedung einer bürgerlichen Verfassung (mit einigen Einsprengseln aus den Revolutionsjahren, die im Folgenden getilgt wurden) endeten, war der Portugalsolidarität in der Bundesrepublik die Grundlage entzogen. Die Verhinderung der Restauration oligarchischer Machtstrukturen und eines »zweiten Chile«, die sich der KB und andere auf die Fahnen geschrieben hatten, war damit überflüssig geworden, die Hoffnung auf eine Fortschreibung des »revolutionär-demokratischen« Prozesses in Portugal hatte sich erledigt. Die »Revolution der Nelken« hatte sich als Katalysator kapitalistischer Modernisierung erwiesen. Der »kurze Sommer« der Solidarität war vorbei.

Afrika und der lagerunabhängige Solidaritätsansatz

Afrika galt dem KB Mitte der 70er Jahre als das »derzeit schwächste Glied des imperialistischen Systems« und »Hauptschauplatz der Weltrevolution«.[231] Die von Thomas Ebermann geleitete Afrikakommission hatte innerhalb des Hamburger Bundes einen hohen Stellenwert.[232] Besondere Beziehungen existierten damals zur angolanischen MPLA, die Ebermann nach der Unabhängigkeit des Landes bei einem Besuch in Luanda mit militärischen Ehren empfing (was im KB allerdings ein recht zwiespältiges Echo auslöste), und zur Zanu in Zimbabwe, mit deren Londoner Vertreter, Dzingai Mutumbuka, der KB zeitweise eng zusammenarbeitete.[233] Eine Systematisierung erfuhr die Position des KB im Rahmen seiner Afrikakampagne von 1976, deren Höhepunkt eine Großveranstaltung mit 3.500 Teilnehmern in Hamburg war, die unter der Parole »Der Sieg ist gewiss« und unter der Mitwirkung der bundesdeutschen Sektion der angolanischen MPLA durchgeführt wurde.[234] Nach der Eröffnungsrede des KB, die zuvor mit den »afrikanischen Genossen« abgestimmt worden war, sprachen Vertreter(innen) verschiedener afrikanischer Befreiungsbewegungen.[235] Musik-

und Tanzgruppen aus Eritrea und Guinea-Bissau/Kapverden vervollständigten das Programm. Mutumbuka rief die Versammelten dazu auf, seiner Organisation Armbanduhren zu spenden, »die dringend für die Grundausrüstung der vielen neuen Kämpfer gebraucht werden«.[236] Ad hoc wurden über 350 Uhren eingesammelt.[237] Zu den zuvor bereits auf dem KB-Konto zugunsten der »afrikanischen Befreiungsbewegungen« eingegangenen 13.000 DM kamen auf der Veranstaltung selbst noch einmal 66.000 DM hinzu. Dieses Geld wurde »vereinbarungsgemäß« zu 60 Prozent an die MPLA und zu je 20 Prozent an die Zanu und die Frente Polisario (Westsahara) übergeben. Mit einem Teil der ausländischen Delegierten führten KB-Gruppen in 15 weiteren Städten Solidaritätsveranstaltungen durch, »die von einigen Tausend Interessierten besucht wurden«.[238] Allein zur Veranstaltung des Westberliner KB am 13. April 1976 in der Hasenheide kamen 1.000 Menschen.[239]

Mit der Afrikakampagne unterstrich der KB erneut seine Konzeption einer lagerunabhängigen Solidarität, die sowohl der Politik anderer K-Gruppen als auch der Position der DKP widersprach. In der Praxis der Solidaritätsarbeit hatte sich der KB insbesondere mit dem KBW auseinander zu setzen, der eng an den Vorgaben der chinesischen Außenpolitik ausgerichtet war und vorwiegend solche Kräfte unterstützte, die beiden »Supermächten«, also USA und UdSSR, konfrontativ gegenüberstanden, wobei (analog der chinesischen Politik) die Ausrichtung gegen den »Sozialimperialismus« für den KBW das Hauptkriterium der Auswahl seiner internationalistischen Bezugspunkte war. Als der KBW die hiesige Solidaritätsbewegung dazu aufforderte, die »Diffamierung« der FNLA und der Unita zu beenden und diese als gleichberechtigte »Befreiungsbewegungen« neben der MPLA in Angola anzuerkennen, beförderte er sich ins politische Abseits.[240] Für den KB bedeutete dies, »imperialistische Söldnerhorden« wie die Unita und die FNLA zu »Befreiungsbewegungen« zu erklären.[241] Anders als der KBW, der die Entstehung des Konfliktes zwischen den Parteien des angolanischen Bürgerkriegs vor allem als Resultat der »Einmischung« der beiden »Supermächte« verstand, interpretierte der KB den Krieg als »Klassenkampf«, worin sich »die eine Seite auf den Imperialismus, Kolonialismus und die schwarze Bourgeoisie anderer Staaten (Zaire) stützen kann, während die andere von der internationalen revolutionären Linken unterstützt wird und sich außerdem den Widerspruch USA/Sowjetunion zunutze machen kann, um Hilfe von den revisionistischen Staaten zu erhalten«.[242]

In einer Art Kriterienkatalog hielt der KB fest, mit welchen Kräften der »afrikanischen Revolution« er sich solidarisch erklären wollte. *Erstens* betonte der KB die einheitliche Ausrichtung der afrikanischen Kämpfe gegen den von den USA geführten Imperialismus, den Kolonialismus und Rassismus und die neokoloniale Beherrschung durch nationale Kompradorenschichten.[243] »Obgleich die

Kämpfe in den verschiedenen afrikanischen Staaten sich in höchst unterschiedlichen Etappen befinden, richten sie sich doch gegen den gleichen Feind, sind sie doch ein einheitlicher Kampf.« *Zweitens* lehnte der Hamburger Bund die These der »chinatreuen« ML-Gruppen vom »Sozialimperialismus« als dem »Hauptfeind der afrikanischen Völker« als »antikommunistisch« ab, und zwar nicht, weil er mit der Außenpolitik der Sowjetunion sympathisierte, sondern weil er davon ausging, dass die trikontinentalen Akteure mehr oder minder gezwungen seien, in ihrem Kampf gegen den Imperialismus das »taktische Bündnis« mit der Sowjetunion zu suchen.[244] Der KB hatte daher keinerlei Berührungsängste mit Organisationen oder Staaten, die sowjetische oder kubanische Unterstützung in Anspruch nahmen (wie die MPLA in Angola). Im Gegenteil: Er verteidigte diese sogar vehement gegen konkurrierende ML-Gruppen, die die »imperialistische Aggression« der Sowjetunion in Afrika, insbesondere in Angola, geißelten.[245] Für die KPD/ML machte sich der KB mit seiner Haltung zum »Wasserträger der russischen Supermacht«.[246] Die DKP dagegen kritisierte die bloß taktisch motivierte Haltung des KB zur UdSSR. Mit Thälmann gelte »damals wie heute«, dass die Haltung zur Sowjetunion als »Prüfstein für jeden wirklichen Kommunisten« zu begreifen sei. Dem KB wurde vorgeworfen, in der Vergangenheit »bei jeder Gelegenheit« versucht zu haben, »die Hilfe der Sowjetunion und der anderen sozialistischen Staaten für die Befreiungsbewegungen Afrikas sowie die internationalistische Haltung der KPdSU zu verunglimpfen«.[247] *Drittens* entsprach es der Konzeption des KB, nur solche Organisationen zu unterstützen, von denen er annahm, dass sie im Kontext der nationalen Befreiungsbewegung als Katalysator der sozialen Frage fungieren würden. Das beinhaltete die Anstrengung, im Spektrum der Befreiungsbewegungen diejenigen Kräfte zu identifizieren, die am weitesten »links« standen – für die also die nationale Unabhängigkeit nicht Endziel war, sondern Etappe auf dem Weg der sozialistischen Umgestaltung ihrer Gesellschaft. Der KB wollte auch deswegen »nur die jeweils fortschrittlichsten Kräfte im Befreiungskampf« unterstützen, »weil die Revolutionäre nur aus einer starken Position die Machenschaften des Imperialismus durchkreuzen können, d. h. Neutralisierung bzw. Bekämpfung von Strömungen im Widerstand, die schwarze Ausbeuter an die Stelle der weißen setzen wollen«. Bei der Entscheidung für bestimmte Organisationen sollten zudem »Autoritäten« keine Rolle spielen, sondern versucht werden, sich aufgrund von Fakten ein eigenes Urteil zu bilden.[248]

Diesem Anspruch gerecht zu werden, erwies sich nicht zuletzt auch deswegen als schwierig, weil in der damaligen bundesdeutschen Solidaritätsbewegung wie auch im KB selbst ein kritisches Bewusstsein über die problematische Verknüpfung der sozialen und der nationalen Frage sowie über die Dynamik von »Befreiungsbewegungen an der Macht« im Grunde nicht existierte. So dienten die Normen der Solidaritätsarbeit vor allem dazu, die spezifische Identität des KB in Abgrenzung zu anderen Gruppen der Linken herauszustellen. Insofern die an der Afrikakampagne beteiligten Befreiungsorganisationen dem vom KB vertretenen Ansatz zu entsprechen schienen, konnte sich der Hamburger Bund in seiner Internationalismuskonzeption bestätigt sehen und gegenüber der linken Konkurrenz profilieren. In einem »Rundgespräch mit Vertretern afrikanischer Befreiungsbewegungen in Hamburg« hieß es: »Die afrikanischen Befreiungsbewegungen stehen solidarisch zueinander. Das ist das ganze Geheimnis! Wer sich dieser Erkenntnis widersetzt, muss kläffend vor der Tür bleiben.«[249]

Die Wirklichkeit gestaltete sich allerdings komplizierter. Im antikolonialistischen Befreiungskampf in Zimbabwe[250] z. B. wurde die Zanu gleichfalls von den verschiedenen »Hua-Guofeng-Fanclubs«, wie der KB die unterschiedlichen »chinatreuen« K-Gruppen spöttisch nannte, unterstützt[251]. Für den KBW war die Zanu lange Zeit sogar die wichtigste trikontinentale Bezugsorganisation, die er mit erheblichen materiellen Leistungen bedachte (vgl. Bacia 1986, 1653). Als der KB nicht länger ignorieren konnte, dass die Zanu nicht so ohne weiteres in sein Konzept der »afrikanischen Revolution« einzupassen war, entschied er sich dafür, die Gegensätze zur Diskussion zu stellen und damit die »alte Erkenntnis zu beherzigen, dass kritische Analyse das Fundament – und nicht Hemmschuh – langfristiger ehrlicher Solidarität ist«. Auf die im *AK* veröffentlichten »Anmerkungen zur Situation des zimbabwischen Widerstands« folgte eine intensive Auseinandersetzung, in der sich auch Teile der undogmatischen Afrikasolidarität zu Wort meldeten.[252]

Ein Schwerpunkt der Kritik des KB richtete sich gegen die widersprüchlichen Einschätzungen des Verhältnisses der Zanu zur Sowjetunion. KBW, KPD/ML und KPD präsentierten in ihren Zeitungen regelmäßig Funktionäre der Zanu (zumeist Auslandssprecher), die ihre »anti-sozialimperialistische« Linie bestätigten, während sich der KB vor allem auf das ZK der Zanu berufen konnte, dessen Mitglieder die UdSSR als »Verbündete« bezeichnet hatten. Anders als beim angolanischen Bürgerkrieg hatten beide »Lager« in der Zimbabwesolidarität jedoch von veränderten Vorzeichen auszugehen: Die Zanu erhielt – im Gegensatz zur MPLA – keinerlei sowjetische Unterstützung. Daher wurde vor allem über die inhaltliche Ausrichtung der Zanu gestritten: War diese eine militante »antihegemonistische« Kraft oder hatte sie nur ein taktisches Verhältnis gegenüber ihren westdeutschen Spendengebern und begriff die Sowjetunion in Wahrheit als »potenziellen Verbündeten«? In den »Anmerkungen zur Situation des zimbabwischen Widerstands« tauchte die Frage auf, ob innerhalb der Zanu-Führung tatsächlich ein diametral entgegengesetztes Verständnis zur Sowjetunion existierte oder ob die Zanu-Führung aus finanziellen Erwägungen bemüht war, »jedem Interviewpartner die gewünschten Aussagen frei Haus zu liefern«.[253]

Das Verhältnis des KB zur Zanu war nach dieser Veröffentlichung äußerst angespannt. Dzingai Mutumbuka, Vertreter der Zanu in London, der die Bewertung der Sowjetunion mit dem KB teilte, warnte davor, die »internen Differenzen« der Zanu zum Gegenstand einer kritischen Debatte zu machen, und forderte vom KB eine »öffentliche Entschuldigung für die Verleumdung der Zanu«. Es sei nicht hinzunehmen, dass »Leute, die sich selber als unsere Freunde und Revolutionäre bezeichnen, ein Mitglied der Zanu gegen das andere ausspielen«, um damit »billigen politischen Profit« für ihre eigene Organisation herauszuschlagen.[254]

Für die Westberliner KPD stellten der *AK*-Artikel und die nachfolgenden Reaktionen der Zanu ein »schlagendes Beispiel für die spalterische und pro-sozialimperialistische Linie des KB in internationalen Fragen« dar, da dieser nur jene trikontinentalen Kräfte unterstützen wolle, die er einer »angolanischen Lösung« für zugänglich halte. »Das Fazit ist ein offener Angriff auf die Zanu, die als opportunistisch hingestellt wird, weil sie angeblich jedem nach dem Munde redet, in Wirklichkeit aber, weil sie sich nicht wie der KB für die Expansionspläne der Sozialimperialisten in Afrika begeistert.« Der KB versuche dabei mit Methoden, »wie es der KGB nicht besser könnte«, die »westdeutschen Antiimperialisten« vom Kampf gegen »Imperialismus und Hegemonismus« abzuhalten.[255]

Während die chinanahen K-Gruppen mal wieder versuchten, die Auseinandersetzung für eine »anti-hegemonistische« Profilierung und Diffamierung des »KB-Nord« zu nutzen, verweigerten sich die tragenden Kräfte der unabhängigen bundesdeutschen Afrikasolidarität der Debatte: »Negative Kritik an der Befreiungsbewegung Zimbabwes oder an Teilen von ihr ist keine notwendige Aufgabe von Solidaritätsgruppen und soll daher unterbleiben.«[256]

Die Afrikakampagne des KB von 1976 markierte den Höhepunkt seiner Internationalismusarbeit. Mit der Spaltung der Gruppe 1979 brachen die Kommissionen, die die internationalistische Praxis zuvor getragen hatten, nahezu vollständig zusammen. Die Solidaritätskampagnen des KB in den 80er Jahren (etwa zu Südafrika) fanden nicht mehr in dem in den 70er Jahren entwickelten konzeptionellen Rahmen statt. Der Ansatz des »proletarischen Internationalismus« war gescheitert. Die Dialektik der Kämpfe in »Peripherie« und »Metropole«, die theoretische Grundlage des eigenen Handelns, hatte keine Entsprechung in der Wirklichkeit gefunden. Zum einen erwies sich die Vorstellung, das »Proletariat« der Metropole Bundesrepublik mobilisieren zu können, als illusionär. Zum anderen wurden spätestens ab Mitte der 70er Jahre die Widersprüche und Ambivalenzen nationaler Befreiungskämpfe sichtbar. Zum Symbol für die terroristischen Potenziale einer »Befreiungsbewegung an der Macht« wurde die von der radikalen Linken nur zögernd zur Kenntnis genommene Entwicklung in Kambodscha nach 1975, wo unter der Schreckensherrschaft eines Pol Pot mehr als eine Million Menschen zum Opfer eines mit den Lehren Maos gerechtfertigten Genozids wurden.

Bundesrepublik: Droht ein neuer Faschismus?

In seiner Analyse der bundesrepublikanischen Gesellschaft begriff der KB die »Möglichkeit eines neuen Faschismus als aktuelle Gefahr«[257] und maß dem Kampf gegen den »von oben« forcierten Prozess der »Faschisierung« in strategischer und taktischer Hinsicht einen zentralen Stellenwert bei. Auch diese Position muss unter dem Gesichtspunkt des »Abgrenzungszwangs« gegenüber dem KBW (bzw. dessen Vorgängerzirkeln) verstanden werden.[258] Der konkurrierende ML-Bund veröffentlichte bis 1976 kein wichtiges Dokument, in dem nicht der »Aufschwung der Arbeiterklasse« und die »Linkswendung der Massen« behauptet wurde (Bacia 1986, 1652), und stellte damit nach Ansicht des KB das »aktuelle Kräfteverhältnis zwischen den Klassen in Westdeutschland« auf den Kopf.[259] Der KB dagegen riet, solche »Illusionen« an der Wirklichkeit zu messen: »Wir stehen heute nicht mitten in einem revolutionären Aufschwung, sondern immer noch am Anfang eines harten Wegs«.[260]

Faschisierungsthese als Programmersatz

Die Faschismusfrage, die Frage also, was Faschismus historisch sei und wie die faschistische Gefahr in der Bundesrepublik aktuell eingeschätzt werden müsse, stand spätestens seit den Ereignissen, die sich mit dem 2. Juni 1967 in Westberlin verbinden (Erschießung von Benno Ohnesorg), im Zentrum aller linken Debatten. Mit diesem Datum war für die linksradikale Opposition im Prinzip evident, dass das »postfaschistische System in der BRD« zu einem »präfaschistischen« geworden war (wie es in einer Erklärung des SDS nach dem 2. Juni hieß).[261] Hatte schon der SDS versäumt, eine konkrete Faschismusanalyse zu leisten, so blieb auch in der ML-Bewegung ein ahistorischer Begriff von Faschismus vorherrschend.

Mit seiner spezifischen Faschisierungsthese griff der Hamburger Bund unmittelbar in die »strategische Auseinandersetzung der Nach-Apo-Zeit« ein.[262] Sie wurde im Frühjahr 1972 in drei aufeinander folgenden, ohne Autorennennung veröffentlichten Artikeln im *AK* dargelegt (Verfasser Knut Mellenthin), die keinen ausgesprochen programmatischen Anspruch erhoben, sondern als »Diskussionsbeitrag« zur Faschismusfrage angelegt waren, innerhalb der Organisation aber auf keinerlei Widerspruch stießen.[263] (Das mag daran gelegen haben, dass die Faschisierungsthese schon in den Debatten der beiden Gründerzirkel des KB vorgebildet und als Essential akzeptiert worden war, wofür insbesondere die Wahrnehmung der ersten Großfahndung nach Mitgliedern der RAF, bei der Petra Schelm im Juli 1971 in Hamburg erschossen wurde, eine wesentliche Rolle gespielt hat.) Die Faschisierungsthese des KB entwickelte sich zum wichtigsten »ideologischen Kristallisationspunkt«[264] nach innen und diente nach außen als Markenzeichen und bedeutendes Unterscheidungsmerkmal zu anderen Gruppen der radikalen Linken. Sie stand im Zentrum der konzeptionellen Grundausrichtung des KB und fungierte quasi als dessen informelles Programm, so dass anfangs weder ihre immanente Logik noch ihr Wahrheitsgehalt zur Debatte standen.[265]

Sie basierte zum einen auf der Interpretation der sozialliberalen Regierungspolitik als imperialistisch und repressiv (»Modell Deutschland«), zum anderen auf der Wahrnehmung der oppositionellen Unionsparteien als neonazistisch verstrickt (»Braunzone«). Bundeskanzler Helmut Schmidt als »Oberlehrer und Feldwebel Europas« und Franz-Josef Strauß (CSU) als »Führer des Rechtskartells« wurden nicht nur vom KB, sondern von der gesamten radikalen Linken als im Grunde austauschbare zentrale Hassobjekte bekämpft.[266] Speziell in der zweiten Hälfte der 70er Jahre konzentrierte sich der KB vor allem darauf, den »Faschisierungsprozess« anhand empirischer Beispiele zu belegen, was im Ansatz der 1974 gegründeten Antifakommission, in der Zuarbeit zum Russell-Tribunal (1977/78) sowie in zahlreichen Publikationen des Bundes seinen Ausdruck fand.

Faschismustheoretische Abgrenzungen KB/KBW

Die Positionierung des KB in der Faschismusfrage erfolgte vor allem in strikter Abgrenzung zum KBW (bzw. zu dessen Vorgängerzirkeln). Obwohl die Polemik einem zeitgleich im akademischen Marxismus ausgetragenen Disput zu folgen schien (vgl. Kühnl 1972, 1973; Opitz 1972, 1974; Gossweiler 1972), haben die beiden Kontrahenten hierauf nie explizit Bezug genommen. Zwei Punkte waren es vor allem, mit denen sich der Hamburger Bund in seiner Fragment gebliebenen »Faschismustheorie« von den Ansätzen des konkurrierenden ML-Bundes abzugrenzen suchte.

Konsens herrschte bei der Definition des Faschismus als »terroristischer Diktatur der Bourgeoisie« zum Zwecke der Systemsicherung. Damit knüpfte der KB an Positionen des KAB an, der sich gegen die von Dimitroff auf dem VII. Weltkongress der Komintern von 1935 vorgetragenen Thesen abgrenzte (Revisionismusvorwurf), gleichzeitig aber bestimmte Elemente dieses Ansatzes in seine eigene Konzeption integriert hatte. Faschismus war hier als »offene, terroristische Diktatur« begriffen worden, nicht jedoch im Sinne von Dimitroff der »reaktionärsten, am meisten chauvinistischen, am meisten imperialistischen Elemente des Finanzkapitals[267], sondern der »Kapitalistenklasse« schlechthin, womit aber gleichfalls zwischen parlamentarisch verfassten und faschistischen Regimen bürgerlicher Herrschaft unterschieden werden sollte.

Umstritten war zwischen KB und KBW *erstens* die Frage nach dem Zeitpunkt und den Umständen des Machtantritts des Faschismus. Erfolgt dieser relativ früh im Zuge eines Prozesses der Faschisierung und als Ausdruck eines Aktes »präventiver Konterrevolution« (KB) oder zeitlich später als konkrete und letzte Reaktion auf eine systembedrohende Krise, was auch den Begriff der Faschisierung in seiner Stringenz als fragwürdig erscheinen lassen würde (KBW)? Hiermit eng verbunden war die Frage nach der Rolle der Bourgeoisie im faschistischen Transformationsprozess. Handelte sie nach dem Verständnis des KB »offensiv«, »bewusst«, »planmäßig«, »ohne Zwang« (Vorwärtsschreiten in den Faschismus) oder »defensiv«, »reaktiv«, »gezwungenermaßen« (Zurückweichen in den Faschismus), wie vom KBW behauptet? Die *zweite* Differenz bestand in der Einschätzung der Bedeutung kleinbürgerlicher Massenbewegungen, wie sie historisch in Italien und Deutschland Basis faschistischer Regime gewesen waren. Während der KB einen »Faschismus ohne Massenbewegung« für möglich hielt, galt diese im Faschismusverständnis des KBW als konstitutiv. Der KBW sah eine solche Massenbewegung in der Transformationsdynamik als autonome, vorwärts treibende Kraft an, in der Konzeption des KB war sie dort, wo sie auftritt, lediglich Ausdruck der politisch-ideologischen Einflussnahme und des »Willens der Bourgeoisie«.[268]

Faschisierung von Staat und Gesellschaft

»Faschisierung« war für den KB definiert als ein von Seiten der Bourgeoisie (Kapital, Parteien) »bewusst« forcierter Prozess des »Herankommens« an den Faschismus, mit dem sich diese schon in Zeiten relativer gesellschaftlicher Stabilität präventiv auf die Bewältigung einer »kommenden Krise« und die Abwehr der hiermit verbundenen »kommenden Kämpfe« der Arbeiterklasse und »anderer betroffener Teile des Volkes«[269] vorbereite. Im Lichte dieser These interpretierte der Hamburger Bund unterschiedliche Phänomene ökonomischer, politischer und ideologischer Art als Ausdruck einer »Faschisierung von Staat und Gesellschaft« der Bundesrepublik. Mit dem Terminus selbst bezog sich der KB explizit auf Dimitroff, der davon ausgegangen war, »dass vor der Errichtung der faschistischen Diktatur die bürgerlichen Regierungen in der Regel verschiedene Etappen durchlaufen und eine Reihe reaktionärer Maßnahmen durchführen, die den Machtantritt des Faschismus vorbereiten und unmittelbar fördern«.[270]

Kommende Krise, kommende Kämpfe

Die Faschismusprognose des KB für die Bundesrepublik war krisentheoretisch fundiert. Wie andere Gruppen der Linken auch sah der Bund in den kapitalistischen Metropolen den Beginn eines sich »relativ rasch verschärfenden Krisenzyklus«.[271] Zum einen schien das Voranschreiten antikolonialer bzw. antiimperialistischer Befreiungsbewegungen in der Peripherie des Weltsystems den politischen und ökonomischen Spielraum der metropolitanen Mächte einzuengen. Zum anderen wurde erwartet, dass der aufgrund dieser globalen Entwicklung sich noch verschärfende innerimperialistische Konkurrenzkampf[272] zu krisenhaften Rückwirkungen auch in den Zentren des Kapitals führen werde.

Der KB sah eine solche Einschätzung auch in Lenins Imperialismustheorie[273] fundiert und sprach von einem ökonomisch vermittelten »gesteigerten Drang« imperialistischer Systeme »zur Reaktion nach innen und zur Aggression nach außen«, wobei er den Faschismus allerdings nicht als adäquaten politischen Überbau, sondern als Ausnahmeregime begriff. »Der extremste Ausdruck der grundsätzlichen Tendenz des Imperialismus zur gesteigerten Reaktion ist der Faschismus.« Bürgerliche Systeme im Zeitalter des Imperialismus würden sich keineswegs »immer und unter allen Umständen« oder gar »gradlinig in Richtung auf Abbau demokratischer Rechte, in Richtung Unterdrückung« entwickeln.[274] Für das Verständnis der Situation in der Bundesrepublik allerdings sei ein historisches Argument entscheidend, nämlich die »besondere Aggressivität« des deutschen Imperialismus, der nach zwei gescheiterten Versuchen erneut nach der Weltmacht greife und die hiermit verbundenen Kosten auf die Massen abzuwälzen versuche.[275]

Als Folge dieses Szenarios prognostizierte der KB die »Zuspitzung der gesellschaftlichen Widersprüche in der Bundesrepublik mit einer Verschärfung der Klassenkämpfe«.[276] In den Septemberstreiks von 1969 erblickte er die ersten Vorboten einer solchen Entwicklung. Die »kommenden Kämpfe« in der Folge der »kommenden Krise« verstand der Hamburger Bund als die conditio sine qua non seiner Faschismuserwartung. »Die Frage der faschistischen Gefahr entscheidet sich für uns an der Einschätzung der kommenden Klassenkämpfe. Unter der Voraussetzung, dass diese Klassenkämpfe keinen qualitativen Sprung erleben (ein solcher Sprung war u. E. der französische Mai 1968!) und die Kontrolle der sozialdemokratischen und revisionistischen Parteizentralen über die Arbeiterklasse relativ stabil bleibt, scheint die Aufrechterhaltung der bürgerlichen Demokratie einigermaßen wahrscheinlich. Wenn wir dagegen von der faschistischen Gefahr reden, so deshalb, weil wir von einer raschen Verschärfung der Widersprüche ausgehen, die in durchaus absehbarer Zeit umfangreiche Klassenkämpfe auslösen wird.«[277]

Ausbeuter haben Angst

Zwar teilte der KB mit dieser Position die in der radikalen Linken Anfang der 70er Jahre übliche Annahme einer raschen Krisenverschärfung und »Zuspitzung der gesellschaftlichen Widersprüche«, sah aber anders als die konkurrierenden ML-Fraktionen, deren Konzeptionen durch Begriffe wie »revolutionärer Aufschwung«, »Haupttendenz Revolution«, »Linkswendung der Massen« und »Arbeiteroffensive« gekennzeichnet waren, die Arbeiterklassen in den »meisten imperialistischen Staaten« nicht auf dem »Vormarsch, sondern in der Defensive«.[278] Obwohl das bundesdeutsche Proletariat seit den Septemberstreiks 1969 »wieder in Bewegung geraten« sei, gingen die Kämpfe noch nicht über das schon während der 50er Jahre erreichte Niveau hinaus.[279]

Während der KBW den »rapiden Ausbau des staatlichen Gewaltapparates« und den »Abbau der demokratischen Rechte des Volkes« als Reaktion des Staates auf den »Aufschwung der Arbeiterklasse und des Volkes« interpretierte, sah der KB die Situation von der »Offensive der Bourgeoisie« geprägt, die in ihrer Angst, »dass es mit ihrer Ausbeuterordnung in gar nicht ferner Zeit zu Ende sein könnte«, zu Maßnahmen greife, »die in keinem realen Verhältnis zum aktuellen Stand der Klassenkämpfe stehen und die eindeutig vorbeugenden Charakter haben«.[280] Die westdeutsche Bourgeoisie sehe einer Zeit entgegen, wo es ihr »weniger als heute« gelingen wede, das Proletariat »ruhig« zu halten und den »Fortbestand der kapitalistischen Ausbeutung« zu garantieren.[281] Die Politik der Faschisierung sei auf die Niederhaltung »*kommender* Kämpfe« ausgerichtet und treffe aufgrund der »*jetzigen* Schwäche der Arbeiterklasse« und der Tatsache, dass die »kommunistische Bewegung erst in ihren winzigen Anfängen« stecke, kaum auf Gegenwehr.[282] Dieser Präventionsgedanke stand im Zentrum der Faschisierungsthese.

Akteure der Faschisierung

Als Akteure des Faschisierungsprozesses wurden die »führenden Kreise des Großkapitals«[283] gesehen sowie die politischen Parteien, insofern sie sich deren Interessen zu Eigen machten. Dementsprechend hatte sich der Kampf gegen die Faschisierung nicht in erster Linie gegen die NPD und »andere rechtsradikale und faschistische Gruppierungen« zu richten (»ohne diesen Kampf vernachlässigen zu wollen«), sondern müsse ins Zentrum des politischen Systems zielen.[284] Die Unionsparteien in ihren systematischen neonazistischen Verstrickungen (»Braunzone«) und die Sozialdemokratie »als gegenwärtige Geschäftsführerin der Kapitalistenklasse« galten dem KB als Hauptprotagonisten der Faschisierung.[285] In Bezug auf die Rolle der SPD wollte der KB allerdings keine Sozialfaschismusthese vertreten. Diese Partei treibe die Faschisierung voran, um der Kapitalistenklasse dienlich zu sein, »nicht weil die Sozialdemokraten Faschisten« seien. Der SPD seien in diesem Prozess ohnehin enge Grenzen gesetzt. Dort, wo sich ihre Rolle nicht mehr mit dem Image der »Arbeiterpartei« vereinbaren lasse, müsse sie abtreten und einer »noch reaktionäreren« Kraft Platz machen: der Union mit »Männern wie Strauß und Co.« und deren »ganz offen faschistischer Gefolgschaft«.[286] Den christlichen Parteien wurde eine »klare faschistische Tendenz« attestiert, die sich zwar »gegenwärtig« in Latenz befinde, sich aber unter anderen Umständen voll entfalten könnte.[287]

Entsprechend der voluntaristischen Konstruktion von »der Bourgeoisie als bewusst handelnder Klasse« sah der KB mit dem Prozess der Faschisierung Phänomene verbunden, die er als »Angriff« auf die »demokratischen Rechte« und die »wirtschaftliche Lage« des »arbeitenden Volkes«[288] verstand, mit dem die Kapitalistenklasse versuche, die Krisenlasten auf die Massen abzuwälzen und gleichzeitig den erwarteten »spontanen Ausbrüchen des Klassenkampfs« zuvorzukommen. Ein solcher »Angriff« erfolge auf mehreren Ebenen. Ökonomisch führe er zu sinkenden Löhnen, Entlassungen und einer größeren »Arbeitshetze«, in sozialer Hinsicht zu steigenden Preisen, Mieten und Steuern sowie fehlenden Kindergartenplätzen und unzureichend ausgestatteten Schulen, Universitäten und Krankenhäusern. In seiner »empirischen« Beweisführung zum Beleg der Faschisierungsthese verwies der Hamburger Bund immer wieder auf politisch-ideologische Maßnahmen des Staates und ihre Resonanz im gesellschaftlichen Raum. Mit dem Abbau politischer Rechte (KPD-Verbot, Notstandsgesetze, Berufsverbote), der ideologischen Einflussnahme auf breite Bevölkerungsschichten (»Krisenkampagnen der Bourgeoisie«), dem Ausbau seiner Gewaltpotenziale (Aufrüstung von Polizei, BGS und Bundeswehr) und der Repression, zunächst gegen die marginale linksradikale Opposition (»Kommunistenjagd« gegen die K-Gruppen, »Todesschusspraxis« gegen vermeintliche bzw. tatsächliche Mitglieder der RAF), schaffe der Staat sich »schon heute« Bedingungen, die er im Übergang zum Faschismus für die »totale Unterdrückung jeder demokratischen, antikapitalistischen Regung mit den Mitteln der Demagogie und des Terrors« nutzen könnte.[289]

Auch wenn die Existenz einer faschistischen Massenbewegung im Faschismusbegriff des KB gar nicht konstitutiv war, verwies der Bund mit seiner Parole von der »Faschisierung von Staat *und Gesellschaft*« über die institutionelle Ebene hinaus auf die Bedeutung des Handelns der Bourgeoisie in Hinblick auf seine gesellschaftlichen Wirkungen. Das Großkapital könne sich nicht damit zufrieden geben, »einfach nur seinen Staatsapparat auszubauen, die Polizei zu verstärken, die demokratischen Rechte abzubauen«. Es versuche gleichzeitig, »in der Bevölkerung eine Stimmung für diese Maßnahmen zu schaffen«.[290] Die »faschistische Verhetzung« gehe nicht nur von einigen »unbedeutenden Gruppen« des neonazistischen Lagers aus, sondern bilde einen »Bestandteil der allgemeinen bürgerlichen Politik«, deren Ziel es sei, »30 Jahre nach dem Ende des Faschismus«, den breiten »Massen« wieder faschistisches »Gedankengut« nahe zu bringen.[291] Als potenzielle Massenbasis des »neuen Faschismus« begriff der KB die Mittelschichten, und hier vor allem die Klientel der Unionsparteien, die

»über Ausländerhass und nationale Überheblichkeit, Hetze gegen Minderheiten, Antikommunismus, Klerikalismus« mobilisierbar sei. Der Erfolg einer solchen staatlichen Propaganda, die innerhalb dieser Bevölkerungskreise auf besonders fruchtbaren Boden falle, war für den KB mit Dimitroff ökonomisch vermittelt und Ausdruck der Krisenanfälligkeit und der Deklassierungsangst »kleinbürgerlicher« Schichten (sozialpsychologische Kriterien wurden nicht ins Feld geführt).[292] Obwohl der KB zum damaligen Zeitpunkt explizit nicht von der Existenz einer faschistischen Massenbewegung ausging, erkannte er einen systematischen Prozess, in dem die Bourgeoisie mit Indoktrination und Ideologisierung bestrebt sei, »den reaktionären Radikalisierungsprozess innerhalb der Mittelklassen voranzutreiben«, um den gegebenenfalls zu vollziehenden Übergang in den Faschismus auf breiterer Basis und »bruchloser« vollziehen zu können.[293]

Exempel Italien

Die italienische Entwicklung seit den späten 60er Jahren ist als wesentliche Erfahrung in die Faschisierungsthese des KB eingeflossen. Was in Westberlin zu Zeiten der studentischen Bewegung symbolische Politik geblieben war, im Pariser Mai 1968 kurzzeitig Form angenommen hatte, war in Italien 1968/69 deutlich hervorgetreten: eine an Breite und Militanz im Westeuropa jener Jahre einmalige antikapitalistische Massenbewegung, in proletarische Kräfte eine besondere Rolle spielten. Auf dem Höhepunkt der Bewegung, dem »heißen Herbst« von 1969, den Fabrikbesetzungen und militanten Demonstrationen, ereignete sich das, was die radikale Linke als »strage di stato«, als »Staatsmassaker« bezeichnete. In Mailand, einem Zentrum der oppositionellen Bewegung, detonierte in einer Bank eine Bombe, die 16 zufällig anwesende Menschen, größtenteils Bauern, tötete und zahlreiche weitere schwer verletzte. Die Regierung lastete dieses Verbrechen den »Anarchisten« an und nutzte es, um massiv gegen die gesamte Linke vorgehen zu können. Später stellte sich heraus, dass die Urheber des Massakers bei den Neofaschisten zu suchen waren und »Hintermänner und Drahtzieher bis in höchste Regierungskreise« gehabt hatten (Krippendorff 1997, 122). Ähnliche Attentate forderten während der gesamten 70er Jahre weitere Tote, bis hin zum schwersten Anschlag im August 1980 im Bahnhof des kommunistisch verwalteten Bologna, wo 85 Menschen starben, ohne dass bis heute die Täter ermittelt, geschweige denn zur Rechenschaft gezogen worden wären.

Für den KB, der zeitweilig eng mit der spontaneistisch-militanten Gruppe Lotta Continua zusammenarbeitete, war Italien das wesentliche Exempel für seine Faschisierungsthese. Das Land galt »unter den bürgerlich-demokratischen Ländern« als dasjenige, »in dem ein neuer Faschismus am nächsten ist«.[294] Hier trete die »kapitalistische Strategie der Bomben, der Provokation und Bespitzelung, des geplanten politischen Mordes und Einsatzes faschistischer Kommandos« am klarsten hervor, weil die Arbeiterbewegung hier »gegenwärtig am breitesten entwickelt« sei. Eine solcher Verlauf des »Klassenkampfes zwischen Bourgeoisie und Proletariat« wurde aber »prinzipiell« für alle anderen Länder Westeuropas erwartet.[295] Im Zentrum der italienischen Erfahrung stand für den KB die »Unterstützung und Deckung faschistischer Banden« durch Teile des Staatsapparates mit dem Ziel, die erstarkende Arbeiterbewegung wieder in die »Defensive« zu drängen.[296] Dem voluntaristischen Charakter der Thesen des KB entsprach seine Warnung vor einem geradlinigen Übergang des »faschistischen Terrors auf dem Boden der bürgerlich-demokratischen Republik zur umfassenden faschistischen Diktatur«[297] ohne Berücksichtigung (potenzieller) Gegenkräfte.

Warm anziehen (Zur Verbotsdebatte 1973)

Der KB sah ein Verbot der K-Gruppen auf der Basis seiner Faschisierungsthese als wahrscheinlich an. »Die Bourgeoisie intensiviert mit beängstigendem Tempo ihre Bürgerkriegsvorbereitungen. Die Zerschlagung der seit 1968 entstandenen sozialistischen und kommunistischen Zirkel, Gruppen und Organisationen wird angestrebt.«[298] Da das KPD-Verbot von 1956 niemals aufgehoben wurde, standen die ML-Organisationen nach Ansicht des KB unter dem »Damoklesschwert« dieses Urteils des Verfassungsgerichts. Für die Bourgeoisie gehe es nur darum, »solche Maßnahmen allseitig vorzubereiten und den richtigen Zeitpunkt zu bestimmen«. Von einigen taktischen Fragen abgesehen, sah der KB zwischen SPD und CDU/CSU in Bezug auf ein drohendes »Kommunistenverbot«, das er als Präventivmaßnahme begriff, keine Differenzen.[299] Die Repression würde sich gegenwärtig gegen »alle Gruppen« richten, von denen die Bourgeoisie befürchte, dass sie die »kommenden Kämpfe« organisieren und ihnen eine »klare Stoßrichtung« geben könnten. Diese Kräfte sollten frühzeitig ausgeschaltet werden, noch bevor die »allgemeinen und spontanen Kämpfe der Bevölkerung« ein Ausmaß erreicht hätten, wo dies nicht so ohne weiteres möglich wäre.[300]

Das Verbot einzelner K-Gruppen war seit Anfang der 70er Jahre in der Bundesrepublik immer wieder in der öffentlichen Debatte aufgetaucht. 1973 konzentrierten sich die Verbotsforderungen vor allem auf die Westberliner KPD, die zu diesem Zeitpunkt einen äußerst militanten Kurs verfolgte (vgl. Langguth 1976, 161f). Am 10. April 1973 mobilisierte die Partei anlässlich des Besuches des südvietnamesischen Staatspräsidenten Van Thieu über 3.000 Personen zu einer Protestdemonstration nach Bonn, in deren Verlauf es kurzzeitig zur Besetzung des Bonner Rathauses und daran anschließend zu schweren Auseinandersetzungen mit der Polizei und zahlreichen Verletzten auf beiden Seiten kam (»Bonner Rathaussturm«).

Die Presse forderte, dem »Terror der K-Gruppen« ein Ende zu machen. Politiker aller im Bundestag vertretenen Parteien erwogen ein Verbot der KPD als »kriminelle Vereinigung« nach Paragraf 129 des Strafgesetzbuches (Langguth 1976, 161). Im Vorfeld des Breschnew-Besuchs in der Bundesrepublik ließ die Bundesanwaltschaft am 15. Mai 1973 in einer bundesweiten Aktion die Dortmunder Parteizentrale sowie weitere Büros der Partei und ihrer Nebenorganisationen und Privatwohnungen ihrer Kader durchsuchen. Die ZK-Mitglieder Christian Semler und Jürgen Horlemann wurden vorübergehend inhaftiert und unter dem Vorwurf der »Beteiligung an einer kriminellen Vereinigung« (§ 129 StGB) angeklagt.

Nach den Bonner Ereignissen veröffentlichte das LG des KB auf der Titelseite des *AK* unter dem Titel »Gegen die Kommunistenjagd« eine Erklärung, in der es die Instrumentalisierung der Rathausaktion als »Auslöser einer widerwärtigen Stimmungsmache« beklagte.[301] Der KB befürchtete, dass »schwere Schläge von Seiten des bürgerlichen Staates« gegen die K-Gruppen und ein »Kommunistenverbot« unmittelbar bevorstünden.[302] Er forderte zur Solidarität mit allen von staatlicher Repression bedrohten linken Organisationen auf – unabhängig von deren konkreter Praxis und selbst wenn diese der Bourgeoisie den »Vorwand« zu ihrer Verfolgung eigens an die Hand gegeben hätten.[303]

Ganz so opportun, wie der KB angenommen hatte, scheint ein »Kommunistenverbot« zum damaligen Zeitpunkt dann doch nicht gewesen zu sein. Im Januar 1974 stellte der Dritte Strafsenat des Bundesgerichtshofes fest, dass die »Eigenschaft der KPD als einer politischen Partei« nicht mit »ausreichender Sicherheit« verneint werden könne.[304] Damit war die KPD rechtskräftig zu einer politischen Partei im Sinne des Artikel 21 Absatz 1 des Grundgesetzes und des Paragrafen 2 des Parteiengesetzes, inklusive des damit verbundenen »Parteienprivilegs«, erklärt worden. Eine Verfolgung der KPD als »kriminelle Vereinigung« im Sinne des Strafgesetzbuches war damit ausgeschlossen (vgl. Rowold 1974, 207). Ein etwaiges Verbot der ML-Partei oblag nun nicht mehr der Exekutive, sondern ausschließlich dem Bundesverfassungsgericht. In ähnlicher Weise hatte das Verwaltungsgericht Köln der KPD/ML im November 1969 das »Parteienprivileg« zugestanden und eine Nachfolgeschaft zur 1956 verbotenen KPD verneint.[305] (In einer späteren Debatte zur Legalität der K-Gruppen, die nach den militanten Auseinandersetzungen vom März 1977 am AKW-Baugelände in Grohnde einsetzte, musste diesen Gerichtsentscheidungen Rechnung getragen werden: Nachdem ein Verbot zumindest derjenigen K-Gruppen, die als Partei anerkannt worden waren, auf administrativem Wege ausgeschlossen war, prüften die Unionsparteien nun die Möglichkeit, das Bundesverfassungsgericht anzurufen).

Von der schrittweisen zur beschleunigten Faschisierung: Und dann?

Hinsichtlich der Frage, in welchem Tempo sich der Faschisierungsprozess in der Bundesrepublik vollziehe und wann der Übergang von parlamentarischen Formen bürgerlicher Herrschaft zu terroristischen vonstatten gehen werde, blieben die Aussagen des KB weitgehend widersprüchlich. Die Problematik des Terminus der »Faschisierung« besteht generell in seiner inhaltlichen Unschärfe. Die Grenzziehung zwischen fundamental unterschiedlichen Formen bürgerlicher Herrschaft, die mit der Dimitroff'schen Faschismusformel gewonnen war, wurde so in der Agitation des KB immer wieder verwischt. Auch wenn der Bund davor warnte, »Faschismus« und »Faschisierung« gleichzusetzen[306] und »willkürlich« alle möglichen »reaktionären Maßnahmen« der Kapitalistenklasse als »faschistisch« zu charakterisieren[307], vermittelte sich bei der Lektüre seiner Zeitungen in den 70er Jahren teilweise der Eindruck, der Faschisierungsprozess sei bereits an sein Ende gekommen[308]. Tatsächlich macht die Verwendung des Begriffs nur Sinn in der Beschreibung einer gesellschaftlichen Entwicklung des *unmittelbaren* Übergangs von parlamentarisch-demokratischen Formen bürgerlicher Herrschaft zu terroristischen. Der KB sah keine »unmittelbar bevorstehende Machtergreifung des Faschismus« in der Bundesrepublik.[309] Die Faschisierung vollziehe sich »schrittweise«, die Kapitalistenklasse bemühe sich, »allmählich« das Klima für Unterdrückungsmaßnahmen vorzubereiten.[310] Den Widerspruch einer Faschisierungsthese ohne unmittelbare Faschismuserwartung versuchte der KB agitatorisch zu lösen. Indem er anhand bestimmter politischer Entwicklungen (z. B. die Wahl Helmut Schmidts zum Bundeskanzler, 1974) qualitative Sprünge behauptete, schien es ihm gerechtfertigt, von einer »beschleunigten und verschärften Faschisierung von Staat und Gesellschaft« zu sprechen (zunächst als Möglichkeit angesichts der versuchten Regierungsübernahme der Union, Misstrauensvotum 1972).[311] Organisationsintern soll mitunter das Bonmot von einer »galoppierenden« Faschisierung die Runde gemacht haben, mit dem der Zwang zu einer ständigen Steigerung der »Unheilserwartung« ironisiert wurde.[312]

Widersprüchlich waren auch die Aussagen des Bundes über den zeitlichen Verlauf und Endpunkt der Transformation. Einerseits begriff der KB »Faschismus« historisch gesehen als eine »präventive, vorbeugende Maßnahme« der Bourgeoisie, ohne dass sie sich in einer »akuten Zwangslage« befinden müsse.[313] Somit wurde der Endpunkt des Faschisierungsprozesses relativ früh angesetzt. Andererseits erklärte der Hamburger Bund auf der Grundlage seiner Krisentheorie und in Erwartung zunehmender Klassenkämpfe das grundlegende Scheitern der bürgerlichen Formierung (Verlust der »Kontrolle der sozialdemokratischen und revisionistischen Parteizentralen über die Arbeiterklasse«[314]) als die entscheidende Umbruchsituation. Hieraus lässt sich schließen, dass die

Etablierung eines faschistischen Regimes in der Bundesrepublik erst zu einem relativ späten Zeitpunkt erwartet wurde, nämlich dann, wenn der Staat genötigt gewesen wäre, auf einen Hegemoniegewinn sozialistischer Kräfte zu reagieren.

Seit Mitte der 80er Jahren bemühte sich der KB um eine kritische Aufarbeitung seiner Faschisierungsthese. In der im Vorfeld des 1. KB-Kongresses 1978 geführten Debatte war die Doktrin erstmals von Teilen der Organisation kritisch hinterfragt, dann aber per Resolution als »im Wesentlichen richtig« bekräftigt worden.[315] Mit dem Antritt der liberal-konservativen Regierung (1982) erlebte die Faschisierungsthese einen neuen Aufschwung. 1985, mit der Veröffentlichung einer vierteiligen *AK*-Artikelfolge (Verfasser Kai Ehlers), erfolgte ein Revisionsversuch, der intern umstritten blieb und Gegenkräfte mobilisierte (»Frankfurter Linie«). Letztlich überspannte die Faschisierungsthese des KB seine Geschichte von den 70er bis zu den 90er Jahren. Noch im Auflösungsprozess des KB 1990/91 gewann der Denkansatz neue Wirksamkeit: So beschwor die »antideutsche« Fraktion angesichts des »Anschlusses« der DDR an die Bundesrepublik die Gefahr eines »vierten Reiches«.

Parlamentarismuskritik und die Sozialdemokratie: Willy wählen?

Während der KB sich als Organisation nie selbständig an parlamentarischen Wahlen (weder auf Länder- noch auf Bundesebene) beteiligte, feierten andere ML-Gruppen (KPD/M, KPD, KBW) die von ihnen erzielten Wahlergebnisse im Promillebereich als große Erfolge und als den Beginn einer Massenverankerung. Eine solche Politik lehnte der KB explizit ab, da sie nur die »eigene Schwäche« dokumentiere.[316] Mit seinem Aufruf bei den vorgezogenen Bundestagswahlen im November 1972, SPD zu wählen (und diese gleichzeitig als einen Hauptakteur der »Faschisierung« zu bekämpfen), wollte der Hamburger Bund Praxis- und Politikfähigkeit demonstrieren. Im Vorfeld der Bundestagswahlen 1976 bemühte sich die Gruppe darum, die Kräfte der radikalen Linken in einer gemeinsamen Wahlplattform zusammenzufassen.

Optionen eines strategischen Antiparlamentarismus

Alle K-Gruppen lehnten das parlamentarische System grundsätzlich ab, was für sie aber im Einklang mit Lenin keineswegs hieß, auch die Beteiligung an Wahlkämpfen wie auch die Kandidatur der eigenen Organisation prinzipiell zu verwerfen.[317] Solange die Massen selbst noch parlamentarisch orientiert seien, müssten die Kommunisten selbst parlamentarisch agieren, lautete die »klassische« Begründung. Ziel dieser Taktik war es, eine etwaige parlamentarische Repräsentanz dazu zu nutzen, die Massen über die bürgerliche Demokratie aufzuklären, »revolutionären Parlamentarismus« zu betreiben und das Parlament als »Tribüne« zur Propaganda des Klassenkampfes zu benutzen.[318] Die parlamentarische Aktion sollte so das Mittel zur Überwindung des Parlamentarismus durch die Massen selbst sein. Die einzelnen ML-Gruppen knüpften an dieses gemeinsame strategische Essential aber recht unterschiedliche Praxen, wobei der KB eine Sonderposition einnahm.

Die »ultralinken« Parteien KPD/ML und KPD schwankten zunächst zwischen Wahlboykott und aktiver Teilnahme, bevor sie ab 1974 bei Parlamentswahlen auf Länder- und Bundesebene kandidierten. Einerseits versprachen sie sich von ihrem Parteienstatus (der an Wahlkandidatur gebunden ist) einen gewissen Schutz vor staatlicher Repression, andererseits versuchten sie die Wahlkämpfe zur Propagierung von ML-Essentials zu nutzen. Im Vorfeld der Hamburger Bürgerschaftswahlen von 1974, bei denen die KPD/ML zum ersten Mal kandidierte, erklärte Ernst Aust in einem NDR-Werbespot einem mutmaßlich verdutzten Fernsehpublikum, dass die Wahlbeteiligung seiner Partei ein Mittel sei, »den Kommunismus und die Notwendigkeit des bewaffneten Aufstandes zu propagieren«, und das »bürgerliche Parlament« nichts anderes verdiene, »als durch den revolutionären Kampf der Volksmassen auseinander gejagt zu werden«.[319] Die ML-Partei erzielte in der Hansestadt mit 3.000 Stimmen (0,3 Prozent) ein Ergebnis, das sie auch in den folgenden Jahren nicht mehr überbieten konnte.

Auch die Westberliner KPD vertrat den Ansatz eines »revolutionären Parlamentarismus«. In ihrer »Programmatischen Erklärung« kündigte die Partei im Juli 1971 an, sie werde sich zukünftig an den Wahlen zum »bürgerlichen Parlament« beteiligen, um »den Einfluss der bürgerlichen Weltanschauung im Proletariat und den übrigen Schichten des werktätigen Volkes weiter zurückzudrängen« und auch auf parlamentarischer Ebene »die verschiedenen Cliquen der Monopolbourgeoisie zu entlarven«.[320] Die KPD errang 1975 bei den Wahlen zum Berliner Abgeordnetenhaus das absolut beste Einzelresultat einer ML-Gruppe auf Länderebene, als sie 10.911 Stimmen auf sich vereinen konnte, was 0,7 Prozent entsprach (1,5 Prozent allein im Bezirk Kreuzberg). Mit über 22.000 gültigen Zweitstimmen bewegte sich die Partei auch bei den Bundestagswahlen von 1976 im Promillebereich (0,1 Prozent).

Der KBW ging mit Lenin davon aus, dass sich die Notwendigkeit einer Wahlbeteiligung für die Marxisten-Leninisten daraus ergebe, dass der Parlamentarismus zwar reaktionär sei und strategisch zerschlagen werden müsse, aber »bei den Massen politisch noch nicht erledigt ist«. Eine eigene Wahlbeteiligung erfolgte ab 1974, um die »Massen« über den tatsächlichen Charakter des parlamentarischen Systems aufzuklären und die Wahlkämpfe zu einem »Propagandafeldzug für den Kommunismus« zu nutzen.[321] Der KBW war die einzige K-Gruppe, die in den 70er und frühen 80er Jahren wenigstens einmal in jedem Bundesland kandidierte (außer dem Saarland, wo sich keine ML-Gruppe je zur Wahl gestellt hat). Die hierbei erzielten Ergebnisse fielen ebenfalls eher beschei-

den aus. Das absolut beste Resultat konnte die Gruppe bei den Bundestagswahlen von 1976 verbuchen, als sie ähnlich der Westberliner KPD auf über
20.000 gültige Zweitstimmen kam. Der KBW verfügte als einzige K-Gruppe
über eine gewählte Vertreterin in einer parlamentarischen Körperschaft. Helga
Rosenbaum wurde 1975 bei Kommunalwahlen in Baden-Württemberg mit über
6.000 Stimmen in den Rat der Stadt Heidelberg gewählt und agierte dort rein
obstruktiv. Im September 1976 büßte sie ihr Mandat wieder ein, als der Gemeinderat beschloss, der 34-jährigen Chemielaborantin für vier Jahre die Bürgerrechte abzuerkennen. Die Entscheidung wurde mit »gröblichen und besonders
schwer wiegenden Verstößen« von Rosenbaum gegen die »Pflichten eines Rats-
mitglieds« begründet. Der Verlust der Bürgerrechte hatte vor allem den Entzug
des aktiven und passiven Wahlrechts und damit den Ausschluss aus dem
Gemeinderat zur Folge. Im Einzelnen war der Stadträtin vorgeworfen worden,
»die Verpflichtungserklärung zur gewissenhaften Erfüllung der Amtspflichten
verweigert, die Verschwiegenheitspflicht verletzt und außer Störungen von Sitzungen auch strafbare Handlungen begangen zu haben«.[322]

Der KABD teilte die Einschätzung der beiden ML-Parteien und des KBW,
vertrat in den gesamten 70er Jahren jedoch die Taktik des »aktiven Wahlboykotts«. Im Wahlkampf wollte er sich darauf beschränken, die Notwendigkeit des
Aufbaus einer revolutionären Arbeiterpartei zu propagieren. Solange eine solche Partei nicht zur Wahl stehe, plädierte der KABD für eine »bewusste Ungül-
tigmachung des Stimmzettels«. Die Gruppe vertrat diesen Ansatz, obwohl auch
sie frei nach Lenin davon ausging, dass der Parlamentarismus zwar »historisch
überholt«, aber keinesfalls schon politisch »erledigt« sei. Eine KP habe den »parlamentarischen Kampf zur Erziehung der Arbeiterklasse« zu nutzen, »um von
der Tribüne des Parlaments den Klassenkampf zu propagieren und die Illusion
über dieses ›demokratische‹ Instrument zu zerstören«.[323] Während der KABD
nie parlamentarisch kandidierte, nimmt die heute noch bestehende Marxistisch-
Leninistische Partei Deutschlands, MLPD, die 1982 aus dem KABD hervorging,
seit 1984 an Wahlen teil.

Für den süddeutschen Arbeiterbund für den Wiederaufbau der KPD (AB)
kam eine Politik des »aktiven Wahlboykotts« dagegen nicht in Frage, da er hierfür weder die »historische Situation« noch den »erforderlichen Reifegrad der
Bewegung der Arbeiter- und Volksmassen« erkennen konnte.[324] Eine Eigenkandidatur lehnte der AB ebenfalls ab. Bereits seine Vorgängerorganisation, die
Arbeiter-Basis-Gruppen, hatte anlässlich der Bundestags- sowie der bayerischen
Kommunalwahlen 1972 dazu aufgerufen, SPD und DKP zu wählen. 1974 wieder-
holte der AB diese Empfehlung bei den bayerischen Landtagswahlen, 1976 (Bundestagswahlen) und 1978 (Landtagswahlen in Bayern) unterstützte er die SPD
(vgl. Langguth 1983).

Für den KB war die Politik der »unverfälschten Programmkandidatur«[325], wie sie von KPD/ML, KPD und KBW praktiziert wurde, Ausdruck reinsten Sektierertums, da die marginalen Wahlresultate die ohnehin schon bestehende gesellschaftliche Isolierung kommunistischer Politikansätze verstärkten. »Wenn Wahlbeteiligung einen Sinn machen sollte, so musste sie unserer Auffassung nach eine ›Zielgruppe‹ ansprechen, die erheblich breiter sein musste als die Anhängerschaft der einzelnen linken Gruppierungen.«[326] Bei den Bundestagswahlen 1972 rief der KB mit einigen ideologischen Verrenkungen zur Wahl der SPD auf (die gleichzeitig aber auch bekämpft werden sollte). 1976 versuchte er, eine gemeinsame Kandidatur von Gruppen der radikalen Linken zu initiieren, rief dann aber nach dem Scheitern dieses Vorhabens zum Wahlboykott der »bürgerlichen Parteien« auf. Bei den Hamburger Bürgerschaftswahlen von 1978 konnte der KB seinen Bündnisansatz »erst- und einmalig« auf parlamentarischer Ebene in die Praxis umsetzen, wenn auch in einem ganz anderen politischen Kontext: Die maßgeblich vom KB initiierte und getragene Bunte Liste, die gleich im ersten Anlauf 3,5 Prozent der Stimmen erzielte, stellte primär einen Zusammenschluss von Bürgerinitiativen dar.[327]

Hauptstoß gegen die Sozialdemokratie?

Mit seinem Votum zugunsten der SPD bei den Bundestagswahlen 1972 (das lediglich noch von den Münchener Arbeiter-Basis-Gruppen geteilt wurde) war der KB innerhalb des ML-Lagers isoliert. Der KB hatte sich in den Jahren nach seiner Gründung jedoch weitaus intensiver als andere Gruppierungen um eine *reale* Verankerung innerhalb der Betriebe bemüht, deren Belegschaften ja mehrheitlich sozialdemokratisch geprägt waren. Daher ergaben sich Fragen nach dem Verhältnis zur SPD und dem konkreten Umgang mit ihrer Basis für den KB aus der unmittelbaren politischen Praxis und wurden weniger schematisch behandelt, als das im sonstigen ML-Spektrum üblich war.

Der KB in der Bewegungsphase der sozialliberalen Koalition

Mit den Bundestagswahlen vom September 1969, in denen die SPD erstmals über 40 Prozent der Stimmen erzielt hatte, und der Bildung der sozialliberalen Regierungskoalition im Oktober des Jahres begann in der Bundesrepublik eine kurze, in sich widersprüchliche »Reformära«, die bis etwa Mai 1974 (Rücktritt von Willy Brandt als Bundeskanzler) zu datieren ist. Kennzeichnend für diese Periode waren zwei Aspekte: *Erstens* verfügte die SPD für den von ihr forcierten Prozess außenpolitischer Entspannung (»Ostpolitik«) und für ihre innenpolitischen Reformen in der Bildungs-, Rechts- und Sozialpolitik über eine breite gesellschaftliche Mehrheit und konnte gerade die unteren Schichten, die Arbeiterbewegung und die Gewerkschaften für ihre Ziele mobilisieren. *Zweitens* waren die Jahre bis 1974, beginnend mit den spontanen Streiks in der Montanindustrie im September 1969, eine Periode relativ starker Arbeiterkämpfe (1971 Streiks in der Chemieindustrie, 1971 bis 1973 in der Metallindustrie, 1974 im öffentlichen Dienst).

Insofern die Reform*vorhaben* der Brandt/Scheel-Regierung mit den Reform*forderungen* breiter gesellschaftlicher Schichten korrespondierten, kann in Bezug auf den genannten Zeitraum auch von der »Bewegungsphase« der sozialliberalen Koalition die Rede sein (die danach, mit der Wahl von Helmut Schmidt zum Bundeskanzler, in eine »Stagnationsphase« überging und 1982 scheiterte; vgl. Fülberth 1991, 67–104). Letztlich verbanden sich mit der Reformpolitik allerdings primär solche Maßnahmen, »die objektiv der Anpassung der Monopole an die gewandelten technischen und ökonomischen Bedingungen Rechnung trugen und der militärischen und technischen Sicherung des Systems dienten« (Hofschen u. a. 1989, 488). Eine solche Politik war auch und gerade darum bemüht, die aufbrechenden sozialen und politischen Bewegungen in ihr Projekt kapitalistischer Modernisierung zu re-integrieren (oder auszugrenzen: Radikalenerlass, 1972). Hier schienen sich dem KB in seiner Basisarbeit in den Betrieben gewisse Anknüpfungspunkte zu bieten, die er nicht durch eine Fundamentalopposition gegen die Sozialdemokratie zunichte machen wollte.

SPD – Eine bürgerliche Arbeiterpartei

In der Frage der Einschätzung der Sozialdemokratie waren sich die K-Gruppen einig: Diese wurde als »Inkarnation eines Verrats von welthistorischem Ausmaß« interpretiert. Die alte Arbeiterbewegung und die jetzige Arbeiterklasse der kapitalistischen Industriemetropolen galten demgegenüber als revolutionäre oder zumindest revolutionswillige Kräfte, die lediglich durch »verräterische Manöver sozialdemokratischer Führungsgruppen von der Möglichkeit gesellschaftlicher Umwälzungen abgelenkt« wurden. (Klönne 1984, 57f) Während die ML-Bünde die SPD als »reformistische« und »bürgerliche Arbeiterpartei« einschätzten, bewerteten die K-Parteien (KPD/ML, KPD) die SPD sogar als »sozialfaschistisch«, womit sie eng an der Weimarer KPD orientiert waren, die zwischen 1929 und 1933 den gleichen Ansatz vertreten hatte.

Die praktische Politik des KB gegenüber der SPD wurde mit einer theoretischen Bezugnahme auf Lenin und dessen Ansatz der »zwei Methoden« des Regierens, die »bald einander ablösen, bald sich miteinander in verschiedenartigen Kombinationen verflechten«, begründet. Die erste Methode, so Lenin, ist die der Gewalt, »die Methode der Verweigerung jeglicher Zugeständnisse an die Arbeiterbewegung, die Methode der Aufrechterhaltung aller alten und überlebten Institutionen, die Methode der unnachgiebigen Ablehnung von Reformen«, die zweite die Methode des Liberalismus, »der Schritte in Richtung auf die Entfaltung politischer Rechte, in Richtung auf Reformen, Zugeständnisse usw.«[328] Auch wenn der KB in der damaligen bundesdeutschen Parteienlandschaft diese beide Varianten nicht »lupenrein« voneinander trennen konnte, so galten ihm die CDU und die CSU jedoch tendenziell als die Parteien »der offenen Gewalt und Einschüchterung« und die SPD als »die Partei des Betrugs mit Reformversprechungen und Scheinzugeständnissen«.[329] In den grundsätzlichen Zielen beider Lager (»Vorbereitungen zum Krieg nach außen und zum Bürgerkrieg nach innen«) sah er jedoch keine wesentlichen Unterschiede. Die Vorstellung der DKP, dass die beiden Methoden des Regierens an unterschiedliche Fraktionen der Kapitalistenklasse gebunden seien, das Handelskapital für eine »friedliche« Entwicklung optiere und daher die SPD unterstütze, während das Rüstungskapital auf Aggression ziele und diesen Ansatz durch die CDU/CSU repräsentiert sehe, wies der KB als falsch zurück. »Diese Argumentation übersieht, dass die Imperialisten so miteinander verflochten sind, dass eine Trennung zwischen Rüstungsindustrie und Handel gar nicht mehr möglich ist.«[330]

In Analogie zu einer seiner Vorgängergruppen, dem KAB, begriff der Hamburger Bund die SPD in der Diktion Lenins als »bürgerliche Arbeiterpartei«.[331] Auf der einen Seite sei die Partei »eng mit der Arbeiterbewegung« verbunden, beherrsche die Gewerkschaften und kontrolliere über diese die Lohnkämpfe und werde »von der überwiegenden Mehrheit der Arbeiterklasse ins Parlament gewählt«. Auf der anderen Seite besorge die Partei die »Geschäfte der Kapitalisten«, egal »ob sie nun gerade die Regierungspartei ist oder Opposition«. Insofern die SPD über den größten Einfluss in der Arbeiterklasse verfüge und also besonders geeignet sei, diese »vor den Karren der Kapitalisten zu spannen«, hielt der KB die SPD generell für den »gefährlicheren Agenten des Kapitals«.[332]

Dennoch wollte der KB seinen Kampf im Unterschied etwa zur KPD/ML nicht primär an der Gegnerschaft zur Sozialdemokratie orientieren.[333] Für den KB war die SPD das »kleinere Übel«, während er die CDU und die CSU demgegenüber als die Parteien ansah, die am »aggressivsten und arbeiterfeindlichsten« seien, die das »brutalste Vorgehen gegen die Arbeiterklasse« zur Anwendung bringen möchten und mit Barzel und Strauß die »offensten und konsequentesten Agenten des Großkapitals« an ihrer jeweiligen Spitze hätten. Von einem Sieg der SPD bei den Bundestagswahlen 1972 versprach sich der KB allerdings keine wesentlichen Vorteile für den »Kampf der Arbeiterklasse«, da er diese Partei weder für willens noch für in der Lage hielt, »den Prozess der Faschisierung bedeutend zu verlangsamen oder gar zu stoppen«.[334]

Stellung zum Misstrauensvotum

Die parlamentarische Basis der 1969 gebildeten sozialliberalen Koalition war von Beginn an äußerst schwach und zudem noch einem »Erosionsprozess« (Fülberth 1991, 69) ausgesetzt. Der Zerfall der knappen Regierungsmehrheit vollzog sich unter dem starken politischen Druck eines konservativ-neofaschistischen Blocks, der mit der massiven Unterstützung der Springer-Presse die Ostpolitik und insbesondere die 1970 abgeschlossenen Verträge mit der Sowjetunion und der VR Polen als »Ausverkauf deutscher Interessen« scharf bekämpfte (vgl. Deppe 1989, 595). In dieser Situation beantragte die CDU/CSU-Opposition am 27. April 1972 im Bundestag ein konstruktives Misstrauensvotum gegen Brandt und die Wahl des CDU-Vorsitzenden Rainer Barzel zum Bundeskanzler. Die Ankündigung dieses Vorhabens hatte in der Öffentlichkeit »heftige Proteste« geweckt; in den Tagen vor der Abstimmung kam es bundesweit zu »Massenkundgebungen und Streiks gegen den geplanten Kanzlersturz« (Fülberth 1991, 69f).

Auch der KB stellte sich öffentlich gegen diese »Putschversuche der CDU/ CSU-Reaktionäre« und konnte sich ein Eingreifen in die Massenproteste gegen die geplante Regierungsübernahme der CDU/CSU sehr wohl vorstellen.[335] An der Mobilisierung zur Hamburger Demonstration gegen den geplanten »Kanzlersturz«, an der sich am 26. April 1972 über 15.000 Personen beteiligten (»Barzel, Rainer, dich will keiner«), hatte der Bund allerdings keinen Anteil, da er zu diesem Zeitpunkt organisatorisch noch sehr schwach war (diese Protestversammlung wurde primär von der SPD, den Gewerkschaften und der DKP getragen). Bemerkenswert ist allerdings, dass der KB im Gegensatz zu allen anderen K-Gruppen eine Beteiligung an den Massenprotesten überhaupt als politisch sinnvoll und richtig erachtet hat: »Wir sahen demnach in dem Misstrauensvotum den Versuch, die Lage des werktätigen Volkes weiter zu verschlechtern und in der Faschisierung von Staat und Gesellschaft eine beschleunigte Gangart einzuschlagen. Die Massendemonstrationen und Streiks aus diesem Anlass sahen wir als bedeutende Verteidigungskämpfe des werktätigen Volkes an, die wichtigsten politischen Kämpfe seit der Anti-Atom-Bewegung Ende der 50er Jahre. Als Hauptmotiv dieser Aktionen sahen wir den Protest gegen die CDU/CSU, der unserer Meinung nach durchaus nicht automatisch mit einer Unterstützung der SPD/FDP-Regierungspolitik gleichzusetzen ist.«[336]

Stellung zur Ostpolitik

Eine Ablehnung der Ostverträge als »pro-imperialistisch«, wie sie von der ML-Bewegung mehrheitlich vertreten wurde, kam für den KB ebenfalls nicht in Betracht. Gleichzeitig konnte er in einer solchen Position durchaus ein »richtiges Element« entdecken, nämlich die »allgemeine Erkenntnis, dass alle Verträge, die die Imperialisten schließen, nicht dem Frieden dienen und dass die geschichtliche Tendenz des Imperialismus Aggression und Krieg ist«. Allerdings dürfte sich »revolutionäre Realpolitik« weder in »Entlarvung der strategischen Ziele der Imperialisten« noch in der »Propagierung der strategischen

Ziele der Arbeiterklasse« erschöpfen. Wirkliche »Massenpolitik« müsse taktisch-strategisch operieren. Der KB befürwortete die Verträge, da es nicht gleichgültig sein könne, »ob die Kapitalisten die bestehenden Grenzen anerkennen oder aggressiv in Frage stellen«, und ein »offizieller Gewaltverzicht« besser sei als eine »offizielle Gewaltandrohung«. Der Hamburger Bund wollte in seiner Agitation allerdings auch deutlich machen, dass die Verträge als »taktischer Erfolg des BRD-Imperialismus« und nicht als »Friedenswerk« der Bundesregierung anzusehen seien, und richtete sich somit gegen die »hysterische und illusionsmacherische Ratifizierungskampagne« der DKP. »Wir befürworten die Ostverträge nicht als Schritt zur ›Aussöhnung mit dem Osten‹, sondern wir sagen, dass diese Verträge dem Expansionsdrang des BRD-Imperialismus ein ›friedliches‹ Mäntelchen umhängen.«[337]

Stellung zu den vorgezogenen Neuwahlen 1972

Das Misstrauensvotum selbst scheiterte, Brandt blieb Regierungschef. Die Verträge von Moskau und Warschau wurden im Bundestag am 17. Mai 1972 ratifiziert (bei Stimmenthaltung und Gegenstimmen aus der Union). Bei den anschließenden Haushaltsberatungen zeigte sich dann allerdings, dass die sozialliberale Koalition über keine Mehrheit mehr verfügte. Mit Neuwahlen, die durch die (negativ beschiedene) Vertrauensfrage von Brandt und die Auflösung des Bundestages eingeleitet wurden, wollte die sozialliberale Koalition diese Situation verändern und ihre Politik, für die sie sich die Zustimmung breiter Wählerschichten erhoffte, auf eine stabilere parlamentarische Basis stellen. Bei den vorgezogenen Wahlen vom 19. November 1972 gelang es den Regierungsparteien dann auch tatsächlich, ihre Mehrheit auszubauen. Die SPD wurde erstmals zur stärksten Partei.

Nach einer kurzen internen Debatte im Vorfeld der Wahlen hatte der KB seine Klientel zum Votum für die SPD aufgerufen.[338] Das LG des Bundes hatte sich »an alle Grundeinheiten, örtlichen Gruppen sowie an den Sympathisantenbereich (in erster Linie Studenten und Schüler)« gewandt und diese zur Diskussion über ein »mögliches Eingreifen« in die Bundestagswahlen 1972 aufgefordert. Bis Anfang August sollen der Leitung Berichte aus über 60 Zellen bzw. Ortsgruppen vorgelegen haben, wobei sich 85 Prozent der Berichte dafür ausgesprochen hätten, im Wahlkampf zugunsten der SPD aufzutreten, während »einige wenige Genossen« eine Wahlempfehlung zugunsten die DKP oder einen Aufruf zum Wahlboykott befürwortet hätten.[339]

Die Führung des Hamburger Bundes musste später einräumen, dass die Umsetzung seiner paradoxen Linie (einerseits Votum für die SPD, gleichzeitig Propagierung des Kampfes gegen die Regierungspartei als verantwortliche Kraft der »schrittweisen Faschisierung von Staat und Gesellschaft«) alles andere als einfach gewesen sei. Die Wahlempfehlung zugunsten der SPD sollte »natürlich« nicht beinhalten, »Reklame« für diese Partei zu machen. In der Umsetzung, so die Einschätzung, seien jedoch »politisch-ideologische und praktische Schwächen in der Organisation« deutlich geworden, die im Wesentlichen unter dem Stichwort »rechtsopportunistische Tendenzen« abgehandelt wurden. »Manche Genossen« hätten die CDU/CSU als die »einzige oder doch fast ausschließliche Kraft der gegenwärtigen Rechtsentwicklung« angesehen und die »Gefährlichkeit« der SPD als Trägerin der »gegenwärtigen reaktionären Maßnahmen« dementsprechend nicht genügend herausgestellt. In einzelnen Fällen sollen Aktivisten des KB sogar in die SPD eingetreten sein. Auf besonders scharfe Kritik des LG stieß das im Wahlkampf verteilte Flugblatt einer Hamburger Stadtteilgruppe, das mit der Parole endete: »Nur eine Stimmabgabe für die SPD kann den Faschismus verhindern!«[340]

Die politische Kampagne des KB im Bundestagswahl 1972 hatte für diesen drei Resultate. *Erstens* wuchs der Bund, der ursprünglich ja als eher föderativer Zusammenschluss unterschiedlicher Zirkel gegründet worden war, erst in der gemeinsamen Praxis der Wahlkampagne zu einer auf Führungs- und Mitgliederebene einheitlichen Organisation zusammen. Basis dieser Entwicklung war die Herausbildung und Umsetzung einer spezifischen Linie, die unter dem Stichwort »revolutionäre Realpolitik« zusammengefasst werden kann.[341] *Zweitens* war es diese Politik, mit der sich der KB innerhalb der radikalen Linken (die von einem solch taktischen Umgang mit der Sozialdemokratie nichts wissen wollte) dermaßen isolierte, dass er bis Mitte der 70er Jahre im Bundesgebiet kaum neue Mitglieder gewann, während sich ein »total prinzipienloser Zirkel« wie der KBW beträchtlich ausdehnen konnte. *Drittens* stand dem Ansehensverlust innerhalb der radikalen Linken ab 1972 eine stärkere Verankerung des KB in einer innerbetrieblichen Basis gegenüber, wo die auf die SPD gerichteten Reformerwartungen (und -enttäuschungen) besonders groß waren. Insofern kann der Aufruf des Hamburger Bundes, »Willy« zu wählen, für die Politik des KB durchaus als Erfolg gewertet werden, gelang es doch gerade hiermit, an die 1972 zugunsten Brandts und der SPD auftretende Massenbewegung anzuknüpfen und diese »im Rahmen unserer noch sehr geringen Möglichkeiten« voranzutreiben.[342]

Keine Stimme den bürgerlichen Parteien!

Spätestens mit dem Rücktritt Brandts als Regierungschef im Mai 1974, der Wahl von Helmut Schmidt zum neuen Bundeskanzler und dem Beginn der Weltwirtschaftskrise 1974/75 begann die »Stagnationsphase« der sozialliberalen Koalition (Fülberth 1991, 87–104). Der KB erwartete sich von der von Schmidt geführten Bundesregierung eine »schärfere Gangart der Faschisierung«.[343] In einem Rundschreiben im Vorfeld der Bundestagswahlen 1976 machte das LG deutlich, dass eine erneute Wahlempfehlung zugunsten der SPD »angesichts der veränderten Bedingungen nicht mehr in Frage kommt« und es jetzt vielmehr darum gehen müsse, »umfassend die Regierungspolitik der SPD in den vergangenen Jahren ins Bewusstsein zu rücken, die Rolle der SPD als Wegbereiter der Faschisierung aufzuzeigen und so stark wie heute möglich den Protest dagegen auch auf der Wahlebene zu organisieren«.

Das LG des KB forderte die Organisation dazu auf, eine »breite Debatte« um die richtige »Wahltaktik« zu führen und unterbreitete selbst drei alternative Vorschläge. *Erstens* sei die Möglichkeit der Bildung eines gemeinsamen Wahlbündnisses der Gruppen der radikalen Linken zu prüfen, um so die gängige Praxis der gegeneinander gerichteten »Programmkandidaturen« zu durchbrechen. *Zweitens* könnte auch eine Eigenkandidatur (»gegebenenfalls auf gemeinsamen Listen«) in Frage kommen, allerdings begrenzt auf die Regionen, »wo unsere Arbeit schon eine gewisse Dauer und einen gewissen Einfluss hat«. *Drittens* sei die Wahlempfehlung für eine der ohnehin kandidierenden Organisationen »links von der SPD« in Betracht zu ziehen, wofür »in erster Linie« DKP oder KBW in Frage kämen. Die Wahlkampagne selbst sollte in einem solchen Fall dazu genutzt werden, sich mit diesen Gruppen »öffentlich auseinander zu setzen« und die eigenen politischen Konzepte »breiter bekannt« zu machen.[344]

Die erhoffte breite Diskussion verlief recht schleppend. Die angesprochenen Organisationen (DKP, KBW, GIM, SB) zeigten keinerlei Interesse an einer gemeinsamen Kandidatur. Auf Ablehnung innerhalb der eigenen Organisation traf insbesondere die Idee, eine Wahlempfehlung zugunsten von DKP oder KBW auszusprechen. Gerade der Vorschlag einer Referenz für den KBW sei »auf breiteste Ablehnung und sogar Empörung« gestoßen, während die Bedenken gegenüber der DKP in der internen Debatte zwar nicht ganz so groß, aber doch deutlich sichtbar gewesen sein sollen.[345] Hervorgehoben wurde, dass der KBW sich mit seiner Politik »mancherorts derart verhasst und lächerlich« gemacht habe, dass eine Empfehlung, ausgerechnet diese Gruppe zu wählen, »uns selber schaden würde«.[346]

In den Hamburger Zusammenhängen des KB hatte sich im Laufe der Debatte eine »Mehrheitsmeinung« zugunsten einer Eigenkandidatur durchgesetzt, die vom LG allerdings nicht unterstützt wurde. Sollte der KB zur Wahl antreten, so gab die Führung des KB zu bedenken, sei er von den Sektierern kaum noch zu unterscheiden. Außerdem mache es wenig Sinn, den Wählern als »fünfte ›Alternative‹ links von der SPD« gegenüberzutreten. Der Vorschlag einer Eigenkandidatur sei »im Rahmen und als Bestandteil einer gemeinsamen und abgesprochenen Initiative zumindest eines größeren Teils der Linken« in die Diskussion gebracht worden, nicht aber als »isolierte Aktion« des KB.[347]

Letztlich kandidierte der KB bei den Bundestagswahlen 1976 weder selbst noch gab er eine Wahlempfehlung zugunsten einer anderen Organisation ab. Im Vorfeld trat er unter der Parole »Keine Stimme den bürgerlichen Parteien!« auf und überließ seiner Klientel die Entscheidung zwischen (aktivem) Wahlboykott und Protestwahl.[348] Inwieweit die KB-Basis diesem Aufruf folgte, bleibt Spekulation: »Während wohl die Mehrheit das Wahllokal mied, haben andere Genossen den Stimmzettel ungültig gemacht (relativ häufig mit dem Frauenzeichen!), einige konnten es auch nicht lassen, der DKP ein Kreuzchen zu verschaffen (in Hamburg auch der GIM), und selbst der KBW mag da noch den einen oder anderen Barmherzigen gefunden haben.« Für kommende Wahlen behielt sich der KB die Möglichkeit einer Eigenkandidatur vor, und zwar dann »wenn möglich und sinnvoll« im Rahmen eines »Wahlbündnisses«[349], was dann schließlich 1978 – unter veränderten politischen Vorzeichen – mit der Kandidatur der Hamburger Bunten Liste praktiziert wurde.

Bündnispolitik: Kooperation und Kampf

»Bündnispolitik«, d. h. die erklärte Bereitschaft zur Zusammenarbeit mit anderen, auch nicht-kommunistischen Organisationen und Initiativen, gehörte zu den zentralen politischen Normen des KB und war für dessen Praxis zeit seiner Existenz konstitutiv. Im Gegensatz zu anderen K-Gruppen, für die allein die Frage nach der Bündelung aller »wahrhaften Marxisten-Leninisten« und die Gegnerschaft zum »Revisionismus« entscheidend waren, vertrat der Hamburger Bund einen ideologisch offeneren und auf ein breiteres Spektrum zielenden Ansatz.

Aktionseinheit der Arbeiterklasse

Alle K-Gruppen verstanden ihre bündnispolitischen Ansätze Anfang der 70er Jahre als Beitrag zum Aufbau der »Aktionseinheit der Arbeiterklasse«, verbanden hiermit aber höchst unterschiedliche Praxen. Die vom KB in den Anfangsjahren periodisch an SPD und DGB gerichteten Kooperationsangebote (insbesondere zu gemeinsamen Aktivitäten zum 1. Mai) oder gar der Aufruf zur Bundestagswahl 1972 zugunsten Willy Brandts kamen einem Tabubruch gleich und wurden von allen anderen ML-Gruppen scharf verurteilt. Der vom KB erhobene Anspruch, mit der DKP im Rahmen von Aktionseinheiten politisch zusammenzuarbeiten, wurde ebenfalls von kaum einer anderen ML-Organisation geteilt. Im Gegenteil: KPD/ML und KPD lehnten jede auch nur begrenzte Kooperation mit der Mies-Partei kategorisch ab. »Mit den Agenturen des Sozialimperialismus, mit dem modernen Revisionismus als dem Hauptfeind in der Arbeiterbewegung, kann es keine Gemeinsamkeiten, keine Aktionseinheit im Kampf geben«, verlautete etwa 1975 aus dem ZK der Westberliner KPD.[350] Der KBW hatte zwar nichts dagegen einzuwenden, wenn sich einzelne »Revisionisten« an seinen Aktivitäten beteiligten, wollte aber unbedingt daran festhalten, »dass es keinerlei Aktionseinheit auf dem Boden einer revisionistischen Linie geben kann«, was eine Zusammenarbeit mit der DKP ebenfalls ausschloss.[351]

Die Position des KB zur Bündnispolitik hob sich von den ansonsten im ML-Lager vertretenen Ansätzen entschieden ab. Bereits dessen Vorgängerzirkel KAB und SALZ hatten eine Politik der »offenen Briefe« entwickelt, mit der sie sich, in Anknüpfung an die KPD zu Beginn der 20er Jahre, an Basis und Führung der »reformistischen« Arbeiterorganisationen wandten und diese zu gemeinsamen politischen Aktivitäten aufforderten. Ein erster solcher Aufruf erging 1971 an »alle Gewerkschafter und an alle fortschrittlichen Kollegen in der SPD« sowie an DKP und SDAJ, um diese für eine »machtvolle Demonstration und Kundgebung« zum 1. Mai zu gewinnen. Dieser offene Brief der beiden KB-Vorläufer enthielt außerdem einen »umfangreichen Vorschlag für die politische Stoßrichtung« dieser Aktivitäten und wurde gleichzeitig als Flugblatt verteilt. Im Vorfeld des 1. Mai 1972 richtete sich dann der KB an »verschiedene Betriebs-räte und Vertrauenskörper und an sozialistische und demokratische Organisati-onen« und rief diese zu einer gemeinsamen Maidemonstration auf, was auch in den folgenden Jahren in ähnlicher Weise wiederholt wurde.

Natürlich muss auch den Strategen des Hamburger Bundes damals klar gewesen sein, dass die Aussichten auf eine »reale Zusammenarbeit« mit den angesprochenen Organisationen relativ gering waren, zumal SPD, DGB und DKP jegliche Annäherung auch auf Mitgliederebene für die Zukunft per Unver-einbarkeitsbeschluss kategorisch ausgeschlossen hatten.[352] Tatsächlich blieben die zahlreichen Kooperationsangebote des KB an die »reformistischen Kräfte« Anfang der 70er Jahre ohne praktische Folgen (es fand keine einzige gemeinsa-me Aktion statt). Letztlich zielte die Politik der offenen Briefe aber auch gar nicht, wie offiziell behauptet, primär auf Kooperation, sondern diente vor allem der Profilierung. Die Bündnispolitik des KB kann vielmehr als eine besondere Variante der Bekämpfung des »Reformismus« und »Revisionismus« betrachtet werden, die weniger brachial und frontal ausgerichtet war als die Ansätze anderer K-Gruppen, taktisch klüger operierte, moderater erschien und die über das unmittelbare marxistisch-leninistische Umfeld hinaus Attraktivität und Anziehungskraft entwickelte. Eine solche Politik, mit der ein »sehr klarer, eindeutiger Trennungsstrich« gegenüber *allen* anderen Gruppen des ML-Spek-trums gezogen wurde, hat tatsächlich dazu beigetragen, die Stellung und Mobili-sierungsfähigkeit des KB wie auch seine Verankerung in Betrieben und Gewerk-schaften zu fördern.[353]

Die »ehrliche Bereitschaft«, die sich der KB auf seine Fahnen schrieb, Akti-onseinheiten »mit gewerkschaftlichen Organisationen, mit Sozialdemokraten oder mit der DKP abzusprechen und gemeinsam durchzuführen«, sollte vor allem die Politik der »sozialdemokratischen und revisionistischen Führungen«, die ja ihren Mitgliedern ausdrücklich eine Zusammenarbeit mit dem KB verboten, als spalterisch entlarven.[354] Darüber hinaus zielte die Politik der »internen Widerspruchsentwicklung«[355] darauf ab, Führung und Basis der angesprochenen Organisationen auseinander zu dividieren und die »Arbeitergenossen« für den KB zu gewinnen (»das bewusste Element stärken«). In diesem spezifischen Verständnis von Aktionseinheit ist auch das »antirevisionistische« Moment beinhaltet, das es dem KB ermöglichte, einerseits an einen Konzeptbegriff der Komintern anzuknüpfen und sich andererseits von dessen »revisionistischen« Implikationen zu distanzieren. »Die Kommunisten handeln nach dem Grundsatz, für die Aktionseinheit keinerlei Bedingungen zu stellen, außer der einen, dass sich der Kampf gegen den Hauptfeind der Arbeiterklasse, gegen die Kapitalistenklasse richten muss«, erklärte der KB in Anlehnung an Dimitroffs Referat auf dem VII. Weltkongress der Komintern (ohne freilich diese Quelle zu nennen).[356] Abzulehnen sei allerdings, so der Hamburger Bund weiter, die »rechtsopportunistische Auffassung«, dass zugunsten der Aktionseinheit »alles Trennende in den Hintergrund treten« müsse. Die bündnispolitische Zusammenarbeit unterschiedlich ausgerichteter Organisationen dürfe nicht das »Verwischen grundsätzlicher politischer Differenzen zur Voraussetzung« haben, sondern sollte gerade auf Polarisierung zielen.[357] Erforderlich sei eine »sachliche, aber scharfe Auseinandersetzung« mit den potenziellen Bündnisorganisationen.[358]

Adressaten

Bündnispolitik beinhaltete für den KB das Kooperationsangebot an die »reformistischen« (SPD, DGB) und »revisionistischen« (DKP) Organisationen der Arbeiterbewegung sowie an unterschiedliche Gruppen der Neuen Linken zur temporären und inhaltlich begrenzten Zusammenarbeit im Rahmen gemeinsamer Aktivitäten (»Aktionseinheit der Arbeiterklasse«).

SPD

Einerseits sah der KB die SPD als das gegenüber den Unionsparteien »kleinere Übel« an, wollte keinen »Hauptstoß« gegen die Sozialdemokratie führen und vertrat auch keine Sozialfaschismusthese. Andererseits wollte der KB die SPD bekämpfen, betonte ihre Rolle bei der »schrittweisen Faschisierung von Staat und Gesellschaft« und begriff die Partei aufgrund ihrer Hegemonie in der Arbeiterklasse als den gegenüber der CDU/CSU »gefährlicheren Agenten des Kapitals«. Der Umgang mit der SPD in der tagespolitischen Praxis scheint insgesamt von pragmatischen Überlegungen geleitet worden zu sein (die ideologisch allerdings teilweise nicht gedeckt waren). Solange sich den Massen die »Alternative« CDU/CSU oder SPD immer noch stelle, solange die SPD in einer proletarischen

Basis verankert[359] und die kommunistische Bewegung »noch weit davon entfernt« sei, eine Alternative in Form einer von den arbeitenden Massen akzeptierten KP »realistisch erscheinen zu lassen«[360], dürfe sich die ML-Bewegung nicht primär und hauptsächlich gegen die SPD richten. Neben dem Wahlaufruf 1972 gab es jedoch keine weiteren positiven Berührungspunkte mit der SPD. Die konkreten Aufforderungen zur Zusammenarbeit beschränkten sich auf Grundsatzerklärungen und offene Briefe, insbesondere im Vorfeld der Hamburger 1.-Mai-Demonstrationen. Eine offizielle Zusammenarbeit hat niemals stattgefunden. Die SPD hatte ihrerseits per Beschluss des Parteivorstandes vom November 1970 jegliche »Aktionsgemeinschaft« ihrer Mitglieder mit »Kommunisten« ausgeschlossen.[361]

DKP

Auch zwischen KB und DKP kam es in den 70er Jahren zu keiner konkreten Zusammenarbeit. Im Gegenteil: Beide Organisationen bekämpften sich vehement (teilweise auch handgreiflich) und versuchten, »Führung« und »Basis« ihres jeweiligen Gegenübers zu spalten und dessen »ehrliche« Mitglieder für sich zu gewinnen.

Dennoch war die DKP in der ersten Hälfte der 70er Jahre für den KB in der bündnispolitischen Ausrichtung seiner Politik die Hauptansprechpartnerin. Während die konkurrierenden K-Gruppen jegliches Zugehen auf die DKP (auch wenn dieses lediglich wie im Falle des KB aus taktischen Gründen erfolgte, um diese zu schwächen) als »Verrat an der revolutionären Sache« in scharfer Form verurteilten, nahm der KB auch hier eine abweichende Position ein. Dabei hatte der Hamburger Bund am »revisionistischen« Charakter der DKP nie einen Zweifel gelassen und knüpfte damit an die Position eines seiner Vorgängerzirkel KAB an. Kritisiert wurde zum einen der positive Bezug der DKP auf das um die Sowjetunion gruppierte »sozialistische Weltsystem« und zum anderen die Vorstellung, die Revolution in der Bundesrepublik könne durch die Bündelung »antimonopolistischer Schichten« und auf »demokratischem Wege« erreicht werden. Der KB wies einen solchen Ansatz als »reformistisch« zurück.[362]

Die spezifische Beziehung des KB zur DKP hatte auch mit der besonderen Hamburger Situation zu tun, da gerade hier die im September 1968 in Frankfurt a. M. gegründete Partei von den Zerfallsprozessen der antiautoritären Revolte besonders profitieren konnte. »Viele Genossen, mit denen wir bis dahin teilweise eng zusammengearbeitet hatten, die man seit zwei, drei Jahren gut kannte, gingen 1970 in die DKP – die ihrerseits einige Anlaufschwierigkeiten hatte, diesen Neuzulauf störungsfrei zu verdauen.«[363] Für eine Politik der »internen Widerspruchsentwicklung« schien das eine gute Ausgangsposition zu sein. Konfliktverschärfend kam hinzu, dass mit dem KB und der DKP in der lokalen Hamburger Arena zwei Akteure aufeinander trafen, die in ihrer Bündnispolitik auf ähnliche gesellschaftliche Potenziale (demokratische Linke) und inhaltliche Felder (z. B. Antifaschismus) ausgerichtet waren. Bereits früh hatte der KB das Scheitern seiner Bemühungen, mit der DKP auf Organisationsebene zu kooperieren, feststellen müssen. »Heute [im März 1973] können wir sagen, dass wir der DKP-Führung wohl ein rundes Dutzend von Angeboten zu gemeinsamen Aktionen gemacht haben. Das Höchste, was wir damit überhaupt erreichten, war, dass wir einmal bis ins Sekretariat des [Hamburger] Landesvorstandes ›vordringen‹ konnten. Dort wartete freilich kein Mitglied des Landesvorstandes (was uns vorher ausdrücklich zugesagt worden war), sondern eine Sekretärin, die nur zur Entgegennahme eines Schreibens bereit war. Wohlgemerkt, das war schon das Höchste.«[364]

Ihre Begründung fand eine solch ablehnende Reaktion in einem Abgrenzungsbeschluss, den die DKP auf ihrem Düsseldorfer Parteitag 1971 verabschiedet hatte. Mit der »These 41, Der Kampf gegen ultralinkes Sektierertum« war jegliche Zusammenarbeit mit den »Führungskräften« der »ultralinken Spaltergruppen« der in der Bundesrepublik bestehenden »maoistischen, trotzkistischen und anarchistischen Strömungen« kategorisch ausgeschlossen worden. Die Partei sah ihre Aufgabe darin, »die Mitglieder und Anhänger linkssektiererischer Gruppen für den gemeinsamen Kampf gegen den Imperialismus zu gewinnen und sie vom Einfluss der Spalter zu lösen«.[365]

Eine Form der Umsetzung erfuhr diese These in einer Veranstaltungsreihe, in der sich die DKP mit »Politik und Praxis pro-maoistischer Gruppen in unserem Lande« auseinander setzen wollte, um dem dort organisierten Potenzial zu »helfen«, sich aus seinen »antikommunistischen« und »antisowjetischen« Vorstellungen zu lösen.[366] So kam es am 22. Mai 1975 in Bremen zu einem »Streitgespräch« mit dem KBW[367] und am 8. Januar 1976 in Hamburg zu einer »Auseinandersetzung mit Politik und Praxis des KB-Nord«[368]. Während Vertreter des KBW die Einladung wahrgenommen hatten, weigerte sich der KB, diese »Farce«[369] zu unterstützen, da er der DKP unterstellte, nicht an einer ernsthaften politischen Auseinandersetzung, sondern lediglich an »Anpinkeleien« und »Verleumdungen« interessiert zu sein (zumal der Mies-Partei die vierfache Redezeit wie ihm selbst zugebilligt werden sollte). Auch wollte der Bund nicht dazu beitragen, die DKP in Hamburg aufzuwerten, wo diese »seit langem abgewirtschaftet« habe und ein »Schattendasein« führe. Tatsächlich hatten sich gegenüber den frühen 70er Jahren die politischen Kräfteverhältnisse zwischen beiden Gruppen geändert: Spätestens 1976 war der KB zur hegemonialen Kraft innerhalb der Hamburger radikalen Linken geworden. Da das »Streitgespräch« nach Meinung des KB nur dazu dienen sollte, die DKP in Hamburg »wieder stärker ins Geschäft« zu bringen, sah er zur Teilnahme keinen Anlass: »Wir meinen, dass eure Bedeutungslosigkeit in Hamburg eine gute Sache ist«, hieß es in einem offenen Brief des LG vor dem Kongress.[370] Das »KB-Tribunal« der DKP musste so »leider ohne den Angeklagten« stattfinden.[371]

Auf der Veranstaltung selbst, die in ihren konzeptionellen Aussagen eng an der genannten »These 41« orientiert war, erklärten Willi Gerns, Robert Steigerwald und andere Referenten den »Antikommunismus« und den »Antisowjetismus« zu den Essentials *der* K-Gruppen, die allesamt als »pro-maoistisch« tituliert wurden. Kennzeichen ihrer Politik sei die Weigerung, den am tagespolitischen Horizont der »Massen« orientierten Reformkampf zu führen, und die Beschränkung auf eine antikapitalistische Fundamentalstrategie der »Nur-Entlarvung« und der Propagierung des sozialistischen Endziels.

Auch wenn anerkannt wurde, dass etwa der »Antisowjetismus« des KB »weniger plump und hassverzerrt« sei als der anderer »pro-maoistischer« Gruppierungen und auch der »Antiimperialismus« hier stärker verankert sei als dort, stand das anscheinend nicht der von Gerns gezogenen Schlussfolgerung entgegen: Die Politik des KB habe sich »in allen entscheidenden Fragen als opportunistische Politik unter ›linker‹ Flagge« erwiesen, die »objektiv dem Großkapital und der Reaktion« diene. Doch sah auch die DKP im KB und unter seinen Sympathisanten »wirkliche Antiimperialisten« und »Kommunisten«, die der »Sache der Arbeiterklasse« dienen wollten und die es für den »Kampf an der Seite der DKP oder in der DKP« zu gewinnen gelte.[372]

Letztlich konnte der KB seine bündnispolitischen Pläne in Bezug auf die DKP aufgrund des Abgrenzungsbeschlusses der Partei nicht realisieren. Auch die Versuche, die »Führung« der DKP zu diskreditieren und die »Basis« der Partei an den KB heranzuführen, blieben erfolglos. Weder gab es größere Mitgliederbewegungen aus der DKP in den Hamburger Bund hinein, noch hatte der KB nennenswerte Abgänge in umgekehrter Richtung zu beklagen.

K-Gruppen

Nach den gescheiterten Versuchen zur »Überwindung des Zirkelwesens« innerhalb der ML-Bewegung waren die Fronten zwischen den K-Gruppen so verhärtet, dass Kooperationen eher die Ausnahme blieben. Je stärker der KB in Hamburg wurde, desto geringer war seine Bereitschaft, die vor Ort angesiedelten »Politsekten« (die »derart mickerig« sind, dass sie sich kaum zu eigenen Demonstrationen »auf die Straße trauten«, während der KB schon Tausende mobilisierte) mit ihren »sektiererischen« Inhalten ernst zu nehmen, geschweige denn zu erlauben, dass sie sich an Aktionen des KB anhängten, zumal sie teilweise sogar versuchten, diese zu majorisieren.[373]

Die KPD/ML hatte sich zwar bereits Ende 1968 in Hamburg konstituiert, durchlief aber bis April 1973 eine Spaltungsphase und verlagerte den regionalen Schwerpunkt ihrer Tätigkeit anschließend ins Ruhrgebiet. Ein Regionalkomitee Wasserkante der Westberliner KPD wurde im Frühjahr 1972 gegründet, entfaltete aber keine nennenswerte Wirkung. Die spätere Hamburger Ortsgruppe des KBW unter ihrem Chef Lutz Plümer, die aus den Spaltungsprozessen der Sympathisanten des KB an den Hamburger Hochschulen hervorgegangen war, blieb auch in der Folge dem »Hochschul- bzw. Intellektuellenmilieu« verhaftet (Schröder 1990, 27). KABD und AB waren weder in den 70er Jahren noch später in Hamburg präsent.[374] Die relativ unangefochtene Position des KB in seiner Hamburger Hochburg, in der er bereits in der ersten Hälfte der 70er Jahre über das doppelte bis dreifache Potenzial anderer K-Gruppen verfügte, bewahrte ihn jedoch nicht vor der Auseinandersetzung mit anderen Parteien und Bünden der ML-Bewegung, wollte er sich doch in weiteren Städten und Regionen der Bundesrepublik innerhalb der radikalen Linken etablieren. Der Kampf um politisches Terrain wurde von allen Fraktionen vehement als ideologischer Streit geführt, wobei der KB mit dem Anspruch auftrat, die konträren Positionen offen zu benennen und zu diskutieren (was in seiner Presse auch weitgehend geschah) und so zu einem Klärungs- und Vereinheitlichungsprozess innerhalb des ML-Spektrums zu kommen.

Für die anderen K-Gruppen war der »KB-Nord« (wie er in Anspielung auf seine bis 1976 bestehende regionale Beschränkung genannt wurde) eine der DKP vergleichbare »konterrevolutionäre« Kraft, mit der jede Zusammenarbeit ausgeschlossen war. Die KPD/ML forderte zur »Zerschlagung« des KB auf, um endlich die »Verwirrung« zu beenden, die diese Gruppe aus »konterrevolutionären Trotzkisten« in die »revolutionäre Bewegung« gebracht habe.[375] Die KPD bekämpfte den Hamburger Bund als einen »rechtsopportunistischen, liquidatorischen Zirkel, der in allen Grundfragen des Klassenkampfes falsche Theorien« vertrete.[376] Für den KBW war der »KB-Nord« eine »Gruppierung ohne politischen Halt«, Teil der »Strömung des theoretischen und praktischen Kapitulantentums«.[377] Der Arbeiterbund gab zu bedenken, dass der KB, solange dieser von »kleinbürgerlichen und trotzkistischen Elementen vom Schlage der Mellenthin und Co.« geführt werde, zum »Wiederaufbau« der Kommunistischen Partei nichts beizutragen habe.[378] Das KB-Konzept der Praxis- und Politikfähigkeit war *allen* konkurrierenden ML-Gruppen ideologisch höchst verdächtig, sein fehlendes Programm galt als Ausdruck mangelnder theoretischer Klarheit und Prinzipienfestigkeit.

Der KB richtete sich in seiner Kritik und Polemik vor allem gegen den KBW, mit dem er sich bei dem Versuch, sich organisatorisch auszuweiten, in direkter Konkurrenz befand. Dem KBW war nach seiner Gründung 1973 schnell der bundesweite Aufbau gelungen, so dass die Gruppe meistens schon da war, wo der KB erst noch hin wollte. Die besondere Härte und Unversöhnlichkeit der Auseinandersetzung zwischen den beiden Bünden, wie sie bereits bei ihren Vorgängerzirkeln in der »Aktionseinheit« zur Metalltarifrunde 1971 zum Ausdruck gekommen war, setzte sich fort, als die Hamburger Ortsgruppe des KBW als Spaltprodukt der Hochschulorganisation des KB entstand. Die von beiden Seiten intensiv gepflegte Feindschaft lässt sich vor allem damit erklären, dass beide Gruppen im ML-Spektrum ähnliche politische Ansätze (Selbstverständnis als Bund, Betonung der Notwendigkeit, strategische Essentials im »demokratischen Kampf« taktisch zu vermitteln usw.) verfolgten, während ihre Praxis allerdings deutlich voneinander abwich (der KBW agierte eher schematisch und offensiv, der KB »realpolitisch« und defensiv). Legt man die Anzahl der Ortsgruppen, der Mitglieder und Sympathisanten als Kriterium zugrunde, so war der KBW der erfolgreichere der beiden Bünde. Der größte Teil der Broschüren des KB, in denen dieser sich mit der Politik anderer ML-Gruppen auseinander setzte, war dem KBW gewidmet.[379] In der *AK*-Rubrik »ML-Bewegung« nahm die Kritik dieser Gruppe ebenfalls breiten Raum ein.

Bezog sich die polemische Kritik am KBW durchaus auch auf sachliche Unterschiede zwischen den beiden Gruppen, dominierte gegenüber der KPD/ML in der Regel der reine Spott. Eine Collage zeigte Ernst Aust mit Narrenkappe vor dem Parteitag, wie er »Am Aschermittwoch ist alles vorbei!« singt; in anderen Karikaturen tauchte als Symbol der Partei eine mit Blindenbrille und -stock ausstaffierte Witzfigur auf.[380] Die Ablehnung der KPD/ML begründete sich für den KB in deren Drang zur »Selbstbeweihräucherung« als einzig wahrer Partei der Arbeiterklasse (»Sie preisen ihren Verein an wie ein neues Waschmittel mit drei Rot-Machern«), in ihrem Absolutheitsanspruch, ihrem extremen Hang zum Schwarz-Weiß-Denken und ihrer Praxis des »revolutionären Amoks«. All dies hätte entscheidend dazu beigetragen, den beiden Buchstaben »ML« die Funktion einer »Narrenschelle« zu geben und den Marxismus-Leninismus in der Bundesrepublik abzuwerten und lächerlich zu machen.[381] Spätestens mit ihrem Einschwenken auf eine Position der »Vaterlandsverteidigung« hatte sich die Partei für den KB dann vollkommen desavouiert.[382]

Den einzigen Fall einer Kooperation des KB mit einer anderen ML-Gruppe stellte die kurze Episode der Zusammenarbeit mit der KPD, bzw. mit dem Regionalkomitee Wasserkante der Westberliner Partei in Hamburg, dar. Noch Anfang 1973 hatte die KPD den KB als »Klüngel« bezeichnet, in dem keine »Kommunisten oder fortschrittliche Menschen« organisiert seien, sondern »kleinbürgerliche Intriganten, Feinde der Arbeiterklasse, die Verwirrung stiften«.[383] Für den KB war die KPD zu dieser Zeit eine Gruppe, deren »Zusammenbruch« er aktiv fördern wollte, »um die Zahl der irregeführten Arbeiter möglichst gering zu halten«.[384] Ab Mai 1973 kam es dann dennoch zu gelegentlichen »Aktionseinheiten«, zum 1. Mai 1974 wurde in Hamburg sogar eine gemeinsame Demonstration durchgeführt. Konkreter Anknüpfungspunkt der Kooperation war die gegen die KPD gerichtete staatliche Repression in der Folge des Bonner »Rathaussturms« (April 1973). Unabhängig von seiner grundsätzlichen Kritik an der Praxis der KPD stellte sich der KB angesichts der staatlichen Verfolgung, die er als Prolog eines Verbots aller kommunistischen Organisationen deutete, auf die Seite der Partei (im Gegensatz zur DKP, die sich distanzierte). Ob sich das LG von diesem Akt konkreter Solidarität eine längerfristige und »ersprießliche Zusammenarbeit« mit der KPD versprach, ist aufgrund der großen Differenzen zu bezweifeln.[385] Tatsächlich endete die Arbeitsbeziehung zwischen beiden Gruppen im Juni 1974 äußerst abrupt, als ein »internes Papier« des Regionalkomitees Wasserkante der KPD bekannt wurde. In ihm erhoffte sich die KPD von der ideologischen Auseinandersetzung im Rahmen der Zusammenarbeit mit dem KB eine möglichst baldige »Fraktionierung zwischen den klassenbewussten, von den KB-Führern getäuschten Arbeitern und der rechtsopportunistischen Führung« und den daraus folgenden »Niedergang und die Zerschlagung dieses Zirkels«. Der KB war selbstverständlich empört – und zeigte, dass er die Methode der »internen Widerspruchsentwicklung« weitaus nuancenreicher beherrschte als die KPD. Er veröffentlichte das »interne Papier« in seiner Presse[386] und wandte sich gleichzeitig in einem offenen Brief an die »Mitglieder« und »Sympathisanten« der KPD: »Genossen, wir rechnen im Gegensatz zu eurem ›Regionalkomitee‹ nicht damit, euch in kurzer Zeit überzeugen zu können. Dies kann allenfalls in einem längeren Prozess von Auseinandersetzung und Zusammenarbeit geschehen. Worum wir euch jetzt aber schon bitten, ist, dass ihr im Interesse der Arbeiterklasse – und nicht im Interesse des KB oder der ›KPD‹ – um die Verteidigung und Weiterentwicklung einer solidarischen Zusammenarbeit und Auseinandersetzung zwischen Organisationen der revolutionären Linken kämpft.«[387] Die kurze Liaison des KB mit der KPD war damit beendet. Da die Partei kurz darauf eine Position der »Vaterlandsverteidigung« (1975) übernahm, kam sie als Bündnispartnerin für den KB ohnehin nicht mehr in Frage.[388] Denn das war im Prinzip der einzige, wenn auch nicht offiziell gefasste und keineswegs so bezeichnete »Unvereinbarkeitsbeschluss«, den der Bund je vertrat. Eine Zusammenarbeit mit Gruppen, »die sich in die Kriegspropaganda des BRD-Imperialismus einreihen«, wurde kategorisch abgelehnt.[389]

Praxen demokratischer Bündnisfelder

Von den Kooperationsangeboten an unterschiedliche Adressaten ausgehend, versuchte der KB sich mithilfe von Bündnispolitik breitere gesellschaftliche Potenziale zu erschließen und auf diese politisierend einzuwirken. Ein solche Stoßrichtung der Politik wurde intern auch als »Bündnispolitik im demokratischen

Spektrum« bezeichnet. Gerade dieser Ansatz war Grundlage dafür, dass der KB in den 70er Jahren in Hamburg über eine hohe Mobilisierungsfähigkeit und ein breites Umfeld verfügte und in der »Krise der ML-Bewegung« dazu in der Lage war, sowohl Zugang zu den neuen sozialen Bewegungen zu finden, als auch eine Rolle im Entstehungsprozess der grünen Partei zu spielen.

Demokraten, Kommunisten, einig gegen die Faschisten

Auf der Basis seiner Faschisierungsthese begriff der KB den »Antifaschismus« als zentrales politisches Feld. In der ersten Hälfte der 70er Jahre bemühte er sich unter der Parole »Demokraten, Kommunisten, einig gegen die Faschisten« um eine »möglichst dauerhafte Aktionseinheit«; das »Hauptangriffsziel« der antifaschistischen Mobilisierungen waren die Unionsparteien, namentlich Franz-Josef Strauß.[390] Zu einer der ersten Aktivitäten des neu gegründeten KB überhaupt gehörte die Initiierung eines »antifaschistischen Aktionsbündnisses«, das am 11. Dezember 1971 in Hamburg gegen den Auftritt von Strauß auf einem Kongress der Hamburger Kripo (»Verbrechen und deren Bekämpfung«) über 2.000 Menschen auf die Straße brachte.[391] Mitte der 70er Jahre entstanden mit der Gründung der Antifakommission Ansätze, die insofern als »Bündnisse« fungierten, als sie Personen und Initiativen, die nicht im KB organisiert waren, offen standen. Der Arbeit in diesem Bereich wurde so ein höheres Maß an Kontinuität verliehen.

Aktionseinheit im Jugendbereich

In seiner Bündnispolitik im »demokratischen Spektrum« arbeitete der KB eng mit dem Ring Bündischer Jugend zusammen. Im September 1974 beschloss die Hamburger Behörde für Jugend, Schule und Berufsbildung, dem RBJ als »Träger der freien Jugendhilfe« die öffentlichen Mittel zu streichen.[392] Als sich die Betroffenen dagegen zur Wehr setzen wollten, sah der KB nicht nur die Aufgabe, den »Angriff gegen den RBJ zurückzuweisen«, sondern darüber hinaus auch die Chance, den »Protest gegen die allseitigen Angriffe auf dem Gebiet der Jugend- und Bildungspolitik« organisieren zu können. Während etwa der KBW auf diesem Politikfeld nur äußerst zurückhaltend agierte, weil er lieber die »Kampffront der gesamten Arbeiterklasse«, und nicht bloß seines jugendlichen Segments aufbauen wollte, hielt der KB in Hamburg die »Missstände« in Schule, Berufsbildung, Universität, Kindergarten und Jugendzentrum für einen wichtigen Gegenstand politischer Mobilisierung und den möglichen Ausgangspunkt einer fundamental systemkritisch angelegten Aufklärung der »Betroffenen« (wobei der Bogen bis zur Faschisierungsthese geschlagen wurde).[393]

Mit der vom KB dominierten »Aktionseinheit gegen die reaktionäre Jugend- und Bildungspolitik des Senats«, in der 1975 angeblich über 90 Gruppen zusammengeschlossen waren[394] (was später allerdings vom KB selbst als »großmäulig« dementiert wurde), konnten zwischen 1974 und 1976 aus unterschiedlichen Anlässen jeweils Tausende zu Demonstrationen, Kundgebungen und Veranstaltungen in Hamburg mobilisiert werden. Der Ansatz des KB bestand darin, über die Einbeziehung möglichst vieler Gruppen im Jugendbereich eine »einheitliche Kampffront gegen die Krisen- und Sparpolitik sowie gegen Rechtsentwicklung, gegen die Faschisierung von Staat und Gesellschaft« aufzubauen.[395]

Mit der »Wiederherausgabe« des *Rebells* ab September 1974 sollte ein solcher Ansatz publizistisch flankiert werden.[396] Der KB wollte mit diesem Blatt »Jungarbeiter, Lehrlinge, Schüler, Studenten und andere fortschrittliche Jugendliche« ansprechen und perspektivisch in die eigene Politik und Organisation einbinden. Intention des LG war es, die »besonderen Belange, Bedürfnisse und Interessen der Jugendlichen«, insbesondere die der »Arbeiterjugend«, zum Ausdruck zu bringen und deren politische Aktivitäten »möglichst eng« mit dem Kampf der »Arbeiterbewegung gegen Imperialismus, Kapitalismus und Faschismus für den Sozialismus« zu verbinden. Der *Rebell* (das »R« im Schriftzug auf dem Titelblatt wurde ab der zweiten Nummer aus Hammer und Sichel gebildet) wollte »die Begeisterung der Jugendlichen auf das Ziel der sozialistischen Revolution lenken«. Dass das Blatt seinen »Lesern und Freunden« dabei auch noch »Spaß« machen und diesen »möglichst viel Raum« zur Mitgestaltung geben sollte[397], entsprach der Erfahrung und der Praxis des KB in der Betriebsarbeit, wo es gelungen war, gerade das junge proletarische Potenzial mit seiner oftmals antiautoritären Gesinnung (gegen »Gewerkschaftsbonzen«, Chefs, Elternhaus) anzusprechen und zu mobilisieren. Die Oberzeile des *Rebells*, die spontaneistisch wirkende, tatsächlich jedoch auf Mao zurückgehende Parole »Letzten Endes kann man all die Wahrheit des Marxismus in einem Satz zusammenfassen: Rebellion ist gerechtfertigt!«[398], hatte daher durchaus programmatischen Charakter.

Das allgemeine Ziel der Politik der »Aktionseinheit« im Jugendbereich war es, eine »Politisierung« der Basis über »vorbereitende Schulungsdiskussionen, Lesezirkel, Arbeitsgruppen, kleine politische Veranstaltungen in einzelnen Schulen, Stadtteilen, Gewerkschaften« in Gang zu setzen. Ein solches Vorgehen setzte eine »scharfe Dezentralisierung der Mobilisierung und Agitation sowie die Aktivierung jedes einzelnen Genossen und die Entwicklung seiner Eigeninitiative« voraus.[399] Der KB verlangte von seinen Kadern, »als Kommunisten energisch für eine klassenkämpferische Linie« in der Bewegung gegen die »Sparpolitik« des Hamburger Senats einzutreten[400], was bedeute, sich nicht auf Forderungen nach Verbesserungen innerhalb des Kapitalismus zu beschränken, im »Reformismus« stecken zu bleiben und ähnlich der DKP Illusionen über die Erfolgsaussichten des »demokratischen Kampfes« zu schüren. Dieser beinhaltete gemäß einer solchen auf Lenin zurückgehenden ideologischen Ausrichtung die Aufgabe, die

Kampfbedingungen der Massen innerhalb des bürgerlichen Systems zu verbessern, während der »sozialistische Kampf« in Agitation und Propaganda die hierüber hinausgehende Perspektive (Transformation) zu vermitteln habe. Diesem Ansatz liegt ein instrumentelles Verständnis von »Demokratie« zugrunde, die lediglich als Mittel zum sozialistischen Zweck verstanden wird.

Der mit dieser Art »revolutionärer Realpolitik« verbundene Maximalismus war in der Praxis jedoch nur schwer einzulösen. So kritisierte das LG, dass sich die eigenen Kader in ihrer Massenagitation zu sehr auf die Anprangerung einzelner »Sparschweinereien« konzentriert hätten (Motto: »Auch in Reinbek regiert jetzt der Rotstift«), anstatt die euphemistisch als »Sparpolitik« umschriebene »Ausplünderungspolitik der Kapitalistenklasse und ihres Staates« umfassend anzugreifen, um die Zugehörigkeit zur Bewegung, von der angenommen wurde, dass sie eine solche radikale Positionierung mehrheitlich ablehne, nicht zu gefährden.[401]

1976 begann die Mobilisierungsfähigkeit der Aktionseinheit langsam nachzulassen, eine weitere Ausweitung der Aktivitäten schien nicht mehr möglich zu sein. Zum einen war es nicht gelungen, über das eigene Umfeld hinaus noch weitere politische Organisationen einzubinden. Tatsächlich repräsentierte die Jugend-Aktionseinheit ein »wesentlich schmaleres politisches Spektrum«, als es zunächst den Anschein hatte. Wesentlichste Träger dieser Politik waren RBJ und der schulische SSB, deren Zusammenarbeit sich aufgrund des konkurrierenden Verhältnisses mehr als schwierig gestaltete. Oft verbargen sich hinter den beteiligten Gruppen also solche Zirkel, die ohnehin schon vom KB dominiert wurden.

Der in der Aktionseinheit im Jugendbereich praktizierte Ansatz kann in gewisser Weise als Prolog zu einer Politik verstanden werden, wie sie später, ab 1977, vom KB im Rahmen der Bunten Liste betrieben worden ist (wo »Geisterzahlen« erneut eine Rolle spielten).[402] Hier hatte sich jedoch erneut eine spezifische Qualität des Bundes gezeigt, die ihn von anderen ML-Gruppen unterschied: Sein ausgezeichnetes Gespür, gerade die politischen Themen aufzugreifen, mit denen über das eigene Umfeld hinaus mobilisiert werden konnte, selbst wenn die Inhalte nicht so ohne weiteres in eine revolutionäre Politik zu integrieren waren (eine »Zuspitzung« aber möglich schien). Für die ML-Konkurrenz war ein solches Vorgehen schlicht »opportunistisch«.

Hochschulpolitik:
Für das Bündnis zwischen Arbeiterklasse und Intelligenz!

Die Konzeption des Sozialistischen Studentenbundes unterschied sich in normativer Hinsicht zunächst kaum von den Ansätzen der Hochschulgruppen anderer ML-Organisationen. Mit der Bestimmung des Proletariats zum revolutionären

Subjekt und dem Primat der Betriebsarbeit verband sich eine Abwertung der Rolle »Intellektueller« im Klassenkampf und der Hochschule als Ort der politischen Auseinandersetzung. Widersprüchlich war eine solche Haltung nicht nur deswegen, weil die K-Gruppen überwiegend aus der studentischen Bewegung der späten 60er Jahre hervorgegangen waren, sondern auch deshalb, weil die meisten, da die Universität ein wichtiger Kristallisationspunkt linker Politik blieb, hier ihre größten Rekrutierungserfolge zu verzeichnen hatten. Für den stärker in die Betriebsarbeit eingebundenen KB traf dies allerdings nur eingeschränkt zu.

Die Intelligenz als prekäre Zwischenschicht

Die Vorstellung, dass »die Intelligenz« nicht Trägerin gesamtgesellschaftlicher Transformation sein kann, hatte schon die 68er-Bewegung in ihrer Spätphase beschäftigt (vgl. Kukuck 1974, 93). Die Absage an den »Substitutionalismus«[403], d. h. an die Bestimmung der Intelligenz zum Katalysator der metropolitanen Rebellion, und die Hinwendung zur Arbeiterbewegung brachte die Notwendigkeit mit sich, die eigene Rolle zu hinterfragen und grundsätzlich neu zu definieren: Was ist die objektive Stellung der Intelligenz in der Klassengesellschaft, insbesondere im Verhältnis zum Proletariat? Was könnte von dieser Basis ausgehend ihre Funktion im Klassenkampf sein? Ende der 60er Jahre war es vor allem die Rezeption von Georg Lukács[404] und Hans-Jürgen Krahl[405], deren Thesen für das Verständnis des Verhältnisses von Proletariat und Intelligenz an Bedeutung gewannen.

Mit der »Liquidation« der antiautoritären Bewegung kam es auch in der Frage nach der Rolle der Intelligenz innerhalb der radikalen Linken zu einem Paradigmenwechsel. Die K-Gruppen wiesen die Ansätze von Lukács und Krahl als »subjektivistisch« bzw. »kleinbürgerlich« zurück und beriefen sich in ihren Konzeptionen zumeist auf Lenin. Für diesen nahm »die Intelligenz« unter den anderen Klassen eine »eigenartige Stellung« ein, da sie sich teilweise – »ihrer Verbindungen, ihren Anschauungen usw. nach« – der Bourgeoisie und teilweise – »in dem Maße, wie der Kapitalismus den Intellektuellen immer mehr und mehr seiner selbständigen Stellung beraubt, ihn in einen abhängigen besoldeten Angestellten verwandelt und sein Lebensniveau zu senken droht« – den Lohnarbeitern annähere.[406] Letzteres wurde von den ML-Kadern als objektive Basis dafür verstanden, die Intelligenz in die »Bündnispolitik des Proletariats« einzubeziehen, und zwar massenhaft – nicht bloß einzelne Intellektuelle (gegen Lukács). Die Intelligenz wurde damit als prekäre Zwischenschicht begriffen, als stark fragmentiert (auch wenn sich Teile von ihr durch Lohnarbeit reproduzieren müssten) und primär den »bourgeoisen Ideologien« und »Privilegien« verbunden (Kukuck 1974, 158); sie könne daher im Kontext revolutionärer Politik nur in strikter »Unterordnung unter das Proletariat« (und nicht umgekehrt) aktiv werden (gegen Krahl).

Die K-Gruppen (als vermeintliche Repräsentanten des Proletariats) traten »den Studenten« folglich äußerst skeptisch bis ablehnend gegenüber. Die Norm der »Unterordnung« der Intelligenz unter das Proletariat diente den einzelnen Parteien und Bünden der ML-Bewegung zur Legitimierung ihres Führungsanspruchs gegenüber ihren jeweiligen Hochschulgruppen. Der Umgang mit studentischen Sympathisanten war zumeist sehr rigide – diese standen als (potenziell) »kleinbürgerliche« Subjekte in der Gruppenhierarchie auf der untersten Stufe. Zwar liefen die Mitglieder des SSB nicht mehr Gefahr, wie zu Zeiten des SALZ zu Renovierungsarbeiten in die Wohnungen führender Kader ihrer Bezugsorganisation abkommandiert zu werden, doch wurden sie in den Anfangsjahren des Bestehens des KB generell zu »niederen« Tätigkeiten herangezogen (z. B. Straßenverkauf des *AK*).[407]

Funktionen nicht-ständischer Interessenvertretung

Die Aufgaben der Hochschulpolitik bestanden für die K-Gruppen in der Vermittlung antikapitalistischer Essentials und in der Rekrutierung von Kadern. Oftmals beschränkte sich deren Praxis auf reine Propaganda, eine Verbindung der Kritik bürgerlicher Wissenschaft mit der Darstellung der Konzepte der eigenen Gruppe (vgl. Kukuck 1974, 135). Die unmittelbare Vertretung hochschulpolitischer Forderungen (die Studiensituation betreffend) wurde gemeinhin als »ständisch«, die spezifischen Sonderinteressen der Studierenden perpetuierend, abgelehnt und nur in ihrer »antikapitalistischen« Zuspitzung mitgetragen. Hier lag einer der wesentlichen Unterscheidungslinien zur Praxis der »revisionistischen« Gruppen (MSB, SHB) an den Hochschulen, die nach Ansicht der ML-Bewegung lediglich Reformpolitik betrieben. Der KBW etwa konstituierte einzig und allein deshalb keinen überregionalen Studentenverband, um den hier behaupteten »Sonderinteressen« keinen Vorschub zu leisten.[408] Der KSV der KPD war ein Ort »permanenten schlechten Gewissens« mit dem Proletariat sympathisierender, sich privilegiert fühlender Student(inn)en.[409] Auch der KB wies eine »nur-studentische« Interessenspolitik anfangs als »universitätsborniert« zurück. Die Operationalisierung einer »reinen Hochschulpolitik« verkomme auf der Basis der »Widersprüchlichkeit der Klassenlage der Intelligenz« zu einer »ständischen Interessenvertretung«. Demgegenüber gelte es »bei jeder Gelegenheit die Notwendigkeit des Sturzes der Kapitalherrschaft und der Aufhebung der Klassen insgesamt« zu propagieren und dabei die »Rolle der Arbeiterbewegung« zu betonen.[410] Dem SSB sollten in einer solchen Konzeption zwei Aufgaben zukommen: *erstens* die »Gewinnung der Intelligenz zum Bündnis mit der Arbeiterklasse«

und *zweitens* die »Qualifizierung von Kadern für die kommunistischen Organisationen des Proletariats«. Als »Hauptaufgabe« der Gruppe war damit definiert, »diejenigen Interessen und Bedürfnisse der Studenten zu vertreten, die nicht gegen die Interessen des Proletariats gerichtet sind, sondern geeignet sind, die Studenten zum Kampf gegen die Kapitalistenklasse an der Seite des Proletariats zu organisieren«.[411] Der Einsatz für unmittelbare Interessen der Studentenschaft sollte so zwar möglich sein, spielte in der Praxis des SSB bis 1974 allerdings kaum eine Rolle.

So sah der SSB etwa ein Engagement in den Gremien akademischer Selbstverwaltung angesichts der von ihm definierten weit reichenden Aufgaben sozialistischer Hochschulpolitik als pure »Zeitverschwendung« an (beteiligte sich aber dennoch auch vor der Revision seiner Politik, 1974, an Wahlen zum Studentenparlament und zu Fachschaftsräten, ohne dass es ihm allerdings gelungen wäre, Mandate zu erringen).[412] Die Mitarbeit in solchen Institutionen entschied sich an der »taktischen Frage«, ob sich hiermit »unter den jeweiligen konkreten Bedingungen die Kampffront gegen die Angriffe von Uni- und Staatsbürokratie« stärken lasse oder nicht.[413]

Revision der Politik des SSB (1974)

Die weitgehende Erfolglosigkeit des SSB hatte seine Ursache darin, dass der Hamburger Bund konsequenter als andere K-Gruppen seine Kräfte in die Betriebsarbeit steckte und den Hochschulbereich dementsprechend lange Zeit vernachlässigte. 1973 musste der KB feststellen, dass sein Einfluss an den Hamburger Hochschulen in den letzten beiden Jahren stark rückläufig war, während er in »derselben Zeit in Betrieben und Gewerkschaften entsprechend gestiegen« war.[414] Die Möglichkeiten, in Hamburg an der Universität Politik zu machen, seien »bei weitem« nicht ausgenutzt worden.[415]

Anfang 1974 gab der SSB die Beschränkung seiner Universitätspolitik auf ausschließlich propagandistische Mittel auf. Nach einer »Generaldebatte über die Notwendigkeit einer sozialistischen Massenpolitik« an der Hochschule erfolgte der Einstieg in eine Praxis, in der auch das »aktive Aufgreifen universitärer Probleme« nicht mehr länger ausgeschlossen sein sollte.[416] Ein erster Erfolg stellte sich im Sommersemester 1974 ein, als es der vom SSB, KSV und von »Unorganisierten« gebildeten Liste Demokratischer Kampf (LDK) gelang, die Fachschaftratswahlen am Pädagogischen Institut in Hamburg zu gewinnen und damit die »dreijährige Herrschaft von MSB/SHB zu brechen«.[417] Mit dem Ende der Zusammenarbeit von KB und KPD zerfiel diese Liste wieder. Nachhaltigere Effekte an den Hochschulen konnte der KB erst mit der Abkehr vom Primat der Betriebsarbeit, ab Mitte der 70er Jahre, erzielen.

Frauenpolitik:
Nur mit der proletarischen Frau wird der Sozialismus siegen!

In seiner Frauenpolitik, mit der sich der KB scharf von der autonomen Frauenbewegung und dem hier vorherrschenden radikalen Feminismus abzugrenzen versuchte, verfolgte der KB einen »proletarischen« Ansatz, was dem Anspruch nach beinhaltete, die »Frauenfrage« als Klassenfrage und nicht als Geschlechterfrage zu behandeln. Historische Anknüpfungspunkte fand eine solche Konzeption in den »Klassikern« (Bebel, Engels, Zetkin), der »revolutionären« Strömung der ersten deutschen Frauenbewegung der Jahrhundertwende (vgl. Gerhard 1991), deren Epigonen in den akademischen Frauenzirkeln der 68er-Revolte und in der chinesischen Kulturrevolution.

Gründung und Selbstverständnis der AG Frauen

Verantwortlich für die Frauenpolitik des Bundes war die im März 1975 gegründete und von Heidi Kaiser angeleitete AG Frauen. Bei ihrer Konstituierung erklärte die Arbeitsgruppe unter Verweis auf ein Diktum Clara Zetkins[418] es als ihre wesentliche Aufgabe, die »proletarischen Frauen« für den »Klassenkampf« zu gewinnen, wobei primär agitatorische Mittel zum Einsatz kommen sollten. Die Darstellung der »Lage der Frauen« wurde als »wesentlicher Hebel« dafür verstanden, »ihre tagtägliche Unterdrückung in eine organisierte politische Kraft zu verwandeln«. Eine Zusammenarbeit mit »kleinbürgerlichen Frauen«, welche die Frauenbewegung nach Meinung der AG dominierten, wurde nicht ausgeschlossen. Zum einen sollte diesen Frauen vermittelt werden, dass ihre »Frauenprobleme« nur durch die »Beteiligung am Klassenkampf« zu lösen seien. Zum anderen gelte es gerade dort, den »ideologischen Kampf« zu führen und »auch in diesen Gruppen immer wieder die Interessen der proletarischen Frauen an erste Stelle zu setzen«.[419]

Die AG Frauen bezog sich damit auf einen marxistischen Ansatz von Frauenemanzipation, wie er sich bis 1889 als konzeptionelle Grundlage der proletarischen Frauenbewegung herausgebildet hatte. Gegenstand der Frauenfrage war hier die »doppelte Unterdrückung« der Frau, und zwar in der häuslichen Sphäre (»Hausklaverei«) und in der Betriebsarbeit (»Lohnsklaverei«). Die letzte Ursache der so bezeichneten Frauenunterdrückung sah Zetkin mit Bebel und Engels im Privateigentum an den Produktionsmitteln. Das frauenpolitische Ziel der revolutionären Partei, die »volle gesellschaftliche Gleichberechtigung« der Frau mit dem Mann, war dementsprechend nur Teilaspekt einer Strategie zur Überwindung des Kapitalismus.[420] Die vollständige Lösung der Frauenfrage sei erst in der »sozialistischen Gesellschaft« möglich.[421] Als wesentliches Mittel zur Bewerkstelligung dieser Transformation wurde der »organisierte revolutionäre Klassenkampf aller Ausgebeuteten ohne Unterschied des Geschlechts« begriffen.[422] Aus der Verneinung des geschlechtlichen Separatismus ergaben sich für die frauenpolitische Praxis zwei weitere wichtige Normierungen. Erstens (organisatorisch) sollten Kommunistinnen keine »Sondervereinigung« bilden, sondern wie ihre männlichen Mitstreiter in die revolutionäre Partei eintreten. Allerdings könne diese über spezielle Organe verfügen, »Arbeitsgruppen, Kommissionen, Ausschüsse, Abteilungen oder wie sonst man sagen mag«, denen die Arbeit unter den »Frauenmassen« zu obliegen hatte. Das sei nicht »Feminismus«, sondern »praktische, revolutionäre Zweckmäßigkeit«.[423] Zweitens (tagespolitisch) bestünden in der Frauenarbeit keine »Sonderaufgaben«. Es gelte nicht, »spezielle Frauenagitation«, sondern »sozialistische Agitation unter den Frauen« zu betreiben, um diese in den »Klassenkampf« einzubeziehen.[424]

Die Vermittlung einer solchen »orthodoxen« Konzeption in die ML-Bewegung erfolgte auch hier über einen chinesischen Bezug. So soll etwa der Text von Claudie Broyelle, »Die Hälfte des Himmels«, in der »ganzen Organisation« des KB »mit Begeisterung gelesen und oft richtig geschult« worden sein.[425] Die französische Autorin, die 1971 an einer politischen Reise in die VR China teilgenommen hatte, lieferte eine Untersuchung der »revolutionären chinesischen Erfahrung hinsichtlich der Frauenemanzipation«. Sie kam dabei zu dem Schluss, dass der eigene Kampf »antikapitalistisch« auszurichten und in Solidarität mit dem Proletariat zu führen sei, weil »alle Unterdrückungen, die wir (die Frauen) zu erleiden haben, Konsequenzen des gesellschaftlichen Ausbeutungssystems, in unserem Fall des Kapitalismus, sind«.[426]

Abgrenzung zum Feminismus

Anfangs wurde die Frauenpolitik des KB durch eine scharfe Abgrenzung von der neuen Frauenbewegung bestimmt. Diese hatte ihren Ausgangspunkt in der Bundesrepublik in der antiautoritären Bewegung der späten 60er Jahre, vor allem in den ab Januar 1968 gegründeten Weiberräten des SDS. Hier war die oben skizzierte Konzeption von Frauenbefreiung zunächst durchaus noch auf Resonanz gestoßen: Insofern die frühen Zirkel in den Sog der Dynamik der »proletarischen« Wende der antiautoritären Revolte gerieten, waren sie »eher marxistische Schulungskurse für Frauen als Emanzipationsgruppen« und sahen ihre besondere Aufgabe darin, »Arbeiterinnen in Fabriken und Großraumbüros zu agitieren« (Schenk 1992, 85). Mit der 1971 gestarteten Kampagne gegen den § 218 StGB (»Verbot der Abtreibung«), in der die neue Frauenbewegung ihre soziale Basis erweiterte und zur Massenbewegung wurde (vgl. Brand u. a. 1986, 126), kam es allerdings zu einer ideologischen Ausdifferenzierung. Bis Mitte der 70er Jahre traten radikalfeministische Spektren in den Vordergrund, die sich von den marxistisch orientierten Strömungen, die infolgedessen an Bedeutung verloren (»Marxismus-Feminismus-Debatte«; vgl. Schenk 1992, 86/138), abzugrenzen begannen. Diese ideologische Trennung mag dafür maßgeblich gewesen sein, dass die neue Frauenbewegung konzeptionell stärker strukturiert und politisch homogener war als andere neue soziale Bewegungen. Im Zentrum der Kritik des autonomen Feminismus standen die »Geschlechterverhältnisse«, die Dominanz patriarchaler Strukturen und chauvinistischen männlichen Verhaltens in Öffentlichkeit und Privatsphäre. Der »Angelpunkt der Frauenfrage« wurde im reproduktiven Bereich gesehen: Der Sexualität komme als »Instrument« der Etablierung und Aufrechterhaltung von Macht- und Gewaltbeziehungen zwischen den Geschlechtern der herausragende Stellenwert zu. Private Praxen wurden hinterfragt und sollten der Politisierung anheim fallen – »Das Private ist politisch!« war einer der zentralen Slogans der autonomen Frauenbewegung. Der »Geschlechterkampf« war das Mittel einer ad hoc »kollektiv und auch individuell« zu vollziehenden Frauenbefreiung, die sich auch und gerade gegen den »eigenen Mann« richten müsse.[427] Die neue Frauenbewegung verfügte gemäß ihrer anti-hierarchischen Ansätze über kein institutionelles Zentrum, war eher locker und netzwerkartig strukturiert und stützte sich dabei auf die sich seit Mitte der 70er Jahre herausbildenden städtischen Milieus einer feministischen Gegenkultur (vgl. Gerhard 1989, 76). Konsens und wichtigstes Prinzip war der Grundsatz der »Autonomie«, der neben der »Unabhängigkeit von politischen und konfessionellen Bindungen« den Ausschluss der Männer aus den eigenen Strukturen beinhaltete (Schenk 1992, 114f).

Der Dissens des KB zur autonomen Frauenbewegung bestand so vor allem in zweierlei Hinsicht. *Erstens* existierten wesentliche Unterschiede in taktisch-strategischen Fragen, die auf differierenden Konzepten von Gesellschaftskritik basierten (Kapitalismus respektive Patriarchat). Hieraus ergaben sich, *zweitens*, unterschiedliche Vorstellungen hinsichtlich der politischen Organisierung. Die neue Frauenbewegung vertrat auf der Basis ihrer Forderung nach weiblicher »Selbstbestimmung« das Prinzip der geschlechtlichen Separation. Für den KB, der eine solche Position scharf bekämpfte, war dies ein überaus prekäres Thema, zumal schon die Gründung der AG Frauen, trotz ihres »proletarischen« Anspruchs, innerhalb des Bundes »nicht überall auf ungeteilten Beifall« gestoßen war. Manchen Genossen soll die »ganze Richtung« nicht gepasst haben.[428]

Der KB in der Bewegung gegen den § 218

Die Frauenpolitik des KB sollte sich angesichts ihrer kapitalismuskritischen und antifeministischen Ausrichtung im Grunde darauf beschränken, die allgemeinen Kampagnen der Organisation um den spezifisch frauenpolitischen Aspekt zu »bereichern«.[429] Das galt – von einer Ausnahme abgesehen: die Beteiligung des KB an der Kampagne gegen den § 218, die allerdings zunächst auch in Abgrenzung zu autonomen Positionen erfolgte – für viele Bereiche: So existierten in Form von »Kolleginnengruppen« im Metall- und Chemiebereich betriebliche Ansätze, die ihre Agitation auf Arbeiterinnen konzentrierten.[430] Bei den Betriebsratswahlen in der Hamburger Colgate-Palmolive kandidierte 1975 mit Erfolg eine dem KB zuzurechnende Liste Frauen.[431] Mit dem Blatt *die rote Anna* sollte eine eigene Frauenbetriebszeitung entstehen.[432] Seit 1975 kam es bei den vom KB getragenen Maidemonstrationen zur Bildung separater »Frauenblöcke«.[433] Auch auf anderen Feldern seiner Politik unternahm der KB Versuche, spezifisch interpretierte »Fraueninteressen« einzubeziehen, etwa in der Solidaritätsarbeit[434], später auch in der Anti-AKW-Bewegung, den Russell-Initiativen und der Bunten Liste, wo ein eigenes »Frauenprogramm« propagiert wurde. Die Verbreiterung seiner Ansätze verfolgte der Bund in gewohnt »bündnispolitischer« Manier. Ähnlich wie in der Jugendarbeit gelang ihm auch hier ein Zusammenschluss von Initiativen aus seinem weiteren politischen Umfeld: Im Dezember 1975 gründete sich im Zusammenhang einer Veranstaltung gegen den § 218 die vom KB dominierte Aktionseinheit Hamburger Frauengruppen (»Frauen-AE«).[435]

Mit seiner Mitarbeit in der Kampagne gegen den § 218 begab sich der KB auf ein Terrain, das von Beginn an weitgehend von autonomen Gruppen der Frauenbewegung bestimmt wurde. Zum Zeitpunkt, als der KB begann, sich mit der Abtreibungsfrage zu beschäftigen, hatten die Proteste ihren Zenit bereits überschritten. (Die großen Demonstrationen fanden zwischen 1971 und 1973 ohne Beteiligung des KB statt.) Als im Februar 1975, im Vorfeld des Urteils des Bundesverfassungsgerichts zur Fristenregelung der sozialliberalen Koalition, die Frauenbewegung noch einmal zu bundesweiten Protesten gegen den Abtreibungsparagrafen mobilisierte, war bei den Aktionen in Hamburg auch der KB vertreten. Die Vorbereitungen zu den Großdemonstrationen bildeten den eigentlichen Anstoß zur Gründung der AG Frauen innerhalb des KB und somit den eigentlichen Auftakt einer »eigenständigen« Frauenpolitik.

Einige der »kleinbürgerlichen Wortführerinnen« der autonomen Frauengruppen, so war später im *AK* zu lesen, hätten allerdings ein Engagement der Gruppe von vornherein verhindern wollen.[436] »Vor allem aus der Überlegung heraus, dass der Kommunistische Bund bisher so gut wie keine eigenständige Frauenarbeit gemacht hat, hielten wir es bei den Vorbereitungsgesprächen nicht für richtig, an den Meinungsverschiedenheiten praktisch eine Spaltung zu vollziehen (eigene Demonstration), und passten uns den Vorstellungen der Frauengruppen weitgehend an.«[437] Bei den Aktionen selbst trafen dann zwei recht unterschiedliche Protest- und Demonstrationskulturen aufeinander: »klassische« Agitation hier, hedonistisches Happening dort. Die KB-Genossinnen äußerten ihr Unverständnis über die autonomen Frauengruppen, denen vorgehalten wurde, eine »lustvolle« Demonstration (»für sie selbst!«) durchgeführt zu haben und in »allerlei Maskeraden« (einige als »Leichen« bei der Abtreibung gestorbener Frauen geschminkt) aufgetreten zu sein. Den Frauen könne hier und heute nicht mit »karnevalistischen Auftritten« ihre Unterdrückung bewusst gemacht werden. »Uns wurde vorgeworfen, wir orientierten einseitig auf die Unterdrückung der Arbeiterfrauen, aber auch kleinbürgerliche Frauen seien unterdrückt. Das ist zweifellos richtig, nur das Maß der Unterdrückung unterscheidet sich erheblich, und daraus muss sich für uns die Frage ergeben, welches sind die Frauen, die eine radikale Änderung der Verhältnisse anstreben werden, weil sie nichts zu verlieren haben? Das sind die Frauen der Arbeiterklasse! Für sie ist die Unterdrückung im Beruf die härteste.« Die vom KB auf der Abschlusskundgebung der Demonstration vom 25. Februar 1975 gehaltene Rede sei aus dem Lager der autonomen Frauen durch »sinnloses Geschrei« und »lautstarkes Klappern mit Topfdeckeln« gestört worden. Nach dem Ende der Versammlung hätte sich »ganz spontan« ein neuer Zug »unter Parolen gegen den § 218 und die Faschisierung« formiert. Auf einer »improvisierten zweiten Abschlusskundgebung« soll ein »KB-Genosse« angesichts der »Provokationen und Störversuche« geäußert haben, dass es mit »solchen Frauen« keine weitere Zusammenarbeit geben könne.[438]

Trotz dieser Distanzierungen gab es im spannungsreichen Verhältnis zwischen KB und autonomen Frauengruppen durchaus positive Berührungspunkte, die (bis weit in die 80er Jahre hinein[439]) die Grundlage für eine punktuelle Zusammenarbeit bildeten. So argumentierte die AG Frauen zwar anfangs einerseits stark in der Tradition der Weimarer KPD gegen den »Klassenparagrafen«, von dem die Arbeiterfrauen aufgrund ihrer materiellen Lage in besonderer Weise betroffen seien.[440] Die Kampagne gegen die bestehende Gesetzesregelung könne nur dann erfolgreich sein, wenn sie eng verbunden werde »mit dem gesamten Kampf gegen die besondere Ausbeutung und Unterdrückung der Frau und mit dem Kampf für die Emanzipation der Arbeiterklasse allgemein«.[441] Andererseits vertrat die Arbeitsgruppe aber gleichzeitig die Forderung nach dem »Alleinselbstbestimmungsrecht« der Frau über ihren Körper (»Abtreibung ja oder nein – das muss Sache der Frauen sein!«). Letzteres verwies auf die zentrale Parole, unter der die Kampagne gegen den § 218 von feministischer Seite geführt wurde (»Mein Bauch gehört mir!«). Diese stellte stets das »freie Verfügungsrecht der einzelnen Frau über ihre Reproduktionsfähigkeit in den Mittelpunkt« (Schenk 1992, 125) – und weniger politische oder soziale Fragen.

Mit einer solchen Position grenzte sich der KB insbesondere vom KBW ab. Dieser war darum bemüht, abseits des »feministischen Sumpfes« und weitgehend auf Basis seiner eigenen Ressourcen (»Komitees gegen den § 218«) eine selbständige Kampagne gegen den Abtreibungsparagrafen auf die Beine zu stellen, die dann notwendigerweise sehr »speziell« ausfiel: Dem KBW ging es nicht um die »Gleichberechtigung der Frau«, sondern um die Erkämpfung politischer Rechte der Arbeiterklasse. Eine der Parolen der Komitees lautete folglich »Abtreibung ja oder nein – das muss Sache des Volkes sein!«.[442] Während für den KBW, als konsequentem Verfechter eines »proletarischen Antifeminismus«, die Emanzipation der Frau letztlich eine Frage ihrer Einbeziehung in die Produktion (und in den »Klassenkampf«) und im Übrigen erst im Sozialismus zu realisieren sei, betonte die AG Frauen in einer gewissen Modifizierung der »klassischen« Konzeption die Notwendigkeit, »den Kampf der Frauen um mehr Gleichberechtigung und Selbständigkeit auch schon unter kapitalistischen Verhältnissen« zu führen. Gerade in »kommunistischen und anderen demokratischen Organisationen« bestehe für die Frauen die Möglichkeit und Notwendigkeit, eine »relative Gleichberechtigung« schon heute zu erreichen.[443] Dieser Ansatz sollte nach 1978 in der Öffnung des Bundes gegenüber feministischen Paradigmen erhebliche Bedeutung gewinnen.

Betriebsarbeit:
Machen wir die Gewerkschaften wieder zu Kampforganisationen der Arbeiterklasse!

Insofern der KB in der ersten Hälfte der 70er Jahre »die Fabrik« zum strategischen Ort der Gesellschaft erklärt hatte, war seine gesamte Politik dem Ziel untergeordnet, sich mit den Mitteln einer Kaderorganisation in einer betrieblichen Basis zu verankern. Die Betriebsarbeit war in dieser Phase neben dem Internationalismus das wichtigste Praxisfeld der Organisation.

Hinein in die Betriebe!

Auch wenn der KB seine Wurzeln in der Hamburger Lehrlingsbewegung hatte, war er hinsichtlich der sozialen Rekrutierung seiner Mitglieder keine proletarische Organisation. Hierin unterschied sich der Bund gar nicht so sehr von anderen »Arbeitergruppen« der Neuen Linken dieser Zeit. Seine Besonderheit bestand darin, dass er anfangs konsequenter und erfolgreicher als vergleichbare Zusammenhänge daranging, seine sämtlichen Mitglieder in die Betriebe »umzusetzen«. 1973 stellte die Leitung des KB fest, dass bis auf einzelne Ausnahmen alle Mitglieder des Bundes betrieblich organisiert waren.[444] Diese arbeiteten unter »hohem persönlichem Einsatz« speziell in solchen Fabriken der Hamburger Chemie- und Metallindustrie, die als industrielle Großbetriebe mit einem entsprechenden Arbeiterpotenzial für die politische Tätigkeit als strategisch bedeutsam galten.[445] Die meisten der Betriebszellen von KBW, KPD und KPD/ML befanden sich demgegenüber nicht in der Industrie, sondern im tertiären Sektor, insbesondere im öffentlichen Dienst (speziell in Krankenhäusern und Schulen). Die Aktivitäten dieser Zellen, die zudem oft nur aus einem Mitglied bestanden, beschränkten sich größtenteils darauf, Flugblätter und Betriebszeitungen zu erstellen und zu verteilen und den Eindruck zu erwecken, in den entsprechenden Institutionen fest etabliert zu sein. Den im Frühjahr 1974 vom KBW publizierten Zahlen entnahm der KB, »dass wir allein im Bereich der Hamburger Metallindustrie mehr Genossen in Betriebszellen organisiert haben als der KBW in der gesamten Industrie der BRD«.[446] Selbst Verfassungsschutzkreise stellten fest, dass der KB in seiner Betriebsarbeit als einzige Organisation der Neuen Linken »nicht nur punktuelle Erfolge« erzielte.[447]

Tatsächlich war es in erster Linie der KB, der in seiner Betriebsarbeit nicht auf die in Zellen organisierten Kader beschränkt blieb. Diese bildeten in der Regel einen konspirativ agierenden Kern, um den herum zumeist ein breiterer Zusammenhang von »oppositionellen und linken Arbeitern und Angestellten«[448] gruppiert war, der weiteren Interessierten offen stand. Die Betriebsgruppe des KB bei Texaco umfasste z. B. annähernd 40 Personen, während in der dortigen Zelle des Bundes lediglich sechs Kader organisiert waren. Einer von ihnen, freigestellter Betriebsrat in der Hauptverwaltung des Mineralölkonzerns seit 1972 (und Mitglied des KB seit 1974), war Rainer Trampert. Nach seiner Erinnerung war die Klientel, die in die Betriebsarbeit des KB eingebunden werden konnte, sehr heterogen, aber »irgendwie beseelt von dem Wunsch nach Freiheit«. Vor allem waren es jüngere Menschen, die genug hatten von den tagtäglichen Zumutungen der Lohnarbeit und »aus guten Gründen keinen Chef« mehr ertragen konnten. »Die kamen in der Regel nicht mit einem vorgefertigten politischen Begriff zu uns, sondern fanden unsere Reden auf Betriebsversammlungen spannend, fanden gut, dass wir Autoritäten desavouierten auf Versammlungen. Da waren dann plötzlich welche, die das taten, was man sich selber wünschte. Da schlossen sich einfach antiautoritäre, spontane Menschen an, die sagten, mit euch wollen wir was zu tun haben. Oft waren es welche, die auch außerhalb des Betriebes schon ein lockeres Verhältnis zur Gesellschaft aufgebaut hatten, die in einer WG wohnten, Rockmusik hörten.« Daher wäre es für den KB manchmal auch etwas schwierig gewesen, seine leninistische Konzeption von Betriebsarbeit in einem solchen Spektrum durchzusetzen. »Die Leute, die bei uns mitmachten, die wollten am liebsten ganz raus aus der Arbeit. Diese verkrusteten autoritären Gewerkschaftsstrukturen zu knacken hatten sie schon gar keine Lust.«[449]

Teewasserpolitik und Transformation

Auch in seiner betriebspolitischen Konzeption war der KB stark an Lenin orientiert. Darum sollte im Vordergrund stehen, die »konsequente« Vertretung von »Arbeiterinteressen« zum Ausgangspunkt weitergehender Politisierungsprozesse zu machen. Nach Lenin konnte die Arbeiterbewegung »aus eigener Kraft nur ein trade-unionistisches Bewusstsein« hervorbringen und musste in dem Versuch, ihre Arbeitskraft vorteilhafter zu verkaufen, notwendigerweise auf die ökonomische Sphäre beschränkt bleiben. Die Auseinandersetzung mit dem »Käufer« ihrer Arbeitskraft werde auf der Basis einer »rein kommerziellen Übereinkunft« geführt – und eben nicht in der Perspektive der Aufhebung des Warencharakters der Arbeit schlechthin. Der kommunistischen Avantgarde sollte es obliegen, das »Bewusstsein« von der Notwendigkeit eines politischen und nicht bloß »ökonomischen« Kampfes in die »spontane Arbeiterbewegung« hineinzutragen und den »nur-gewerkschaftlichen« Kampf in der Perspektive übergeordneter Ziele politisch zu transformieren. Dazu sei es erforderlich, den engen Horizont des »Ökonomismus« zu verlassen und einer dezidiert politischen, alle gesellschaftlichen Widerspruchsfelder berücksichtigenden Strategie zu folgen. »Aus dem Umstand, dass die wirtschaftlichen Interessen eine entscheidende Rolle spielen, ist keineswegs zu folgern, dass der wirtschaftliche (= gewerkschaftliche) Kampf von ausschlaggebender Bedeutung sei, denn die wesentlichen ›entscheidenden‹ Interessen der Klassen können nur durch radikale politische Umgestaltungen befriedigt werden.« Daher gelte es, so Lenin weiter, »alle möglichen Erscheinungen« von Unterdrückung und Willkür in allen gesellschaftlichen Bereichen politisch zu bearbeiten und agitatorisch aufzugreifen, »keineswegs« aber nur solche, »die mit dem ökonomischen Kampf verknüpft sind«. Die so verstandene »Organisierung *allseitiger* politischer Enthüllungen« wurde damit als »die notwendige und die wichtigste Vorbedingung für die Erziehung der Massen zur revolutionären Aktivität« begriffen.[450]

Der KB wollte sich in der Umsetzung einer solchen Norm als »konsequenter«, auf keinerlei sozialpartnerschaftliche Vorbehalte Rücksicht nehmender Vertreter von »Arbeiterinteressen« innerbetrieblich verankern, den »nur-gewerkschaftlichen« Kampf politisieren, um so schließlich von »den Arbeitern« auch als »Ratgeber für ihren längerfristigen Kampf zum Sturz der Herrschaft des Kapitals« anerkannt zu werden.[451] Zum einen ging es in der Praxis um die Lösung der alltäglichen Probleme der Fabrikbelegschaft, was mit einem Begriff Lenins als »Teewasserpolitik« bezeichnet wurde (hiermit sollte zum Ausdruck gebracht werden, dass sich die Kommunisten nicht zu schade sein dürften, selbst die banalsten Forderungen der betrieblichen Basis, wie die nach sauberem Wasser für den Pausentee, unterstützend aufzugreifen). Neben Lohn- und Tarifforderungen und dem Kampf gegen Rationalisierung, Entlassung, Kurzarbeit, Leichtlohngruppen und »Arbeitshetze« (Akkord) setzten sich die KB-Kader z. B. für die Einhaltung der Sicherheitsbestimmungen am Arbeitsplatz, billiges Kantinenessen, saubere Toiletten und beheizte Umkleideräume ein. Das Genre der »Fabrikenthüllungen«[452], d. h. das Aufzeigen betrieblicher Missstände, hatte im *AK* und in der Betriebspresse des KB einen festen Platz[453].

Zum anderen sollte kommunistische Betriebsarbeit über eine quasi »nur-gewerkschaftliche« Interessenvertretung hinausgehen, da diese zu keiner »grundsätzlichen Verbesserung« der Lage der Werktätigen beitragen könne. »Erst wenn die Arbeiterklasse die Kapitalistenherrschaft beseitigt hat, kann sie alle wirtschaftlichen und gesellschaftlichen Probleme in ihrem Interesse lösen.«[454] Die Teewasserpolitik müsse daher mit dem »Kampf um mehr Klarheit« verknüpft werden.[455] Von kleineren Erfolgen und einer gewissen Verankerung in der Betriebsarbeit ausgehend, sollten solche Fragen aufgegriffen werden, die sich der Arbeiterbewegung »durchaus noch nicht unmittelbar stellen, weil nämlich der wirtschaftliche Kampf sie nicht darauf stößt«.[456] Aus den Tages-kämpfen heraus gelte es eine politische Kritik von Staat, Bourgeoisie, bürgerli-chen Parteien und Gewerkschaftsführung im Rahmen einer dezidiert kommu-nistischen Agitation und Propaganda zu entwickeln.[457] Vornehmliche Aufgaben der Kommunisten in den Betrieben sei es, auf Basis der uneigennützigen Unter-stützung in den »Tagesfragen des Arbeiterlebens« die »politisch-ideologische Arbeit« an die erste Stelle zu setzen und auf diese Weise das »bewusste und organisierte Element in den Reihen der Arbeiter« zu verankern.[458] Ausdruck des Anspruchs, »ökonomische« Kämpfe zu politisieren, war zum einen der Ver-such, diesen eine gewerkschaftsoppositionelle Richtung zu geben und darüber hinaus die in der Praxis des KB relevanten allgemeinpolitischen Themen in die Betriebsarbeit zu integrieren. Die Mobilisierung zur Teilnahme an den Kampa-gnen der Gruppe im Bereich Antifaschismus, Internationalismus und zu den Maidemonstrationen erfolgte so auch, zum Teil sogar überwiegend, in den Fabri-ken, in denen Zellen des KB aktiv waren.

In der Praxis lavierte der KB in seiner Betriebsarbeit im Spannungsfeld zwi-schen einer »nur-gewerkschaftlichen« Ausrichtung des eigenen Kampfes und dessen ideologischer Zuspitzung. Einerseits gab es auch in einigen Betriebszel-len des KB die in der übrigen ML-Bewegung weit verbreitete Mentalität des »Hoppla, jetzt kommen wir«. So waren etwa Dutzende vor allem jugendlicher KB-Kader in die Kieler Hagenuk eingeströmt, deren betriebspolitische Arbeit jedoch innerhalb kürzester Zeit wieder zusammenbrach. Dies war nicht nur der Repression geschuldet, sondern lag primär im Auftreten der Zellen begründet. »Man konnte da nicht einfach durchfegen und die Verhältnisse ändern. Da sind massenhaft sektiererische Fehler gemacht worden.«[459] Umgekehrt war es ein Problem, wenn Betriebszellen sich auf reine Teewasserpolitik beschränkten, so dass ein transformierender Anspruch nicht mehr zu erkennen war. Das konspi-rative Auftreten der Kader erleichterte in gewisser Weise ein »Versinken« in der Tagespolitik betrieblicher Institutionen. So beschäftigte sich der Hambur-ger Chemiebereich des KB 1972 in mehreren *AK*-Artikeln mit der Politik linker Vertrauensleute der Darmstädter Firma Merck[460], die in Teilen des KB Anklang gefunden hatte, dann aber vom LG scharf kritisiert wurde. Wer eine solche »objektiv links-sozialdemokratische Betriebsarbeit« als Vorbild für die KB-Arbeit hinzustellen versuche, dem ginge es, »konsequent zu Ende gedacht«, darum, den Hamburger Bund in eine »bloße Gewerkschaftsopposition« zu verwandeln. Im Gegensatz hierzu bestehe das mittelfristige Ziel darin, »große Teile der Gewerkschaftsopposition politisch-theoretisch auf das kommunistische Niveau herauf zu entwickeln«. Statt gegenüber der Gewerkschaftsführung zu taktieren, müsse deren Politik grundsätzlich aufgedeckt werden. Unter dem Vorwurf der »Idealisierung« der bei Merck praktizierten Betriebsarbeit wurde die »Merck-Linie« im Chemiebereich des KB vom LG als »rechtsopportunistische Tendenz« verurteilt.[461]

Entrismus versus Revolutionäre Gewerkschaftsopposition

In Zusammenhang mit seinem betrieblichen Engagement stellte sich dem KB eine geradezu klassische Frage kommunistischer Politik: Wie halten wir es mit den Gewerkschaften? Die Antworten, zu denen der Hamburger Bund in seiner Praxis gelangte, waren ansatzweise schon von seinem Vorgängerzirkel KAB formuliert worden und wiederum stark leninistisch bestimmt. Der KB verfolgte in der Zielperspektive des Aufbaus einer innergewerkschaftlichen Oppositionsbewegung (»Die Gewerkschaftsführer entlarven, die Mitglieder gewinnen!«[462]) eine entristische Taktik.

In seiner Analyse der inneren Strukturierung der DGB-Gewerkschaften behauptete der KB einen Konflikt zwischen einer »trade-unionistischen Basis«, die potenziell revolutionär sei, und einer »reaktionären Führung«, die als »Agentin der Bourgeoisie« und in ihrer Verquickung mit der sozialdemokratischen Partei die Interessen ihrer Basis systematisch »verrate« und als Wegbereiter der Faschisierung fungiere. Mit einer solchen Führung könnten die Arbeiter nicht einmal im »wirtschaftlichen Tageskampf« um die Erhaltung ihres Lebensstandards bestehen, »geschweige denn einen Kampf um die Beseitigung der kapitalistischen Ausbeuterordnung, um die Macht im Staate« führen.[463]

Der KB, der die gewerkschaftliche Organisierung als »Pflicht jedes Kommunisten und fortschrittlichen Arbeiters« begriff[464], forderte seine Mitglieder und Sympathisanten zum Eintritt in die Gewerkschaften auf. In seiner Begründung argumentierte der Bund strikt leninistisch: Nur in der Beteiligung der Kommunisten an den »reaktionären Gewerkschaften« könne es revolutionärer Politik möglich sein, auf das hier organisierte Massenpotenzial Einfluss zu nehmen.[465] In Reaktion auf die Ausschlusspolitik des DGB gegenüber den K-Gruppen (»Unvereinbarkeitsbeschlüsse« seit 1973) forderte der KB seine Mitglieder dazu auf, »unbedingt in der Gewerkschaft zu bleiben und in ihr klassenbewusste Arbeit zu leisten«. Die Unterschrift unter ein Revers, wie es die

Einzelgewerkschaften ihren Mitgliedern bei der Vermutung einer Zugehörigkeit zu einer »extremistischen Gruppe« vorlegten, sei nicht »grundsätzlich abzulehnen, wenn unseren Kollegen klar ist, dass wir damit nicht unseren politischen Überzeugungen abschwören«, sondern auf diese Weise nur alles getan werde, um weiterhin gewerkschaftlich aktiv bleiben zu können.[466]

Der Ansatz, mittels Entrismus und Fraktionsbildung innerhalb der Gewerkschaften zu operieren, wurde im Grunde von allen anderen K-Gruppen geteilt. Die Gewerkschaftsspaltung wurde nicht als politische Tagesaufgabe angesehen, die Errungenschaft der Einheitsgewerkschaft zumeist betont. KPD/ML und KPD verfolgten eine solche Konzeption allerdings zeitweilig unter der Parole der Revolutionären Gewerkschaftsopposition (RGO) bzw. der Revolutionären Gewerkschaftsbewegung (RGB) und setzten sich damit dem Missverständnis aus, es ginge ihnen aktuell um die Gründung eigener, »roter« Gewerkschaften, d. h. um eine kleinformatige Kopie des »ultralinken ›Gewerkschaftsradikalismus‹« der Weimarer KPD, wie ihn diese 1924 und zwischen 1928 und 1933 praktiziert hatte (Flechtheim 1976, 209).

Der vom KB vertretene Entrismus zielte auf die Radikalisierung der gewerkschaftlichen Basis, um deren Führung von ihrem sozialpartnerschaftlichen Kurs der »Klassenversöhnung« abzubringen und die Gewerkschaften »wieder« zu »Kampforganisationen der Arbeiterklasse« zu machen (so auch die zentrale Parole des Bundes in diesem Bereich).[467] Der damalige Vorsitzende des Hamburger Landesverbandes und spätere Bundesvorsitzende der GEW, Dieter Wunder, bescheinigte dem KB in seiner betriebspolitischen Arbeit, verglichen mit den Verlautbarungen anderer kommunistischer Organisationen der Neuen Linken, eine »relativ realitätsbezogene differenzierte Argumentation, bei zugleich scharfer Wertung«.[468]

Der KB bemühte sich um die Besetzung von gewerkschaftlichen und betrieblichen Positionen, die per Votum der Belegschaften legitimiert waren (Vertrauensleutekörper, Betriebsräte). Die Übernahme von Funktionen im weiteren gewerkschaftlichen Apparat wurde nicht angestrebt. Innerhalb der Betriebsarbeit bestehende Tendenzen, »sich zu sehr auf gewerkschaftliche Gremien zu fixieren« und deren »wirkliche Bedeutung« zu überschätzen, wurden von der Leitung des KB kritisiert. »In den Jugendgremien des DGB Posten zu ergattern wäre auch für uns nicht schwer. Isoliert von der Basis und dem ständigen Druck der Gewerkschaftssekretäre ausgesetzt, kann man jedoch in diesen Gremien zunächst einmal nur mit fliegenden Fahnen untergehen oder der Gewerkschaftsführung brav und gründlich den müden Kleinkram abnehmen, ohne einen Schritt voranzukommen. Deshalb haben wir selbst es schon 1971 [also noch zu Zeiten des SALZ] bewusst aufgegeben, in den Hamburger Jugendgremien systematisch zu arbeiten und uns vorläufig daraus zurückgezogen.«[469]

KB-Aktivisten bemühten sich, bei Betriebsratswahlen auf den gewerkschaftlichen Einheitslisten zu kandidieren, ohne ihre Gruppenzugehörigkeit offen zu legen. Verhinderte die Gewerkschaft eine Bewerbung auf ihrer Liste oder trat selbst nicht an, kam es teilweise zur Gründung oppositioneller Listen, die allerdings nicht als »revolutionär«, »kommunistisch« oder »rot«, sondern als »demokratisch«, »konsequent« oder »alternativ« gekennzeichnet waren, was konspirativen wie auch bündnispolitischen Überlegungen Rechnung tragen sollte.[470] Eine oppositionelle Kandidatur sollte »ernsthaft« überhaupt nur dort erwogen werden, wo die »Gewerkschaftsführer« die »Vertreter einer konsequenten gewerkschaftlichen Klassenpolitik« aus dem Verband ausgeschlossen bzw. diese durch »undemokratische Machenschaften (Zensur der gewerkschaftlichen Kandidatenlisten in den örtlichen Gewerkschaftszentralen oder Mauscheleien in der SPD-Betriebsorganisation)« von einer Kandidatur auf aussichtsreichen Listenplätzen abgehalten hätten. Die Entscheidung, auf einer oppositionellen Liste anzutreten, sei aber nur dann zu treffen, wenn eine »reale Erfolgsaussicht« bei den Betriebsratswahlen für die »fortschrittlichen linken Kräfte« gegeben sei.[471]

Bei den ersten Betriebsratswahlen, zu denen KB-Mitglieder und -Sympathisanten antraten, wurden 1972 etwa 30 von ihnen gewählt; beim nächsten Votum, 1975, waren es schon 100.[472] Damit erzielte der Bund in Hamburg ein weitaus höheres Ergebnis als alle anderen K-Gruppen zusammengenommen in der ganzen Bundesrepublik (diese kamen auf etwa 20 Sitze[473]). In mehreren Betrieben konnten vom KB dominierte »Oppositionslisten« zwischen 30 und 40 Prozent der »Arbeiterstimmen« gewinnen.[474] »Diese Ergebnisse zeigen, dass auch heute schon ein gutes Drittel der Wahlstimmen in Groß- und Mittelbetrieben für klassenbewusste und linke Kandidaten erzielbar ist. Voraussetzung dafür scheint uns ein konsequentes – an den unmittelbaren Interessen der Kollegen orientiertes – Auftreten (und Programm) der linken Kandidaten ebenso zu sein wie ihre langjährige Erprobung in den täglichen betrieblichen Auseinandersetzungen (bei der Mehrheit der linken Wahlkandidaten handelt es sich um im Betrieb gut bekannte aktive Vertrauensleute und Gewerkschaftsaktivisten).«[475]

Die Fraktionsarbeit innerhalb der Gewerkschaften sollte dazu dienen, zu »wirklichen Schrittmachern« der sich »entwickelnden Gewerkschaftsopposition« zu werden. Der Aufbau einer organisatorischen Alternative zu den bestehenden Gewerkschaften in Form einer RGO oder ähnlicher historischer Modelle sollte hierbei allerdings, zumindest zum damaligen Zeitpunkt, ausgeschlossen sein. Vor dem Hintergrund der Schwäche der in den Betrieben operierenden ML-Kräfte erwartete man sich von einer solchen Politik nur eine weitere »Isolierung«.[476] Strategisch ging der KB – in Abweichung von Lenins Norm – aber durchaus davon aus, dass der gewerkschaftliche Apparat nicht erobert und transformiert werden könne (wie etwa der KBW argumentierte), sondern zerschlagen und durch »revolutionäre« Institutionen ersetzt werden müsse. »Selbst wenn die Kommunisten in den Gewerkschaften die Mehrheit der Mitglieder gewonnen haben werden«, würden »die von der Bourgeoisie gekauften Gewerkschaftsführer lieber die Gewerkschaft spalten, als dass sie den Willen der Mitglieder respektieren«. In seiner tagespolitischen Praxis verzichtete der KB allerdings auf die Propagierung von RGO-Parolen, da diese »nicht dem Bewusstsein der gewerkschaftlich organisierten Arbeiter und dem innergewerkschaftlichen Differenzierungsprozess« entsprächen.[477]

Selbst Kader der Betriebsgruppe des KB bei der Reichhold-Albert-Chemie (später Teil der Hoechst AG), die zuvor von der IG Chemie-Papier-Keramik ausgeschlossen worden waren, argumentierten »auf dem gegebenen Stand des Klassenkampfes« gegen den Aufbau einer »Gegen-Gewerkschaft«. Die Gewerkschaftsausschlüsse hätten auf die Ausschaltung von »Klassenkampf« gezielt; betroffen seien diejenigen gewesen, »die sich am meisten für die Interessen ihrer Kollegen ins Zeug gelegt haben«. Plädiert wurde angesichts dieser Situation für den Aufbau von »Gruppen ausgeschlossener und ausgetretener Gewerkschaftsmitglieder« auf betrieblicher Ebene, »mit regelmäßiger politischer Diskussion, aktiver Betriebsarbeit, eigenem Kampffonds«. Ziel solcher Gruppen müsste es sein, »für ihre Wiederaufnahme – ohne Opportunismus und Versöhnlertum – in die Gewerkschaften zu kämpfen«.[478] Im Mai 1974 wurde in Hamburg unter aktiver Beteiligung der Betriebsgruppe des KB bei der Reichhold-Albert-Chemie der Verband ehemaliger Gewerkschafter (VeG) gegründet, der sich gemäß diesen Zielen nicht als RGO, sondern als »Schutzorganisation« für diejenigen verstand, die vom »Ausschlussterror« betroffen waren.[479]

Repression

Die Betriebs- und Gewerkschaftsarbeit des KB (und anderer K-Gruppen) war Gegenstand vielfältiger Sanktionen der Unternehmensleitungen, der Betriebsräte und Gewerkschaften. Die einzelnen Institutionen im Betrieb arbeiteten hierbei teilweise eng zusammen. Während die Geschäftsleitung der Betriebe die so genannten »Chaoten« wegen »Störung des Betriebsfriedens« abmahnte, sie beurlaubte oder ihnen fristlos kündigte, schloss die Gewerkschaft die Betroffenen parallel dazu aus ihren Reihen aus und entzog ihnen damit jeglichen Rechtsschutz. Waren die Delinquenten zuvor gewählte Mitglieder des Betriebsrats und standen somit unter einem besonderen Kündigungsvorbehalt, so leistete auch dieses Gremium oftmals seinen Beitrag. Entweder wurden die »Wirrköpfe«, etwa unter der Behauptung eines Verstoßes gegen das Gebot der »vertrauensvollen Zusammenarbeit« (§ 2 BetrVG), aus dem Betriebsrat geworfen, oder dieser löste sich, wenn alles nichts mehr half, wegen »Verletzung gesetzlicher Pflichten« (§ 23 BetrVG) ganz einfach selbst auf und schrieb Neuwahlen aus. Eine Zusammenarbeit der Betriebe und der Gewerkschaften mit dem Verfassungsschutz, wie damals von linker Seite vermutet, ist als wahrscheinlich anzusehen, die Existenz »schwarzer Listen«, mit denen Geschäftsleitungen dafür sorgten, dass die »Extremisten« auch in anderen Firmen keine Anstellung mehr fanden, ebenfalls. Fälle, in denen der Ausschluss aus der GEW einem staatlich ausgesprochenen Berufsverbot vorausging oder diesem folgte, sind jedenfalls belegt.[480]

Die Gewerkschaften verfügten im Vorfeld eines Ausschlusses über eine ganze Reihe von Sanktionsmitteln, die sie im Kampf gegen die »Gewerkschaftsfeinde« in den eigenen Reihen anwendeten. Diese reichten von Funktionsverboten gegenüber einzelnen Gewerkschaftsmitgliedern bis hin zur Auflösung ganzer gewerkschaftlicher Gremien (Vertrauensleutekörper, Jugendausschüsse). Darüber hinaus legten einige Einzelgewerkschaften ihren Mitgliedern die bereits erwähnten Reverse vor, in denen sie zu versichern hatten, dass sie weder Mitglied noch Sympathisant einer »linksextremistischen« Gruppe sind. Insbesondere die IG Chemie-Papier-Keramik, die IG Druck und Papier und die GEW gaben zudem zahlreiche Broschüren und Flugblätter heraus, in denen die ML-Kader als »anarchistisch-linksfaschistische Sektierer«, »linksradikale Chaoten«, »unbelehrbare und fanatische Wirrköpfe« oder »faschistoide und bösartige Spinner« beschimpft wurden.[481]

Die schärfste Waffe im Arsenal der Gewerkschaften, der Ausschluss, geht auf einen Beschluss des DGB-Bundesvorstandes vom 1. Oktober 1973 zurück, in dem die »Tätigkeit« für »linksextreme Parteien, Vereinigungen oder Gruppierungen« oder deren »Unterstützung« für unvereinbar mit der Mitgliedschaft in einer DGB-Gewerkschaft erklärt worden war. Zu diesen »linksextremen Organisationen«, denen vorgeworfen wurde, eine »gewerkschaftsfeindliche Aktivität« zu entfalten, zählte der DGB explizit die KPD, die KPD/ML und die von ihnen gegründete RGO, die Arbeiter-Basis-Gruppen sowie »die anderen Gruppierungen mit gleichen oder ähnlichen Zielen«. Am 20. Juli 1974 erweiterte der DGB-Bundesvorstand diesen Beschluss, in dem nun auch der KBW zu den genannten gewerkschaftsfeindlichen Organisationen zählte. Der Hamburger KB wurde zwar nicht namentlich erwähnt, war aber natürlich in diese Abgrenzung einbezogen.[482] DKP und SEW waren in diesem Zusammenhang »bewusst nicht« als gegnerische Organisationen eingestuft worden (Sachse 1985, 67 u. 195-202). Alle Mitgliedsgewerkschaften des DGB erkannten in der Folge die Unvereinbarkeitsbeschlüsse als bindend an.[483] Lediglich in der GEW führte die Übernahme des Dekretes zu schweren internen Auseinandersetzungen, wobei sich insbesondere im Hamburger und im Berliner Landesverband Widerstand formierte (vgl. Sachse 1985, 68-70). In Berlin kam es im Zuge der Auseinandersetzungen im September 1976 sogar zur Suspendierung eines ganzen Landesverbandes mit seinen etwa 13.000 Mitgliedern, als diese sich mehrheitlich geweigert hatten, einem vom Bundesvorstand der GEW gestellten Ultimatum Folge zu leisten und die Unvereinbarkeitsbeschlüsse, die seit der außerordentlichen Vertreterversammlung der GEW im März 1975 in Köln in der Bundessatzung der Gewerkschaft festgeschrieben waren, zu akzeptieren. Bereits zum Januar 1977 war ein neuer, loyaler Berliner Landesverband der GEW konstituiert.

Bei genauerer Betrachtung der Unvereinbarkeitsbeschlüsse fällt auf, dass sie in ihren Bestimmungen äußerst unscharf gehalten waren. Nicht die Mitgliedschaft in einer als gegnerisch eingestuften Organisation sollte sanktioniert werden, sondern die »Tätigkeit« für eine solche Gruppe oder deren »Unterstützung«. Der Nachweis der Mitgliedschaft war von den DGB-Gewerkschaften tatsächlich nur schwer zu führen, da die Aktivisten der K-Gruppen in ihrer Betriebs- und Gewerkschaftsarbeit zum überwiegenden Teil klandestin operierten (Kader der KPD/ML und der Westberliner KPD traten zum Teil offener auf und waren daher leichter zu isolieren). So beklagte sich der Sekretär der Hamburger IG Chemie-Papier-Keramik, Freiherr von Kodolitsch, dass die »anonymen Mitglieder des so genannten ›Kommunistischen Bundes‹ nicht zur Verantwortung gezogen« werden könnten, »da sie alle Eide schwören, nicht dazuzugehören«.[484] Die auf der Basis der Unvereinbarkeitsbeschlüsse forcierte Ausschlusspraxis richtete sich einerseits gegen Personen, die auf direkte Weise mit einer der als »gewerkschaftsfeindlich« eingestuften Gruppen in Verbindung gebracht werden konnten. Kader, die etwa bei Wahlen zu parlamentarischen oder akademischen Körperschaften namentlich für eine der K-Gruppen oder bei Betriebsratswahlen auf eigenen »roten« Listen kandidiert hatten, waren für die Gewerkschaften leicht zu identifizieren. Andererseits waren Personen betroffen, die sich allein durch ein engagiertes und gewerkschaftskritisches Verhalten »verdächtig« gemacht hatten, denen aber die Unterstützung einer »linksextremen Partei, Vereinigung oder Gruppierung« im Sinne des DGB-Dekretes konkret nicht nachzuweisen war. In diesen Fällen wurde einfach eine Sympathisantenschaft unterstellt (teilweise als Folge von Denunziation). Der Vorwurf der »Gewerkschaftsfeindlichkeit« galt damit als gerechtfertigt, der Ausschluss konnte vollzogen werden. Der DGB-Beschluss bot so gerade in seiner Diffusität die Möglichkeit zur Bekämpfung *jeglicher* innergewerkschaftlichen Opposition.

Die zum Zweck des Gewerkschaftsausschlusses angestrengten Verfahren waren in höchstem Maße undemokratisch. Die Entscheidungskompetenz darüber, wo die legitime Kritik der Mitglieder an der Ausrichtung und der Arbeitsweise ihrer Organisation zu enden hatte und »gewerkschaftsfeindliche« Aktivität begann, lag bezeichnenderweise bei den Hauptvorständen der Einzelgewerkschaften. Die GEW hatte 1975 eigens eine Satzungsänderung vorgenommen, um die Dezisionsmacht im Falle eines »Verstoßes gegen die Unvereinbarkeitsbeschlüsse« von den zuvor zuständigen autonomen Schiedskommissionen der Landesverbände auf den Hauptvorstand im Bund zu verlagern (während diese für alle anderen »Ausschlusstatbestände« zuständig blieben).[485] Eine Anhörung der Delinquenten war jetzt nicht mehr vorgesehen. Satzungsgemäß wurde der »Ausschluss ohne Verfahren« praktiziert. Die Betroffenen wurden aufgefordert, binnen einer zumeist 14-tägigen Frist schriftlich zu versichern, dass sie die Abgrenzungsbeschlüsse vorbehaltlos respektieren und die Unterstützung der »linksextremen« Gruppe, die ihnen vorgehalten wurde, einstellen würden. Wenn diese »Loyalitätserklärung« nicht fristgerecht beim Hauptvorstand der GEW einging, so war das Urteil gefällt (Sachse 1985, 56). Eine solche Verfahrensweise war auch bei »schwer wiegenden Verstößen gegen die Verbandsdisziplin« (dazu zählten die in den Unvereinbarkeitsbeschlüssen genannten »Tatbestände«) in den Satzungen anderer Einzelgewerkschaften vorgesehen. Eine besondere Rolle spielte der »Ausschluss ohne Verfahren« in der Praxis der GEW zwischen 1975 und seiner Abschaffung 1980 und der IG Metall (vgl. Sachse 1985, 57f). Die IG Chemie-Papier-Keramik, die IG Druck und Papier und die ÖTV sahen im Falle eines »Verstoßes gegen die Unvereinbarkeitsbeschlüsse« zumindest die mündliche oder schriftliche Anhörung der Betroffenen vor, was allerdings in der Praxis nicht ins Gewicht fiel, da die Entscheidungsgewalt auch hier bei den Hauptvorständen lag. So schloss z. B. das Führungsgremium der ÖTV auf einer einzigen Sitzung im Juni 1975 insgesamt 129 Mitglieder aus, denen eine Kandidatur zu Landtags- bzw. Abgeordnetenhauswahlen zugunsten »linksextremistischer« Gruppen (KPD/ML, KPD, KBW) zur Last gelegt worden war.[486]

Das ganze quantitative Ausmaß der gewerkschaftlichen Ausschlusspraxis in den 70er Jahren ist nur schwer zu ermitteln. In der bislang umfassendsten empirischen Studie (vgl. Sachse 1985), die gleichwohl lückenhaft ist, sind im Zeitraum 1971 bis 1975/80 insgesamt 1.674 Ausschlüsse aus den Gewerkschaften bilanziert, davon 813 in Anwendung der Unvereinbarkeitsbeschlüsse. Wird die Gesamtzahl der Ausschlüsse zu den Mitgliedern der Einzelgewerkschaften ins Verhältnis gesetzt, so nimmt die mitgliederschwache GEW die »Spitzenposition« ein – ein Beleg dafür, dass die GEW von den »Nachwirkungen« der 68er-Bewegung in besonderer Weise betroffen war (Sachse 1985, 88).

Da die »heiße« Ausschlussphase in den 70er Jahren, insbesondere was die wichtigsten gewerkschaftlichen Bezugsorganisationen der ML-Gruppen angeht, empirisch relativ gut dokumentiert ist[487], darf davon ausgegangen werden, dass der Verweis der K-Gruppen auf »die Massenausschlüsse« vor allem agitatorischen Zwecken diente. Letztlich kann festgehalten werden, dass es sich bei den innergewerkschaftlichen Auseinandersetzungen der 70er Jahre weder um einen Konflikt »Kommunismus« versus »freier Westen« gehandelt hat (wie Teile des Gewerkschaftsapparats behaupten) noch um das Aufbrechen eines Widerspruchs zwischen gewerkschaftlichen Massen und ihrer Führung (wie die kommunistischen Gruppen der Neuen Linken meinten). Tatsächlich erklärt sich die Resonanz, die die so genannten »Chaoten« in einigen Betrieben unter Teilen der Belegschaft erzielten (diese wurden ja in demokratischen Verfahren in Betriebsräte und Vertrauensleutekörper gewählt), wie auch die Vehemenz der gewerkschaftlichen Ausschlusspraxis nur vor dem Hintergrund eines mit der Streikbewegung von 1969 erneut innerhalb der Gewerkschaften selbst aufbrechenden Konfliktes zwischen zwei unterschiedlichen Interpretationen der gewerkschaftlichen Rolle: Das hegemoniale Modell einer »sozialpartnerschaftlich-integrationistischen Gewerkschaftspolitik« (Deppe 1979, 220) wurde mit der Konzeption einer »autonomen, gewerkschaftlichen Klassenpolitik gegenüber Staat (damit auch gegenüber der SPD) und Kapital« (ders. 1989, 676f) konfrontiert.[488] Diese Konfliktlage war der Resonanzboden für das teilweise durchaus erfolgreiche innerbetriebliche und innergewerkschaftliche Operieren der Betriebsgruppen der Neuen Linken.

So gesehen waren die Ausschlüsse trotz ihres eher geringen quantitativen Ausmaßes alles andere als unwichtig – und hätten in der »Geschichte der deutschen Gewerkschaftsbewegung« mehr als eine Fußnote verdient (vgl. Deppe u. a. 1989, 604). Auf der Basis der Unvereinbarkeitsbeschlüsse, so heißt es hier, seien »Mitglieder von (überwiegend) maoistischen Organisationen« ausgeschlossen worden, wobei für diese Gruppen kennzeichnend gewesen sei, dass sie in der »Terminologie der KPD-Propaganda zwischen 1929 und 1932 zum Kampf gegen ›Bonzen‹ und ›Revisionisten‹ (hier vor allem die DKP)« aufgerufen hätten. Abgesehen davon, dass eine solche Analyse den konzeptionellen und programmatischen Differenzen im »maoistischen« Lager nicht gerecht wird, ist damit über die Funktion der DGB-Beschlüsse im innergewerkschaftlichen Richtungsstreit noch gar nichts ausgesagt. Diese wendeten sich in einer Vielzahl der Fälle eben gerade nicht gegen die ultralinken Propagandisten, die ohnehin isoliert und daher leicht aus Gewerkschaften und Betrieben hinauszudrängen waren. Sie trafen vorwiegend junge Gewerkschaftsmitglieder, die, wenn sie sich überhaupt einer K-Gruppe zurechneten, allein dadurch »auffällig« wurden, dass sie sich dort, wo die etablierten Kräfte in Betriebsrat und Gewerkschaftsgremien nur noch als Vollzugsorgane sozialpartnerschaftlicher Regulierung agierten, tatsächlich als die entschiedeneren Vertreter von »Arbeiterinteressen« erwiesen. Die gewerkschaftliche Sanktions- und Ausschlusspraxis wäre dann als *ein* Mittel des innergewerkschaftlichen Rollbacks weg von der Autonomiekonzeption hin zu einem eher sozialpartnerschaftlichen Verständnis von Gewerkschaft zu interpretieren, welches sich im Übergang von den 70er zu den 80er Jahren vollzog.

Mobilisierungen

Die jährlich in Abgrenzung zu den Aktivitäten des DGB durchgeführten Demonstrationen zum 1. Mai waren immer wieder die Großkampftage des vom KB vertretenen gewerkschaftsoppositionellen Ansatzes. Als Aufruf fungierte dabei die vom LG erstellte und von weiten Teilen der Organisation debattierte »Maiplattform«, mit der aus kommunistischer Sicht über das »aktuelle politische Geschehen hinaus eine Einschätzung der Klassenkampfentwicklung (national wie international) gegeben und die kurz- und längerfristigen Aufgaben und Ziele« der eigenen Politik erläutert wurden.[489]

Während der KB in den ersten Jahren nach der Gründung zu eigenen 1.-Mai-Demonstrationen aufgerufen hatte (1974 hatte er sich in Kooperation mit der KPD am Aufmarsch der Gewerkschaftsjugend beteiligt), gelang es ihm 1975, seine Mobilisierung auf eine breitere Grundlage zu stellen. Den Rahmen hierfür bildete die erwähnte »Aktionseinheit gegen die reaktionäre Jugend- und Bildungspolitik des Hamburger Senats« (AE), die vom KB dominiert wurde. Im Vorfeld des 1. Mai hatte sich das Bündnis auf einer von 2.000 Menschen besuchten Veranstaltung im Hamburger Audimax zum Thema »Kampf um die Gewerkschaften« für eine möglichst starke und breite Demonstration am 1. Mai eingesetzt und diese »zum Sammelpunkt und konzentrierten Ausdruck aller Kämpfe gegen die kapitalistische Krise« erklärt.[490] Schließlich beteiligten sich 25.000 Menschen, »zumeist Jugendliche«, an der Hamburger Demonstration, zu der der Kreisjugendausschuss des DGB, verschiedene Einzelgewerkschaften sowie zahlreiche linke politische Organisationen und nicht zuletzt die Aktionseinheit aufgerufen hatten.[491] Die Hamburger Maidemonstration zählte zu den größten, die an diesem Tage in der Bundesrepublik stattfanden (auf der zentralen Kundgebung des DGB in Gelsenkirchen versammelten sich nur 10.000). Zudem war sie die einzige der größeren Maiveranstaltungen, »auf der nicht die SPD und die Revisionisten von DKP & Co. die dominierende Rolle spielten, sondern die revolutionären und radikaldemokratischen Kräfte«.[492] Beherrscht wurde die Demonstration von den Parolen und Spruchbändern der Gruppen der Aktionseinheit (»Gegen die Angriffe der Kapitalisten auf die Lebensbedingungen der Werktätigen – Kampf der arbeiterfeindlichen Krisen- und Sparpolitik!«).[493] Die vom Hamburger DGB in großer Menge zur Verfügung gestellten Transparente mit ihm »genehmen Parolen« wollte dagegen »keiner mit sich schleppen«, so dass sie schließlich »per Lkw wieder ins DGB-Haus geschafft werden mussten«. Auf der Abschlusskundgebung versuchten Eugen Loderer (Vorsitzender der IG Metall) und Hans Apel (Bundesfinanzminister), sich »bei Wahrung eines Sicherheitsabstands zu den Demonstranten von über 100 Metern« vergeblich Gehör zu verschaffen. »Ihre Reden gingen in den Sprechchören und Protesten der Massen unter.«[494]

Höhepunkt des betriebspolitischen Engagements des KB war darüber hinaus eine Großveranstaltung in den Hamburger Messehallen am 6. Dezember 1975, die unter dem Motto »Gegen kapitalistische Krisenpolitik – die Einheit verstärken« stattfand und maßgeblich vom KB (wenn auch verdeckt) organisiert worden war.[495] Dem Aufruf betrieblicher und gewerkschaftlicher Funktionsträger waren schließlich über 3.000 Personen gefolgt.[496] Die hohe Teilnehmerzahl erklärt sich vor allem aus der starken Mobilisierung direkt in den Betrieben.[497] Die Begrüßungsworte sprach der Betriebsratsvorsitzende der Hamburger Aluminiumhütte Reynolds, der insbesondere die in Medien wie der *Morgenpost* vorgetragene »Hetzkampagne« der »DGB-Führer« im Vorfeld der Veranstaltung aufgriff. Zu dem Vorwurf, es gäbe »Drahtzieher« im Hintergrund, die in »kommunistischen Gruppen« zu suchen seien und »gewerkschaftsfeindliche« Ziele verfolgten, merkte er an, »dass wir die veranstaltenden Belegschaftsvertreter nicht nach parteipolitischen Gesichtspunkten ausgesucht haben, sondern für uns nur eine Frage von Interesse war: Engagieren sie sich für die Sache der Arbeiter und Angestellten oder nicht«. Das zentrale Referat hielt Rainer Trampert. Er plädierte hier für eine Praxis, in der die »konsequente« Vertretung der Interessen der Kollegenschaft die Grundlage der eigenen Tätigkeit bildet. Als Kontrahenten eines solchen Ansatzes wurden »Gewerkschaftsführer und mehr oder weniger rechts stehende Betriebsräte« ausgemacht, die in ihrer »sozialpartnerschaftlichen« Ausrichtung als willfährige Instrumente der Unternehmensleitungen fungierten. Nur in Opposition zu diesen Akteuren seien »Arbeiterinteressen« auf Dauer wirksam zu vertreten. In einer linken Betriebsarbeit müssten zwei Fehler vermieden werden. Zum einen die »Abschwächung oppositioneller Politik, bis hin zum Verzicht auf eine solche« und zum anderen deren »klassenkämpferische« Zuspitzung: Es könne nicht darum gehen, »jetzt drei Schritte auf einmal tun zu wollen und neue Organisationsformen zu propagieren, die dem Entwicklungsstand der innergewerkschaftlichen Auseinandersetzung überhaupt nicht entsprechen«. Die eigene Praxis sollte ja gerade in den institutionalisierten Vertretungsorganen abhängig Beschäftigter (Betriebsräte, Gewerkschaften) ihre Wirkung entfalten. Auch Trampert schloss mit der KB-Parole »Machen wir die Gewerkschaften wieder zu Kampforganisationen der Arbeiterklasse!«[498]

Die Hamburger Großveranstaltung war Manifestation eines entristisch operierenden Ansatzes »oppositioneller« Betriebs- und Gewerkschaftsarbeit. Insofern die Versammlung vom KB in einem großem Kraftakt organisiert worden war, deutete sich hier bereits an, dass das Potenzial auf dem innerbetrieblichen Mobilisierungsfeld nahezu ausgereizt war und eine weitere Ausdehnung der eigenen Ansätze fraglich schien, zumal auch die Repression ihre Wirkung gezeigt hatte. Die Betriebsräteveranstaltung des KB markiert, so gesehen, den Zenit seiner Arbeiterpolitik.

Scheitern des betriebspolitischen Ansatzes

Mitte der 70er Jahre existierten innerhalb des KB in der betriebspolitischen Praxis zwei höchst unterschiedliche Erfahrungen. Erstens waren schon bald nach der organisierten Aufnahme der Betriebsarbeit die ersten Ansätze der Gruppe wieder sang- und klanglos zusammengebrochen. Teilweise war dies die unmittelbare Folge antiautoritärer Disziplinlosigkeit oder sektiererischer Fehler der Kader, teilweise das Ergebnis von Verfolgung und Sanktionen. Zwischen 1972 und 1975 war die Organisation mit einer »Repressionswelle« konfrontiert, in deren Verlauf etwa einem Drittel der Mitglieder ihrer Betriebsgruppen der Arbeitsplatz gekündigt worden war. Fast die Hälfte ihrer betrieblich organisierten Aktivisten war aus den Gewerkschaften ausgeschlossen worden. Noch negativer gestaltete sich die Situation in den anderen KB-Ortsgruppen, deren Kader bis Ende 1975 nahezu vollständig aus Betrieben und Gewerkschaften hinausgedrängt worden waren.[499]

Zweitens gab es innerhalb der Betriebsorganisation des Hamburger KB aber auch die Erfahrung der Etablierung und des Erfolgs. Wer die erste Repressionswelle überstanden hatte, blieb in der Betriebsarbeit aktiv – teilweise bis heute. Zu belegen ist das etwa an einer steigenden Zahl von Mandaten gewerkschaftsoppositioneller Bündnislisten im KB-Umfeld in den Betriebsratswahlen zwischen 1975 und 1978. Kader, die zuvor aus den Gewerkschaften ausgeschlossen worden waren, wurden nicht selten in der zweiten Hälfte der 70er und zu Beginn der 80er Jahre von diesen wieder aufgenommen (die gewerkschaftlichen Unvereinbarkeitsbeschlüsse wurden allerdings bis heute nicht formell aufgehoben).

Auch diese Entwicklung markiert, genau betrachtet, allerdings eine Erfahrung des Scheiterns. Wo sich Kader in einer betrieblichen Basis verankern konnten, gelang dies, weil sie als »unerschrockene, unerschütterliche Interessenvertreter« agierten, die auch die Auseinandersetzung mit den Sozialpartnern nicht scheuten – und nicht, weil sie Kommunisten waren. Aus der Praxis einer so verstandenen Interessenvertretung ergab sich zwar auch zumeist eine »gewisse Ansprechbarkeit« von Teilen der Belegschaft für politische Positionen, wie sie außerhalb der Betriebe vom KB vertreten wurden, was aber nicht mit dem Erreichen des selbst gesetzten Ziels, »große Teile der Gewerkschaftsopposition auf das kommunistische Niveau zu entwickeln«, gleichgesetzt werden kann. Hier waren Illusionen in der Wirklichkeit gerade gerückt worden: Die Septemberstreiks in der Bundesrepublik 1969 und die relativ großen Ausstände zu Beginn der 70er Jahre wie auch die Entwicklung in anderen westeuropäischen Staaten (Pariser Mai 1968, italienischer Herbst 1969) hatten innerhalb der radikalen Linken Hoffnungen auf einen strategischen Aufbruch des Proletariats geweckt, die sich in den folgenden Jahren als falsch erwiesen. Folge dieses

Fehlschlusses war eine weit verbreitete Unterschätzung der hegemonialen Stärke des gewerkschaftlichen Korporatismus. Die Anbiederung an die behaupteten »Tagesinteressen« einer potenziellen betrieblichen Basis, wie sie der KB im Zusammenhang seiner Teewasserpolitik verfolgte, hatte, so die selbstkritische Bilanz von Rainer Trampert heute, immer auch etwas »Plumpes und Antiaufklärerisches«, weil die Masse des Proletariats »im Bewusstsein ja nicht auf unserer Seite war, sondern durchaus das, was wir entlarven wollten, nämlich die Politik der Gewerkschaftsführung, akzeptiert hat«. Das war tatsächlich der »Trugschluss« im betriebspolitischen Ansatz des KB. »Wir haben die Gewerkschaftsführung kritisiert wegen ihrer Politik, haben dabei aber übersehen, dass zugleich hinter der Kritik eine Masse des Proletariats stehen muss. Das wurde ausgeblendet durch diese akrobatische Trennung: hier Gewerkschaftsführung, da Basis.«

Während die innerbetriebliche Praxis des KB an ihre Grenzen gestoßen war und die Vorstellung vom Proletariat als »revolutionärem Subjekt« als fragwürdig angesehen wurde, blieb der KB von der Dynamik der Mitte der 70er Jahre entstehenden neuen sozialen Bewegungen nicht unberührt. Der Hamburger Bund war nämlich stets »opportunistisch« genug, sich gerade dort um Einflussnahme und Verankerung antikapitalistischer Essentials zu bemühen, wo faktisch oppositionelles Handeln stattfand (und nicht, wo dies gemäß normativer Vorgaben hätte der Fall sein sollen), selbst wenn sich die neuen Bewegungen zunächst als ideologisch diffus und keineswegs »revolutionär« darstellten. Während die gewerkschaftsoppositionelle Arbeit Mitte der 70er Jahre eine solche Perspektive nicht mehr zu bieten schien, war von der Anti-AKW-Bewegung, die in der Bundesrepublik erstmals in Wyhl 1973/74 auf den Plan getreten war, wie auch der Frauenbewegung zu antizipieren, dass sie Massenbewegungen werden würden. Die Umorientierung des KB weg vom Proletariat und den Zentren der Produktion (»Fabrikarbeit«) hin auf Bewegungen, die sich mit Fragen der Reproduktion beschäftigten, vollzog sich *nicht* als strategischer Politikwechsel. Zum Zeitpunkt, da die Arbeit auf dem betriebspolitischen Feld ausgereizt war, ist das »eher mit den Füßen entschieden« worden. Die Wendung dahin, »wo heute was los ist«, bot kaum Konfliktstoff zwischen der Basis des Bundes und seiner Leitung, sondern wurde von der gesamten Organisation nahezu einhellig vollzogen.[500] An der Demonstration in Brokdorf im Oktober 1976 hatte sich der KB aufgrund seiner inhaltlichen Differenzen zur Bewegung nicht beteiligt. Als jedoch abzusehen war, dass sich hier ein gesellschaftspolitischer Konflikt von großer Tragweite zu entwickeln begann, wandelte sich der KB »über Nacht zum 150-prozentigen AKW-Gegner« – und strömte organisiert in die Bewegung ein.[501] Der »Abschied vom Proletariat« vollzog sich höchst unausgesprochen. Die Betriebsarbeit spielte in den folgenden Jahren nur noch eine untergeordnete Rolle.

1 Statut des Kommunistischen Bundes, a. a. O., S. 2.

2 Zielübungen. Kapitalisten schießen sich auf kommunistische Gruppen ein. In: AK, Hamburg, 2. Jg. (1972), Nr. 19, S. 19.

3 Vgl. Programm des Arbeiterbundes für den Wiederaufbau der KPD. Hrsg. vom ZK des AB. München 1974; Vorwärts zum Sozialismus! Grundsatzerklärung des Kommunistischen Arbeiterbundes Deutschlands. In: Dokumente des 1. Zentralen Delegiertentags des KABD, Tübingen 1972, S. 3-29; Programm des Kommunistischen Bundes Westdeutschland. In: Ergebnisse der Gründungskonferenz des Kommunistischen Bundes Westdeutschland, hrsg. vom ZK des KBW, Mannheim o. J. [1973], S. 7-18; Programm der Kommunistischen Partei Deutschlands. Verabschiedet vom 1. Parteitag der KPD, Juni 1974. In: Programm und Aktionsprogramm der Kommunistischen Partei Deutschlands, Berlin 1974, S. 7-43; Programm der Kommunistischen Partei Deutschlands/Marxisten-Leninisten. Beschlossen vom III. ordentlichen Parteitag der KPD/ML. In: Programm und Statut der KPD/ML, Dortmund 1977, S. 1-276.

4 Programm des Kommunistischen Bundes Westdeutschland (Anm. 3), S. 15.

5 Zuwi [zum Winkel], Detlef: Hochniedervorwärtsherauszumwegmit. Schwacher Abgang – oder: Vorwärts mit der Niederlage des KBW. In: konkret, Hamburg, (1984), Nr. 12, S. 50-52, hier S. 51.

6 Vgl. Programm des Kommunistischen Bundes Westdeutschland (Anm. 3), S. 15.

7 So versuchte der KBW etwa, die Aktionen gegen die Fahrpreiserhöhungen im öffentlichen Nahverkehr in Frankfurt a. M. (Frühjahr 1974) auf den »Sturz« der Kommunalregierung zuzuspitzen (»Dieser Magistrat ist reif – Dieser Magistrat muss weg!«). Dass auf dem Höhepunkt der Aktionen Polizeikräfte auf der Zeil vor »wütend auf sie vorrückenden Ketten von Demonstranten« zurückweichen mussten, veranlasste den KBW zu verkünden, dass »das Volk von Frankfurt« einen »großen Sieg« errungen habe. (Zit. n. Koenen: Das rote Jahrzehnt, a. a. O., S. 432)

8 Mellenthin: Protokoll ... 14.1.1994, a. a. O.

9 Statut des Kommunistischen Bundes, a. a. O.

10 Statut des Kommunistischen Bundes, a. a. O., S. 4. Im Statut fehlt jeder Hinweis auf den maoistischen Ursprung dieses Zitats, der freilich damals als bekannt vorausgesetzt werden konnte. »Aus früheren Fehlern lernen, um künftige zu vermeiden« und »Die Krankheit bekämpfen, um den Patienten zu retten« lautete die von Mao Tse-tung in einer Rede von 1942 vorgegebene Maxime parteiinterner Auseinandersetzung (AW III, 35-54: Den Arbeitsstil der Partei verbessern, hier 53).

11 Statut des Kommunistischen Bundes, a. a. O., S. 4.

12 Die chinesische Kulturrevolution in Dokumenten. Hrsg. vom Verlag Arbeiterkampf. Hamburg 1974. O. P.

13 Der Mythos der »Selbstorganisation«. In: AK, Hamburg, 3. Jg. (1973), Nr. 28, S. 8f, hier S. 8.

14 Vgl. hierzu die Aussagen der entsprechenden Personen im ersten Teil des Anhangs, »Biografische Anmerkungen zu leitenden Kadern des KB«.

15 Teichler, Hans-Hermann: Protokoll des Gesprächs mit d. Vf. vom 25.1.1997 (PBdVf).

16 Eckhoff, Heinrich: Protokoll des Gesprächs mit d. Vf. vom 18.6.1997 (PBdVf).

17 Schritt halten! In: AK, Hamburg, 3. Jg. (1973), Nr. 26, S. 11-14, hier S. 14.

18 Goltermann, Klaus: Protokoll des Gesprächs mit d. Vf. vom 24.2.1994 (PBdVf).

19 Teichler, Hans-Hermann: Kurznotiz des Telefongesprächs mit d. Vf. vom 14.3.1998 (PBdVf).

20 Mellenthin, Knut: Brief an d. Vf. vom 19.8.1994 (PBdVf).

21 Dieses KB-Organ erschien zwischen 1971 und 1974 sowie zwischen 1979 und 1981 in insgesamt 19 Ausgaben, darunter zwei Doppelausgaben (vgl. Unser Weg, Hamburg, 2.-8. Jg.,

1971-74, 1979-81, Nr. 13-33). Die Auflage betrug durchschnittlich 2.000 bis 6.000 Exemplare.

[22] Schritt halten (Anm. 17), S. 13.

[23] Zur Diskussion im Kommunistischen Bund. In: UW, Hamburg, 2. Jg. (1972), Nr. 15, S. 20-27, hier S. 25.

[24] Rechenschaftsbericht der SSB-Leitung Hamburg. Tl. 3. In: Solidarität, Hamburg, 8. Jg. (1979), Nr. 47, S. 33-37, hier S. 34.

[25] Die genannte Zahl ist dem Verfassungsschutzbericht des Bundes entnommen (vgl. BRD-VS 1985, 99). Der KB selbst, der keine zentrale Mitgliederkartei führte, veröffentlichte erstmals zum Vorkongress vom Dezember 1978 Angaben über seinen Mitgliederstand, die sich auf 1977 und 1978 bezogen; in den folgenden Jahren wurden dann regelmäßig Mitgliederzählungen, intern so genannte »Volkszählungen«, durchgeführt.

[26] Teichler: Protokoll ... 25.1.1997, a. a. O.

[27] Nach eigenen Angaben gab es im August 1972 im Hamburger KB 31 Betriebszellen, davon 18 im Metallbereich, sieben im Chemiebereich und sechs im Druckbereich (Breite Aussprache über das Eingreifen des KB zu den Bundestagswahlen. In: AK, Hamburg, 2. Jg., 1972, Nr. 21, S. 11–14, hier S. 11). 1974 sollen allein in Betrieben der Metallindustrie in Hamburg über 200 Mitglieder des KB tätig gewesen sein (KBW – Koloss auf tönernen Füßen. In: Ebd., 4. Jg., 1974, Nr. 44, S. 31). 1976, nach der von den Betriebsleitungen und den Gewerkschaften forcierten Ausschluss- und Entlassungswelle gegen die Kader der K-Gruppen, existierten in Hamburg noch über 42 Betriebszellen des KB (vgl. BRD-VS 1976, 108).

[28] Bis auf Zur Sache, das sich an die »Kollegen des Handels, der Banken und der Versicherungen« richtete, waren alle genannten Blätter zuvor schon vom SALZ herausgegeben worden.

[29] Vgl. »Aktivruder erscheint nicht mehr als Zeitung des Kommunistischen Bundes«, hektografiertes Papier der Redaktion Aktivruder, Hamburg, 25.11.1973 (HIfS-Archiv), o. P.

[30] Die politische Arbeit im Stadtteil. In: UW, Hamburg, 3. Jg. (1973), Nr. 18, S. 19-22, hier S. 19ff.

[31] Zur Krise der Bezirksorganisation vgl. »Treffen des LG mit den Vertretern der Hamburger Bezirksorganisation zur so genannten ›Umorganisierung‹ – ›Umstrukturierung‹ (26.7.1974)«, hektografiertes Papier des LG des KB, o. O., o. J. (ak-Archiv); vgl. auch Rundbrief des LG, o. O., 30.8.1974 (ak-Archiv).

[32] »Treffen des LG mit den Vertretern der Hamburger Bezirksorganisation ...« (Anm. 31), o. P.

[33] Rechenschaftsbericht des Leitenden Gremiums. In: UW, Hamburg, 5. Jg. (1979), Nr. 26, S. 3-20, hier S. 4.

[34] Die politische Arbeit im Stadtteil (Anm. 30), S. 21.

[35] Die USta (so das Kürzel) erschien zwischen Juli 1974 und Oktober 1975 in elf Ausgaben und einer Auflage von 4.000 bis 4.500 Stück (vgl. USta, Hamburg, 1./2. Jg., 1974/75, Nr. 1-11) und wurde dann eingestellt (die ersten beiden Nummern wurden als Ortsbeilage zum AK publiziert, alle weiteren eigenständig). Zunächst firmierte das Blatt als »Hamburger Stadtteilzeitung des Kommunistischen Bundes« (Nr. 1-8), dann, ab August 1975, als »Zeitung des Kommunistischen Bundes für Hamburg und Umgebung« (Nr. 9-11).

[36] Statut des Kommunistischen Bundes, a. a. O., S. 2. Lenin sah die Schaffung einer gesamtrussischen politischen Zeitung als Ausgangspunkt zum Aufbau der revolutionären Kaderpartei an. »Die Zeitung ist nicht nur ein kollektiver Propagandist und kollektiver Agitator, sondern auch ein kollektiver Organisator« (W 5, 1-13: Womit beginnen?, hier 11).

[37] Zur Diskussion im Kommunistischen Bund (Anm. 23), S. 24.

[38] Vgl. AK, Hamburg, 2. Jg. (1972), Nr. 24, S. 15.

[39] »Kollegen, morgen verkaufen wir hier an der Ecke den Arbeiterkampf«, hektografierte Ver-

kaufswerbung des AK, o. O., o. J. (Apo-Archiv), o. P.

40 Vgl. Mellenthin: Protokoll ... 14.1.1994, a. a. O.

41 25 Jahre ak – wir machen weiter! In: ak, Hamburg, 26. Jg. (1996), Nr. 397, Jubiläumsbeilage, S. 1.

42 Mellenthin: Brief ... 19.8.1994, a. a. O. Teichler: Protokoll ... 25.1.1997, a. a. O.

43 Zur Frage der Autorenschaft der anonym publizierten Artikel vgl. Mellenthin, Knut: Brief an d. Vf. vom 12.9.1994 (PBdVf).

44 Neben den bereits genannten gab es 1979 noch Kommissionen zu den folgenden Themen: Anti-AKW, Antimilitarismus, Asien/Australien, Belgien, Behinderte, Betrieb und Gewerkschaft, China, Dänemark, Frauen, Gesundheit, Großbritannien, Italien, Jugend/Lehrlinge, Kinder, Kultur, Lateinamerika, Medien, Nahost, Niederlande, RGW, Schweiz, Schwule, Sexualität, Skandinavien, SPD, Türkei, USA, Wohnungspolitik. (vgl. Übersicht zur Kommissionsarbeit im KB, in: UW, Hamburg, 5. Jg., 1979, Nr. 30, S. 27-30).

45 HH: »Rechenschaftsbericht Organisation«, in: Orgbulli, Hamburg, 1988, Nr. 65/66 (ak-Archiv), S. 48-53, hier S. 49.

46 BNO / Daniela Hitzwebel / Jörn Dirk Hitzwebel / Hans-Hermann Teichler: Protokoll des Gesprächs mit d. Vf. vom 4.4.1998 (PBdVf), hier: Daniela Hitzwebel.

47 »Rundschreiben zum AK-Verkauf«, hektografiertes Blatt, unterzeichnet von einer »Genossin« des Metallkomitees und der ZRK, o. O., 19.8.1975 (ak-Archiv), o. P.

48 »Rundbrief des LG« ... 30.8.1974 (Anm. 31), o. P.

49 Teichler, Hans-Hermann: Protokoll des Gesprächs mit d. Vf. vom 4.4.1998 (PBdVf).

50 Teichler, Hans-Hermann: »Rechenschaftsbericht Organisation«, a. a. O., S. 51.

51 Die Leitungstätigkeit und den Arbeitsstil verbessern! In: UW, Hamburg, 3. Jg. (1973), Nr. 18, S. 13-18, hier S. 13.

52 Rechenschaftsbericht des ZRK. In: Ebd., 5. Jg. (1979), Nr. 26, S. 23-26, hier S. 26.

53 Vgl. Teichler: Protokoll ... 25.1.1997, a. a. O.

54 Bis 1975 war der KB mit lokalen Gruppen in Bremerhaven, Eutin, Flensburg, Oldenburg, Frankfurt a. M. (alle 1971 gegründet), Kiel, Westberlin, Lübeck (alle 1973 gegründet), Hannover, Bremen, Pforzheim, Braunschweig, Lüneburg, Mölln, Göttingen, Pinneberg und Emden (alle 1975 gegründet) vertreten. Darüber hinaus bestanden weitere Sympathisantenzirkel, Lesekreise und Kontaktadressen an zahlreichen anderen Orten.

55 Ortsgruppe Göttingen des Kommunistischen Bundes gegründet. In: Barrikade, Göttingen, 1. Jg. (1975), Nr. 12, S. 9.

56 Vgl. Rechenschaftsbericht des Leitenden Gremiums, a. a. O., S. 4.

57 Redaktionelle Anmerkung. In: Der hessische Landbote, Frankfurt a. M., 1. Jg. (1976), Nr. 1, S. 16.

58 Rechenschaftsbericht des Leitenden Gremiums, a. a. O., S. 4.

59 Teichler: Protokoll ... 25.1.1997, a. a. O.

60 Rechenschaftsbericht des ZRK, a. a. O., S. 23.

61 Die Westberliner KB-Gruppe hatte zunächst im März 1975 zwei Ausgaben eines eigenen *Arbeiterkampfs* als »Westberliner Ortsbeilage des Kommunistischen Bundes« dem *AK* (Nr. 57f) beigefügt. Zwischen April 1975 und Dezember 1977 gab sie dann hieran anknüpfend die unregelmäßig erscheinende *Rotfront-Stadt* heraus, die bis Oktober 1976 als »Westberliner Stadtzeitung« und danach als »Westberliner Zeitung« der KB-Ortsgruppe bezeichnet wurde. Weitere lokale KB-Publikationen waren: *Barrikade* (Göttingen), *Barrikade* bzw. *Frische Brise!* (Oldenburg), *Die Commune* (Frankfurt), *Kämpfende Jugend* bzw. *Unsere Stadt* (Darmstadt), *Der hessische Landbote* (Frankfurt/Darmstadt), *Schleswig-Holstein wird rot!* bzw. *Blinkfüer* (Flensburg, Kiel, Lübeck, Eutin u. a.), *Rote Stimme* (Lüneburg), *Stadtzeitung* (Han-

nover), *Unsere Stadt* (Bremerhaven) und *Unsere Stadt* (Bremen).

[62] Diese »Informationsveranstaltung«, an der zwischen 800 und 1.000 Personen teilnahmen, stand unter dem Motto »Wem nützen die Bomben bei Springer?« und fand in einer Situation statt, in der die RAF nach einer Phase der logistischen Konsolidierung im Mai 1972 zu einer ersten militanten »Offensive« übergangen war und als »Staatsfeind Nummer eins« verfolgt wurde. Der KB kritisierte die Politik der RAF als »individuellen Terrorismus« ohne Verankerung in den »Massen«. Dass die RAF darauf zielte oder aber in Kauf nahm, »Kollegen« aus der Arbeiterklasse zu verletzen, wie beim Anschlag auf das Hamburger Springer-Hochhaus vom 19. Mai 1972 geschehen, war ihm gleichwohl unvorstellbar. Eine solche Tat könne nur von »Rechtsradikalen« verübt worden sein. (Wem nützen die Bomben bei Springer?, Reden auf der Informationsveranstaltung des KB am 29. Mai 1972, in: UW, Hamburg, o. J., Sondernummer, S. 4/13/15/27)

[63] »Zur Diskussion um die Aufgaben einer Arbeiterhilfe«, Flugschrift, Hamburg, o. J. [1972] (ak-Archiv), S. 1.

[64] Vgl. Ehlers, Kai: Protokoll des Gesprächs mit d. Vf. vom 12.6.1997 (PBdVf). Von einer Prozessflut gegen den KB, wie sie die Gruppe noch 1971 vorhergesehen hatte, konnte allerdings keine Rede sein. Das Verfahren wegen des Schelm-Flugblatts wurde 1974 wegen Geringfügigkeit eingestellt (vgl. Klassenjustiz gegen kommunistische Öffentlichkeitsarbeit, in: AK, Hamburg, 4. Jg., 1974, Nr. 45, S. 17). Einige weitere gegen Ehlers in seiner Rolle als V. i. S. d. P. des KB in der ersten Hälfte der 70er Jahre angestrengte Prozesse endeten glimpflich mit Einstellung oder Geldstrafen (vgl. Gesinnungsjustiz gegen KB-Presse, in: ebd., 5. Jg., 1975, Nr. 64, S. 1f).

[65] Aufgrund ihres Einflusses in der Arbeiterbewegung (eigene Verlage, Zeitungen, Illustrierte, Filmgesellschaften) wurde diese Organisation auch als »Münzenberg-Konzern« oder »roter Konzern« bezeichnet (Flechtheim 1976, 244).

[66] Die sich in den 70er Jahren als »Rote Hilfe« bezeichnenden Gruppen in der Bundesrepublik wollten ebenfalls an die Tradition dieser Organisation anknüpfen. Die studentische KPD gründete 1973 eine Rote Hilfe e. V., die KPD/ML 1975 eine Rote Hilfe Deutschland; daneben existierten in der Bundesrepublik in zahlreichen Städten Rote Hilfen, die dem spontaneistischen und militanten Lager linksradikaler Opposition zuzurechnen waren (vgl. Langguth 1976, 145).

[67] »Zur Diskussion um die Aufgaben einer Arbeiterhilfe« (Anm. 63), S. 1f.

[68] Teichler, Hans-Hermann: Protokoll des Gesprächs mit d. Vf. vom 14.6.1997 (PBdVf).

[69] Vgl. Informationsdienst des Initiativkomitees Arbeiterhilfe, Hamburg, 1./2. Jg. (1975/76), Nr. 1-10; Info Arbeitsrecht, Hamburg, 1./2. Jg. (1975/76), Nr. 1-8; Arbeitslosenratgeber. Hrsg. vom IKAH. Hamburg 1977 (2., erw. Aufl.); Arbeitsrecht. In: Ratgeber des IKAH, hrsg. vom IKAH, Hamburg 1975; Presserecht. Zeitungsverkauf und Plakatkleben. In: Ebd., Hamburg 1976 und Ratgeber. Erste Orientierung in Rechtsfragen. Hrsg. vom IKAH. Hamburg 1973 (2. Aufl.).

[70] Die SdKB hatten zwischen November 1971 und Februar 1972 vier Ausgaben eines Blattes namens *Rote Presse* als »Sozialistische Hamburger Studentenzeitung« (so der Untertitel) herausgegeben, das ab April 1972 (Nr. 3, 2. Jg.) als Periodikum der SSG erschien. Die Gruppe selbst benannte sich im April 1973 in Kommunistische Gruppe (KG) um und gab im Folgenden als Organ die *Hamburger Arbeiterzeitung* heraus. Im Juni 1973 war die Hamburger KG auf dem Gründungskongress des KBW in Bremen mit »Gastdelegierten« vertreten und ging als Ortsgruppe in den neu gegründeten Bund ein (vgl. Gründungserklärung, in: Ergebnisse der Gründungskonferenz des Kommunistischen Bundes Westdeutschland, hrsg. vom ZK des KBW, Mannheim o. J. [1973], S. 5f, hier S. 5).

[71] Die Politik des Sozialistischen Studentenbundes. Politischer Bericht, Rechenschaftsbericht. In: Solidarität, Hamburg, (1973), Sondernr., S. 30.

[72] Vgl. Eckhoff: Protokoll ... 18.6.1997, a. a. O. Vgl. auch Kontaktmöglichkeiten zum SSB. In: Solidarität, Hamburg, 3. Jg. (1974), Nr. 15, S. 12.

[73] Die Politik des Sozialistischen Studentenbundes (Anm. 71), S. 30.

[74] Eckhoff: Protokoll ... 18.6.1997, a. a. O.

[75] U. a. gehörten dem RBJ der Bund Deutscher Pfadfinder, die Deutsche Reform-Jugend, die sich später in Gruppe 72 umbenannte, der Bund Deutscher Jungenschaften, der Deutsche Jugendbund für Naturbeobachtung, die Skara, die Trucht (Jungentrucht und Mädchentrucht), die Deutsche Freischar und zeitweise der Deutsche Pfadfinderbund an.

[76] Vgl. Seidel, Eike Andreas: Protokoll des Gesprächs mit d. Vf. vom 3.4.1998 (PBdVf); RBJ-Kommunikation, Informations- und Diskussionsorgan des RBJ, Hamburg 1.-5. Jg. (1970-74), Nr. 1ff; Kämpfende Jugend (KJ), Antifaschistische Jugendzeitung des BDJ/RBJ, Hamburg, 1.-3. Jg. (1974-76), Nr. 1ff.

[77] Vgl. Zur Gründung des RBJ-Bundesverbandes. In: RBJ-Kommunikation, Hamburg, (1972), Sonderausgabe.

[78] Vgl. Für den Aufbau des Bundes demokratischer Jugend! In: Ebd., 4. Jg. (1973), Nr. 1f, S. 3-7.

[79] Vgl. Seidel: Protokoll ... 3.4.1998, a. a. O.

[80] Mellenthin, Knut: Brief an d. Vf. vom 6.3.1998 (PBdVf).

[81] Im Verfassungsschutzbericht wurde geäußert, dass der KB den RBJ »steuert« (BRD-VS 1976, 101). Der MSB meinte, die Leitung des RBJ sei im »KB organisiert« (zit. n. Einschüchterungsversuch gegen antifaschistischen Jugendbund, in: AK, Hamburg, 3. Jg., 1973, Nr. 32, S. 23). Diesbezügliche Behauptungen wies der KB entschieden zurück (vgl. ebd.).

[82] Mellenthin: Brief ... 6.3.1998, a. a. O.

[83] Seidel: Protokoll ... 3.4.1998, a. a. O.

[84] Mellenthin: Brief ... 6.3.1998, a. a. O.

[85] Seidel: Protokoll ... 3.4.1998, a. a. O.

[86] Abspaltung einiger Genossen vom KOB. In: SSF, Hamburg, 2. Jg. (1972), Nr. 5, S. 11.

[87] In eigener Sache: Umbenennung des KOB in SSB. In: SSF, Hamburg, 2. Jg. (1972), Nr. 6, S. 4f.

[88] Das SSF erschien vom Dezember 1971 bis zum Juni 1974 und wurde zunächst vom KOB, dann ab Juli 1972 vom SSB herausgegeben (dann mit dem KB-Logo in der Titelzeile). Ab Februar 1973 erschien es als »überregionales« Organ in Zusammenarbeit mit KB-nahen Zirkeln anderer Städte. Die Auflage betrug durchschnittlich ca. 2.500 Exemplare, das Erscheinen war unregelmäßig. (Vgl. SSF, Hamburg, 1.-4. Jg., 1971-1974, Nr. 1-24)

[89] Eigentor. In: SSF, Sonderreihe, Hamburg, (1973), Nr. 2, S. 2.

[90] »Zusammenfassung der Kritikberichte, SSF Nr. 9-12«, o. O., o. J. (Apo-Archiv), o. P.

[91] Vgl. Erklärung der Redaktion des Sozialistischen Schülerforums. In: Rebell, Hamburg, 1. Jg. (1974), Nr. 1, S. 12.

[92] Rechenschaftsbericht des Leitenden Gremiums, a. a. O., S. 16.

[93] Arbeitsmaterialien zur Auseinandersetzung um die Jugendpolitik im KB. Hrsg. vom KB. Hamburg 1979. S. 2f.

[94] Vgl. Wir warn die stärkste der Partein, a. a. O.

[95] Zur Diskussion im Kommunistischen Bund (Anm. 23), S. 26.

[96] Als z. B. in der Krise der Bezirksorganisation 1974 Anleiter der mittleren Kaderebene dieses Bereichs von ihren Funktionen entbunden worden waren, hatten die Betroffenen keinerlei Einspruchsmöglichkeiten und mussten sich fügen (vgl. »Treffen des LG mit den Vertretern

der Hamburger Bezirksorganisation ...«, Anm. 31).

[97] Teichler: Protokoll ... 25.1.1997, a. a. O.

[98] Vgl. BNO / D. Hitzwebel / J. D. Hitzwebel u. a.: Protokoll ... 4.4.1998, a. a. O., hier: D. Hitzwebel.

[99] Freilich folgte das LG nicht immer der Mehrheitsmeinung. Der Pro-SPD-Vorschlag 1972 war in den Zellen des KB auf breite Zustimmung gestoßen (vgl. Kap. II.4.2, Abschnitt »Stellung zu den vorgezogenen Neuwahlen 1972«). Als sich allerdings im Vorfeld der Bundestagswahlen 1976 zeigte, dass eine Majorität des Hamburger KB für eine Eigenkandidatur plädierte, rief das LG trotzdem zum »Wahlboykott« der »bürgerlichen Parteien« auf, was von der Gesamtorganisation dann ebenfalls mehrheitlich mitgetragen wurde (vgl. Kap. II.4.3).

[100] Nixon in China. In: AK, Hamburg, 2. Jg. (1972), Nr. 17, S. 15f, hier S. 16.

[101] Anmerkungen zur NRF-Sondernummer. Kampf zweier Linien in der KP Chinas. In: UW, Hamburg, 3. Jg. (1973), Nr. 18, S. 1-9, hier S. 8.

[102] Kritik zu Kampf zweier Linien in der KP Chinas. In: Ebd., Nr. 19, S. 21-4, hier S. 24.

[103] Die chinesische Kulturrevolution in Dokumenten, a. a. O.

[104] Vgl. Zur Außenpolitik der VR China. Hrsg. vom Verlag Arbeiterkampf. Hamburg 1976 (3., erw. Aufl.).

[105] Aust, Ernst: Kampf der wachsenden Kriegsgefahr durch die zwei Supermächte! Für die Einheit und Solidarität der europäischen Völker. Hrsg. vom Verlag Roter Morgen. Dortmund o. J. [1975]. S. 8f.

[106] Vgl. Rechenschaftsbericht des Zentralkomitees an den II. Parteitag der KPD. Verabschiedet am 31. Juli 1977. Köln 1977. S. 146-148.

[107] Für ein unabhängiges, vereintes und sozialistisches Deutschland! Erklärung des ZK der KPD. Köln 1975. S. 19f.

[108] Vgl. Materialien zur Auseinandersetzung in der marxistisch-leninistischen Bewegung Westdeutschlands. Dokumente zu dem Gespräch zwischen KBW, KABD, Gruppe Rote Fahne (KPD) und Gruppe Roter Morgen (KPD/ML) in Mannheim am 14.2.1976 über die Beteiligung an den Bundestagswahlen. Hrsg. vom Ständigen Ausschuss des Zentralen Komitees des KBW. Mannheim 1976. S. 18.

[109] Vgl. Eiertänze und Riesenslalom. Die chinesische Außenpolitik bringt die Opportunisten in Schwierigkeiten. Tl. 2. In: AK, Hamburg, 5. Jg. (1975), Nr. 65, S. 38f, hier S. 39.

[110] »Theorie der drei Welten« – von Mao persönlich erfunden? In: Ebd., 7. Jg. (1977), Nr. 109, S. 58. Zur Außenpolitik der VR China, a. a. O.

[111] »Ein starkes Stück«. In: AK, Hamburg, (1975), Sondernummer, S. 4.

[112] Zur Außenpolitik der VR China. Tl. 1. In: Ebd., 3. Jg. (1973), Nr. 34, S. 7f, hier S. 7. Zu den weiteren Teilen dieser Serie vgl. ebd., 3. Jg. (1973), Nr. 35, S. 25–27 (Tl. 2), Nr. 36, S. 20f (Tl. 3), Nr. 37, S. 14f (Tl. 4), Nr. 38, S. 20f (Tl. 5).

[113] KBW: Weiter um den heißen Brei. In: Ebd., 4. Jg. (1974), Nr. 40, S. 21.

[114] Nixon in China (Anm. 100), S. 16.

[115] Kohl in China – »Weitgehende Übereinstimmung«? In: AK, Hamburg, 4. Jg. (1974), Nr. 51, S. 32.

[116] Strauß in China: Zum Kotzen! In: Ebd., 5. Jg. (1975), Nr. 55, S. 1/25.

[117] Für den Aufbau einer revolutionären Internationale! In: dI, Hamburg, 4. Jg. (1976), Nr. 20, S. 9f, hier S. 10.

[118] Vgl. Karl, Frank D.: Die K-Gruppen. Kommunistischer Bund Westdeutschland, Kommunistische Partei Deutschlands, Kommunistische Partei Deutschlands/Marxisten-Leninisten. Entwicklung – Ideologie – Programme. Bonn 1976. S. 15f. Demgegenüber hatten KB-Mitglieder nach einer Reise in das »sozialistische Albanien« im Sommer 1975 festgestellt, dass »Fragen

offen und Widersprüche ungelöst« geblieben seien (Albanien, Bericht einer Reisegruppe, hrsg. vom Verlag Arbeiterkampf, Hamburg 1976, S. 3). Irritierend hatte insbesondere die Aussage eines Funktionärs der PdAA gewirkt, nach der es in Albanien keine Sexualität – und folglich auch keine sich hieran in den »imperialistischen« Ländern anknüpfenden gesellschaftlichen Probleme wie Vergewaltigung, Missbrauch oder Abtreibung – gebe (vgl. ebd., S. 19).

[119] Wie sich das Zirkelwesen am eigenen Schopf aus dem Sumpf zieht. Tl. 1. In: AK, Hamburg, 2. Jg. (1972), Nr. 24, S. 18-20, hier S. 19.

[120] »Europäische Sicherheitskonferenz«. In: Ebd., 3. Jg. (1973), Nr. 33, S. 17-19, hier S. 17. Vgl. Zur Kritik des »realen Sozialismus« [Nachdruck der wesentlichen KAB-AZ- u. AK-Artikel von 1971 bis Juli 1978]. In: UW, Schulungshefte des KB, Hamburg, 1. Jg. (1978), Nr. 2.

[121] Anmerkung der Redaktion. In: UW, Hamburg, 2. Jg. (1972), Nr. 16/17, S. 10.

[122] Stellungnahme der Redaktion und der Leitung des KB. In: Ebd., S. 16-30, hier S. 26f.

[123] Vgl. Stellungnahme des Zentralen Komitees der Arbeiter-Basis-Gruppen zur Gründung eines Kommunistischen Bundes durch das SALZ und den »KAB« Hamburg. In: Ebd., S. 2-15, hier S. 8f (»Gegen die Verunglimpfung des Genossen Stalin durch die ›KAB‹-Clique«).

[124] Stellungnahme der Redaktion und der Leitung des KB (Anm. 122), S. 25.

[125] Mao, AW V, 320-346: Über die zehn großen Beziehungen, hier 342f.

[126] Die Polemik über die Generallinie der internationalen kommunistischen Bewegung. Peking 1965. S. 137.

[127] Texte zur Stalinfrage. Hrsg. vom j.-reents-verlag. Hamburg 1979. S. 111. Vgl. Stalinismus contra Maoismus? In: AK, Hamburg, 8. Jg. (1978), Nr. 125, S. 55f. Auch in den 80er Jahren, nach der Spaltung des KB, blieb die Thematik im Rest-Bund präsent: Ende des Jahrzehnts, in Wahrnehmung der »Aufweichung der verkrusteten Strukturen in der Sowjetunion« unter Gorbatschow, beschäftigte sich die Gruppe erneut intensiv mit dem »Phänomen Stalin«, und zwar um ein »materialistisches Verständnis« von den Ursachen und Grundlagen von Fehlentwicklungen des »realen Sozialismus« zu gewinnen. Im Herbst 1989 führte der KB zu diesem Zweck ein Seminar durch und legte einen umfangreichen Reader mit Materialien zur Geschichte der Sowjetunion vor. (Sowjetunion 1921-1939, Von Lenin zu Stalin, Sowjetische Frauenpolitik 1917-1939, Materialien des KB, hrsg. von der Vorbereitungsgruppe des KB, Hamburg 1989, S. 5)

[128] Solidarität mit dem Kampf des vietnamesischen Volkes. In: AK, Hamburg, 2. Jg. (1972), Nr. 19, S. 7f, hier S. 8.

[129] Der K(r)ampf der »Supermächte«. Tummelplatz politischer Dilettanten und Provokateure. In: Ebd., 5. Jg. (1975), Nr. 58, S. 18f, hier S. 18.

[130] Zanu – Zipa – Zapu – Patriotische Front? Auseinandersetzung innerhalb der westdeutschen Solidaritätsbewegung über den *Arbeiterkampf*-Artikel »Anmerkungen zur Situation des zimbabwischen Widerstandes«. In: dI, Hamburg, 5. Jg. (1977), Nr. 25, S. 33.

[131] Maiplattform des Kommunistischen Bundes. In: AK, Hamburg, 5. Jg. (1975), Nr. 60, S. 26f, hier S. 26.

[132] Vgl. Seidl: Protokoll ... 3.4.1998, a. a. O.

[133] Teichler: Protokoll ... 14.6.1997, a. a. O.

[134] Ehlers: Protokoll ... 12.6.1997, a. a. O.

[135] Teichler: Protokoll ... 14.6.1997, a. a. O.

[136] Vietnam: Das Volk wird siegen! In: AK, Hamburg, 2. Jg. (1972), Nr. 18, S. 1/3f, hier S. 1. Kampf gegen Faschismus oder blutige Unterdrückung. In: Ebd., 1. Jg. (1971), Nr. 13, S. 2.

[137] EWG-Großmachtpläne der europäischen Imperialisten. In: Ebd., 2. Jg. (1972), Nr. 24, S. 11-13, hier S. 13 (Tl. 1), 3. Jg. (1973), Nr. 25, S. 12f (Tl. 2), Nr. 28, S. 14-17 (Tl. 3), Nr. 32, S. 12–14,

hier S. 12 (Tl. 4) u. Nr. 41, S. 18f (Tl. 5). Vgl. auch Die EWG auf dem Weg zu einer neokolonialistischen Großmacht. In: Ebd., Nr. 32, S. 14-16.

[138] Abschlusskundgebung der 1.-Mai-Demonstration des KB Hamburg. In: AK, Hamburg, 2. Jg. (1972), Nr. 19, S. 13.

[139] Kommunisten und »deutsche Wiedervereinigung«. In: Ebd., 4. Jg. (1974), Nr. 43, S. 20f, hier S. 20.

[140] Ist der »Arbeiterbund« noch zu retten? Zur Auseinandersetzung mit der Politik des »Arbeiterbundes für den Wiederaufbau der KPD«. Hrsg. vom Verlag Arbeiterkampf. Hamburg 1976. S. 9.

[141] Vgl. z. B. folgende Dokumente der historischen KPD: »Programmerklärung zur nationalen und sozialen Befreiung des deutschen Volkes« (1930), in: Der deutsche Kommunismus, Dokumente, hrsg. u. komm. v. Hermann Weber, Köln u. a. 1964 (2. Aufl.), S. 58-65. Vgl. auch »Programm zur nationalen Wiedervereinigung Deutschlands« (1952), in: KPD 1945-1968, Dokumente, Bd. 1, hrsg. u. eingel. von Günter Judick u. a., Neuss 1989, S. 396-415.

[142] Deutschland dem deutschen Volk! Erklärung des ZK der KPD/ML zur nationalen Frage. In: Der Weg der Partei, Dortmund, (1974), Nr. 1, S. 1/26f/31f/34/38f/43.

[143] Aust: Kampf der wachsenden Kriegsgefahr durch die zwei Supermächte, a. a. O., S. 36.

[144] Damit bezog sich Aust auf einen Begriff Lenins (vgl. W 21, 295-341: Sozialismus und Krieg, insb. 299-310).

[145] Aust: Kampf der wachsenden Kriegsgefahr durch die zwei Supermächte, a. a. O., S. 18.

[146] Erklärung zur Gründung der Kommunistischen Partei Deutschlands/Marxisten-Leninisten (KPD/ML), a. a. O., S. 5.

[147] Statut der Kommunistischen Partei Deutschlands, a. a. O., S. [1].

[148] Rechenschaftsbericht des Zentralkomitees an den II. Parteitag der KPD, a. a. O., S. 173. Vgl. auch Über die gegenwärtige Lage und die Aufgaben der KPD. Resolution, angenommen vom II. Parteitag der KPD am 31. Juli 1977. Köln 1977. S. 41-44.

[149] Antisowjetische Aktionen spielten in der Geschichte der Westberliner KPD aber auch in der Phase bis 1975 eine gewisse Rolle. Erinnert sei an die von der Partei im Mai 1973 in Dortmund durchgeführte militante Demonstration gegen den geplanten Besuch des damaligen Generalsekretärs des ZK der KPdSU, Leonid Breschnew (vgl. Chronologie 1970-1980: 10 Jahre KPD, in: Karl Schlögel u. a., Partei kaputt, Das Scheitern der KPD und die Krise der Linken, Berlin 1981, S. 129-139, hier S. 133).

[150] Rechenschaftsbericht des Zentralkomitees an den II. Parteitag der KPD, a. a. O., S. 169/251f.

[151] Vgl. Portner, Dieter: Bundeswehr und Linksextremismus. München u. a. 1976. S. 88-105.

[152] Einleitung. In: dI, Hamburg, 4. Jg. (1976), Nr. 19, S. 3.

[153] Für ein unabhängiges, vereintes und sozialistisches Deutschland, a. a. O., S. 33. Rote Fahne, 1975, Nr. 32; zit. n. Karl: Die K-Gruppen, a. a. O., S. 67.

[154] Roter Morgen, 1976, Nr. 1; zit. n. Im Kampf um die Einheit der Marxisten-Leninisten nicht nachlassen! Zur ideologischen Auseinandersetzung mit dem Kurswechsel der KPD/ML-Führung. Hrsg. vom ZK der KPD. Köln 1976. S. 42-44, hier S. 42f.

[155] »KPD/ML« kleineres Übel? In: AK, Hamburg, 5. Jg. (1975), Nr. 62, S. 20.

[156] Erklärung des LG des Kommunistischen Bundes zur Herausbildung des neuen »Sozial«chauvinismus. In: Ebd., S. 30. Vgl. auch Wettrennen der »Vaterlandsverteidiger«. »KPD« spurtet nach vorn. In: Ebd., S. 29.

[157] Offener Brief. In: Ebd., (1975), Sondernummer, S. 1f, hier S. 2.

[158] Zur Außenpolitik der VR China, Tl. 5 (Anm. 112), S. 20.

[159] Maiplattform des Kommunistischen Bundes (Anm. 131), S. 26. »KPD/ML« schwenkt offen

ins Lager der »Vaterlandsverteidiger«. In: AK, Hamburg, 5. Jg. (1975), Nr. 60, S. 28f, hier S. 28.

[160] Programm des Kommunistischen Bundes Westdeutschland, a. a. O., S. 15.

[161] Müller-Plantenberg, Urs: Chile 1973–1978: Fragen an unseren Internationalismus. In: kritik, Berlin, 6. Jg. (1978), Nr. 18, S. 89-99, hier S. 93.

[162] Garbe, Eckart: Reflexionen zu Indochina. In: Peripherie, Münster, 1. Jg. (1980), Nr. 2, S. 63-89, hier S. 65.

[163] Bis Ende 1976 sollen zugunsten des chilenischen MIR 284.000, zugunsten der palästinensischen PFLP 117.000 und zugunsten des portugiesischen MES 76.000 DM vom KB gesammelt worden sein (vgl. Js.: Internationalismus – Analyse und Agitation, Anmerkungen zu »Der Sieg ist nicht mehr gewiss«, in: ak, Hamburg, 27. Jg., 1997, Nr. 399, S. 11f, hier S. 11).

[164] Maiplattform des Kommunistischen Bundes (Anm. 131), S. 26.

[165] 1. Mai in Hamburg: Eine mächtige Demonstration im Zeichen des Klassenkampfes. In: AK, Hamburg, 5. Jg. (1975), Nr. 61, S. 20.

[166] In der ersten Hälfte der 70er Jahre beschäftigte sich die Hälfte aller AK-Hauptartikel auf Seite 1 mit der Außenpolitik der »imperialistischen Staaten« oder den Befreiungsbewegungen, über 35 Prozent aller bedruckten Seiten des Blattes insgesamt war diesem Thema gewidmet.

[167] Das KB-Periodikum die Internationale (dI) erschien zwischen Dezember 1973 und März 1978 (Nr. 1-29/30) in insgesamt 27 Ausgaben und zahlreichen Sondernummern. Die maximale Auflage betrug 6.150 (1974), die niedrigste 3.000 (1978). Bis Dezember 1975 wurde das Blatt im Zeitungsformat publiziert (Oberzeile: »Proletarier aller Länder und unterdrückte Völker, vereinigt euch!«), danach im DIN-A4-Format (bei gestrichener Oberzeile).

[168] Marx/Engels, MEW 4, 459-493: Manifest der Kommunistischen Partei, hier 462/479/493.

[169] Zit. n. KPW, 686f .

[170] Der Imperialismus wurde von Lenin als »letztes Stadium des Kapitalismus« begriffen. Mit dem Verweis auf den hohen Vergesellschaftungsgrad der monopolkapitalistischen Produktion ist hier die objektive Möglichkeit sozialistischer Transformation begründet. (Lenin, W 22, 189-309: Der Imperialismus als höchstes Stadium des Kapitalismus)

[171] Mao, T VI/1, 394-396: Völker der ganzen Welt, vereinigt euch, besiegt die amerikanischen Aggressoren und alle ihre Lakaien (1970)!, hier 395.

[172] Bilanz der RAF. In: AK, Hamburg, 2. Jg. (1972), Nr. 20, S. 6-8, hier S. 7.

[173] Chile und die Qual des Jubelökonomismus. Zur Chile-Kampagne des KBW (NRF). In: Ebd., 3. Jg. (1973), Nr. 35, S. 22f, hier S. 23.

[174] Zur Außenpolitik der VR China, a. a. O.

[175] Der proletarische Internationalismus ist ein notwendiger Bestandteil unseres Kampfes. In: dI, Hamburg, 1. Jg. (1973), Nr. 1, S. 1.

[176] Zur Außenpolitik der VR China, a. a. O.

[177] Chinas Außenpolitik – Noch weiter nach rechts. In: AK, Hamburg, 6. Jg. (1976), Nr. 85, S. 40.

[178] Al./ef.: Der Sieg ist nicht mehr gewiss. Die Entwicklung internationalistischer Politik in ak und KB. In: ak, Hamburg, 26. Jg. (1996), Nr. 397, Jubiläumsbeilage, S. 11-13, hier S. 11.

[179] Der Putsch und die Piff-Paff-Solidarität. Gespräch mit Erich Süssdorf, Mitbegründer des Komitees Solidarität mit Chile in Westberlin. In: Balsen u. a. 1986, 367-371, hier 371.

[180] Ein wichtiger Schritt der Stärkung des proletarischen Internationalismus. In: AK, Hamburg, 4. Jg. (1974), Nr. 45, S. 12f, hier S. 12.

[181] Eine in ihrer methodischen Anlage allerdings höchst fragwürdige und in der Auswahl empirischer Belege überaus selektive Studie zu den Israelkonzeptionen der westdeutschen

Linken findet sich bei Kloke (1990).

[182] Die Gruppe, die in ihrem Namen an den »schwarzen September« 1970 in Jordanien erinnerte, als König Hussein den palästinensischen Widerstand in seinem Lande massakrieren ließ, hatte am 5. September 1972 das Olympiaquartier der israelischen Mannschaft in München überfallen. Die Aktion, deren Ziel es gewesen war, in Israel inhaftierte Palästinenser freizubekommen, endete in einem Blutbad auf dem Militärflughafen Fürstenfeldbruck (vgl. Robbe 1987, 276).

[183] Zit. n. Olympischer Frieden ... und palästinensischer Krieg? In: AK, Hamburg, 2. Jg. (1972), Nr. 22, S. 1-3, hier S. 3.

[184] Zur Kritik am Palästinaartikel im »Arbeiterkampf« Nr. 22. Stellungnahme der Redaktion. In: Ebd., Nr. 23, S. 12f, hier S. 12.

[185] Palästina. Interviews mit dem Widerstand. Hrsg. vom Verlag Arbeiterkampf. Hamburg 1974. S. 1ff. Der Reinerlös dieser Broschüre, in der die Ergebnisse der Libanonreise dokumentiert sind, wurde an die PFLP überwiesen. Zur PFLP vgl. Lüders 1982, 48-50. Vgl. a. Kt.: Als die Katzen Laila hießen. Überlegungen zur »Nahostpolitik« des KB. In: ak, Hamburg, 26. Jg. (1996), Nr. 397, Jubiläumsbeilage, S. 9.

[186] Was ist Zionismus? Tl. 1. In: AK, Hamburg, 3. Jg. (1973), Nr. 27, S. 12f, hier S. 12. Vgl. auch Zum Nahostproblem [Nachdruck der wesentlichen AK-Artikel von April bis Dezember 1973]. Hrsg. von der Leitung des KB. Hamburg 1973 (2., erw. Aufl.); Nahost. Klassenkampf und nationale Befreiung. In: dI, Hamburg, 5. Jg. (1977), Nr. 23/24.

[187] Stellungnahme der Leitung des KB zum israelisch-arabischen Krieg (8.10.73). In: AK, Hamburg, 3. Jg. (1973), Nr. 35, S. 19.

[188] Olympischer Frieden ... und palästinensischer Krieg (Anm. 183), S. 2. Was ist Zionismus, Tl. 1 (Anm. 186), S. 13.

[189] Nahost: Klassenkampf und nationale Befreiung. Hrsg. von der BO Altona des KB. Hamburg 1977. S. 10f.

[190] Was ist Zionismus? Tl. 2. In: AK, Hamburg, 3. Jg. (1973), Nr. 30, S. 18-20, hier S. 20.

[191] Stellungnahme der Leitung des KB zum israelisch-arabischen Krieg (Anm. 187).

[192] Wieder Krieg in Nahost. In: AK, Hamburg, 3. Jg. (1973), Nr. 34, S. 1/28, hier S. 28.

[193] Der Sozialismus ist die Lösung unseres Problems. Interview mit dem offiziellen Sprecher der Volksfront für die Befreiung Palästinas (PFLP), Bassam Abu Scharif. In: Ebd., 5. Jg. (1975), Nr. 60, S. 18-20, hier S. 18 (Vorspann).

[194] Es lebe der Kampf des chilenischen Volkes! In: AK, Hamburg, 3. Jg. (1973), Nr. 33, S. 1f, hier S. 2.

[195] Chile und die Qual des Jubelökonomismus (Anm. 173), S. 23.

[196] Zur Situation des Widerstandes in Chile: Lang dauernder revolutionärer Krieg. In: AK, Hamburg, 3. Jg. (1973), Nr. 35, S. 1/20f, hier S. 1.

[197] Militärputsch in Chile. US-Imperialisten und chilenische Reaktion stürzen Regierung der »Volkseinheit«. In: Ebd., Nr. 33, S. 1/3f/24, hier S. 1.

[198] DKP-Schläger. Notizen zur Chilekampagne des KB in Hamburg. In: Ebd., Nr. 35, S. 24.

[199] Militärputsch in Chile (Anm. 197), S. 3.

[200] Anmerkungen zu Lenins »Zwei Taktiken der Sozialdemokratie in der demokratischen Revolution«. In: AK, Hamburg, 3. Jg. (1973), Nr. 37, S. 17-19, hier S. 18. Vgl. Chile: Vom »friedlichen Übergang« zum Bürgerkrieg [Nachdruck der wesentlichen AK-Artikel von April bis September 1973]. In: UW, Revisionismuskritik, Hamburg, (1973), Nr. 5 (2., erw. Aufl.); Chile: Vom »friedlichen Übergang« zur faschistischen Militärdiktatur [Nachdruck der wesentlichen AK- u. dI-Artikel von September 1973 bis Februar 1974]. In: UW, Hamburg, (1974), Sondernummer, (3., erw. Aufl.); Chile – Reform oder Revolution! In: UW, Revisionismuskritik,

Hamburg, (o. J.), Nr. 6.

[201] Bilanz der RAF (Anm. 172), S. 7.

[202] Vgl. Rote Armee Fraktion, Texte und Materialien zur Geschichte der RAF, a. a. O., S. 27–48.

[203] Wem nützen die Bomben? In: AK, Hamburg, 2. Jg. (1972), Nr. 19, S. 1-3, hier S. 2.

[204] »Die politische Macht kommt aus den Gewehrläufen.« Texte zu den politischen Problemen des bewaffneten Kampfes der Arbeiterklasse. In: Arbeiterbuch 3, hrsg. vom Verlag Arbeiterkampf, Hamburg 1976 (2. Aufl.). Schwerpunkt der Sammlung sind Texte von Marx (MEW 17, 313-365: Der Bürgerkrieg in Frankreich) und Lenin (u. a. Auszüge aus W 25, 407-440: Staat und Revolution). Dazu kamen Artikel aus den 20er und 30er Jahren von Alexander Schönau, Bela Kun, Ernst Schneller u. a. Schriften von Mao, dessen Motto dem KB-Buch seinen Titel verlieh (AW II, 255-274: Probleme des Krieges und der Strategie, 1938, hier 261), finden sich hier allerdings nicht. Das dürfte daran gelegen haben, dass der KB Mao als Vertreter eines antikolonialen Volksbefreiungskonzeptes für seine metropolitane, auf das Proletariat gerichtete Strategie gewaltsamer Staatseroberung als schlechten Stichwortgeber ansah.

[205] Vgl. Anzeige »Die politische Macht kommt aus den Gewehrläufen.« In: AK, Hamburg, 3. Jg. (1973), Nr. 35, S. 27.

[206] Vgl. W 9, 1-130.

[207] Anmerkungen zu Lenins »Zwei Taktiken der Sozialdemokratie in der demokratischen Revolution« (Anm. 200), S. 17/19.

[208] Prozess gegen Roter Morgen. In: AK, Hamburg, 3. Jg. (1973), Nr. 27, S. 23.

[209] Erfolgreiche Solidaritätskampagne zur Unterstützung des MIR. In: Ebd., 5. Jg. (1975), Nr. 60, S. 21f, hier S. 21.

[210] Zur Situation des Widerstandes in Chile (Anm. 196), S. 21.

[211] Chile und die Qual des Jubelökonomismus (Anm. 173), S. 22.

[212] Al./ef.: Der Sieg ist nicht mehr gewiss (Anm. 178), S. 11.

[213] Chilesolidarität. In: AK, Hamburg, 4. Jg. (1974), Nr. 47, S. 15.

[214] Erfolgreiche Solidaritätskampagne zur Unterstützung des MIR (Anm. 209), S. 21.

[215] Der Putsch und die Piff-Paff-Solidarität (Anm. 179), S. 370f. Erst im März 1990 vollzog sich der politische Wechsel in Chile mit der Wahl des Kandidaten der demokratischen Opposition, Patricio Aylwin.

[216] Müller-Plantenberg: Chile 1973–1978, a. a. O., S. 92.

[217] Machtwechsel in Portugal. In: AK, Hamburg, 4. Jg. (1974), Nr. 44, S. 1/23, hier S. 23.

[218] Portugal und der »K(r)ampf der Supermächte«. In: Ebd., 5. Jg. (1975), Nr. 61, S. 32f, hier S. 32. Erklärung des Kommunistischen Bundes zur nationalen Portugaldemonstration von Lotta Continua am 19.4. in Rom. In: Ebd., Nr. 60, S. 11.

[219] Portugal: Die Reaktion probt den Bürgerkrieg. In: Ebd., Nr. 64, S. 1/31, hier S. 1. Offener Brief: Solidarität mit der portugiesischen Revolution. In: Ebd., Nr. 65, S. 31.

[220] Lutar, criar Poder popular. In: Ebd., Nr. 63, S. 20f, hier S. 20. Imperialisten drohen Portugal mit Krieg. In: Ebd., Nr. 56, S. 1-4, hier S. 3.

[221] Machtwechsel in Portugal (Anm. 217), S. 23.

[222] Vgl. Die politischen Parteien in Portugal. In: AK-Sonderbroschüre, hrsg. von der Portugal-/Spanienkommission des KB, Hamburg 1975 (5. Aufl.), S. 2/24.

[223] BNO / D. Hitzwebel / J. D. Hitzwebel u. a.: Protokoll ... 4.4.1998, a. a. O., hier: BNO.

[224] Goltermann: Protokoll ... 24.2.1994, a. a. O.

[225] Die politischen Parteien in Portugal, a. a. O., S. 2.

[226] Portugal: 2. Kongress des MES. In: Rebell, Hamburg, 3. Jg. (1976), Nr. 13, S. 17.

[227] Das Referat findet sich auszugsweise abgedruckt in Für den Aufbau einer revolutionären Internationale (Anm. 117).

228 Seidl: Protokoll ... 3.4.1998, a. a. O.

229 Für den Aufbau einer revolutionären Internationale (Anm. 117), S. 10.

230 Seidl: Protokoll ... 3.4.1998, a. a. O.

231 Es lebe die afrikanische Revolution! Großveranstaltung in Hamburg mit Sprechern der Befreiungsbewegungen aus: Angola, Mosambik, Zimbabwe, Namibia, Rep. Süd-Afrika, Eritrea, Rep. Sahara. Hrsg. vom Verlag Arbeiterkampf. Hamburg 1976. S. 30.

232 Ebermann, Thomas: Protokoll des Gesprächs mit d. Vf. vom 25.2.1994 (PBdVf).

233 Vgl. Mutumbuka, S. [Dzingai]: Schlacht um Zimbabwe. Hrsg. von der Afrikakommission des KB. Hamburg 1976.

234 Vgl. Es lebe die afrikanische Revolution, a. a. O.

235 Im Einzelnen waren das Delegierte der MPLA (Angola), Frelimo (Mosambik), Swapo (Namibia), Zanu (Zimbabwe), EFLE (Eritrea), Frente Polisario (Westsahara) und des ANC (Südafrika). Die Redebeiträge und Resolutionen wurden später in einer Broschüre publiziert (vgl. ebd.).

236 »Große Afrikakampagne des KB«, Rundbrief des LG, o. O., o. J. (ak-Archiv), o. P.

237 Es lebe die afrikanische Revolution. In: AK, Hamburg, 6. Jg. (1976), Nr. 78, S. 24.

238 Es lebe die afrikanische Revolution, a. a. O., S. 3.

239 Vgl. Der Sieg der afrikanischen Völker ist gewiss! In: Rotfront-Stadt, Berlin, 2. Jg. (1976), Nr. 15, S. 1.

240 In Angola existierten drei miteinander verfeindete Bewegungen, die für die Unabhängigkeit des Landes von Portugal (November 1975) und die Eroberung der nachkolonialen Macht kämpften: Die Volksbewegung für die Befreiung Angolas (MPLA), die Nationale Front für die Befreiung Angolas (FNLA) und die Nationale Union für die vollständige Unabhängigkeit Angolas (Unita). Im Bürgerkrieg von 1975/76, der sich rasch internationalisierte, erhielt die MPLA Unterstützung aus der Sowjetunion und aus Kuba, das sogar eigene Truppen in das südwestafrikanische Land schickte, während der südafrikanische Apartheidstaat und die VR China der Unita und der FNLA beistanden. Nach dem Sieg der MPLA (1976) wurde das Land zum »Schauplatz eines erbitterten nachkolonialen Machtkampfes«, der stark von den Frontlinien des Kalten Krieges überlagert war (HDW 5, 324).

241 Angola – Imperialistische Söldnerhorden mit Kurs auf Bürgerkrieg! In: AK, Hamburg, 5. Jg. (1975), Nr. 60, S. 14f. Vgl. Angola war nur der Anfang. KBW offen auf Seiten der Konterrevolution. Hrsg. von der Afrikakommission des KB. Hamburg 1976.

242 KBW zu Angola: Astreiner Rassismus. In: AK, Hamburg, 5. Jg. (1975), Nr. 66, S. 5.

243 Es lebe die afrikanische Revolution (Anm. 237).

244 Begrüßung und Einleitung durch den Kommunistischen Bund. In: Es lebe die afrikanische Revolution, a. a. O., S. 4f, hier S. 4f. Zanu – Zipa – Zapu – Patriotische Front, a. a. O., S. 30.

245 »Missbrauch der Befreiungsbewegungen durch den KB-Nord«, Artikel der KVZ, Ortsbeilage Hamburg, 10.4.1976; zit. n. Es lebe die afrikanische Revolution, a. a. O., S. 26.

246 »Supermächte – Raus aus Afrika!«, Flugblatt der KPD/ML, o. J.; zit. n. ebd., S. 28.

247 »Der Sieg ist sicher – A vitória e certa«, Artikel aus Der Kommunist, Zeitung der DKP-Hochschulgruppen, o. J.; zit. n. ebd., S. 27.

248 Zanu – Zipa – Zapu – Patriotische Front, a. a. O., S. 22.

249 Giftzwerge. In: AK, Hamburg, 6. Jg. (1976), Nr. 78, S. 23. Vgl. Einige Grundfragen der afrikanischen Revolution, Rundgespräch mit Vertretern afrikanischer Befreiungsbewegungen in Hamburg, hrsg. vom Verlag Arbeiterkampf, Hamburg 1976.

250 Zwei unterschiedliche Befreiungsorganisationen (und ihre Guerillagruppen) hatten für die im April 1980 vollzogene Unabhängigkeit der ehemaligen britischen Kolonie Südrhodesien gekämpft: Zum einen die 1961 unter Joshua Nkomo gegründete Zimbabwes African

People's Union (Zapu), die aus den RGW-Ländern und von der westlichen Sozialdemokratie unterstützt wurde; und zum anderen die als Abspaltung von dieser 1963 entstandene, ab Mitte der 70er Jahre von Robert Mugabe geführte Zimbabwe African National Union (Zanu), die an der Politik der VR China orientiert war (vgl. HDW 5, 499).

[251] Anmerkungen zur Situation des zimbabwischen Widerstands. In: AK, Hamburg, 7. Jg. (1977), Nr. 96, S. 43-45, hier S. 43.

[252] Vgl. Zanu – Zipa – Zapu – Patriotische Front, a. a. O.

[253] Anmerkungen zur Situation des zimbabwischen Widerstands (Anm. 251), S. 44.

[254] Stellungnahme von Dzingai Mutumbuka, Zanu-Vertretung London; zit. n. Zanu – Zipa – Zapu – Patriotische Front, a. a. O., S. 36.

[255] Pro-sozialimperialistische Linie des KB zu Zimbabwe – Provokation und Spaltertätigkeit des *Arbeiterkampfs*, Rote Fahne, 19.1.1977; zit. n. ebd., S. 17.

[256] So heißt es in einem Leserbrief von Wolff Geisler, einem langjährigen Vorstandsmitglied der Anti-Apartheid-Bewegung (zit. n. Zanu – Zipa – Zapu – Patriotische Front, a. a. O., S. 21).

[257] Gefahr eines neuen Faschismus? In: AK, Hamburg, 2. Jg. (1972), Nr. 17, S. 8f, hier S. 8. Vgl. Kampf dem Faschismus. Nachdruck von Texten aus den 20er und 30er Jahren. In: Arbeiterbuch, Bd. 5, hrsg. vom Verlag Arbeiterkampf, Hamburg 1976 (2. Aufl.), S. 6.

[258] F.: Was ist los mit der Faschisierung? Tl. 1. In: AK, Hamburg, 15. Jg., 1985, Nr. 256, S. 37-41, hier S. 40.

[259] Taktisches Wirrwarr. Zur Politik des Zirkelblocks (KBW). Tl. 1. In: Ebd., 3. Jg. (1973), Nr. 31, S. 27-30, hier S. 27.

[260] CDU-Erfolg in Hamburg – Ein Warnsignal. Erklärung der Leitung des KB. In: Ebd., 4. Jg. (1974), Nr. 41, S. 1/25, hier S. 25.

[261] Zit. n. Hartung u. a. 1997, 10.

[262] F.: Was ist los mit der Faschisierung (Anm. 258), S. 37.

[263] Vgl. Kampf dem Faschismus. In: AK, Hamburg, 2. Jg. (1972), Nr. 16, S. 6-8. Vgl. a. Gefahr eines neuen Faschismus (Anm. 257); Gegen die schrittweise Faschisierung von Staat und Gesellschaft. In: AK, Hamburg, 2. Jg. (1972), Nr. 18, S. 8-10.

[264] F.: Was ist los mit der Faschisierung (Anm. 258), S. 39.

[265] Vgl. Gegen die schrittweise Faschisierung von Staat und Gesellschaft. Bd. 1 [Nachdruck der wesentlichen AK-Artikel vom März bis November 1972]. Hrsg. vom j.-reents-verlag. Hamburg 1973. Vgl. auch Droht ein neuer Faschismus [Nachdruck der wesentlichen AK-Artikel von März 1972 bis Juli 1976]? Hrsg. vom Verlag Arbeiterkampf. Hamburg 1976 (2., erw. Aufl.). Ein weiterer konzeptioneller Artikel zum Thema, in dem insbesondere die Abgrenzung zum KBB, Vorgängerzirkel des KBW, herausgearbeitet ist, ist Zur Faschismusdiskussion, in: UW, Hamburg, 3. Jg. (1973), Nr. 19, S. 1–20. Historische Texte zum Thema (Wittfogel, Münzenberg u. a.) enthält der Band Kampf dem Faschismus, a. a. O.

[266] Schmidt-Drohungen gegen Italien. In: AK, Hamburg, 6. Jg. (1976), Nr. 85, S. 1f, hier S. 1. Auf der Titelseite der KB-Broschüre »SPD, Das ›kleinere Übel‹, das zu immer größeren Übeln führt« (hrsg. vom Verlag Arbeiterkampf, Hamburg 1976) ist ein Cartoon abgebildet, in dem das Konterfei Helmut Schmidts nach und nach in das von Franz-Josef Strauß mutiert.

[267] Dimitroff, AW I, 104-179: Die Offensive des Faschismus und die Aufgaben der Kommunistischen Internationale im Kampf für die Einheit der Arbeiterklasse, hier 105.

[268] Kampf dem Faschismus (Anm. 263), S. 7; vgl. Zur Faschismusdiskussion (Anm. 265), S. 7.

[269] Gegen die Kommunistenjagd. Erklärung der Leitung des KB. In: AK, Hamburg, 3. Jg. (1973), Nr. 29, S. 1f, hier S. 2.

[270] Dimitroff: Die Offensive des Faschismus ... (Anm. 267), 107. Vgl. Zusammenarbeit und Auseinandersetzung mit der »KPD«. In: UW, Hamburg, 4. Jg. 1974, Nr. 23, S. 1-11, hier S. 6.

271 Die These von der »schrittweisen Faschisierung von Staat und Gesellschaft« und ihre Kritik im KB. In: Demokratie, Reaktion und Faschismus, Gemeinsame Beilage zu den Publikationen von AAU u. a., Hamburg, 3. Jg. (1986), Nr. 3, S. 10f, hier S. 10.

272 1. Mai. Internationaler Kampftag der Arbeiterklasse! In: AK, Hamburg, 2. Jg. (1972), Nr. 17, S. 1f, hier S. 2.

273 Mit dem Hinüberwachsen des Kapitalismus der freien Konkurrenz in den Monopolkapitalismus zu Beginn des 20. Jahrhunderts, der Verschmelzung des Bankkapitals mit dem Industriekapital zum »Finanzkapital«, sah Lenin die »Wendung von der Demokratie zur politischen Reaktion« verbunden. »Der freien Konkurrenz entspricht die Demokratie. Dem Monopol entspricht die politische Reaktion« (Lenin, W 23, 18–71: Über eine Karikatur auf den Marxismus, hier 34).

274 Kampf dem Faschismus (Anm. 263), S. 6.

275 EWG-Großmachtpläne der europäischen Imperialisten, Tl. 4 (Anm. 137), S. 12.

276 1. Mai. Internationaler Kampftag der Arbeiterklasse. In: AK, Hamburg, 3. Jg. (1973), Nr. 27, S. 1/7f, hier S. 7.

277 Zur kommunistischen Programmatik. Tl. 1. In: UW, Hamburg, 1. Jg. (1971), Nr. 13, S. 1-18, hier S. 12.

278 Kampf dem Kommunistenverbot. In: AK, Hamburg, 3. Jg. (1973), Nr. 29, S. 3f, hier S. 3.

279 Bilanz der RAF (Anm. 172), S. 7.

280 Die Entwicklung des Klassenkampfes und die Aufgaben der westdeutschen Kommunisten. In: Ergebnisse der Gründungskonferenz des Kommunistischen Bundes Westdeutschland, hrsg. vom ZK des KBW, Mannheim o. J. [1973], S. 28. Kampf dem Kommunistenverbot (Anm. 278), S. 3. Gegen die schrittweise Faschisierung von Staat und Gesellschaft (Anm. 263), S. 9f.

281 1. Mai, internationaler Kampftag der Arbeiterklasse (Anm. 276), S. 7.

282 Bilanz der RAF (Anm. 172), S. 7.

283 Gegen die schrittweise Faschisierung von Staat und Gesellschaft (Anm. 263), S. 10.

284 Gefahr eines neuen Faschismus (Anm. 257), S. 9.

285 Vgl. Wer mit wem? Braunzone zwischen CDU/CSU und Neonazis. Ein Nachschlagewerk für Antifaschisten. Hrsg. von der Antifakommission des KB. Hamburg 1981. 1. Mai, internationaler Kampftag der Arbeiterklasse (Anm. 272), S. 2.

286 Die Bonner Parteien und die Arbeiterklasse. In: UW, Hamburg, 2. Jg. (1972), Nr. 16/17, S. 38-40, hier S. 39.

287 Gefahr eines neuen Faschismus (Anm. 257), S. 9.

288 Baader-Meinhof-Jagd. In: AK, Hamburg, 2. Jg. (1972), Nr. 15, S. 1f, hier S. 2.

289 Gegen die schrittweise Faschisierung von Staat und Gesellschaft (Anm. 263), S. 9f.

290 Wem nützen die Bomben (Anm. 203), S. 2.

291 Zusammenarbeit und Auseinandersetzung mit der »KPD« (Anm. 270), S. 6.

292 Vgl. Dimitroff: Die Offensive des Faschismus ... (Anm. 267), 108f.

293 Zur kommunistischen Programmatik (Anm. 277), S. 13. Gefahr eines neuen Faschismus (Anm. 257), S. 8. Zur Diskussion im Kommunistischen Bund (Anm. 23), S. 23.

294 Zur kommunistischen Programmatik (Anm. 277), S. 17.

295 Italien: Faschistische Mordpläne gegen 1.617 Personen entdeckt. In: AK, Hamburg, 3. Jg. (1973), Nr. 36, S. 16.

296 Werbetext zur Broschüre Von Pinelli zu Feltrinelli, Politischer Mord in Italien, in: UW, Hamburg, 1972, Sondernummer] In: Ebd., 4. Jg. (1974), Nr. 40, S. 23.

297 Die italienische Arbeiterklasse kämpft gegen den Faschismus. In: Ebd., Nr. 45, S. 1, 8-11, hier S. 11.

[298] Zur kommunistischen Programmatik (Anm. 277), S. 17.

[299] Warm anziehen! Kapitalisten steuern Kommunisten-Verbot an. In: AK, Hamburg, 2. Jg. (1972), Nr. 23, S. 8-10, hier S. 8.

[300] Gegen die Kommunistenjagd (Anm. 269), S. 2.

[301] Ebd.

[302] Kampf dem Kommunistenverbot (Anm. 278), S. 3.

[303] Gegen die Kommunistenjagd (Anm. 269), S. 2.

[304] Zit. n. Langguth 1976, 161.

[305] Zit. n. Wer im Glashaus sitzt ... DKP drängt auf Verbot der »KPD«. In: AK, Hamburg, 4. Jg. (1974), Nr. 39, S. 27.

[306] »Faschisierung bedeutet noch nicht Faschismus, auch in der Weimarer Republik begann die Faschisierung viel eher als durch die Machtübernahme der Nazis.« (Die Bonner Parteien und die Arbeiterklasse, Anm. 286, S. 39)

[307] Gefahr eines neuen Faschismus (Anm. 257), S. 9.

[308] Der Versuch der Union, die Brandt-Regierung durch ein konstruktives Misstrauensvotum abzulösen (April 1972), wurde als »versuchte Machtergreifung« bezeichnet (Krise in Bonn, in: AK, Hamburg, 2. Jg., 1972, Nr. 19, S. 1, 3-5, hier S. 1). Der vom Hamburger Schwurgericht gegen Werner Hoppe (im Juli 1971 bei der ersten Großfahndung nach der RAF verhaftet) geführte Prozess (Juni 1972) erinnere an die »Methoden der Klassenjustiz unter dem Nazi-Faschismus« (Terrorurteil gegen Hoppe, in: ebd., Nr. 21, S. 2f, hier S. 2). Die Argumente der Hamburger IG Chemie gegen den KB seien direkt aus »Mein Kampf« von Adolf Hitler »kopiert« (Kommunistenjagd, Oberstes Gebot der Gewerkschaftsführer, in: ebd., 3. Jg., 1973, Nr. 28, S. 2f, hier S. 2). Die Berichte über die Räumung der von Jugendlichen besetzten Hamburger Ekhofstraße 39 (Mai 1973) würden Meldungen aus dem »Oberkommando der Wehrmacht« ähneln (Polizeiterror gegen Hausbesetzer, in: ebd., Nr. 29, S. 10f/17, hier S. 11). Die »Sonderkommandos« der Polizei, d. h. Bereitschaftspolizei, Mobile Einsatzkommandos, Bundesgrenzschutz, seien eine »neue Gestapo« (»Sonderkommandos« der Polizei: Eine neue Gestapo, in: ebd., 5. Jg., 1975, Nr. 58/59, S. 39-41).

[309] Baader-Meinhof-Jagd (Anm. 288), S. 2.

[310] Gegen die schrittweise Faschisierung von Staat und Gesellschaft (Anm. 263). Baader-Meinhof-Jagd (Anm. 288), S. 2.

[311] Gefahr eines neuen Faschismus (Anm. 257), S. 9. Vgl. auch Schmidt – Neuer Kanzler des Kapitals. In: AK, Hamburg, 4. Jg. (1974), Nr. 44, S. 1f, hier S. 1.

[312] ES: Faschisierung oder Rückkehr zur Normalität? Eine Antwort auf Georg Fülberth. In: ak, Hamburg, 27. Jg. (1997), Nr. 399, S. 12f, hier S. 13.

[313] Gefahr eines neuen Faschismus (Anm. 257), S. 9.

[314] Zur kommunistischen Programmatik (Anm. 277), S. 12.

[315] Resolutionsentwurf der Antifakommission (Hamburg). In: UW, Hamburg, 5. Jg. (1979), Nr. 25, S. 9-15, hier S. 15.

[316] he.: Kleine Wahlgeschichte von KB und AK. In: ak, Hamburg, 24. Jg. (1994), Nr. 370, S. 23.

[317] Vgl. Lenin, W 31, 1-91: Der »linke Radikalismus«, die Kinderkrankheit im Kommunismus, hier 41-51.

[318] »Leitsätze über die kommunistischen Parteien und den Parlamentarismus, angenommen auf dem II. Kongress der Kommunistischen Internationale am 2. August 1920«, in: Der I. und II. Kongress der Kommunistischen Internationale, hrsg. vom Institut für Marxismus-Leninismus beim ZK der SED, Berlin (DDR) 1959, S. 187-196, hier S. 188/191.

[319] Zit. n. Bilstein, Helmut / Sepp Binder / Manfred Elsner u. a.: Organisierter Kommunismus in der Bundesrepublik Deutschland. DKP – SDAJ – MSB Spartakus. KPD / KPD(ML) / KBW

/ KB. Opladen 1977 (4., erw. Aufl.). S. 91. Zit. n. Die K-Gruppen in der Bundesrepublik – Unbekannte zwischen Marx und Mao. In: dpa-Hintergrund, Archiv- u. Informationsmaterial, dpa-Archiv/HG 2707, hrsg. von der dpa, Hamburg 1977. S. 9.

[320] Programmatische Erklärung der Kommunistischen Partei Deutschlands. In: Rote Fahne, Berlin, 2. Jg. (1971), Nr. 21, S. 1f, 12-16, hier S. 2.

[321] Vgl. Materialien zur Auseinandersetzung in der marxistisch-leninistischen Bewegung Westdeutschlands, a. a. O., S. 5f.

[322] wu.: Kommunistische Stadträtin verliert ihr Mandat. In: SZ, München, 32. Jg. (1976), Nr. 217 (18./19.9.), S. 10.

[323] Materialien zur Auseinandersetzung in der marxistisch-leninistischen Bewegung Westdeutschlands, a. a. O., S. 31.

[324] Zit. n. Langguth 1983, 113.

[325] he.: Kleine Wahlgeschichte von KB und AK (Anm. 316), S. 23.

[326] Vor 25 Jahren: Als der KB zur Wahl der SPD aufrief. In: ak, Hamburg, 27. Jg. (1997), Nr. 408, S. 26f. hier S. 27.

[327] he.: Kleine Wahlgeschichte von KB und AK (Anm. 316), S. 23.

[328] Lenin, W 16, 353–358: Die Differenzen in der europäischen Arbeiterbewegung, hier 356.

[329] SPD – eine »bürgerliche Arbeiterpartei«. In: AK, Hamburg, 2. Jg. (1972), Nr. 21, S. 10f, hier S. 10.

[330] Die »neue Ostpolitik«. In: Ebd., Nr. 16, S. 1f, hier S. 2.

[331] Lenin, W 23, 102–118: Der Imperialismus und die Spaltung des Sozialismus, hier 113.

[332] SPD – das kleinere Übel? In: AK, Hamburg, 2. Jg. (1972), Nr. 20, S. 10-12, hier S. 11f.

[333] Vgl. Politik der Aktionseinheit und »Hauptstoß gegen die SPD«? In: AK, Hamburg, 2. Jg. (1972), Nr. 22, S. 10-12.

[334] Stellungnahme des Kommunistischen Bundes zu den Bundestagswahlen. In: Ebd., Nr. 23, S. 4f, hier S. 5.

[335] Krise in Bonn (Anm. 308), S. 1/5.

[336] SPD – das kleinere Übel (Anm. 332), S. 10.

[337] W. D.: Die Ostverträge und die Kommunisten. In: UW, Hamburg, 2. Jg. (1972), Nr. 16/17, S. 31-33, hier S. 32. Die »neue Ostpolitik« (Anm. 330), S. 2. Vgl. Der »Osthandel«. Politische Waffe des BRD-Imperialismus. In: UW, Revisionismuskritik, Hamburg, (o. J.), Nr. 4.

[338] Vgl. Stellungnahme des Kommunistischen Bundes zu den Bundestagswahlen (Anm. 334), S. 4f.

[339] Zum Eingreifen der Linken in die Bundestagswahlen. In: AK, Hamburg, 6. Jg. (1976), Nr. 81, Beilage, o. P. Vgl. Breite Aussprache über das Eingreifen des KB zu den Bundestagswahlen (Anm. 27), S. 11.

[340] Schritt halten (Anm. 17), S. 13.

[341] Vor 25 Jahren: Als der KB zur Wahl der SPD aufrief (Anm. 326), S. 27.

[342] Zum Eingreifen der Linken in die Bundestagswahlen (Anm. 339).

[343] Schmidt – Neuer Kanzler des Kapitals (Anm. 311), S. 1.

[344] Zit. n. Zum Eingreifen der Linken in die Bundestagswahlen (Anm. 339).

[345] Wahldiskussion. In: AK, Hamburg, 6. Jg. (1976), Nr. 85, S. 43.

[346] Wahldiskussion. In: Ebd., Nr. 83, S. 43f, hier S. 43.

[347] Wahldiskussion (Anm. 345), S. 43.

[348] Vgl. Keine Stimme den bürgerlichen Parteien. CDU, CSU, SPD, FDP, NPD – frauenfeindlich. Hrsg. von der Aktionseinheit Hamburger Frauengruppen. Hamburg 1976. Vgl. auch Bundestagswahlen 76. Stellungnahmen von GIM, KB, KSG und MRI. Freiburg 1976. S. 13-17.

[349] Die Wahlergebnisse der »Revolutionäre«. In: AK, Hamburg, 6. Jg. (1976), Nr. 91, S. 46.

350 Für ein unabhängiges, vereintes und sozialistisches Deutschland, a. a. O., S. 46.

351 Materialien zur Auseinandersetzung in der marxistisch-leninistischen Bewegung West-deutschlands, a. a. O., S. 28.

352 Zur Politik des »offenen Briefes«. In: AK, Hamburg, 3. Jg. (1973), Nr. 27, S. 8.

353 Rechenschaftsbericht des Leitenden Gremiums, a. a. O., S. 11.

354 Zur Politik des »offenen Briefes« (Anm. 352).

355 Hektografierte »Stellungnahme der Politischen Leitung der KB-Gruppe Flensburg«, o. O., 9.3.1972 (ak-Archiv), S. 2.

356 Abschlusskundgebung der 1.-Mai-Demonstration des KB Hamburg (Anm. 138).

357 Politik der Aktionseinheit und »Hauptstoß gegen die SPD« (Anm. 333), S. 10.

358 Abschlusskundgebung der 1.-Mai-Demonstration des KB Hamburg (Anm. 138).

359 Die »gegenwärtige relative Stabilität des Kapitalismus« bewirke, dass die »Lösung der werk-tätigen Massen von der Sozialdemokratie nur sehr langsam und schrittweise« vor sich gehe (Vgl. 1. Mai, internationaler Kampftag der Arbeiterklasse, Anm. 276, S. 8).

360 SPD – das kleinere Übel (Anm. 332), S. 10.

361 »Beschluss des Parteivorstandes, Parteirats und der Kontrollkommission der SPD vom 14.11.1970«, in: Geschichte der Bundesrepublik in Quellen und Dokumenten, hrsg. von Georg Fülberth, Köln, 1983 (2., durchges. u. erw. Aufl.), S. 349f, hier S. 349.

362 Zur genaueren Begründung dieser Position legte der KB Anfang der 70er Jahre alte KAB-Artikel neu vor (vgl. Unser Weg: Revisionismuskritik [Nachdruck der wesentlichen KAB-AZ-u. Revisionismuskritik-Artikel von 1971], hrsg. vom j.-reents-verlag, Hamburg 1972).

363 »Bündnispolitik«, Entwurf für den Rechenschaftsbericht des Leitenden Gremiums des KB für den Vorkongress vom Dezember 1978, o. O., o. J. (ak-Archiv), S. 5 (eine gekürzte Ver-sion dieses Textes findet sich im Rechenschaftsbericht des Leitenden Gremiums, a. a. O., S. 11-13).

364 Schritt halten (Anm. 17), S. 13.

365 Protokoll des Düsseldorfer Parteitages der Deutschen Kommunistischen Partei. Hrsg. vom PV der DKP. Hamburg 1971. S. 354f.

366 Opportunismus unter »linker« Flagge. Eine Auseinandersetzung mit Politik und Praxis des KB-Nord. Materialien einer Veranstaltung der DKP am 8. Januar 1976 in Hamburg. In: DKP-Extra, hrsg. vom Hamburger Bezirksvorstand der DKP, Hamburg 1976, S. 3.

367 Vgl. »Linke« Phrasen – rechte Politik. Zur Politik und Praxis des KBW. Materialien eines Streitgesprächs am 22. Mai 1975 in Bremen. In: Ebd., Düsseldorf 1975. Von Seiten des KBW beteiligten sich u. a. Wolfgang Müller, Ralf Fücks und Wolfram Stein.

368 Die Referate dieser Veranstaltung finden sich abgedruckt in der Broschüre »Opportunismus unter ›linker‹ Flagge« (a. a. O.). Das Hauptreferat gleichnamigen Titels wurde von Willi Gerns, Mitglied des Präsidiums der DKP, gehalten (ebd., S. 3-15). Robert Steigerwald, Mit-glied des Parteivorstandes, sprach »Zu den Auffassungen des KB in den Fragen der Faschi-sierung in der Bundesrepublik und des demokratischen Kampfes« (ebd., S. 18-20).

369 »Zweiter offener Brief an die DKP«, Flugblatt des LG des KB, Hamburg, 13.1.1976 (ak-Archiv), o. P.

370 LG des KB: Offener Brief an die DKP. In: AK, Hamburg, 5. Jg. (1975), Nr. 71, S. 48.

371 »›KB-Tribunal‹ der DKP – leider ohne den Angeklagten«, Beilage zur Solidarität, Hamburg, 5. Jg. (1976), Nr. 28, o. P.

372 Opportunismus unter »linker« Flagge, a. a. O., S. 4f/15. Zu ähnlichen Schlussfolgerungen vgl. Gedanken zur Krise des KB. Hrsg. vom SDAJ. In: Unser Standpunkt, Hamburg, (1979), Nr. 5. Vgl. a. Wenn wir die Maoisten bekämpfen, so ist das gut und nicht schlecht. Eine Auseinandersetzung mit der Politik maoistischer Gruppierungen in der BRD. Hrsg. vom

Bundesvorstand des MSB Spartakus. Bonn o. J. [1974]. Vgl. a. Wer sind die Linkskräfte? Eine Auseinandersetzung mit Theorie und Praxis des KB-Nord und des SSB. Hrsg. vom MSB Spartakus. Hamburg 1976.

[373] Vietnamdemonstration in Hamburg. In: AK, Hamburg, 3. Jg. (1973), Nr. 25, S. 3.

[374] Die trotzkistische Gruppe Internationale Marxisten (GIM), die als »deutsche Sektion« der IV. Internationale firmierte und der 1976 bundesweit etwa 600 Mitglieder angehörten (Zentralorgan: *Was tun*), hatte einen wichtigen regionalen Schwerpunkt in Hamburg (vgl. BRD-VS 1976, 102). Dass es zwischen KB und GIM in den 70er Jahren in Hamburg nur zu sporadischen Formen der Zusammenarbeit kam (besonders im Rahmen der Russell-Kampagne, 1976–78), dabei aber zumeist Bekämpfungsrituale dominierten, erklärten beide Gruppen mit bestehenden grundlegenden ideologischen Differenzen. Während der Hamburger ML-Bund dem Trotzkismus ablehnend gegenüberstand, zieh die GIM den KB der »Stalinverteidigung« und kritisierte ihn als »zentristische Organisation« (Wohin treibt der Kommunistische Bund?, Eine Auseinandersetzung mit seiner Theorie und Praxis, hrsg. von der GIM Hamburg, Frankfurt/a. M. 1976, S. 78).

[375] Vgl. »Kommunistischer Bund (Arbeiterkampf)« = Konterrevolutionäre Trotzkisten. Hrsg. von der KPD/ML, Landesverband Wasserkante. O. O. 1976. S. 43.

[376] Internes Papier des »Regionalkomitee Wasserkante der KPD« gegen den KB. In: Aktionseinheit oder »Partei«-ladenpolitik, UW, Hamburg, (o. J.), Sondernr., S. 2-5, hier S. 2.

[377] Der KB-Nord: Eine Gruppierung ohne politischen Halt. In: Kommunismus und Klassenkampf, Mannheim, 2. Jg. (1974), Nr. 1, S. 27–30, hier S. 27.

[378] Wir müssen jeden unserer Schritte an unserer Hauptaufgabe, dem Wiederaufbau der Kommunistischen Partei, messen. Stellungnahme des ZK der ABG zur Gründung eines Kommunistischen Bundes durch das SALZ und den »KAB« Hamburg. München 1972. S. 2.

[379] Vgl. Zur Politik des KBW (NRF) [Nachdruck der wesentlichen AK- u. UW-Artikel vom März 1972 bis November 1973]. Hrsg. von der Leitung der BO Hamburg des KB. Hamburg o. J. [1973];KBW am Scheideweg. Vaterlandsverteidigung oder Sozialismus [Nachdruck der wesentlichen AK-Artikel von Januar 1974 bis Oktober 1975]. Hrsg. vom Redaktionskollektiv des KB. Hamburg 1975; Wie der KBW der Bewegung gegen den § 218 schadet. Hrsg. von der AG Frauen im KB. Hamburg 1976; Der KBW lügt! Dokumentation des KB. Hamburg 1975; Angola war nur der Anfang, a. a. O. Erbärmlich und dumm: KVZ will weiter lügen! In: AK, Hamburg, 5. Jg. (1975), Nr. 62, S. 20.

[380] Vgl. Zur neuesten Spaltung der »KPD/ML«. In: UW, Hamburg, 2. Jg. (1972), Nr. 14, S. 17-19, hier S. 18. Vgl. auch AK, Hamburg, 4. Jg. (1974), Nr. 53, S. 32.

[381] Kampf dem Kommunistenverbot (Anm. 278), S. 3. Der KB (»*Arbeiterkampf*«) entbietet dem erfolgreichen Parteitag der KPD flammende Kampfesgrüße. Hrsg. vom KB. Hamburg o. J. [1985], S. 3f/6.

[382] Vgl. »KPD/ML« schwenkt offen ins Lager der »Vaterlandsverteidiger« (Anm. 159). Vgl. auch Erklärung des LG des Kommunistischen Bundes zur Herausbildung des neuen »Sozial«chauvinismus (Anm. 156).

[383] Rote Fahne, 1973, Nr. 2; zit. n. Zusammenarbeit und Auseinandersetzung mit der »KPD« (Anm. 270), S. 2.

[384] Zur kommunistischen Programmatik. Tl. 2. In: UW, Hamburg, 2. Jg. (1972), Nr. 14, S. 4-24, hier S. 16.

[385] Zur Zusammenarbeit und Auseinandersetzung mit der »KPD«. In: AK, Hamburg, 4. Jg. (1974), Nr. 44, S. 31.

[386] Vgl. Internes Papier des »Regionalkomitee Wasserkante der KPD« gegen den KB (Anm. 376).

[387] Offener Brief der Leitung des KB an die Mitglieder und Sympathisanten der »KPD«. In: Aktionseinheit oder »Partei«-ladenpolitik, a. a. O., S. 7f, hier S. 8.

[388] Portugal: »KPD« auf Seiten der Faschisten. In: AK, Hamburg, 5. Jg. (1975), Nr. 66, S. 4.

[389] Erklärung des LG des Kommunistischen Bundes zur Herausbildung des neuen »Sozial«chauvinismus (Anm. 156).

[390] »Bündnispolitik« (Anm. 363), S. 5a.

[391] Vgl. Antifaschistisches Aktionsbündnis in Hamburg. In: AK, Hamburg, 2. Jg. (1972), Nr. 14, S. 3. Vgl. auch Strauß in Hamburg: Faschistische Aufhetzung der Kriminalpolizei. In: Ebd.

[392] Zit. n. SPD, CDU und FDP erklären RBJ zum Verfassungsfeind. Größt-Koalition gegen demokratische Jugendarbeit. In: AK, Hamburg, 4. Jg. (1974), Nr. 50, S. 26. Zur Vorgeschichte vgl. Die reaktionäre Kampagne gegen den RBJ geht weiter. In: RBJ-Kommunikation, Hamburg, 4. Jg. (1973), Nr. 5f, S. 29-34.

[393] »Rundbrief des LG«, o. O., o. J. [zwischen 28.10. und 2.11.1974] (ak-Archiv), o. P.

[394] Für eine Gewerkschaftspolitik im Interesse der Arbeiterjugend. In: Rebell, Hamburg, (o. J.), Extra, S. 4.

[395] 1. Mai – Saigon ist frei! In: AK, Hamburg, 5. Jg. (1975), Nr. 61, S. 19f, hier S. 19.

[396] Der Rebell erschien von September 1974 bis Juli 1978 in 29 regulären Ausgaben (bis 1976 sechswöchentlich, danach unregelmäßig) in einer durchschnittlichen Auflage von ca. 7.600 Exemplaren und in einigen Sondernummern (vgl. Rebell, Jugendzeitung des Kommunistischen Bundes, Hamburg, 1.-5. Jg., 1974-1978, Nr. 1-29).

[397] Auferstanden aus Ruinen. Zur Wiederherausgabe des Rebells durch den Kommunistischen Bund. In: Ebd., Hamburg, 1. Jg. (1974), Nr. 1, S. 1.

[398] Mao Tse-tung: Stalin ist unser Führer (1939). In: Die Schriften von Mao Tse-tung, hrsg. von Stuart R. Schram, München 1972, S. 377-380, hier S. 378.

[399] 1. Mai – Saigon ist frei! In: AK, Hamburg, 5. Jg. (1975), Nr. 61, S. 19f, hier S. 19.

[400] »Zur Kampagne gegen die ›Sparpolitik‹ des Hamburger Senats«, Rundschreiben des LG, o. O., o. J. (ak-Archiv), o. P.

[401] »Rundschreiben des LG«, o. O., o. J. [ca. 18.8.1975] (ak-Archiv), o. P.

[402] Eckhoff: Protokoll ... 18.6.1997, a. a. O.

[403] Brückner, Peter: Die Transformation des demokratischen Bewusstseins. In: Johannes Agnoli u. a., Die Transformation der Demokratie, Berlin 1967, S. 89-191, hier S. 197.

[404] Lukács (1885-1971), ungarischer Kommunist, Philosoph, Literaturkritiker, Vertreter eines »westlichen Marxismus« (Anderson 1978), ging in einem 1920 erschienenen Aufsatz mit dem Titel »Zur Organisationsfrage der Intellektuellen« (in: ders., Taktik und Ethik, Politische Aufsätze I, 1918-1920, hrsg. von Jörg Kammler u. a., Darmstadt u. a. 1975, S. 167-171) davon aus, dass die Intelligenz als Klasse nicht revolutionär sein könne, da ihr spezifisches Klasseninteresse auf die Sicherung von Privilegien abziele, »während das Proletariat gerade als Klasse revolutionär ist« (ebd., 171). Intellektuelle könnten daher nur als Individuen revolutionär werden, indem sie aus ihrer Klasse austreten« und sich als Proletarier (nicht als Intellektuelle) am Klassenkampf der Arbeiterbewegung beteiligten (ebd.). Die These von der Notwendigkeit des »individuellen Klassenverrats« spielte in der Organisationsdebatte des SDS 1968 eine wichtige Rolle.

[405] Krahl (im Februar 1970 im Alter von 27 Jahren bei einem Autounfall ums Leben gekommen), einer der führenden Theoretiker des SDS, vertrat demgegenüber in seinen »Thesen zum allgemeinen Verhältnis von wissenschaftlicher Intelligenz und proletarischem Klassenbewusstsein (Krahl, Hans-Jürgen: Konstitution und Klassenkampf, Schriften und Reden 1966-1970, Frankfurt a. M. 1985, 4. Aufl., S. 330-347) die Auffassung, dass relevante Teile der Intelligenz selbst objektiv zu einem Element des »produktiven Gesamtarbeiters«

(ebd., S. 341) geworden seien und als solche die Fähigkeit zum »kollektiven Theoretiker des Proletariats« (ebd., S. 345) hätten. »Die Theorie des individuellen Klassenverrats ist der wissenschaftlichen Intelligenz historisch nicht mehr adäquat. Die wissenschaftliche Intelligenz muss als organisierte in den Klassenkampf eingehen« (ebd., S. 296). Diese Konzeption wurde von Krahl Ende 1969 bewusst als Fortschreibung der antiautoritären Spontaneitätsideologie gegen die entstehenden ML-Konzepte formuliert (vgl. ebd., S. 331).

[406] Lenin, W 4, 187-198: Rezension, Karl Kautsky, Bernstein und das sozialdemokratische Programm, Eine Antikritik, hier 196.

[407] Vgl. Ehlers: Protokoll ... 25.2.1994, a. a. O.

[408] Vgl. Beschluss des Zentralen Komitees vom 15.12.73 zur Frage der kommunistischen Massenorganisationen unter den Studenten. In: Die Arbeit der Kommunisten unter den Studenten, hrsg. vom ZK des KBW, Mannheim 1974, S. 3-6.

[409] Schlögel: Was ich einem Linken über die Auflösung der KPD sagen würde, a. a. O., S. 22.

[410] Zum Aufbau eines Sozialistischen Studentenbundes. Tl. 2. In: UW, Hamburg, (1972), Sondernummer, S. 6/20f/25.

[411] Für das Bündnis von Intelligenz und Arbeiterklasse. In: KAB-AZ, Hamburg, 2. Jg. (1971), Nr. 11/12, S. 34-39, hier S. 39.

[412] Die Politik des Sozialistischen Studentenbundes (Anm. 71), S. 25.

[413] Wahlen: SP und Konzil. In: Solidarität, Hamburg, 2. Jg. (1973), Nr. 11, S. 1/17f, hier S. 17.

[414] Zum 1. Mai 73. In: UW, Hamburg, 3. Jg. (1973), Nr. 20/21, S. 1-40, hier S. 25.

[415] Eckhoff: Protokoll ... 18.6.1997, a. a. O.

[416] Rechenschaftsbericht des Leitenden Gremiums, a. a. O., S. 15.

[417] Zusammenarbeit und Auseinandersetzung mit der »KPD« (Anm. 270), S. 1.

[418] Das zentrale Motto der KB-Frauenarbeit, »Nur mit der proletarischen Frau wird der Sozialismus siegen«, entstammte einer Rede Clara Zetkins, welche diese auf dem Gothaer Parteitag der SPD 1896 gehalten hatte (vgl. Zetkin, ARS I, 3-111: Nur mit der proletarischen Frau wird der Sozialismus siegen!).

[419] »Nur mit der proletarischen Frau wird der Sozialismus siegen!« Zu den Aufgaben der Arbeitsgruppe Frauen. In: AK, Hamburg, 5. Jg. (1975), Nr. 57, S. 8f, hier S. 8.

[420] Zetkin, ARS II, 260-289: Richtlinien für die kommunistische Frauenbewegung (1920), hier 260f. Vgl. Bebel, August: Die Frau und der Sozialismus (1879). Frankfurt/M. 1977; Engels, MEW 21, 25-173: Der Ursprung der Familie, des Privateigentums und des Staates (1884).

[421] Vgl. Zetkin, ARS I, 3-11: Für die Befreiung der Frau (1889)!, hier 4/10.

[422] Zetkin: Zur Geschichte der proletarischen Frauenbewegung in Deutschland (1906/28). Hrsg. vom Institut für Marxismus-Leninismus beim ZK der SED. Berlin (DDR) 1958 (3. Aufl.). S. 204.

[423] Zetkin., ARS III, 89-160: Erinnerungen an Lenin (1924/25), hier 145, zit. hier Lenin.

[424] Zetkin: Nur mit der proletarischen Frau wird der Sozialismus siegen (Anm. 418), S. 105.

[425] Bericht der AG Frauen an den 1. KB-Kongress. In: UW, Hamburg, 6. Jg. (1980), Nr. 32, S. 14-18, hier S. 14.

[426] Broyelle, Claudie: Die Hälfte des Himmels. Frauenemanzipation und Kindererziehung in China. Berlin 1976. S. 2/171.

[427] Schwarzer, Alice: Der »kleine Unterschied« und die großen Folgen. Frauen über sich, Beginn einer Befreiung. Frankfurt/M. (1. Aufl.: 1975) 1998 (erw. u. aktual. Aufl.). S. 10/211.

[428] Mehr Mut, Jungs! In: AK, Hamburg, 5. Jg. (1975), Nr. 58, S. 25.

[429] Bericht der AG Frauen an den 1. KB-Kongress (Anm. 425), S. 14.

[430] Vgl. Frauenarbeit. Gegen die Benachteiligung der Frau am Arbeitsplatz. Gleicher Lohn für gleiche Arbeit. Gegen Akkordhetze und Fließbandarbeit. Für bessere Arbeitsbedingungen.

Hrsg. vom Verlag Arbeiterkampf. Hamburg 1976 (2. Aufl.).

[431] Vgl. Rotbuch zu den Gewerkschaftsausschlüssen. Mit Gutachten zum Russell-Tribunal. Hrsg. vom j.-reents-verlag. Hamburg 1978. S. 363.

[432] Vgl. die rote Anna, Hamburg, 1. Jg. (1976), Nr. 0.

[433] »Die Mobilisierung zu einem kämpferischen 1. Mai muss in unserer Organisation selbst beginnen!«, Rundbrief des LG des KB zur Vorbereitung des 1. Mai 1975, o. O., o. J. (ak-Archiv), o. P.

[434] Vgl. Portugal. Der Kampf der arbeitenden Frau. Hrsg. von der AG Frauen des KB Hamburg. Hamburg 1975. Vgl. auch Frauen in Chile. Hrsg. von der AG Frauen, KB Hamburg und Chile-Frauen Hamburg. Hamburg 1976.

[435] Bericht der AG Frauen an den 1. KB-Kongress (Anm. 425), S. 14.

[436] Es steht nur die Frage nach dem »Wie?«. In: AK, Hamburg, 5. Jg. (1975), Nr. 57, S. 5.

[437] Hamburg: 4.000 demonstrieren gegen § 218. In: Ebd.

[438] Es steht nur die Frage nach dem »Wie« (Anm. 436).

[439] Vgl. Wir klagen an: § 218. Tribunal gegen § 218. Dokumentation. Hrsg. von Katrin Retzlaff u. a. Hamburg 1981. Vgl. a. Hebisch, Sylvia: Protokoll des Gesprächs mit d. Vf. vom 25.10.1999 (PBdVf).

[440] Weg mit dem § 218. Abtreibung – Ja oder Nein, das muss Sache der Frauen sein! Hrsg. vom Verlag Arbeiterkampf. Hamburg 1976 (2. Aufl.). S. 1.

[441] Wie der KBW der Bewegung gegen den § 218 schadet, a. a. O., S. 2.

[442] Zit. n. M.: KBW – öfters völlig daneben. In: ak, Hamburg, 15. Jg. (1985), Nr. 255, S. 42f, hier S. 42.

[443] Für die Gleichberechtigung von Mann und Frau. Auseinandersetzung mit dem KBW. In: AK, Hamburg, 5. Jg. (1975), Nr. 56, S. 6f, hier S. 7.

[444] Vgl. Schritt halten (Anm. 17), S. 12.

[445] Teichler: Protokoll ... 25.1.1997, a. a. O. Betriebe, in denen Kader des KB tätig wurden, waren z. B. Blohm & Voss, Hamburger Stahlwerke, Siemens, Colgate-Palmolive, Texaco, Reichhold-Albert-Chemie/Hoechst, Norddeutsche Affinerie, Beiersdorf, Hanomag-Henschel, Hamburger Hafen und Lufthansa.

[446] KBW – Koloss auf tönernden Füßen (Anm. 27), S. 31.

[447] Horchem, Josef: Die Predigt der Gewalt. Eine Gefahr, die immer größer wird: maoistische Gruppen in der Bundesrepublik. In: Die Zeit, Hamburg, 32. Jg. (1977), Nr. 21, S. 42.

[448] Zusammenarbeit und Auseinandersetzung mit der »KPD« (Anm. 270), S. 10.

[449] Trampert, Rainer: Protokoll des Gesprächs mit d. Vf. vom 15.6.1997 (PBdVf). Das SALZ hatte mit einer ähnlichen Schwierigkeit zu kämpfen, die als »Flipperproblem« bezeichnet war .

[450] Lenin, W 5, 353-551: Was tun?, hier 358/386/392/396/402f/412/414f/425/427.

[451] Zielübungen (Anm. 2), S. 19.

[452] Lenin: Was tun (Anm. 450), 412.

[453] So engagierte sich etwa die Betriebszelle bei der Firma Colgate-Palmolive in Hamburg für die Wiederinstallierung von abmontierten Klobrillen (Alles o. k. auf den Klos von CP, in: Der Chemiearbeiter, Betriebsausgabe Colgate, Hamburg, 1974, S. 1f).

[454] Lage im Bergbau. In: AK, Hamburg, 2. Jg. (1972), Nr. 15, S. 11.

[455] Drei Jahre kommunistische Betriebsarbeit bei der Reichhold Albert Chemie AG. In: Ebd., 3. Jg. (1973), Nr. 34, S. 15-17, hier S. 16.

[456] Taktisches Wirrwarr. Zur Politik des Zirkelblocks (KBW). Tl. 2. In: Ebd., Nr. 32, S. 24-26, hier S. 24.

[457] Drei Jahre kommunistische Betriebsarbeit bei der Reichhold Albert Chemie AG (Anm. 455), S. 17.

458 Zielübungen (Anm. 2), S. 19. Drucktarifrunde 1973. In: AK, Hamburg, 3. Jg. (1973), Nr. 27, S. 2. HDW-Kapitalisten in der Offensive. In: Ebd., Nr. 25, S. 18f, hier S. 19.

459 Teichler: Protokoll ... 14.6.1997, a. a. O.

460 Vgl. Klarer Kurs der Merck-Vertrauensleute: Statt Ordnungsfaktor Gewerkschaft als Kampforganisation. In: AK, Hamburg, 2. Jg. (1972), Nr. 22, S. 15-17 (Tl. 1) u. Nr. 23, S. 16-18 (Tl. 2). Vgl. auch Merck, Darmstadt: Gegenoffensive der Rechten. In: Ebd., 3. Jg. (1973), Nr. 25, S. 19f. Ein hier (S. 20) angekündigter Artikel »Merck als Vorbild?«, in dem die Erfahrungen in der Betriebsarbeit bei dieser Firma in Hinblick auf »allgemeine Fragen kommunistischer Betriebs- und Gewerkschaftsarbeit« ausgewertet werden sollte, erschien dann nicht mehr.

461 Schritt halten (Anm. 17), S. 12.

462 Machen wir die Gewerkschaften zu Kampforganisationen der Arbeiterklasse! In: AK, Hamburg, 4. Jg. (1974), Nr. 40, S. 6-8, hier S. 7.

463 1. Mai, internationaler Kampftag der Arbeiterklasse (Anm. 276), S. 8.

464 Kommunistenjagd (Anm. 308), S. 3.

465 In seiner Linksradikalismusschrift von 1920 setzte Lenin sich mit der Gewerkschaftsfrage auseinander (vgl. Anm. 317, 31-41) und bezeichnete es als Fehler, aus der »Tatsache, dass die Spitzen der Gewerkschaften reaktionär und konterrevolutionär« sind, den Schluss zu ziehen, die Arbeit in den Gewerkschaften abzulehnen und statt dessen »neue, ausgeklügelte Formen von Arbeiterorganisationen« aufzubauen (ebd., 37).

466 Zur »Revers«-politik der Gewerkschaftsführer. In: AK, Hamburg, 3. Jg. (1973), Nr. 35, S. 2f, hier S. 3. Lenin selbst hatte dafür plädiert, die Kommunisten sollten, falls notwendig, »alle möglichen Schliche, Listen und illegalen Methoden anwenden, die Wahrheit verschweigen und verheimlichen, nur um in die Gewerkschaften hineinzukommen, in ihnen zu bleiben und in ihnen um jeden Preis kommunistische Arbeit zu leisten« (Der »linke Radikalismus«, die Kinderkrankheit im Kommunismus, Anm. 317, 40).

467 1. Mai, internationaler Kampftag der Arbeiterklasse (Anm. 276), S. 8; vgl. Machen wir die Gewerkschaften zu Kampforganisationen der Arbeiterklasse (Anm. 462).

468 Zit. n. Bilstein u. a.: Organisierter Kommunismus in der Bundesrepublik Deutschland, a. a. O., S. 113.

469 Zum 1. Mai 73 (Anm. 414), S. 20ff.

470 Im Unterschied dazu verschlissen die ML-Parteien ihre Kader durch ein teilweise offenes Auftreten im Betrieb. Die KPD/ML gewann 1975 mit ihrer Roten Liste drei Betriebsratssitze auf der Kieler Howaldswerft. Die Westberliner KPD kandidierte 1975 in 35 Firmen/Abteilungen zu Betriebsratswahlen und bezeichnete es später als »gravierenden Fehler«, bei dieser Wahl zu viele »betriebliche Kader« bloßgestellt zu haben (zit. n. BRD-VS 1975, 94).

471 Betriebsrätewahlen 1975. In: AK, Hamburg, (1975), Extra, S. 4.

472 Verteilt auf die einzelnen Branchen ergibt sich für Hamburg folgendes Bild: Jeweils 20 Betriebsräte im Organisationsbereich der IG Metall, der ÖTV (besonders Hafen und Transportbetriebe) und der HBV; etwa 15 im Organisationsbereich der IG Chemie und knapp zehn im Bereich der IG DruPa; der Rest verteilte sich auf die Bereiche anderer Gewerkschaften (vgl. Betriebsrätewahlen 1975: Leichter Linkstrend wurde bestätigt, in: ebd., 5. Jg., 1975, Nr. 65, S. 12-15, 37, hier S. 14).

473 Vgl. BRD-VS 1975, 94.

474 Die Liste Alternative bei Hanomag-Henschel gewann 35 Prozent der Stimmen (vier Sitze), die Liste Frauen bei Colgate 37 Prozent (zwei Sitze), die Liste Argumente im Druckbetrieb Broschek 38 Prozent (fünf Sitze), die Gemeinschaftsliste Hauptverwaltung/Wilhelmsburg um Kynast und Trampert bei Texaco 36 Prozent und die Liste Alternative bei Beiersdorf

14 Prozent (zwei Sitze). Die »Linken« bei Iduna, die auf der HBV-Liste kandidierten, sollen 35 Prozent der Stimmen erzielt haben. In einigen Betrieben kandidierten »oppositionelle Einzelkandidaten« und erzielten zum Teil beachtliche Ergebnisse. So konnte etwa im Chemiebetrieb Severa ein »einzelner Kollege« 44 Prozent der Stimmen auf sich verbuchen. In einigen Betrieben fanden Persönlichkeitswahlen statt, hier kandidierten »linke Kollegen« blockweise, z. B. die Gruppe Alternative bei der Hamburger Hafen und Lagerhaus AG, die vier von 27 Sitzen im Betriebsrat gewann, oder die »linken Kandidaten« bei Hoechst und der Norddeutsche Affinerie, die zehn bis 15 Prozent der Stimmen erzielten (vgl. Betriebsrätewahlen 1975: Leichter Linkstrend wurde bestätigt, Anm. 472, S. 14).

[475] Ebd.

[476] Zur Frage der »Gewerkschaftsopposition«. In: AK, Hamburg, 3. Jg. (1973), Nr. 27, S. 22.

[477] Machen wir die Gewerkschaften zu Kampforganisationen der Arbeiterklasse (Anm. 462), S. 7.

[478] Reichhold Hamburg: Gewerkschaftsausschluss besiegelt. In: AK, Hamburg, 4. Jg. (1974), Nr. 39, S. 23.

[479] Zusammenarbeit und Auseinandersetzung mit der »KPD« (Anm. 270), S. 9. Extremistenerlass gegen die Arbeiterklasse. In: AK, Hamburg, 3. Jg. (1973), Nr. 29, S. 5-7, hier S. 5.

[480] Vgl. Rotbuch zu den Gewerkschaftsausschlüssen, a. a. O., S. 563-566.

[481] Vgl. den in *druck und papier*, Zentralorgan der IG Druck und Papier, publizierten Artikel Leonhard Mahleins »die so genannten« von 1972 (enthalten in: Rotbuch zu den Gewerkschaftsausschlüssen, a. a. O., S. 440-444); vgl. auch die Broschüren der Hamburger Verwaltungsstelle der IG Chemie-Papier-Keramik »Wer und was steckt dahinter?« von 1973 (in: ebd., S. 247-260) und »Was wollen die Chaoten?« von 1974 (in: UW, Hamburg, 4. Jg., 1974, Nr. 22, S. 25-27), die anscheinend von Philipp Freiherr von Kodolitsch, Sekretär der Hamburger IG CPK, verfasst worden sind (vgl. ebd., S. 24). Der Hauptvorstand der GEW richtete eine Arbeitsgruppe Extremismus ein, unter deren Federführung ab Oktober 1976 ein Periodikum namens »Informationen über extremistische Gruppen« erschien, das speziell der Auseinandersetzung mit den kommunistischen Gruppen der Neuen Linken dienen sollte (vgl. Rotbuch zu den Gewerkschaftsausschlüssen, a. a. O., S. 564f).

[482] Zit. n. Sachse 1985, 67.

[483] Der Hauptvorstand der IG Druck und Papier und der Beirat der IG Metall hatten bereits im März bzw. April 1973 eigene Beschlüsse einer Unvereinbarkeit der Mitgliedschaft in ihren Organisationen und der in kommunistischen Gruppen der Neuen Linken gefasst (vgl. Rotbuch zu den Gewerkschaftsausschlüssen, a. a. O., S. 50/433).

[484] Zit. n. ebd., S. 277.

[485] Einzig der Hamburger Landesverband der GEW hatte sich das Recht erkämpft, Ausschlussanträge zunächst durch eine von ihm berufene sog. Fünferkommission billigen zu lassen und diese erst dann dem GEW-Hauptvorstand zur Dekretierung zu überlassen (vgl. Sachse 1985, 56).

[486] Rotbuch zu den Gewerkschaftsausschlüssen, a. a. O., S. 150.

[487] Sachse (1985, 74-87) geht für den Zeitraum 1971 bis 1975/80 von 813 Ausschlüssen in Anwendung der gewerkschaftlichen Unvereinbarkeitsbeschlüsse aus, die sich auf GEW (272), IGM (267), ÖTV (184), IG CPK (41), IG Druck (23), DPG und HBV (je 13 Ausschlüsse) verteilen.

[488] Ausführlich zu diesen beiden Begriffen vgl. Deppe 1979, insb. 87-198; sowie Deppe 1989.

[489] »Die Mobilisierung zu einem kämpferischen 1. Mai muss in unserer Organisation selbst beginnen!«, Rundbrief des LG des KB zur Vorbereitung des 1. Mai 1975, o. O., o. J. (ak-Archiv), o. P.

[490] Resolution [der Veranstaltung der »Aktionseinheit« am 14.2.1975]. In: AK, Hamburg, 5. Jg. (1975), Nr. 56, S. 18.

[491] 1. Mai in Hamburg (Anm. 165).

[492] 1. Mai – Saigon ist frei (Anm. 399).

[493] »1. Mai muss Kampftag bleiben!«, Aufruf der Hamburger Aktionseinheit demokratischer und kommunistischer Gruppen zum 1. Mai 1975, Hamburg, 22.4.1975 (ak-Archiv), o. P.

[494] 1. Mai in Hamburg (Anm. 165).

[495] Die auf der Veranstaltung gehaltenen Referate finden sich abgedruckt in Dokumente. Betriebsräteveranstaltung, Hamburg, 6. Dezember 1975. Hamburg o. J.

[496] Zur Teilnahme aufgerufen hatten Betriebsräte (Reynolds – Hamburger Aluminium Werke, Hanomag-Henschel, Texaco, Philips-Elektronik, Colgate-Palmolive, Schenker, Opel Bochum) und Jugendvertreter (Demag-Conz, MBB, AEG, Rheinstahl/EK, T & N, Hauni, Vidal, HDW Hamburg und Kiel) sowie der Gesamtschülerrat der Gewerbeschule für Maschinenbau in Hamburg (vgl. Über 3.000 auf Betriebsräteveranstaltung, in: AK, Hamburg, 5. Jg., 1975, Nr. 71, S. 24). Sechs Personen aus diesem Kreis wurden in der Folge ihrer Mitwirkung an der Veranstaltung später aus den Gewerkschaften ausgeschlossen (vgl. Rotbuch zu den Gewerkschaftsausschlüssen, a. a. O., S. 133).

[497] Über 3.000 auf Betriebsräteveranstaltung (Anm. 496).

[498] Dokumente, Betriebsräteveranstaltung, a. a. O., S. 5/7ff.

[499] Rechenschaftsbericht des Leitenden Gremiums, a. a. O., S. 9.

[500] Trampert: Protokoll ... 15.6.1997, a. a. O.

[501] Teichler: Protokoll ... 14.6.1997, a. a. O.

III. Der KB im Kontext der neuen sozialen Bewegungen (1976–79)

In Zusammenhang mit seinen Aktivitäten in den neuen sozialen Bewegungen befand sich der KB 1977 auf dem Zenit seiner organisatorischen Ausdehnung. Ausdruck seiner relativ hegemonialen Position in den entsprechenden Spektren waren insbesondere die steigenden Verkaufszahlen seines Zentralorgans, des *Arbeiterkampfs*, der weit über die eigene Klientel hinaus Absatz fand. Seit 1976 erschien der *AK* 14-täglich und wuchs, proportional zum kampagnenorientierten Engagement des KB, quantitativ stark an (auf bis zu 64 Seiten). 1977 erreichte das Periodikum mit einer gedruckten Auflage von durchschnittlich über 23.000 Exemplaren pro Ausgabe seine höchste Verbreitung. Im Zusammenhang mit den Ereignissen des »deutschen Herbstes« und der von Seiten des Staates verhängten Nachrichtensperre wurde der *AK* weit über den KB hinaus als Organ linker Gegenöffentlichkeit wahrgenommen (*die tageszeitung*, der später eine ähnliche Funktion zugeschrieben wurde, erscheint erst seit 1979).

Der KB konnte bis 1977 Mitgliederzuwächse verzeichnen. Zu diesem Zeitpunkt sollen sich der Gruppe bundesweit insgesamt über 2.500 Aktive zugerechnet haben, wobei nicht einmal die Verantwortlichen innerhalb des Bundes selbst über exakte Zahlenangaben verfügten (insbesondere die Unterscheidung von Mitgliedern und Sympathisanten sowie, daran anknüpfend, Ortsgruppen und weniger verbindlich strukturierten Zirkeln, Bündnislisten usw. blieb prekär).[1] Die erste öffentliche Organisationsstatistik wurde auf dem Vorkongress des KB, im Dezember 1978, mit den Rechenschaftsberichten des Leitenden Gremiums und der Zentralen Regionalkommission vorgelegt. Das LG räumte ein, dass die Kriterien für eine KB-Mitgliedschaft, zumindest was die Zusammenhänge des Bundes außerhalb Hamburgs angehe, »weitgehend uneinheitlich« seien, was eine »fundierte Einschätzung unserer Kaderstärke« kaum zulasse.[2]

Von den 2.500 KB-Aktiven sollen 1977 bis zu 1.500 allein in Hamburg organisiert gewesen sein. Der Mitgliederzuwachs der Gruppe seit Mitte der 70er Jahre stand in engem Zusammenhang mit der jeweiligen Kampagnenpolitik des KB, mit der es vor allem innerhalb der Anti-AKW-Bewegung und auf dem Feld des »Antifaschismus« gelang, zahlreiche neue Kräfte an die Organisation heranzuführen. So gehörte 1978 etwa die Hälfte aller Ortsgruppenmitglieder des Bundes außerhalb Hamburgs dem KB erst seit zwei bis drei Jahren an. Der KB war zum Zeitpunkt seiner größten organisatorischen Ausdehnung bundesweit an etwa 80 Orten vertreten, wobei die entsprechenden Strukturen aber höchst unterschiedlich ausgeprägt waren: So bestand im hessischen Gießen lediglich ein Sympathisantenzirkel mit gerade einmal zwei Personen, während die Ortsgruppen des KB in Norddeutschland teilweise bis zu 100 Mitglieder zählten. Insgesamt war der KB im Jahr 1977 zwar in allen Bundesländern präsent, Zahl und Stärke der Ortsgruppen waren aber auch zu diesem Zeitpunkt von einem starken Nord-Süd-Gefälle geprägt: 1978 lebten 70 Prozent aller Mitglieder und Sympathisanten des KB (außerhalb Hamburgs) in den nördlichen Bundesländern (in Schleswig-Holstein, Bremen, Niedersachsen und Westberlin), 20 Prozent in Nordrhein-Westfalen und Hessen sowie lediglich zehn Prozent in Baden-Württemberg, Rheinland-Pfalz, Bayern und im Saarland.[3]

Die organisatorische Expansion des KB lässt sich einerseits aus dem bewegungspolitischen Engagement der Gruppe erklären und entsprach andererseits dem seit 1973 zu beobachtenden wellenartigen Anwachsen der ML-Bewegung insgesamt. Mit schätzungsweise annähernd 6.500 Mitgliedern standen die K-Gruppen 1977 auf dem Höhepunkt ihrer strukturellen Ausweitung. Der KB stellte mit seinen 2.500 Aktiven fast 40 Prozent dieser Gesamtzahl und gehörte zusammen mit dem KBW zu den K-Gruppen mit der größten Anhängerschaft.[4] Zum Zeitpunkt ihrer »Hochkonjunktur« zwischen 1973 und 1977 war die ML-Bewegung zwar die stärkste organisierte Kraft innerhalb der Neuen Linken, doch soll die Zahl der K-Aktiven auch auf dem Höhepunkt der ML-Welle, 1977, (je nach zugrunde gelegter Quelle) lediglich bis zu 30 Prozent der zu diesem Zeitpunkt insgesamt in DKP und SEW organisierten Kräfte entsprochen haben.[5]

Anti-AKW-Arbeit: Schafft zwei, drei, viele Brokdorf!

Mit den Demonstrationen in Brokdorf Ende 1976, denen sich weite Teile der Neuen Linken anschlossen, wurde der Anti-AKW-Protest zur bundesweiten Massenbewegung. Im Jahr 1977, in dem linksradikale Gruppen die Bewegung dominierten, kam dem KB eine wesentliche Rolle zu. Der Hamburger Bund trat einerseits erneut mit bündnispolitischen Ansätzen auf, mit denen er »alle Gegner von Kernkraftwerken« ansprechen wollte, und zwar »vom Angler- oder Wassersportverein bis hin zu den radikalen Gegnern des gesamten gesellschaftlichen Systems der BRD, den Kommunisten und anderen Revolutionären«.[6] Andererseits war der KB darum bemüht, den Anschluss an den radikalen Flügel der Bewegung nicht zu verlieren, und forcierte aus diesem Grund teilweise selbst eine Praxis des militanten Widerstandes.

Bewegung, Organisierung, Hegemonie:
Zur entristischen Praxis des KB in der Anti-AKW-Bewegung

Ursprünge der Bewegung

In ihren Anfängen in Wyhl verfügte die Anti-AKW-Bewegung über eine starke lokale Verankerung – wie auch ursprünglich in Brokdorf und später in Gorleben und Wackersdorf. In den zahlreichen badisch-elsässischen Bürgerinitiativen, die in ihrer personellen Zusammensetzung einen Querschnitt der ländlich geprägten Bevölkerung der Region um den Kaiserstuhl repräsentierten, waren insbesondere auch solche Gruppen (z. B. Winzer, Landwirte und Fischer) vertreten, deren Engagement sich auf die Erhaltung ihrer Produktionsbasis, der »Ressource Natur« (Kitschelt 1980, 180), richtete (daneben soll schon hier eine Hochschulgruppe des KBW aus Freiburg darum bemüht gewesen sein, dem Widerstand eine »antikapitalistische« Richtung zu geben). Mit einer mehrmonatigen Bauplatzbesetzung 1975 in Wyhl – die erste Aktion dieser Art in der Geschichte der Anti-AKW-Bewegung – erlangte der antiatomare Protest »schnell Breitenwirkung und bundesweite Aufmerksamkeit« (Rucht 1989, 326).

Ein zweiter lokaler Brennpunkt des antiatomaren Widerstands entstand in der Wilster Marsch, nachdem die Nordwestdeutsche Kraftwerke (NWK) Ende 1973 Brokdorf als Standort eines geplanten AKW bekannt gegeben hatte. Vor dem Hintergrund dieses Konfliktes vollzog sich Ende 1976 der bundesweite Durchbruch der Anti-AKW-Bewegung, deren Aktionsradius und Rekrutierungsfeld in der Folge nicht länger auf Gebiete um (potenzielle) Standorte kerntechnischer Anlagen beschränkt blieb. Diese Entregionalisierung ging mit einer Politisierung der Proteste einher, die auf eine veränderte organisatorische Zusammensetzung der Bewegung verweist: Während das »lokale Element« zunächst in den Hintergrund trat, führten die Ereignisse von Brokdorf zu einem starken Zulauf der radikalen Linken, die in der schnellen Abfolge militanter Aktionen des Jahres 1977 ihren Einfluss innerhalb der Anti-AKW-Bewegung erheblich ausbauen konnte.

Zum Aufschwung und zur politischen Transformation des Protestes haben die »intransigenten Repressionsmaßnahmen« (Kitschelt 1980, 240) des Staates erheblich beigetragen. Bei einer ersten Großkundgebung in Brokdorf am 30. Oktober 1976, an der sich etwa 8.000 Personen beteiligt hatten, war eine Besetzung des Baugeländes von Polizei und Werkschutz mit brutaler Gewalt beendet worden. Die Erfahrung mit staatlicher Repression wirkte unmittelbar mobilisierend; so erschien eine anti-etatistische Ausrichtung und Ausweitung des Anti-AKW-Protestes angesichts der »unfassbaren Brutalität«, mit der die »Staatsmacht« aufgetreten war, den linksradikalen Gruppen nahe liegend und möglich. Bei einer zweiten Großaktion in Brokdorf am 13. November 1976 versammelten sich bereits über 30.000 Menschen (nach Schätzungen des BGS gar 45.000).[7] Nach einer kurzen Kundgebung begann ein fünfstündiger Sturm auf den Bauplatz, in dem linksradikale Spektren jenseits der Wyhler Praxis des »zivilen Ungehorsams« das Geschehen bestimmten. Brokdorf, wo in den folgenden Jahren (1977, 1981, 1986) immer wieder Massenproteste gegen die Kernenergie stattfanden, war zu einem zentralen »Symbol für den Widerstand« (Meyer 1981, 75) geworden.

Negativkoalition

Die Anti-AKW-Bewegung verfügte in der Folgezeit über relativ starke Mobilisierungspotenziale und war zumindest in der zweiten Hälfte der 70er Jahre die wichtigste soziale Massenbewegung in der Bundesrepublik (vgl. Roth 1985, 52). In politischer Hinsicht stellte sich die Bewegung als reine »Negativkoalition« äußerst heterogen dar (Roth 1985, 51). Der KB selbst verstand sich als Teil des »militanten« Flügels der Anti-AKW-Bewegung, der die Kernenergieproblematik als geeigneten Ansatzpunkt linksradikaler Gesellschaftskritik verstand (das Spektrum reichte hier von den K-Gruppen bis zu den Spontis). Die Frage der Aktionsmittel wurde zu einem wichtigen Abgrenzungsmerkmal gegenüber anderen Teilen der Bewegung, die sich auf »gewaltfreie« Formen des Protestes beschränken wollten. Das »friedliche« Lager der Anti-AKW-Bewegung umfasste neben anarchistischen und sich explizit als »gewaltfrei« definierenden Teilen der Neuen Linken, wie sie etwa im Umfeld der Zeitschrift *Graswurzelrevolution* bestanden[8], eine Vielzahl lokaler Bürgerinitiativen und überregionaler Umweltschutzverbände (wichtig war in diesem Zusammenhang der Bundesverband Bürgerinitiativen Umweltschutz, BBU). Hier vermischten sich ökologisch-reformerische mit christlichen, naturromantischen und wertkonservativen Vorstellungen, deren Vertreter lediglich in ihrer Ablehnung der Anwendung von Gewalt im Anti-AKW-Kampf übereinstimmten – wenngleich die »Gewalt gegen Sachen« (etwa Bauzäune) bei einigen Gruppen durchaus auf Zustimmung stieß. Insofern die Anti-AKW-*Bewegung* konzeptionell den neuen sozialen Bewegungen zuzuordnen ist, hatte sie eine weitaus größere Basis als die Organisationen, Netzwerke und Verbände, die in ihr operierten. Die Bewegung war gerade von einer breiten und vielfältigen Anhängerschaft geprägt, die sich in zumeist temporärer Assoziierung und ad hoc in die Aktivitäten einbrachte und deren Integration sich weniger institutionell als vielmehr im Rahmen von Mobilisierungen und in der Subkultur des Protestes vollzog.

Das militante Spektrum der Anti-AKW-Bewegung verfügte in der zweiten Hälfte der 70er Jahre mit den Spontis und dem KB über zwei konkurrierende Zentren. Der KB, der im Gegensatz zu anderen ML-Gruppen das Atomprogramm der Volksrepublik China nie gerechtfertigt hatte, nahm aufgrund seiner Öffnung gegenüber den neuen sozialen Bewegungen eine »Sonderstellung innerhalb der K-Gruppen« ein (Schröder 1990, 7).

Neben dem KB war lediglich die marxistisch-leninistische KPD intensiver um Zugang zur Anti-AKW-Bewegung bemüht. Die Westberliner Partei, die teilweise eng mit dem spontaneistischen Spektrum um Fritz Storim zusammenarbeitete, hatte mit Professor Jens Scheer einen etablierten AKW-Kritiker in ihren Reihen.[9] Die Akzeptanz der KPD-Politik innerhalb der Bewegung litt jedoch immer wieder unter ihrer an der Drei-Welten-Theorie orientierten »antihegemonistischen, demokratischen und patriotischen« Linienbestimmung.[10] So führte etwa 1977 der Versuch der KPD, die Anti-AKW-Bewegung zur Befürwortung des angeblich der Eindämmung der »hegemonialen Bestrebungen« der Sowjetunion dienenden deutsch-brasilianischen Atomgeschäftes zu gewinnen, zu ihrer totalen Isolierung.[11]

KBW und KPD/ML spielten demgegenüber in den internen Strukturen der Anti-AKW-Bewegung keine Rolle. Die Beteiligung an Protestaktivitäten fiel eher sporadisch aus und war vom eigenen sektiererischen Habitus geprägt. Beide Gruppen verpassten somit den Anschluss an die neuen sozialen Bewegungen, die sie generell unter Reformismusverdacht stellten und mit dem eigenen »proletarischen«, am Klassenschema und am »Hauptwiderspruch« von Kapital und Arbeit orientierten Ansatz zu konfrontieren versuchten.

AB und KABD hielten sich der Anti-AKW-Bewegung vollständig fern. Der Arbeiterbund vollzog 1977 in Sachen »Anti-AKW-Politik« sogar eine programmatische Wende, indem er seine bis dahin gültige Position (»Ablehnung von Atomkraftwerken im Kapitalismus«) revidierte. Mit einer ZK-Resolution unter dem Titel »Für Atomenergie und Sozialismus!« sprach sich die Gruppe nun für eine »wirkliche, umfassende Nutzung der Atomenergie« schon unter kapitalistischen Verhältnissen aus und wollte diese Position als »Befürwortung des Fortschritts in der Entfaltung der Naturkräfte und darum auch des gesellschaftlichen Fortschritts« interpretiert wissen. Die Anti-AKW-Bewegung wurde vom AB fortan als eine »rückschrittliche Forderungen« vertretende, »maschinenstürmerische« Bewegung diffamiert.[12] Der KABD, der die neuen sozialen Bewegungen und die entstehende alternative (grüne) Partei zuvor »kaum beachtet« hatte (Weil 1991, 53), sprach sich ebenfalls, 1981, für die »Erforschung und Nutzung der Kernenergie ausschließlich zu friedlichen Zwecken bei vollständiger Gewährleistung der Sicherheit der werktätigen Bevölkerung« aus[13].

Die wichtigste sich revolutionär verstehende Organisation der »alten« Linken, die DKP, beteiligte sich zwar seit der Demonstration in Itzehoe (Februar 1977) an den Anti-AKW-Protesten, konnte sich aber aufgrund ihrer selektiven Bewertung der »friedlichen Nutzung« der Atomenergie zu keinem Zeitpunkt innerhalb der Bewegung etablieren: Während sich die Partei gegen den Bau und Betrieb von Kernkraftwerken in der Bundesrepublik und anderen »bürgerlichen« Staaten aussprach (das »Diktat des Profits« schaffe Sicherheitsprobleme, Parole: »Kein KKW gegen den Willen der Bevölkerung!«), stand sie den kerntechnischen Anlagen im Hoheitsgebiet des »realen Sozialismus« positiv gegenüber. Innerhalb einer generalisierend technologiekritisch argumentierenden Bewegung traf eine solche Position auf keinerlei Resonanz (vgl. Meyer 1981, 81).

Kleinbürgerliche Anti-AKW-Bewegung?

Im Gegensatz zu anderen Gruppen der Neuen Linken schloss sich der KB der Anti-AKW-Bewegung erst später, Ende 1976, an, avancierte dann aber, indem er seine gesamte organisatorische Potenz in die Waagschale warf, in kürzester Frist zur wichtigsten linksradikalen Kraft und zu einem der Zentren des »militanten« Bewegungsflügels.

Von autonomer Seite wird dem KB noch heute vorgeworfen, dass er die Anti-AKW-Bewegung anfangs, d. h. vor seinem Einstieg, als »kleinbürgerlich« denunziert habe.[14] Während schriftliche Belege dafür fehlen, soll lange Zeit innerhalb der Organisation tatsächlich die Meinung dominiert haben, dass es sich bei der Anti-AKW-Bewegung um eine »bäuerliche und letzten Endes reaktionäre und fortschrittsfeindliche Bewegung« handele.[15] Die von Hans-Hermann Teichler geleitete Anti-AKW-Kommission hatte schon zu Zeiten des Wyhler Konflikts ihre Arbeit aufgenommen und sich darum bemüht, einen Standpunkt des KB zur Kernenergie und zur Einschätzung der Bewegung zu erarbeiten. Auf einem Treffen der ZRK mit Delegierten der KB-Ortsgruppen Ende Mai 1975 in Hamburg wurde deutlich, dass dies für den KB aufgrund seines spezifischen politischen Selbstverständnisses kein einfaches Unterfangen war: Zwar sei es nicht von der Hand zu weisen, dass der Bau und Betrieb von Kernkraftwerken Probleme der »kapitalistischen Industrialisierung« beinhalte und zu Lasten der »Arbeiterklasse« und der ortsansässigen »Landbevölkerung« gehe, doch sei gerade die Sicherheitsproblematik geeignet, »bürgerliche Ideologie« und »unklassenmäßige Zukunftssorgen« in den Bürgerinitiativen zu reproduzieren. Obwohl sich in den Bürgerinitiativen »alle möglichen politischen Richtungen« tummelten, sei, so Teichler, die innerhalb des KB verbreitete »sektiererische Rumnörgelei« an solchen Gruppen abzulehnen. Aufgabe »der Kommunisten« müsse es stattdessen sein, das »politische Klassenbewusstsein dort hineinzutragen«.[16]

Da sein, wo was drin ist

Im Anschluss an die erste Massenaktion in Brokdorf vom Oktober 1976, an der im Unterschied zu den Hamburger Spontis nur wenige KB-Aktivisten beteiligt gewesen sein dürften, wurden im LG des KB Überlegungen angestellt, »in welcher Weise wir an dieser Bewegung teilnehmen, um darin kommunistische

Standpunkte zu vertreten«. Für die zweite Demonstration in Brokdorf im November 1976 sollten laut LG zunächst nur diejenigen KB-Gruppen aus dem Unterelberaum und in Schleswig-Holstein mobilisieren, die bereits in der Anti-AKW-Bewegung tätig waren. »Für die Genossinnen und Genossen der Hamburger Organisation gilt, dass (nach den Verkaufseinsätzen in der Stadt!!!) diejenigen nach Brokdorf herausfahren sollen, die an der Sache interessiert, gegebenenfalls auch in hiesigen Initiativen engagiert sind – und es sollte auch mit Kollegen, Kommilitonen, Mitschülern etc., die ihre Solidarität mit den Brokdorfern bekunden möchten, dorthin gefahren werden.«[17]

Der organisierte Einstieg des KB in die Anti-AKW-Bewegung erfolgte erst nach dieser zweiten Brokdorfaktion, nachdem das LG zu der Erkenntnis gelangt war, dass die Auseinandersetzungen an der »Front« des Anti-AKW-Kampfes »in den nächsten Monaten und Jahren noch an Schärfe und Umfang« bedeutend zunehmen würden. »Hier kann eine politische Massenbewegung entstehen, die an die große antimilitaristische Bewegung gegen die Wiederbewaffnung und Atomrüstung des westdeutschen Imperialismus Ende der 50er und Anfang der 60er Jahre heranreicht.«[18] Kritikern aus den eigenen Reihen, die die Betriebs- und Gewerkschaftsarbeit für wichtiger erachteten und in der Anti-AKW-Bewegung »keine Zeit« verschwenden wollten, wurde entgegengehalten, dass die »Festlegung des Schwerpunkts für unsere Massenarbeit« von der Einschätzung abhängig gemacht werden müsse, »wo unter den heutigen Bedingungen« politisch was »drin« sei.[19]

Sein Ziel der organisierten Einflussnahme auf die Anti-AKW-Bewegung versuchte der KB mit dem Mittel eines gezielten Entrismus in die Praxis umzusetzen. Im Dezember 1976 musste das LG allerdings feststellen, dass sich in der Vergangenheit »nur ganz wenige« KB-Gruppen in der Anti-AKW-Bewegung engagiert hätten und zu diesem Thema in Hamburg selbst fast ausschließlich publizistische Mittel (*AK*-Artikel, Flugblätter) zum Einsatz gekommen seien. Das LG forderte daher alle Mitglieder und Strukturen des Bundes dazu auf, sich massiv in die Anti-AKW-Bewegung »einzuschalten«. Dabei reiche es nicht aus, nur einige Kader »vorübergehend« für die Arbeit in Bürgerinitiativen abzustellen. Notwendig sei »ein stärkeres Engagement für einen längeren Zeitraum«.[20] In der Folge kam es zu einer massiven Intervention des KB in bestehende Initiativen und zur Neugründung zahlreicher Gruppen der Anti-AKW-Arbeit aus dem Spektrum des Bundes heraus, wobei bestehende Strukturen, etwa im frauenpolitischen oder gewerkschaftlichen Bereich, einfach umgewidmet wurden (»Frauen gegen AKW«, »Chemiekollegen gegen AKW«). Zur Stärkung und Koordinierung der Anti-AKW-Aktivitäten beschloss das LG die Bildung einer »Fraktion« aller in entsprechenden Zusammenhängen aktiven KB-Kader, die wöchentlich im Büro des SSB in der Schlüterstraße zusammenkommen sollte.[21]

Kommunistischer Standpunkt?

Der von ihm aufgestellten Norm, einen »kommunistischen Standpunkt« in die Bewegung hineinzutragen, versuchte der KB gerecht zu werden, indem er die Kritik an der Nutzung der Kernenergie mit dem Kampf gegen den »westdeutschen Imperialismus und dessen Atompolitik« verbinden wollte.[22] In der Argumentation des KB diente der Aufbau der Kernindustrie in der Bundesrepublik nicht »friedlichen« energiepolitischen Zwecken, sondern militärischen.[23] Mit der Priorisierung der Atomstromerzeugung strebe der »westdeutsche Imperialismus« eine »autarke«, insbesondere vom Erdölexport unabhängige Energieversorgung an, die es ihm unabhängig von seinen »imperialistischen Konkurrenten« ermöglichen sollte, »eigene Atomwaffen« zu produzieren und »eine Atommacht ersten Ranges« zu werden.[24]

Probleme bestanden für den KB allerdings darin, das von ihm als maßgeblich benannte »anti-imperialistische« Motiv des Anti-AKW-Kampfes über seine eigenen Zusammenhänge hinaus zu verallgemeinern. Kritisiert wurde, dass sich die Bewegung »bisher kaum mit den politisch-militärischen Hintergründen und Zielen des westdeutschen Kernreaktorprogramms« auseinander gesetzt habe. Auch innerhalb des Bundes soll Schulungsbedarf bestanden haben. Die vom KB erstellte Broschüre »Warum kämpfen wir gegen Atomkraftwerke?« zielte darauf ab, »Klarheit und Bewusstsein in den eigenen Reihen zu schaffen und die Genossinnen und Genossen in dieser wichtigen Frage politisch auszurüsten«.[25]

Einige in der Anti-AKW-Bewegung aktive KB-Mitglieder fühlten sich trotzdem weiterhin von den Aufgaben im Rahmen einer echten Massenbewegung regelrecht »überrollt«. Selbst das LG sah mit dem »raschen und beachtlichen Aufschwung« der Anti-AKW-Bewegung Anforderungen an die politische Qualifikation, ideologische Standfestigkeit und das organisatorische und agitatorische Talent der eigenen Kader verbunden, von denen diese überfordert seien, da sich die »Massenarbeit« des KB bis dahin im Grunde auf die »Betreuung« von Kontaktgruppen, Sympathisantenzirkeln, Initiativen sowie den Aufbau kleinerer temporär bestehender »Aktionseinheiten« beschränkt hatte.

Bemängelt wurde außerdem, dass in den Schulungen des KB bisher Fragen nach der Sicherheit der Atomtechnologie, »die die Menschen aufgewühlt haben und weiter aufwühlen werden und deshalb für die Agitation so ungeheuer wichtig sind«, noch keine große Rolle gespielt hätten – was sich dringend ändern müsse.[26] Im Prinzip zeigte sich hier der Unterschied zwischen einer Bewegung, die den Atomkonflikt vornehmlich im Antagonismus von »Ökonomie und Ökologie« wahrnahm und deren Protest sich primär gegen die Bedrohung der gesellschaftlichen Reproduktionssphäre durch atomare großtechnologische Anlagen (ungelöste Entsorgungsfrage, Strahlenrisiko, Gefahr eines GAU) richtete, und dem KB, der dieses Thema in Hinblick auf seine fundamental antikapitalistischen Ziele zu instrumentalisieren suchte (wobei sich zeigte, dass der vom Hamburger Bund praktizierte Entrismus alles andere als eine »Einbahnstraße« war und die KB-Aktivisten in der Ökologiefrage viel von »der Bewegung« lernen konnten[27]).

Insofern der KB darum bemüht war, die Anti-AKW-Arbeit auch in seine verbleibenden betrieblichen Zusammenhänge einzubringen, hatte er sich zudem mit der Haltung der Gewerkschaften auseinander zu setzen, die das Kernenergieprogramm der Bundesregierung befürworteten.[28] Dem Hauptargument des DGB, der Bau und Betrieb von Atomkraftwerken schaffe Arbeitsplätze, wurde entgegnet, dass der durch staatliche Subventionen verbilligte Atomstrom von der Industrie gerade dazu genutzt werden würde, Rationalisierungen durchzuführen, die menschliche Arbeitskraft durch Maschinen ersetzten. Atomkraft wirke so Arbeitsplatz vernichtend. Doch sah der KB in den vom DGB vorgebrachten Thesen ohnehin lediglich Scheinargumente, mit der »breite Teile der Arbeiterschaft« vom Widerstand gegen das bundesdeutsche Kernenergieprogramm abgehalten werden sollten. Die »Gewerkschaftsführung« fungiere als »Propagandafiliale des Atomprogramms«, weil sie selbst mit den Entscheidungträgern in Politik und Atomindustrie eng verquickt sei.[29] Die von Heinz Brandt auf der Demonstration am 19. Februar 1977 in Itzehoe vorgetragene These vom »Atomfilz« zur Charakterisierung des »reich bezahlten Gewerkschaftsbürokraten, der im Konzernaufsichtsrat und Konzernvorstand mit den Managern der Atomindustrie gemeinsame Sache macht«, traf im KB auf breite Zustimmung.[30]

Der für Teile der Anti-AKW-Bewegung entscheidende Kritikpunkt an der Atomenergie, die nukleare Art der Energiegewinnung führe aufgrund der ihr immanenten Risiken und Gefahrenpotenziale zwangsläufig zur Herausbildung eines »Atomstaates«, spielte dagegen in der Agitation des KB keine besondere Rolle. Die staatliche Repression gegen die Anti-AKW-Bewegung, insbesondere in Zusammenhang mit den Demonstrationen in Brokdorf, Grohnde und Kalkar, interpretierte der Bund konsequent im Rahmen seiner Faschisierungsthese.[31]

Alles in allem verhielt sich der Hamburger Bund bei seinem Engagement innerhalb der Anti-AKW-Bewegung wenig »sektiererisch«. Der KB warb für seine Position in Broschüren und Flugblättern, erklärte aber die von ihm benannten imperialismuskritischen Motive der Anti-AKW-Arbeit nie zur conditio sine qua non der Kooperation mit anderen Teilen der Bewegung. Insofern ist die noch heute aus autonomer Sicht vorgetragene Behauptung, der KB habe versucht, die Anti-AKW-Bewegung auf einen »platten Antikapitalismus« zu verpflichten, falsch.[32] Im Gegenteil vermochte der KB seinen Anspruch, innerhalb des AKW-Protestes radikalisierend zu wirken und einen »kommunistischen Standpunkt« zu vertreten, in seiner tagespolitischen Praxis niemals wirklich einzulösen.[33]

Zentralismus versus Autonomie: Zur Auseinandersetzung zwischen KB und Spontis in der Anti-AKW-Bewegung

War es in der ersten Hälfte der 70er Jahre vornehmlich die Konkurrenz zwischen den K-Gruppen gewesen, und hier vor allem die zwischen KB und KBW, welche die mehrheitlich marxistisch-leninistischen Positionen zuneigende Neue Linke geprägt hatte, so musste sich der Hamburger Bund in seiner Anti-AKW-Arbeit in erster Linie mit den Spontis auseinander setzen. Diese Gewichtsverschiebung war Ausdruck eines erneuten Paradigmenwechsels linksradikaler Politik in der Bundesrepublik seit Mitte der 70er Jahre: Der Aufstieg autonomer Politikansätze in der Tradition der 68er-Bewegung erfolgte in Reaktion auf Krisenerscheinungen des Linksradikalismus, insbesondere auf das offensichtliche Scheitern neo-orthodoxer Ansätze. Der Bedeutungsgewinn der Spontis, an deren Konzepte in den 80er Jahren die Autonomen anknüpften, vollzog sich im Rahmen der neuen sozialen Bewegungen, primär der Anti-AKW-Bewegung, der Alternativbewegung und der Frauenbewegung, in denen sie die Schwerpunkte ihrer politischen Praxis hatten.

Die als »spontaneistisch« bezeichnete Richtung der Neuen Linken war in der Zerfallsphase der Studentenbewegung in Abgrenzung zu den sich seit Ende der 60er Jahre herausbildenden »proletarischen« Parteiansätzen entstanden. Der Begriff selbst wurde zunächst von der ML-Bewegung im Rückgriff auf die leninistische Avantgardetheorie in pejorativer Absicht in die politische Auseinandersetzung eingeführt, dann aber von den solcherart zu »Spontis« erklärten Spektren affirmativ gewendet und zum »Positivum eines neuen Selbstverständnisses« gemacht.[34] Gegen die von den K-Gruppen vertretenen marxistisch-leninistischen Ansätze war die Spontibewegung darum bemüht, an antiautoritäre Konzepte anzuknüpfen (Politik in der ersten Person, Selbstorganisation, »authentische« Artikulation von Bedürfnissen und Interessen).

Die Spontibewegung der frühen 70er Jahre erfuhr seit Mitte des Jahrzehnts in Reaktion auf die Krise orthodoxer Konzepte einen erneuten Aufschwung, mit dem die Stagnation der eigenen politischen Arbeit (Scheitern von Betriebsinterventionismus und Stadtteilarbeit, Räumung besetzter Häuser, fehlende Perspektive der Randgruppenarbeit) überwunden werden konnte. An den Hochschulen entstanden nun Basisgruppen, die zu Zentren eines breiteren undogmatischen Lagers wurden, das der marxistisch-leninistischen Linken schon bald den Rang ablief. Die Spontibewegung der zweiten Hälfte der 70er Jahre erreichte mit dem Ende Januar 1978 in Westberlin stattfindenden linksradikalen »Widerstandskongress«, an dem sich über 6.000 »Freaks, Freunde und Genossen« beteiligten, ihren vorläufigen Höhepunkt.[35]

Eine der wesentlichen Bedingungen der Renaissance spontaneistischer Politikkonzepte seit Mitte der 70er Jahre war deren Resonanz in den neuen sozialen

Bewegungen, die ursprünglich in einem Milieu jenseits der radikalen Linken entstanden waren und nun zu deren wichtigsten Bezugspunkten wurden. In diesen Bewegungen schienen autonome Ideen in der Tradition antiautoritärer Ansätze der späten 60er Jahre gleichsam zum Allgemeingut geworden zu sein, wenngleich sie hier weitgehend ihres ideologisch-konzeptionellen »Überbaus« entkleidet waren, da in den neuen sozialen Bewegungen insgesamt »keine Neigung zum dauernden Theoretisieren« bestand (Langguth 1983, 250).

Die Konfrontation zwischen KB und Spontis und ihren unterschiedlichen Konzeptionen linksradikaler Politik fand im Hamburg der zweiten Hälfte der 70er Jahre in Hinblick auf die Milieus beider Zusammenhänge auf engstem Raume statt. Während die dortige Spontilinke unter dem Eindruck des »Traumas« der Räumung der Ekhofstraße im Frühjahr 1973 für »mehrere Jahre die Kraft zu größeren politischen Initiativen« verloren hatte (was sich erst wieder ab 1976 im Kampf gegen das geplante AKW in Brokdorf zu ändern begann[36]), war der KB zur stärksten Kraft der Hamburger Linken avanciert. Die Auseinandersetzung zwischen beiden Kräften wurde auch und gerade innerhalb der Bürgerinitiative Umweltschutz Unterelbe (BUU) geführt, in der die »autonomen und unorganisierten Gruppen« der Anti-AKW-Bewegung in Hamburg mit dem AK Politische Ökologie um Fritz Storim und weiteren bezirklichen Initiativen über eine eigene Struktur verfügten. Der Streit zwischen beiden Spektren führte schließlich im Sommer 1977 zur Spaltung der Hamburger BUU.

Drei wichtige Unterschiede waren es vor allem, die in der Auseinandersetzung bestimmend waren.

Ersten die Organisationsfrage: Der KB vertrat innerhalb der Anti-AKW-Bewegung die Forderung nach dem Aufbau verbindlicher »demokratischer Strukturen« der Kommunikation, Koordination und Entscheidungsfindung (Delegiertensystem). Die Spontis lehnten ein solches Verständnis demokratischer Organisierung als »formell« ab und verwiesen auf die eigentlich zentralistische Praxis des KB, der mit allen Mitteln versuche, die Bewegung in seine Hand zu bekommen.[37] Diesen Vorwurf bezeichnete der KB als »Unterwanderungsgeschrei« und bezichtigte die »einflussreiche Spontilinie« innerhalb des BUU, repräsentiert durch den AK Politische Ökologie um Fritz Storim, Initiatorin einer »wild-antikommunistischen Hetze« zu sein.[38] Im Gegensatz zum KB verfolgten die Spontis jedoch keinen entristischen Ansatz, sondern beschränkten sich auf den Ausbau und die Vernetzung »autonomer« Strukturen sowie auf »direkte Aktionen« (was sie allerdings, gleichfalls Ausdruck eines Hegemonieanspruchs, als Modell für die gesamte Anti-AKW-Bewegung verstanden wissen wollten).[39]

Zweitens die Bedeutung der Gewaltfrage: Der KB stand der Gewalt zwar in strategischer Hinsicht positiv gegenüber, agierte aus taktischen Gründen – um seine bündnispolitischen Ansätze nicht zu gefährden – allerdings zumeist eher zurückhaltend (von der Demonstration in Grohnde abgesehen). Die Spontis vertraten demgegenüber eine Konzeption des »praktischen Widerstands«, in dem gewaltsamen Aktionen (von »dezentralen« Anschlägen gegen die Infrastruktur der Kernenergiebetreiber bis zu Versuchen von »massenmilitanten« Bauplatzbesetzungen) ein hoher Stellenwert zukam. Ihre Rechtfertigung fand diese Politik in der autonomen Formel der Legitimität von Gegengewalt: »Von Seiten der Atomindustrie und des Staates erfahren wir alltäglich offenes Unrecht und unverhüllte Gewalt. Damit ist für uns die Gewaltfrage beantwortet.«

Drittens die Parlamentarismusfrage: Während die KB die Transformation der Anti-AKW-Initiativen in »bunte« Wahllisten, wie sie sich seit September 1977 in Hamburg vollzog, maßgeblich initiierte und mittrug, lehnten die Spontis diese Art von »Stellvertreterpolitik« strikt ab und erklärten jede Beteiligung an einem solchen »Integrationsprojekt« als »schädlich für unseren Widerstand«, der auf außerparlamentarische Mittel beschränkt bleiben sollte.[40] An der Gründung der Grünen beteiligten sich in der Folge aber auch Teile der autonomen Linken, die sich 1980 zu einer eigenen innerparteilichen Plattform Basisdemokratischer Undogmatischer SozialistInnen (BUS) zusammenschlossen.

Der KB im Aktionsjahr 1977: Von Brokdorf nach Kalkar

Im Jahr 1977 wurde der Streit um die Kernenergie zu einem der dominierenden innenpolitischen Themen. Die »Totalisierung« (Kitschelt 1980, 303), die dieser Konflikt nun erfuhr (auch in den Reihen der Kernkraftopposition setzte erst jetzt eine generellere Debatte um die Ziele des eigenen Handelns ein), führte zu einer starken gesellschaftlichen Polarisierung. In dieser zugespitzten Situation sollte die Koalitionsfähigkeit der Anti-AKW-Bewegung auf eine harte Probe gestellt werden. Der KB rechnete sich zwar deren militantem Flügel zu (und operierte in den gewaltsamen Auseinandersetzungen in Grohnde im März des Jahres an »vorderster Front«), war aber als einzige Gruppe dieses Spektrums auch zu übergreifenden bündnispolitischen Initiativen fähig.

Der Bauplatz muss wieder zur Wiese werden!
(Brokdorf/Itzehoe, Februar 1977)

Unmittelbar nach den beiden Großaktionen in Brokdorf Ende 1976 hatte die BUU den Beschluss gefasst, erneut eine Demonstration vor Ort durchzuführen, die im Februar 1977 stattfinden sollte. Unter erheblichen politischen Druck gesetzt – Teile der Medien stellten die Demonstration in Brokdorf als das Projekt von »Chaoten« und »Terroristen« dar und verlangten zur »Gefahrabwehr« eine scharfe Reaktion der Repressionsorgane –, spaltete sich die BUU Ende Januar 1977 in zwei Teile. Ein Flügel, der vornehmlich aus den ländlich geprägten Strukturen des Verbandes in der Elbmarsch und an der Ostküste bestand, distanzierte sich von dem Vorhaben einer Besetzung des Brokdorfer Bauplatzes und rief stattdessen für den gleichen Tag zu einer Kundgebung fernab in Itzehoe auf. Hierin wurde er von einer bunten Koalition aus Parteivertretern (SPD, FDP, Jusos, Jungdemokraten und DKP), den Kirchen, Hochschulen, dem BBU, der »veröffentlichten« Meinung und selbst der Bundesregierung (Bundeskanzler Schmidt: »Wer demonstrieren will, soll dies in Itzehoe tun«) unterstützt. Die »militanten« Kräfte innerhalb der Anti-AKW-Bewegung, unter ihnen der KB, verurteilten diese »Spaltung« und hielten am Zielort der Demonstration, dem Brokdorfer Bauplatz, fest.

Der Hamburger Bund begriff die Frage »Brokdorf oder Itzehoe«, welche die Gemüter der Linken Anfang 1977 bewegte, als einen »ganz entscheidenden Punkt« für die weitere Entwicklung der Anti-AKW-Bewegung. Die Befürworter der Aktion in Itzehoe würden versuchen, den Konflikt zur »entscheidenden Kraftprobe« zwischen zwei Konzepten der Anti-AKW-Arbeit zu stilisieren, und hätten gleichzeitig nichts dagegen einzuwenden, wenn gegen eine »kleine radikale Minderheit« am Brokdorfer Bauzaun staatlicherseits ein »blutiges Exempel« statuiert werde. Es müsse alles getan werden, diese Logik zu durchkreuzen und die »rechten spalterischen Kräfte« innerhalb der Anti-AKW-Opposition als »lächerliche Minderheit« bloßzustellen.[41] Die Bedeutung der »bundesweiten und massenhaften Mobilisierung nach Brokdorf, und nicht nach Itzehoe«, hieß es im Vorfeld der Aktion, liege darin, »dass hier eine breite Bewegung deutlich macht, dass sie sich selbst unter extremem Druck der Herrschenden und ihrer Polizei- und Propagandaapparate nicht den Demonstrationsort vorschreiben« und sie sich »nicht in die dümmlich-reformistische Ecke abdrängen« lässt.[42]

Die Frage nach den geeigneten Mitteln der politischen Auseinandersetzung, um die es hier vordergründig ging, wirkte allerdings auch im »Lager« derjenigen polarisierend, die für eine Aktion in Brokdorf eintraten. Während sich der KB gegen einen erneuten Besetzungsversuch aussprach, erklärten andere K-Gruppen und die Hamburger Spontis den »Sturm« des Brokdorfer Bauplatzes und die Zerstörung von dessen Infrastruktur im Rahmen der Demonstration vom Februar 1977 zu ihrem primären Ziel (ehe sie wenig später in Reaktion auf das für diesen Tag zu erwartende »Bürgerkriegsmanöver« von Polizei und Bundesgrenzschutz ihre Besetzungspläne aufgaben). Der KB wiederum kritisierte an diesem Vorhaben den »ganz und gar falschen Begriff vom bürgerlichen Staatsapparat«, der seine technischen Möglichkeiten in der »Verteidigung« des Baugeländes bisher nicht einmal ansatzweise ausgereizt habe. Ein polizeilicher Schusswaffengebrauch habe sich bisher aus Gründen der Opportunität, nicht aber aus praktischen Erwägungen verboten.[43] Da der Hamburger Bund den Anschluss an die »militanten« Spektren der Anti-AKW-Bewegung nicht verlieren wollte (die dem Bund immer wieder sein »beschwichtigendes« Gebaren vorwarfen), sah er sich jedoch gezwungen, »trotz schwer wiegender Bedenken ein eigenes Konzept militanter Aktionen« in Brokdorf zu entwickeln. Dies sei intern vor allem damit begründet worden, dass ein von der linksradikalen Konkurrenz als »Abwiegeln« zu interpretierendes Verhalten der Gruppe während der Demonstration die »Glaubwürdigkeit unserer Politik« aufs Spiel gesetzt und die »Bedingungen für die Mitarbeit von KB-Mitgliedern in den BI« erschwert hätte.[44]

In einer Stellungnahme im Vorfeld des 19. Februar erklärte der KB daher in aller Deutlichkeit, dass er »*nicht* für eine friedliche Kundgebung am Bauplatz« eintrete, sondern sich »innerhalb der Bewegung für die Ziele eines militanten Kampfes gegen den Bauplatz und seine Infrastruktur in dieser Region« einsetze. Der KB warb dafür, die politische Arbeit darauf zu konzentrieren, eine »militante« Bestimmung des Kampfes »zur Mehrheitsmeinung innerhalb der Bewegung« werden zu lassen. Mit seiner Auffassung, der Erfolg militanter Aktionen hänge vom »politischen Bewusstsein der Massen« ab und nicht in erster Linie von der mehr oder weniger guten Ausrüstung einer »kleinen Minderheit«, wandte er sich gegen diejenigen Kräfte, die »in jedem Fall« beabsichtigten, eine Bauplatzbesetzung durchzuführen.[45] Stattdessen forderte der KB (in Anlehnung an eine Parole Che Guevaras) dazu auf, »zwei, drei, viele Brokdorf« zu schaffen, d. h. der »bundesweiten Atomstrategie des BRD-Imperialismus mit einer angemessenen bundesweiten Strategie« zu antworten und weitere (potenzielle) atomare Standorte »zum Ziel militanter Aktionen« zu machen.[46] Dem Hamburger Bund war es somit gelungen, einerseits seine Kampfbereitschaft zu unterstreichen und gleichzeitig Kritik an einem die konkreten Bedingungen vernachlässigenden Militanzverständnis zu üben.[47]

Der Verlauf des 19. Februar in Brokdorf und Itzehoe schien die Position des KB nachträglich zu bestätigen. Dass »trotz« der massiven Hetze im Vorfeld des Aufzuges, eines Demonstrationsverbotes und des zu erwartenden martialischen Polizeiaufgebots Zehntausende nach Wilster gekommen waren, um von hier aus zum Brokdorfer Bauplatz zu ziehen, wurde vom KB als »riesiger Erfolg der militanten AKW-Gegner« bewertet.[48] Dass gleichzeitig 5.000 Menschen in Itzehoe demonstriert hatten, wurde ebenfalls positiv eingeschätzt (um die »ehrlichen« AKW-Opponenten sollte ja gerungen werden), andererseits jedoch als Beleg dafür herangezogen, dass die aufrufenden »Organisationen, Gremien, Popen, Hochstapler, die auf dem Papier viele Hunderttausend Menschen repräsentieren«, trotz einer »ungeheuerlichen Hetzkampagne« gegen die Aktion in Brokdorf und einem »Riesenwirbel der Bourgeoisie« für Itzehoe in ihrer tatsächlichen Mobilisierungsstärke schwächer waren als die viel geschmähten »Chaoten«.[49]

Mit der dritten Brokdorfer Großaktion vom Februar 1977 manifestierte sich eine erste offene Spaltung der Anti-AKW-Bewegung, die auf deren ideologisch heterogenen Charakter verweist. Was den konkreten Ablauf der Großdemonstration in Wilster anging, vollzog sich hier ein weiterer Bruch, der das »militante« Spektrum selbst betraf. Die Demonstration in Brokdorf hatte in ihren quantitativen Ausmaßen alle Erwartungen übertroffen, so dass einige Gruppen im Nachhinein bedauerten, dass es zu keinem weiteren Besetzungsversuch gekommen war (auch wenn sie diesen selbst im Vorfeld ausgeschlossen hatten). Der KB wurde dafür verantwortlich gemacht, dass die 50.000 auf ihrem Weg von Wilster Richtung Baugelände an der ersten Polizeisperre umgekehrt waren, statt zu versuchen, diese beiseite zu räumen. Insbesondere Kader des KBW hatten (gegen alle zuvor getroffenen Absprachen) vor Ort versucht, Kräfte für den »Durchbruch« zum Bauplatz zu mobilisieren (»Die Sperre ist ein Kinderspiel, Brokdorf, das ist unser Ziel«[50]), während andere, darunter das Spektrum des KB, aber auch ein Großteil der Spontis, dieses Vorhaben aktiv verhindert hatten (die Demonstration endete dann relativ friedlich mit dem Rückmarsch nach Wilster). In »militanten« Kreisen galt der KB fortan als »Weltmeister des Rückzugs«[51], während die Spontis ihren Auftritt an der Seite des Hamburger Bundes »zum Schutze der Polizei« durch Geschichtsklitterung zu verleugnen suchten. Dass Fritz Storim als Mitglied der informellen Demonstrationsleitung vor Ort (ihr gehörten außerdem zwei LG-Mitglieder des KB an) die Entscheidung zum Abbruch der Aktion vollständig mitgetragen hatte, wussten damals ohnehin nur Eingeweihte. Die autonomen Kräfte innerhalb der Hamburger Anti-AKW-Bewegung, die die Demonstration vom 19. Februar als »Niederlage« begriffen, wurden in ihrer Kritik am KB noch vom KBW unterstützt.[52] In einem »Extrablatt« der *KVZ* prangerte der KBW diejenigen namentlich an, die für die »Erhaltung der Festung Brokdorf« verantwortlich gewesen seien, darunter den maßgeblichen Verantwortlichen der Anti-AKW-Arbeit des KB, Günter Hopfenmüller, der Mitglied der offiziellen Demonstrationsleitung vor Ort gewesen war, damit »zum passenden Zeitpunkt die Massen wissen, um welchen Hals sie den Strick« ziehen müssen.[53] Dieser Aufruf trug dazu bei, dass der KBW im Weiteren in der Anti-AKW-Bewegung keine Rolle zu spielen vermochte. Auch der hanseatische Regionalverband der BUU zeigte sich in der Frage der Einschätzung der dritten Brokdorfaktion heillos zerstritten und befand sich bereits hier am Rande der Spaltung, die im Juli 1977 dann endgültig vollzogen wurde.[54]

Stürmt die Atomfestungen! (Grohnde, März 1977)

Vertreter des KB waren über die Strukturen der BUU von Anfang an in die Planung der Großdemonstration in Grohnde eingebunden gewesen. Der Beschluss, dort am 19. März 1977 eine Großkundgebung »mit Aktionen unmittelbar am Bauzaun« durchzuführen, war auf einem Vorbereitungstreffen in Kirchohsen (bei Grohnde) gefällt worden, an dem Delegierte aus 40 Initiativen und Organisationen, unter ihnen Mitglieder der Hamburger BUU, teilgenommen hatten.[55] Der Hamburger Bund, der sein ramponiertes Image innerhalb der »militanten« Bewegung aufbessern wollte, räumte der Mobilisierung zu dieser Demonstration einen hohen Stellenwert ein – und veröffentlichte im *AK* eine detaillierte Beschreibung der lokalen Gegebenheiten und der »am wenigsten befestigten Stellen des Baugeländes«.[56] Der KB operierte dann in den Aktionen, die primär von seinen Ortsgruppen in Hannover und Göttingen getragen wurden, an »vorderster Front« und wandte dabei neue militante Strategien an, die zum einen eine Massenbeteiligung erlauben und zum anderen ein Eingreifen der Polizei erschweren sollten. »Stundenlang an einem Eisenpfosten sägen ist absolut unsinnig und außerdem alles andere als mobilisierend. Zumal das in irgendwelchen konspirativen Zirkeln und Technikgruppen vorbereitet worden ist, die absolut abgeschottet waren. Das hatte nicht den Massencharakter, der uns vorschwebte. Wir haben gesagt: Wenn wir den Bauzaun angreifen wollen, dann wollen wir daraus ein Ding machen, wo sich Tausende dran beteiligen können. Die Geschichte war, wir haben ein 100 Meter langes Seil, an dem können 300 Menschen ziehen – und die Kräfte, die da entwickelt werden, die kann ich mit keinem Schweißbrenner entwickeln. Wir können mit unserer Technik innerhalb von Minuten Dutzende von Metern Bauzaun niederreißen. In Grohnde ist das passiert. Das war ein Überraschungsangriff und ist deswegen zu einem Mythos geworden, der dann vom KB sehr gepflegt worden ist.«[57]

»Höhepunkt« dieser erstmals hier angewandten Technik war die »restlose Beseitigung« der das Gelände umschließenden Metallgitterzäune auf einer Breite von zehn Metern sowie der »eilends vom BGS aufgebauten Ersatzsperren aus Holzgestellen und Natodraht« und schließlich das »militante Zurückschlagen eines Bullenangriffs durch die Lücke«, ohne dass es allerdings gelungen wäre, den Bauplatz zu besetzen. Schon beim Anmarsch hatten Demonstranten eine Polizeisperre überrannt, was als »ein in dieser Dimension sicherlich bisher einmaliger Fall in der Geschichte der BRD« bewertet wurde.[58] Die Auseinandersetzungen hinterließen an diesem Tag insgesamt an die 800 (schwer) Verletzte und führten zur Einleitung von über 100 Ermittlungsverfahren, von denen schließlich 16 zur Anklage gebracht wurden (in den Grohndeprozessen wurden Gefängnisstrafen bis zu 22 Monaten ohne Bewährung verhängt).[59]

Der KB zog trotzdem ein durchweg positives Resümee der Aktion: »Grohnde« müsse als Exempel dafür begriffen werden, dass die »Atomfestungen« gestürmt werden könnten. Die Bewegung habe an »Breite und Durchschlagskraft« gewonnen, was in einer »immer massenhafteren Vorbereitung und Bereitschaft der AKW-Gegner auf Konfrontation mit der Polizei« zum Ausdruck gekommen sei. Hieran müsse auch nach »Grohnde« weitergearbeitet werden, »sowohl politisch wie auch militärisch« (sic!). Es müsse gelingen, »immer mehr Menschen« in diese Praxis einzubeziehen. Gleichwohl sei es falsch, »nur noch militante Aktionen« zu forcieren. »Das Entscheidende« bleibe, dass die unterschiedlichen Seiten des Protestes nicht zum Gegensatz würden, »an dem die Herrschenden uns spalten können«, sondern sich ergänzten. Es müsse versucht werden, auch die Menschen zu gewinnen, die »heute« die Notwendigkeit militanter Konfrontationen »am Bauzaun« noch nicht einsähen. Dazu gelte es, »unseren Kampf« in die »Dörfer, Kleinstädte und Städte« zu tragen und ihn durch agitatorische und propagandistische Mittel und organisatorische Maßnahmen zu »vermassen«.[60]

Eine solche Interpretation der Ereignisse in Grohnde konnte freilich nicht darüber hinwegtäuschen, dass der »Erfolg« dem »Überraschungseffekt eines skrupellosen Durchbruchs« geschuldet war, der so nur schwer zu wiederholen war (in Kalkar sollte das deutlich werden).[61] Dass sich in Grohnde eine neue »Breite« der Bewegung gezeigt habe, konnte ohnehin nicht ernsthaft behauptet werden: Lokale Initiativen, die schon in der dritten Aktion in Brokdorf kaum noch eine Rolle gespielt hatten, waren hier so gut wie gar nicht mehr präsent. Selbstkritisch räumte der KB später ein, dass Aktionen wie in Brokdorf am 19.2. oder in Grohnde am 19.3. »tatsächlich weitgehend ohne Beteiligung der örtlichen Bevölkerung«, quasi als »Reiseunternehmen«, abgelaufen sind.[62] Statt, wie deklariert, die Bewegung über den »Kreis erklärter Antikapitalisten« hinaus zu verbreitern, sei es zu einer »Konzentration der radikalen Linken« innerhalb der Anti-AKW-Bewegung gekommen.[63]

Spätestens mit seinem Auftreten in Grohnde war das ambivalente Verhältnis des KB zur »Gewalt« evident geworden. Einerseits hatte Straßenmilitanz in der auf den Aufbau breiter »antikapitalistischer« Bündnisse zielenden Politik des KB (im Unterschied zu den »Rathausstürmen« anderer K-Gruppen) vor seinem Einströmen in die Anti-AKW-Bewegung praktisch keine Rolle gespielt. Andererseits wies die Gruppe eine auf ethischen Prinzipien basierende Position der »Gewaltfreiheit« als »Absurdität in sich selbst« zurück. Die Frage nach der eigenen Militanz im Anti-AKW-Kampf wollte die Gruppe unter den Gesichtspunkten »des konkreten Kräfteverhältnisses und der taktischen Erfordernisse«, aber nicht »prinzipiell« ablehnend und »moralisch« beantworten.[64]

Den Marxismus-Leninismus kann man nicht verbieten! (Zur Verbotsdebatte 1977)

Nach der Aufsehen erregenden »militanten Massenaktion« in Grohnde setzte in den Medien erneut eine Debatte zum Verbot der K-Gruppen ein, für das sich insbesondere der damalige Ministerpräsident von Niedersachsen, Ernst Albrecht (CDU), stark machte.[65] Die Verbotsdrohung richtete sich vornehmlich gegen den KBW, obwohl dieser nach Angaben des KB weder »bei den Vorbereitungen noch bei der Durchführung« der Aktion in Grohnde »irgendeine Rolle« gespielt hatte.[66] Für den Hamburger Bund deuteten »alle Anzeichen« darauf hin, dass die »Bourgeoisie« ernsthafte Überlegungen zur Illegalisierung »aktiver AKW-Gegner und kommunistischer Organisationen« anstelle.[67]

Mit dem Urteil des Bundesgerichtshofes vom Januar 1974 zum Parteistatus der Westberliner KPD war juristisch klargestellt worden, dass ein Verbot der ML-Parteien auf administrativem Wege nicht möglich sein würde. Eine Verbotsentscheidung oblag ausschließlich dem Bundesverfassungsgericht, die Antragsberechtigung beschränkte sich so auf Bundestag, Bundesrat und Bundesregierung. Nach der Großdemonstration in Kalkar beschloss der CDU-Bundesvorstand Ende September 1977, den Bundesrat zur Einbringung einer Klageschrift beim Bundesverfassungsgericht zum Verbot von KPD, KPD/ML und KBW als »verfassungswidrige Parteien« zu veranlassen.[68] In der anschließenden Pressekonferenz bezeichnete Albrecht die K-Gruppen als »Nahtstelle zum Terrorismus« und machte deutlich, dass neben einem Verbot der genannten ML-Organisationen auch an eine Zerschlagung des KB gedacht war, der nicht als »Partei« anzusehen sei und folglich auf administrativem Wege ausgeschaltet werden könne. Es bestehe darüber hinaus die Möglichkeit, so führte Albrecht weiter aus, die Verbotsinitiative der CDU perspektivisch auch auf die DKP auszuweiten, die eine »eindeutig verfassungsfeindliche Partei« sei: »Wir haben aber noch keinen Verbotsantrag gegen die DKP befürwortet, weil wir jetzt unser Augenmerk zunächst auf die gewalttätigen Gruppen richten müssen.«[69]

Um die Verbotsdrohungen abzuwehren, rief der Hamburger Bund zum Aufbau einer »breitestmöglichen demokratischen Front« auf. An der von KBW, KPD und KPD/ML am 8. Oktober 1977 in Bonn durchgeführten Demonstration, zu der annähernd 20.000 Personen mobilisiert werden konnten, wollte er sich allerdings nicht beteiligen, weil er deren Motto »Der Marxismus-Leninismus lässt sich nicht verbieten!« für sektiererisch und den Alleingang dieser drei »unter Linken und Demokraten ziemlich missliebigen und isolierten« Organisationen bündnispolitisch für kontraproduktiv hielt.[70]

Am Ende wurde der Verbotsantrag des CDU-Bundesvorstands fallen gelassen, da die unionsregierten Länder in der Frage des Umgangs mit den K-Gruppen keine Einigung erzielen und die Stimmen ihrer Bundesratsmehrheit folglich nicht bündeln konnten (vgl. Backes u. a. 1993, 149).

Maidemonstration in Hamburg (1977)

Auch im Vorfeld des 1. Mai 1977 forderte der KB »alle antikapitalistischen und fortschrittlichen Gruppen, Initiativen und Organisationen am Ort« zur Bildung einer »Aktionseinheit« auf, wobei er sich diesmal primär auf seine innerhalb der Anti-AKW-Bewegung aufgebauten Strukturen stützen wollte. Der Vorschlag, am 1. Mai zunächst in »oppositionellen Blöcken« an den gewerkschaftlichen Aufzügen teilzunehmen, um dann während der Ansprache von »AKW-Oberpropagandist« Hans Matthöfer (SPD, damals Minister für Forschung und Technologie und als Hauptredner der Gewerkschaftsveranstaltung auf dem Legienplatz vorgesehen), unter Absingen des Protestliedes »Wehrt euch!« die Lokalität zu verlassen und nach einer »oppositionellen Demo« eine eigene Kundgebung auf dem Gerhart-Hauptmann-Platz abzuhalten, führte innerhalb der Hamburger BUU zu »sehr scharfen Auseinandersetzungen«.

Die Delegierten anderer K-Gruppen, aber auch der GIM sowie der DKP lehnten die vom KB vertretene Konzeption einer »eigenständigen« Demonstration als »sektiererisch« ab und wollten sich auf eine Teilnahme an den offiziellen Gewerkschaftsaktivitäten beschränken. Auch das um den AK Politische Ökologie gruppierte spontaneistische Spektrum schloss sich der Kritik an. Ziel sollte es dagegen sein, auf dem Legienplatz zu bleiben, um Matthöfer mit »handfesten Mitteln« am Reden zu hindern – was der Hamburger Bund ablehnte, da er bei einem solchen Vorgehen eine Massenschlägerei befürchtete und »keinerlei Konfrontation« mit denjenigen riskieren wollte, »die tendenziell für unseren Kampf zu gewinnen sind«.[71]

Letztlich entschied sich die Hamburger BUU mit »großer Mehrheit« für die vom KB vorgeschlagene Konzeption. Das vom KB gebündelte Spektrum nahm am 1. Mai 1977 in eigenen Blöcken an den beiden gewerkschaftlichen Demonstrationen teil. Sowohl der Aufzug der DGB-Jugend als auch der Protestmarsch der ÖTV und der IG Metall (beide mit über 10.000 Teilnehmern) waren stark von »oppositionellen« Parolen geprägt. »Mehr als zwei Drittel aller Demonstranten trugen die bekannten Anti-AKW-Plaketten, während man die offiziellen DGB-Maiplaketten kaum sah.« Am Kundgebungsort auf dem Legienplatz, wo sich bis zu 25.000 Menschen versammelten, kam es zu einem Eklat, der in der KB-Presse trotz der zuvor geäußerten Vorbehalte später positiv bewertet wurde. Die offiziellen Redebeiträge wurden immer wieder von »massiven Sprechchören« unterbrochen, wobei insbesondere die Ansprache von »Atomminister« Matthöfer in einem »nie gehörten Lärmorkan« und im »Hagel der Farbbeutel« untergegangen sein soll und schließlich abgebrochen werden musste. Nachdem die Veranstaltung für den DGB nach Meinung des KB so zur »Katastrophe« geworden war, formierten sich etwa 7.000 Menschen zu einer »eigenständigen« Demonstration und Kundgebung, denen die zuvor in den Störaktionen besonders aktive Hamburger Spontiszene größtenteils fernblieb.[72]

Bundeskonferenz der Bürgerinitiativen gegen Atomanlagen (Hannover, Mai 1977)

Nach den zentralen Aktionen in Brokdorf und Grohnde wurde innerhalb des radikalen Spektrums der Anti-AKW-Bewegung über die Notwendigkeit diskutiert, »eine Bundeskonferenz aller Bürgerinitiativen gegen Atomanlagen« durchzuführen, deren Zweck es sein sollte, »die taktischen und strategischen Fragen unseres Kampfes zu diskutieren, über die Kriminalisierungsmaßnahmen seitens des Staates und der Atomindustrie zu beraten sowie Fragen der besseren Koordination und Kommunikation zu besprechen«. Das bundesweite Treffen von Anti-Atom-Initiativen wurde für den 14. und 15. Mai 1977 in der TU Hannover anberaumt (»Bundeskonferenz der Bürgerinitiativen gegen Atomanlagen«).[73]

An der Planung und Durchführung der Veranstaltung hatte der KB, der sich ja stark um eine inhaltliche Vereinheitlichung und organisatorische Strukturierung der Anti-AKW-Bewegung bemühte, einen maßgeblichen Anteil. Die Hamburger Gruppe zog hier alle Register ihres »Könnens« und setzte verschiedene Finessen ein, um die Konferenz in ihrem Sinne erfolgreich zu gestalten. Schon in der Vorbereitungsphase hatte sich der Bund massiv um eine Beeinflussung des Ablaufs des Treffens bemüht. So waren etwa sämtliche Resolutionen, die der Hamburger Bund in Hannover verabschieden wollte, zentral von leitenden Kadern der Gruppe verfasst worden und sollten während der Tagung von verschiedenen lokalen »Bürgerinitiativen«, in denen der KB die Mehrheit stellte, in den Abstimmungsprozess eingebracht werden.[74] Die über 800 Delegierten und »Beobachter« aus weit über 200 Anti-AKW-Initiativen, die sich schließlich an der Konferenz in Hannover beteiligten, waren zum überwiegenden Teil (unterschiedlichen) Spektren des bundesdeutschen Linksradikalismus zuzurechnen (dabei allerdings alles andere als repräsentativ für ihre Basis), wobei der KB laut Selbsteinschätzung mit etwa 80 eigenen stimmberechtigten Vertretern die größte *organisierte* Fraktion dieses Treffens stellte.[75]

Die angestrebte Vereinheitlichung »aller Bürgerinitiativen gegen Atomanlagen« auf Basis gemeinsamer Essentials sowie die Schaffung »demokratischer« Entscheidungsstrukturen, wie vom KB vorgeschlagen, konnte in Hannover nicht realisiert werden. Die Bewegung war zu diesem Zeitpunkt bereits zu stark polarisiert. Die von der BBU vertretenen »bürgerlichen« Initiativen waren der von ihnen als »KB-Bundeskonferenz« bewerteten Versammlung gänzlich ferngeblieben, und auch das linksradikale Lager zeigte sich seit der dritten Brokdorfaktion vom Februar 1977 stark zerstritten. Konfliktstoff und Protagonisten waren bekannt: Die in Hannover anwesenden autonomen Spektren, insbesondere der AK Politische Ökologie der Hamburger BUU, opponierten in einer gänzlich destruktiven Weise gegen die »Machtpolitik« des KB. Mit den Initiativen, die den konkurrierenden K-Gruppen nahe standen und die den Kongress ebenfalls mit Delegierten beschickt hatten, war auch kein Konsens zu erzielen. Zum Streitpunkt wurde erneut die Frage, wie die Aktion vor Brokdorf vom 19. Februar 1977 zu bewerten sei. Während die Mehrheit der Delegierten sie als »Erfolg« betrachtete und die kritisierte Demonstrationsleitung entlastete, trugen KBW und Spontis ihre bekannten Positionen vor. Wegen »massiver Chaotisierung und Hetze« konnte schließlich keines der auf der Tagesordnung stehenden Themen einvernehmlich und verbindlich geklärt werden. Es gab, wie der KB bedauerte, folglich auch keine »wesentlichen Schritte nach vorn« in der weiteren Arbeit der Anti-AKW-Bewegung. Den Vorwurf von autonomer Seite, die Bundeskonferenz sei an der »Machtpolitik« des KB gescheitert, wies dieser mit Entschiedenheit zurück. Das Ergebnis des Treffens zeige die Anti-AKW-Bewegung derzeit »in keinem guten und aktionsfähigen Zustand«; insbesondere um ihre Einheit sei es sehr schlecht bestellt.[76]

Ein Toter in Malville (Juli 1977)

An der Demonstration am Baugelände des Schnellen Brüters Superphénix bei Malville in Frankreich (70 Kilometer nördlich von Lyon) nahmen am 31. Juli 1977 auch zahlreiche Personen und Gruppen aus der Bundesrepublik und anderen westeuropäischen Ländern teil. In der Mobilisierung spielte der KB, der über seine Frankfurter Ortsgruppe, insbesondere in der Person Eva Groeplers, über gute Kontakte zu Teilen der französischen Linken verfügte, eine gewisse Rolle.[77] Am Vorabend der Demonstration war es dem Hamburger Bund über Kader vor Ort sogar gelungen, Einfluss auf das Organisationskonzept der Aktion zu nehmen. Plan der Malvillekoordination war es zunächst gewesen, am 31. Juli von vier Sammelpunkten aus sternförmig zum Bauplatz zu ziehen, wobei jede einzelne Demonstration in ihrem Vorgehen »autonom« sein sollte. Auf einer Vollversammlung in Morestel am 30. Juli, an der sich etwa 4.000 Menschen beteiligten, stieß der vom KB vorgetragene Vorschlag auf breite Akzeptanz, die vier Züge vor dem Eindringen in die »Sperrzone« rund um den Bauplatz, für die ein striktes Versammlungsverbot verfügt worden war, zusammenzuführen.[78]

Gemeinsamer Treff sollte Poleyrieu sein, von wo aus sich am 31. Juli etwa 60.000 Menschen, darunter wenige »Militante«, in Richtung Bauplatz in Bewegung setzten. Der Leiter des Polizeieinsatzes von Malville, der Präfekt des Departementes d´Isère, Rene Jannin, hatte schon im Vorfeld die westdeutschen Teilnehmer mit Soldaten der Wehrmacht verglichen und seine Mannschaften aufgefordert, sich in diesem Einsatz als Vertreter Frankreichs zu fühlen. In dieser hochgepuschten Stimmung endete der Tag des 31. Juli bei Malville in der Nähe des kleinen Ortes Faverges-de-la-Tour mit »apokalyptischen Szenen und einer Massenpanik«, als die französische Spezialpolizei CRS begann, neben Nebel- und Tränengas auch scharfe Granaten in die Menge abzufeuern. Dieses polizeiliche Vorgehen führte zum Tod des 31-jährigen Physiklehrers Vital Michalon, der seinen schweren inneren Verletzungen noch am Ort des Geschehens erlag. Anderen Demonstranten wurden Arme oder Beine zerfetzt, einem Polizisten soll es beim Scharfmachen einer Granate die Hand zerrissen haben.

Am Abend zertrümmerten »völlig enthemmte CRS-Polizisten« die Autos von abfahrenden AKW-Gegnern, wobei es zu zahlreichen Festnahmen kam. Im Folgenden wurden zwölf Personen angeklagt (darunter sieben westdeutsche Studenten) und sechs zu Haftstrafen bis zu sechs Monaten (teilweise auf Bewährung) verurteilt.[79]

Für die bundesdeutsche Anti-AKW-Bewegung, insbesondere ihre links-radikalen Spektren, bedeutete »Malville« einen ersten tiefen Schock (ein zweiter sollte mit der Demonstration in Kalkar folgen), war den eigenen militanten Ansätzen hiermit doch eine Grenze gesetzt, die nur um den Preis des Bürgerkriegs zu überschreiten gewesen wäre, in dem »Sieger« und »Besiegte« allerdings schon von vornherein festgestanden hätten. Der KB bemühte sich in dieser Situation mit einer politischen Kampagne darum, Öffentlichkeit über die Vorgänge herzustellen, die zum Tod eines AKW-Gegners geführt hatten. Malville sei das Exempel dafür, dass die Betreiber von Atomkraftwerken »über Leichen« gingen.[80]

Jagdszenen vom Niederrhein (Kalkar, September 1977)

Der Behauptung, dass die »ohnehin zahlenmäßig schwachen, jedoch allgegenwärtigen Mitglieder der K-Gruppen« in der Aktion gegen den Bau des Schnellen Brüters am 24. September 1977 in Kalkar anders als in Brokdorf und Grohnde »ohne Einfluss« gewesen seien (Rucht 1980, 91), ist zu widersprechen. Der Hamburger Bund fungierte in Vorbereitung und Durchführung der Demonstration am Niederrhein im Rahmen der BUU als die wesentliche Kraft (und baute, nebenbei bemerkt, über diese Schiene seine nordrhein-westfälischen Strukturen auf). Das letzte Vorbereitungstreffen zur Kalkar-Demonstration, das Ende August 1977 in Duisburg stattfand (»Nationale Unterstützerkonferenz«) und auf dem sich primär das linke Spektrum der Anti-AKW-Bewegung mit Gruppen aus Norddeutschland (Schleswig-Holstein, Hamburg, Niedersachsen), Hessen und Nordrhein-Westfalen versammelte, wurde vollkommen vom KB dominiert. Auch wenn die Kalkaraktion von einem breiten Bündnis getragen worden ist (so kam es in diesem Zusammenhang z. B. zur Wiederannäherung derjenigen Initiativen der BUU, die sich am 19. Februar an der Frage »Brokdorf oder Itzehoe?« gespalten hatten), hätte der KB in der Vorbereitung rein abstimmungsmäßig »machen können, was er wollte«.[81] Ein Ergebnis dieser Stärke war die Wahl Günter Hopfenmüllers als »Vertreter der norddeutschen BIs« in die Demonstrationsleitung, der am 24. September die organisatorische Verantwortung oblag.[82]

Seine Dominanz in der Vorbereitung der Kalkardemonstration setzte der KB für ein bündnispolitisch geprägtes Aktionskonzept ein, das über die linken Spektren hinaus vor dem Hintergrund der Erfahrungen von Brokdorf, Grohnde und Malville auf positive Resonanz stieß. Mit »Kalkar« schien die Anti-AKW-

Bewegung zu einer genuin politischen Praxis zurückkehren zu wollen. Ziel war es, zum einen wieder stärker die ortsansässigen Initiativen einzubinden und zum anderen die Spaltung der Gesamtbewegung an der Gewaltfrage möglichst aufzuheben, was beides zumindest ansatzweise gelang (zu den aufrufenden Organisationen zählten u. a. der Weltbund zum Schutz des Lebens und der Bundesverband Bürgerinitiativen Umweltschutz). Im Vorfeld wurden zwischen den unterschiedlichen Spektren der Bewegung klare Absprachen darüber getroffen, dass am 24. September zwar direkt am Bauplatz des Schnellen Brüters demonstriert werden sollte, allerdings, zumindest an diesem Tag, jegliche Besetzungsversuche auszuschließen seien. Der KB sah eine solche Linie als guten Kompromiss an. Mit dem in Duisburg verabschiedeten Aufruf werde die Anwendung gewaltsamer Mittel im Anti-AKW-Kampf nicht prinzipiell verurteilt, sondern lediglich eine Bauplatzbesetzung für die geplante Demonstration ausgeschlossen. »Für die linken Initiativen ist das ein schöner Erfolg, wenn man bedenkt, dass die Aktion von Kräften getragen wird, die auf eine Besetzung wegen des jetzigen noch ungünstigen Kräfteverhältnisses verzichten, und Kräften, die für eine generelle Gewaltfreiheit eintreten.«[83]

Im Vorfeld der Großaktion in Kalkar wurde in weiten Teilen der Medien der zu erwartende gewalttätige Charakter der Demonstration betont und die Gefahr eines »Sturmes« der »Chaoten« auf den Bauzaun des Brütergeländes unterstellt. Überhaupt fiel die Kalkaraktion in eine Zeit großer innenpolitischer Spannungen, den so genannten »heißen Herbst« 1977. Zur »Aufrechterhaltung der öffentlichen Sicherheit und Ordnung« hatte der Oberkreisdirektor von Kleve, sekundiert vom liberalen Innenminister Nordrhein-Westfalens, Burkhard Hirsch, die Demonstration nur unter der Auflage eines Verbots des Aufzugs direkt zum Baugelände des Kraftwerks, insbesondere zur Wiese des Bauern Maas[84], genehmigt, da »zur Ausrüstung einiger in Kalkar zu erwartender Demonstranten Brandsätze, Molotowcocktails und sogar Panzerfäuste« gehören würden[85].

Am Vorabend des 24. September 1977 wie auch am Tag selbst herrschte bundesweit das Polizeirecht. Ziel des staatlichen Einsatzes scheint es gewesen zu sein, die Demonstration in Kalkar, an der teilzunehmen ja keinesfalls verboten war, ganz zu verhindern oder sie zumindest möglichst klein zu halten und die Aktiven als »gewaltbereit« zu kriminalisieren und einzuschüchtern. Etwa 10.000 Angehörige staatlicher Repressionsorgane kontrollierten »im Rahmen des bis dahin größten Polizeieinsatzes in der bundesdeutschen Geschichte«, teilweise mit Maschinenpistolen im Anschlag, Tausende von Fahrzeugen, stoppten gar kurz vor Kalkar einen Linienzug der Bundesbahn, durchsuchten Wohnungen und Garagen, nahmen insgesamt über 100 Personen vorläufig fest und beschlagnahmten eine Vielzahl mitgeführter Gegenstände, die in den Medien als »gefährliche Waffen« präsentiert wurden (eine Panzerfaust war freilich nicht dabei), zum überwiegenden Teil aber wohl dem Selbstschutz der Demonstranten dienen sollten (Helme, Tücher, Schutzbrillen, Gasmasken, Handschuhe, wasserfeste Kleidung). Während etwa 20.000 Personen, darunter viele aus den Nachbarländern, aufgrund dieser polizeilichen Praxis darin gehindert wurden, Kalkar überhaupt an diesem Tag noch zu erreichen, trafen andere »völlig erschöpft von den Strapazen und entnervt von den Schikanen« Stunden später als geplant am Versammlungsort auf dem Marktplatz in Kalkar ein, von wo aus sich dann ein Zug von bis zu 60.000 Menschen, darunter etwa 10.000 aus den Niederlanden, in Richtung Bauplatz in Bewegung setzte (der Beschluss, das für die unmittelbare Umgebung des Brütergeländes ausgesprochene Versammlungsverbot zu durchbrechen, soll auf einer Sitzung der »Vertrauensleute« unmittelbar vor Ort getroffen worden sein, hatte aber freilich schon im Vorfeld festgestanden).[86] Als der »Aufzug« den Punkt erreichte, den zu überschreiten per Verfügung des Oberkreisdirektors verboten war, scherte das DKP-Spektrum, das sich mit einem eigenen, etwa 500 Personen starken Block beteiligte, plötzlich aus. Während die »Revisionisten« versuchten, andere davon zu überzeugen, von ihrem »illegalen« Tun abzulassen, konnte durch »beherztes Eingreifen« anderer Aktivisten eine Aufspaltung des Protestmarsches gerade noch verhindert werden (Meyer 1981, 220). Auf der Wiese von Bauer Maas angekommen, versuchten etwa 200 »KBW-Anhänger«, eine Bauplatzbesetzung zu initiieren, was aber auf keinerlei Resonanz stieß, so dass die Aktion im vorgesehenen Rahmen beendet werden konnte.[87]

Die Bewertung der Kalkaraktion seitens des KB fiel durchweg positiv aus. Rein zahlenmäßig sei die Demonstration der »größte Mobilisierungserfolg der westdeutschen Anti-AKW-Bewegung« gewesen. Die »Spaltung« der Bewegung sei überwunden, habe es sich die von einem »breiten Bündnis von AKW-Gegnern unterschiedlichster politischer und ideologischer Grundrichtung« getragene Großdemonstration doch nicht nehmen lassen, trotz Verbots direkt am Baugelände zu demonstrieren. Dass der »BRD-Staat« in Kalkar sein »vorläufig letztes Argument« vorgebracht habe, »die geräuschvoll durchgeladene Maschinenpistole«, werde die Bewegung eher stärken als schwächen.[88] Mit der weiteren Entwicklung der Anti-AKW-Bewegung, die nach »Kalkar« in eine Krise stürzte, war eine solche »Einschätzung« freilich nicht zu stützen. Mit der Großdemonstration am Niederrhein hatte sich der »spontane Aufschwung« der Anti-AKW-Bewegung, der primär von Gruppen der radikalen Linken getragen worden war, erschöpft.[89] Der »Schock«, den der Auftritt der geballten Staatsmacht am 24. September in Reihen des Protestes hinterlassen hatte, verband sich mit der resignativen Einschätzung, dass das bundesdeutsche Atomprogramm auf dem Wege von Bauplatzbesetzungen und »Feldschlachten« nicht würde zu verhindern sein (Rucht 1989, 326). Insofern das Mittel einer praktischen wie auch politischen

Militanz im »Boom« der Anti-AKW-Bewegung im Jahre 1977 die tragende Rolle gespielt hatte, befand sich deren linksradikaler Flügel nach »Kalkar« in einer strategischen Krise, was Prozesse interner Ausdifferenzierung verstärkte: Während bestimmte Spektren der Neuen Linken, darunter der KB, der Bewegung mit dem Aufbau »alternativer« und »bunter« Listen eine parlamentarische Option eröffnen wollten (diese gingen 1980 in den Konstituierungsprozess der Grünen ein), gewannen andererseits Gruppen »mit betont antiinstitutionellem Selbstverständnis« an Bedeutung (aus den Spontis gingen die Autonomen der 80er Jahre hervor), die einen solchen Ansatz radikal ablehnten (Siegert 1988, 4). Der KB zog sich nach »Kalkar« ähnlich schnell aus der Anti-AKW-Arbeit zurück, wie er sie Ende 1976 aufgenommen hatte. Die Renaissance der Anti-AKW-Bewegung 1978 in Gorleben, wo dem KB genauso wenig Bedeutung zukam wie den Autonomen, basierte stark auf lokalen Strukturen und stand ganz im Zeichen der Ideologie der »Gewaltfreiheit«.

Neue Bewegung, alte Politik

Bei seinem Engagement in der Anti-AKW-Bewegung hatte der KB vor allem auf die »alten« Koordinaten seiner Politik zurückgegriffen, die schon in der ersten Hälfte der 70er Jahre die Auseinandersetzungen innerhalb der ML-Bewegung geprägt hatten: Aufbau eines ideologischen und organisatorischen Zentrums, Fraktionskampf zur Durchsetzung einer einheitlichen Linie, Bemühen um die Initiierung eines »breiten Bündnisses«, Operieren – in der Sprache der Arbeiterbewegung – an der Grenze zwischen »Opportunismus und Sektierertum«, Organisierung von Strukturen und Aktionen. Die primären Mittel waren: Gegenöffentlichkeit, Agitation und Propaganda über eigene Medien, Flugblätter und Broschüren. Dass es der Gruppe binnen kurzem gelungen ist, zur wichtigsten organisierten Kraft innerhalb des linken Spektrums des Anti-AKW-Protests zu werden, ist vor allem auf deren Strukturstärke zurückzuführen, während die Bewegung dezentral verfasst war und zumindest anfangs auf lokaler Ebene kaum eigenständige Formen herausbilden konnte (und das auch gar nicht wollte: Basisorientierung und Antiinstitutionalismus spielten im ideologischen Horizont der neuen sozialen Bewegungen generell eine entscheidende Rolle). Mit der innerhalb der Anti-AKW-Bewegung vorherrschenden »Signifikanz postmaterieller Wertorientierungen« (Roth u. a. 1991, 16) waren einer imperialismuskritischen Interpretation des Atomenergiekonflikts, wie sie der KB vortrug, von Anfang an enge Grenzen gesetzt. Das Paradigma der »Lebensweise« (Raschke 1985, 74) und der Widerspruch zwischen den eigenen »gegenkulturell-emanzipativen Lebensentwürfen« und den »technokratisch-instrumentellen Machtstrukturen« *moderner Industriesysteme* ließen Eigentums- und Verteilungsfragen *kapitalistischer* Vergesellschaftung in den Hintergrund treten (Brand 1991, 42). Da selbst der linke Flügel der Bewegung viel heterogener war, als es der Mythos der Einheit im Zeichen der militanten Ausrichtung gegen Staat und »Atomlobby« im Aktionsjahr 1977 glauben machen wollte, waren die Versuche des KB, diesen auf der Grundlage einer politischen Plattform zu vereinheitlichen und organisatorisch um ein Zentrum herum zu strukturieren, letztendlich zum Scheitern verurteilt.

Frauenpolitik: Die Hälfte des Himmels (Zur Transformation des KB)

Anders als in der Anti-AKW-Bewegung gelang es dem KB in der Frauenbewegung zu keinem Zeitpunkt seines Engagements, eine dominierende Stellung einzunehmen. Verantwortlich hierfür war, dass »Frauenpolitik« intern zu den umstrittensten Feldern der KB-Arbeit gehörte. Da ein nicht unwesentlicher Teil der Organisation dem Thema offen ablehnend gegenüberstand und selbst im frauenpolitischen Lager divergierende Strömungen existierten, agierte der KB innerhalb der Frauenbewegung anfangs äußerst sektiererisch – und, gemessen an seiner sonstigen Praxis, insgesamt wenig erfolgreich.

Abgrenzungen: Der KB und die autonome Frauenbewegung

Nach ersten Formen der Zusammenarbeit in der Kampagne gegen den § 218 beschränkten sich die frauenpolitischen Aktivitäten des KB zumindest bis 1977 weitgehend auf einem scharf geführten »ideologischen Kampf« gegen die autonome Frauenbewegung. Als Folge dieser Politik, die innerhalb der Gruppe zunächst auf nur wenige Gegenstimmen traf, geriet der KB gegenüber der autonomen Frauenbewegung in die totale Isolation. Gleichzeitig kam es zum weitgehenden Zusammenbruch der eigenen frauenpolitischen Strukturen.

Gründe des Sektierertums

Dass der KB ausgerechnet in der neuen Frauenbewegung zunächst derart sektiererisch auftrat, war einem innerhalb der Organisation weit verbreiteten Ressentiment geschuldet, das im Grunde die Ablehnung *jeglicher* Frauenpolitik beinhaltete. Möglicherweise haben hier »die Strukturen« eine wichtige Rolle gespielt. »Berater« der AG Frauen war in den Anfangsjahren ein Mann, namentlich das LG-Mitglied Knut Mellenthin. Zumindest die Führungsebene (das LG) des KB war bis 1976, als mit Ulla Jelpke, Heidi Kaiser und Genossin »a.« drei Frauen Aufnahme fanden, ausschließlich von Männern besetzt. Die AG Frauen kritisierte später, dass auf den frauenpolitisch engagierten Genossinnen ein starker Druck gelastet habe, auf »bestimmten Grundforderungen« zu beharren, wollten sie nicht Gefahr laufen, ihre »KB-Identität« zu verlieren. Zu den gemeinten Essentials habe wie selbstverständlich die Betonung des »gemeinsam mit den Männern zu führenden Kampfes« gehört.[90] Sylvia Hebisch, Gründungsmitglied der AG Frauen, weist in der Rückschau darauf hin, dass es aber zu weit ginge, allein die Genossen für die Isolierung des KB in der Frauenbewegung verantwortlich zu machen. »Die Auseinandersetzung mit den autonomen Frauen wurde von uns Frauen massiv geführt, weil wir das für richtig hielten, nicht wegen der männlichen Genossen im Hintergrund. Wir waren da nicht zimperlich.«[91]

Feministische Schriften und Projekte

Bis 1977 wandten sich zahlreiche *AK*-Artikel gegen bestimmte feministische Schriften, die mehr oder weniger pauschal als »antikommunistisch« verurteilt wurden. Ein davon war »Der kleine Unterschied« von Alice Schwarzer (1975 erschienen) über die »Funktion der Liebe« und die »Rolle der Gewalt« beim »Geschlechterdrill«.[92] Anlass zur Auseinandersetzung für die AG Frauen war der Massenerfolg des Buches, das, wie moniert wurde, auch »von einem Großteil unserer Genossinnen und Sympathisantinnen« mit Interesse gelesen werde. Für die Arbeitsgruppe enthielt es jedoch lediglich »frauenfeindliche, sexualfeindliche und arbeiterfeindliche Thesen vom Geschlechterkampf«.[93] Die Unterdrückung der Frau durch den Mann werde zum »gesellschaftlichen Hauptwiderspruch«, das »Schwanzficken« zum »wichtigsten Hebel«, die »lesbische Liebe« zur Lösung erklärt. Dies werde dann gegen »den Klassenkampf, gegen den Sozialismus und gegen die Linke« ausgespielt.[94]

In vergleichbarer Weise polemisierte die AG Frauen gegen eine weitere »Urschrift« des Feminismus, »The dialectic of sex« von Shulamith Firestone (deutsch im Fischer-Verlag, 1975), die für die ideologische Formierung der hiesigen radikal-feministischen Bewegung – gerade auch in Abgrenzung zu marxistischen Strömungen der Linken – eine große Bedeutung hatte. Ähnlich wie Schwarzer in ihren deutlich von Firestone inspirierten Thesen zur Funktion der Sexualität verstand die amerikanische Autorin die soziale Differenz der Geschlechter als die wesentliche Frage (und nicht die Klassenfrage).[95] Das erstmals 1970 in den USA publizierte Buch, so die AG Frauen, sei ein Exempel dafür, »was sich die Bourgeoisie alles einfallen lässt, um eine Bewegung – in diesem Fall die Frauenbewegung – zu zerstören bzw. in die falsche Richtung zu lenken«. Die Autorin wende sich mit ihrem Text gerade an die Frauenaktivistinnen, die sie in der Konsequenz dazu auffordere, die »linken Mackerorganisationen« zu verlassen. Dem feministischen Ansatz von Firestone hielt die Arbeitsgruppe die »historisch-materialistische Analyse von Marx und Engels« entgegen.[96]

Das Verdikt der AG Frauen richtete sich auch gegen ein feministisches Genre, dem in einer bestimmten Phase der Frauenbewegung[97] große Bedeutung zukam: der persönliche Erfahrungsbericht in belletristischer Form. 1975, mit der Neuregelung des § 218, verlor die Frauenbewegung ihre bis dahin »wichtigste Klammer«. Mit der Abkehr von der »großen Politik« trat eine »stärkere Betonung und Aufarbeitung der persönlichen Erfahrungswelt« in den Vordergrund. Die Praxis der Selbsterfahrungsgruppen erzeugte erneut einen »großen Zustrom zur Frauenbewegung«. (Brand u. a. 1986, 131)

Den »Nerv« der Zeit traf Verena Stefan mit ihrem Buch »Häutungen«, das 1975 erschien und der erste Text mit literarischem Anspruch der neuen Frauenbewegung in deutscher Sprache war – und zu einem Bestseller wurde.[98] »Es erzählte die Ablösung einer jungen Frau von ihren – linken – Männern, ihren Weg über Frauengruppe, Frauenwohngemeinschaft und Frauenbüchern zu Frauenbeziehungen – und sprach damit zahlreichen Frauen aus dem Herzen.«[99] Die Kritik der AG Frauen fiel entsprechend aus: Die Autorin falle mit ihren Ansichten »voll auf den Kapitalismus herein« und unterstütze ihn sogar. Wem nütze es mehr als »den Kapitalisten«, wenn die Menschen »nur noch mit dem Hin und Her ums Bumsen« beschäftigt seien. Stefan liefere »das Rauschgift des Rückzugs ins Private, der maßlosen Selbstbeschäftigung mit dem eigenen ›Ich‹, des Waffenstillstands mit den herrschenden Verhältnissen«.[100]

1977 begannen sich mit der Gründung zahlreicher feministischer Projekte Ansätze zu einer weiblich geprägten Gegenkultur herauszubilden.[101] Der KB stand solchen Praxen generell skeptisch bis ablehnend gegenüber. Im *AK* wurde ein Artikel abgedruckt, in dem feministische Projekte zur medizinischen Selbsthilfe radikal kritisiert wurden. Statt für eine grundsätzliche Änderung der »Klassenmedizin« zu kämpfen, werde von feministischer Seite »Selbsthilfe mit Kräutern« empfohlen, was der »Aufforderung zum Arrangement mit dem bürgerlichen Staat« gleichkomme.[102] Auch in Bezug auf Frauenhausprojekte[103] argumentierte der KB zunächst in ähnlicher Weise. Das Problem der Gewalt gegen Frauen sei nicht durch den Aufbau von Frauenhäusern zu lösen, sondern nur über den »politischen Kampf« gegen die gesellschaftlichen Zustände, die solche Einrichtungen notwendig machten. Das Engagement in Frauenhäusern sei letztlich nichts als eine »Art freiwilliger Sozialarbeit«. Stattdessen gelte es, die betroffenen Frauen für den »Kampf gegen ihre Unterdrückung« zu gewinnen, sie zu einer »politischen Kraft« für eine »repressionsfreie Gesellschaft« werden zu lassen.[104] Diese Position wurde organisationsintern scharf kritisiert und unmittelbar nach ihrer Veröffentlichung zurückgezogen. Der Kampf für die Einrichtung von Frauenhäusern wurde nun als Teil des »antikapitalistischen« Kampfes gegen die »besondere Unterdrückung der Frau« anerkannt und unterstützt.[105]

Die erste feministische Walpurgisnacht in der Bundesrepublik wurde am 30. April 1977 begangen (allein in Westberlin beteiligten sich bis zu 4.000 Frauen). Aufzüge mit zum Teil als Hexen verkleideten Frauen, ausgestattet mit Lärminstrumenten, zogen durch die Innenstädte, durch »Vergnügungsviertel«, Parks, an Bahnhöfen und anderen Orten vorbei, die Frauen nachts gemeinhin lieber mieden, und protestierten unter dem Motto »Holen wir uns die Nacht zurück« gegen »Männergewalt«. Hiermit wurde in gewisser Weise eine Tradition begründet, die bis weit in die 80er Jahre hinein Bestand hatte. Die antipatriarchale Bezugnahme auf einen – in katholischer Lesart – »heidnischen« Brauch und die positive Interpretation des Hexenmythos erklärt sich u. a. aus Versuchen von Teilen der sich damals gerade etablierenden Frauenforschung, die Geschichte der Hexenverfolgung der Neuzeit aus feministischem Blickwinkel in »gegenkulturelle Deutungen« (Honegger 1978, 18) zu überführen, was in der Frauenbewegung selbst auf große Resonanz stieß[106].

Seine Weigerung, sich an den Aktionen zur Walpurgisnacht zu beteiligen, begründete der KB damit, dass es den Initiatorinnen keineswegs darum gehe, »Nebenwidersprüche im Volk, wie Vergewaltigungen und allgemeine Gewalt von Männern an Frauen als zusätzliche Dimension in unseren Kampf einzubringen«, sondern darum, diese »Nebenwidersprüche zur Hauptsache« zu erklären. Eine solche Stoßrichtung lenke von »den Tageskämpfen der Frauen (Leichtlohngruppen, Arbeitslosigkeit, § 218)« ebenso ab wie vom Kampf »gegen die herrschenden gesellschaftlichen Verhältnisse insgesamt«. Gemäß dieser Ausrichtung würden die Walpurgisnachtproteste »zutiefst reaktionären und mit der Masse der Frauen unvereinbaren Zielen« dienen. Eine Engagement des KB komme daher nicht in Frage.[107]

In den Auseinandersetzungen im Nachgang der Walpurgisnachtdemonstrationen monierte die AG Frauen, dass die meisten Teilnehmerinnen als Hexen verkleidet gewesen seien und vornehmlich durch »langes und lautes Gekreische« auf sich aufmerksam zu machen versucht hätten – was schon der Form nach als »entpolitisierend« verstanden wurde. Überhaupt sei es den Aktivistinnen augenscheinlich mehr um ihren »Spaß« und weniger »um Aufklärung über die gesellschaftlichen Ursachen von Vergewaltigung und um Einbeziehung breiter Kreise von Frauen in einen Kampf gegen diese besonders brutale Form der Unterdrückung der Frau« gegangen. Während die Transparente und Parolen (»Männer verpisst euch und die Welt vergisst euch«) allgemein gegen »den Mann« gerichtet gewesen seien, hätte sich kein einziger Sprechchor gegen den »Staatsapparat« gerichtet, obwohl die Behandlung vergewaltigter Frauen durch Polizei und Justiz bekannt sei.[108] Der KB sah somit seine im Vorfeld der Walpurgisnachtaktionen getroffenen Einschätzungen bestätigt, diese würden lediglich von den »gesellschaftlichen Bedingungen der Gewalt gegen Frauen« ablenken und den Kampf gegen »die Männer« in den Vordergrund stellen.[109]

Zusammenbruch der KB-Frauenstrukturen

Ergebnis dieser Politik war, dass die »K-Frauen« (wie die frauenpolitisch engagierten Mitglieder des KB von autonomer Seite genannt wurden) innerhalb der Frauenbewegung in die totale Isolation gerieten und weitgehend aus deren Strukturen hinausgedrängt wurden. Bis Mitte 1977 kam es zum Ausschluss von Genossinnen der Gruppe aus mehreren autonomen Frauenzentren und überregionalen feministischen Zusammenhängen (Frauenzentrumstreffen). Parallel hierzu brachen die bis dahin innerhalb des KB gebildeten frauenpolitischen Strukturen in Hamburg und weiteren Orten nahezu zusammen.[110]

Im Juni 1976 wurde auf dem Plenum der Frauengruppe Bochum ein Beschluss gefasst, demzufolge »Frauen, die Mitglied im Kommunistischen Bund sind, von der Mitarbeit in der Frauengruppe ausgeschlossen« waren. Dies sei mit »grundlegenden politischen Differenzen« zwischen dem KB und der autonomen Frauenbewegung begründet worden. »Eine kommunistische Organisation könne keine Frauenpolitik im Sinne der Frauen machen. Der KB wolle mit seiner Politik die Frauen nur für seinen Parteiladen missbrauchen.«[111] Im Herbst 1976 geriet auch die Mitarbeit von Genossinnen des KB im Frauenzentrum Osnabrück in die Kritik[112]: »Wir sind weder mit den Organisationsformen noch mit der Politik der K-Gruppen und -Parteien einverstanden. Konkreter Ausdruck dieser Politik ist für uns die Tatsache, dass diese Gruppen überall dort, wo so etwas wie soziale Bewegung entsteht, mit ihrer großen roten Fliegenpatsche aufmarschieren und so lange mit Phrasen und Papier draufhauen, bis alles mucksmäuschenstill ist. Ihr habt immer Standpunkte, auf denen ihr bewegungslos steht und Stoßrichtungen, in die alle stoßen sollen.«[113]

Im Westberliner Frauenzentrum wurde im März 1977 mehrheitlich eine Resolution verabschiedet, der zufolge »KB-Frauen« nicht mehr an den Sitzungen des Frauenzentrums teilnehmen durften.[114] Unter Verweis auf die Position des KB zu den feministischen Aktionen in der Walpurgisnacht wurde im Frauenplenum Hannover ein ähnlicher Beschluss gefasst.[115] Auch im Hamburger Frauenzentrum gab es »heftigen Widerspruch« gegen eine Zusammenarbeit mit dem KB. Der Bund wurde als »linke Mackerorganisation« bezeichnet. Die »KB-Frauen« wollten nur »ihren Organisationskram« durchsetzen und »Frauen für ihre Ziele einsacken«.[116]

Die autonome Kritik richtete sich in allen Fällen gegen die vermuteten instrumentellen Absichten des KB in der Frauenbewegung. In der Münchener Zeitung *Frauenoffensive* war zu lesen, dass »solche Organisationen wie der KB« nichts unversucht lassen, um alles, was nach »fortschrittlichem Potenzial« rieche, in ihre Politik zu integrieren, »um gerade speziell den Frauen und der Frauenpolitik den Platz zuzuweisen, den wir schon immer in linken Organisationen und Parteien hatten – den nämlich am Katzentisch«.[117] Die Westberliner Lesbengruppe Schwarze Botin, auf die sich der KB in seiner Kritik »der« autonomen Frauenbewegung in besonderer Weise eingeschossen hatte, argumentierte ähnlich: »Diese Linke, die sich für die Welthygiene verantwortlich einsetzt, glaubt nun auch bei den Frauen für sozialistische Sauberkeit und Ordnung sorgen zu müssen. Mit der Revolutionsargumentation versuchen sie, die Frauen zu rekrutieren, um sie danach in ihre Parteihierarchie, ihre Bürokratie und ihrem Personenkult einzupferchen.«[118]

Die Schärfe, mit welcher der KB in den 70er Jahren von feministischer Seite bekämpft worden ist, lässt sich damit erklären, dass es außer ihm zu diesem Zeitpunkt kaum linksradikale Kräfte gegeben hat, die ernsthaft für die Frauenbewegung Interesse zeigten und sich um Einfluss bemühten. Der KB wiederum beklagte, zum »Feind der gesamten autonomen Frauenbewegung« erklärt worden zu sein, und monierte deren »Antikommunismus«. Nach der »politischen« Zusammenarbeit in der 218-Kampagne im Jahr 1975 sei die Bewegung in die »neue Innerlichkeit« abgedriftet und habe sich von ihrer linken Geschichte verabschiedet. »Unterdrückung« werde nicht mehr »klassenmäßig, sondern nur noch biologisch« erklärt. Mit ihren Attacken gegen die »K-Frauen« laufe die Frauenbewegung Gefahr, sich in eine »gegen die Linke gerichtete Bewegung« zu entwickeln.[119]

Öffnungen: Das Private ist politisch – auch im KB

Mit der tendenziellen Öffnung von Teilen des Bundes »neuen« Ansätzen gegenüber kam es zu einer Wiederannäherung an die autonome Frauenbewegung und zu einer Restrukturierung seiner frauenpolitischen Aktivitäten. Im Spannungsfeld zwischen dem eigenen »antikapitalistischen« Anspruch und dem Agieren in der (was die Frauenpolitik anging) hegemonialen feministischen Bewegung durchlief der Bund einen Transformationsprozess, in dem »subjektivistische« Politikansätze an Bedeutung gewannen. Gleichzeitig blieben diese aber heftig umstritten: Die Stellung zum Feminismus war eines der wichtigen Themen der Spaltung des KB 1979. Eher »klassenkämpferische« und eher autonome Positionen der Frauenarbeit koexistierten im Bund noch Anfang der 80er Jahre.

Weinhold-Eklat

Bei einem im Oktober 1977 veranstalteten Solidaritätskonzert zugunsten des Kinderhauses in der Heinrichstraße kam es zu einem Vorfall, der innerhalb des Bundes eine Kontroverse auslöste, die sich jenseits der »großen« Politik bewegte. Der Auftritt der Rocksängerin Jutta Weinhold war von einem Teil des Publikums als »frauenfeindlich« abqualifiziert und mit »ständigen Pfiffen, Buhrufen und Geschrei« quittiert worden (moniert wurde, dass Weinhold ihre künstlerischen Darbietungen mit »sexuellen Bewegungen und Gesten« begleitet habe, also etwa das »Gezerre an ihrem ausgeschnittenen Pullover« und ihr »Geturne auf dem Boden«). In der Debatte um diese Proteste erhielt der *AK* so viele Zuschriften zu wie nie zuvor.[120]

Die AG Frauen des KB hielt die Publikumsproteste für »bei weitem schlechter, geschmackloser und humorloser« als den Auftritt selbst. Die ganze Stoßrichtung solcher und ähnlicher »Holt die nackte Frau von der Bühne«-Aktionen, d. h. die Störung von Misswahlen, Frauenboxen »oben ohne« und ähnlichen Veranstaltungen durch Gruppen der autonomen Frauenbewegung (an der sich durchaus auch Aktive des KB beteiligten[121]), wurde als »sektiererisch« verurteilt. Der Kommunistische Bund sei nicht die »Heilsarmee«; derartige »Bilderstürmereien« von Frauengruppen wirkten nicht anders als der »Puritanismus schwärzester viktorianischer Ausprägung«. Als zentrales Feld frauenpolitischer Aktivität empfahl die AG Frauen stattdessen das, was sie schon immer empfohlen hatte: »Die Ausbeutung und Unterdrückung, die Frauen täglich und jahrelang bei der Arbeit erfahren«, zu bekämpfen.[122]

Von den Stellungnahmen, die den *AK* erreichten, sollen sich »fast alle« gegen die von der AG Frauen vorgetragene Position gewendet haben – wenn auch aus unterschiedlichen Gründen. Ein »Genosse der *AK*-Redaktion« bemühte sich die Kritik der AG Frauen weiter zu pointieren, indem er darauf verwies, dass es politisch fragwürdig sei, wenn »wir« über die »lohnabhängigen« Akteurinnen »frauenfeindlicher« Veranstaltungen herfallen, »statt uns an die Profitmacher zu halten«.[123] Zahlreiche andere rechtfertigten die Proteste gegen Jutta Weinhold, bemühten sich aber ebenfalls darum, ihre Position »antikapitalistisch« zu begründen – und nicht feministisch. So meinte eine »Hamburger Genossin aus dem Kulturbereich«, dass der Auftritt der Rocksängerin sehr wohl »frauenfeindlich« gewesen sei, lastete dies aber dem »bürgerlichen Kulturbetrieb« an.[124] Mitglieder einer Göttinger Frauengruppe des KB äußerten die Überzeugung, dass es politisch falsch sei, »Leichtlohngruppen« gegen »blanken Busen« auszuspielen und die »Unterdrückung« der Frau im öffentlichen gegen die im privaten Bereich zu stellen. Der AG Frauen wurde vorgeworfen, Aktionen gegen die »sexuelle Unterdrückung« letztlich nur als »zweitrangig« einzustufen. Dieser Kampf sei aber alles andere als ein »Abfallprodukt aus der Mottenkiste der Frauenbewegung«, sondern könne, wenn er in der »richtigen Art und Weise« vorgetragen werde, dazu beitragen, die »Ursachen der Frauenunterdrückung im Kapitalismus durchschaubarer zu machen«.[125]

Internationaler Frauentag – ohne Männer

Weniger problematisch war es für den KB (im Gegensatz zu den Walpurgisnachtaktionen), den »8. März« in seine spezifische Konzeption von Frauenarbeit zu integrieren. Der Internationale Frauentag, der seinen Ursprung in der proletarischen Frauenbewegung hatte und auch anti-imperialistischen Projektionen offen stand, galt im KB als politischer »Kampftag« für die Rechte und gegen die »besondere Ausbeutung und Unterdrückung« der Frau »weltweit«. Schon 1976 hatte sich der Bund an Aktivitäten zu diesem Termin beteiligt.[126] Am 8. März 1977 fungierte die dem KB zuzuordnende »Frauen-AE« als Veranstalterin eines Festes mit über 3.000 Besuchern (Frauen und Männern). Autonome Frauen hätten hier »in aller Regel durch Abwesenheit geglänzt« oder ihre Teilnahme darauf beschränkt, gegen die Anwesenheit von Männern auf einem Frauenfest zu polemisieren.[127]

Im Vorfeld der Veranstaltungen und Festivitäten zum Internationalen Frauentag 1978 kam es im KB dann zu starken Irritationen. Ein von der AG Frauen zusammen mit dem Hamburger Frauenzentrum und anderen autonomen Gruppen geplantes Fest zum 8. März »nur für Frauen« habe bei »vielen Genossinnen und Genossen Reaktionen zwischen Aufregung, Ratlosigkeit und Empörung« hervorgerufen. Der »heftige Widerstand«, wie er sich innerhalb des KB artikulierte, veranlasste die AG Frauen zu einer rein defensiven Gegenrede: Nichts spreche dagegen, »auch mal« ein Fest »nur für Frauen« zu veranstalten. Dass sei kein Abgleiten in den Feminismus, sondern erweitere im Gegenteil die »Bündnismöglichkeiten« kommunistischer Frauenpolitik (da auf einem solchen Fest Frauen erreicht werden könnten, die zu einer gemischtgeschlechtlichen Veranstaltung nicht kommen würden). Wenn sich die Arbeitsgruppe in der Vergangenheit gegen reine Frauenfeste ausgesprochen habe, dann in der politischen Absicht, der frontalen Ausrichtung des Feminismus gegen »die Männer« etwas entgegenzusetzen. Dieser »Trend« innerhalb der autonomen Frauenbewegung sei inzwischen überwunden (was eine reine Geschichtsklitterung war).[128]

Am 8. März 1978 drängten sich dann über 1.200 Frauen durch die »bunt geschmückten Räume« des Kinderhauses in der Heinrichstraße. Für so manche Genossin des KB sei das eine völlig neue Erfahrung gewesen, die überaus positiven Anklang gefunden habe: Die Fete sei »friedlich und lustig« gewesen, was durchaus mit dem Ausschluss von Männern in Verbindung gebracht wurde. Andere KB-Frauen hätten das Fest wegen der politischen Implikationen dieser Ausgrenzung »mehr oder weniger offen boykottiert«. Männliche Gruppenmitglieder hätten Verständnis geäußert, dass die Frauen auch mal »unter sich« feiern wollten, klagten aber für den Fall auf Teilnahmerecht, wenn »inhaltlich was gemacht« würde. Die AG Frauen wies die im KB anscheinend weit verbreitete Ansicht zurück, nach der es das »einzige Ziel unserer Frauenpolitik« sei, »überall zu vertreten, der Kampf gegen die Unterdrückung der Frau könne nur mit dem Mann gemeinsam geführt werden«. Natürlich solle damit nicht die grundsätzlich richtige Position eines geschlechtsübergreifenden Klassenkampfes revidiert werden, »aber dort, wo Frauen durch Männer unterdrückt werden, richten wir uns auch gegen sie«.[129]

Walpurgisnacht 1978

Bewegung gab es im KB auch gegenüber der »offiziellen« Haltung der Gruppe zur Walpurgisnacht. Im Vorfeld der Aktionen von 1978 mehrten sich Stimmen, die sich für eine Beteiligung des Bundes aussprachen. Die noch ein Jahr zuvor von der AG Frauen vehement vertretene Ablehnung schien nicht mehr durchsetzungsfähig. Diejenigen, die eine Neubestimmung der KB-Politik forderten, bemühten sich allerdings ihrerseits um Abgrenzung vom Feminismus, indem sie sich für eine Teilnahme des KB unter »gesellschaftskritischen« Positionen einsetzten. Daneben soll es jedoch nicht wenige KB-Aktive gegeben haben, denen die Kritik an der Walpurgisnacht insgesamt noch viel zu »lasch« ausfiel und die ein Engagement des Bundes auf diesem Feld kategorisch ablehnten.[130] Ergebnis dieser Kontroverse war, dass es den Genossinnen des KB freigestellt blieb, sich an den Aktionen der autonomen Frauenbewegung zur Walpurgisnacht 1978 zu beteiligen.[131] Die ablehnende Haltung »des« KB blieb von diesem Beschluss aber letztlich unberührt. Ein Jahr später wies die AG Frauen erneut auf die Gültigkeit ihrer 1977 geäußerten Position hin, räumte aber gleichzeitig ein, dass diese innerhalb des Bundes nicht als »vereinheitlicht« angesehen werden könne.[132]

Frauen in linken Organisationen

Für die Wiederaufnahme der Frauenarbeit im KB Ende 1978 kam einer »Erkenntnis« eine zentrale Bedeutung zu: »Gewalt gegen Frauen« sei eine Problematik, die auch vor den Toren einer sich linksradikal verstehenden Organisation nicht Halt mache. Der »Kampf gegen den Chauvinismus in den eigenen Reihen«[133] fand im Folgenden auf zwei Ebenen statt: Zum einen richtete er sich gegen die in privaten Beziehungen ausgeübte männliche Gewalt, zum anderen gegen das »chauvinistische« Verhalten männlicher Kader in den Strukturen der Organisation. Das Mao Tse-tung zugeschriebene Motto »Die Frauen tragen auf ihren Schultern die Hälfte des Himmels und sie müssen sie erobern«, welches zeitweise die Frauenrubrik im *AK* zierte, bekam in dieser Kritik eine neue Pointierung.

Das Verhalten von Genossen im privaten Bereich erhielt nun auch in den internen Debatten des KB einen Stellenwert. Die Feststellung, dass »Gewalt gegen Frauen« auch von »KB-Männern« ausgehe, schien eine Entdeckung zu sein. Hierüber zu reden war für viele betroffene Genossinnen zuvor ein Tabu gewesen. Das »Private« öffentlich zu machen, den »Chauvinismus« der eigenen Genossen anzuprangern – das konnte nun nicht länger mit dem Verweis auf den entpolitisierenden Charakter eines solchen Vorgehens und die Nähe zum »Subjektivismus« der autonomen Frauenbewegung unter der Decke gehalten werden. Der »Kampf gegen die Gewalt an Frauen«, der normativ primär auf »die Herrschenden« (Staat, Kapital, Kirche) ausgerichtet war, erfuhr nun aus Sicht der betroffenen Genossinnen eine notwendige Erweiterung. Deren Berichte hatten in den Frauenseiten des *AK* ihr Medium. Im Mai 1978 wurde ein erster »Fall« publik. Zwei Genossinnen, die dem Bund seit längerem angehörten und besonders in der Frauenarbeit engagiert waren, berichteten, dass sie von ihren Männern, gleichfalls KB-Kader, »aus Eifersucht« geschlagen und gewürgt worden waren – und dass sie bisher aus Scham zu diesen Vorfällen geschwiegen hatten.[134] Ein Mitglied der KB-Ortsgruppe Lübeck, das wiederholt seine Freundin, die nicht im KB organisiert war, verprügelt hatte, wurde aus dem Bund ausgeschlossen, nachdem er eine Aufforderung, zu dem »Vorfall« Stellung zu nehmen, ignoriert hatte.[135]

Welche Maßnahmen zur Sanktionierung gegen männliche Mitglieder, die Frauen gegenüber in dieser oder ähnlicher Weise aufgetreten waren, innerhalb der Organisation ergriffen werden sollten, blieb umstritten, ähnlich wie die Frage, was in diesem Zusammenhang überhaupt als »Gewalt« zu bezeichnen sei und ob etwa die Anwendung psychischer Machtmittel hier ebenfalls einbezogen werden sollte.[136] Eine »Genossin aus Hamburg« gab zu bedenken, dass »wir dann korrekterweise gleich den ganzen KB auflösen« müssten.[137] In Bezug auf die Fälle »prügelnder Genossen« plädierten einige für sofortigen »automatischen« Ausschluss, während andere dafür eintraten, zunächst eine »Beurlaubung« auszusprechen und dann ein Verfahren einzuleiten, in dem der betreffende Kader Gelegenheit haben sollte, sein Verhalten »selbstkritisch« zu hinterfragen.[138]

Die Debatte um Gewalt gegen Frauen richtete sich in ihrer Kritik auch gegen die »typisch männlichen« Verhaltensweisen der Genossen in den internen Strukturen des Bundes, die nach Ansicht vieler Mitstreiterinnen eine fruchtbare Zusammenarbeit verhinderten.[139] Die Genossinnen würden in einem solchen »chauvinistisch« geprägten Klima »untergebuttert«, ein frauenpolitischer Zugang zu Problematiken würde in den Einheiten, wo es einzelnen Männern überwiegend darum gehe, ihren »theoretischen Durchblick« zur Schau zu stellen, meist gar nicht mehr diskutiert.[140] Als weibliche Mitglieder einiger Zellen daraufhin begannen, sich innerhalb des Bundes separate Strukturen zu schaffen, löste das im KB eine Grundsatzdebatte um die Autonomierechte von Frauen in einer kommunistischen Organisation aus. Dass diese Frage Anlass zu heftigen internen Auseinandersetzungen gab, hatte damit zu tun, dass sie direkt auf das frauenpolitische Selbstverständnis des Bundes (»gemeinsamer Klassenkampf«) bezogen war und eine Linie der Abgrenzung zum autonomen Feminismus (»Geschlechterkampf«) verloren zu gehen drohte. Nicht wenige lehnten einen geschlechtlichen Separatismus mit dem Verweis auf die leninistischen Prinzipien generell ab und befürchteten andernfalls das Ende der organisatorischen Integrität des Bundes und seine Auflösung im Feminismus.[141]

Lesbisch-schwuler Aufbruch

Ausdruck des Wandels im KB war auch, dass sich die in ihm organisierten Lesben und Schwulen in den späten 70er Jahren verstärkt in die politische Arbeit einbrachten, wobei sie das nun als *Homosexuelle* taten und nicht wie zuvor in Unterordnung unter behauptete taktische und strategische Notwendigkeiten des »Klassenkampfs« oder »antifaschistischer Bündnispolitik«. Die neuen Ansätze gliederten sich mit eigenständigen Strukturen in die KB-Hierarchie ein, hatten hier aber zumeist einen schweren Stand.

Die AG Schwule ging im Oktober 1978 aus der AG Sexualität hervor.[142] Die Mitglieder der Arbeitsgruppe wollten zum einen am »Kampf gegen staatliche und gesellschaftliche Unterdrückung der Schwulen« teilnehmen und hier Untersuchungsarbeit leisten (Veröffentlichungen im *AK* unter der regelmäßigen Rubrik »Schwule« sowie in eigenen Broschüren).[143] Zum anderen wollten die Genossen aber auch nach innen wirken, ihre »Diskriminierung« in den Reihen des KB durchbrechen und eine »Qualifizierung« aller Genoss(inn)en des Bundes in der »Schwulenfrage« bewirken.[144] Die AG Lesben, die sich im Frühjahr 1979 gegründet hatte, sah ihren Schwerpunkt zunächst in der »Besprechung persönlicher Probleme und Schwierigkeiten«. Daneben sollte aber auch Öffentlichkeitsarbeit gemacht werden. Die AG gestaltete für den *AK* eine eigene Rubrik »Lesben«.[145]

Originäre Themen der Frauen- und der Schwulenbewegung wurden zum Gegenstand kontrovers geführter *AK*-Debatten. Umstritten war etwa, ob Pädophilie der »Befreiung der Sexualität des Kindes diene« oder schlichtweg »sexueller Missbrauch« sei.[146] In einer anderen, über ein halbes Jahr andauernden Auseinandersetzung ging es um die politisch-moralische Bewertung sado-masochistischer Sexualpraktiken.[147] Anfang 1979, zur Zeit der aufkommenden Männerbewegung, erschienen im *AK* zahlreiche Beiträge und Erfahrungsberichte zur Problematik männlicher Sterilisation.[148] In diesen Kontroversen soll es stets eine »dritte Meinung« gegeben haben, die zwar selten offen geäußert worden ist, aber dominierend gewesen sein soll: Die Auffassung, dass solche »exotischen« Probleme und »Bettgeschichten« total unpolitisch seien und im Zentralorgan einer kommunistischen Gruppe eigentlich nichts zu suchen hätten.[149]

Wie schwierig es für den KB war, das Thema »Homosexualität« in seine Arbeit zu integrieren, zeigt sich auch darin, dass die AG Schwule nur den Status einer Gruppe *im* KB bekam, aber nicht als »offizielle« Kommission des KB definiert war und folglich auch nicht mit dem Anspruch auftreten konnte, verbindliche Aussagen zur Schwulenpolitik des Bundes zu erarbeiten bzw. nach außen zu vertreten. Auch wenn der KB tatsächlich die einzige Organisation der radikalen Linken in der Bundesrepublik war, die sich dieser Thematik kontinuierlich annahm[150], bestanden doch intern starke Vorbehalte. Schwulenpolitik war insgesamt in den Reihen des Bundes nicht als »wichtige Arbeit« anerkannt, sondern wurde eher als »zweitrangig« eingestuft. Der Druck auf homosexuelle Genossen, sich in ihren Aktivitäten nicht auf die Schwulenfrage zu beschränken, sondern »Wichtigeres« zu leisten, soll immens gewesen sein.[151]

Kinderpolitik

1980 gab es im privaten Umfeld der Gruppe etwa 100 Kinder, von denen jeweils mindestens ein Elternteil KB-Mitglied war. Ein Teil dieses Nachwuchses war Ende der 60er Jahre vor Gründung der Gruppe geboren worden, ein anderer Teil nach 1975 – Tendenz »anhaltend steigend«, wie es 1980 hieß. Zwischen diesen zwei Generationen von »KB-Kindern« klaffte eine Lücke, die sich ideologisch erklärt: In den ersten Jahren des Bestehens der Gruppe war der eigene Kinderwunsch moralisch abqualifiziert. Unter dem Primat des Politischen bestand der normative Anspruch darin, als »Berufsrevolutionär« auf ein Privatleben weitgehend zu verzichten: Das »Kinderkriegen« galt somit als »unverantwortlich« und sollte anderen überlassen werden (eine so begründete »Kinderfeindlichkeit« war in der gesamten radikalen Linken damals stark verbreitet).[152] Der gruppenintern zu verzeichnende »Babyboom« nach 1975 belegt, dass auch in dieser Frage im KB ein Umdenken stattfand. Insofern dem eigenen Nachwuchs in der privaten Lebensplanung nunmehr ein neuer Stellenwert zukam, eröffnete sich gleichzeitig ein weiteres Feld der Politisierung, das als »Kinderpolitik« bezeichnet war. Deren Umsetzung oblag der 1975 gegründeten und von Jürgen Moysich geleiteten Kinderkommission.[153] Seit 1976 erschien im *AK* regelmäßig die Rubrik »Kinder«, in der unter anderem eine ideologisch gefärbte Diskussion um Erziehungsfragen geführt wurde.[154] Die Kinderkommission rief dazu auf, in der eigenen Praxis an die Erfahrungen der Kinderladenbewegung von 1968 anzuknüpfen.[155] Positionen, die beinhalteten, sich auch in dieser Thematik stärker auf die Tradition der Arbeiterbewegung zu beziehen (Edwin Hoernles »proletarische Erziehung«), blieben demgegenüber von Anfang an minoritär.[156]

Diese Debatte hatte für den KB immer auch eine praktische Seite: Mit der Kindertagesstätte »Kinderhaus Heinrichstraße e. V.« in Altona, die im August 1976 geöffnet hatte (und noch heute besteht) und anfangs bis zu 70 Kindern Platz bot, bestand im unmittelbaren Umfeld des Bundes ein Projekt »kollektiver Kindererziehung«, das sich als Alternative zum »normalen« Kindergartenbetrieb verstand. Der KB hielt sich allerdings in seiner Rolle als eigentlicher Träger dieser Einrichtung aus »bündnispolitischen« Erwägungen bedeckt. Vorsitzende des Vereins war in den ersten Jahren Heidi Kaiser, die gleichzeitig einen Sitz im Leitenden Gremium des KB innehatte. Das Verhältnis zwischen KB und Kinderhaus war trotz der bestehenden politischen und strukturellen Bindungen immer voller Spannungen. Zum einen galt dieser »komische Verein Kinderhaus« bei einem Großteil der Mitglieder des KB als »opportunistisch«.[157] Zum anderen kam es im Februar 1979 innerhalb der pädagogischen Einrichtung zu einem gravierenden Konflikt, als sich eine »Gruppe der 23 Eltern« bildete, die den »Machtanspruch« des KB innerhalb der Institution kritisch hinterfragte.

Nach innen verstand sich das Kinderhaus als »radikal-demokratische Initiative« und zwar in struktureller wie in pädagogischer Hinsicht. Insofern das Kinderhaus politische Aktivitäten nach außen entfaltete (Unterstützung des Russell-Tribunals und des Wahlkampfs der Bunten Liste), arbeitete es im Rahmen der »Bündnispolitik« des KB.[158] Als sich die Hamburger Jugendbehörde weigerte, dem Kinderhaus die üblichen öffentlichen Zuschüsse zu den Unterbringungskosten zu gewähren und es zudem, ausgelöst durch Medienberichte, stark unter Druck geriet (so soll 1976 in der *Welt* vom »roten Kinderhaus« zu lesen gewesen sein, im *Hamburger Abendblatt* von einer »gut getarnten Kaderschmiede für die ganz Kleinen«[159]), wurde eine Solidaritätskampagne ins Leben gerufen. Höhepunkte der Aktionen waren Großveranstaltungen, die unter dem Motto »Alle spielen für das Kinderhaus« zwischen 1977 und 1980 jährlich im Hamburger Audimax stattfanden und einen breiten Publikumszuspruch fanden.[160] Unter Verzicht auf ihre Gage traten hier nahezu alle Künstler(innen) auf, die in der damaligen linken Kulturszene Rang und Namen hatten, darunter Wolf Biermann, Franz Josef Degenhardt, Hannes Wader und Konstantin Wecker, später auch Nina Hagen, Ludwig Hirsch, Klaus Hofmann, Ulla Meinecke und Ina Deter. Präsentiert wurden Solidaritätskonzerte von dem Schauspieler, Kabarettisten und Autor Henning Venske, der bei seinem ersten Auftritt zugunsten des Kinderhauses im Oktober 1977 sogar der »Star des Abends« gewesen sein soll, als er »genauso lustig wie scharf die kinderfeindliche Politik des Hamburger Senats angriff«.[161] Der zum Teil erhebliche Erlös aus den Veranstaltungen ging dem Kinderhaus Heinrichstraße und später auch vergleichbaren Initiativen zu.

Trotz dieser Aktivitäten, die ja in der »bewährten« Weise politisch angelegt waren (Bündnis, Mobilisierung, antistaatliche Stoßrichtung), scheint es betroffenen »Elterngenossen« erst im Zuge der weiteren Öffnung des Bundes seit 1978 möglich gewesen zu sein, ihre *persönliche* Situation innerhalb des KB zum Gegenstand von »Erfahrungsberichten« zu machen, wie sie dann im *AK* publiziert wurden. Eltern beklagten hier die Unvereinbarkeit von politischer Arbeit und Kindererziehung – und die mangelnde Hilfestellung von Seiten der Organisation. Andere (kinderlose) Genoss(inn)en stünden ihren Problemen vollkommen desinteressiert gegenüber. Die Mitarbeit in Kinderinitiativen werde von großen Teilen der Mitgliedschaft des Bundes als »unpolitisch« bewertet.[162]

Die Scham ist vorbei

In der Transformation des KB spielte die Lektüre eines feministischen »Klassikers« eine erhebliche Rolle: 1978 erschien »Die Scham ist vorbei« von Anja

Meulenbelt im Münchener Verlag Frauenoffensive in deutscher Sprache. Die Autorin, geboren 1945 in Utrecht, aufgewachsen in Amsterdam, zählt zu den Begründerinnen und führenden Persönlichkeiten der autonomen Frauenbewegung in den Niederlanden. Als Theoretikerin vertrat sie eine Konzeption der Verbindung feministischer mit sozialistischen Ansätzen. Mit dem genannten Titel legte sie 1976 eine autobiografische Erzählung vor, die von ihrem eigenen widersprüchlichen Emanzipationsprozess handelt.[163]

Meulenbelts »persönliche Geschichte« traf im KB auf eine gespaltene Rezeption. Von vielen Genossinnen wurde der Text mit »Begeisterung« aufgenommen[164], da sie sich mit der Protagonistin identifizieren konnten und erkannt hatten, »wie subtil sich unsere Abhängigkeit zum Teil darstellt und wie die vielfältigsten Unterdrückungsformen von Seiten der Männer und die Konkurrenz unter Frauen unsere gemeinsamen Emanzipationsbestrebungen durchkreuzen«. Angeregt durch das Buch und »zum Platzen voll von Gedanken« wollten sie nun ihrerseits darangehen, die eigene »verdrängte Scheiße« zu bearbeiten und anderen hiervon »ehrlich sich selbst gegenüber, schamlos« zu berichten.[165]

Auf der anderen Seite mahnte die AG Frauen zur Vorsicht bei der Lektüre und suchte den ideologischen Dissens. Es sei zwar »legitim«, dass eine »lesbische Frau« ihre »persönliche Lebensweise« vertrete, doch stelle sich die Frage, ob die »offene Darstellung der Liebesgeschichten und Gefühlswelt« der Autorin nicht nur »Mittel zum Zweck« sei, »den Antikommunismus zu propagieren«. Diese Frage war freilich für die Rezensentin der AG Frauen bereits beantwortet. Meulenbelts Darstellung ihrer Erfahrungen in der Welt der niederländischen K-Gruppen, die sie als »autoritär, brutal und frauenfeindlich« beschrieben hatte, belege den Charakter ihres Textes als eine »antikommunistische Erzählung«.[166]

Der Tod des Märchenprinzen

Ein besonderes Schlaglicht auf die internen Veränderungsprozesse im KB der späten 70er Jahre wirft die Tatsache, dass 1980, nach der Spaltung des Bundes, unmittelbar aus dem Umfeld der Gruppe selbst ein weiterer Titel feministischer Emanzipationsliteratur in der Tradition der Texte von Verena Stefan und Anja Meulenbelt vorgelegt wurde: Svende Merian veröffentlichte mit »Der Tod des Märchenprinzen« einen in Tagebuchform erzählten »Frauenroman«, der von dem Scheitern der Liebe zwischen der 24-jährigen Ich-Erzählerin, Sympathisantin des KB, und dem 26-jährigen Arne, autonomer Aktivist der Anti-AKW-Bewegung, handelt. Der im KB-Verlag »Buntbuch« erschienene Titel avancierte schnell über die Hamburger »Szene« hinaus zu einem Bestseller.[167]

Im KB wurde auf die Veröffentlichung – abgesehen von einer positiven Besprechung von Norbert Ney[168] – mit einer feministisch gewendeten Kritik reagiert. Vorwürfe, das Buch sei unpolitisch oder gar »antikommunistisch«, weil es lediglich in der Sphäre persönlicher Beziehungen handele, wurden in der Debatte, soweit sie veröffentlicht wurde, nicht erhoben. Die wesentliche Frage, vorgetragen von der AG Lesben und anderen frauenpolitisch Engagierten des Bundes, sollte 1980/81 darin bestehen, ob dem Buch von Svende Merian überhaupt das Attribut »feministisch« zugesprochen werden könne. Die Autorin, so der wesentliche Kritikpunkt, falle nämlich mit ihrem persönlichen Bericht weit hinter die Erkenntnisse der autonomen Frauenbewegung zurück, schildere sie doch in »schier endloser Wiederholung« ihren Kampf um einen bestimmten Mann, statt ihre eigene »als Emanzipation getarnte Abhängigkeit von Arne« kritisch zu hinterfragen.[169] Svende Merian selbst entgegnete solchen und ähnlichen Vorwürfen, dass sie ein Buch über ihre »Probleme als Heterofrau in der linken Frauenbewegung« geschrieben habe – und keinen lesbisch-feministischen Agit-Prop-Roman.[170]

Dissonanzen: Frauenpolitische Spektren im KB

Im Prozess der allgemeinen Öffnung des KB kam es zu einer Ausdifferenzierung seines frauenpolitischen Lagers. Unstrittig war, dass die »Frauenpolitik im KB ziemlich am Boden liegt«, wie die AG Frauen in ihrem »Referat zur Frauenarbeit« auf dem Vorkongress des KB im Dezember« 1978 feststellte.[171] Kontrovers diskutiert wurde jedoch die Frage nach den Ursachen dieser Entwicklung. Während die Arbeitsgruppe in ihren Beiträgen vornehmlich auf externe Faktoren verwies (»Chauvinismus« der eigenen Genossen, »Antikommunismus« der Frauenbewegung), die eigene Praxis der vergangenen Jahre aber aus der Kritik heraushalten wollte, sahen andere genau darin den Hauptgrund für den desolaten Zustand der Frauenarbeit.[172] Der Verriss feministischer Schriften, die Polemiken gegen entsprechende Projekte (»Kräuterkochen«), die Art und Weise der Abgrenzung zur Schwarzen Botin, der Boykott der Aktionen zur Walpurgisnacht 1977 – kurz: der Frontalkurs gegenüber der autonomen Frauenbewegung hätte »die Frauenpolitik des KB zu Grabe« getragen. Der Versuch, die eigenen Genossinnen auf einen hergebrachten »bündnispolitischen« Zugang zur Frauenarbeit zu verpflichten, habe insgesamt zu einer Lähmung geführt.[173]

Umstritten war auch, wie die weitere Arbeit konzeptionell gestaltet werden sollte. Zentraler Punkt der Kontroverse war auch hier das Verhältnis zur autonomen Frauenbewegung. Mit der Beteiligung von Genossinnen des KB an feministischen Kongressen in Köln und Nürnberg ab Anfang 1978 war die Phase der totalen Abgrenzung allerdings beendet. Zwei Nürnberger Genossinnen, welche behauptet hatten, dass die Praxis des KB in den Frauenzentren Ausdruck einer »totalen Anpassung« an die »reaktionäre« Frauenbewegung sei, die zu unterstützen für eine kommunistische Gruppe an »Verrat« grenze, wurden im Mai 1978 aus der Organisation ausgeschlossen.[174] Rückschauend, auf dem 1. KB-Kongress

1980, übte sogar die AG Frauen deutliche Selbstkritik. Die eigene »Abgrenzungs-hysterie« gegenüber den »autonomen Frauen«, denen man in überheblicher Weise und mit einem »Machtanspruch« entgegengetreten sei, sei vollkommen unangemessen gewesen.[175] Trotzdem blieb für die AG Frauen die Abgrenzung vom Feminismus der wichtigste Kontrapunkt »kommunistischer« Frauenarbeit, während andere Genossinnen (etwa im KB Münster) hier deutlich weniger Berührungsängste hatten.[176] In der Restrukturierung der Frauenarbeit wurde zum einen der Text von Karin Bauer, »Clara Zetkin und die proletarische Frauenbewegung«, geschult, während zum anderen KB-Genossinnen im Chemiebereich versuchten, eine radikalfeministische Publikation von Shulamith Firestone, »Frauenbefreiung und sexuelle Revolution«, für die eigene Arbeit heranzuziehen – was die AG Frauen als »Fehler« kritisierte.[177] Auf der 1. Frauenvollversammlung des KB (»Frauen-VV«), die im Mai 1979 in Hamburg stattfand und an der 160 Genossinnen aus verschiedenen Bereichen und Ortsgruppe teilnahmen, fiel die Ernüchterung dementsprechend stark aus: Nach viereinhalbjähriger Praxis war die eigene Haltung zur Frauenbewegung ähnlich »unklar« wie die aktuelle politische Bedeutung der Hauptparole der KB-Frauenarbeit »Nur mit der proletarischen Frau wird der Sozialismus siegen«.[178]

Trotz aller Differenzen verfügte das frauenpolitische Lager des KB jedoch auch über Gemeinsamkeiten: Die eigenen Ansätze sollten sich deutlich vom »Chauvinismus« innerhalb des KB abgrenzen. Solange die eigene Praxis »politisch« geblieben sei (wie in der Kampagne gegen den § 218), wäre sie in der Gesamtgruppe noch halbwegs auf Akzeptanz gestoßen, so die AG Frauen in einem Grundsatzartikel von 1978. »In dem Augenblick aber, in dem wir unsere Forderungen an die Genossen stellten, ernteten wir Protest.«[179] In den entsprechenden Debatten habe sich gezeigt, »was so alles an Frauenfeindlichkeit und -verächtlichkeit in der Organisation schlummert«.[180] Die Eigenständigkeit der KB-Frauenarbeit sollte vor allem in struktureller Hinsicht zum Ausdruck gebracht werden, wobei zwischen den frauenpolitischen Spektren der Gruppe umstritten war, wie dies zu geschehen habe. Die AG Frauen sah die Einrichtung von Frauenzellen zunächst als eine »zeitlich begrenzte Notlösung« an, die nicht institutionalisiert werden sollte. Eine Separierung sei in den Fällen zu begrüßen, in denen eine produktive Zusammenarbeit aufgrund des männlichen Verhaltens unmöglich geworden sei. Aufgabe der Leitung sei es dann aber, die Genossinnen wieder zur Kooperation in der Einheit zu bewegen, wobei auf das »Verhalten der Genossen in den Auseinandersetzungen« besonders sorgfältig zu achten sei. Andere forderten, Frauenzellen zum grundsätzlichen Strukturbestandteil des Bundes zu machen, weil der intern bestehende »Chauvinismus« nur so nachhaltig geschwächt werden könne (auch die AG Frauen schloss sich dieser Position später an).[181]

Ab Herbst 1978 begann sich der feministische Autonomieanspruch tatsächlich in der organisationsinternen Praxis des Bundes durchzusetzen, womit die frauenpolitischen Aktivitäten einen neuerlichen Aufschwung nahmen. Genossinnen verließen ihre Grundeinheiten und konstituierten Frauenzellen, die sich teilweise auf frauenspezifische Politikfelder beschränkten, daneben aber auch in anderen Bereichen tätig blieben. Außerdem bestanden »überfraktionelle« Frauengruppen, in denen Aktivistinnen unterschiedlicher Bereiche zusammentrafen, die in der Frauenpolitik des KB so etwas wie eine Anleitungsfunktion wahrnahmen. Darüber hinaus existierten Frauenschulungen, Frauenlesekreise und Frauenstammtische. Der 1. Frauen-VV folgten 1979 noch zwei weitere, zu denen erneut alle im KB organisierten Genossinnen eingeladen waren. Eine Ratifizierung und Ausweitung erfuhr dieser Umstrukturierungsprozess mit der Verabschiedung des autonomen Frauenstatuts im Juli 1980.[182]

In dem seit Juni 1979 eskalierenden Streit im krisenhaften Niedergang des KB (starker Mitgliederrückgang seit Mitte 1978) hatte sich das Frauenlager des Bundes mit scharfen Angriffen von Seiten der Zentrumsfraktion auseinander zu setzen: Die Öffnung des KB »liberalen Strömungen« gegenüber habe in Bereichen der Organisation »Grauzonen des Feminismus« entstehen lassen, die für den ideologisch determinierten Zerfall des Bundes verantwortlich seien. Die frauenpolitischen Spektren im KB wiesen diese Anfeindungen weitgehend geschlossen zurück. Insbesondere die Aktivistinnen der Zentrumsfraktion mussten sich von ihnen den Vorwurf gefallen lassen, dass sie in der Frauenpolitik des Bundes zuvor so gut wie gar keine Rolle gespielt hatten und ihre Kritik folglich höchst »abstrakt« sei.[183]

Erst nach der Spaltung des KB und dem Abgang der Zentrumsfraktion kam es innerhalb des Bundes zu einer *offenen* Auseinandersetzung um die weitere konzeptionelle Ausrichtung der eigenen Frauenpolitik. Insofern die Versuche des KB, auf feministische Zusammenhänge Einfluss zu nehmen, erheblich zu seiner eigenen Ausdifferenzierung beigetragen hatten, konnte eine programmatische Vereinheitlichung auch hier nicht mehr gelingen.

Antifapraxis: Gegen die Faschisierung von Staat und Gesellschaft

»Antifaschismus« war ein konstitutives Essential der bundesdeutschen radikalen Linken seit ihrer Herausbildung in den 60er Jahren. Der Umgang mit der NS-Vergangenheit erfuhr mit dem Auftreten der Studentenbewegung eine tief greifende Zäsur, die sich nicht zuletzt auch im wissenschaftlichen Bereich, der NS-Forschung (vgl. Haug 1993), niederschlug. In gesellschaftlicher Hinsicht wurde das »kommunikative Beschweigen des Unrechts«, wie es Lübbe in einer späteren Veröffentlichung (1983) in affirmativer Wendung zur Bedingung der Stabilität der entstehenden Bundesrepublik erklärt hatte, durchbrochen und in

Frage gestellt. Der hiermit einsetzende politische Diskurs war stark marxistisch geprägt, betonte den Zusammenhang von Kapitalismus und Faschismus und basierte auf dem Restaurationstheorem (vgl. Huster u. a. 1980). In den Konzepten der Neuen Linken erfuhr dieser Ansatz eine politisch-ideologische Überformung: Mit der Interpretation der postfaschistischen Situation der Bundesrepublik als präfaschistisch eröffnete sich ein breites Feld »antifaschistischen« Kampfes.

Kampf den Nazibanden

»Antifa«, wie es genannt wurde, war eines der wesentlichen Praxisfelder des KB in der zweiten Hälfte der 70er Jahre. Den Ansätzen der zentralen Antifakommission, 1974 gegründet und von Kai Ehlers angeleitet, lag die Faschisierungsthese (»die Bourgeoisie« forciert in der Prävention »kommender Kämpfe« eine Entwicklung, die auf die Errichtung faschistischer Machtverhältnisse in der Bundesrepublik zielt) zugrunde, die im Milieu des Bundes seit dessen Gründung 1971 tief verankert war. In der mit der Krise des KB 1978 einsetzenden Programmdebatte legte die Antifakommission einen »Resolutionsentwurf« vor, in dem sie eine solche Einschätzung der bundesdeutschen Entwicklung »im Wesentlichen« für richtig befand.[184] Die insbesondere von der Göttinger Ortsgruppe vertretene Forderung nach einer Revidierung der Faschisierungsthese (es gebe im KB über das, was der Begriff beinhalte, so viele Meinungen wie Mitglieder) konnte sich nicht durchsetzen.[185] Knut Mellenthin sprach sich explizit für die Beibehaltung eines Terminus aus, der »eine brauchbare Agitationsformel« biete, auch wenn seine wissenschaftliche Präzision fraglich sei.[186]

Damit ist die Funktion der Faschisierungsthese für den KB schon annähernd umrissen. Die Interpretation der bundesdeutschen Situation als präfaschistisch zeigt zwar einerseits die Unfähigkeit des Hamburger Bundes (wie der gesamten Neuen Linken), die sich in der Krise des »Fordismus« vollziehenden ökonomischen, politischen und gesellschaftlichen Umbrüche taktisch und strategisch zu verarbeiten. Andererseits war es gerade die Agitationsformel von der »Faschisierung«, die (vor allem in ihrer plakativen Freund-Feind-Zuschreibung) im Rahmen der vom KB operationalisierten Praxis einer »breiten Abwehrfront« ausgesprochen mobilisierend wirkte.

Ihren praktischen Schwerpunkt legten die Antifakommissionen des KB (neben der Hamburger Zentrale bestanden örtliche Strukturen, u. a. in Nordrhein-Westfalen) auf die Initiierung von breiten Bündnissen und medienwirksamen Aktionen zur Bekämpfung von »Nazibanden«, also bundesdeutschen neofaschistischen Parteien, Gruppen und Zirkeln und deren öffentlichem Auftreten. In diesem Bereich leistete der KB Pionierarbeit und wirkte, wie die entsprechenden Ansätze der radikalen Linken bis in die 90er Jahre hinein zeigen, geradezu stilbildend. Alle Mitglieder des Hamburger Bundes waren dazu aufgerufen, sich als »Agenten« der Antifakommission zu begreifen, rechte Flugblätter zu sammeln, die örtliche Szene systematisch zu beobachten, deren Veranstaltungen zu besuchen sowie Naziaktivisten zu observieren und zu fotografieren. Das so erschlossene Material wurde archiviert und für die weitere Tagespolitik nutzbar gemacht. Das »Versponnene« einer solchen Praxis, die »Namenshuberei« (auch noch den letzten »Fascho« ausfindig machen zu wollen), das linke »Detektivgehabe«, die »BKA-mäßige« Methode der »öffentlichen Ermittlung«, mit der vermeintliche oder tatsächliche »Neonazis« in Broschüren und selbst auf Plakaten mit Bild und Namen zur »Fahndung« ausgeschrieben worden sind, war später nicht nur von außen, sondern auch in den eigenen Reihen scharfer Kritik ausgesetzt.[187]

Exemplarisch für die antifaschistische Praxis des KB war die 1977 geführte Kampagne gegen den »Freizeitverein Hansa«, eine militante neofaschistische Tarnorganisation, hinter der sich die »NSDAP, Gau Hamburg«, und der damals noch weitgehend unbekannte Michael Kühnen verbargen. Die Antifakommission trug in akribischer Kleinarbeit Informationen über die Ziele, Strukturen und Mitglieder (diese wurden namentlich benannt und per Foto geoutet) zusammen[188] und erreichte damit selbst in überregionalen Medien einige Aufmerksamkeit (die Nachfolgegruppe des Kühnen-Zirkels, die Aktionsfront Nationaler Sozialisten, ANS/NA, wurde 1983 vom Bundesinnenminister verboten). Andere KB-Ortsgruppen orientierten sich in ihren antifaschistischen Aktivitäten am Vorgehen der Hamburger Organisation und thematisierten »Nazi-Umtriebe« in ihren jeweiligen Regionen.[189]

Einer der Höhepunkte des Hamburger Aktivismus war die kurzzeitige Besetzung des Curiohauses an der Rothenbaumchaussee, womit eine für den 15. Mai 1977 geplante Veranstaltung der Deutschen Volksunion (DVU) verhindert werden konnte.[190] Gerhard Frey, DVU-Vorsitzender und Herausgeber der *Deutschen Nationalzeitung*, hatte für diesen Tag alle »deutsch denkenden und antikommunistischen Deutschen« zu einer Veranstaltung mit dem »deutschen Nationalhelden« Oberst a. D. Hans-Ulrich Rudel geladen, der als höchstdekorierter Soldat der Wehrmacht im Zweiten Weltkrieg und überzeugter Nazi in den 70er Jahren eine der zentralen Integrationsfiguren des bundesdeutschen Neofaschismus war.[191] Dass die Kundgebung ausgerechnet im gewerkschaftlich verwalteten Curiohaus stattfinden sollte (der Mietvertrag soll durch eine Verwechslung der DVU mit der DFU, der Deutschen Friedensunion, zustande gekommen sein), musste die Linke als besondere Provokation verstehen. Nachdem alle Versuche, das Nazitreffen auf dem Rechtsweg zu verhindern, zu scheitern drohten, beschlossen KB und SSB »im kleinen Kreis«, das Curiohaus zu besetzen, um auf diesem Weg »die Faschistenzusammenrottung aktiv zu verhindern«. Am Vortag des geplanten Rudel-Auftritts drangen über 100 KB-Genoss(inn)en »gewaltlos in das fast leere Curiohaus« ein.[192] Die Aktion selbst war auf »breitestmögliche Massenwirkung« angelegt.[193] Es wurde ein »Informationszentrum« eingerichtet, das für weitere Mobilisierung und eine kontinuierliche Pressearbeit sorgte, so dass in den Medien umfassend vom Ort des Geschehens berichtet wurde. »Mehr und mehr Antifaschisten drängten in das besetzte Haus.« Abends wurde ein »antifaschistisches Fest mit Musik, Tanz, Getränken, Suppe und Würstchen« gefeiert. Etwa 150 Besetzer(innen) verbrachten die Nacht in einem Schlaflager im ersten Stock. Am nächsten Tag sollen sich über 1.000 Personen vor dem von der Polizei abgeschirmten Curiohaus mit den Zielen der Aktion solidarisch erklärt haben. Die »Großveranstaltung« der DVU fand an diesem Tag nicht mehr statt (eine von der Frey-Organisation alternativ angemietete Halle in Harburg war ebenfalls besetzt worden).[194]

Mit der Initiative »Rock gegen Rechts« Anfang 1979 in Hamburg gegründet, verfügten die antifaschistischen Ansätze des KB über Ausstrahlung bis in die populäre Jugendkultur hinein. Die stark von entsprechenden Initiativen in England (»Rock against racism«) inspirierte kulturell-politische Kampagne[195] entwickelte sich zum Träger eines breiten Bündnisses, dem es im Sommer 1979 gelang, das für den 17. Juni in Frankfurt am Main geplante »Deutschlandtreffen« der NPD zu verhindern. Ein politisch äußerst heterogenes Spektrum, das – mit Ausnahme der DKP – vom DGB bis zur radikalen Linken reichte, hatte gemeinsam ein Konzept entwickelt, das für den 16. Juni einen Sternmarsch zum Römerberg, ein Musikprogramm (»Rock gegen Rechts«) und anschließend eine gewerkschaftliche Kundgebung vorsah. Am Vorabend der Aktionen verbot Oberbürgermeister Walter Wallmann jedoch alle für das Wochenende geplanten Demonstrationen und Kundgebungen (die der Linken und der NPD), nur das Rockfestival sollte stattfinden, und zwar am Rebstockgelände. Ungeachtet dieses Verbotes zogen am 16. Juni über 50.000 Menschen mit antifaschistischen Parolen und Transparenten (»Nazis raus!«) durch die Frankfurter Innenstadt. Da der Römerberg hermetisch von Polizei und BGS abgeriegelt war, wurde die Kundgebung des DGB kurzfristig auf die Bühne des Rock-gegen-Rechts-Festivals verlegt. Mit den Frankfurter Aktionen, insbesondere ihrem »populären Charakter« und der politischen und gesellschaftlichen Breite des Bündnisses (»Alte und Junge, Gewerkschafter und Spontis, Rockfans und Kommunisten standen zusammen«), so die Beurteilung des KB, habe sich »unüberhörbar der Anspruch einer neuen antifaschistischen Massenbewegung« artikuliert.[196]

Insofern der Hamburger Bund die Faschismusgefahr aus der politischen Mitte der Gesellschaft hervorgehen sah, bemühte er sich in der ideologischen Vermittlung seiner antifaschistischen Praxis um den Hinweis auf die staatliche Begünstigung der »kriminellen Naziumtriebe«, die strukturelle Ursachen habe.

»Noch verfügt der westdeutsche Imperialismus nicht über eine politisch-ideologische Stütze nach Art einer NSDAP. Er unternimmt aber Anstrengungen, sich eine solche Stütze zu schaffen.« Aus der von ihm so genannten »Braunzone«, einem Konglomerat aus Altnazis, neofaschistischen Gruppen und christlich-konservativer Klasse in Bonn, sah der Bund eine solche Kraft hervorgehen.[197] Im bündnispolitischen Alltag und in der medialen Rezeption der Antifapolitik des KB blieb ein solcher Aspekt freilich eher verdeckt, und es entstand teilweise der Eindruck, als sei der Bund eigentlich der Ansicht, dass die Faschismusgefahr *direkt und primär* von den Organisationen der »alten« und der Neuen Rechten ausgehe.

Russell-Kampagne

Dass zu einem Kongress mit dem Titel »Gegen politische Unterdrückung und ökonomische Ausbeutung«, wie ihn das Sozialistische Büro[198] Pfingsten 1976 in Frankfurt durchführte, 20.000 Menschen strömten, zeigt, welche Bedeutung die Neue Linke diesem Thema zur damaligen Zeit beigemessen hat: »Repression« war die Formel, mit der die Kritik an der Entwicklung der Bundesrepublik hin zum »autoritären Staat« Spektren übergreifend zusammengefasst werden konnte. Am Rande dieser Großveranstaltung unterbreitete ein Vertreter der französische Parti Socialiste Unifié (PSU) dem SB und dem KB den Vorschlag, gemeinsam ein Internationales Komitee gegen Berufsverbote, »ähnlich den bekannten Russell-Komitees«, aufzubauen, was von dem Hamburger Bund »grundsätzlich« begrüßt wurde.[199]

Am 16. Oktober 1976 fand in Paris ein erstes Treffen mit einem Vertreter der Russell-Stiftung statt, an dem aus der Bundesrepublik Vertreter des SB, des KB (Detlef zum Winkel), der Gruppe Internationale Marxisten (GIM), der Evangelischen Studentengemeinde (ESG) und des Informations-Dienstes zur Verbreitung unterbliebener Nachrichten (ID)[200] beteiligt waren[201]. Bei einem Folgetreffen am 28. November des Jahres, an dem auf westdeutscher Seite zusätzlich ein Aktionskomitee gegen die Berufsverbote an der FU (AK/FU) teilnahm, wurde beschlossen, ein »Tribunal über die Repression in der BRD« durchzuführen. Zu diesem Zweck sollte eine öffentliche Diskussion und Mobilisierung »in allen westeuropäischen Ländern« erfolgen, was sich in »möglichst zahlreichen Aufrufen« an die Russell-Foundation, eine entsprechende Initiative zu ergreifen, niederschlagen sollte. Auf dieser Basis wollte die Londoner Stiftung dann einen Aufruf zur Notwendigkeit eines solchen Tribunals publizieren. Im Folgenden sollten, so die in Paris getroffene Vereinbarung, in den einzelnen Ländern nationale Unterstützungskomitees gebildet werden.[202]

Am 1. Februar 1977 erklärte die Russell-Foundation, dass sie »positiv« auf die bei ihr aus »allen Teilen Westeuropas« eingegangenen Appelle, in denen die Einsetzung eines »Russell-Tribunals über Unterdrückung in der Bundesrepublik Deutschland« gefordert wurde, reagieren wollte. Die »Öffentlichkeit in der ganzen Welt« wurde aufgerufen, die Errichtung eines solchen Tribunals zu unterstützen und zu diesem Zweck nationale Komitees zu gründen, welche die notwendigen finanziellen Mittel und dokumentarischen Materialien zusammentragen sollten.[203]

In der Bundesrepublik hatte sich bereits am 8. Januar 1977 in Frankfurt ein Initiativausschuss konstituiert.[204] Schon auf der zweiten Sitzung des Gremiums gab es »handfesten Streit« über die inhaltliche Ausgestaltung des Tribunals. In dem von den KB-Delegierten vorgelegten Unterstützungsaufruf meinte ein Teil der Anwesenden die Faschisierungsthese des ML-Bundes wiederzuentdecken.[205] In dem auf der Folgesitzung verabschiedeten Kompromisspapier wurde zu einer Unterstützung des Russell-Tribunals mit der Begründung aufgerufen, dass »in der BRD in einer sich verschärfenden internationalen Krisensituation Schritt um Schritt demokratische Freiheitsrechte systematisch eingeschränkt« würden. Verwiesen wurde dabei unter anderem auf die Praxis der Berufsverbote sowie den Ausbau geheimdienstlicher und polizeilicher Apparate. Diese Entwicklung werde angesichts der »ökonomischen Vormachtstellung der BRD« zu einer »konkreten Gefahr« für Westeuropa. Es sei daher zu begrüßen, dass die Russell-Foundation sich bereit erklärt habe, ein Tribunal zu dieser Problematik durchzuführen. »Dies wäre ein wichtiger Beitrag, antidemokratische Tendenzen abzuwehren, die heute zu einer konkreten Bedrohung für Frieden, Freiheit, Demokratie und Fortschritt in Europa und insbesondere in unserem eigenen Lande geworden sind.«[206]

Die inhaltliche Kontroverse konnte mit dieser Erklärung nur mühsam verdeckt werden. Während das *SB* für eine Politik eintrat, die es »radikaldemokratischen« Kräften, das heißt Gewerkschaften, Kirche, Kulturschaffenden und »bürgerlichen« Parteien, ermöglichen sollte, das Projekt zu unterstützen, verlangte die *GIM* darüber hinaus die Einbeziehung der DKP und schlug vor, den Ansatz des Tribunals auf die Thematik »Berufsverbote« zu beschränken. Ein eher heterogenes Spektrum unterschiedlicher Kräfte argumentierte im Rahmen einer fundamentalen Kritik am »Modell Deutschland«. Neben *spontaneistischen Gruppen* war es hier vor allem der *KB*, der seine Faschisierungsthese zu exemplifizieren suchte, ohne dass er das Tribunal damit freilich auf eine abstrakte Imperialismusanalyse verpflichten wollte. Vielmehr sprach sich der Bund dafür aus, die Anklage auch auf Maßnahmen nicht-staatlicher Repression zu erweitern, wobei er insbesondere die vom DGB forcierten Gewerkschaftsausschlüsse im Blick hatte.[207] Hiermit zielte der KB auf das, was für ihn »das Wesentliche« am Russell-Projekt war, nämlich zu versuchen, erstmals in der Bundesrepublik eine Massenkampagne zu initiieren, die sich dem »dominierenden Einfluss« von SPD und DKP entziehe.[208] Andere Zusammenhänge, die sich gegen die als »Isolationsfolter« bezeichneten Sonderhaftbedingungen politischer Gefangener aus der RAF richteten, also *Zirkel im Umfeld des »bewaffneten Kampfes«*, drangen darauf, die »Counterinsurgency«, das heißt die Guerillabekämpfung, als Kern der Repression in der Bundesrepublik zum zentralen Gegenstand des Tribunals zu machen. Nachdem sie damit gescheitert waren, zogen sie sich zum überwiegenden Teil aus der Vorbereitung zurück, wobei einige das Russell-Projekt als »Bestandteil der Counterstrategie« scharf bekämpften.[209] Obwohl die Russell-Initiativen teilweise originäre Politikfelder der *DKP* berührten (etwa »Berufsverbote«), blieb diese den Treffen mit der Begründung fern, das Tribunal werde »von maoistischen und trotzkistischen Gruppen für ihre spalterische Tätigkeit missbraucht«.[210] Die DKP sah mit einer Teilnahme insbesondere ihre Position im Gewerkschaftsapparat gefährdet, weil sie eine Thematisierung der Gewerkschaftsausschlüsse fürchten musste. Die Ablehnung des Russell-Beirats, diesen Themenkomplex zur Verhandlung zuzulassen, soll die Partei dann aber mit der Freigabe von Materialien und der Abstellung von Zeugen zum Komplex »Berufsverbote« honoriert haben.[211]

Auf einer (ersten) Arbeitskonferenz »aller Gruppen, die gegen die Repression arbeiten«, am 26./27. März 1977 in Frankfurt kamen 400 Personen aus 90 Gruppen zusammen. Der Vorschlag, ad hoc per Wahl ein »nationales Unterstützerkomitee« zu konstituieren, wurde mehrheitlich abgelehnt und stattdessen vereinbart, »Delegierte« der gebildeten Arbeitsgruppen in den Initiativausschuss zu entsenden.[212] Im Nachgang dieses Treffens kam es innerhalb des Spektrums der Russell-Initiativen zum Bruch. Das Sozialistische Büro zog sich aus dem Initiativausschuss zurück, weil dieser »inzwischen den Charakter einer Delegiertenkonferenz einiger linker Organisationen« angenommen habe.[213] Zur Vorbereitung des Tribunals hatte das SB schon früh ein reines Personenkomitee aus Repräsentanten der anzusprechenden Kräfte favorisiert und forderte die Russell-Foundation nun dazu auf, umgehend ein »arbeitsfähiges Sekretariat zur organisatorischen Vorbereitung des Tribunals« zu benennen. Der KB setzte im Gegensatz hierzu auf »die Basis« und wollte im Rahmen der Mobilisierung allen vorhandenen Initiativen »die Möglichkeit einer aktiven Teilnahme an dieser Kampagne« geben. Der Bund trat dafür ein, den Initiativausschuss in diesem Sinne zu einem »nationalen Russell-Komitee« auszubauen.[214]

Zum Auftakt einer »breiteren Mobilisierung« für das Russell-Tribunal führte der KB zusammen mit anderen Gruppen am 7. Mai 1977, am Vorabend des Jahrestages der »Befreiung vom Faschismus«, in der Hamburger Ernst-Merck-Halle eine Großveranstaltung unter dem Motto »Deutschland – Modell für Europa?« durch, an der über 6.000 Menschen teilnahmen.[215] Als Redner traten »Antifaschisten und Widerstandskämpfer gegen das Naziregime« aus dem westeuropäischen Ausland auf, darunter Erich Fried, und aus der Bundesrepublik die Schriftstellerin Ingeborg Drewitz, wobei unterschiedliche Dimensionen der »Repression in der BRD und die Bedrohung, die von ihr für die Völker Europas ausgeht«, thematisiert wurden.[216] Der gerade aus der DDR ausgebürgerte Liedermacher Wolf Biermann bestritt das Kulturprogramm (seine dabei zum Ausdruck gebrachte »eurokommunistische« Haltung soll allerdings in der Halle keinen ungeteilten Beifall gefunden haben). Der KB verstand dieses Massenevent als Zustimmung für sein kritisches Engagement im Rahmen der Vorbereitungen zum Russell-Tribunal.[217]

Mit Schreiben vom 26. Mai 1977 traf die Russell-Foundation jedoch eine Entscheidung, welche die Kräfteverhältnisse in der westdeutschen Szene klärte: Mit der Konstituierung eines zunächst »provisorischen« Sekretariats[218], dem die weitere Vorbereitung des Tribunals oblag, wurde der Inititivausschuss ausgehebelt – und der KB, die maßgebliche Kraft der bis dahin geleisteten Basis- und Mobilisierungsarbeit, organisatorisch kaltgestellt. Die Empörung über diese Entwicklung soll innerhalb des Bundes groß gewesen sein, zumal die Londoner Stiftung ihr Vorgehen nur mit einem »relativ kleinen Kreis der Unterstützungsbewegung« abgesprochen hatte und der KB in dieser Sache nicht kontaktiert worden war. Ein nachträgliches Gespräch sei von den Verantwortlichen der Foundation »kurzerhand abgelehnt« worden.[219] Der ML-Bund stellte fest, dass der Ausschuss, der »die bisherige Unterstützungsbewegung im Wesentlichen repräsentiert« habe, durch ein »hinter den Kulissen ausgemauscheltes Sekretariat« von »demokratischen Persönlichkeiten« mit einer von der Russell-Foundation »erschlichenen« Legitimation ersetzt worden sei.[220] Die nun vom Sekretariat festgelegten Anklagepunkte blieben auf einen demokratischen und »legalistischen« Horizont beschränkt und unterschieden sich so deutlich von Konzepten, wie sie im Initiativausschuss ursprünglich vertreten worden waren (Kritik des »Modells Deutschland«). Diese Modifizierung kam auch im Titel des 3. Russell-Tribunals zum Ausdruck, das sich jetzt nicht mehr mit der »Repression«, sondern mit der »Situation der Menschenrechte« in der Bundesrepublik Deutschland auseinander setzen wollte.

Trotz starker interner Tendenzen zu einem »Totalrückzug« aus dem Gesamtprojekt rief der KB in dieser Situation zur Abhaltung einer zweiten Arbeitskonferenz auf, »um der Russell-Foundation, die anscheinend ziemlich einseitig informiert wurde, klar zu machen, dass wir mit der jetzt doch vorgenommenen Einschränkung der Thematik des Tribunals (wenn auch nicht allein auf Berufsverbote) nicht einverstanden sind«. Bei dem Treffen, das am 25./26. Juni 1977 in Göttingen stattfand und an dem 200 »Delegierte oder Beobachter von Antirepressionsgruppen« teilnahmen, wurde die Einsetzung des Sekretariats als »Ausschaltung der Mehrheit der Unterstützerbewegung« interpretiert. Die Foundation wurde per Resolution aufgefordert, zu der »ursprünglich vereinbarten Konzeption« zurückzukehren und über die Besetzung des Sekretariats mit der »gesamten Unterstützerbewegung« in neue Verhandlungen zu treten.[221] Der KB befürchtete, dass die Vorbereitung des Tribunals nun allein in den Händen »reformistischer« Kräfte liege, während die radikale Linke »bestenfalls als Zuschauer und Materiallieferant« geduldet sei. Die anvisierte »Einschränkung der Untersuchungen« durch das Russell-Tribunal könne zur »Beschönigung der Faschisierung« führen, da die zu verhandelnden einzelnen »Verstöße gegen die Menschenrechte« als »Ausrutscher einer an sich intakten bürgerlichen Demokratie« interpretiert werden könnten.[222] Die »Linie« des KB innerhalb der »autonomen« Unterstützungsszene bestand im Folgenden darin, den deutschen Beirat und das Sekretariat des Russell-Tribunals als verlängerten Arm des Sozialistischen Büros und »Spalter« der »Antirepressionsbewegung« hinzustellen, während der internationalen Jury die Bereitschaft zugesprochen wurde, »unabhängig von Opportunitätsgründen« die Verhältnisse in der Bundesrepublik untersuchen zu wollen – womit eine »Bruchstelle« benannt war, die so freilich gar nicht bestand.[223]

Am 16. Oktober 1977 nahm das 3. Internationale Russell-Tribunal seine Arbeit auf, wobei drei Fragestellungen als zentral angegeben wurden: »Wird Bürgern der Bundesrepublik aufgrund ihrer politischen Überzeugung das Recht verwehrt, ihren Beruf auszuüben? Wird durch straf-, zivilrechtliche Bestimmungen und durch außerrechtliche Maßnahmen Zensur ausgeübt? Werden Grund- und Menschenrechte im Zusammenhang von Strafverfahren ausgehöhlt und eliminiert?«[224] Zuvor hatte die Foundation ein international besetztes Gremium als »Juroren« des Tribunals berufen. Die Namen der Jury und des deutschen Beirats (dessen Mitglieder waren gleichberechtigter Teil der Jury, sollten aber bei der abschließenden Beurteilung der Ergebnisse kein Stimmrecht besitzen[225]) wurden der Öffentlichkeit auf einer Pressekonferenz in Bonn am 28. Oktober 1977 bekannt gegeben.

Die erste Sitzungsperiode des Tribunals fand vom 29. März bis zum 2. April 1978 im Bürgerhaus in Frankfurt-Harheim statt und hatte das Thema »Berufsverbote« zum Schwerpunkt.[226] In einer einleitenden Erklärung zur Eröffnung machte ein Mitglied der Jury deutlich, dass sich das Tribunal als »nicht institutionalisiertes Organ der Weltmeinung« verstehe und sein Wirken für das »Überleben der Menschheit« einsetze, das von der »vollen Verwirklichung aller wirtschaftlichen und politischen Menschenrechte« abhänge.[227]

Trotz seiner Kritik hat der KB das Russell-Tribunal in vielfacher Weise unterstützt, vor allem publizistisch, aber auch materiell und organisatorisch.[228] Indem er einen Großteil der sozialen Basis der das Projekt tragenden Kräfte repräsentierte und in seiner Presse umfassend über deren Aktivitäten und Konflikte berichtete, war er so etwas wie die »Seele des Unternehmens« (vor allem Detlef zum Winkel und Eva Groepler).[229] Der KB sah seine Aufgabe darin, »das ganze Ausmaß der Repression ungeschminkt und uneingeschränkt anhand von Faktenmaterial« zu verdeutlichen und dem Tribunal vorzulegen.[230] Zu diesem Zweck veröffentlichte die Gruppe eine »antifaschistische Russell-Reihe«, die ursprünglich auf zehn Bände angelegt war und in der »anhand einzelner Komplexe die fortschreitende Faschisierung des BRD-Staates und der westdeutschen Gesellschaft« dargestellt werden sollte.[231] In gewisser Weise forcierte der KB mit solchen und ähnlichen Veröffentlichungen und den entsprechenden Veranstaltungen eine eigene Russell-Kampagne (Logo: ein den *Rüssel* zur Faust ballender roter Elefant), die mit der politischen Bestimmung des »offiziellen« Tribunals nur teilweise übereinstimmte, trotzdem aber eher konstruktiv angelegt war.

Im Vorfeld der zweiten (und letzten) Sitzungsperiode des Tribunals, die vom 3. bis zum 8. Januar 1979 in Köln-Mühlheim stattfand und in der die Themenbereiche »Zensur, Verteidigungsrechte, Verfassungsschutz« verhandelt wurden, hatte sich der KB noch einmal für eine Erweiterung des Anklagekanons eingesetzt.[232] Auf einer letzten Arbeitskonferenz der »autonomen« Russell-Initiativen am 28./29. Oktober 1978 in Köln waren schon deutliche Verschleißerscheinungen zu erkennen. Hier sollte über den Beschluss der Jury, die »Gewerkschaftsausschlüsse« und die »Haftbedingungen politischer Gefangener« nicht zu thematisieren, sowie über die weiteren Perspektiven der Unterstützungsgruppen nach Beendigung des Tribunals diskutiert werden. Der Teilnehmerkreis in Köln war gegenüber den vorangegangenen Arbeitskonferenzen bereits deutlich reduziert. Die anwesenden Beiratsmitglieder Uwe Wesel und Wolf-Dieter Narr sollen den ersten Tag des Treffens bestimmt haben, ohne dass die Versammlung ihnen inhaltlich etwas entgegenzusetzen gehabt hätte. Das Fazit des Treffens fiel entsprechend mager aus: »Die Mehrzahl der Unterstützungsgruppen krankt nicht nur an dem deutlich sichtbaren Mangel an aktiv arbeitenden Mitgliedern und an der fehlenden politischen Breite, sondern vor allem an der mangelnden inhaltlichen Diskussion über die anstehenden Themen«.[233]

KB, radikale Linke und deutscher Herbst

Mit den Ereignissen des Jahres 1977 war für die radikale Linke in der Bundesrepublik ein tief greifender Einschnitt verbunden. Dass dem Mittel »der Gewalt« auch bei der gesellschaftlichen Transformation hierzulande eine wichtige Rolle zukommen müsse, war im Grunde seit den Schüssen auf Benno Ohnesorg am 2. Juni 1967 und dem Attentat auf Rudi Dutschke am 11. April 1968 unbestritten, wenngleich sich hiermit recht unterschiedliche strategische und taktische Optionen verknüpften. Die Rote Armee Fraktion hatte seit ihrer Gründung 1970 mit ihrem ursprünglich marxistisch-leninistisch angelegten und gleichzeitig von lateinamerikanischen Ansätzen beeinflussten »Konzept Stadtguerilla« am konsequentesten argumentiert – und gehandelt. Sie konnte sich allerdings, nachdem sie anfangs durchaus über eine gewisse politische Basis in der Linken verfügt hatte, spätestens seit 1975/77 aufgrund der Brutalität ihres Vorgehens nur noch auf eine selbstreferenzielle Unterstützerszene beziehen (daneben existierten Gruppen wie die Bewegung 2. Juni oder die Revolutionären Zellen, die es für längere Zeit verstanden, den Kontakt zu sozialrevolutionären Milieus aufrechtzuerhalten).

In der Folge zahlreicher Festnahmen (der ursprüngliche Kern der RAF war bereits 1972 inhaftiert worden) entstand in der bundesdeutschen Linken ein spezifischer Antirepressionsansatz, der von Roten Hilfen, Antifolterkomitees, Anwalts- und Solidaritätsgruppen getragen wurde (aus diesem ging das antiimperialistische Spektrum der 80er Jahre hervor). Im Mittelpunkt der Arbeit dieser Zusammenhänge stand die »Gefangenenfrage«, die »furchtbar moralisiert«[234] wurde und deren Operationalisierung letztlich die Aktualität des Faschismus in der Bundesrepublik (»in den Institutionen«) und die Notwendigkeit des »bewaffneten Kampfes« belegen sollte. Im Zentrum dieser Argumentation stand die Tatsache, dass die in den bundesdeutschen Gefängnissen einsitzenden Militanten von Anfang an spezifischen Bedingungen (»Isolationshaft«) unterworfen waren, die hier kritisch bis instrumentalisierend als »weiße Folter« bezeichnet wurden. In Korrespondenz mit der Unterstützerszene versuchten die politischen Gefangenen vor allem mit dem Mittel des Hungerstreiks ihre Situation zu verbessern, wobei diese Kampagnen, die auch auf eine Mobilisierung »der Öffentlichkeit« zielten, in der Rekrutierungspolitik der RAF eine wichtige Rolle spielten. Am 9. November 1974 starb in der JVA Wittlich Holger Meins, nachdem er acht Wochen lang die Nahrungsaufnahme verweigert hatte und später unter Anwendung polizeilich-medizinischer Gewalt zwangsernährt worden war. Die »Ermordung von Holger« (in Folge dieser Behandlung) führte zu einer Welle von Protesten und Anschlägen.

Eine erste quasi militärische Zuspitzung erfuhr die »Gefangenenfrage« 1975. Am 24. April dieses Jahres besetzte ein »Kommando Holger Meins« der RAF die westdeutsche Vertretung in Stockholm, nahm zwölf Botschaftsangehörige als Geiseln und forderte die Freilassung von 26 in der Bundesrepublik inhaftierten politischen Gefangenen. Der Anschlag endete in einem Desaster. Bundeskanzler Helmut Schmidt weigerte sich, mit den Stadtguerilleros zu verhandeln.[235] Nachdem das Kommando nach Ablauf der Ultimaten zwei Attachés der Botschaft erschossen hatte, stürmte die Polizei das Gebäude, wobei eine von der RAF-Gruppe installierte Sprengladung explodierte. In Folge der Detonation starb ein Kommandomitglied sofort, ein weiteres, Siegfried Hausner, erlag später, nachdem er nach Stammheim ausgeflogen worden war, seinen schweren Verletzungen (auch hier war in Teilen der Linken von »staatlichem Mord« die Rede: Behauptet wurde, dass der Zweck der Auslieferung Hausners, der aus medizinischer Sicht eigentlich transportunfähig gewesen sei, in seiner Tötung bestanden habe).

Neben »Stockholm« waren es vor allem zwei weitere Ereignisse, die unmittelbar zur politischen Dramaturgie des »deutschen Herbstes« überleiteten. Am 9. Mai 1976 wurde Ulrike Meinhof erhängt in ihrer Zelle aufgefunden. Die offizielle Version, wonach sie sich selbst umgebracht hatte, wurde von der radikalen Linken in Zweifel gezogen. Für sie war der Tod der RAF-Mitbegründerin, deren moralische Integrität (vor ihrem Abtauchen in die Illegalität war sie Kolumnistin der Zeitschrift *konkret* und Sprecherin der Bewegung gegen den Atomtod) so etwas wie eine Brücke der Stadtguerilla zur »legalen« Linken dargestellt hatte, direkt von staatlichen Stellen zu verantworten. Die »Ermordung Ulrikes« wie die Verurteilung anderer RAF-Kader »der ersten Stunde« (Gudrun Ensslin, Jan-Carl Raspe und Andreas Baader) im April 1977 vor dem Oberlandesgericht in Stuttgart-Stammheim zu lebenslangen Haftstrafen scheint auf Seiten der RAF die Ansicht verstärkt zu haben, dass weitere Aktionen zur Gefangenenbefreiung notwendig waren.

Die »Gefangenenfrage« erfuhr in den Aktionen des Jahres 1977 eine bürgerkriegsähnliche Zuspitzung. Am 7. April 1977 wurden Generalbundesanwalt Siegfried Buback sowie zwei seiner Begleiter von einem RAF-Kommando erschossen. In einer nachgelieferten Erklärung wurde Buback »direkt« für die »Ermordung« von Holger Meins, Ulrike Meinhof und Siegfried Hausner verantwortlich gemacht. Mit der Entführung des Vorstandsvorsitzenden der Dresdner Bank, Jürgen Ponto, und des Präsidenten des Bundesverbandes der Deutschen Industrie und der Bundesvereinigung der Deutschen Arbeitgeberverbände, Hanns Martin Schleyer, beabsichtigte die RAF ein »Potenzial« in die Hände zu bekommen, das, so die gruppeninterne Annahme, ausreichend wäre, um die Bundesregierung, anders als in Stockholm, zum Austausch der politischen Gefangenen zu zwingen (hier dachte die Stadtguerilla durchaus marxistisch: Die politische Klasse in Bonn hänge an den Fäden des Kapitals). Beim Versuch, Ponto zu kidnappen, wurde dieser am 30. Juni 1977 in seinem Haus in Oberursel erschossen. Schleyer wurde am 5. September 1977 in Köln aus seinem Dienstwagen heraus entführt, wobei sein Fahrer und drei Sicherheitsbeamte erschossen wurden. Das verantwortliche »Kommando Siegfried Hausner« forderte, im Austausch gegen den Arbeitgeberpräsidenten elf politische Gefangene freizulassen.

Mit der Bildung von Krisenstäben infolge der Schleyer-Entführung, in denen Regierung und Opposition, Politik und Polizei eng kooperierten, lag die staatliche Entscheidungsgewalt bei verfassungsrechtlich höchst fragwürdigen Gremien, die als Instrumente totaler Staatsräson fungierten. Oberste Maxime war es,

»die Handlungsfähigkeit des Staates und das Vertrauen in ihn im In- und Ausland nicht zu gefährden«. Dementsprechend sollten die Gefangenen unter keinen Umständen ausgetauscht, die Entführer ergriffen und vor Gericht gestellt werden. Dass diese Ziele zum proklamierten Vorhaben, »die Geisel Hanns Martin Schleyer lebend zu befreien«, in Widerspruch geraten könnten, scheint der Logik dieses Kalküls immanent gewesen zu sein.

Die Konspirativität der Krisenstäbe wurde durch eine Nachrichtensperre flankiert. Diese Maßnahme hatte allerdings weniger den Charakter einer Verordnung als vielmehr den einer fakultativen Übereinkunft zwischen politischer Klasse und Medien. Unmittelbar nach dem Kölner Attentat hatte die Bundesregierung die Presse, den Rundfunk und das Fernsehen (damals gab es hier zu Lande drei Sender) »um Zurückhaltung bei der Berichterstattung gebeten«, was von diesen, von einigen wenigen Ausnahmen abgesehen, respektiert worden ist (selbst Teile der ausländischen Presse wie etwa die französische Nachrichtenagentur AFP konnten hier einbezogen werden). Die Medienverantwortlichen, vom Intendanten bis zum Redakteur, hätten die Notwendigkeit einer nur »begrenzten Berichterstattung« eingesehen, so Regierungssprecher Klaus Bölling, als er nach dem Ende der Entführung (und dem Tod Schleyers) im Namen der Bundesregierung für »diese freiwillige Leistung« dankte.[236]

Die Arbeitsweise der Krisenstäbe sowie die Forderung von Bundeskanzler Schmidt, zur Befreiung der Geisel auch »das Undenkbare zu denken« und »nicht Halt zu machen bei den Grenzen des Rechtsstaates«[237], scheint bei den Verantwortlichen die Bereitschaft gefördert zu haben, Tabugrenzen zu überschreiten (die Protokolle dieser Gespräche und »Gedankenspiele« sind bis heute unter Verschluss). So soll CSU-Chef Franz Josef Strauß vorgeschlagen haben, die in den Gefängnissen einsitzenden RAF-Leute um Andreas Baader und Gudrun Ensslin ebenfalls als Geiseln zu betrachten und gegebenenfalls zu erschießen.[238] Tatsächlich waren die politischen Gefangenen schon gleich nach der Entführung Schleyers einem besonderen Status unterworfen worden. Aufgrund einer Anordnung des Bundesjustizministers wurden diese strikt voneinander und von der Außenwelt, insbesondere auch von jeglichem Rechtsbeistand, isoliert. Der verharmlosend als »Kontaktsperre« bezeichneten Maßnahme wurde eine entsprechende gesetzliche Regelung nachgeschoben, die nach einem eilig durchgeführten Verfahren bereits am 2. Oktober 1977 in Kraft trat und zunächst 72 Inhaftierte betraf.[239]

In der durch das Kölner Attentat und die Entführung Schleyers verursachten schweren innenpolitischen Krise konnten sich Kräfte, die der »harten Haltung« des Staates widersprochen hätten und für eine Lösung der Konfrontation mit politischen Mitteln eingetreten wären, kaum artikulieren. Wichtige Stützen der »zivilen« Gesellschaft, so etwa Parteien, Gewerkschaften und Kirchen, verbanden mit ihrer Verurteilung des »Terrorismus« eine nahezu pauschale Bejahung der staatlichen Ordnung. Personen und Spektren des linksliberalen Lagers, die sich in der gesellschaftlichen Atmosphäre des »deutschen Herbstes« in der totalen politischen Defensive befanden, versuchten Vorwürfe, ihre oppositionelle Haltung sei dem »Terrorismus« dienlich (»Sympathisantenvorwurf«), mithilfe von »Distanzierung« zu entkräften (so zum Beispiel die Humanistische Union oder die »177 Hochschullehrer« in einer gemeinsamen Erklärung).[240] Die radikale Linke war, insofern sie den Mitteln und Zielen der RAF kritisch bis ablehnend gegenüberstand (so vor allem Spontis und K-Gruppen), aber gleichwohl nicht »distanzierend« auf staatliche Positionen übergehen wollte, in einer prekären Situation, zumal sie selbst im Rahmen polizeilicher Maßnahmen unter einem starken Druck stand.

Das Leitende Gremium des KB gab angesichts der Schleyer-Entführung in einer programmatischen Erklärung zum »Terrorismus« seine Weigerung bekannt, der »von Strauß, Schmidt & Co. befohlenen Abgrenzungshysterie innerhalb der Linken« zu folgen. Diese nütze letztlich nur denjenigen, »die in unserem Land für Ausbeutung und politische Unterdrückung« verantwortlich seien.[241] In seiner Kritik am Vorgehen der RAF bemühte sich der KB in Anknüpfung an seine bisherige Praxis, um einen »solidarischen« Unterton: Die Zunahme verzweifelter »bewaffneter Einzelangriffe« sei Ausdruck der Praxis von »Genossen«, die angesichts der eskalierenden Faschisierung und »ohne Vertrauen in die historische Kraft der Arbeiterbewegung« keinen anderen Ausweg mehr wüssten. Der »Weg des Terrorismus« sei jedoch vollkommen aussichtslos. Der KB kritisierte insbesondere, dass sich die RAF mit der Entführungsaktion von Köln vollends in ihrem eigenen Mikrokosmos bewege: Zwar sei Schleyer aufgrund seiner SS-Vergangenheit und als »Boss der Bosse« eine allgemein »anerkannte« Hassfigur der gesamten Linken, doch folge seine Gefangennahme nicht einer »irgendwie gearteten linken Strategie in der BRD«, sondern ziele auf die Freilassung von Gefangenen, die zuvor bei ähnlichen Aktionen inhaftiert worden seien. »Dieser Kampf war bereits entschieden, noch bevor er überhaupt begonnen hatte.«[242]

Mit der Kaperung der Lufthansa-Boeing 737 »Landshut« am 13. Oktober 1977 auf dem Weg von Mallorca nach Frankfurt trat der »worst case« linksradikaler Politik ein, da sich die Aktion, dem eigenen Selbstverständnis widersprechend, gegen »die Massen« selbst richtete. Die Entführung der Maschine mit 86 Passagieren (zum überwiegenden Teil Touristen) und fünf Besatzungsmitgliedern an Bord durch ein Kommando der PFLP, das hiermit die Forderungen der RAF unterstützen wollte (diese hatte der Aktion zuvor über ihre Kontakte in Bagdad ausdrücklich zugestimmt), endete mit dem bekannten Ergebnis. Nach Zwischenstopps landete das Flugzeug in der somalischen Hauptstadt Mogadischu. Am 18.

Oktober 1977, kurz nach Mitternacht, drangen Einsatzkräfte der Grenzschutz-gruppe 9 in das gekaperte Flugzeug ein, erschossen drei der vier Highjacker und konnten alle Geiseln unverletzt befreien (Flugkapitän Schumann war zuvor bei einer Zwischenlandung in Aden vom palästinensischen Kommando erschossen worden). Am nächsten Morgen wurden Andreas Baader erschossen, Gudrun Ensslin erhängt, Jan-Carl Raspe in der Folge einer Schussverletzung sterbend und Irmgard Möller von Stichen schwer verletzt in ihren Zellen aufgefunden. Einen Tag danach, am 19. Oktober 1977, wurde die Leiche Schleyers im elsässischen Mulhouse im Kofferraum eines Autos entdeckt. Das »Kommando Siegfried Hausner« erklärte in einer letzten Verlautbarung, dass es die »klägliche und korrupte Existenz« des Arbeitgeberpräsidenten beendet habe. »Für unseren Schmerz und unsere Wut über die Massaker von Mogadischu und Stammheim ist sein Tod bedeutungslos.«[243]

Damit schien die »Gefangenenfrage« an ihren Ausgangspunkt zurückgekehrt zu sein. Bei der Beerdigung von Baader, Ensslin und Raspe auf dem Stuttgarter Waldfriedhof, zu der Ende Oktober 1977 über 1.000 Menschen kamen, sprach auch ein Vertreter des KB. Die Mitglieder des Kommunistischen Bundes betrauerten den Tod von »Gudrun, Jan und Andreas«, auch wenn sie die Richtung, welche »die Genossen in ihrem Kampf eingeschlagen haben«, für falsch hielten. Angesichts ihres Todes trete diese Differenz allerdings in den Hintergrund. Mit den Ereignissen von Stammheim sei in der Bundesrepublik »eine weitere Schranke auf dem Weg zum Faschismus« durchbrochen worden. »Pflicht aller Antifaschisten« sei es nun, restlose Klarheit in die Vorgänge der Nacht zum 18. Oktober zu bringen und »das Lügengebäude von den so genannten ›Selbstmorden‹ vor der gesamten Weltöffentlichkeit zu Fall zu bringen«.[244] Hiermit war die Richtung einer Kampagne vorgegeben, mit der Teile der radikalen Linken nach dem »deutschen Herbst« versuchten, die eigene Sprachlosigkeit zu überwinden. Unter der Parole »Wir glauben nicht an Selbstmord!« kam dem KB hierbei eine tragende Rolle zu.[245] Ihres ideologischen Überbaus entkleidet (die Frage »Mord oder Selbstmord« wurde hier zur Entscheidungsfrage für oder gegen das System der Bundesrepublik stilisiert), begann damit eine Aufklärungsarbeit über die genauen Todesumstände der Stammheimer Gefangenen, welche zu leisten oder auch nur zu initiieren die »Staatsmedien« damals nicht imstande waren.

Der »deutsche Herbst« stellte in der Geschichte der radikalen Linken einen tiefen Einschnitt dar und führte, rückschauend betrachtet, zu einem Paradigmenwechsel »revolutionärer« Konzepte. Mit der Konfrontation zwischen »Terrorismus« und Staat verband sich eine zweifache »Gewalterfahrung«, die von der Neuen Linken in spezifischer Weise verarbeitet wurde und die Transformationsprozesse begünstigte, denen die verschiedenen Spektren in ihrer Verschmelzung mit den neuen sozialen Bewegungen ohnehin seit Mitte der 70er Jahre ausgesetzt waren. Zum einen schien die »Gewaltfrage«, wie sie sich seit 1967/68 für alle Fraktionen der radikalen Linken gestellt hatte, mit der total verselbständigten Militanz und dem Scheitern der RAF »beantwortet« zu sein. »Erst der Amoklauf der RAF entzog der Vorstellung den Boden, dass der Staat der Bourgeoisie gewaltsam zerschlagen und auf seinen Ruinen die Commune erblühen würde.«[246] Zum anderen legitimierte die Wahrnehmung eines nur noch seiner eigenen Räson verpflichteten »Polizeistaats« (analog zum »Kalkarschock«) den parlamentarischen Vertretungsanspruch von sozialen Bewegungen, der in der »außerparlamentarischen« Bestimmung der Proteste der späten 60er Jahre noch ausgeschlossen gewesen war.

Hochschulpolitik: Habt keine Angst, Unruhe zu schaffen!

An den Hochschulen, wo die seit Mitte der 70er Jahre entstehenden Basisgruppen dem marxistisch-leninistischen Spektrum der radikalen Linken rasch den Rang abliefen, gelang dem KB gegen diesen Trend erstmals und für kurze Frist eine gewisse Etablierung, indem er mit »Unorganisierten« kooperierte und in den »Streiksemestern« 1976/77 auf militantere Formen des Kampfes orientierte.

Gegen den Trend

1975 begann an den bundesdeutschen Hochschulen eine seit Ende der 60er Jahre nicht mehr gekannte Phase studentischer Proteste, die sich vor allem an den administrativen »Angriffen« auf das politische Mandat und die verfasste Studentenschaft entzündeten, später jedoch auch die Ereignisse des »deutschen Herbstes« einbezogen und in unterschiedlicher Intensität bis 1978 andauerten. Vor dem Hintergrund dieser Unruhen kam es zu einer Tendenzwende in den hochschulpolitischen Spektren der Neuen Linken. Während so genannte Basisgruppen mit ihren spontaneistischen Konzepten direkter Aktion an Bedeutung gewannen, ging der Einfluss marxistisch-leninistischer Ansätze stark zurück.

Das DKP-Spektrum an den Hochschulen, also der Marxistische Studentenbund (MSB), der Sozialistische Hochschulbund (SHB) und die an der SEW orientierte und auf Westberlin beschränkte Aktionsgemeinschaft von Demokraten und Sozialisten (ADS), blieb von dieser Entwicklung zunächst nahezu unberührt und erzielte bei Hochschulwahlen bis in die 80er Jahre hinein relativ konstante Ergebnisse, die die Resultate des Lagers der Neuen Linken insgesamt (»dogmatische« und alternative Gruppen zusammen) zumeist mehr oder weniger deutlich überstiegen.[247]

Der Niedergang der ML-Bewegung deutete sich an den Hochschulen bereits Mitte der 70er Jahre an: Die größte Ausdehnung war hier mit über 3.000 Mitgliedern 1974 erreicht, der höchste erzielte Anteil an den Sitzen der Studentenparlamente (11,4 Prozent) und der Allgemeinen Studentenausschüsse (6,2 Prozent) datiert von 1975. Während die ML-Hochschulzirkel 1975 noch über doppelt so viele Sitze in den Studentenparlamenten verfügt hatten wie die undogmatischen Gruppen, war dieser Anteil 1977 auf ein knappes Viertel geschrumpft. Zu einer solchen Wende kam es auch in den Allgemeinen Studentenausschüssen, wo die ML-Gruppen bis 1977 auf einen bundesweiten Anteil von 0,6 Prozent aller Sitze gefallen waren, während sich die undogmatische Neue Linke von 4,3 (1975) auf 13,6 Prozent (1977) steigern konnte.[248] Gegen diesen Trend konnten die am KB orientierten Hochschulgruppen, die mit den neu entstehenden »Spontilisten« teilweise eng kooperierten, stark zulegen und befanden sich 1977 auf ihrem organisatorischen Höhepunkt, während die zuvor dominierenden universitären Organisationen des KBW fast gänzlich an Bedeutung verloren hatten.[249]

Gruppen und Praxen

Mit der Aufgabe des Primats der Betriebsarbeit und der Öffnung gegenüber den neuen sozialen Bewegungen beendete der KB auch seine hochschulpolitische Abstinenz. Zu Beginn des Wintersemesters 1975 gründete der Bund eine Arbeitsgruppe Studenten (»AG Studenten«), die vornehmlich aus Mitgliedern des SSB bestand. Der KB wollte sich so stärker auf hochschulpolitischem Terrain engagieren, wobei auch die originären Themen (»Hochschulrahmengesetz«) und die Beteiligung an den Gremien studentischer Selbstverwaltung nicht länger ausgeschlossen sein sollten.[250]

Anfang Dezember 1975 war der vom MSB und SHB gebildete Allgemeine Studentenausschuss der Hamburger Universität von den Behörden aufgefordert worden, Flugblätter mit allgemein-politischen Inhalten nachträglich aus dem Etat zu nehmen und die dafür verantwortlichen AStA-Mitglieder persönlich regresspflichtig zu machen. Der SSB argumentierte, »dass in einer solchen Situation die Bereitschaft der Studenten, mit militanteren Aktionsformen gegen diesen politischen Angriff vorzugehen, vorhanden sei« – und bemühte sich, diese Konzeption gegen die »revisionistisch« dominierten Gremien studentischer Selbstverwaltung durchzusetzen.[251] Tatsächlich gelang es der Gruppe im Folgenden, die Studierenden für einen Vollstreik zu mobilisieren, der dann auf einer kurz vor Ablauf der vom Hochschulamt gesetzten Frist im Januar 1976 von einer Vollversammlung (»VV«) aller Studierenden mehrheitlich gegen das Votum des AStA beschlossen und dann auch durchgeführt wurde.[252]

In der Folge bemühte sich der KB um den Aufbau eigener bundesweiter Strukturen der Hochschularbeit. Neben dem SSB in Hamburg, der 1977 etwa 250 Mitglieder zählte, bestand zunächst lediglich eine weitere Gruppe in Göttingen, die als Kommunistischer Hochschulbund (KHB) firmierte und Anfang 1976 aus einem gleichnamigen »Initiativkomitee« hervorgegangen war.[253] Der KHB, der etwa 30 Mitglieder umfasste[254], verstand sich als eine mit dem »Kommunistischen Bund sympathisierende Studentenorganisation, die die politische Linie des KB im Hochschulbereich vertritt«. Dieser Orientierung sei eine »über einjährige Zusammenarbeit« mit der örtlichen KB-Gruppe vorausgegangen.[255] Der KHB soll über ein relativ breites Sympathisantenumfeld verfügt und eine »sehr offen angelegte Bündnispolitik« praktiziert haben. So arbeitete die Gruppe im AStA der Göttinger Universität, in der sie in wechselnden Koalitionen vertreten war, zeitweise mit den Jusos zusammen. Über diese Gruppen hinaus entstanden 1976/77 an zahlreichen anderen Orten kleinere hochschulpolitische Strukturen des KB, die teilweise über Kaderverschickung von Hamburg aus, teilweise von Ortsgruppenmitgliedern initiiert wurden. Im Januar 1977 gründete sich dann der Westberliner SSB, der mit seinen etwa 60 Mitgliedern neben Hamburg und Göttingen zu den wichtigen organisatorischen Zentren der KB-Hochschulpolitik zählte.[256] Trotz einiger Widerstände, auch innerhalb des eigenen Milieus (das anti-intellektuelle Ressentiment blieb virulent), soll es so gelungen sein, die Arbeit an den Hochschulen »erheblich auszuweiten«. Im Vergleich zu den universitären Strukturen anderer K-Gruppen erreichte der KB trotz der geringen personellen Basis seiner Hochschulzirkel eine relativ hohe Effizienz. 1977, auf dem Zenit ihrer organisatorischen Ausdehnung, sollen die KB-Gruppen mit schätzungsweise über 300 Aktiven an immerhin 46 Hochschulen präsent gewesen sein.[257] Die KBW-Strukturen verfügten demgegenüber über 1.600 Mitglieder an 42 Orten, während der Kommunistische Studentenverband der Westberliner KPD mit 700 Angehörigen an 30 Hochschulen vertreten war.[258]

Im Wintersemester 1976/77 kam es an den bundesdeutschen Hochschulen zu einer Welle studentischer Aktionen, die unterschiedlich motiviert waren, sich im Großen und Ganzen aber gegen bestimmte Aspekte der Hochschulgesetzgebung richteten. Zentrum der studentischen Proteste war Westberlin, wo sich eine regelrechte Streikbewegung an zwei »Berufsverboten« am Germanistischen Seminar[259] entzündet und auf die gesamte FU, später auch auf die TU, die Pädagogische Hochschule und die Fachhochschulen übergegriffen hatte. Der KB soll in der »Streikbewegung« keine besondere Rolle gespielt haben, hieß den »militanten Streik« aber gut und sprach sich für die »gemeinsame Lahmlegung des gesamten Unibetriebs durch alle fortschrittlichen Studenten« aus.[260]

Wesentlicher war das Gewicht des KHB bei studentischen »Ausständen« an der Göttinger Universität, deren Betrieb im Dezember 1976 für eine Woche eingestellt werden musste. Anlass waren hier das geplante niedersächsische Hochschulgesetz sowie bestimmte Ordnungsrechtsmaßnahmen der Universitätsleitung. Die »überwältigende Mehrheit« einer VV, die ausgesprochen gut besucht gewesen sein soll, beschloss den »Streik« mit dem Ziel, »die zentralen Hörsaalgebäude der Uni durch einen aktiven Boykott zu besetzen und der gesamten Uni in diesen Tagen den Stempel der demokratischen Studentenbewegung aufzudrücken«. Zum Abschluss der Proteste fand mit über 7.000 Personen die größte Demonstration statt, die Göttingen seit den 60er Jahren gesehen hatte.[261]

Zur Bestärkung dieser Politik publizierten SSB und KHB, die nun gemeinsam die Zeitschrift *Solidarität* herausgaben, eine Extraausgabe ihres Blattes, die dem *AK* beigelegt wurde (10.1.1977) und schon mit ihrem Erscheinen bei Teilen der eigenen Organisation in der Kritik stand. Der Aufmacher der Beilage enthielt unter dem Titel »Habt keine Angst, Unruhe zu schaffen« die Begründung einer aktivistisch-militanten Praxis, mit der die KB-Hochschulzirkel die teilweise enge Zusammenarbeit mit den Basisgruppen ideologisch zu forcieren suchten. Hier wurden diejenigen innerhalb der Universität, »die bereit sind, den Kampf aufzunehmen«, aufgefordert, ihr Handeln nicht länger von konkreten Anlässen, formellen Beschlüssen der Gremien studentischer Selbstverwaltung und dem »Wohlwollen möglicher Bündnispartner« abhängig zu machen, sondern im Rahmen einer mit militanten Mitteln zu forcierenden Offensivpraxis als »linke« Avantgarde aufzutreten. »Der Unmut ist heute unter den Studenten so groß, dass die Bereitschaft da ist, verhasste Institutionen und Reaktionäre direkt anzugreifen, und dies nicht einmal pro Monat, sondern ständig.«[262] Später, im Niedergang der KB-Hochschulpolitik, sollte dieser Aufruf zu den aufzuarbeitenden Kapiteln gehören.[263]

Waren die hochschulpolitischen Strukturen des Kommunistischen Bundes zunächst vom ZRK von Hamburg aus koordiniert worden, so verlagerte sich die »KB-Studentenzentrale« im Zusammenhang der Aktionen im Winter 1976 nach Göttingen.[264] Da traf es sich, dass das bestimmende Thema studentischer Proteste im Sommersemester 1977 hier seinen Ursprung hatte: Der AStA der dortigen Universität hatte in seinem Periodikum, den *Göttinger Nachrichten*, einen mit »Mescalero« unterzeichneten »Nachruf« auf den am 7. April 1977 von einem RAF-Kommando ermordeten Generalbundesanwalt Siegfried Buback veröffentlicht.[265] Mit der folgenden »öffentlichen« Reaktion eskalierte ein Konflikt, der, insofern sich das gesellschaftliche Klima des »deutschen Herbstes« hier bereits abzuzeichnen begann, weit über Fragen des politischen Mandats und die Hochschule einer niedersächsischen Provinzstadt hinausging. Im Göttinger AStA, der den Abdruck des Pamphlets zu verantworten hatte, waren zu dieser Zeit eine Spontiliste (Bewegung Undogmatischer Frühling, BUF), in deren Eigenverantwortung der inkriminierte Text eines Anonymus[266] publiziert worden sein soll, sowie eine Sozialistische Bündnisliste (SBL) vertreten, die sich aus Basisgruppen, einem Zirkel der trotzkistischen GIM sowie dem KB-nahen KHB zusammensetzte[267].

Der »Mescalero«-Text war zwar deutlich spontaneistisch angelegt, machte aber gleichzeitig auch deutlich, dass er dem »Abschuss« von Buback ablehnend gegenüberstand, wofür vor allem taktische Gründe angeführt wurden. Zwar konnte der Autor eine »klammheimliche Freude« über das Attentat nicht verhehlen, doch kam er gleichzeitig zu dem Schluss, dass »unser Zweck, eine Gesellschaft ohne Terror und Gewalt« aufzubauen, nicht jedes Mittel rechtfertige: »Unser Weg zum Sozialismus (wegen mir: Anarchie) kann nicht mit Leichen gepflastert sein«.[268]

Ohne die (freilich begrenzten) Feinheiten dieser Argumentation zur Kenntnis zu bringen, begann in den Medien eine scharfe Hetze gegen den »Terroristen-AStA«, der nun bundesweit Schlagzeilen machte und dem unter anderem »Gewaltverherrlichung« vorgeworfen wurde. Bundesjustizminister Vogel stellte Strafanzeige, und zwar »unter jedem in Betracht kommenden rechtlichen Gesichtspunkt«.[269] Dem Göttinger AStA wurde von Seiten der Hochschulleitung eine Frist gesetzt, sich von dem »Buback-Nachruf« zu distanzieren. Der Rektor der Universität verbot die weitere Verbreitung der *Göttinger Nachrichten*, die Druckkosten der indizierten Auflage sollten von den Verantwortlichen aus privaten Mitteln beglichen werden. Die Räumlichkeiten des AStA sowie weitere studentische Einrichtungen und zahlreiche Privatwohnungen wurden in einer konzertierten Aktion unter Aufbietung starker Polizeikräfte staatsanwaltschaftlich durchsucht. Später wurde der Göttinger AStA, der weder zu einer politischen noch zu einer formellen Distanzierung von dem indizierten Text bereit war, von seinen Aufgaben entbunden und durch einen Staatskommissar ersetzt. Vier Mitglieder des suspendierten Gremiums wurden wegen »gemeinschaftlich verübter Volksverhetzung, Verunglimpfung des Staates und des verstorbenen Generalbundesanwalts Buback« vor dem Göttinger Landgericht angeklagt und zwei von ihnen zu Geldstrafen verurteilt.[270]

Als Reaktion auf diese Politik der »Einschüchterung« entstand eine Solidaritätskampagne, die an der Universität Göttingen ihren Ausgang nahm. Der KHB bemühte sich organisierend auf die »Solidarisierungswelle« einzuwirken und den »Widerstand der gesamten demokratischen und sozialistischen Studentenbewegung« im Kampf um die Meinungsfreiheit zu vereinheitlichen[271], wobei der instrumentelle Charakter einer solchen inhaltlichen Bestimmung evident war. Weder ging es den meisten Akteuren – entgegen den Behauptungen eines großen Teils der Medien – damals um eine Unterstützung der RAF, genauso wenig allerdings um eine Verteidigung von Grundrechten. Eher war es der Versuch, unter einem immensen »öffentlichen« Druck sich Optionen antistaatlichen Handelns offen zu halten. Die Kampagne erhielt schnell bundesweiten Zulauf, nachdem ein Aufruf des Göttinger AStA, den »Buback-Nachruf« nachzudrucken, über die Kreise der radikalen Linken hinaus auf Resonanz gestoßen war. Das bekannteste Beispiel einer solchen Solidaritätserklärung war die von 47 Personen, zum überwiegenden Teil Professor(inn)en aus Bremen, Berlin und Oldenburg, der das bezeichnete Pamphlet als Faksimile angehängt war.[272] Gegen diese und ähnliche Veröffentlichungen richtete sich eine Welle strafrechtlicher Verfahren.[273] So wurden etwa die 14 Westberliner Herausgeber der »Dokumentation«, darunter Johannes Agnoli und Christina Thürmer-Rohr, unter anderem wegen »Verunglimpfung des Staates« angeklagt – und später freigesprochen. Professor Peter Brückner, damals Professor in Hannover, wurde im selben Zusammenhang vom Dienst suspendiert.[274]

Einen »Nachklapp« erfuhr die Mescalero-Affäre Anfang des Jahres 2001, als Mitgliedern der rot-grünen Bundesregierung (ab 1998) ihre politische Vergangenheit vorgehalten wurde. Auslöser dieser Debatte war ein Auftritt von Bundesaußenminister Fischer (Bündnis 90/Die Grünen) als Zeuge im Prozess gegen Hans-Joachim Klein in Frankfurt im Januar 2001.[275] Dem folgte der Vorwurf von Michael Buback, Sohn des ermordeten Generalbundesanwalts, der grüne Bundesumweltminister Jürgen Trittin habe sich niemals ausreichend von dem tödlichen Attentat auf seinen Vater distanziert und den linksradikalen »Nachruf« politisch mitgetragen. Die Opposition bezichtigte Fischer und Trittin einer fehlenden Distanz zum »Terrorismus« der 70er Jahre, was eine erhebliche mediale Resonanz erfuhr. Tatsächlich hatte Trittin zum damaligen Zeitpunkt in Göttingen Sozialwissenschaften studiert und war als Mitglied der dortigen Ortsgruppe des KB studentenpolitisch aktiv gewesen (zunächst im Fachschaftsrat). Das »Mescalero«-Pamphlet hatte er aber weder persönlich (im Göttinger AStA war er erst später vertreten, 1979 mit der LDK) noch politisch (er war damals ML-Kommunist, kein Sponti) zu verantworten. Trotzdem kam der Bundesumweltminister der fast 24 Jahre später von der »Öffentlichkeit« an ihn herangetragenen Aufforderung zur Distanzierung umgehend nach. So endete das »Mescalero-Affärchen« 2001, noch bevor es richtig begonnen hatte.[276]

Repräsentanzen

Vor dem Hintergrund seines Engagements im Hamburger Hochschulstreik gelang dem SSB im Wintersemester 1975/76 im Rahmen seiner Bündnisarbeit (»Liste Demokratischer Kampf«) die Übernahme einiger Fachschaftsräte, die teilweise seit Anfang der 70er Jahre von den »gewerkschaftlich orientierten« Kräften (MSB und SHB) gehalten worden waren. Schließlich schaffte der SSB im Sommersemester 1977 auch den Einzug in das Studentenparlament, während der Allgemeine Studentenausschuss in den folgenden Jahren fest in »revisionistischer« Hand blieb. Die übrigen Strukturen der KB-Hochschulpolitik praktizierten ebenfalls einen konstruktiven Umgang mit den Gremien studentischer Selbstverwaltung und waren immer dann relativ erfolgreich, wenn sie zusammen mit Spontigruppen auf gemeinsamen Listenverbindungen antraten und es ihnen so gelang, am Aufschwung der Basisgruppen zu partizipieren, wie etwa in Göttingen, Hannover, Bremen, Frankfurt und an einer Reihe von Fachhochschulen. Dort, wo sich reine »KB-Listen« zur Wahl stellten, gerieten sie in den Abwärtstrend des ML-Lagers – und fielen durch, wie etwa in Marburg, Bochum und Emden. Auf Basis seiner AStA-Stimmen kam dem KB 1977 auch in den bundesweiten Strukturen der verfassten Studentenschaft, dem VDS, einiges Gewicht zu, wo er als Teil der Basisgruppenfraktion agierte.

Listenverbindungen mit KB-Gruppen sollen 1977 über Sitze in Studentenparlamenten an 26 Hochschulen verfügt haben und in 14 Allgemeinen Studentenausschüssen vertreten gewesen sein.[277] Der KSV der Westberliner KPD war demgegenüber auch auf seinem Zenit bloß der Einzug in sechs Studentenparlamente gelungen. Selbst das hochschulpolitische Lager des KBW war nur in wenigen Allgemeinen Studentenausschüssen präsent (hier aber teilweise auch zuvor über Jahre dominierend gewesen, so etwa in Heidelberg, Freiburg und Kiel).[278] Auch diese Zahlen liefern mithin einen Beleg für die relative Effektivität des KB an den Hochschulen nach 1975, dürfen aber auch nicht überbewertet werden: In der Regel waren speziell in kleineren Orten neben der KB-Organisation keine separaten studentischen Strukturen vorhanden. »Da hat eine KB-Gruppe in der Stadt existiert, die hat so getan, als wenn sie mit der Uni nichts zu tun hat, obwohl in der Gruppe viele Studenten waren, von denen einige wiederum als Studentengruppe an der Uni auftraten. Einer von denen ist dann im Bündnis in einer Liste Demokratischer Kampf oder Ähnlichem in ein Studentenparlament reingekommen – das ging dann in die Statistik ein.«[279]

Ohnehin waren die so zu relativierenden Erfolge der KB-Hochschularbeit nur von kurzer Dauer. Schon nach 1978, in der Krise der Gesamtorganisation, kamen die entsprechenden Ansätze weitgehend zum Erliegen. Die Zusammenarbeit mit Basisgruppen hatte sich so lediglich verzögernd auf den Niedergang der Hochschularbeit des KB ausgewirkt, der später einsetzte als der anderer K-Gruppen.

Alternative Wahlbewegung: Schmetterlinge fliegen nur einen Sommer?

In den Prozess, der mit der Herausbildung grüner und bunter Listen im Frühjahr 1977 begann und schließlich, 1980, in die Gründung der grünen Partei auf Bundesebene mündete, waren vor allem zwei Akteure involviert, die konzeptionell höchst unterschiedliche Ansätze vertraten und in der Anti-AKW-Bewegung der 70er Jahre schon einmal direkt aufeinander getroffen waren. Teile der Neuen Linken, die insgesamt ja von 1968 ausgehend im Wesentlichen antiparlamentarisch ausgerichtet gewesen war, ließen sich auf die von ihnen so genannte »Wahlbewegung« ein, weil sie hierin ein Mittel sahen, die eigene Krise nach dem Scheitern der Eskalationsstrategie im Anti-AKW-Protest und dem »heißen Herbst« 1977 zu überwinden. Neben dieser »roten« gab es noch eine »grüne«

Wurzel der alternativen Partei: unterschiedliche bürgerliche und konservative Spektren der bundesdeutschen Ökologiebewegung, »deren personelles Substrat aus den seit Ende der 60er Jahre entstandenen Bürgerinitiativen und traditionellen Umweltschutzorganisationen bestand« (van Hüllen 1990, 155).

KB-Grundsatzposition

Der Einstieg des KB in die bunt-alternative »Wahlbewegung« erfolgte unter strategischen Gesichtspunkten. Im April 1977, nach den Großaktionen der Anti-AKW-Bewegung in Brokdorf und Grohnde, wurde angesichts der ersten kommunalpolitischen Erfolge von Umweltschützern in Frankreich vorhergesehen, dass diese »sicher auch in der BRD (und anderswo) Ansatzpunkt für Diskussionen und Überlegungen« sein werden.[280] Die zuvor vom Hamburger Bund geübte parlamentarische Abstinenz war Ausdruck von Pragmatismus. Die ideologisch ungetrübte Programmkandidatur, wie sie andere K-Gruppen bei Wahlen praktiziert hatten, um dann die Resultate im Promillebereich als »Erfolg im Parteiaufbau« abzufeiern, war für ihn Ausdruck tiefsten »Sektierertums«. Die bunten Listen wurden demgegenüber gerade als Mittel begriffen, diese Isolation zu durchbrechen und in einer breiteren »Systemopposition« politisch wirksam zu werden.

Das LG interpretierte das Aufkommen der neuen sozialen Bewegungen als »Lösung von immer mehr Menschen aus dem Griff bürgerlicher Politik«, warnte aber gleichzeitig davor, dies mit einem »Landgewinn für sozialistische oder kommunistische Positionen« gleichzusetzen. Die neuen sozialen Bewegungen bedürften in ihrer »totalen Ziellosigkeit« einer politisch richtungsweisenden Kraft, ansonsten bestehe die Gefahr ihrer Re-Integration in das System. Sie würden sich nur dann »schrittweise zu sozialistischen oder auch nur radikaldemokratischen Positionen in allen wesentlichen gesellschaftlichen Fragen entwickeln, wenn wir es verstehen, unseren Einfluss mittels politischer Überzeugungsarbeit geltend zu machen«. Mit dieser Rollenzuweisung verband der KB die Chance, ein Projekt zu realisieren, das die K-Gruppen ja schon an ihrem Ausgangspunkt umgetrieben hatte: den Aufbau einer revolutionären Partei. Nach dem Scheitern dieses Vorhabens Anfang der 70er Jahre auf Basis linksradikaler Zirkel sollte sie nun in der Verbindung der übrig gebliebenen »Avantgarde« mit den neuen sozialen Bewegungen entstehen, wofür die bunt-alternativen Listen als geeigneter Rahmen angesehen wurden. Dies setzte allerdings voraus, »unseren Charakter als revolutionäre Kaderorganisation« aufrechtzuerhalten.[281]

Der KB grenzte sein Funktionsverständnis »bunter« Politik vor allem gegen das bürgerlich-grüne Lager ab. Dieses war quasi der »natürliche Gegner« einer solchen Instrumentalisierung. Der KB warf ihm vor, mit »rückwärts gewandten, arbeiterfeindlichen Thesen« aufzutreten, womit ein Ansatz gefunden worden war, der dem KB ein tieferes Verständnis der Ökologiefrage verbaute, die er stets als »abgeleitetes Basisproblem« verstand. Andererseits wandte sich der KB auch gegen Teile der radikalen Linken, welche die alternativen Listen auf die Propagierung sozialistischer Essentials (GIM) oder ihre eigene Praxis (militanter Anti-AKW-Kampf) verpflichten wollten. Der Hamburger Bund plädierte demgegenüber dafür, die alternative Wahlpolitik so zu gestalten, dass mit ihr »möglichst vollständig alle« angesprochen werden könnten, »die mit den herrschenden Verhältnissen unzufrieden sind«.[282]

Die Entdeckung des Parlamentarismus als Feld der Politik war innerhalb des KB von Anfang an nicht unumstritten. Zum einen reihte sich diese Praxis in die Tradition einer Bündnispolitik des KB ein, wie sie etwa in der »Aktionseinheit« im Jugendbereich, bei den 1.-Mai-Aktionen und innerhalb der Anti-AKW-Bewegung zum Ausdruck gekommen war. Zum anderen hatte der Bund mit einem »primitiven Antiparlamentarismus« zu kämpfen, der, wie das LG feststellte, nicht nur in der Nach-68er-Linken allgemein, sondern auch im KB anzutreffen sei. Nach den Wahlen in Hamburg und Niedersachsen (1978), wo der Bund sich stark engagiert hatte, erschien im *AK* unter der Überschrift »Kommunisten und Wahlen – eine erste Bilanz« eine Erklärung, mit der das linke antiparlamentarische Ressentiment kritisiert und die Begründung für die weitere Teilnahme an der »Wahlbewegung« geliefert wurde.[283] Den »Hauptwert einer kommunistischen Bündnispolitik bei den Wahlen« sah der KB im »Angriff auf das etablierte Parteiensystem«.[284]

Bunte Liste – Wehrt Euch (Hamburg)

In der Praxis des KB hatte die Beteiligung an der bunt-alternativen »Wahlbewegung« – insbesondere im Norden der Bundesrepublik – einen »herausragenden Stellenwert und war verbindlicher Bestandteil seiner Politik« (Rühl 1982, 65). Anders als die meisten Gruppen der radikalen Linken avancierte der hanseatische Bund zu einem »überaus gewichtigen Faktor« (van Hüllen 1990, 109) dieser Zusammenhänge. Während sich die KPD anfangs noch darum bemüht hatte, die eigenen, »antihegemonistischen« Essentials in die »Wahlbewegung« einzubringen, trat sie nach ihrer Auflösung 1980 trotz ihrer Dominanz in der Berliner Alternativen Liste (AL) als politische Fraktion nicht mehr in Erscheinung.

Die Initiative, sich mit einer eigenen Liste an den Hamburger Bürgerschaftswahlen im Juni 1978 zu beteiligen, erfolgte auf Grundlage der vom KB aufgebauten norddeutschen Anti-AKW-Strukturen. Der von der BI Rotherbaum vorgebrachte Vorschlag (»Jetzt wählen wir uns selbst!«) wurde vom Sprecherrat der »alten« Hamburger BUU im September 1977 in einer Stellungnahme positiv gewürdigt. Hiermit wurde »einstimmig« eine Kandidatur zusammen mit anderen Basisinitiativen unter dem Stichwort »Wehrt Euch« oder »Bunte Liste« favorisiert. Auf dem Hamburger Delegiertenplenum der Anti-AKW-Initiativen vom 21. Oktober 1977 erzielte die zur Abstimmung gestellte Planung einer »Wehrt Euch«-Kandidatur eine Zweidrittelmehrheit. »Von dem restlichen Drittel war eine starke Strömung für Wahlboykott und eine andere Strömung für eine Kandidatur, die den Kampf gegen die Atomanlagen und das Atomprogramm in den Mittelpunkt stellt.« Das erste Meinungsbild der BUU wurde in einer Presseerklärung den Medien bekannt gemacht. Sprecherrat und Wahlgruppe warben für ihre Konzeption in verschiedenen politischen Gruppierungen (»Wahldiskussion«). Auf einem Delegiertentreffen Ende Januar 1978, an dem dann schon 91 Gruppierungen und 47 weitere mit Beobachterstatus teilnahmen, wurde der Beschluss gefasst, zu den Hamburger Bürgerschaftswahlen mit einem Bündnis unter dem Namen »Wehrt Euch« mit breiter Beteiligung von Basisinitiativen und Unterstützung von politischen Organisationen anzutreten.[285]

Am 18. März 1978, bei einem Treffen, an dem Delegierte von mehr als 200 Bürgerinitiativen und Basisgruppen beteiligt waren, konstituierte sich das Wahlbündnis als »Bunte Liste – Wehrt Euch: Initiativen für Demokratie und Umweltschutz«, kurz Buli. Die Versammlung bestimmte Holger Strohm, der dem undogmatischen Lager der Linken angehörte und zuvor aus der SPD ausgeschlossen worden war, und Rainer Trampert, Betriebsrat und Kader des KB, zu Spitzenkandidaten. In einer »neunstündigen Mammutsitzung«[286] wurde außerdem eine Wahlplattform[287] verabschiedet, die den beteiligten Initiativen »weitgehende Autonomie« (van Hüllen 1990, 114) zubilligte.

Der von der Bunten Liste geführte Wahlkampf stützte sich ganz auf die Mittel der undogmatischen Linken. »So einen Wahlkampf hat Hamburg noch nicht erlebt«, war damals im *Stern* zu lesen. »Straßentheater und Freiluftkonzerte, Feten und Happenings, selbst gemalte Plakate und handgeschriebene Wandzeitungen werden um die Stimmen der Hansestädter werben. Statt oberflächlicher Wahlslogans und teurer Hochglanzbroschüren sollen Witz und Kreativität die Bürger am 4. Juni an die Wahlurnen locken.«[288] Der violette Schmetterling, das Zeichen der Bunten Liste, soll in Hamburg nicht zu übersehen gewesen sein. »Er prangte auf 10.000 Plakaten, klebte auf Autos und wurde in Form von T-Shirts spazieren getragen. Hinzu kamen Dutzende von Broschüren, Flugblättern, 80.000 verkaufte Wahlzeitungen usw. Der Kreativität in Form von Plakaten, Theaterstücken, Pop-Konzerten und Verkleidungen jeglicher Art waren keine Grenzen gesetzt. Der Schmetterling beherrschte Hamburgs Straßenbild.« Die DKP, die ihren parlamentarischen Alleinvertretungsanspruch links von der SPD in Frage gestellt sah (bei den Bürgerschaftswahlen in Hamburg von 1974 war sie noch auf 2,2 Prozent der Stimmen gekommen), monierte in einer Art Gegenpropaganda: »Schmetterlinge fliegen nur einen Sommer« – womit sie sich anders als der KB nicht in der Lage zeigte, den Umbruch im westdeutschen Parteiensystem, wie er sich mit der Entstehung der Grünen vollzog, frühzeitig zu antizipieren. Zu den Kundgebungen, Aktionen und Feten der Bunten Liste wurden jedenfalls mehr Menschen mobilisiert als zu den Veranstaltungen aller anderen Parteien zusammen. »Während Herbert Wehner vor 40 Menschen in Altona sprach, veranstalteten die Bunten an einem Sonnabend über ein Dutzend Stadtteilfeste, an denen jeweils Tausende Menschen teilnahmen. Es wurden Altenfeste organisiert, Sympathisanten-Bälle durchgeführt, Kundgebungen über den Atomstaat mit Robert Jungk veranstaltet, die Spitzenkandidaten ketteten sich am Gerhart-Hauptmann-Platz aus Protest gegen die Verurteilungen von Atomgegnern an, Veranstaltungen der Betriebsgruppen und Gesundheitsgruppen wurden abgehalten, und manchmal waren es ein halbes Dutzend Veranstaltungen pro Tag.«[289]

Bei den Bürgerschaftswahlen am 4. Juni 1978 erreichte die Buli mit 33.302 Stimmen (3,5 Prozent) einen Achtungserfolg, scheiterte aber an der Sperrklausel, während eine konkurrierende Liste aus dem bürgerlich-ökologischen Spektrum, die Grüne Liste Umweltschutz (GLU), die von ihrem niedersächsischen Stammgebiet den Sprung in die Hansestadt versucht hatte, hinter diesem Ergebnis zurückblieb (1 Prozent).[290] Bei den gleichzeitigen Kommunalwahlen gelang zwei Vertreterinnen der Buli der Einzug in eine Bezirksvertretung, nämlich in Eimsbüttel, das in der Folge zu einem Zentrum der Hamburger Wahlarbeit des KB und später zu einer Basis der Gruppe Z wurde. Christina Kukielka, Mitglied einer Mieterinitiative, und Ilona Kiene, »Kandidatin der Frauen- und Betriebsgruppen«, wollten sich »schwerpunktmäßig der Situation der Spielplätze, den Kinderhäusern, den Mieten und den mangelnden Freizeitgelegenheiten alter und junger Menschen« widmen.[291] Beide waren Mitglieder des KB, der in der »Wahlbewegung« nicht offen auftrat, was unmittelbar nach der Hamburg-Wahl zu einem Streit über seine Rolle in der Bunten Liste führte – ein Thema, das damals auch in überregionalen Medien aufmerksam beobachtet wurde.[292]

Ein von Holger Strohm verfasster »Offener Brief an den Kommunistischen Bund« vom Juli 1978 markierte den Dissens: »Mir gefällt es nicht, wie der KB immer deutlicher seine Dominanz ausspielt und alles abblockt, was nicht in sein politisches Konzept passt.«[293] Strohm behauptete, dass sich der KB bis zur Wahl vorbildlich verhalten habe, aber unmittelbar danach zu einer Politik der Vereinnahmung übergegangen sei. Bei den Ende Juni stattfindenden Arbeitstagungen der Buli sei praktisch alles vom KB beherrscht gewesen – »das Podium, die Tagesordnung, die Arbeitsgruppen und ihre Sprecher«. Damit war für Strohm der Punkt erreicht, an dem er seine Zurückhaltung aufgab. Er kündigte an, sich drei Monate von der Arbeit der Bunten Liste zurückzuziehen, in der Hoffnung, dass die »Majorisierungsversuche« des KB von der Basis gestoppt würden. Strohm wurde vom KB scharf angegriffen. Er leide unter einer Profilneurose und solle Beweise für seine Behauptungen liefern. Dazu wiederum sah sich Strohm kaum in der Lage, da sich die KB-Mitglieder nicht offen zu erkennen gäben. »Sie verhalten sich neutral, übernehmen aber einen großen Teil der Arbeit, und sie machen ihre Arbeit gut. Da kaum einer bereit ist, Arbeit freiwillig zu übernehmen, rutscht der KB langsam in alle wesentlichen Positionen.«[294]

Tatsächlich ergab sich die dominierende Rolle des KB in der Bunten Liste ähnlich wie zuvor in der Anti-AKW-Bewegung aus den Qualitäten eines Kaderapparates, der aus geübten Rednern (Jürgen Reents war in der Lage, nahezu jede Versammlung zu bestimmen), Journalisten und Organisatoren bestand. Dieser Vorteil war kaum auszugleichen, zumal das »bunte« Milieu gerade durch eine gewisse Heterogenität der Positionen und Beliebigkeit der Arbeitsweisen gekennzeichnet war. Der KB verfügte außerdem über »bündnispolitische« Erfahrungen und beherrschte das Versteckspiel mit »Geisterinitiativen« auf beeindruckende Weise. Eine nach der Hamburg-Wahl von Kritikern des KB in der Buli durchgeführte Überprüfung der Gruppen der Bunten Liste deckte mindestens 26 »Briefkasteninitiativen« auf, die sich als »Ein-Mann-Unternehmen« entpuppten, wobei vier dieser Initiativen sogar unter derselben Adresse eingetragen gewesen waren. »Für Strohm und seine Freunde bestand kein Zweifel, dass es sich dabei um KB-Ableger handelte, die daraus für die entscheidungsberechtigten Versammlungen wenigstens 70 zusätzliche Vertreter zogen.« (Hallensleben 1984, 93f) Trotzdem setzte die »Verfassung« der Bunten Liste dem KB eine gewisse Grenze, die er um des Erfolgs der gemeinsamen Arbeit willen akzeptierte. Die Liste war als »Wahlverein« bewusst pluralistisch angelegt und durch Offenheit nach außen und innen gekennzeichnet. Auch das erste programmatische Dokument der Liste, die »Wahlplattform«, ist Beleg dafür, dass der KB »die personelle Stärke, die er zweifellos besaß, nicht dafür einsetzte, dem Programm seinen spezifischen politischen Stempel aufzudrücken und andere Positionen zurückzudrängen«, wie sogar Strohm anerkennen musste.[295] Insofern war die Bunte Liste natürlich stets mehr als ein »Bündnis des KB mit sich selbst«. Die Dominanz des Bundes im Rahmen der Bunten Liste basierte ja nicht auf straff geführten Nebenorganisationen (wie das dem »Bündniskonzept« anderer K-Gruppen entsprochen hätte), sondern war Ausdruck einer gewissen Offenheit einem weiteren linken Spektrum gegenüber, war eben nicht bloß politisch oder organisatorisch vermittelt, sondern auch über die kulturelle Hegemonie des KB im linksradikalen Milieu der Hansestadt, wie sie in der zweiten Hälfte der 70er Jahre bestand.

Wahlpolitik in anderen Bundesländern

Von seiner Hamburger Basis ausgehend, bemühte sich der KB zusätzlich um Einfluss auf die »Wahlbewegung« in anderen Bundesländern, vor allem im Norden der Republik, aber auch in Berlin, Hessen und Nordrhein-Westfalen (hier allerdings nur in den Städten Bielefeld, Münster, Essen und Bonn). In den meisten Regionen mussten sich die KB-Gruppen – im Unterschied zur Hamburger Situation, wo es ja problemlos gelungen war, die GLU klein zu halten – stärker mit Parteien und Listen aus dem bürgerlich-ökologischen Bereich auseinander setzen, die in den Flächenstaaten und in Bremen bei den Vorläufern der grünen Partei bestimmend waren. Die vom KB dominierten bunt-alternativen Spektren suchten unter diesen Bedingungen die Zusammenarbeit mit den »Bürgerlichen«, konstituierten sich aber überall dort als eigenständige und konkurrierende Kraft, wo sie ausgegrenzt wurden (Schleswig-Holstein und Bremen). Speziell in Berlin und Hessen sahen sich die auf den KB bezogenen Zusammenhänge in der »Wahlbewegung« zusätzlich noch mit anderen Fraktionen der radikalen Linken konfrontiert (KPD, Spontis, SB).

Niedersachsen

In Niedersachsen entwickelten sich die beiden Lager der grünen Vorläufer getrennt voneinander, jedoch beide in der Verarbeitung und im Nachgang einer gemeinsamen Erfahrung: der gewaltsamen Proteste der Anti-AKW-Bewegung in Grohnde vom März 1977. Der »Prototyp« der bürgerlich-ökologischen Partei war die Grüne Liste Umweltschutz (GLU), die aus einer Hildesheimer Bürgerinitiative entstanden war und im November 1977 mit der Umweltschutzpartei (USP), die zuvor aus einer BI in Schwarmstedt hervorgegangen war, unter Beibehaltung ihres Namens fusionierte. Im linken Spektrum war der KB im August 1977 maßgeblich am Zusammenschluss einzelner Anti-AKW-Initiativen zur Wählergemeinschaft Atomkraft – Nein Danke (WGA) beteiligt (vgl. Fogt 1987, 136). Bei Kommunalwahlen im Oktober 1977 in Hameln/Bad Pyrmont erzielte diese Gruppe 2,3 Prozent der Stimmen und einen Sitz im Kreistag.

Im Vorfeld der niedersächsischen Landtagswahlen, die am selben Tag stattfanden wie die zur Hamburger Bürgerschaft, nämlich am 4. Juni 1978, stellte sich für die WGA die Frage, ob sie den eigenen Zusammenhang zu einer Liste ausbauen oder sich der GLU anschließen sollte, mit der sie nachfolgend zwei Wahlkongresse durchführte. Im März 1978 konnte sich schließlich die GLU durchsetzen und damit die Gründung einer konkurrierenden bunten Liste verhindern. Dies geschah allerdings ohne formalen oder inhaltlichen Unvereinbarkeitsbeschluss, »so dass der KB einsteigen konnte«.[296] Andere Gruppen der radikalen Linken kritisierten dies als »Opportunismus«, zumal der Bund die Partei bei ihrem Auftreten in Hamburg gerade mit einiger Plausibilität in die »braune« Ecke gerückt hatte. Der KB startete jedenfalls eine »Massenkampagne« zur Unterstützung der GLU in Niedersachsen (Fogt 1987, 137), der es dann trotz »überwiegend mittelständisch-bürgerlicher Parolen« gelungen ist, »je

unterschiedliche Motivationslagen« anzusprechen und so auch das linke Protestmilieu in den Städten zu erreichen (Rühl 1982, 74f), was sich bei den Landtagswahlen in einem respektablen Ergebnis von 3,9 Prozent ausdrückte.

Schleswig-Holstein

In der bunt-alternativen »Wahlbewegung« in Schleswig-Holstein kam dem KB
eine wesentliche Rolle zu. Die Politik im Vorfeld der Gründung der grünen
Partei geriet hier zum »Kampfplatz einer erbarmungslosen Konfrontation« mit
den bürgerlich-ökologischen Kräften (van Hüllen 1990, 93f). Keimzelle der Grünen Liste Schleswig-Holstein (GLSH) waren zwei Wählergemeinschaften, die bei
Kreis- und Kommunalwahlen im März 1978 eine Reihe von Mandaten erzielen
konnten, die Grüne Liste Unabhängiger Wähler Kreis Steinburg und die Wählergemeinschaft Grüne Liste Nordfriesland. Im Mai 1978 konstituierten diese Listen die GLSH als Dachverband, dem weitere Gruppen beitreten konnten. Der
KB schloss sich in dieser Situation der Liste an, wobei er mithilfe seiner Kontakte in der Bürgerinitiative Umweltschutz Unterelbe eigene Wählergemeinschaften gründete oder in bestehende eintrat. Für den Bund sei dieser »Entrismus«
gegenüber einer »nicht sehr aussichtsreichen Gründung einer Bunten Liste in
Schleswig-Holstein« der praktikablere Weg gewesen, so Jürgen Reents später zu
diesem Vorgehen.[297]

Die bürgerlichen Teile der GLSH hatten damit auf ein Problem zu reagieren,
welches auch die Grünen bei und unmittelbar nach ihrer Gründung beschäftigen sollte: die Abgrenzung der Partei nach links. Die hier ins Feld geführte
Methode, die Benennung und Exekutierung formeller Kriterien, unter denen
eine Mitgliedschaft ausgeschlossen sein sollte, konnte sich auch später auf der
Bundesebene der Grünen nicht durchsetzen: »Mitglied kann nicht werden, wer
in einer anderen politischen Partei oder Kadergruppierung, z. B. KB, organisiert
ist oder wer rassistisches Gedankengut vertritt«, beschloss der Landesvorstand
der GLSH am 16. Juli 1978.[298] Lediglich vier Kreisverbände akzeptierten diese
Maßgabe (Steinburg, Nordfriesland, Segeberg, Lübeck), acht weitere, »bei denen
demnach KB-Einfluss vermutet werden durfte«, verweigerten seine Befolgung
(van Hüllen 1990, 94). Teile des Vorstandes der GLSH traten daraufhin auf Initiative von Baldur Springmann[299] und Matthias Glade die Flucht nach vorne an.
Beide luden ihrer Meinung nach einer Zugehörigkeit zum KB »unverdächtige«
Mitglieder der Liste zu einer Versammlung ein, auf der die GLSH »neu gegründet« und in eine auf Einzelmitgliedschaft beruhende Partei umgeformt werden
sollte. Machtpolitisch zielte dieses von Springmann als »Staatsstreich« bezeichnete Manöver auf die Ausschaltung des KB-Einflusses. Jeder Interessent sollte
vor Erhalt einer Eintrittskarte ein Revers mit folgendem Wortlaut unterschrei-
ben: »Ich erkläre, weder Mitglied einer anderen Partei, einer neofaschistischen

Vereinigung oder einer kommunistischen Kadergruppierung zu sein.«[300] Die Versammlung selbst, die am 24. September 1978 in Wilster stattfand, verlief dann chaotisch. Während zahlreiche Aktive, die sich nicht dem KB zurechneten, abgewiesen wurden, befanden sich »bekannte KB-Funktionäre, die den Revers leninistischen Zweckmäßigkeiten folgend zum Schein unterschrieben hatten, im Saal« (van Hüllen 1990, 95).

Im Anschluss an diese Ereignisse änderte der Kommunistische Bund seine Taktik: Am 5. November 1978 wurde in Kiel »mit Hilfe von weitgehend vorbereiteten Papieren des KB« die Liste für Demokratie und Umweltschutz (LDU) gegründet, die dann allerdings zu den schleswig-holsteinischen Landtagswahlen am 29. April 1979, bei denen die GLSH auf 2,4 Prozent der Stimmen kam, nicht antrat (van Hüllen 1990, 95). »Damit war für das nördlichste Bundesland auf Jahre hinaus die Separierung der beiden ideologischen Hauptstränge der späteren Grünen besiegelt und gleichzeitig eine scharfe ideologische und politische Konfrontation zwischen zwei annähernd gleich starken Gruppierungen eingeleitet« (van Hüllen 1990, 96).

Hessen

Eine ähnliche Konkurrenzsituation zwischen einer bürgerlich-ökologischen und einer bunt-alternativen Fraktion kennzeichnete auch die Situation in Hessen, die sich im Vorfeld der Landtagswahlen im Oktober 1978 noch zuspitzte. Der KB verfügte insbesondere mit seiner Frankfurter Ortsgruppe über eine gewisse Stärke, war aber nicht die einzige Gruppe der radikalen Linken, die sich um Einfluss auf die alternative »Wahlbewegung« bemühte – insbesondere die Spontis waren hier traditionell stark. Im Juni 1978 gründete sich in Frankfurt die Grüne Liste – Wählergemeinschaft für Umweltschutz und Demokratie (GLW). Diese war ein Zusammenschluss von Bürgerinitiativen, Teilen der radikalen Linken (KB, KPD, Spontis, SB) mit der kurz zuvor gegründeten GLU/Hessen, die hier allerdings, anders als in ihrem niedersächsischen Stammland, organisatorisch deutlich schwächer war als die »Bunten«.

Nach einer ersten Trennung und Wiederannäherung im Juli 1978 benannte sich das Bündnis in Grüne Liste Hessen (GLH) um, zerbrach aber noch im selben Monat, als es bei einem Treffen in Alsfeld zum Eklat kam. »Weder im Zuge der Programmberatungen noch bei der Kandidatenvorstellung gelang es der an Zahl, politischer Erfahrung und rhetorischer Routine hoffnungslos unterlegenen GLU, ihre Vorstellungen durchzusetzen« (van Hüllen 1990, 124). Alexander Schubart, Frankfurter Magistratsdirektor und gerade aus der SPD ausgetretenes Mitglied des Sozialistischen Büros, wurde auf Platz eins der Kandidatenliste gewählt, Daniel Cohn-Bendit, »Mentor der Frankfurter Spontiszene«, auf Platz sieben. Dessen Rede, »in der er für den Fall eines Wahlerfolges die Legalisierung des Hasch- und Marihuanakonsums und für sich den Posten des hessischen Innenministers forderte«, geriet zum »Abschlussfeuerwerk« der Alsfelder Versammlung – und erfuhr ein vernichtendes Presseecho. Mitglieder der GLU haben daraufhin in Scharen das Wahlbündnis verlassen (van Hüllen 1990, 125) und schlossen sich überwiegend einer gerade, im Juli 1978, gegründeten Partei an, die sich dann zu einem für die Integration der Grünen auf Bundesebene bedeutsamen Faktor entwickelte, während sie in den Bundesländern »eher zur Spaltung und Verunsicherung des grünen Potenzials« beitrug (van Hüllen 1990, 151): die von Herbert Gruhl geführte Grüne Aktion Zukunft (GAZ).[301]

In der nun weitgehend auf Fraktionen der radikalen Linken beschränkten GLH, in welcher die KB 200 der 1.000 Mitglieder stellte (vgl. van Hüllen 1990, 127), waren weitere Spaltungslinien angelegt. Die spezifische Anti-Politik der Spontis war »weder mit traditionellen linken Zielsetzungen noch mit Anliegen der Bürgerinitiativen« zu vermitteln. »Die zwangsläufige Folge war das Ausscheiden des spontaneistischen Flügels aus der Liste« (van Hüllen 1990, 126). Bei den Landtagswahlen am 8. Oktober 1978 scheiterte die GLH, die lediglich auf 1,1 Prozent oder 35.758 Stimmen kam, während die GAZ mit 0,9 Prozent noch schlechter abschnitt, und geriet in Richtungskämpfe über die Frage, »ob ein Mangel an ökologischer oder an linker Profilierung das Debakel verursacht hatte« (van Hüllen 1990, 130).

Berlin

Die Ausgangssituation in Berlin vor der Gründung der Grünen war derjenigen in Hamburg zum Ende der 70er Jahre in zweifacher Hinsicht ähnlich: Erstens war das linksorientierte Potenzial dominierend, während eine stärkere einheitliche bürgerlich-ökologische Fraktion fehlte, und zweitens stand eine K-Gruppe der »dogmatischen« radikalen Linken im Zentrum eines bunt-alternativen Bündnisses. Die Schrittmacherrolle, die dem KB in diesem Zusammenhang u.a. in Hamburg zugekommen war, besaß in Berlin die KPD.

In Berlin wurde seit Januar 1978 die Wahldiskussion geführt, wobei dies zunächst in getrennten Zusammenhängen geschah. Am 9. Juni 1978 wurde auf einer öffentlichen Diskussionsveranstaltung zum Thema ein Ausschuss gewählt, der das weitere Vorgehen koordinieren sollte. Bestimmend war auch hier die Frage der Mitarbeit der radikalen Linken. Der KPD gelang es, durch Mobilisierung ihrer Anhänger auf den weiteren Treffen einen Ausgrenzungsbeschluss zu verhindern. Das Thema bestimmte auch die Gründungsversammlung der Alternativen Liste (AL) am 5. Oktober 1978, an der 3.500 Personen teilnahmen. Rechtsanwalt Otto Schily hatte als Zusatzantrag zur Gründungserklärung einen Text vorbereitet, der eine Zusammenarbeit mit der KPD in der AL ausschließen sollte. Die KB-Ortsgruppe soll sich in dieser Situation, wie später vom Hamburger LG kritisiert wurde,»tief in die Schiebereien um einen Unvereinbarkeitsbeschluss« gegen die KPD verstrickt und Absprachen mit Schily angestrebt haben.»Einige Genossen in Westberlin«, so das LG weiter, seien der Meinung gewesen, sie »müssten (und könnten!) hinter den Kulissen den großen Politiker spielen«. Das sei gerade vor dem Hintergrund der Schwäche der Westberliner Ortsgruppe »besonders makaber«.[302] Tatsächlich waren die dortigen Strukturen des Bundes bereits im Laufe des Jahres 1978 »weitgehend zusammengebrochen« und wurden dann von den verbliebenen Mitgliedern im Mai 1979 aufgelöst[303], so dass die Rolle des KB in der Entstehungsphase der Berliner AL insgesamt nicht überschätzt werden sollte (vgl. Fogt 1987, 141). Dass »Unvereinbarkeitsbeschlüsse« in der AL keine Chance hatten, lag vor allem an der Stärke der KPD, deren Kompromissvorschlag von der Gründungsversammlung angenommen wurde. In der Alternativen Liste kann »jeder unabhängig von seiner Weltanschauung – ob organisiert oder unorganisiert – mitarbeiten«, der sich für »Demokratie und Umweltschutz« einsetzt, wenngleich eine Träger- oder Mitgliedschaft von »Parteien und parteiähnlichen Gruppen« explizit ausgeschlossen war.[304] Schily und Vertreter aus dem Spektrum der Bürgerinitiativen, etwa die Wählergemeinschaft Unabhängiger Bürger (WUB), zogen sich daraufhin aus der »KPD-Liste« zurück. Auch Gruppen der radikalen Linken, etwa das SB, verminderten in der Folge ihr Engagement in der AL, »so dass deren Bündnisbreite praktisch vom Tag der Gründung an wieder zu schrumpfen begann« (van Hüllen 1990, 135).

Bei den Wahlen zum Berliner Abgeordnetenhaus am 18. März 1979 erreichte die Liste 3,7 Prozent der Zweitstimmen und zog in ihren Hochburgen Schöneberg, Kreuzberg, Wilmersdorf und Tiergarten in die Bezirksverordnetenversammlungen ein. Der Erfolg der »Protestliste« war letztlich unabhängig davon, welche Partei oder Gruppe im Zentrum der AL stand (die KPD selbst löste sich 1980 auf), und basierte auf der in Berlin in den 70er und 80er Jahren starken linksradikalen und linksalternativen Szene.

Bremen

Im Gegensatz zu den Entwicklungen in Hamburg und Berlin war Bremen der einzige Stadtstaat der Bundesrepublik, in dem es einer bürgerlich-ökologischen Liste gelang, die Führungsrolle innerhalb der ökologischen »Wahlbewegung« zu übernehmen und die bunt-alternative Konkurrenz auszuschalten. Die entsprechende Bremer Diskussion setzte nach den Wahlen in Hamburg und Niedersachsen vom Juni 1978 ein und führte zunächst zur Gründung eines Initiativkreises für eine Grün/Bunte Liste in Bremen und Bremerhaven.

Am 8. Februar 1979 wurde der Presse die Konstituierung einer Wählergemeinschaft Bremer Grüne Liste (BGL) mitgeteilt. Diese bestand primär aus einer Gruppe um Olaf Dinné, die zuvor die Bremer SPD verlassen hatte, da diese nicht mehr für sich in Anspruch nehmen könne, »Politik im Sinne der Bevölkerung« zu machen. Das Konzept der BGL bestand in einer spezifischen Bündnisbreite, die von rechts bis links reichen sollte (»Von Gruhl bis Dutschke«), wobei die »undogmatische« Linke einbezogen, die »dogmatische« Linke jedoch ausgegrenzt wurde (Klotzsch u. a. 1986, 1564). Der KB, auf diese Weise ausgehebelt, warf der BGL die Spaltung der alternativen Bewegung vor und reagierte mit dem Aufbau einer Konkurrenzliste. Am 25. Mai 1979 gründete sich die Alternative Liste für Demokratie und Umweltschutz Bremen (AL), die primär das »Resultat gemeinsamer Anstrengungen nahezu sämtlicher K-Gruppen« war.

Der wesentliche Effekt des »Bremer Modells« lag in der erfolgreichen Integration der »Wahlbewegung« auf Basis des »ökologischen Populismus« bei Ausgrenzung derjenigen Teile der radikalen Linken, die einem solchen Programm widersprachen und somit ins »sektiererische« Abseits gedrängt werden konnten. In diesem Zusammenhang war entscheidend, dass ausgerechnet ein »Symbol« der Bewegung wie Rudi Dutschke unter dem Motto »Links für Grün« auf Seiten der BGL in den Wahlkampf einstieg. Bei den Bürgerschaftswahlen am 7. Oktober 1979 erhielt diese 5,1 Prozent der Stimmen, womit erstmals grüne Vertreter in ein Länderparlament einzogen, während die AL mit nur 1,4 Prozent klar scheiterte. Über den regionalen Rahmen hinaus kam den Bremer Ereignissen, der »offene Konfrontationskurs« einer grünen Liste gegen die alternative Konkurrenz, auch für die weitere Entwicklung der Bundespartei »einige Bedeutung« zu (van Hüllen 1990, 191). Für den KB stand mit der Niederlage der Linksalternativen in Bremen fest, dass »der Zug für ein gleichberechtigtes grün-buntes Wahlbündnis auf Bundesebene abgefahren« ist.[305] Tatsächlich verfügte das bürgerlich-ökologische Spektrum im Gründungsprozess der grünen Partei anfangs über einen »nicht unerheblichen Vorsprung« bei der politisch-organisatorischen Operationalisierung der »ökologischen Frage« (van Hüllen 1990, 171), wofür das Bremer Resultat allerdings eher der Epilog war, während die entscheidenden Weichenstellungen einige Monate zuvor anlässlich der Europawahlen erfolgt waren.

Europawahlen 1979

Die erste Wahl zum Europäischen Parlament am 10. Juni 1979 war der Anlass für den überregionalen Zusammenschluss ökologischer Wahllisten. Am 17. und 18. März 1979 konstituierte sich in Frankfurt am Main. die Sonstige Politische Vereinigung – Die Grünen, deren Name (»SPV«) dem europäischen Wahlrecht geschuldet war, das Gruppen, die sich nicht als Parteien verstanden, unter bestimmten Bedingungen die Teilnahme erlaubte. Zu den Gründern des Bündnisses zu den Europawahlen zählten die Grüne Aktion Zukunft, die im niedersächsischen Kontext entstandene Grüne Liste Umweltschutz und die Aktionsgemeinschaft Unabhängiger Deutscher[306], die Grüne Liste Schleswig-Holstein und der Achberger Kreis[307]. Zu den drei gleichberechtigten Vorsitzenden der SPV wurden Herbert Gruhl (GAZ), August Haußleiter (AUD) und Helmut Neddermeyer (GLU) gewählt. Die SPV stützte sich damit fast ausschließlich auf Vertreter des bürgerlich-ökologischen Lagers. Inhaltlich bedeutete dies eine Konzentration auf Fragen der Ökologie, wie sie auch im Europawahlprogramm zum Ausdruck kam. In dessen Präambel ist außerdem erstmalig von den »vier Säulen« grüner Politik die Rede, die »ökologisch, sozial, basisdemokratisch und gewaltfrei« orientiert sein sollte.[308]

Dass das bunt-alternative Spektrum in den überregionalen Koordinierungsprozess der grünen Partei zunächst nicht involviert war, hatte verschiedene Gründe, wobei der wichtigste die Einschätzung des Stellenwerts der Europawahl war (vgl. Rühl 1982, 78). So lehnte die Hamburger Buli eine Einladung der GLU ab, sich am grünen Europa-Wahlbündnis zu beteiligen, und beschloss einen »aktiven Wahlboykott« (der dann allerdings nicht umgesetzt wurde).[309] Der KB sprach sich allgemein gegen die »europäische Einigung« aus, die für ihn das Instrument zum »koordinierten Ausbau eines neuen imperialistischen Zentrums« war, und verfolgte den Plan einer gemeinsamen Kampagne verschiedener europäischer linker Parteien gegen den »EG-Imperialismus«.[310] Die ohnehin bestehenden ideologischen Gräben zwischen bürgerlich-ökologischen und linksalternativen Gruppen in der »Wahlbewegung« wurden so noch vertieft.

Ein anderer Grund für die politische Abstinenz der »Bunten« bei den Europawahlen bestand in deren organisatorischer und politischer Heterogenität, die es unmöglich machte, sich als Einheit in die Verhandlungen in der SPV einzubringen. Das erste überregionale Treffen von Vertretern bunter und alternativer Listen hatte am 22. April 1979 in Göttingen stattgefunden. Hier soll sich vor allem abgezeichnet haben, »wie schwer es sein würde, die inhaltlichen und taktischen Differenzen sowohl zwischen den als auch innerhalb der verschiedenen Listen zu überwinden und zur Formulierung einheitlicher Positionen, geschweige denn eines gemeinsamen Selbstverständnisses zu gelangen« (Klotzsch u. a. 1986, 1563). Zwei Faktoren waren es vor allem, die einer Vereinheitlichung entgegenstanden. *Erstens* herrschte innerhalb der einzelnen Listen »erhebliches Misstrauen« zwischen den »dogmatischen« und den »undogmatischen« Linken einerseits sowie Vertretern von Bürger- und Basisinitiativen andererseits. »Hinzu kamen die traditionellen Rivalitäten zwischen den verschiedenen Gruppen der ML-Bewegung, vor allem KB und KPD, die sich nur schwer verringern ließen.« *Zweitens* wurde die bundespolitische Koordination der verschiedenen Listen durch »die nicht unbegründete Furcht« erschwert, die kleineren Listen könnten durch die beiden großen, die Berliner AL und die Hamburger Buli, majorisiert werden. Diese wiederum standen in einem »gewissen Spannungsverhältnis« zueinander, da hier die Berliner KPD und dort der KB über »nicht unerheblichen Einfluss« verfügten (Klotzsch u.a. 1986, 1564)

Das unerwartet erfolgreiche Abschneiden der SPV, die im Wahlkampf von bekannten linkshumanistischen Intellektuellen, u. a. Heinrich Böll und Hellmut Gollwitzer, unterstützt worden war (»Wählerinitiative für die Grünen«) und mit 3,2 Prozent auf knapp 900.000 Stimmen kam, bewirkte dann »eine entscheidende Wende« im Kräfteverhältnis zwischen bürgerlichen und alternativen Spektren der grünen Parteibildung (Rühl 1982, 78), wobei Erstere über einen strukturellen Vorteil verfügten: Zum einen hatten sie bereits mit dem bundesweiten Organisationsaufbau begonnen, zum anderen hatten sie mit dem allgemein als Wahlerfolg bewerteten Ergebnis ein erhöhtes politisches Gewicht und verfügten mit einer Wahlkampfkostenerstattung von 4,9 Millionen Mark außerdem über die größeren Ressourcen. Die bunt-alternativen Initiativen hatten sich demgegenüber, was die Gründung der Bundespartei Die Grünen anging, wie sie nun vorbereitet wurde, politisch und organisatorisch ins Hintertreffen manövriert.

Offenbach und die Folgen: Abkehr des KB von der Wahlbewegung?

Angesichts ihrer Stärke nach den Europawahlen und den Kräfteverhältnissen, wie sie bei der Bremer Wahl vom Oktober 1979 zum Ausdruck gekommen waren, hätte »die organisatorisch und politisch stärkere SPV den Linken und Alternativen die Bedingungen für ihre Beteiligung an einer gemeinsamen bundesweiten Partei sehr weitgehend diktieren können, vorausgesetzt, sie hätte zuvor intern über solche Bedingungen Einigkeit erzielen können.« Dies war jedoch nicht der Fall, wie sich auf gemeinsamen Arbeitstreffen zwischen Juni und September 1979 herausstellte (van Hüllen 1990, 182). Im Gegenteil: Die SPV-Grünen waren in der Frage der Mitarbeit der bunten Spektren geteilter Meinung. Während die bunt-alternativen Gruppen für ein offenes Bündnis zwischen beiden Flügeln der »Wahlbewegung« votierten, quasi als Fortschreibung und Erweiterung der eigenen Konzepte, gab es in den Reihen der SPV eine »starke Tendenz«, den eigenen Zusammenschluss in eine herkömmliche Partei zu überführen und den Mitgliedern der bunten und alternativen Listen lediglich zu gestatten, sich ihr anzuschließen (Rühl 1982, 80). Andererseits trat aus dem bürgerlich-ökologischen Lager aber eine »Mittelgruppe« hervor, der Vertreter von Bürgerinitiativen, die AUD, der Achberger Kreis und die GLU-Linke zuzurechnen waren, die für eine Integration der linken »Bunten« plädierte, während eine konservative Fraktion, die in der GAZ und der GLSH ihre Basis hatte, auf Ausgrenzung setzte. Vor diesem Hintergrund wurden programmatische und statuarische Fragen 1979/80 zum wesentlichen Gegenstand innergrüner Debatten.

Der Offenbacher Kongress am 3. und 4. November 1979, der am ersten Tag als geschlossene Bundesversammlung der SPV durchgeführt wurde, am zweiten als gemeinsames Treffen mit Vertretern der bunt-alternativen Listen, brachte hier eine erste (vorläufige) Klärung. Die Teilnahme am bevorstehenden Gründungskongress der Partei Die Grünen im Januar 1980 in Karlsruhe sollte, so wurde hier beschlossen, an den vorherigen Eintritt in die SPV geknüpft sein. Damit wurde die Forderung von Vertretern bunter und alternativer Listen, sie den SPV-Trägerorganisationen gleichzustellen und die konstituierende Versammlung der Bundespartei allen interessierten Listen zu öffnen, abgelehnt (vgl. Klotzsch u. a. 1986, 1534). Mit dieser Entscheidung signalisierte die SPV, »dass sie in ihrer Mehrheit nicht bereit war, die bunt-alternativen Organisationen als gleichberechtigte Partner in einer neuen Partei anzuerkennen« (van Hüllen 1990, 196). Allerdings war hiermit ausdrücklich die Möglichkeit verbunden, der SPV bereits im Vorfeld des Karlsruher Gründungsparteitags, nämlich bis zu dem auf den 20. Dezember 1979 festgelegten Stichtag, individuell beizutreten und damit auch an der Delegiertenwahl für diesen Gründungskongress teilnehmen zu können. Das galt umso mehr, als ein von Baldur Springmann vorgetragener Versuch, die Unvereinbarkeit einer gleichzeitigen Mitgliedschaft in der SPV und in kommunistischen oder anderen Parteien zu beschließen, abgelehnt worden war (Raschke 1993, 895).

Das bunt-alternative Lager durchzog in der Bewertung der »Offenbacher« Resultate und der möglichen weiteren Optionen für Linke in der grünen Partei ein tiefer Riss. Es hatte sich zeitlich parallel zur Bundesversammlung der SPV in Offenbach am 3. November in Darmstadt getroffen, um zu diskutieren, wie sich seine Mitglieder verhalten sollten, »damit die Möglichkeit einer Zusammenarbeit mit den Grünen unbedingt offen gehalten wird«.[311] Gerade der KB hatte die Perspektiven einer solchen Kooperation, vor allem im Hinblick auf die eigenen weit reichenden strategischen Ansprüche, schon im Vorfeld von »Offenbach« als denkbar schlecht eingeschätzt, was vor allem mit der defensiven Position der bunt-alternativen Listen nach den Europawahlen und dem Bremer »Wahldesaster« wie auch mit der Einsicht zusammenhing, dass die Durchsetzung der eigenen Fusionsmodelle auf Bundesebene nahezu aussichtslos war.[312] In der Auswertung des Offenbacher Kongresses erklärte dann das Leitende Gremium des KB, dass es gerade jetzt nicht darum gehen könne, sich in die Grünen aufzulösen, sondern die bunten und alternativen Listen erhalten und gestärkt werden müssten.[313]

Dieser Positionswechsel, also der Rückzug aus dem grünen Parteibildungsprozess und die Orientierung auf ein konkurrierendes Listenmodell mit bundesweiter Perspektive, traf im KB selbst auf starken Widerspruch. Da dem Thema in den seit Sommer 1979 im Bund eskalierenden Fraktionskämpfen zwischen »Mehrheit« und Zentrum eine entscheidende Bedeutung zukam, war es gruppendynamisch quasi schon vorstrukturiert und erfuhr auf dieser Basis dann auch eine entsprechende ideologische Aufladung und Überspitzung. Das Zentrum sah die sich herausbildende Partei, den ursprünglichen strategischen Überlegungen des KB folgend, im Mittelpunkt einer aktuell zu verzeichnenden Neuformierung der radikalen Linken, wobei sich dem KB als »bisher stabilster Gruppe« dieses Lagers die »einmalige Chance« einer Einflussnahme biete. Die Zentrumsfraktion setzte hierbei auf das Bündnis mit der »Mittelgruppe« und auf die Möglichkeit, den konservativen Flügel aus den Grünen hinauszudrängen. Konkret sollte es darum gehen, den »links-reformistischen« gegen den »kleinbürgerlich-kauzigen« Flügel (hiermit war das Lager um Springmann und Gruhl gemeint) der grünen Partei zu unterstützen und dort »marxistische und radikaldemokratische Positionen« zu verankern. Der KB müsse folglich sein diesbezügliches Engagement sogar noch erhöhen, wolle er nicht zur »bedeutungslosen Sekte« verkommen. Im »Mehrheitsblock« des Bundes, so der vom Zentrum im Fraktionsstreit im November 1979 geprägte Vorwurf, sei eine Gegentendenz erkennbar: Diese betreibe die »Abkehr von der Wahlbewegung«.[314] Die KB-Mehrheit wies die »spekulative Polemik«[315], die in einer solchen Pointierung tatsächlich nicht zutreffend war, empört zurück: Mit dem Rückzug aus dem Konstituierungsprozess der Grünen auf Bundesebene verband sich ja gerade der Aufruf zu einem stärkeren Zusammenschluss bunter und alternativer Listen. In seinem Kern bestand der Dissens in einer unterschiedlichen Einschätzung der entstehenden grünen Partei. Während das Zentrum in der scharfen Abgrenzung gegen den innerorganisatorischen Widerpart ein Transformationskonzept herausstellte, welches die Grünen als Durchgangsstadium einer sozialistischen Alternative sah, betonte die »Mehrheit« die Gefahr, dass der Ökopartei eine ähnliche Rolle wie der SPD am Ausgang der 68er-Bewegung zufallen könnte: die der Integration und parlamentarischen Entschärfung des Protestpotenzials (vgl. Rühl 1982, 92f). Der Block der autonomen bunt-alternativen Spektren wurde hier als externes Druckmittel begriffen, mit dem eine solche Entwicklung verhindert werden könne.

---

[1] So zeigte sich etwa bei der Nominierung der Delegierten des KB-Vorkongresses, dass eine exakte Aufstellung der Stützpunkte der Gruppe, aufgeschlüsselt nach Mitgliedern und Sympathisanten, nicht möglich war. Das verdeutliche, so Heiner Möller 1978, »wie wenig Wert bisher auf eine systematische Verfolgung der Mitgliederentwicklung gelegt worden ist«. (»Gesamtaufstellung«, Auflistung der Zahl der Delegierten und Beobachter für den Vorkongress des KB im Dezember 1978, o. O., 15.12.1978, ak-Archiv, o. P.)

[2] Rechenschaftsbericht des Leitenden Gremiums, a. a. O., S. 5.

[3] Rechenschaftsbericht des ZRK, a. a. O., S. 23.

⁴ Das hier herangezogene Zahlenmaterial ist zum überwiegenden Teil den Verfassungsschutzberichten des Bundes entnommen und entsprechend kritisch zu interpretieren. Tatsächlich scheint der Mitgliederumfang der einzelnen K-Gruppen in dieser Quelle teilweise zu niedrig angesetzt zu sein (zu den oben genannten abweichenden Angaben zum KB vgl. »Materialien und Rechenschaftsberichte zum 3. KB-Kongress«, in: Orgbulli, Hamburg, 1989, Nr. 65/66, ak-Archiv, S. 48/54): Jedenfalls sollen nach VS-Angaben 1977 im KBW 2.500, im KB 1.700, in der KPD/ML 800, in der KPD 700 und im Arbeiterbund 170 Kader organisiert gewesen sein; über den KABD liegen keine Zahlen vor (vgl. BRD-VS 1977, 98–103). Koenen bestätigt die genannte Stärke des KBW: Im Mai 1977 habe die Gruppe mit 2.600 Mitgliedern ihren »statistischen Zenit« erreicht (Koenen: Das rote Jahrzehnt, a. a. O., S. 422)

⁵ Im Verfassungsschutzbericht wird der Mitgliederstand der DKP 1977 mit 49.000 angegeben (vgl. BRD-VS 1977, 62). Fülberth weist demgegenüber darauf hin, dass die vom Bundesministerium des Innern vorgelegten Zahlen zur DKP durchweg zu hoch angesetzt gewesen seien. Ein Insider der Partei mit Zugang zu den »einschlägigen Informationen«, Manfred Kapluck, soll erklärt haben, dass die DKP Ende der 70er Jahre mit 23.000 Mitgliedern ihren Höchststand erreicht habe (Fülberth 1995, 200).

⁶ Den »19. Februar« vorbereiten! In: AK, Hamburg, 7. Jg. (1977), Nr. 97, S. 6f, hier S. 7.

⁷ Brokdorf: Der Bauplatz muss wieder zur Wiese werden! Hrsg. von der BUU. Hamburg 1977. S. 70/111.

⁸ Vertreter dieser Richtung in der Bundesrepublik geben mit der *Graswurzelrevolution* seit 1972 ein eigenes Periodikum heraus, in dem sie für das Ziel der »gewaltfreien, herrschaftslosen Gesellschaft« eintreten, welches, so ein Essential dieses Ansatzes, nicht in Widerspruch zu den Mitteln geraten dürfe, mit denen es realisiert werden sollte (vgl. Was heißt Graswurzelrevolution?, in: Graswurzelrevolution, Zeitschrift für gewaltfreie, libertärsozialistische Gesellschaftsveränderung durch Macht von unten, Freiburg, 1974, Sonderblatt, S. 3).

⁹ Jens Scheer (1935-1994), Mitglied der Westberliner KPD, seit 1971 Physikprofessor an der Universität Bremen, war ein »AKW-Gegner der ersten Stunde« (Paul, Reimar: Chronologie des Widerstands, in: ... und auch nicht anderswo!, Die Geschichte der Anti-AKW-Bewegung, hrsg. von der Redaktion des Atom Express, Göttingen 1997, S. 46–160, hier S. 62) und in seiner Funktion als Akademiker sozusagen Teil des »wissenschaftlichen Beirats« der Bewegung. Die von ihm zusammen mit anderen verfasste Schrift »Zum richtigen Verständnis der Kernindustrie, 66 Erwiderungen« (hrsg. von der Autorengruppe des Projektes SAIU an der Universität Bremen, Berlin 1975) avancierte zu einem der Standardwerke der Anti-AKW-Bewegung.

¹⁰ Rechenschaftsbericht des Zentralkomitees an die II. Parteitag der KPD, a. a. O., S. 169f.

¹¹ Ziesemer, Bernd: Fraktionsmentalität und soziale Bewegungen. Zu einigen Aspekten des Scheiterns der KPD. In: Karl Schlögel u. a., Partei kaputt, Das Scheitern der KPD und die Krise der Linken, Berlin 1981, S. 63-84, hier S. 67.

¹² Für Atomenergie und Sozialismus! Resolution, beschlossen vom ZK des AB im Februar 1977. In: 10 Jahre Antwort auf die Frage »Was tun?«, 10 Jahre Arbeiterbund für den Wiederaufbau der KPD, hrsg. vom AB, München 1986, S. 192-195, hier S. 192/194f.

¹³ Programm des KABD, 1981; zit. n. Weil 1991, 58.

¹⁴ So schreibt Fritz Storim in seiner »Bilanz des Widerstands«, dass der KB die »BI-Bewegung« noch 1976 »erklärtermaßen für kleinbürgerlich« und die ökologische Frage bestenfalls für einen »Nebenwiderspruch« gehalten habe (Storim, Fritz: Hoffnung auf ein anderes Leben – eine Bilanz des Widerstands, in: ... und auch nicht anderswo, a. a. O., S. 255-269, hier S. 264). Geronimo meint, dass die Anti-AKW-Bewegung vom KB zu diesem Zeitpunkt als »'kleinbürgerlich ' belächelt, diffamiert und zum Teil behindert« worden sei (Geronimo:

Feuer und Flamme, Zur Geschichte der Autonomen, Berlin 1995, 4. Aufl., S. 105).

15 Hopfenmüller, Günter: Protokoll des Gesprächs mit d. Vf. vom 24.12.1998 (PBdVf).

16 »Zur Vorbereitung eines Treffens über Bürgerinitiativenarbeit mit Schwerpunkt KKW-Initiativen«, Rundschreiben der ZRK, Hamburg, 28.4.1975 (ak-Archiv), o. P.

17 »Betr.: KKW Brokdorf«, Rundbrief des Leitenden Gremiums, o. O., 9.11.1976 (ak-Archiv), o. P.

18 »Vorwärts beim Aufbau einer Kampffront gegen Atomkraftwerke und die Atombewaffnung des westdeutschen Imperialismus!«, Rundbrief des Leitenden Gremiums, o. O., 3.12.1976 (ak-Archiv), o. P.

19 »Verlauf und Beschlüsse der letzten Hamburger Anleiterversammlung«, Rundbrief des Leitenden Gremiums, o. O., 4.1.1977 (ak-Archiv), S. 3.

20 »Vorwärts beim Aufbau einer Kampffront gegen Atomkraftwerke ...« (Anm. 18), o. P.

21 »Verlauf und Beschlüsse der letzten Hamburger Anleiterversammlung« (Anm. 19), S. 4.

22 »Betr.: KKW Brokdorf« (Anm. 17), o. P.

23 Vgl. Warum kämpfen wir gegen Atomkraftwerke? Hrsg. vom KB. Hamburg o. J. 1977 erschien diese Broschüre mit insgesamt 25.000 Exemplaren bereits in dritter Auflage. Vgl. auch Almelo. Seit den Nazis: Griff nach der A-Bombe. In: dI, Hamburg, 6. Jg. (1978), Nr. 29/30.

24 Warum kämpfen wir gegen Atomkraftwerke, a. a. O., S. 31.

25 »Betr.: KKW Brokdorf« (Anm. 17), o. P.

26 »Verlauf und Beschlüsse der letzten Hamburger Anleiterversammlung« (Anm. 19), S. 2f.

27 Teichler, Hans-Hermann: Protokoll des Gesprächs mit d. Vf. vom 23.12.1998 (PBdVf).

28 Vgl. Atomenergie und Arbeitsplätze. Eine Auseinandersetzung mit den Thesen des DGB-Vorstandes und der Atomindustrie. Hrsg. von der Bürgerinitiative Chemiekollegen gegen AKW, Mitglied der BUU Hamburg. Hamburg o. J. [1977]. Im Aktionsjahr 1977 bezog der DGB auch auf der Straße Stellung für seine Position: Unter dem Motto »Für Kohle und Kernenergie!« mobilisierte der Verband am 29. September Tausende nach Bonn und am 10. November bis zu 40.000 Teilnehmer zu einer Kundgebung im Dortmunder Westfalenstadion (vgl. Rucht 1980, 244).

29 Rucht 1980, S. 4f/34.

30 Die Rede findet sich auszugsweise abgedruckt in ebd., S. 51f, hier S. 51.

31 Vgl. Polizeiterror gegen AKW-Gegner. Erfahrungen aus der Wilster Marsch und Grohnde. Hrsg. vom Verlag Arbeiterkampf. Hamburg 1977. Vgl. auch Brokdorf ein Exempel. Zur Strategie und Taktik des Polizeieinsatzes. Hrsg. vom Verlag Arbeiterkampf. Hamburg o. J. [1977]; Kalkar am 24.9. 30 Seiten aktuelle Fotos. Hrsg. vom KB. Hamburg 1977.

32 Geronimo: Feuer und Flamme, a. a. O., S. 106.

33 Vgl. Teichler: Protokoll ... 14.6.1997, a. a. O.

34 Vgl. Kraushaar, Wolfgang: Thesen zum Verhältnis von Alternativ- und Fluchtbewegung. Am Beispiel der Frankfurter Szene. In: Autonomie oder Getto?, Kontroversen über die Alternativbewegung, hrsg. von dems., Frankfurt a. M. 1978, S. 8-67, hier S. 26f.

35 Auf der »Reise nach Tunix«, so das Motto des Treffens, wurde der Auszug aus dem »Modell Deutschland« und die Neubegründung der Gesellschaft als Akt politischer Militanz auf der Basis von Subkulturen proklamiert: »Wir hauen alle ab ... zum Strand von Tunix« (Der Aufruf zum »Treffen in Tunix« findet sich abgedruckt in Zwei Kulturen?, Tunix, Mescalero und die Folgen, hrsg. von Dieter Hoffmann-Axthelm u. a., Berlin o. J. [1978], S. 92f, hier S. 93; vgl. Geronimo: Feuer und Flamme, a. a. O., S. 89; Langguth 1983, 236).

36 Geronimo: Feuer und Flamme, a. a. O., S. 63f.

37 Vgl. Bilanz und Perspektiven zum Widerstand gegen Atomanlagen. Hrsg. vom AK Politische

Ökologie (BUU Hamburg). O. O. 1978. S. 11-15.

[38] Den »19. Februar« vorbereiten (Anm. 6), S. 6. 1. Mai: Internationaler Kampftag der Arbeiterklasse. In: AK, Hamburg, 7. Jg. (1977), Nr. 103, S. 1/6, hier S. 6.

[39] Vgl. Bilanz und Perspektiven zum Widerstand gegen Atomanlagen, a. a. O., S. 11-15. Zur Kritik am KB vgl. auch Zur kleinbürgerlichen Politik des KB. Das Verhalten des KB in der Anti-AKW-Bewegung. Hrsg. vom AK Politische Ökologie in der BUU Hamburg. Hamburg 1977 (2. Aufl.).

[40] Bilanz und Perspektiven zum Widerstand gegen Atomanlagen, a. a. O., S. 19/49.

[41] Gegen die Spaltungsversuche von rechts – Massenmobilisierung nach Brokdorf organisieren. In: AK, Hamburg, 7. Jg. (1977), Nr. 98, S. 3f, hier S. 4.

[42] »Wer sich nicht wehrt, der lebt verkehrt!«, in: Anti-AKW-Info, Hamburg, 1977, Nr. 2 (ak-Archiv), S. 1f, hier S. 1.

[43] Schafft zwei, drei, viele »Brokdorf«! In: AK, Hamburg, 7. Jg. (1977), Nr. 96, S. 1/3, hier S. 3.

[44] »Verlauf und Beschlüsse der letzten Hamburger Anleiterversammlung« (Anm. 19), S. 5.

[45] Den »19. Februar« vorbereiten (Anm. 6), S. 6.

[46] Schafft zwei, drei, viele »Brokdorf« (Anm. 43), S. 3.

[47] Den »19. Februar« vorbereiten (Anm. 6), S. 7. Vgl. Peterchens Bastelvorschlag. In: AK, Hamburg, 7. Jg. (1977), Nr. 97, S. 7.

[48] 30.000 in der Wilster Marsch. In: Ebd., Nr. 99, S. 1-6, hier S. 6.

[49] Einheit und Kampfkraft der Anti-AKW-Bewegung stärken! In: Ebd., Nr. 100, S. 4f, hier S. 4.

[50] KBW dreht durch. In: Ebd., Nr. 99, S. 7.

[51] Teichler: Protokoll ... 23.12.1998, a. a. O.

[52] »Zur Situation in der BUU Hamburg«, in: Anti-AKW-Info, Hamburg, 1977, Nr. 3 (ak-Archiv), S. 7f, hier S. 7.

[53] Der kurze Artikel aus einem Extrablatt der KVZ vom 21. Februar 1977 findet sich komplett abgedruckt in der Broschüre Kein AKW in NRW ... und auch nicht anderswo, hrsg. von der KB-Gruppe Bochum, Hamburg 1977, S. 27.

[54] Vgl. »Zur Situation in der BUU Hamburg« (Anm. 522), S. 7f. Vgl. a. Bilanz nach dem 19.2. – So sehen´s die anderen. In: AK, Hamburg, 7. Jg. (1977), Nr. 100, S. 7f. Vgl. auch »Und dann noch die Scheiße mit dem KB«. In: Ebd., S. 8; »Keine Märchen über den 19.2. spinnen, sondern den Blick nach vorne richten!«, Erklärung des KB an die Mitglieder der Hamburger BUU, Hamburg, 26.2.1977 (ak-Archiv).

[55] »Auf zum Bauplatz!, Am 19.3. in Grohnde«, in: Anti-AKW-Info, Hamburg, 1977, Nr. 4 (ak-Archiv), S. 1-3, hier S. 2.

[56] Bauplatzbeschreibung. In: AK, Hamburg, 7. Jg. (1977), Nr. 100, S. 3. Vgl. Das ist unser nächstes Ziel: Grohnde 19.3. In: Ebd., S. 1f.

[57] Hopfenmüller: Protokoll ... 24.12.1998, a. a. O.

[58] Grohnde am 19.3.: Ein Schritt voran im Kampf gegen das Atomprogramm. In: AK, Hamburg, 7. Jg. (1977), Nr. 101, S. 1/3, hier S. 1.

[59] Paul, Reimar: Die Anti-AKW-Bewegung: Wie sie wurde, was sie ist. In: ... und auch nicht anderswo, a. a. O., S. 11-32, hier S. 26. Ders.: Chronologie des Widerstands (Anm. 9), S. 62.

[60] Grohnde am 19.3. (Anm. 58), S. 3.

[61] Teichler: Protokoll ... 23.12.1998, a. a. O.

[62] Wie geht es weiter mit der Anti-AKW-Bewegung? In: AK, Hamburg, 7. Jg. (1977), Nr. 102, Beilage, S. 1-3, hier S. 3.

[63] Den »19. Februar« vorbereiten (Anm. 6), S. 6.

[64] Wie geht es weiter mit der Anti-AKW-Bewegung (Anm. 62), S. 1.

[65] Vgl. Die K-Gruppen in der Bundesrepublik, a. a. O., S. 3.

66 Grohnde am 19.3. (Anm. 58), S. 3. Vgl. KBW nee! In: AK, Hamburg, 7. Jg. (1977), Nr. 101, S. 4. Vgl. auch «Erklärung des Kommunistischen Bundes zu den Kriminalisierungs- und Verbotsdrohungen gegen AKW-Gegner«, Hamburg, 24.3.1977 (ak-Archiv).

67 Nach Grohnde: CDU fordert »neues Demonstrationsrecht« und Kommunistenverbot. In: AK, Hamburg, 7. Jg. (1977), Nr. 102, S. 1/3f, hier S. 4.

68 Vgl. CDU will K-Gruppen verbieten lassen. In: SZ, München, 33. Jg. (1977), Nr. 222 (27.9.), S. 1f.

69 Zit. n. ebd., S. 1.

70 CDU will »K-Gruppen« verbieten. In: AK, Hamburg, 7. Jg. (1977), Nr. 114, S. 1/4, hier S. 4. Vgl. Die Linke nach den Verbotsdrohungen – ein schwaches Bild! In: Ebd., Nr. 115, S. 5f.

71 »Aktionseinheit, was denn sonst?«, Flugblatt des KB zur Mobilisierung zum »1. Mai 1977«, Hamburg, o. J. (ak-Archiv), o. P.

72 1. Mai 1977. In: AK, Hamburg, 7. Jg. (1977), Nr. 104, S. 9-11, hier S. 10.

73 »Einladung zur Bundeskonferenz der Bürgerinitiativen gegen Atomanlagen am 14./15. Mai, TU Hannover, Audimax«, Schreiben des Vorbereitungsausschusses, o. O., o. J. (ak-Archiv), o. P.

74 So sollte etwa die Resolution zu den »nächsten zentralen Aktionen« von LG-Mitglied »Heinz« Wojahn verfasst werden und in Hannover von der BI Marschen eingebracht werden (vgl. »Vorbereitung zur Bundeskonferenz am 8.5.1977«, interner Bericht des KB, o. O., o. J., ak-Archiv, S. 6).

75 Die größte Gruppe stellten mit 130 Delegierten die »Unorganisierten«, die allerdings kaum als geschlossene Fraktion auftraten. 15 Personen der in Hannover vertretenen AKW-Opposition sollen der KPD, zehn dem KBW, bis zu 20 dem Spektrum um die Graswurzelrevolution und etwa je zehn DKP und SPD angehört haben (vgl. Nach der Bundeskonferenz: Es brodelt in der Gerüchteküche, in: AK, Hamburg, 7. Jg., 1977, Nr. 105, S. 7).

76 Bundeskongress der Bürgerinitiativen: Eine verpasste Chance. In: Ebd., Nr. 104, S. 1/6, hier S. 6. Nach der Bundeskonferenz: Es brodelt in der Gerüchteküche (Anm. 75), S. 7.

77 Auf nach Malville am 30./31. Juli! In: AK, Hamburg, 7. Jg. (1977), Nr. 109, S. 1/4.

78 Vgl. Malville. AKWs und Widerstand in Westeuropa. In: dI, Hamburg, 5. Jg. (1977), Nr. 28, o. P.

79 Paul: Chronologie des Widerstands (Anm. 9), S. 60.

80 Malville. AKWs und Widerstand in Westeuropa (Anm. 78), o. P.

81 Teichler: Protokoll ... 23.12.1998, a. a. O.

82 »Rechenschaftsbericht des Sprecherrats der BUU Hamburg«, o. O., o .J. (ak-Archiv), o. P.

83 »Nach Kalkar am 24. September«, in: Anti-AKW-Info NRW, Hamburg, (o. J.), Nr. 4, o. P.

84 Josef Maas, der in unmittelbarer Nähe zum Baugelände des Schnellen Brüters in Kalkar-Hönnepel einen Agrarbetrieb bewirtschaftete, kämpfte über zehn Jahre gegen den Bau der Plutoniumschmiede in seiner Nachbarschaft und avancierte damit zum »Vorzeige-Landmann« der Anti-AKW-Bewegung und später auch der Grünen (1985 verkaufte er dann doch noch Land und Hof an die Kraftwerksbetreiber, die KWU; vgl. Müllender, Bernd: Der Held, der schließlich wegzog, in: taz, Berlin, 21. Jg., 1999, Nr. 5727, 5.1., S. 13).

85 Zit. n. Kalkar am 24.9., a. a. O., S. 34.

86 Paul: Chronologie des Widerstands (Anm. 9), S. 62.

87 Vgl. Kalkar am 24.9., a. a. O., S. 30.

88 »Trotz Bürgerkriegsmanöver 50.000 in Kalkar«, Flugblatt des KB, Hamburg, 26.9.1977 (ak-Archiv), o. P. Trotz Polizeistaatsmanöver 50.000 in Kalkar. In: AK, Hamburg, 7. Jg. (1977), Nr. 114, S. 9f, hier S. 9.

89 Ehmke, Wolfgang: Bewegte Zeiten: Von Wyhl bis zum Tag X. In: ... und auch nicht anderswo,

a. a. O., S. 34–45, hier S. 38.

[90] Bericht der AG Frauen an den 1. KB-Kongress. In: UW, Hamburg, 6. Jg. (1980), Nr. 32, S. 14–18, hier S. 15.

[91] Hebisch: Protokoll ... vom 25.10.1999, a. a. O.

[92] Schwarzer: Der »kleine Unterschied«, a. a. O., S. 8. Das Buch verkaufte sich bis zum Mai 1998 in einer Gesamtauflage von 143.000 Exemplaren.

[93] Der »kleine Unterschied« zwischen bürgerlicher und sozialistischer Frauenbewegung. In: AK, Hamburg, 6. Jg. (1976), Nr. 87, S. 10f, hier S. 10.

[94] In der Diskussion: »Der kleine Unterschied«. In: Ebd., Nr. 91, Beilage, S. 1.

[95] Firestone, Shulamith: Frauenbefreiung und sexuelle Revolution. Frankfurt a. M. 1975.

[96] Die Revision des gesunden Menschenverstands durch Shulamith Firestone. In: AK, Hamburg, 7. Jg. (1977), Nr. 105, S. 30.

[97] Zur Periodisierung der Frauenbewegung vgl. Schenk 1992.

[98] Stefan, Verena: Häutungen. München 1975. Der anfangs von der Münchener »Frauenoffensive« verlegte Titel erschien allein bis 1977 in 135.000 Exemplaren (vgl. Knafla u. a. 1991, 99).

[99] Schwarzer, Alice: So fing es an! Die neue Frauenbewegung. München 1983. S. 183.

[100] »Häutungen« – Ein Weg in die Sackgasse. In: AK, Hamburg, 6. Jg. (1976), Nr. 92, S. 27.

[101] Vgl. zu den Projekten die gute Übersicht bei Nave-Herz 1989, 78-93.

[102] Zurück zur »Natur« – zurück ins Mittelalter! In: AK, Hamburg, 6. Jg. (1976), Nr. 87, S. 11

[103] Frauenhäuser sind Schutzräume, in denen von ihren Männern misshandelte und vergewaltigte Frauen mit ihren Kindern für eine bestimmte Zeit Zuflucht finden können (vgl. Nave-Herz 1989, 80). Die Initiative zur Gründung solcher Projekte ging ursprünglich von autonomen Gruppen des radikalen Feminismus aus. Das erste Frauenhaus der Bundesrepublik öffnete 1976 in Westberlin (die Idee selbst stammt aus England).

[104] Frauenhäuser – ein Kampfziel für die Frauenbewegung? In: AK, Hamburg, 6. Jg. (1976), Nr. 88, S. 11.

[105] Frauenhäuser – doch ein Kampfziel? In: Ebd., Nr. 90, S. 8. Vgl. Ein Jahr Frauenhausinitiativen in der BRD. In: Ebd., 7. Jg. (1977), Nr. 113, S. 19f.

[106] Vgl. etwa den im Verlag Frauenoffensive erschienenen Text von Ehrenreich, Barbara / Deirdre English: Hexen, Hebammen und Krankenschwestern. The witches are back! München 1975.

[107] »Walpurgisnacht«? In: AK, Hamburg, 7. Jg. (1977), Nr. 103, S. 28.

[108] Walpurgisnacht gegen »Männergewalt«. In: Ebd., Nr. 104, S. 33f, hier S. 33.

[109] Auseinandersetzungen nach der »Walpurgisnacht«. In: Ebd., Nr. 107, S. 34.

[110] Bericht der AG Frauen an den 1. KB-Kongress (Anm. 90), S. 15. KB-Frauenpolitik in der Sackgasse? In: AK, Hamburg, 8. Jg. (1978), Nr. 137, S. 47.

[111] »Radikalenerlass« in der Frauengruppe Bochum. In: Ebd., 6. Jg. (1976), Nr. 84, S. 15.

[112] Frauenzentrum Osnabrück auf falschen Wegen. In: Ebd., Nr. 91, S. 26.

[113] Stellungnahme des Frauenzentrums Osnabrück; zit. n. Weg mit der Fliegenpatsche! In: Ebd., 7. Jg. (1977), Nr. 96, S. 37.

[114] Courage, Nr. 4/1977; zit. n. Auf Adenauers Spuren – Antikommunismus in der Frauenbewegung. In: Ebd., Nr. 107, S. 34f, hier S. 35. Vgl. Rechts ist nicht gleich links. Zweierlei Maß in der »autonomen« Frauenbewegung. In: Ebd., Nr. 102, S. 26.

[115] Vgl. Auseinandersetzungen nach der »Walpurgisnacht« (Anm. 109), S. 34.

[116] Krise im Hamburger Frauenzentrum – folgt ein neuer Anfang? In: AK, Hamburg, 9. Jg. (1979), Nr. 146, S. 38.

[117] Münchner Frauenoffensive; zit. n. Auf Adenauers Spuren (Anm. 114), S. 35.

[118] Brief der Schwarzen Botin an die Teilnehmerinnen des Münchner Frauenkongresses. In: Die Schwarze Botin, Frauenhefte, Berlin, 2. Jg. (1977), Nr. 3, S. 2-6, hier S. 5.

[119] Auf Adenauers Spuren (Anm. 114), S. 34f.

[120] »Frauenfeindlich« – oder wie es sich manche zu einfach machen. In: AK, Hamburg, 7. Jg. (1977), Nr. 116, S. 25. Nochmals zum Thema »Frauenfeindlich«. In: Ebd., Nr. 119, S. 25. Vgl. Leserbriefe zum Thema »Frauenfeindlich«. In: Ebd., Nr. 117, S. 26f. Vgl. auch Zur Diskussion um das Thema »Frauenfeindlich«. In: Ebd., 8. Jg. (1978), Nr. 123, S. 19.

[121] So berichtete etwa die Braunschweiger KB-Gruppe im August 1977, wie sie sich an »spontanen Aktionen« zur Verhinderung zweier »frauenfeindlicher« Veranstaltungen im Rahmen des Braunschweiger Cityfestes beteiligte, der Ausscheidung zum »spärlichst bekleideten Mädchen« der Stadt und der Wahl der »Miss Braunschweig«. Trotz »tätlicher Angriffe« auf die Aktionsgruppe sei es gelungen, die Festivalbühne zu stürmen und die Veranstaltung zum Abbruch zu bringen. Leider habe nicht verhindert werden können, dass drei Teilnehmerinnen des Wettbewerbs bereits teilweise entkleidet gewesen seien. (Wir wollen keine Fleischbeschau – das erniedrigt jede Frau, in: ebd., 7. Jg., 1977, Nr. 111, S. 21)

[122] »Frauenfeindlich« – oder wie es sich manche zu einfach machen (Anm. 120), S. 25.

[123] Nochmals zum Thema »Frauenfeindlich« (Anm. 120), S. 25.

[124] Leserbriefe zum Thema »Frauenfeindlich« (Anm. 120), S. 26.

[125] Nochmals zum Thema »Frauenfeindlich« (Anm. 120), S. 25.

[126] 8. März – Internationaler Frauentag. In: AK, Hamburg, 6. Jg. (1976), Nr. 75, S. 25.

[127] Der 8. März – ein Erfolg der Frauengruppen! In: Ebd., 7. Jg. (1977), Nr. 101, S. 27.

[128] Ein Fest »nur« für Frauen? Warum denn nicht?! ... In: Ebd., 8. Jg. (1978), Nr. 124, S. 36.

[129] Aktionen und Feste zum 8. März. Internationaler Frauentag. In: Ebd., Nr. 125, S. 24f, hier 24.

[130] Vgl. »Walpurgisnacht«. In: Ebd., S. 26f; »Walpurgisnacht«. In: Ebd., Nr. 126, S. 20.

[131] Vgl. »Walpurgisnacht« 1978. In: Ebd., Nr. 129, S. 51.

[132] Vgl. Walpurgisnacht gegen »Männergewalt« (Anm. 108), S. 33f; Holen wir uns die Nacht zurück? Zur »Walpurgisnacht« 1979. In: AK, Hamburg, 9. Jg. (1979), Nr. 154, S. 25f, hier S. 26. In den folgenden Jahren beschränkte sich der AK fast ausschließlich auf die Darstellung des Ablaufs der Aktionen zur Walpurgisnacht an den verschiedenen Orten.

[133] Bx.: Zweckbündnis mit den Feministinnen lösen? In: Ebd., 11. Jg. (1981), Nr. 197, S. 31f, hier S. 31.

[134] Gewalt auch gegen Frauen im KB. In: Ebd., 8. Jg. (1978), Nr. 129, S. 51f, hier S. 51. Vgl. Wie emanzipiert sind wir eigentlich? In: Ebd., Nr. 134, S. 21.

[135] Ausschluss aus dem KB. In: Ebd., 9. Jg. (1979), Nr. 145, S. 33.

[136] Vgl. Leserbrief: Zur psychischen Gewalt gegen Frauen. In: Ebd., Nr. 150, S. 26; Leserbrief zum Thema psychische Gewalt gegen Frauen im KB. In: Ebd., Nr. 151, S. 28; Siegfried Knittel im KB. In: Ebd., Nr. 154, S. 27.

[137] Leserbrief: Zur psychischen Gewalt gegen Frauen (Anm. 136), S. 26.

[138] Erste Frauenversammlung im KB. In: AK, Hamburg, 9. Jg. (1979), Nr. 155, S. 15f, hier S. 16.

[139] Leserbrief zur Herangehensweise von Genossen an Genossinnen. In: Ebd., Nr. 146, S. 39.

[140] Leserbrief zu »Wie geht´s weiter im KB?«. In: Ebd., 8. Jg. (1978), Nr. 140, S. 28. Autonomie und Frauenstatut im KB. In: Ebd., 10. Jg. (1980), Nr. 187, S. 25/27, hier S. 27.

[141] Vgl. ebd., S. 25/27; »Erste Frauenversammlung im KB«. In: UW, Hamburg, 5. Jg. (1979), Nr. 30, S. 24f.

[142] Diskussion über »AG Schwule« im KB. In: AK, Hamburg, 8. Jg. (1978), Nr. 141, S. 18.

[143] Vgl. 10 Jahre Stonewall – 10 Jahre Schwulen- & Lesbenbewegung. Hrsg. von der AG Schwule im KB. Hamburg 1979; Schwule Rechte jetzt [Nachdruck der wesentlichen AK-Artikel von

August 1976 bis April 1979]! Hrsg. von der AG Schwule im KB. Hamburg 1979.

[144] Erklärung von LG und AG Schwule zur Bildung der AG Schwule im KB. In: AK, Hamburg, 8. Jg. (1978), Nr. 142, S. 19. Vgl. Die Diktatur der Normalität. In: Ebd., Nr. 138, S. 29; Schluss mit der repressiven Toleranz! In: Ebd., Nr. 141, S. 18f.

[145] Selbstdarstellung der AG Lesben. In: Ebd., 9. Jg. (1979), Nr. 152, S. 28. Zur Entstehung der Gruppe vgl. Das höchste Glück auf Erden. Frauen in linken Organisationen. Aufsätze und Interviews. Hrsg. von Ulla Jelpke. Hamburg 1981. S. 67f.

[146] Vgl. Wüstlingshatz gegen Kinderschutz. In: AK, Hamburg, 8. Jg. (1978), Nr. 134, S. 23. Vgl. auch Diskussion über den Artikel »Wüstlingshatz gegen Kinderschutz«. In: Ebd., Nr. 137, S. 25f; Leserbriefe zur »Wüstlingshatz«-Diskussion. In: Ebd., Nr. 138, S. 28; Die Sexualität der Kinder muss die Sache der Kinder sein! In: Ebd., Nr. 139, S. 15f; Nochmals zum Thema: Sexualität zwischen Kind und Erwachsenen. In: Ebd., 9. Jg. (1979), Nr. 148, S. 31.

[147] Vgl. Herbsttreffen der rheinisch-westfälischen Schwulengruppen in Köln. In: Ebd., 8. Jg. (1978), Nr. 141, S. 17; Zärtlicher Sadismus? Ebd., Nr. 143, S. 4; Diskussion: Linke und Sado-masochismus. In: Ebd., 9. Jg. (1979), Nr. 148, S. 26f, Nr. 149, S. 31f, Nr. 150, S. 28f u. Nr. 152, S. 30f.

[148] Vgl. Bericht von meiner Sterilisation. In: Ebd., Nr. 150, S. 25; K.: An alle Genossen, die die Frauenseiten nicht lesen (Leserbrief). In: Ebd., Nr. 151, S. 28; g.: Die Sterilisation des Mannes – kein Modethema! In: Ebd., Nr. 152, S. 26; Betr.: Sterilisation (Leserbrief). In: Ebd., Nr. 153, S. 27; Nur Mut, Jungs! In: Ebd., Nr. 155, S. 18; Sterilisation! – Sterilisation? Sterilisa-tion: Alles klar? Oder was? In: Ebd., Nr. 158, S. 18; H., Frankfurt: Das Problem, sich als Mann sterilisieren zu lassen. Noch ein Erfahrungsbericht. In: Ebd., Nr. 168, S. 28.

[149] Vgl. S/M-Diskussion: Das Publikum murrt. In: Ebd., Nr. 151, S. 30.

[150] Vgl. Los Angeles Research Group: Zur materialistischen Analyse der Schwulenunterdrü-ckung. Mit einer Dokumentation der Standpunkte von KBW, KPD/ML und KB. Hrsg. von der Gruppe Schwule Texte II. Berlin 1977.

[151] Erklärung von LG und AG Schwule zur Bildung der AG Schwule im KB (Anm. 144), S. 19.

[152] Dokumentation zum 1. Kongress des KB. In: UW, Hamburg, 6. Jg. (1980), Nr. 32, S. 19.

[153] Moysich ist seinem Thema bis heute treu geblieben. Als Geschäftsführer des seit 1990 beste-henden Sterniparks e. V., eines in Hamburg und Schleswig-Holstein anerkannten freien Trä-gers der Jugendhilfe, leitet er ein wahres »Imperium« sozialer Einrichtungen, welches unter anderem 500 Kindertagesplätze in Hamburg in sechs Kindertagesstätten und zwei Wald-kindergärten sowie zwei Ferienhöfe in Ostseenähe für Schulklassen, Kindergartengruppen und Seminare umfasst (vgl. http:// www.sternipark.de).

[154] Vgl. Zur Pädagogik von A. S. Neill. In: AK, Hamburg, 7. Jg. (1977), Nr. 102, S. 26f; Die Kinderladenbewegung 1967 bis 1970. In: Ebd., Nr. 106, Beilage; Diskussion um kollektive Kindererziehung. In: Ebd., 8. Jg. (1978), Nr. 141, S. 15f; Nochmals zur Diskussion um kol-lektive Kindererziehung. In: Ebd., Nr. 142, S. 16; Nochmals zur Diskussion um kollektive Kindererziehung. In: Ebd., Nr. 143, S. 38; Diskussion über fortschrittliche Kindererziehung. In: Ebd., 9. Jg. (1979), Nr. 158, S. 19f.

[155] Vgl. Die Kinderladenbewegung 1967 bis 1970 (Anm. 154), S. 4.

[156] Vgl. Diskussion über fortschrittliche Kindererziehung (Anm. 154). Edwin Hoernle (1883–1952), führender Vertreter der Kinderpolitik der KPD in der Weimarer Republik, ent-wickelte eine spezifische Konzeption »proletarischer Pädagogik« (Weber 1969, 166f). Die in diesem Zusammenhang wesentliche Schrift Hoernles, »Grundfragen proletarischer Erzie-hung« (1929), wurde vor dem Hintergrund der Umorientierung der Westberliner Kinderlä-den von einem antiautoritären zu einem »proletarischen« Selbstverständnis 1969 neu her-ausgegeben und breit rezipiert (vgl. Hoernle, Edwin: Grundfragen proletarischer Erziehung,

hrsg. von Lutz von Werder u. a., Berlin 1970, 2. Aufl.).

157 [»Liebe Genossinnen und Genossen!«], Brief von Heidi Kaiser zum Verhältnis Kinderhaus und Organisation, o. O., o. J. [ca. 1978] (ak-Archiv), S. 2.

158 »Zu den Auseinandersetzungen im Kinderhaus«, von Tu. an die Leitung des KB gerichtetes Schreiben, o. O., 27.2.1979 (ak-Archiv). S. 1.

159 Zit. n. Springer-Presse hetzt gegen »rotes Kinderhaus«. In: AK, Hamburg, 6. Jg. (1976), Nr. 93, S. 9.

160 Vgl. Solidarität geht weiter! Alle spielen fürs Kinderhaus. In: Ebd., 8. Jg. (1978), Nr. 142, S. 18; Alle spielen fürs Kinderhaus. In: Ebd., 9. Jg.. (1979), Nr. 167, S. 34; »Alle spielen fürs Kinderhaus«. In: Ebd., 10. Jg. (1980), Nr. 191, S. 45f.

161 »Alle spielen für das KH«. In: Ebd., 7. Jg. (1977), Nr. 116, S. 26. Henning Venske (Jg. 1939) engagierte sich auf so exponierte Weise auch für weitere Projekte im Umfeld des KB, was ihm »Sende-, Mikrofon- und Hausverbote bis hin zu Entlassungen« einbrachte. So musste Venske seine Mitarbeit an der Kindersendung »Sesamstraße« einstellen, nachdem er zuvor in einem TV-Spot für die Hamburger Bunte Liste bei den Senatswahlen 1978 aufgetreten war. Später agierte Venske, der für sich das Etikett des »meistgefeuerten deutschen Satirikers« beanspruchte, als Redner der Bunten Liste auf dem Gründungsparteitag der Grünen und bei »Rock gegen Rechts« in Frankfurt. (»Infobase Personen: Venske, Henning«, Personen aktuell 39/94 von lö, Ravensburg, 1997, Munzinger-Archiv, o. P.)

162 Vgl. Kinder im KB – die ungeliebten Wesen? In: AK, Hamburg, 8. Jg. (1978), Nr. 131, S. 29; Leserbrief zu »Kinder im KB«. In: Ebd., Nr. 140, S. 28; Hamburg: Von der Schwierigkeit, eine gute Genossin zu sein. In: Ebd., 9. Jg. (1979), Nr. 165, S. 33; Braunschweig: Kinderfrage – schwierige Frage. In: Ebd., S. 33; Erfahrungsbericht einer Bremer Genossin mit Kind. In: Ebd., Nr. 167, S. 36.

163 Vgl. Meulenbelt, Anja: Die Scham ist vorbei. Eine persönliche Erzählung. München 1995. Das in zahlreiche Sprachen übersetzte Buch erwies sich nicht nur hier zu Lande als Bestseller (die genannte Ausgabe ist die 16. Auflage).

164 »Die Scham ist vorbei«. Eine Buchbesprechung. In: AK, Hamburg, 9. Jg. (1979), Nr. 157, S. 52. Die von »einer Genossin und einem Genossen aus Westberlin« verfasste Besprechung des Meulenbelt-Buches fiel durchweg positiv aus.

165 Die Scham ist vorbei – Keine Buchbesprechung. In: Ebd., Nr. 153, S. 25. Vgl. Leserbrief zum Artikel »Die Scham ist vorbei«. In: Ebd., Nr. 154, S. 27.

166 Die Scham ist vorbei. Eine persönliche Erzählung. Noch eine Buchbesprechung. In: Ebd., Nr. 159, S. 28.

167 Vgl. Merian, Svende: Der Tod des Märchenprinzen. Frauenroman. Hamburg 1980. Eine satirische Replik auf den Merian-Text, gleichfalls zunächst von Buntbuch verlegt (da war der Verlag allerdings bereits aus der KB-Struktur ausgeschert), wurde zu einem ähnlichen kommerziellen Erfolg. Der Autor des unter dem Namen »Arne Piewitz« herausgebrachten Buches »Ich war der Märchenprinz« (vgl. Hamburg 1983; später als Heyne-Buch, München) war niemand anderes als Henning Venske (vgl. »Infobase Personen«, Anm. 161). Der unter dem Namen »Trautchen Neetix« ebenfalls bei Buntbuch veröffentlichte Text »Die Gruft des Märchenprinzen« (Hamburg 1984) stieß dagegen nur noch auf geringe Nachfrage.

168 Ney, Norbert: Der Märchenprinz ist tot – das Leben geht weiter. Besprechung des ersten Romans von Svende Merian. In: AK, Hamburg, 10. Jg. (1980), Nr. 190, S. 29.

169 Hil., Bielefeld: Leserinnenbrief zu Svende Merian: »Der Tod des Märchenprinzen«. In: Ebd., S. 29. Dies.: Antwort auf eine »Antwort«, die keine ist. In: Ebd., 11. Jg. (1981), Nr. 194, S. 28. Vgl. Eine Dolchstoßlegende. In: Ebd., Nr. 192, S. 22.

170 Merian, Svende: »Man muss die Tatsachen kennen, bevor man sie verdrehen kann« (Mark

Twain). Antwort auf den Leserinnenbrief zum »Tod des Märchenprinzen«. In: AK, Hamburg, 10. Jg. (1980), Nr. 191, S. 39. Vgl. dies.: Offener Brief an die Lesbengruppe des KB. In: Ebd., Nr. 188, S. 22; dies.: »Unsere Fehler sind verzeihlicher als die Mittel, die wir anwenden, um sie zu vertuschen« (Mao). In: Ebd., 11. Jg. (1981), Nr. 193, S. 29.

[171] Referat zur Frauenarbeit. In: UW, Hamburg, 5. Jg. (1979), Nr. 25, S. 3-7, hier S. 6.

[172] Vgl. KB-Frauenpolitik in der Sackgasse (Anm. 110); Eine Zwischenbilanz der Frauendiskussion im KB. In: AK, Hamburg, 9. Jg. (1979), Nr. 151, S. 25-26; Erste Frauenversammlung im KB (Anm. 138); Bericht der AG Frauen an den 1. KB-Kongress (Anm. 90).

[173] Eine Zwischenbilanz der Frauendiskussion im KB (Anm. 172), S. 25.

[174] Kritikpapier einer Nürnberger Genossin. In: AK, Hamburg, 8. Jg. (1978), Nr. 127, S. 20. Vgl. Zwei Ausschlüsse in Nürnberg. In: Ebd., Nr. 130, S. 40.

[175] Bericht der AG Frauen an den 1. KB-Kongress (Anm. 110), S. 15.

[176] Vertreterinnen der Münsteraner Gruppe hatten auf der 2. Frauen-DK des KB im April 1978 in einem Positionspapier die Meinung vertreten, dass alles, was Frauen machen, egal »ob Kräuter kochen oder auf die Straße gehen«, per se politisch sei (zit. n. ebd., S. 16).

[177] Vgl. Bauer, Karin: Clara Zetkin und die proletarische Frauenbewegung. Berlin 1978. S. 7; Buchbesprechung »Clara Zetkin und die proletarische Frauenbewegung«. In: AK, Hamburg, 9. Jg. (1979), Nr. 161, S. 26f; Sonnenschein in der »Sackgasse« der KB-Frauenpolitik. In: Ebd., 10. Jg. (1980), Nr. 172, S. 24; Gedanken zur Entwicklung einer eigenständigen Frauenpolitik im KB. In: UW, Hamburg, 5. Jg. (1979), Nr. 31, S. 42-44; Bericht der AG Frauen an den 1. KB-Kongress (Anm. 90), S. 15.

[178] Erste Frauenversammlung im KB (Anm. 138), S. 16.

[179] KB-Frauenpolitik in der Sackgasse (Anm. 110), S. 47.

[180] Bericht der AG Frauen an den 1. KB-Kongress (Anm. 90), S. 17.

[181] Referat zur Frauenarbeit (Anm. 171), S. 7. Vgl. Autonomie und Frauenstatut im KB (Anm. 140); Erste Frauenversammlung im KB (Anm. 138); Wut im Bauch (Anm. 141), S. 24f.

[182] Bericht der AG Frauen an den 1. KB-Kongress (Anm. 90), S. 17. Das »Frauenstatut des KB« findet sich abgedruckt in Das höchste Glück auf Erden, a. a. O., S. 77-81. Vgl. auch Hurra, wir sind jetzt autonom! Erstes kommunistisches Frauenstatut verabschiedet. Frauen in linken Organisationen am Beispiel des Kommunistischen Bundes. Hrsg. von der Frauenleitung des KB. Hamburg 1980.

[183] Vgl. Die »Grauzonen«-Debatte lenkt ab von unseren Aufgaben! In: AK, Hamburg, 9. Jg. (1979), Nr. 165, S. 24f.

[184] Resolutionsentwurf der Antifakommission (Hamburg). In: UW, Hamburg, 5. Jg. (1979), Nr. 25, S. 9-15, hier S. 15.

[185] Ha./Kl., Göttingen: Kritik des Resolutionsentwurfs der Antifakommission und Faschisierungsthese. In: Ebd., Nr. 28, S. 7f, hier S. 7. Vgl. Dies.: Von hinten durch die Brust. In: Ebd., 6. Jg. (1980), Nr. 32, S. 36-41.

[186] Kt.: Anmerkungen zur Diskussion um die Faschisierungsthese. In: Ebd., 5. Jg. (1979), Nr. 30, S. 10-12, hier S. 11.

[187] Krise en miniature. Rolle des KB in der Massenarbeit am Beispiel der Kampagne gegen die »Harting-Bande« in NRW. In: Ebd., Nr. 31, S. 49-56, hier S. 53.

[188] Vgl. Hamburg – Stadt mit Herz für Faschisten. Dokumentation: Zehn Jahre Begünstigung der NSDAP-Umtriebe. Hrsg. vom KB. Hamburg 1979 (2. Aufl.).

[189] Vgl. Die »Harting-Bande«. Dokumentation von JN-NPD-NSDAP-Umtrieben in Nordrhein-Westfalen. Hrsg. vom KB Bielefeld. Bielefeld 1979; Schleswig-Holstein »braun durchdrungen«. Hrsg. vom KB Kiel. O. O., o. J.; Kampf den Nazibanden! Dokumentation über Nazibanden in Nordwestdeutschland. Nie wieder Faschismus – Nie wieder Krieg! Aber sie haben

schon längst wieder begonnen ... ! Hrsg. vom KB Oldenburg. Oldenburg 1977; Naziterror im Rhein/Main-Gebiet. Dokumentation. Hrsg. von der Antifakommission des KB Frankfurt. Frankfurt a. M. 1979; Lebendiges Darmstadt. Faschisten und ihr Umfeld. Eine Dokumentation. Hrsg. vom KB Darmstadt. Darmstadt 1979.

[190] Vgl. Hamburg: Faschisten eine Abfuhr erteilt! Dokumentation zu den Ereignissen am 14./15.5.77. Hrsg. vom KB. Hamburg 1977.

[191] Zit. n. ebd., S. 3.

[192] Ebd., S. 7.

[193] Hamburg – Stadt mit Herz für Faschisten, a. a. O., S. 28f, hier S. 28.

[194] Hamburg: Faschisten eine Abfuhr erteilt, a. a. O., S. 7f.

[195] Vgl. Selbstdarstellung: Rock gegen Rechts. In: AK, Hamburg, 9. Jg. (1979), Nr. 151, S. 22.

[196] Ein schöner Sieg: Rock gegen Rechts vertreibt Nazis. In: Ebd., Nr. 156, S. 6f, hier S. 6f.

[197] Resolutionsentwurf der Antifakommission (Anm. 184), S. 14. Vgl. Wer mit wem, a. a. O.

[198] Das 1969 gegründete Sozialistische Büro mit Sitz in Offenbach (Organ: *links*) verstand sich in den 70er Jahren als ein Forum linkssozialistischer, sozialrevolutionärer und undogmatischer Ansätze in der Tradition der 68er-Bewegung (vgl. Langguth 1976, 84f). 1977 sollen sich dem SB, das mit Elmar Altvater, Andreas Buro, Wolf-Dieter Narr, Oskar Negt, Sebastian Cobler, Christel Neusüss u. a. über ein großes Intellektuellenpotenzial verfügte, etwa 1.000 Personen zugerechnet haben (vgl. BRD-VS 1977, 105).

[199] Die 1963 gegründete Bertrand Russell Peace Foundation Ltd. mit Sitz in London, benannt nach dem gleichnamigen englischen Philosophen (1872 bis 1970), war die Initiatorin weltweit beachteter »Tribunale« zu Menschenrechtsverletzungen. Das erste Russell-Tribunal setzte sich 1966/67 nach dem Verbot seiner Durchführung in Frankreich in Stockholm und Roskilde unter dem Präsidium von Jean-Paul Sartre mit »Kriegsverbrechen in Vietnam« auseinander. Das zweite Verfahren dieser Art wurde unter der Leitung von Leilo Basso 1973/76 in Brüssel und Rom über »Unterdrückung in Brasilien, Chile und Lateinamerika« durchgeführt. (Frankfurt: 20.000 auf dem Antirepressionskongress. Jetzt Aktionseinheit notwendig! In: AK, Hamburg, 6. Jg., 1976, Nr. 82, S. 24f, hier S. 25; vgl. PSU, Frankreich, ergreift Initiative für ein Russell-Komitee über die Repression in der BRD, in: ebd., Nr. 84, S. 60).

[200] Der ID war eines der wichtigsten Periodika der linksradikalen undogmatischen Bewegung der 70er Jahre.

[201] Vgl. »Bericht über Russell-Komitee-Verhandlungen, 16.10., Paris«, von b. und d. getipptes Protokoll, o. O., o. J. (ak-Archiv).

[202] Bilanz eines Jahres. In: Anti-Repressions-Info, Hamburg, 1. Jg. (1977), Nr. 2, S. 3-5, hier S. 3.

[203] Aufruf der Bertrand-Russell-Foundation zur weltweiten Unterstützung eines Russell-Tribunals über Repression in der BRD. In: AK, Hamburg, 7. Jg. (1977), Nr. 98, S. 24.

[204] Initiativausschuss für ein Russell-Tribunal gebildet! In: Ebd., Nr. 96, S. 1.

[205] Krach im Initiativausschuss zur Vorbereitung des Tribunals. In: Ebd., Nr. 98, S. 24. Vgl. Aufruf zur Unterstützung des Russell-Tribunals über politische Unterdrückung in der BRD (Entwurf). In: Ebd.

[206] Aufruf zur Unterstützung eines Russell-Tribunals über die Repression in der BRD. In: Ebd.

[207] Der KB legte dem Tribunal in diesem Zusammenhang ein »Rotbuch zu den Gewerkschaftsausschlüssen« (vgl. a. a. O.) vor.

[208] Bilanz eines Jahres (Anm. 202), S. 4.

[209] »Counterinsurgency« steigen aus. In: Anti-Repressions-Info, Hamburg, 1. Jg. (1977), Nr. 3

[210] »Russell-Tribunal« in Frankfurt eröffnet. In: UZ, Düsseldorf, 10. Jg. (1978), Nr. 74 (30.3.), S. 2.

[211] Vgl. »Scheinverfahren gegen unser Land«. Das »3. Russell Tribunal« hält Gericht über die Bundesrepublik. In: Der Spiegel, Hamburg, 32. Jg. (1978) Nr. 12/13, S. 68-78, hier S. 76f.

[212] Arbeitskonferenz zur Vorbereitung des Russell-Tribunals erfolgreich durchgeführt. In: AK, Hamburg, 7. Jg. (1977), Nr. 102, S. 7.

[213] »An den Initiativausschuss«, Brief der Russell-Projektgruppe des SB, Frankfurt, 30.4.1977 (ak-Archiv), o. P.

[214] Russell-Tribunal: Rückzieher der Opportunisten. In: AK, Hamburg, 7. Jg. (1977), Nr. 103, S. 9. »Informationen zum geplanten ›Russell-Tribunal über die Repression in der BRD‹«, Papier des KB, Hamburg, 25.10.1976 (ak-Archiv), o. P.

[215] Großveranstaltung zur Unterstützung des Russell-Tribunals. In: AK, Hamburg, 7. Jg. (1977), Nr. 102, S. 7.

[216] Vgl. Aktivitäten zum Russell-Tribunal »BRD«. In: Ebd., Nr. 97, S. 46.

[217] Vgl. Einmal »Modell Deutschland« das reicht! In: Ebd., Nr. 104, S. 4. Vgl. a. Großkundgebung in Hamburg. In: Anti-Repressions-Info, Hamburg, 1. Jg. (1977), Nr. 1, S. 1-11.

[218] In das Sekretariat wurden Sebastian Cobler (SB), Ernst Böttcher (ESG), Kai Thomas Dieckmann (AK/FU), Ellen Diederichs (ESG) und Detlef Haritz (HU) berufen.

[219] Russell-Tribunal über die Repression in der BRD: Ein Schritt vor, zwei zurück? In: AK, Hamburg, 7. Jg. (1977), Nr. 106, S. 24.

[220] Schiebereien hinter den Kulissen? In: Anti-Repressions-Info, Hamburg, 1. Jg. (1977), Nr. 2, S. 2.

[221] Teichler, Hans-Hermann: Kurznotiz des Telefongesprächs mit d. Vf. vom 27.1.2001 (PBdVf). Russell-Tribunal über die Repression in der BRD (Anm. 219), S. 24. 2. Arbeitskonferenz zum Russell-Tribunal. In: AK, Hamburg, 7. Jg. (1977), Nr. 107, S. 1/5. Vgl. 2. Arbeitskonferenz zum Russell-Tribunal. In: Anti-Repressions-Info, Hamburg, 1. Jg. (1977), Nr. 3.

[222] Totengräber am Werk. In: AK, Hamburg, 7. Jg. (1977), Nr. 114, S. 56.

[223] Beirat und Sekretariat spalten weiter. In: Ebd., 8. Jg. (1978), Nr. 134, S. 52.

[224] Zit. n. 3. Internationales Russell-Tribunal. Zur Situation der Menschenrechte in der Bundesrepublik Deutschland. Bd. 1. Hrsg. vom Deutschen Beirat und Sekretariat des 3. Internationalen Russell-Tribunals. Berlin 1978. S. 183.

[225] Mitglieder des deutschen Beirats waren die Schriftstellerin Ingeborg Drewitz, der Theologe Helmut Gollwitzer, der Politikprofessor Wolf-Dieter Narr, der Pastor Martin Niemöller und der Juraprofessor Uwe Wesel.

[226] Vgl. 3. Internationales Russell-Tribunal, Bd. 1, a. a. O., Bd. 2-4, hrsg. von der Jury, dem deutschen Beirat u. dem Sekretariat des 3. Internationalen Russell-Tribunals. Berlin 1978/79.

[227] Dedijier, Vladimir: Einleitende Erklärung zur Eröffnung des 3. Internationalen Russell-Tribunals. In: 3. Internationales Russell-Tribunal, Bd. 1, a. a. O., S. 9-13, hier S. 12.

[228] Vgl. Sichert die Durchführung des Russell-Tribunals. In: AK, Hamburg, 7. Jg. (1977), Nr. 108, S. 4; Russell-Tribunal: Volldampf voraus! In: Ebd., Nr. 116, S. 1/3; Russell-Tribunal '78: Ein Zentrum des demokratischen Kampfes. In: Ebd., 8. Jg. (1978), Nr. 120, S. 4f; Die erste Sitzung des Tribunals. In: Ebd., Nr. 126, S. 1/8-13; Neues von der Russell-Front. In: Ebd., Nr. 127, S. 12-18; Unterstützt das Russell-Tribunal. In: Ebd., Nr. 128, S. 4f; Aufruf zur zweiten Sitzungsperiode. In: Ebd., Nr. 142, S. 7.

[229] Mellenthin: Protokoll ... 14.1.1994, a. a. O.

[230] Russell-Tribunal: Rückzieher der Opportunisten (Anm. 214), S. 9.

[231] Antifaschistische Russell-Reihe. In: AK, Hamburg, 8. Jg. (1978), Nr. 121, S. 60. Letztlich erschienen aber lediglich vier Bände: Vgl. Dokumentation von Texten und Vorschriften gegen den Faschismus und ihrer Anwendung, Verdrehung, Missachtung seitens der BRD-Staatsorgane von 1945 bis 1977. In: Antifaschistische Russell-Reihe, Bd. 1, hrsg. vom j.-

reents-verlag, Hamburg 1977; »NSDAP«-Propagandisten unter der Lupe. Dokumentation antisemitischer, antidemokratischer und offener NS-Provokationen der Schönborn-Roeder-Christophersen-Bande und ihre Deckung seitens staatlicher Organe. In: Ebd., Bd. 3, 1978; »Jeder kann der Nächste sein«. Dokumentation der polizeilichen Todesschüsse seit 1971 und ihre Legitimation. In: Ebd., Bd. 4; Nach Schleyer: »Sonderkommandos« in der BRD. Dokumentation zum Wiederaufbau einer Gestapo in Westdeutschland. In: Ebd., Bd. 5.

[232] Vgl. 3. Internationales Russell-Tribunal, Bd. 3/ 4, a. a. O ; Russell-Initiativen berufen Arbeitskonferenz ein. In: AK, Hamburg, 8. Jg. (1978), Nr. 131, S. 15; Wohin geht die Unterstützerbewegung? In: Ebd., Nr. 133, S. 13f; Arbeitskonferenz für das Russell-Tribunal beschlossen. In: Ebd., Nr. 138, S. 4.

[233] Zur Kölner Arbeitskonferenz. In: Ebd., Nr. 142, S. 7.

[234] Wir waren so unheimlich konsequent ... Ein Gespräch zur Geschichte der RAF mit Stefan Wisniewski. Berlin 1997. S. 25.

[235] Bei einer Aktion der Bewegung 2. Juni, die am 27. Februar 1975 mitten im Westberliner Wahlkampf den dortigen Landesvorsitzenden der CDU entführt hatte, ohne dass es dabei Tote oder Verletzte gegeben hätte, war es mit Zustimmung des Bundeskanzlers zu der geforderten Freilassung von fünf politischen Gefangenen gekommen. Nachdem diese mit Pfarrer Heinrich Albertz in den Südjemen ausgeflogen worden waren, kam Lorenz frei (vgl. Die Bewegung 2. Juni, Gespräche über Haschrebellen, Lorenz-Entführung, Knast. Berlin 1995, S. 61-113; Meyer, Till: Staatsfeind, Erinnerungen, Hamburg 1996, S. 9-71).

[236] Zit. n. Dokumentation der Bundesregierung zur Entführung von Hanns Martin Schleyer. Hrsg. Vom Presse- und Informationsamt der Bundesregierung. München 1977. S. 9.

[237] Zit. n. Breloer, Heinrich: Todesspiel. Von der Schleyer-Entführung bis Mogadischu. Eine dokumentarische Erzählung. Köln 1997. S. 134f.

[238] Vgl. Koch, Peter / Reimar Oltmanns: SOS. Sicherheit, Ordnung, Staatsgewalt. Freiheit in Deutschland? München 1980. S. 12.

[239] Vgl. Dokumentation der Bundesregierung zur Entführung von Hanns Martin Schleyer, a. a. O., S. 239-248.

[240] Vgl. Erklärung der Humanistischen Union. In: Briefe zur Verteidigung der Republik, hrsg. von Freimut Duve u. a., Reinbek b. Hamburg 1978, S. 173-177; Erklärung von Hochschullehrern und wissenschaftlichen Mitarbeitern anlässlich der Entführung von Hanns Martin Schleyer. In: Ebd., S. 180-184.

[241] Rechts-Staat und Terrorismus. Erklärung des Leitenden Gremiums des Kommunistischen Bundes. In: AK, Hamburg, 7. Jg. (1977), Nr. 113, S. 1/3, hier S. 1.

[242] Rechts-Staat und Terrorismus (Anm. 241), S. 3.

[243] Erklärung vom 19.10.1977. In: Rote Armee Fraktion, Texte und Materialien zur Geschichte der RAF, a. a. O., S. 273.

[244] Trauerfeier für Gudrun, Jan und Andreas. In: AK, Hamburg, 7. Jg. (1977), Nr. 116, S. 7.

[245] Vgl. Die »Wunder von Stammheim und Stadelheim vor Gericht«. Wir glauben immer noch nicht an Selbstmord! Hrsg. vom KB. Hamburg 1979; Stammheim: Wir glauben nicht an Selbstmord [Nachdruck der wesentlichen AK-Artikel von Oktober 1977 bis Februar 1978]! Hrsg. vom KB Westberlin. Berlin 1978; Stammheim. Das Buch – der Film – die Diskussion. Fakten zur Stammheimer Nacht. Wir glauben immer noch nicht an Selbstmord [Nachdruck der wesentlichen AK-Artikel vom Dezember 1977 bis Dezember 1979]. Hrsg. vom KB. Hamburg 1986.

[246] Christian Semler, 1988; zit. n. Lau, Mariam: Nach dem Drumherumreden. In: Die Literarische Welt, Beilage der Welt, Berlin, 77. Jg. (2001), Nr. 3 (20.1.), S. 1.

[247] So verfügte die »alte« Linke (MSB, SHB, ADS) 1975 über zwei Drittel mehr AStA-Sitze als

alle Gruppen der Neuen Linken zusammen; bei StuPa-Wahlen 1978 lagen beide Spektren mit jeweils knapp 20 Prozent gleichauf (vgl. BRD-VS 1975, 93; BRD-VS 1978, 102/108).

[248] Vgl. zu den genannten Zahlen BRD-VS 1975-83, passim.

[249] Die einflussreichsten Gruppen der *Neuen* Linken an den Hochschulen *vor* der Tendenzwende waren diejenigen des KBW gewesen. Dieser verfügte zwar über keinen überregionalen studentischen Verband, wohl aber über eine Vielzahl lokaler Organisationen, die zumeist als Kommunistische Hochschulgruppen (KHG), teilweise auch als Kommunistischer Studentenbund (KSB) firmierten. Von Relevanz war auch der auf die Westberliner KPD ausgerichtete, zentral organisierte Kommunistische Studentenverband (KSV). Der Kommunistische Hochschulbund des AB blieb auf Bayern beschränkt, dominierte als Demokratische Front aber zeitweise die Basisgruppenfraktion im Verband Demokratischer Studentenschaften (VDS). Der 1971 von der KPD/ML gegründete Kommunistische Studentenbund/Marxisten-Leninisten, der sich 1978 in Rote Garde Hochschulgruppe umbenannte, blieb demgegenüber völlig bedeutungslos.

[250] Eine kurze Darstellung der Hochschulpolitik des KB aus dessen eigener Sicht findet sich in Rechenschaftsbericht der SSB-Leitung Hamburg. In: Solidarität, Hamburg, 7. Jg. (1978), Nr. 46, S. 34-36 (Tl. 1), S. 36-39 (Tl. 2) u. 8. Jg. (1979), Nr. 47, S. 33-37 (Tl. 3).

[251] Rechenschaftsbericht der SSB-Leitung Hamburg, Tl. 3 (Anm. 250), S. 34.

[252] Streik an der Hamburger Uni. In: AK, Hamburg, 6. Jg. (1976), Nr. 72, S. 47.

[253] Vgl. Gründungserklärung des Kommunistischen Hochschulbundes Göttingen (KHB). O. O., o. J.. Das Initiativkomitee/Kommunistischer Hochschulbund seinerseits war im Juni 1972 als Abspaltung aus dem später am KBW orientierten Kommunistischen Studentenbund entstanden (vgl. Gegen Subjektivismus und Sektierertum, Zur Abspaltung vom KSB, in: Rote Tribüne, Göttingen, 1972, Sondernummer 1). Organ der Gruppe war die *Rote Tribüne*, die mit der Oberzeile »Für das Bündnis der demokratischen und sozialistischen Studenten mit der Arbeiterklasse« und dem Emblem eines Leninporträts im roten Stern ab Oktober 1972 zunächst als Organ des IK/KHB, später des KHB in zahlreichen Ausgaben, Sonder- und Bereichsnummern erschien (zu den periodischen Nummern vgl. Rote Tribüne, Göttingen, 1.-3. Jg., 1972-74, Nr. 1-22).

[254] Rechenschaftsbericht der Leitenden Gremiums, a. a. O., S. 15.

[255] Gründungserklärung des Kommunistischen Hochschulbundes Göttingen (KHB; Anm. 253), S. 2.

[256] Rechenschaftsbericht des Leitenden Gremiums, a. a. O., S. 15.

[257] Rechenschaftsbericht der SSB-Leitung Hamburg, Tl. 3 (Anm. 250), S. 35f.

[258] Vgl. BRD-VS 1977, 105.

[259] Germanistikprofessor Bauer war von Seiten der Universitätsleitung mit einem Disziplinarverfahren belegt, sein Assistent Rothe im Oktober 1976 entlassen worden. Beiden sowie weiteren Dozenten anderer Fachbereiche wurde vorgeworfen, im Vorfeld der Wahlen zum Berliner Abgeordnetenhaus 1975 zum Votum für die marxistisch-leninistische KPD aufgerufen zu haben (vgl. Ein selten lehrreiches Semester, in: AK, Hamburg, 7. Jg., 1977, Nr. 97, S. 40).

[260] Westberlin: Die Streikbewegung an den Hochschulen weitet sich aus. In: Ebd., 6. Jg. (1976), Nr. 94, S. 24.

[261] »Wir haben die Schnauze voll«. In: Solidarität, Hamburg, o. J., Extra, S. 2.

[262] Habt keine Angst, Unruhe zu schaffen. In: Ebd., S. 1f.

[263] Vgl. Studentenbewegung am Ende? Zu den aktuellen Aufgaben sozialistischer Hochschulpolitik oder: Ist der gegenwärtige Frust zu überwinden? In: Solidarität, Hamburg, 7. Jg. (1978), Nr. 44, S. 8-10, hier S. 10; Vom Unterschied zwischen Spontaneismus und Sozialismus. In: Ebd., Nr. 45, S. 15f, hier S. 15; Rechenschaftsbericht der SSB-Leitung Hamburg (Anm. 250),

Tl. 2, S. 38f u. Tl. 3., S. 36f; Sozialistische Hochschulpolitik. Arbeitstreffen von SSB- und KB-Hochschulgruppen. In: Solidarität, Hamburg, 8. Jg. (1979), Nr. 48, S. 33–35, hier S. 33; 1. Kongress des KB vom 4. Bis 6. Januar 1980. Zum Stand der Kongressvorbereitungen. In: AK, Hamburg, 9. Jg. (1979), Nr. 163, S. 44f, hier S. 45.

[264] Rechenschaftsbericht des Leitenden Gremiums, a. a. O., S. 15.

[265] Die Veröffentlichung des mit »Ein Göttinger Mescalero« unterzeichneten Pamphlets namens »Buback – Ein Nachruf« in dem genannten AStA-Organ datiert vom 25. April 1977 (ein Faksimile findet sich in Agnoli, Johannes u. 13 andere: »... da ist nur freizusprechen!«, Die Verteidigungsreden im Berliner Mescalero-Prozess, Reinbek b. Hamburg 1979, S. 198-201).

[266] 1998 gab gegenüber dem *Stern* ein gewisser Klaus Hülbrock an, der Verfasser des »Nachrufs« gewesen zu sein (vgl. Mescalero-Outing, in: Stern, Hamburg, 50. Jg., 1998, Nr. 24, S. 21; »Ich bin das schwarze Schaf«, in: taz, Berlin, 23. Jg., 2001, Nr. 6358, 29.1., S. 6; Der Mescalero spricht, in: ebd., Nr. 6369, 10/11.2., S. 1/3f).

[267] Stengel, Eckhard: Missverständlicher Aufsatz. In: FR, 57. Jg. (2001), Nr. 19/4 (23.1.), S. 4.

[268] Ein Göttinger Mescalero: Buback – Ein Nachruf (Anm. 265), S. 198/200f.

[269] Zit. n. Agnoli u. a.: »... da ist nur freizusprechen«, a. a. O., S. 19.

[270] Vgl. Veröffentlichungen zu den Folgen des »Buback-Nachrufs« und Terrorismusdiskussion in der Presse. Universität Bremen. Pressespiegel Nr. 15/77. Bremen 1977.

[271] Schließt euch fest zusammen! In: AK, Hamburg, 7. Jg. (1977), Nr. 105, S. 51. Vgl. Göttingen: Solidaritätsfront weiter verbreitert. In: Ebd., Nr. 107, S. 53.

[272] Vgl. Agnoli u. a.: »... da ist nur freizusprechen«, a. a. O., S. 195-201.

[273] »Mescalero« habe 22 Amtsrichter, 63 Richter an Landgerichten, neun Richter an Oberlandesgerichten und zehn Bundesrichter beschäftigt, ehe mit dem abschließenden Urteil des Bundesgerichtshofes von 1980 rechtlich feststand, dass der »Nachruf« von dem Recht auf Meinungsfreiheit gedeckt war (Prantl, Heribert: Die Wiederkehr der alten Erregung, in: SZ, München, 57. Jg., 2001, Nr. 18, 23.1., S. 4).

[274] Vgl. Agnoli: »... da ist nur freizusprechen«, a. a. O.

[275] Klein war angeklagt, als Mitglied der Revolutionären Zellen (RZ) im Dezember 1975 am Überfall eines deutsch-palästinensischen Kommandos auf die OPEC-Konferenz in Wien teilgenommen zu haben (vgl. Die Früchte des Zorns, Texte und Materialien zur Geschichte der Revolutionären Zellen und der Roten Zora, Bd. 1, Berlin 1993, S. 187-214). Die politische Brisanz für Fischer bestand darin, dass er in den 70er Jahren im selben politischen Milieu aktiv gewesen war wie Klein, nämlich in der Frankfurter Spontiszene.

[276] Vgl. Nachrichten von vorgestern: Trittin war mal linksradikal. In: taz, Berlin, 23. Jg. (2001), Nr. 6353 (23.1.), S. 1/3.

[277] Rechenschaftsbericht der SSB-Leitung Hamburg, Tl. 3 (Anm. 250), S. 36.

[278] Vgl. BRD-VS 1975, 93.

[279] Vgl. Eckhoff: Protokoll ... 18.6.1997, a. a. O.

[280] Wie geht es weiter mit der Anti-AKW-Bewegung (Anm. 62), S. 1.

[281] Rechenschaftsbericht des Leitenden Gremiums, a. a. O., S. 12f.

[282] Demokratischer Kampf und Bündnispolitik. In: UW, Hamburg, 5. Jg. (1979), Nr. 25, S. 17–21, hier S. 20f.

[283] Vgl. Kommunisten und Wahlen – eine erste Bilanz. In: AK, Hamburg, 8. Jg. (1978), Nr. 131, S. 9f.

[284] Kommunisten und Wahlen (Anm. 283), S. 10.

[285] Vgl. »Rechenschaftsbericht des Sprecherrats der BUU Hamburg«, o. O., o J. (ak-Archiv), o. P.

[286] Strohm, Holger: Warum die Bunten bunt sind. In: Der grüne Protest, Herausforderung durch die Umweltparteien, hrsg. von Rudolf Brun, Frankfurt a. M. 1978, S. 126-138, hier S. 127f.

[287] Vgl. Peters, Jan (Hrsg.): Alternativen zum Atomstaat. Das bunte Bild der Grünen. Berlin 1979. S. 267-276.

[288] Barthel, Wolfgang: »Wehrt euch« will ins Parlament. In: Stern, Hamburg, 30. Jg. (1978), Nr. 8, S. 24.

[289] Strohm: Warum die Bunten bunt sind, a. a. O., S. 128f.

[290] Die GLU war durch die Zugehörigkeit einiger ihrer Vorstandsmitglieder zur neofaschistischen Solidaristischen Volksbewegung (SVB), deren Ursprünge in der NPD-Abspaltung Aktion Neue Rechte und den Nationalrevolutionären Basisgruppen lag (vgl. Hallensleben 1984, 86), im Protestmilieu der Bunten Liste stark diskreditiert. Die Abgrenzung zu den »braunen« Ökologen war Thema des Wahlkampfs der Buli, die hierzu auch eine Broschüre publizierte, die den Ansätzen der KB-Antifakommission entsprach (vgl. GLU – Feigenblatt oder Alternative?, hrsg. vom Presse- und Öffentlichkeitsausschuss der Bunten Liste/Wehrt Euch, Hamburg 1978).

[291] Strohm: Warum die Bunten bunt sind, a. a. O., S. 130.

[292] Vgl. Aktiv eingreifen. In: Der Spiegel, Hamburg, 32. Jg. (1978), Nr. 28, S. 55-57; Bieber, Horst: »Bunte Liste« schon fast vereinnahmt. Bei Widerstand spalten – die Taktik des Kommunistischen Bundes in der grün-linken Bewegung. In: Die Zeit, Hamburg, 35. Jg. (1980), Nr. 5, S. 23.

[293] »Offener Brief an den Kommunistischen Bund«, von Holger Strohm verfasste Erklärung, o. O., 4.7.1978; in: ders., Warum die Bunten bunt sind, a. a. O., S. 137f, hier S. 138.

[294] Strohm: Warum die Bunten bunt sind, a. a. O., S. 135.

[295] Ebd., S. 134.

[296] »Stellung und Entwicklung der Grünen«, in: Orgbulli, Hamburg, 1986, Nr. 42/43 (ak-Archiv), S. 52-71, hier S. 52.

[297] Reents soll diese Äußerung gegenüber dem Pressesprecher der GLSH, Michael Gaertner, gemacht haben; zit. n. van Hüllen 1990, 506.

[298] Zit. n. van Hüllen 1990, 506.

[299] Baldur Springmann (geb. 1912) war ein führendes Mitglied des Weltbundes zum Schutz des Lebens und wurde in der Gründungsphase der Grünen, die er 1980 schon wieder verließ, zu einer der Gallionsfiguren des konservativen Lagers und – in persona – zu einem der Hauptgegner der Linken. Der skurril wirkende Ökobauer, der der Schwarzen Reichswehr angehört hatte, bewirtschaftete einen Biohof bei Geschendorf/Kreis Bad Segeberg (vgl. Die grüne Gefahr. Eine Partei auf dem Weg zur Macht. In: taz-Journal, Berlin, 1998, Nr. 1/98, S. 16).

[300] Zit. n. van Hüllen 1990, 95.

[301] Die GAZ, die über keine Verankerung in regionalen Bürgerinitiativen verfügte und eher dem Typus der »Honoratiorenpartei« entsprach (van Hüllen 1990, 150), lebte ganz von dem Charisma Herbert Gruhls (1921-1993). Dieser war, bevor er die GAZ gründete, lange Jahre Abgeordneter der CDU im Bundestag und seit den 70er Jahren Vorsitzender der Arbeitsgruppe Umweltvorsorge der CDU/CSU-Fraktion und Sprecher für Umweltfragen gewesen. 1975 hatte er mit dem Buch »Ein Planet wird geplündert« einen Bestseller geschrieben, der die Ökologiefrage einer breiteren Öffentlichkeit bekannt machte, aber auch zu einer »ideologischen« Entfremdung des Autors von seiner Partei führte. Am 11. Juli 1978 verließ Gruhl die CDU und gründete zwei Tage später die GAZ, die zu ihren besten Zeiten etwa 2.000 Mitglieder zählte (vgl. van Hüllen 1990, 149).

[302] Gründungsversammlung der »Alternativen Liste« Westberlin. In: AK, Hamburg, 8. Jg. (1978), Nr. 140, S. 6f.

[303] KB-Ortsgruppe Westberlin aufgelöst. In: Ebd., 9. Jg. (1979), Nr. 155, S. 54

267

[304] Gründungserklärung der AL Berlin; zit. n. van Hüllen 1990, 135.

[305] »Stellung und Entwicklung der Grünen« (Anm. 296), S. 53.

[306] Die AUD war die einzige Partei in der Konstituierungsphase der Grünen, die auf eine längere Tradition zurückblicken konnte. Bei ihrer Gründung im Mai 1965 vertrat sie das Interesse eines nationalen Neutralismus. Vorsitzender war August Haußleiter (1905–1989), der 1923 Teilnehmer am Hitlerputsch gewesen war und 1945 die CSU mitbegründet hatte, für die er als Landtagsabgeordneter fungierte, ehe er die Partei aus Protest gegen die Westintegration verließ (van Hüllen 1990, 515). Die AUD hatte sich bereits 1973 des Themas Umweltschutz angenommen (Kasseler Parteitag), das ihr im Wesentlichen als neues »Transportmittel« für das nationalneutralistische Hauptanliegen galt (van Hüllen 1990, 144). Seit 1977/78 unternahm die Partei dann Versuche, sich als »erste Umweltschutzpartei Deutschlands« der grün-alternativen Bewegung anzudienen, was bei den Adressaten »überwiegend auf reservierte Distanz« gestoßen war (van Hüllen 1990, 146).

[307] Der um den Soziologen Wilfried Heidt bestehende Achberger Kreis betrieb seit 1973 in der Nähe von Lindau das Internationale Kulturzentrum Achberg, welches sich seit Mitte der 70er Jahre verstärkt mit ökologischen Fragen beschäftigt hatte. Eng angelehnt an diesen Kreis war die Freie Internationale Universität (FIU) des Künstlers Joseph Beuys, »der sich mit 15 Anhängern noch auf dem Gründungskongress der SPV anschloss« (van Hüllen 1990, 164).

[308] Europawahlprogramm von 1979; zit. n. van Hüllen 1990, 173.

[309] »Stellung und Entwicklung der Grünen« (Anm. 296), S. 53.

[310] Stellungnahme des KB zu den Europaparlamentswahlen. In: AK, Hamburg, 8. Jg. (1978), Nr. 143, S. 8.

[311] Zu Gast bei den Grünen. In: Ebd., 9. Jg. (1979), Nr. 166, S. 5-7, hier S. 6.

[312] Vgl. Wahlkongress in Offenbach: Schlechte Karten für Bunte und Alternative Listen. In: Ebd., Nr. 165, S. 1.

[313] Vgl. Dabei sein ist noch lange nicht alles! In: Ebd., Nr. 166, S. 7.

[314] Überlegungen zur Krise des KB. In: Ebd., Nr. 166, S. 55f.

[315] Bilanz nach drei »tollen« Monaten. In: Ebd., Nr. 168, S. 54f, hier S. 54.

IV. Niedergang der ML-Bewegung und Spaltung des KB (1979)

Determinanten des Zerfalls der ML-Bewegung: Wir warn die stärkste der Partein ...

Mitte der 70er Jahre begann der Niedergang der marxistisch-leninistischen Spektren, der von den Beteiligten selbst als »Krise der ML-Bewegung« wahrgenommen wurde und in der Folge zum Zerfall der K-Gruppen führte. Es waren im Wesentlichen zwei Momente, die für diesen Prozess verantwortlich waren. Zum einen verloren die Parteien und Bünde der ML-Bewegung mit der weiteren Erosion des chinesischen Bezugssystems nach dem Tode Maos (1976) endgültig eine wichtige ideologische Klammer. Zum anderen waren sie mit den Folgen eines erneuten Paradigmenwechsels innerhalb der Neuen Linken konfrontiert.

Erosion des chinesischen Bezugsrahmens

Hatte bereits die außenpolitische Umorientierung Chinas (»Drei-Welten-Theorie«) im ML-Lager stark polarisierend gewirkt, so kam es nach dem Tode Maos 1976 auch in der innenpolitischen Entwicklung der Volksrepublik zu einer entscheidenden Wende: Mit dem Sieg der rechten Fraktion unter Deng Hsiao-ping wurde die Kulturrevolution offiziell für beendet erklärt (1977) und ein liberaler Kurswechsel in der Wirtschafts- und Gesellschaftspolitik (1978) eingeleitet. Die K-Gruppen reagierten in unterschiedlicher Weise auf diese Veränderung ihres Koordinatensystems. Die KPD und der KBW hielten an ihrer Orientierung an der chinesischen Politik und am Maoismus fest und begrüßten sogar die 1979 erfolgende Militärintervention der Volksrepublik in Vietnam (vgl. Schlomann 1980, 21f). Die KPD/ML brach 1978 an der Seite Albaniens mit der chinesischen Politik, verurteilte die unter Deng eingeleitete Wende als restaurativ, die Drei-Welten-Theorie als »proamerikanisch« und bezeichnete Mao als »bürgerlichen Liberalen« (vgl. Bacia 1986b, 1842). AB und KABD distanzierten sich 1977 von der chinesischen Politik, hielten aber am Maoismus fest. Ähnlich verfuhr der KB, der sich ja bereits seit Mitte der 70er Jahre als Gruppe ohne »sozialistisches Vaterland« verstand. Der Hamburger ML-Bund verurteilte die innenpolitische Entwicklung der Volksrepublik, und zwar früher als vergleichbare Organisationen und in äußerst scharfer Weise: Der »Rechtsputsch« in China sei ein Ereignis, dessen historische Bedeutung mit dem »verhängnisvollen 20. Parteitag der KPdSU« von 1956 zu vergleichen sei.[1]

Der positive Bezug auf den Maoismus blieb von dieser Abgrenzung auch hier unberührt.[2] So gab der Verlag des KB, »Arbeiterkampf«, noch 1977 ein Buch mit Reden und Schriften von Mao Tse-tung heraus.[3] Der Band, der Mao zugeschriebene Texte von den 30er Jahren bis zu dessen Tod enthält, war eine editorische Fleißarbeit. Er umfasst ausgewählte Einzeltexte, Fragmente und Zitate, die seit 1949 im Verlag für fremdsprachige Literatur, in der *Peking-Rundschau* und anderen chinesischen Originalquellen erschienen waren. Mit der Edition wurde der Anspruch erhoben, den »authentischen« Maoismus gegen die instrumentelle Pekinger Geschichtsschreibung zu verteidigen. Der KB befürchtete, dass Maos Texte zum Klassenkampf im Sozialismus und zur Kulturrevolution nach dem »Rechtsputsch« in China nicht mehr vollständig und korrekt erscheinen könnten.[4]

Paradigmenwechsel der Neuen Linken

Mit der Dynamik neuer sozialer Bewegungen kam einem politischen Paradigma aus den 60er Jahren neue Aktualität zu, das in seiner »postmateriellen« Ausrichtung deutlich von den »industriellen« Ansätzen der Arbeiterbewegung, auf die sich die K-Gruppen beriefen, zu unterscheiden ist. Insofern die Neue Linke, die sich schon in ihrer Entstehung eng auf die antiautoritäre Revolte bezogen hatte, nun auf breiterer Basis »Abschied vom Proletariat« (Gorz 1981) nahm und sich den neuen sozialen Bewegungen öffnete, kehrte sie gewissermaßen zu ihren eigenen Wurzeln zurück. Die von den K-Gruppen vertretene »marxistisch-leninistische« Konzeption verlor – wie alle am Widerspruch von Kapital und Arbeit orientierten Ansätze im Nachklang von »1968« – fast jegliche Anziehungskraft, während die undogmatischen Zusammenschlüsse im linksradikalen Spektrum hegemonial wurden (in den 80er Jahren waren das vor allem die Autonomen). Der Zulauf der ML-Bewegung, die Anfang der 70er Jahre innerhalb der Neuen Linken zu einer regelrechten Modererscheinung geworden war, versiegte. Die ML-Bewegung löste sich so gleichsam von ihrer Basis her in den neuen sozialen Bewegungen und den mit diesen korrespondierenden linksradikalen Strömungen auf. Hier verdeutlichte sich auch das Problem der »unbewältigten Inkongruenz von Ideologie und Sozialstruktur« (Rowold 1974, 186). Trotz aller proletarischen Rhetorik war es den K-Gruppen zu keinem Zeitpunkt ihres Bestehens gelungen, signifikant über das eigene mittelständische Milieu hinauszuwachsen. Die ML-Bewegung war in dieser Hinsicht Bestandteil der »neuen« Bewegungen geblieben, die sich ja im Wesentlichen aus den »nicht-industriellen Sektoren« der Gesellschaft rekrutierten (Raschke 1985, 74) – was Assimilierungsprozesse begünstigt haben dürfte.

Niedergang der ML-Bewegung

Der KB spaltete sich Ende 1979. Die KPD vollzog 1980 ihre Selbstauflösung. Im selben Jahr wurde der KBW durch eine Spaltung erheblich dezimiert. Der Bund Westdeutscher Kommunisten (BWK) versuchte an die ML-Essentials der frühen 70er Jahre anzuknüpfen, während sich der Rest-KBW der alternativen Bewegung öffnete und 1985 seine organisatorische Existenz aufgab. Mit dem Zerfall der ML-Bewegung brach auch denjenigen K-Gruppen ihr politisches Umfeld weg, die sich nicht auf die neuen sozialen Bewegungen und den grünen Parteibildungsprozess hatten einlassen wollen. Die KPD/ML, die 1980 den Namen der aufgelösten KPD übernommen und das »ML« in ihrem Namen gestrichen hatte, fusionierte 1986 mit der trotzkistischen Gruppe Internationaler Marxisten (GIM) zur Vereinigten Sozialistischen Partei (VSP), einer heute noch aktiven kleinen Gruppe der radikalen Linken. Der AB besteht auf niedrigem Niveau fort (und spaltete sich, ähnlich dem KB, 1990 in zwei Fraktionen, einer an der PDS orientierten Mehrheit und einer »radikalen« Minderheit). Der KABD transformierte sich 1982 in die Marxistisch-Leninistische Partei Deutschlands (MLPD), die als eine Ausnahmeerscheinung noch bis in die 90er Jahre hinein an Mitgliedern zulegen konnte (vgl. Weil 1991).

In den Zerfallsprozessen der marxistisch-leninistischen Bewegung rückten für die Beteiligten die strukturellen Pathologien ihrer jeweiligen Zusammenhänge, die »Versklavung in den eigenen Reihen« (Backes u. a. 1989, Bd. I, 158), in den Vordergrund. In den Argumentationsmustern schimmerten bereits »autonomistische« Ideen durch, wie sie in der Neuen Linken in dieser Zeit an Boden gewannen: In der rigorosen Zurückweisung marxistisch-leninistischer Organisationsprinzipien durch die (ehemaligen) Mitglieder und Sympathisanten war auch die Forderung enthalten, Selbst- und Gesellschaftsveränderung stärker miteinander zu verbinden und das Primat der »Politik in der ersten Person« positiv aufzugreifen. Mit dem Buch »Wir warn die stärkste der Partein«, das 1977 erschien, wurde ein solcher Ansatz anhand einer Sammlung von »Erfahrungsberichten aus der Welt der K-Gruppen« (so der Untertitel) exemplarisch vorgetragen. »Dass wir uns inmitten einer so kunstvoll wie künstlich aufgebauten Organisationswelt eingerichtet hatten und dass diese Kunstwelt uns nicht nur eine illusionäre Wahrnehmung der ›Außenwelt‹ – der gesellschaftlichen Realität – vermittelt, sondern uns auch eine ebenso künstliche Identität übergestülpt hat: Dies haben wir erst heute voll begriffen.«[5] Beklagt wurden gravierende Defizite der internen Organisationspraxen, der entfremdete, rein instrumentelle Umgang miteinander, das repressive Klima in den Gruppen, die fehlende Diskussionskultur sowie die Struktur der Hierarchie- und Befehlsketten. Das »Primat der Politik« habe einen »menschlichen« Umgang untereinander verhindert. So sehr die »Ehemaligen« mit ihren »schonungslosen« Berichten auch die Stimmung der damaligen Umbruchssituation trafen, so vernachlässigte diese Art der Aufarbeitung doch die Tatsache, dass weite Teile der ehemals antiautoritären Studentenbewegung nach der »proletarischen« Wende von 1969 das unmittelbare, »selbstbestimmte« Bedürfnis hatten, einer ML-Organisation anzugehören. Dass der Eintritt in eine der K-Gruppen einem freien Entschluss folgte, oft in Monaten des Sympathisantenstatus hart erarbeitet war, scheint in der rückschauenden Reflexion vergessen worden zu sein. Die Frage, was die Einzelnen motivierte, sich in den »Zwangszusammenhang« einer ML-Gruppe zu begeben, bleibt so weitgehend unbeantwortet. »Zu wenig wird die streckenweise absurd und verquer anmutende Formenwelt als Chiffre für ein tatsächlich vorhandenes Interesse an umwälzender Praxis analysiert; die Phänomenologie gerät zu einem Sammelsurium versponnener, exotischer Denk- und Lebensweisen einer Fraktion der Linken und entgeht deshalb nicht ganz der Denunziation.«[6]

Spaltung des KB

War die Phase bis 1977 von der Erfahrung des Aufbaus und der Ausweitung der eigenen Strukturen geprägt gewesen, so hatte sich der KB ab 1978 mit einem rapiden Zerfallsprozess auseinander zu setzen. Vor allem die Fragen nach den Ursachen des organisatorischen Niedergangs und den geeigneten Mitteln zur Krisenbewältigung gaben Anlass zu tief greifenden Kontroversen, die in wechselnden organisationsinternen »Koalitionen« ausgetragen wurden. In einer ersten Phase des Konflikts, der frühen Krisendebatte ab Juni 1978, standen dem Mainstream des Gesamtverbands noch eher diffuse »spontaneistische« Strömungen gegenüber. In einer zweiten Phase trat mit der »Kritikfraktion« ab Juni 1979 eine (schwach) strukturierte interne Gruppe dem Leitenden Gremium opponierend gegenüber, die aber gemessen an den folgenden internen Auseinandersetzungen marginal und isoliert blieb. Erst in der dritten Phase ab August 1979, dem Dissens zwischen der Zentrumsfraktion und der so genannten »Mehrheit«, an dessen Beginn ein Bruch innerhalb des obersten Führungsgremiums des KB stand, geriet der Gesamtverband in die umfassende Polarisierung, die schließlich im Dezember 1979 zu seiner Spaltung führte.

Organisatorischer Niedergang

1978 hatte der KB über 40 Prozent, kurz vor seiner Spaltung im Dezember 1979 schon 60 Prozent seiner Mitglieder und Sympathisanten eingebüßt.[7] Die Anzahl der Aktiven war damit von 2.500 (1977) auf 1.000 (1979) gesunken. Den KB verließen in diesem Zeitraum gerade auch solche Kader, die dem Bund seit Gründung angehört hatten und die nun, nachdem sie jahrelang »gerödelt« hatten, als stünde »die Revolution« unmittelbar bevor, ausgebrannt waren. Zudem waren viele, die zur Zeit ihrer Hochschulausbildung die politische Arbeit aufgenommen hatten, nun in ihrer biografischen Entwicklung an einen Punkt gelangt, an dem sich zunehmend die Frage nach den weiteren privaten und beruflichen Perspektiven stellte. In diesem Zusammenhang war intern auch von einer »Theorie der totalen Pendelschläge« die Rede. Der »Trend zum Ausstieg aus der Politik« betreffe oft gerade die Kader, die jahrelang eine »Verzichtsideologie« propagiert und ihr gesamtes Leben in den Dienst der politischen Arbeit gestellt hätten. »Privatleben« und »Freizeit« seien für diese Aktiven Fremdworte gewesen. Folge dieser Lebenspraxen seien Verschleißerscheinungen, die bei Einzelnen bis zu gesundheitlichen Beeinträchtigungen geführt haben sollen. Als Alternative erschien in dieser Situation der »Rückzug ins Privatleben«.[8]

In der Folge dieser Entwicklung kam es zum Zusammenbruch ganzer Strukturen. Ortsgruppen mussten mangels Masse aufgelöst werden wie 1979 die vormals für den KB so wichtige OG Westberlin. Der *AK* hatte 1978 ebenfalls starke Einbußen zu verzeichnen. Die Auflage des Blattes hatte sich innerhalb kurzer Zeit von 27.500 (April 1977) auf 12.000 Exemplare (August 1978) mehr als halbiert. Die Kommissionen, seit 1975 breiter Unterbau der Zeitungsarbeit, arbeiteten 1978 teilweise nur noch auf der Basis von »ein bis eineinhalb Mitarbeitern«.[9] Im Juli 1979 wurde das weitere Erscheinen des *AK* aufgrund der katastrophalen Finanzlage als »tendenziell« fraglich bezeichnet.[10] Die Beitragsrückstände der Mitglieder sollen im Oktober 1979 auf bis zu 50.000 DM aufgelaufen sein; die »Beitragsmoral« war im Keller.[11] Der Zerfall des KB betraf auch dessen Suborganisationen. 1978 trennte sich der Bund aus ideologischen Gründen vom ohnehin mitgliederschwachen SSB (Schule).[12] Das Blatt *Rebell* wurde auf Geheiß des LG wenig später eingestellt, da eine »eigenständige Jugendarbeit« des KB faktisch nicht mehr existent sei.[13] Ähnliches war über das Engagement des Bundes an den Hochschulen zu berichten, wo nur noch »vereinzelt Genossen« aktiv gewesen sein sollen.[14] Die *Solidarität*, Organ des SSB (Hochschule) sowie des Göttinger KHB, wurde 1979 nach einer Halbierung der Auflage gegenüber 1977 ebenfalls aufgegeben.

Frühe Krisendebatte

Die »Krisendebatte« fand ihren Auftakt mit der Veröffentlichung eines Briefes von »M.«, ehemals Mitglied des Schul-SSB und gerade ausgetreten, an »R.«, der dem KB schon vor längerer Zeit den Rücken gekehrt hatte, im Juni 1978 im *AK*. »M.«, der den KB weiterhin als eine unterstützenswerte Organisation begriff, reflektierte die Krise des Bundes als Ausdruck der Verfassung seiner innerorganisatorischen Strukturen.[15] Das Klima an der Basis der Gruppe sei von Entfremdung, Konkurrenz, Leistungsdenken und Erfolgsprinzip unter dem Primat eines überwiegend technisch verstandenen Politikbegriffs geprägt. Die »Termine« dienten oft ausschließlich der »Kontrolle« und der »Verteilung weiterer Aufgaben«. Anerkennung finde lediglich die »vorweisbare Arbeit«, die Zahl verkaufter *AK*, das quantitative Ergebnis einer bestimmten Mobilisierung. Die Praxis sei vollkommen von den eigenen »persönlichen« Problemen, Interessen und Bedürfnissen entkoppelt. »Wer derart privat und politisch trennt, ist kein Revolutionär, sondern ein gewöhnlicher breitarschiger Spießer.«[16]

In einer zusammen mit dem offenen Brief von »M.« abgedruckten LG-Erklärung (»redaktioneller Kommentar«) wurde dessen Kritik zurückgewiesen.[17] Mit der Austrittswelle aus dem Bund, so hieß es hier, aktualisiere sich lediglich eine Problematik, die seit SALZ-Zeiten bekannt sei: die des »Ausflippens«. Den »Renegaten« wurde hiermit eine »politische Kritik an der allgemeinen Richtung der Politik des KB« weitgehend abgesprochen. Vielmehr wollten sich diese mit ihrem Austritt auf einfache Weise den Anstrengungen politischer Arbeit entziehen, um so ihren »individuellen Bedürfnissen« frönen zu können. Andererseits wurde eingeräumt, dass viele der »Weggeflippten« sich jahrelang unter Vernachlässigung des Privatlebens für die Organisation »abgerackert« hätten – und nun verständlicherweise »müde« und »ausgebrannt« seien. Zudem wurde »M.« zugestimmt, dass die »Veränderung der zwischenmenschlichen Beziehungen nicht erst bis auf den Tag nach der Erstürmung des Kanzlerbungalows aufgeschoben« werden könne, sondern »schon heute« beginnen müsse. »Das lenkt, richtig angepackt, nicht vom sozialistischen Ziel ab, sondern dient ihm.« An einem sei allerdings nicht zu rütteln: Die »revolutionäre kommunistische Organisation« könne nur vorankommen, wenn die Einzelnen bereit seien, »politische Leistung« zu bringen, und nicht mit dem von den Spontis praktizierten »Bockprinzip«.

Die Veröffentlichung dieser Beiträge löste innerhalb des KB eine breite Debatte aus, an der sich auch viele »Ehemalige« beteiligten.[18] Die Reduzierung der Massenaustritte auf ein »Flipperproblem« wurde von vielen als »arrogant« und »besserwisserisch« zurückgewiesen. Die zentralen Leitungsorgane wurden aufgefordert, sich nicht länger als »unfehlbarer Olymp« darzustellen, der an der Situation des KB schuldlos sei. Im Zentrum der Auseinandersetzung standen die Kritik an den internen Strukturen des Bundes sowie die Frage nach seinem organisatorischen Selbstverständnis. Der KB nahm damit nach fast siebenjähriger Existenz erstmals in seiner Geschichte eine »kritische Bilanz und Überprüfung« seiner Gesamtkonzeption vor. Seiner »Tradition« entsprechend fand diese nicht nur in internen Papieren, sondern auch in der Öffentlichkeit der eigenen Medien (*AK, UW*) statt. Bemerkenswert an dieser Debatte, die zunächst bis Ende des Jahres 1978 andauerte, war, dass sie im Gegensatz zu den Krisendiskursen anderer K-Gruppen weder von einem denunziatorischen Tenor noch von der stereotypen Dichotomie aus »Opfern« (Basis) und »Tätern« (Führung) geprägt war. Knut Mellenthin (»Kt.«), der in einem *AK*-Beitrag die entscheidende Frage nach dem zukünftigen Charakter der Organisation aufgeworfen hatte, ging davon aus, dass viele der neuen Mitglieder »im Grunde etwas anderes wollen als den Marxismus-Leninismus und die revolutionäre kommunistische Organisation«.[19] Ähnlich argumentierte »Willi« Goltermann, der unterstellte, dass sich viele KB-Genoss(inn)en mittlerweile mehr der »spontanen« Bewegung verpflichtet fühlten als der »politischen Organisation, deren Mitglieder sie sind«.[20]

Die Kritik am innerorganisatorischen Zustand des KB konzentrierte sich zum einen auf das allgemeine »Gruppenklima« und zum anderen auf die Defizite der Anleitung. Die »Kampagnenhuberei« des KB sowie sein praktizistischer Ansatz, die sich bietenden politischen »Marktlücken« zu operationalisieren, hätten einen immensen Arbeitsdruck erzeugt, der von den Einzelnen auch wegen der ausbleibenden Erfolge längerfristig nicht zu tragen sei. In den Zellen herrsche eine Stimmung von Überforderung, Aggression, Frustration, Resignation, Unmut und Arbeitsverweigerung. Verschärfend komme hinzu, dass im Zuge der (Selbst-) Funktionalisierung der Einzelnen zu »Politrobotern« die zwischenmenschlichen Beziehungen in den Grundeinheiten und Bereichen auf instrumentelle Aspekte reduziert worden seien und persönliche Probleme dem Primat des Politischen zum Opfer fielen. Angesichts der ständigen »Rödelei« bleibe für ein Privatleben ohnehin kaum mehr Raum; der Kosmos der Einzelnen sei auf die Organisation verengt. Zudem wurde den Anleitungsgremien vorgeworfen, das Problem noch zu verstärken, indem sie die »von oben« getroffenen politischen Entscheidungen in »schematischen« Arbeitsanweisungen an die Basis vermittelten, ohne auf die besonderen Bedingungen vor Ort und die individuellen Bedürfnisse und Fähigkeiten der Aktivisten in den Zellen Rücksicht zu nehmen.[21]

Als das LG in Reaktion auf die zahlreichen Kritikpapiere »alle organisierten Genossen« zu einer schriftlichen Stellungnahme verpflichtete, um der »Krisendebatte« eine »konstruktive« Wende zu geben, fiel das Votum zunächst noch eindeutig aus.[22] Von den Hunderten von Briefen, Berichten, Protokollen, Stellungnahmen und Artikeln, die den KB in dieser Frage erreichten, sollen sich bis zu 95 Prozent dafür ausgesprochen haben, den KB als »kommunistische Kaderorganisation« zu erhalten.[23] Die Befürworter der Kadernorm, darunter das Leitende Gremium, das sich selbst völlig aus der Kritik herauszuhalten versuchte[24], machten für die Krise des KB mehrheitlich externe Faktoren verantwortlich. Mit dem Scheitern trikontinentaler Befreiungskämpfe seit Ende des Vietnamkriegs und dem »Ausbleiben von Fortschritten bei der Entwicklung der Arbeiterbewegung« hätten sich in den Metropolen die Rahmenbedingungen des eigenen Handelns grundsätzlich verschoben. Die spezifische innerorganisatorische Problematik des KB müsse somit als Teil der »Krise der Neuen Linken insgesamt, und keineswegs nur in der BRD«, gesehen werden. Am KB kritisiert wurde vor allem dessen »prinzipienlose Aufnahmepolitik«, mit der sich die Organisation »spontaneistischen und reformistischen Strömungen« geöffnet habe. In Zukunft sollte daher stärker auf die »Schulung« und die systematische »Weiterbildung« aller Mitglieder und Sympathisanten geachtet werden.[25] Zur Verbesserung des Klimas im KB wurde zudem eine Umgestaltung der internen Strukturen unter dem Motto »Die Praxis rationalisieren!« vorgeschlagen. »Lieber weniger, aber besser!« lautete nun die Maxime, mit der »sinnlosen Terminschlachten« Einhalt geboten und ein professionellerer »Arbeitsstil« etabliert werden sollte.[26] Weitere Verbesserungsvorschläge zielten auf eine Demokratisierung der Anleitungsstrukturen. So sollten die entsprechenden Gremien (vom LG bis zu den Komitees) von nun an gewählt werden und rechenschaftspflichtig sein und mit der Erstellung und Veröffentlichung von Beschlussprotokollen und Rundbriefen eine stärkere Transparenz und Mitsprache der Basis ermöglicht werden.[27]

Im Weiteren zeigte sich dann allerdings, wie widersprüchlich und interpretationsbedürftig die hier begründete Norm der Restrukturierung des KB als »kommunistischer Kaderorganisation« war und wie wenig sich in ihr die Heterogenität des Bundes (seiner Mitglieder, Sympathisanten, seiner politischen Praxen, seiner realen organisatorischen Strukturen) widerspiegelte. Insofern eher autonomistische Ansätze in der internen Kritik ausschließlich eine verzerrte und denunziatorische Darstellung erfuhren (»Bockprinzip«), erschien der Streit als »Schattenboxen« gegen besonders »abwegige« Positionen[28], deren Ablehnung im KB und auch in seinem engeren Umfeld im Prinzip unumstritten war (in der gesamten Debatte gab es niemanden, der die Notwendigkeit von »Disziplin« in der politischen Arbeit in Frage gestellt hätte).

Erste AK-Debatte

Im Zusammenhang mit der beginnenden Krisendebatte im KB in der zweiten Jahreshälfte 1978 ging es auch um die weitere Perspektive des *AK*, dessen Auflagenrückgang eine »Zeitungsorganisation« wie den KB in besonderer Weise treffen musste. Im Juli 1978 schlug das LG ein »strafferes politisch-redaktionelles Konzept« vor, mit dem der Umfang des Blatts um die Hälfte reduziert, es aber gleichzeitig in seiner eher pluralistischen Gestalt erhalten werden sollte.[29] In der Debatte um diese Empfehlung sollen sich die meisten dafür ausgesprochen haben, den *AK* in seiner bisherigen Form zu erhalten, da er als »linkes Nachrichtenmagazin« und aufgrund seiner vielfältigen und relativ breiten Berichterstattung auch von denen geschätzt werde, die mit dem KB als Organisation »wenig im Sinn« hätten.[30] Eine Minderheit habe demgegenüber dafür plädiert, den *AK* stärker in Richtung eines »Zentralorgans« mit weniger Informationen und einem eindeutigen »kommunistischen Standpunkt« umzuwandeln.[31] In konzeptioneller Hinsicht blieb der *AK* zunächst unverändert. Erst im weiteren Niedergang des KB in den frühen 80er Jahren sollte es hier zu größeren Einschnitten kommen. Die Debatte um die Perspektive des *AK* vom Ende der 70er Jahre ist ein Beleg dafür, dass trotz der im Rahmen der Strukturreform beabsichtigten Abschottung gegen »autonomistische« Tendenzen eine grundlegende Veränderung der Politik des KB in Richtung »Sektierertum« in der Gruppe selbst keine Basis hatte.

Vorkongress

Um eine »Zwischenbilanz der im Sommer 1978 begonnenen Perspektivendiskussion« zu ziehen, bereitete der KB sieben Jahre nach seiner Gründung den 1. Kongress, ein bundesweites Delegiertentreffen aller Mitglieder und Sympathisanten, vor. Hier sollten programmatische Resolutionen und Thesen zu grundlegenden politischen Fragen und Arbeitsbereichen beraten und abgestimmt, die Leitungsgremien (LG, ZRK) demokratisch gewählt und ein neues Statut beschlossen werden.[32] Die genannte Aufgabenstellung entsprach der 1978 innerhalb der Organisation vorherrschenden Wahrnehmung des Niedergangs des KB als Strukturkrise.

Zur inhaltlichen Vorbereitung dieser Versammlung trafen sich 400 Delegierte zum so genannten Vorkongress, der vom 28. bis zum 30. Dezember 1978 in Hamburg tagte. Während das Leitende Gremium, die Zentrale Regionalkommission und die AG Frauen Entwürfe zu Rechenschaftsberichten vorlegten, wurden in neun Arbeitsgruppen[33] programmatische Resolutionen beraten. Alle Entwürfe sollten im Anschluss an das Treffen organisationsweit diskutiert und schließlich auf dem 1. Kongress verabschiedet werden.[34] Dieser wurde per Beschluss der Delegierten für Pfingsten 1979 anberaumt, musste dann aber verschoben werden[35] und fand schließlich erst im Januar 1980 nach der Spaltung des KB statt.

Erste Fraktionierung: die Kritikfraktion

Insofern mit dem Vorkongress ein sichtbares Zeichen des Endes der Krisendebatte gesetzt und eine Normalisierung eingeleitet werden sollte, konnte er seinen Zweck nicht erfüllen. Im Juni 1979 bildete sich erstmals innerhalb des KB in größerem Umfang ein fraktioneller Zusammenhang heraus, der gegenüber der Leitung einen »oppositionellen« Anspruch erhob, sich in eigenen Treffen organisierte und dabei auch Außenstehenden offen stand. Anfangs rechneten sich der als »Kritikfraktion« bezeichneten Gruppe etwa 40 Mitglieder des Bundes sowie einige »Ehemalige« in Hamburg zu, darunter solche, die dem KB seit Gründung angehört hatten sowie Kader der zweiten Anleitungsebene und Intellektuelle, die aktiv an der Theoriebildung des KB mitgearbeitet hatten.[36] Die eher heterogene Gruppe stimmte in der Kritik »der Strukturen« des KB überein (sie wurde daher auch als »Strukturfraktion« bezeichnet) und monierte die Ergebnisse der Krisendiskussion und deren praktische Umsetzung als unzureichend. Vom Standpunkt der hier mit Lukács und Luxemburg begründeten »Notwendigkeit einer revolutionären Organisation« wurde das Leitende Gremium massiv angegriffen. Im Rahmen der Krisendebatte hätte das LG vor allem das Ziel verfolgt, die »spontaneistischen« Kritiker aus der Organisation hinauszudrängen, um den KB auf dem Wege des »Gesundschrumpfens« als »Lenin-Revival-Trupp« der »150-Prozentigen« zu rekonstruieren. Die »Krise« könne aber letztlich nur überwunden werden, wenn es gelinge, das kritische Potenzial zu integrieren und die Strukturreform als »Schritt der politischen Emanzipation der Basis unserer Organisation gegenüber ihrer Leitung« zu realisieren.[37]

Die »offizielle« Reaktion des KB auf die Kritikfraktion fiel abwehrend und polemisch aus. Das Hamburger Zentrum, ein Anleitungsgremium bestimmter Bereiche und Bezirke des KB vor Ort (das hier noch im »Mainstream« des Bundes argumentierte, wenige Monate später aber selbst zur oppositionellen Fraktion wurde), warf den »Kritikern« vor, bestimmte interne Defizite zu den zentralen Ursachen der »KB-Krise« zu erklären, ohne die maßgeblichen externen Faktoren in ausreichender Weise zu berücksichtigen. Eine »ernsthafte Diskussion« sei auf Basis des »Kritikpapiers« daher nicht möglich. Der Fraktion gehe es letztlich darum, »den KB als eine auf den Aufbau einer kommunistischen Partei abzielende Organisation« in Frage zu stellen.[38] Das LG-Mitglied Mellenthin räumte zwar ein, dass es für eine negative Bewertung der internen Organisationspraxis des KB »viele konkrete Ansatzpunkte« gebe. Die »hervorragenden Kritiker«, so Mellenthin weiter in einem unverkennbar leninistischen Duktus, gestalteten daraus aber ein »Kollosalgemälde«, das sie nun als »Attraktion« zu einer diffusen Sammlung nutzten. Ihr Ziel sei nicht die Reform der KB-Strukturen, sondern die Auflösung des Bundes. Dass Mellenthin deren Äußerungen zum Anlass nahm, die »Unvermeidlichkeit« zu betonen, den politischen Meinungsstreit im KB notfalls bis zu einer »organisatorischen Spaltung« voranzutreiben, musste jenen als Drohung erscheinen.[39]

Im August 1978 legte das LG seine »Thesen zur Bildung von Fraktionen im KB« zur Diskussion vor, denen 85 Prozent aller am internen Abstimmungsprozess Beteiligten zugestimmt haben sollen. Zwar sprach sich das LG in seinem Papier generell für die Bildung von Fraktionen als »wichtigem Instrument« zur Klärung interner politischer Kontroversen aus, bezeichnete jedoch gleichzeitig die »so genannte Kritikfraktion« als reine »Sammlungsbewegung« außerhalb des KB. Ihr Zusammenhalt basiere nämlich auf »beliebigen Differenzen« zu »beliebigen Aspekten der Politik« oder der »Strukturen« des KB, was letztlich keine diskutierbaren Anschauungen seien. In einem die »Thesen« abschließenden Passus erklärte das LG die »Mitgliedschaft« in der Kritikfraktion für unvereinbar mit einem weiteren Verbleib im KB, was für die Betroffenen den Schluss nahe legte, dass die »Thesen« einzig zu dem Zweck formuliert worden waren, »unseren Ausschluss zu betreiben und von der Basis absegnen zu lassen«.[40] Ende Oktober 1979 (mitten in dem folgenden Konflikt zwischen Zentrumsleitung und LG-Mehrheit) erklärten die »Kritiker« ihren Austritt aus dem KB mit der Begründung, dass ihnen eine Auseinandersetzung um die aufgeworfenen strukturellen und politischen Fragen im KB unmöglich gemacht worden sei. Dies offenbare, dass auch der KB »als bekanntermaßen undogmatische ML-Organisation« nicht in der Lage sei, »über den Schatten der unreflektiert übernommenen Kader- und Avantgardestrukturen der Partei Lenins und Stalins zu springen«.[41]

Göttinger Debatte: Grauzonen des Feminismus

Mit der Veröffentlichung zweier Beiträge aus der Göttinger Ortsgruppe des Bundes im *AK* im Juni 1979 fand die Krisendebatte von 1978 ihre Fortführung und eine inhaltliche Zuspitzung.[42] Hatten zuvor die aus dem »Primat des Politischen« abgeleiteten »Strukturen« (die Hierarchien, die Verkehrsformen, das Arbeitsklima) im Zentrum der Kritik gestanden, so wurde nun im Umkehrschluss die Individualisierung und »Entpolitisierung« der Mitglieder für die »Krise« des KB verantwortlich gemacht. Während die Auseinandersetzung um »grundlegende Fragen des Kommunismus«, etwa die Faschisierungsthese, zu einem »Anachronismus« geworden sei, habe sich das »aktive Interesse« im KB immer stärker auf Problematiken des persönlichen Bereichs verlagert. »Ist es die hohe Zeit der Sterilisationsdebatten? Oder der S/M-Diskussionen? So lebhaft die Debatte über diese Fragen geführt wird, geht doch von ihr ein penetranter Leichengeruch aus.«[43] Die »Krise« des Bundes sei letztlich eine Folge »überhöhter Erwartungen an die Rolle einer kommunistischen Organisation« bei der Lösung »privater Probleme«.

Die »Entpolitisierung« innerhalb des KB lasteten die Göttinger Genossen »Ha.« und »Kl.« vor allem der Frauenpolitik des KB an, der sie eine »offene ideologische Flanke« zum Feminismus bescheinigten, über die entsprechende »subjektivistische« Ideologien im Bund virulent geworden seien. Im KB existiere, wie es polemisch hieß, eine »Grauzone des Feminismus«, in der sich Genossinnen bewegten, die im Grunde die wichtigsten Positionen der autonomen Frauenbewegung teilten (Patriarchatskritik, »Politik in der ersten Person«, geschlechtliche organisatorische Separierung) und zu ihrer Gruppe lediglich ein »taktisch motiviertes Verhältnis« hätten. Welche Ausmaße dieser »Sumpf« bereits angenommen habe, zeige sich auch darin, welche Bücher »derzeit von unseren Genossinnen« gelesen werden.[44] »Resignative Titel«[45] hätten innerhalb des Bundes einen »festen Leserstamm«. Es häuften sich die an den *AK* gerichteten Leserbriefe, welche die »schlechtesten Seiten« dieser »Krisenliteratur«, nämlich »die

Reduzierung der Politik aufs Private«, auf die Spitze trieben. Für »Ha.« und »Kl.« stand fest: Nur über die Zurückdrängung feministischer Tendenzen im KB war die »ideologische Krise« des Bundes zu überwinden und das »Überleben der Organisation« zu sichern.[46]

Den Göttinger Beiträgen folgte eine Reihe von *AK*-Artikeln, in denen sich die Empörung über den »Chauvinismus« der beiden Autoren entlud.[47] Ulla Jelpke wehrte sich dagegen, die Frauenpolitik des KB zum »Sündenbock« für die »Krise« der Organisation zu machen, und stritt die Existenz relevanter feministischer Strömungen innerhalb der Gruppe kategorisch ab.[48] Knut Mellenthin widersprach dem Ansatz, die Einbeziehung privater Probleme in die politische Praxis als Ausdruck ideologischer Schwäche zu interpretieren, und warnte vor einer »Rückbesinnung auf die wesentlichen Fragen« unter Ausblendung des »Persönlichen«.[49] Heinrich Eckhoff fand es falsch, die »Krise« des KB auf den Widerspruch zwischen »der Hinwendung zu privaten, persönlichen Problemen und Bedürfnissen und der Abkehr vom politischen Kampf« zu reduzieren, und schlug eine grundsätzlichere Diskussion über das Thema »Individuum und Organisation, persönliche Emanzipation und politischer Kampf« vor.[50]

Andererseits soll es zahlreiche KB-Akteure gegeben haben, darunter auch einige der »nicht unwichtigen Genossen«, denen die Göttinger mit ihren Artikeln »aus der Seele gesprochen« hätten.[51] Meinungen dieser Art wurden allerdings kaum öffentlich artikuliert, sollen aber an Kneipentischen und in Gesprächen »unter der Hand« geradezu dominierend gewesen sein.[52] Mellenthins Befürchtung, dass die beiden Göttinger Beiträge zu einer »höchst schädlichen Polarisierung« des KB führen könnten, sollte sich in der Folge bestätigen.[53] Tatsächlich war diese Debatte der Auftakt eines Prozesses, an dessen Ende die Spaltung des Bundes stand. Als Protagonist dieses Bruchs trat ein Zusammenhang in Erscheinung, der sich in der Auseinandersetzung mit den Positionen der Göttinger Genossen zunächst zurückgehalten hatte, sich diese aber wenig später weitgehend zu Eigen machte: das Hamburger Zentrum.[54]

Zentrumsdebatte

In der *AK*-Ausgabe vom 20. August 1979 publizierte die Leitung des Zentrums (ZL) eine Stellungnahme zur Krisendebatte[55], die nach der Diskussion um die Göttinger Beiträge zunächst kurzfristig abgeflaut war. Der Veröffentlichung der ZL folgten dann jedoch unmittelbar und in einer »rasanten Eskalation die bisher heißesten und gefährlichsten Tage« im KB, die die Organisation bereits zu diesem Zeitpunkt an den Rand der Spaltung führten.[56] Das LG, das am Erscheinungstag des genannten Artikels zu einer routinemäßigen Sitzung zusammenkam, erklärte, dass die von der ZL vorgetragene Position lediglich der Meinung einer »Minderheit des LG« entspreche (womit die zwei der elf Mitglieder des

Führungszirkels gemeint waren, die gleichzeitig der Zentrumsleitung angehörten, nämlich »Willi« Goltermann und Eva Hubert). Für die nächste Ausgabe des *AK* wurde eine »Gegenstellungnahme« der »Mehrheit des LG« angekündigt.[57] Mit ihrem Auftreten, so hieß es dort, bringe die ZL den KB »beispiellos leichtfertig« an den Rand der Spaltung und setze die Existenz der gesamten Organisation aufs Spiel. Am 22. August 1979, zwei Tage nach dem LG-Treffen, spitzte sich die Situation innerhalb des Bundes entscheidend zu. Die ZL machte hier auf einem Plenum des Hamburger Zentrums deutlich, dass sie vor organisatorischen Konsequenzen (von der Niederlegung der politischen Funktionen über die Fraktionsbildung bis zum kollektiven Austritt) nicht zurückschrecken werde, wenn die von der Mehrheit des LG gegen sie »organisierte Hetzkampagne« nicht sofort eingestellt werde (zumindest die Austrittsdrohung wurde einige Tage später von der ZL zurückgenommen).[58]

Das auf die »tollen Tage« im August[59] folgende innerorganisatorische Handgemenge, wie es zuvor für den KB keineswegs typisch gewesen war, vollzog sich unter dem Eindruck einer über einjährigen Krisendebatte, in der es nicht gelungen war, den organisatorischen Abwärtstrend umzukehren. Im Gegensatz zu den vorangegangenen internen Konflikten war die nun beginnende Auseinandersetzung für den KB in dreifacher Weise gravierend: *Erstens* spaltete sich die Organisation auf zentraler Ebene (während die Fraktionierungen zuvor nur Randbereiche betroffen hatten). Das LG selbst zerfiel jetzt in zwei einander heftig bekämpfende Gruppen, das Zentrum auf der einen Seite, die LG-Mehrheit auf der anderen. *Zweitens* kam es in Folge dieser Entwicklung zu einer nahezu totalen, alle Bereiche der Organisation betreffenden Polarisierung. Und *drittens* wurde der Streit in einer Art und Weise ausgetragen, die von Beginn an nur ein Ergebnis zuließ: Die Spaltung, wie sie dann vier Monate später, im Dezember des Jahres vollzogen wurde. Im August 1979 begann innerhalb des KB ein Machtkampf um die Organisation, in dem Mittel zum Tragen kamen, die die beteiligten Protagonisten jahrelang gegenüber konkurrierenden Gruppen der radikalen Linken angewandt hatten (»Kooperation und Kampf«), nun aber nach innen richteten.

Die Basis des KB wurde von dem auf Führungsebene eskalierten Streit mehr oder weniger unvermittelt getroffen. Die Organisation war so zunächst regelrecht paralysiert. Zu keinem anderen Thema waren dem Bund bis dahin so zahlreiche Stellungnahmen zugegangen.[60] Viele zeigten sich »erschüttert« über die Eskalation eines Konflikts, den sie selbst in seinen Ursachen kaum einschätzen konnten. Eine Genossin der Rosa Zelle Eimsbüttel erklärte, dass sie solche Formen des Konflikts in ihrer neunjährigen KB-Mitgliedschaft noch nicht erlebt habe. Göttinger Mitglieder des Bundes stellten fest, dass der Streit mit Methoden geführt werde, »die wir bisher nur in der Auseinandersetzung mit dem

KBW kennen gelernt haben«.[61] Mitglieder des Flensburger KB deprimierte der Streit, weil »dieser so überraschend über uns hereinbricht«.[62] Trotzdem wurde die Spaltung der Organisation an der Basis der Gruppe nahezu umfassend nachvollzogen (Stimmen eines »Mittelblocks« kam kaum Gewicht zu). Die in die Anleitungsstruktur des Zentrums eingebundenen Einheiten teilten überwiegend die Positionen der ZL, der Rest stand auf Seiten der »Mehrheit«. Dass die Spaltung des KB teilweise quer zu den aufgebauten ideologischen Fronten verlief, zeigte sich u. a. an der AG Schwule, die sich trotz ihres politischen Ansatzes (»schwule Emanzipation« hier und jetzt, vor allem im KB) der Zentrumsfraktion anschloss, die eine solche Position ja scharf bekämpfte.[63] Das »Politische« wurde mit großer Verbissenheit auch und gerade auf einer persönlichen Ebene ausgetragen. Jahrelange Freundschaften zerbrachen an der Haltung der Protagonisten zur »stolypinischen Reaktion« und den anderen Themen, wie sie zur ideologischen Begründung des Zerwürfnisses herangezogen wurden. Die Frontlinie verlief innerhalb von Wohngemeinschaften und Beziehungen. Das LG des KB (»Mehrheit«) hatte entsprechende Konflikte zu verhandeln.[64]

Der Spaltungsprozess war von einem Diskurs geprägt, in dem zwar vordergründig unterschiedliche Konzepte der Krisenbewältigung verhandelt wurden, der letztendlich aber der ideologischen Zurichtung des jeweiligen Gegners (»Hier die alten MLer, die uns jede Freude am Leben nehmen wollen, dort die Schlaffies und Sumpfer«[65]) und als Rechtfertigung für die weitere Zuspitzung diente.

Die ZL lehnte sich in ihrer Positionierung anfangs stark an die Göttinger Beiträge zur Krisendebatte an: Das »wesentliche Merkmal« des Niedergangs des KB bestehe in der »schleichenden Entsolidarisierung« seiner Mitglieder und der »um sich greifenden Zersetzung revolutionärer Moral«. Es habe eine »Verweigerungstendenz« an Boden gewonnen, so dass die notwendigen Arbeiten des politischen Alltags (von »A« wie *AK*-Verkauf bis »Z« wie Zellentermin) kaum noch verbindlich erledigt würden. Verantwortlich für diese Entwicklung seien »ideologische Fehlströmungen«, die innerhalb des Bundes an Bedeutung gewonnen hätten, ohne dass das LG diesen in der Vergangenheit in der gebotenen Schärfe entgegengetreten wäre, und die hier als »utopistisch« und »feministisch« bezeichnet waren.[66] Der zunehmende Einfluss von »individualistischen Fehlströmungen« sei Katalysator der Transformation des KB, der seinen Charakter als »revolutionäre kommunistische Organisation« zu verlieren drohe und stattdessen immer mehr zu einem »Tummelplatz aller möglichen ›emanzipatorischen‹ Ansprüche« werde.[67] »Wichtiger Hebel« zur Lösung der Krise des Bundes sei die »Rückbesinnung« auf die Klassiker des Marxismus-Leninismus.[68]

Die »Mehrheit« sah die ideologische Verfassung des KB ebenfalls als prekär an, widersprach der ZL aber in dreifacher Hinsicht. *Erstens* könne von ideo-

282

logischen »Fehl*strömungen*« im Bund keine Rede sein, lediglich von vereinzelten Tendenzen. Die ZL liefere somit bewusst ein Zerrbild des Zustands der Gruppe. In Bezug auf die behaupteten »Grauzonen des Feminismus« wurde der Zentrumsleitung vorgeworfen, »sich ohne ausreichende Sachkenntnis« in einen Bereich der Organisation einzumischen (»hineinzustümpern«), der gar nicht zu ihren Praxisfeldern gehöre und den sie nur vom Hörensagen kenne.[69] Mit dem »Utopismus« sei ein »absoluter Pappkamerad« aufgebaut worden, so LG-Mitglied Heinrich Eckhoff. *Zweitens* sei der ideologische Zustand der Organisation nicht Ursache ihrer Krise, sondern Ausdruck »objektiver Faktoren« (was ja in den internen Debatten zuvor auch von den Kadern des Zentrums gegen Teile der Basis des KB, etwa die »Kritikfraktion«, so vertreten worden war). Die im KB vorherrschende Resignation sei durch allgemeine nationale und internationale politische Entwicklungen ausgelöst worden. »Heute stehen wir vor der Situation, dass weite Teile der Linken, insbesondere der radikalen und revolutionären, den ›Glauben‹ an ein Stoppen der Faschisierung verloren haben und sich in dieser ›kalten BRD‹ einrichten oder an Emigration denken.«[70] *Drittens*, so die LG-Mehrheit, könne die Krise des KB folglich auch nicht über dessen »schärfere« ideologische Konturierung und den Ausschluss der behaupteten »Fehlströmungen« gelöst werden. Dieser Ansatz laufe auf ein »massives Rollback« gegen den gerade erst »ganz zaghaft« begonnenen Prozess der Einbeziehung des »Privaten« in die eigene politische Praxis und »eine Rekonstruktion des ML in unseren eigenen Reihen« hinaus.[71] Dagegen sah die LG-Mehrheit in der Schulung und einer restriktiveren Aufnahmepolitik den wesentlichen Schlüssel zur Bewahrung der Integrität des Bundes, wollte in einen solchen Prozess aber die Organisation in ihrer gesamten Breite und Pluralität einbezogen wissen.[72]

Eine gewissermaßen »methodische« Zuspitzung erfuhr der Konflikt zwischen »Mehrheit« und Zentrumsfraktion in der Frage nach dem normativen Charakter kommunistischer Organisierung. Nach Ansicht der ZL musste diese in ihren Strukturen und Arbeitsweisen primär auf ihre Funktion als »Zweckbündnis« zur Umwälzung der bürgerlichen Ordnung zugeschnitten sein (Kaderprinzipien, Effektivität, Disziplin).[73] Der Aspekt der Organisation als »Keimzelle der neuen Gesellschaft« und Experimentierfeld individueller und kollektiver Emanzipation sollte demgegenüber nur als »Nebenprodukt« angesehen werden.[74] Die theoretische Konstruktion war dem »kritischen« Ansatz der ZL funktional: Sie behauptete, dass innerhalb des KB bis ins LG hinein eine »recht breite Strömung« existiere, die die »Keimformseite« des Bundes strapaziere und diesen damit dem ideologischen Zerfall preisgebe.[75] Das LG (»Mehrheit«) verwahrte sich zwar gegen derartige Implikationen, ging aber weitgehend mit den normativen Auffassungen der ZL konform. Die »Mehrheit« wollte ebenfalls am zweckgerichteten Charakter des KB als kommunistischer Organisation festhalten und betonte, dass der Bund nicht zu einem »Sammelbecken« von Menschen werden dürfe, »die in erster Linie ihre persönliche Emanzipation« verfolgten. Andererseits sei jedoch keine kommunistische Organisation »ohne die individuelle Emanzipation ihrer Mitglieder von der herrschenden bürgerlichen Ideologie« denkbar.[76]

Zur Untermauerung ihrer Position im Fraktionsstreit verwies die Zentrumsleitung auf eine historische Analogie und rechtfertigte ihren Ansatz zur Krisenlösung mit dem Verweis auf »Erfahrungen« eines bestimmten Abschnitts der russischen Revolution, die »stolypinische Reaktion« der Jahre zwischen 1906 und 1911.[77] Die Auseinandersetzung im KB wurde von den Beteiligten gerade in dieser Frage mit großer sophistischer Verve geführt.[78] Die ZL behauptete unter Bezugnahme auf entsprechende Textstellen der »Werke« Lenins, dass der objektiven Faktoren geschuldete Niedergang einer kommunistischen Organisation Basis der Herausbildung einer »Avantgarde« sein könne, die sich noch unter den Bedingungen der Krise für den kommenden revolutionären Aufschwung »startklar« zu machen habe.[79] Die ZL begriff sich als eine solche Kraft und gewann dem Zerfall des KB wie der gesamten Neuen Linken folgerichtig positive Aspekte ab: Insofern seit der Entstehung der unterschiedlichen linksradikalen Spektren aus der Studentenbewegung der 60er Jahre hier »kleinbürgerlich-demokratische Tendenzen« überwogen hätten, bestehe nun die Chance eines Neuanfangs in der »Rückbesinnung« auf den Marxismus.[80] In der Erwiderung warf Knut Mellenthin der Zentrumsfraktion eine selektive Wahrnehmung geschichtlicher Prozesse vor und bewertete deren aktuelle Rückschlüsse als fatal. Die ZL versuche, Lenin zum »Ahnherrn« ihres spezifischen Konzeptes der Krisenbewältigung »umzufälschen«.[81]

Im November 1979 trat ein Thema in den Vordergrund der Krisendebatte, das zuvor innerhalb des KB keinen Dissens hervorgerufen hatte, nun aber bis zur Spaltung im Dezember des Jahres bestimmend blieb: die Politik gegenüber der grün-bunten »Wahlbewegung«. Die Frage der Einschätzung und der Praxis gegenüber der sich herausbildenden grünen Partei markierte in ihrem Kern die einzige materielle Differenz zwischen dem Zentrum, das für einen entristischen Ansatz innerhalb der Grünen stand, und der »Mehrheit«, welche sich für Blockbildung und Einflussentfaltung mithilfe alternativer Listen »von außen« einsetzte. Letztlich hätte diese Meinungsverschiedenheit für sich genommen, ohne die tiefen Gräben, die innerorganisatorisch hier bereits aufgeworfen waren, allerdings nicht zur Spaltung des Bundes führen müssen. Das gilt umso mehr, als für beide KB-Lager die »Grünenfrage« in strategische Überlegungen zu den Perspektiven linksradikaler Politik eingebettet war. Andererseits ist zu fragen, ob sich die antagonistische Positionierung in dieser Frage nicht letztlich auch vor dem Hintergrund der Polarisierung im KB seit August 1979 erklärt, zumal die ZL mit ihrer Polemik die interne Auseinandersetzung auf ein Feld lenkte, welches für sie ein originäres Terrain war (die Bunte-Liste-Politik des KB war maßgeblich von dessen Zentrumsstrukturen getragen). Insgesamt waren die von der Zentrumsleitung gewählten Themen des inner-organisatorischen Disputs zur Sammlung und Motivierung einer Konfliktpartei gut geeignet. So war etwa die Formel vom »ideologischen Zerfall« als Ursache der Krise des KB vielen innerhalb der Gruppe plausibel. Mit der Zentrumsstruktur verfügte der Ansatz darüber hinaus über einen organisierten Zusammenhang, was seine Resonanz verstärkte. Die ZL sah den »Mehrheitsblock« spiegelbildlich zu sich selbst. Das LG habe einen »Waffenstillstand« mit den internen »Fehlströmungen« geschlossen, statt diesen ideologisch entschlossen entgegenzutreten. Es betreibe eine bloße »Krisenverwaltung«, statt die anstehenden Aufgaben anzupacken. Letztlich versuchte die ZL den Eindruck zu erwecken, das Hauptproblem des KB liege im »Liberalismus« seiner Führung, die nicht bereit sei, sich mit dem »kleinbürgerlichen Sumpf« in der Organisation auseinander zu setzen.[82]

Die »Mehrheit« im KB war gegenüber diesen Angriffen deutlich in der Defensive: Sie hatte lediglich ein »Weiter so« zu bieten, also weiteren Zerfall, Passivität, Kompliziertheit im Vorhandensein unterschiedlicher Positionen, ideologische Gemengelage. Allerdings formierte sich auch auf Seiten der »Mehrheit« ein Block, dessen Identität ebenfalls stark von der Abgrenzung von dem innerorganisatorischen Gegenüber geprägt war. Die »Mehrheit« trat der Kritik der ZL als Vertreterin der Bewahrung des KB in seiner historisch gewachsenen »pragmatisch-pluralistischen« Form entgegen. Die Kader der Zentrumsfraktion erschienen in dieser Sicht als »ungeduldige Hasardeure«, die auf der Grundlage einer nachvollziehbaren »revolutionären Ungeduld« einem »Krisenkoller« zum Opfer gefallen seien.[83]

Spaltung

Trotz der Eskalation seit August 1979 versuchten die KB-Gremien zunächst weiter zusammenzuarbeiten. Ziel dieser Praxis scheint es gewesen zu sein, die eigene Fraktion aus der Spaltung, die von beiden Lagern im Grunde schon früh als unvermeidlich, vielleicht sogar als wünschenswert angesehen wurde, gestärkt hervorgehen zu lassen. Auch das LG blieb so anfangs in seiner kompletten Besetzung erhalten (Anträge wurden nun überwiegend bei »zwei Gegenstimmen« angenommen). Auf mehreren Konferenzen des KB in Hamburg (Delegierte aller Einheiten plus LG, ZRK, AG Frauen und ZL) und auf bundesweiter Ebene wurde der »Krisendiskurs« geführt. Auch kam es zu Treffen von LG und ZL. Das Leitende Gremium (»Mehrheit«) ging gleichzeitig mit exekutiven Maßnahmen gegen das Zentrum vor (Anmahnung von Berichten, Androhung und Vollzug von »Beurlaubungen« und Ausschlüssen) und versuchte die ZL dazu zu bewegen, ihren Zusammenhang zur »Fraktion« zu erklären, um diesen einerseits organisatorisch stärker in die Pflicht nehmen zu können und um andererseits den internen Bruch evident werden zu lassen.[84] Die Zentrumsleitung lehnte einen solchen Schritt zunächst ab, bildete aber gleichzeitig eigene Strukturen heraus. Es fanden Zusammenkünfte statt, die anfangs unverbindlich als »Diskussionsrunde« bezeichnet wurden. Etwa ab Oktober 1979 sollen die Anhänger der ZL dann aber dazu übergegangen sein, ihre Beitragszahlungen an den KB einzustellen bzw. zu reduzieren. Die LG-Mehrheit stornierte daraufhin die Lohnbuchungen an die vier »freigestellten« KB-Funktionäre, die gleichzeitig der ZL angehörten (das waren Goltermann, Ebermann, Borsum und Reents).[85]

Eine weitere Verschärfung der Situation ergab sich am Wochenende des 24./25. November 1979, an dem die ZL alle Mitglieder des KB, »die weitgehend oder auch nur punktuell mit unseren Ansichten übereinstimmen oder sympathisieren«[86], zu einem bundesweiten Treffen nach Hamburg eingeladen hatte. Die LG-Mehrheit stellte fest, dass die Einberufung einer »fraktionellen Bundeskonferenz« durch die ZL im Widerspruch zu dem Umstand stehe, dass sich diese »immer noch nicht offiziell und verbindlich über ihren Status geäußert« habe.[87] Noch während die ZL-Konferenz mit mehreren Hundert Teilnehmern in vollem Gange war, beschloss das LG (»gegen zwei Stimmen«) am 25.11. die sofortige »Beurlaubung« der sechs Mitglieder der ZL. Diesen wurde vorgeworfen, eine »Fraktion mit ungefähr 200 Anhängern« anzuleiten und eine sich »immer mehr steigernde öffentliche Polemik gegen die Organisationsmehrheit« zu führen, wobei insbesondere mit der Behauptung der ZL, der KB betreibe eine »Abkehr von der Wahlbewegung«, für die LG-Mehrheit »endgültig das Maß des Erträglichen« überschritten worden sei. Mit ihrer »Beurlaubung« sollte den Mitgliedern der ZL »die nötige Zeit und Ruhe« gegeben werden, »ihr Verhalten selbstkritisch zu überdenken«. Zugleich sollte die Maßnahme als »Warnsignal an die gesamte ZL-Fraktion« verstanden werden, dass es »Narrenfreiheit für diffamatorische Unterstellungen und organisationsschädigendes Treiben« künftig nicht mehr geben werde.[88]

Als dieser Beschluss am zweiten Tag der ZL-Konferenz bekannt wurde, sah sich das Plenum zunächst veranlasst, die als »Gäste« anwesenden Kader der »Mehrheit«, darunter solche des LG und der AG Frauen, des Saales zu verweisen. In einem folgenden Schritt erklärte sich die Versammlung zur »Fraktion«[89], wobei sich 114 Mitglieder noch im Verlaufe des Sonntags in die entsprechende Liste eingetragen haben sollen. Es wurde eine vorläufige, zwölfköpfige Fraktionsleitung gebildet, der die sechs Mitglieder der alten ZL angehörten.[90] Nach mehrstündiger Debatte verabschiedete die Versammlung eine »Vorläufige Plattform der Zentrumsfraktion«.[91] In der Folge trat dieser Zusammenhang mit einem offen fraktionellen Selbstverständnis (eigene Strukturen, Kasse, Leitung, Treffen, Presse) auf und leitete aus seinem Status sehr weitgehende Autonomierechte innerhalb des KB ab.[92]

Dass das interne Zerwürfnis damit irreversibel geworden war, zeigte sich auf einer Vollversammlung der Bunten Liste in Hamburg am 1. und 2. Dezember 1979, wo Vertreter der Zentrumsfraktion und der »Mehrheit« aneinander gerieten. Die Ereignisse am ersten Dezemberwochenende stellten nach Meinung des (dezimierten) LG den »bisherigen Höhepunkt und wohl auch endgültigen Wendepunkt der fraktionellen Auseinandersetzung« im KB dar. Vordergründig ging es um das Verhalten von drei Vorstandsmitgliedern der Buli, die der Bundesgeschäftsstelle der SPV – Die Grünen in Bonn in einem Brief den Übertritt der gesamten Bunten Liste in Aussicht gestellt und um die Übersendung von »200 oder mehr Beitrittsformularen« gebeten hatten. Hintergrund dieser Initiative war das auf der Offenbacher Versammlung der SPV Anfang November verabschiedete Ultimatum, mit dem die bunt-alternativen Listen nur über den individuellen Beitritt ihrer Mitglieder bis zum 20. Dezember 1979 Delegiertenstatus für die Gründungskonferenz der Grünen Mitte Januar 1980 in Karlsruhe erlangen konnten. Der zentrale Gegenstand der Kontroverse bestand damit in der Frage, wie die Beteiligung an der grünen Partei gestaltet werden sollte, nämlich entristisch, was einen Beitritt in der gesetzten Frist notwendig machte, wollte man die Rahmenbedingungen der Parteigründung mitbestimmen, oder als alternativer »Block« von außen, was eine Mitgliedschaft in den Grünen im Grunde ausschloss. Nach heftiger Kritik an ihrem Vorgehen nahmen die Initiatoren des Übertritts der Hamburger Buli in die SPV ihr Vorhaben noch auf der Mitgliederversammlung als »private Meinung« zurück.[93]

Die dann folgenden Vorstandswahlen gerieten jedoch zur Schlammschlacht. Die in der Fraktionsleitung des Zentrums vertretene Eva Hubert, die bis zu ihrem faktischen Ausschluss auch LG-Mitglied gewesen war, sprach davon, dass sie sich schäme, dem KB anzugehören, der hier »brutale Machtpolitik« betreibe. Dieser habe seine Vertreter als »Stimmvieh« herangekarrt, um die Versammlung der Bunten Liste zu majorisieren.[94] Die LG-Mehrheit fühlte sich von solchen und ähnlichen Äußerungen verraten und sprach davon, dass die ZL mit ihrem »verantwortungslosen Geschwätz« den »Opportunisten in der Wahlbewegung« die Munition frei Haus liefere.[95] Das Verhalten der ZL auf einem öffentlichen Treffen wurde als großer Vertrauensbruch empfunden, in dessen Folge sich die Ausschlussanträge gegen Aktive des Zentrums gehäuft haben sollen.[96] Der Eklat markierte auch das Ende der Bunten Liste in ihrer bisherigen Form, da sie nun an den von der KB-Spaltung vorgegebenen Bruchlinien auseinander zu fallen drohte und im Laufe der folgenden Monate zunehmend handlungsunfähig wurde (vgl. Klotzsch u. a. 1986, 1566). Die auf das Zentrum des KB bezogene Minderheit der Liste forcierte eine Kampagne zum Beitritt in die SPV. Diese hatte zuvor in Hamburg lediglich 102 Mitglieder, vornehmlich des bürgerlich-ökologischen Lagers, umfasst und wuchs nun bis zum Stichtag am 20. Dezember auf 734 Personen an, wobei an einem einzigen Tag innerhalb weniger Stunden 252 Neuzugänge registriert worden sein sollen – eine Zahl, die in etwa der Fraktionsstärke des Zentrums entsprach (vgl. van Hüllen 1990, 223f).

Mit dieser Entwicklung war die Spaltung des KB praktisch, wenn auch noch nicht formell vollzogen. Bereits unmittelbar nach dem Ausschluss der ZL-Kader aus dem LG hatten beide Fraktionen »hinter den Kulissen« mit der *technischen* Abwicklung der Separation begonnen, die entgegen dem Klima »offener Feindseligkeiten«[97] in überraschend konstruktiver Weise vonstatten ging. Goltermann, der seit Gründung des KB bis zu seiner »Beurlaubung« die »Finanzhoheit« im Bund innegehabt hatte, überschrieb die gesamten Rücklagen der Organisation, ein Sparbuch mit 450.000 DM, auf das LG-Mitglied Hans-Hermann Teichler.[98] Verhandlungen über die technischen und finanziellen Aspekte der organisatorischen Trennung ergaben, soweit notwendig, die »schnellstmögliche unbürokratische Überschreibung« aller juristischen Titel an von der »Mehrheit« bestimmte Kader (Apparat, Verlag, Buchladen). Im Gegenzug sollte eine einmalige Zahlung (»Starthilfe«) von 50.000 DM an die Zentrumsfraktion erfolgen, die diese Lösung akzeptierte, aber zu bedenken gab, dass von einer »korrekten anteiligen Übergabe von KB-Besitz, der auch von unserer Fraktion in ganz beträchtlichem Maß mit zusammengetragen wurde«, keine Rede sein könne.[99]

Am 10. Dezember 1979 kam die Fraktionsleitung des Zentrums zu ihrer konstituierenden Sitzung zusammen. Eine Woche zuvor hatte dieses Gremium bei einem ersten »provisorischen« Treffen dem LG »mit sofortiger Wirkung« das Disziplinarrecht über die Mitglieder seiner Fraktion entzogen.[100] Weitere Anträge zur »Beurlaubung« wollte das LG aber ohnehin nicht mehr behandeln, da es, »soweit es um die gewöhnlichen unsolidarischen und spalterischen Machenschaften der gesamten ZL-Fraktion« gehe, die Problematik in einer »anstehenden Gesamtlösung« zu klären beabsichtigte, nämlich durch die »organisatorische Trennung«.[101] In einem *AK*-Artikel des LG, der als Entwurf in vielen Bereichen des KB diskutiert und für gut befunden worden sein soll, war diese Überlegung erstmals offen geäußert worden. Unter der Zwischenzeile »Getrennt marschieren« hieß es hier, dass es »allerhöchste Zeit« sei, den gegenwärtigen Zustand im KB zu beenden. Dies könne nur durch eine organisatorische Trennung der ZL-Fraktion vom KB erreicht werden, da die Zusammenarbeit in *einer* Organisation sich »vorerst als unmöglich« erwiesen habe. »Wir befürworten, dass die ZL-Fraktion sich als autonome Organisation formiert – mit eigener Leitung, eigenen Strukturen, eigenem Zentralorgan, eigenen Finanzen.«[102] Auf zwei Delegiertenkonferenzen des KB in Hamburg (17.12., örtliche Strukturen) und Kassel (22.12., bundesweit) wurde die Spaltung des Bundes dann in einem letzten formellen Akt auf der Basis dieser Erklärung besiegelt.[103] Die Frage, wer diese Entwicklung letztlich zu verantworten hatte, blieb zwischen beiden Fraktionen bis zum Ende strittig. In dem Bemühen, im Auseinanderfallen des Bundes einen möglichst großen Teil der Basis an sich zu binden (das Zentrum nannte das »Schlacht um die Mehrheit« des KB), war es beiden Gruppen darum gegangen, nicht allzu offen als »Spalter« des KB aufzutreten. Die Separation des KB vollzog sich formell als Ausschluss einer Minderheit, der Zentrumsfraktion, durch die »Mehrheit«. Das LG hatte sich nach drei Monaten der Eskalation innerhalb der Organisation im Dezember 1979 für die »organisatorische Trennung der ZL-Fraktion vom KB« ausgesprochen. Dieses Votum war von der Basis der Gruppe in zwei Delegiertenversammlungen mehrheitlich abgesegnet und damit vollzogen worden. Gleichwohl widersprach das LG der Auffassung der Zentrumsfraktion, die behauptete, von der »Mehrheit« aus dem KB gedrängt worden zu sein. Das LG habe die Spaltung nicht zu verantworten, sondern mit seiner Entscheidung nur die »tatsächliche Entwicklung« registriert.[104] Die ZL stellte sich demgegenüber als Opfer der »Machtpolitik« der LG-Mehrheit dar. Diese habe die Spaltung des Bundes »zielstrebig und planmäßig seit Monaten betrieben« und versuche nun, der ZL den »schwarzen Peter« zuzuschieben. Die Zentrumsfraktion habe den KB nicht verlassen, sondern sei vielmehr ausgeschlossen worden.[105]

Heute räumen ehemalige ZL-Vertreter, wie etwa Ingo Borsum, aber durchaus ein, dass ihrem Auftreten in der Spaltung des KB vor allem ein bestimmter »taktischer Kniff« nach dem Motto »links blinken und rechts überholen« zugrunde gelegen habe. »Das war damals die einzige Möglichkeit, um nicht von vornherein als die Rechtsabweichler dazustehen und überhaupt in der Lage zu sein, größere Teile aus dem KB und seinem Umfeld mit in die Grünen hinüberzuziehen. Ich glaube, dass das, ob bewusst oder unbewusst, der Kern der Sache war.«[106] Jürgen Trittin, der Anfang 1980 in die Leitung der Gruppe Z aufgerückt war, während er zuvor als einfaches Mitglied im Göttinger KB der 70er Jahren in den Strukturen des Bundes keine besondere Rolle gespielt hatte, sieht das aus nachvollziehbaren Gründen heute ganz anders. Angesichts der zweiten »Mescalero-Affäre« Anfang 2001 betonte der Bundesumweltminister, dass er damals aus dem KB »rausgeflogen« sei, weil er entschlossen gewesen sei, »den Weg der parlamentarischen Demokratie« zu gehen.[107]

Ende Dezember 1979 verließen mit der ZL über 200 Genoss(inn)en den KB, was etwa einem Fünftel seiner Mitglieder entsprach, darunter ein hoher Anteil von Leitungskadern (u. a. Goltermann, Reents, Trampert und Ebermann). Einer Statistik des LG zufolge rekrutierten sich die »Dissidenten« zu 85 Prozent aus den Strukturen des früheren Zentrums (Hamburg, ZRK). Betroffen vom Abgang waren vor allem die Bezirksgruppen in Eimsbüttel, Barmbek und Bergedorf und der Hamburger Chemiebereich sowie die Ortsgruppen in Schleswig-Holstein, Göttingen, Hannover und Westberlin.[108] Die Zentrumsfraktion umfasste somit überwiegend Hamburger Mitglieder des KB, die in die Anleitungsstruktur des Zentrums eingebunden waren, und Mitglieder aus Ortsgruppen außerhalb der Hansestadt, die von Kadern der ZRK angeleitet wurden, die gleichzeitig der ZL angehörten. Die Zentrumsfraktion reorganisierte sich im Folgenden als Gruppe Z.

1   Rechtsputsch in China. In: Ebd., 6. Jg. (1976), Nr. 91, S. 1/3f, hier S. 1.
2   Vgl. Wir trauern um den Genossen Mao Tse-tung. In: Ebd., 6. Jg. (1976), Nr. 89, S. 1, 3-4; Maoismus – was ist das eigentlich? In: Ebd., 8. Jg. (1978), Nr. 126, S. 60f.
3   Vgl. Mao Tse-tung: Reden und Schriften.»Band V«. Hrsg. vom Verlag Arbeiterkampf. Hamburg 1977; Mao, AW I-IV.
4   Tatsächlich beinhaltet das »Original«, das im April 1977 in Peking vorgelegt wurde und 1978 in deutscher Sprache erschien (vgl. Mao, AW V), vornehmlich solche Mao-Texte, die durch eine »pragmatische Politsophistik« (Martin 1979, LXVII) gekennzeichnet sind und so der »Legitimierung der gültigen Tagespolitik« (ebd., LXX) des anfangs von Hua Guo-feng und später von Deng Hsiao-ping repräsentierten neuen Kurses (vgl. Weggel 1989, 344–354) dienten.
5   Wir warn die stärkste der Partein, a. a. O., S. 6f.
6   Schlögel: Was ich einem Linken über die Auflösung der KPD sagen würde, a. a. O., S. 14f.
7   Überlegungen zur Krise des KB. In: AK, Hamburg, 9. Jg. (1979), Nr. 166, S. 55f, hier S. 55.
8   Ma.: Noch einmal zu den Göttinger Artikeln. In: Ebd., Nr. 158, S. 43.
9   Rechenschaftsbericht des Leitenden Gremiums, a. a. O., S. 7.
10 Beschlussprotokoll, interne Schrift des LG des KB, Hamburg, 23.7.1979 u. 9.7.1979 (ak-Archiv), o. P.
11 Ebd., 29.10.1979, o. P.
12 Resolution des LG zum SSB/Schüler. In: AK, Hamburg, 8. Jg. (1978), Nr. 139, S. 55. Vgl. Arbeitsmaterialien zur Auseinandersetzung um die Jugendpolitik im KB, a. a. O.
13 Beschlussprotokoll, interne Schrift des LG des KB, Hamburg, 27.11.1978 (ak-Archiv), o. P.
14 1. Kongress des KB vom 4. bis 6. Januar 1980. Zum Stand der Kongressvorbereitungen. In: AK, Hamburg, 9. Jg. (1979), Nr. 163, S. 44f, hier S. 45.
15 Vgl. a. Leserbrief. In: Ebd., 8. Jg. (1978), Nr. 132, S. 56.
16 Wie geht´s weiter im KB? Eine Debatte, die die ganze Linke angeht. In: UW, Hamburg, (1978), extra 1, S. 3f.
17 Vgl. Rechenschaftsbericht des Leitenden Gremiums, a. a. O., S. 5; »Wir hören, du willst nicht mehr mit uns kämpfen ...« (B. Brecht). In: AK, Hamburg, 8. Jg. (1978), Nr. 132, S. 55.
18 Vgl. Wie geht´s weiter im KB? Zwischenbilanz. In: AK, Hamburg, 8. Jg. (1978), Nr. 144, S. 61f.
19 Wie geht´s weiter im KB, a. a. O., extra 1, S. 2/8/12.
20 Wie geht´s weiter im KB? Eine Debatte, die die ganze Linke angeht. In: UW, Hamburg,

(1978), extra 2, S. 4.

[21] Wie geht´s weiter im KB, a. a. O., extra 1, S. 12/28.

[22] Rechenschaftsbericht des Leitenden Gremiums, a. a. O., S. 6.

[23] Wie geht´s weiter im KB, a. a. O., extra 2, S. 2.

[24] Vgl. Rechenschaftsbericht des Leitenden Gremiums, a. a. O., S. 5f.

[25] Wie geht´s weiter im KB, a. a. O., extra 1, S. 2/31f. Ein praktisches Ergebnis dieses Vorschlags war die Veröffentlichung von »Schulungsheften«, in denen Artikel aus dem *AK* und sogar solche aus der *KAB-AZ* von 1970/71 nach thematischen Schwerpunkten erneut zum Abdruck kamen (vgl. Revisionismuskritik, in: UW, Schulungshefte des KB, Hamburg, 1. Jg., 1978, Nr. 1; Zur Kritik des »realen Sozialismus«, in: ebd., Nr. 2; Zur Kritik des »Eurokommunismus«, in: ebd., 2. Jg., 1979, Nr. 3; Frauenpolitik, in: ebd., Nr. 4). Die Auflage dieses in lediglich vier Ausgaben erschienenen Periodikums lag zwischen 2.000 und 3.000 Exemplaren.

[26] Rechenschaftsbericht des Leitenden Gremiums, a. a. O., S. 6.

[27] Arbeitsgruppe innerorganisatorische Strukturen. In: UW, Hamburg, 5. Jg. (1979), Nr. 25, S. 35-37, hier S. 35. »Beschlussprotokolle« des LG, mit dem dieses seine Arbeit durchschaubarer machen wollte, wurden seit November 1978 regelmäßig ausgewählten Kadern der Gruppe zur Verfügung gestellt (vgl. Beschlussprotokoll, interne Schrift des LG des KB, Hamburg, 1978-91, ak-Archiv).

[28] Wie geht´s weiter im KB, a. a. O., extra 1, S. 8.

[29] LG schlägt neue Zeitungskonzeption vor. In: AK, Hamburg, 8. Jg. (1978), Nr. 134, S. 44.

[30] Stellungnahmen zur *AK*-Konzeption. In: Ebd., Nr. 137, S. 43-46, hier S. 44f. Vgl. Wie geht´s weiter im KB: Stellungnahmen zur *AK*-Konzeption. In: Ebd., Nr. 136, S. 38f. Vgl. acuh Leserbriefe zur Konzeption des *Arbeiterkampfs*. In: Ebd., Nr. 138, S. 44f.

[31] Rechenschaftsbericht des Leitenden Gremiums, a. a. O., S. 7.

[32] 1. Kongress des KB für 1979 beschlossen. In: AK, Hamburg, 9. Jg. (1979), Nr. 145, S. 63f, hier S. 63.

[33] Hier tagten Arbeitsgemeinschaften zu folgenden Themen: Frauen, »realer Sozialismus«/Stalinismus, Kinder, innerorganisatorische Strukturen, Betrieb und Gewerkschaft, »demokratischer Kampf«/Bündnispolitik, Internationalismus, Jugend sowie Antifaschismus.

[34] Das Diskussionsmaterial und weitere Papiere, Protokolle, Thesen wurden zwischen Januar und Dezember 1979 in dem KB-Periodikum *Unser Weg* veröffentlicht (vgl. ebd., Hamburg, 5. Jg., 1979, Nr. 25-31).

[35] Am 2. und 3. Juni 1979 fand dann ersatzweise eine Arbeitskonferenz des KB statt, an der 90 bis 100 Delegierte sowie Vertreter anderer Organisationen teilnahmen und die der »Intensivierung« der Kongressvorbereitungen dienen sollte. Die Absage des eigentlich für diesen Termin geplanten Kongresses wurde damit begründet, dass die Diskussionen innerhalb der Organisation über die programmatischen Entwürfe für diese Veranstaltung »insgesamt erst schwach« angelaufen seien. Außerdem hätte die Beschaffung genügend großer Räume Probleme bereitet. (Arbeitskonferenz des KB, in: AK, Hamburg, 9. Jg., 1979, Nr. 155, S. 52f, hier S. 52)

[36] Vgl. Zur Fraktionsbildung im KB. In: Ebd., Nr. 165, S. 52-55, hier S. 52. Einige der Verfasser der »Texte zur Stalinfrage« (a. a. O.) sollen in der Fraktion mitgearbeitet haben.

[37] »Man kann nicht mechanisch das Politische vom Organisatorischen trennen ...« (Lenin). In: UW, Hamburg, 5. Jg. (1979), Nr. 29, S. 2-6, hier S. 3-5.

[38] Karten auf den Tisch, Genossen! In: UW, Hamburg, 5. Jg. (1979), Nr. 29, S. 11-14, hier S. 11-13.

[39] Es lebe die Kritik! In: Ebd., S. 7-9, hier S. 7f.

[40] Thesen zur Bildung von Fraktionen im KB. In: AK, Hamburg, 9. Jg. (1979), Nr. 160, S. 35. »Zur Fraktionierung innerhalb des KB«. Papier der Kritikfraktion. O. O., 14.9.1979 (ak-Archiv), o. P.

[41] »Betr. Austritt aus dem Kommunistischen Bund (KB)«, Erklärung der Kritikfraktion, Hamburg, o. J. (ak-Archiv). S. 2.

[42] Vgl. Kl.: Die Scham ist vorbei. In: AK, Hamburg, 9. Jg. (1979), Nr. 156, S. 62; Ha.: Vorsicht, Einbahnstraße. In: Ebd., S. 62f.

[43] Kl.: Die Scham ist vorbei (Anm. 42).

[44] Ha.: Vorsicht, Einbahnstraße. (Anm. 42).

[45] Gemeint waren hiermit z. B. Brown, Rita Mae: Rubinroter Dschungel. Hamburg 1978; Meulenbelt: Die Scham ist vorbei, a. a. O., und Stefan: Häutungen, a. a. O.

[46] Ha.: Vorsicht, Einbahnstraße. (Anm. 42).

[47] Vgl. Eine Diskussion, die nicht nur die Frauen angeht. In: AK, Hamburg, 9. Jg. (1979), Nr. 157, S. 48-52; Noch einmal zu den Göttinger Artikeln. In: Ebd., Nr. 158, S. 43; Ha./Kl., Göttingen: Schuld und Sühne. In: Ebd., Nr. 159, S. 44; Keiner hat uns richtig lieb! In: Ebd., S. 44f.

[48] Ul.: Die Frauenfeinde kommen aus ihren Löchern. In: Ebd., Nr. 157, S. 49.

[49] Kt.: Zurück zur Scham? In: Ebd., S. 51f, hier S. 52.

[50] he.: Sind Frauen schuld an der Krise? In: Ebd., S. 49.

[51] E.: There›s no business like chauvi-business. In: Ebd., S. 48.

[52] Danke schön, Kl. In: Ebd., S. 49.

[53] Kt.: Zurück zur Scham (Anm. 49), S. 52

[54] Das Zentrum war das gemeinsame Anleitergremium einiger Hamburger Bezirks- und Betriebsbereiche des KB sowie diverser Kommissionen und Arbeitsgruppen und verfügte über eigene Leitungsstrukturen.

[55] Krise, Utopismus und Entsolidarisierung. In: AK, Hamburg, 9. Jg. (1979), Nr. 160, S. 36-40.

[56] Blinder Eifer schadet nur! In: Ebd., Nr. 161, S. 36f, hier S. 36.

[57] Beschlussprotokoll, interne Schrift des LG des KB, Hamburg, 20.8.1979 (ak-Archiv), o. P.

[58] Blinder Eifer schadet nur (Anm. 56).

[59] Kann die Spaltung noch verhindert werden? In: AK, Hamburg, 9. Jg. (1979), Nr. 163, S. 45.

[60] Leserbriefrekord. In: Ebd., Nr. 161, S. 44.

[61] Stellungnahmen zur Diskussion um die »Zentrums«-Artikel. In: Ebd., S. 39-44, hier S. 39/41.

[62] Ma./Gd./HN: Entsolidarisierung und Verantwortung in der Chefetage. In: Ebd., S. 45.

[63] Stellungnahmen zur Diskussion um die »Zentrums«-Artikel (Anm. 61), S. 39f.

[64] »Das LG ist von beiden Seiten über den Konflikt in einer WG informiert worden. Dieser Konflikt wurde dadurch ausgelöst, dass eine Genossin ein persönliches Protokoll von einer ›Zentrums‹-Sitzung , das im Zimmer eines Genossen gelegen hatte, weggenommen und bei der ZL abgeliefert hat. Die ZL hat in einem Brief diese Wegnahme ausdrücklich gutgeheißen, mit der Begründung, das Protokoll sei ein ›verleumderisches Machwerk‹. Das LG verurteilt Methoden wie die Wegnahme von solchen Papieren als Ausdruck der Entsolidarisierung, Klimavergiftung und Zerstörung des Vertrauens im KB. Es verurteilt die Deckung solcher Methoden durch die ZL. Das LG appelliert an die gesamte Organisation, solche Methoden nicht weiter einreißen zu lassen.« (Beschlussprotokoll, interne Schrift des LG des KB, Hamburg, 1.10.1979, ak-Archiv, o. P.)

[65] Weiter am Rande des Abgrunds. In: AK, Hamburg, 9. Jg. (1979), Nr. 162, S. 39f, hier S. 39.

[66] Krise, Utopismus und Entsolidarisierung (Anm. 55), S. 36f/39.

[67] Angst ist ein schlechter Ratgeber. In: AK, Hamburg, 9. Jg. (1979), Nr. 161, S. 37f, hier S. 37. Stellungnahme der Zentrumsleitung. In: Ebd., Nr. 163, S. 48f, hier S. 48f.

[68] Überlegungen zur Krise des KB (Anm. 7), S. 55.

[69] Weiter am Rande des Abgrunds (Anm. 65), S. 40.

[70] he.: Zwei Wege der Krisenbewältigung. In: AK, Hamburg, 9. Jg. (1979), Nr. 162, S. 41f, hier S. 41.

[71] Kt.: Rollback – Nein danke! In: Ebd., Nr. 160, S. 41f, hier S. 41; de./HH: Anmerkungen zu »Krise, Utopismus, Entsolidarisierung«. In: Ebd., Nr. 162, S. 42.

[72] Schon in der frühen Krisendebatte war ein solches Lösungskonzept von LG-Seite formuliert worden (vgl. Soweit ist es mit uns gekommen, Anm. 25, S. 31).

[73] Krise, Utopismus und Entsolidarisierung (Anm. 55), S. 36.

[74] Angst ist ein schlechter Ratgeber (Anm. 67), S. 37.

[75] Stellungnahme der Zentrumsleitung (Anm. 67), S. 49.

[76] he.: Zwei Wege der Krisenbewältigung (Anm. 70), S. 41.

[77] In der Ära des Scheinkonstitutionalismus nach der gescheiterten Revolution von 1905 kam es unter Ministerpräsident Stolypin zu blutigem Staatsterror, in dessen Folge die antizaristischen Oppositionsgruppen, darunter auch die Organisationen der Arbeiterbewegung, nahezu zerschlagen wurden. Gleichzeitig formte sich unter diesen Bedingungen eine Kraft, wie sie als »Mehrheitsfraktion« aus der Russischen Sozialdemokratischen Arbeiterpartei hervorging und dann im Revolutionsjahr 1917 handlungsbestimmend wurde: die bolschewistische Partei.

[78] Vgl. »Man kann nicht mechanisch das Politische vom Organisatorischen trennen ...« (Lenin). In: AK, Hamburg, 9. Jg. (1979), Nr. 156, S. 56f; Nicht der Vergleich mit der stolypinischen Reaktion ist unsinnig, sondern wie ihn die Kritiker führen. In: Ebd., S. 60; Kt.: »Zentrums«-leitung kontra Lenin. In: Ebd., Nr. 163, S. 47; Lenin kontra Krisenverwaltung. In: Ebd., Nr. 164, S. 52f; Kt.: Nochmal zur stolypinischen Reaktion. In: Ebd., Nr. 165, S. 50f; LG-Mehrheit kontra Lenin. In: Ebd., Nr. 166, S. 57f; Kt.: Die Entführung Lenins durch die ZL-Fraktion. In: Ebd., Nr. 167, S. 55.

[79] Lenin kontra Krisenverwaltung (Anm. 78), S. 53.

[80] Nicht der Vergleich mit der stolypinischen Reaktion ist unsinnig ... (Anm. 78). Lenin kontra Krisenverwaltung (Anm. 78), S. 53.

[81] Kt.: Die Entführung Lenins durch die ZL-Fraktion (Anm. 78). Vgl. ders.: »Zentrums«-leitung kontra Lenin (Anm. 78); vgl. a. ders.: Nochmal zur stolypinischen Reaktion (Anm. 78).

[82] Blinder Eifer schadet nur (Anm. 56), S. 37.

[83] Abschied von der ZL-Gruppe. In: AK, Hamburg, 10. Jg. (1980), Nr. 169, S. 48f, hier S. 49.

[84] Vgl. die Auseinandersetzung um die »Thesen zur Fraktionsbildung im KB, Teil II« (Kann die Spaltung noch verhindert werden, Anm. 59).

[85] Aus der ZL-Scene. In: AK, Hamburg, 9. Jg. (1979), Nr. 168, S. 56.

[86] »Einladung zur Arbeitskonferenz der ›ZL-Strömung‹«, internes Schreiben der Zentrumsleitung, o. O., 6.11.1979 (ak-Archiv), o. P. Thema der Veranstaltung war die aktuelle Situation im KB. Die Arbeitsgruppen sollten in ihren thematischen Ausrichtungen am ideologischen »Krisendiskurs« des Bundes orientiert sein: »1. Was können wir aus der Krise der SDAPR lernen? 2. Alte und neue Krisendebatte des KB. 3. Kommunistische Parteitheorie (›Keimform/Zweckbündnis‹). 4. Frauen: kommunistische und feministische Theorien. 5. Feminismus im KB/Antichauvinistischer Kampf.« (Ebd.)

[87] ZL-Fraktion plant Bundeskonferenz. In: AK, Hamburg, 9. Jg. (1979; Nr. 166, S. 54.

[88] »Gelbe« Karte für die ZL. In: Ebd., Nr. 167, S. 60.

[89] Vgl. »Resolution der Arbeitskonferenz der ZL vom 25.11.1979«, Papier der ZL, o. O., o. J. (ak-Archiv), o. P.

[90] Vgl. ZL erklärt sich zur Fraktion. In: AK, Hamburg, 9. Jg. (1979), Nr. 167, S. 60.

91 Vgl. Vorläufige Plattform der Zentrumsfraktion. In: Z, Hamburg, 1. Jg. (1979), Nr. 0, S. 30-33 (der Text entsprach, von einigen Korrekturen abgesehen, dem von der Arbeitsgruppe der ZL verfassten Artikel »Überlegungen zur Krise des KB«, Anm. 7).

92 Vgl. Wi.: Fraktionsrechte und innere Demokratie. In: Z, Hamburg, 1. Jg. (1979), Nr. 0, S. 4-14.

93 In der Sache einig? Aber Eklat bei den Vorstandswahlen! In: AK, Hamburg, 9. Jg. (1979), Nr. 168, S. 4. Vgl. »Bericht des Leitenden Gremiums über die Vorkommnisse auf der Mitgliederversammlung der Bunten Liste am 1. und 2. Dezember 1979«, Rundbrief des LG des KB, o. O., o. J. (ak-Archiv).

94 Zit. n. einem Tonbandmitschnitt im »Bericht des Leitenden Gremiums ...« (Anm. 93), S. 10.

95 Bilanz nach drei »tollen« Monaten. In: AK, Hamburg, 9. Jg. (1979), Nr. 168, S. 54f, hier S. 54.

96 Ausschlussanträge gegen die ZL. In: Ebd., S. 55. Vgl. »Bericht des Leitenden Gremiums ...« (Anm. 93), Anhang, o. P.

97 Bilanz nach drei »tollen« Monaten (Anm. 95), S. 54.

98 »[Lieber Kt., da ich jetzt ›Urlaub‹ habe ...]«, Brief von »Willi« Goltermann an Knut Mellenthin, o. O., 27.11.1979 (ak-Archiv), o. P. Goltermann hatte um eine Bestätigung gebeten, »damit nicht nach Jahren mal irgendwer mit einer anders lautenden Behauptung hausieren gehen und mich in den Dreck ziehen kann« (ebd.).

99 »Entwurf Finanzfrage«, von Mitgliedern der Fraktionsleitung der ZL verfasstes Papier, o. O., 13.12.1979 (ak-Archiv), o. P. Tatsächlich soll 1975 etwa Thomas Ebermann dem KB 30.000 DM gespendet haben (ebd.).

100 Beschlussprotokoll der Sitzung der Fraktionsleitung, interne Schrift der ZL, Hamburg, 4.12.1979, (ak-Archiv), o. P. Hier war auch vereinbart worden, dass Fraktionsleitungssitzungen künftig regelmäßig jeden zweiten Montag im Monat, also parallel zu den LG-Sitzungen, stattfinden sollten (vgl. ebd.).

101 Beschlussprotokoll, interne Schrift des LG des KB, Hamburg, 10.12.1979 (ak-Archiv), o. P.

102 Bilanz nach drei »tollen« Monaten (Anm. 95), S. 55.

103 Vgl. »Resolution [Die Delegiertenversammlung der Gruppe Hamburg des KB am 17.12.1979 stellt fest ...]«, hektografiertes Blatt, o. O., o. J. (ak-Archiv), o. P.; vgl. a. »KB-DK, 22.12.79 in Kassel«, von hr. verfasstes Protokoll, o. O., 26.12.[1979] (ak-Archiv).

104 Bilanz nach drei »tollen« Monaten (Anm. 95), S. 55.

105 Wi.: KB gespalten. In: Z, Hamburg, 2. Jg. (1980), Nr. 1, S. 34-41, hier S. 34. In einer unmittelbar nach der Spaltung verfassten und an die Abonnenten des AK gerichteten Werbung für die Z ist davon die Rede, dass »die Opponenten des Mehrheitskurses, unsere ZL-Fraktion«, aus dem KB »rausgeschmissen« worden seien. »Wir selber hatten dem LG des Mehrheits-KB den Vorschlag unterbreitet, nicht die berüchtigten ML-Spaltungen nachahmen zu wollen, sondern, trotz einiger Differenzen, weiterhin als zwei Fraktionen (oder Flügel) unter dem gemeinsamen KB-Dach zu arbeiten. Nun, den KB-Mehrheitsblock scheint es geraten, sich in obige unselige Tradition zu stellen.« (»An die Abonnenten des Arbeiterkampfs«, von Ingo Borsum gezeichnetes Flugblatt zur Werbung für die Z, Hamburg, o. J., ak-Archiv, o. P.)

106 Vgl. Borsum, Ingo: Protokoll des Gesprächs mit d. Vf. vom 28.4.1998 (PBdVf).

107 Zit. n. Das ferne Gestern, ganz nah. In: taz, Berlin, 23. Jg. (2001), Nr. 6353 (23.1.), S. 3.

108 Vgl. Abschied von der ZL-Gruppe (Anm. 83), S. 48. Vgl. a. Referat des LG zur Krisendebatte. In: UW, Hamburg, 6. Jg. (1980), Nr. 32, S. 4–9, hier S. 8f.

V. Marginalisierung und Auflösung des KB (1980–91)

Organisierung und Dissoziation

Der Niedergang der ML-Bewegung, die Spaltung der eigenen Gruppe im Dezember 1979 sowie neue politische Entwicklungen, die nicht zuletzt in der Konstituierung der grünen Partei zum Ausdruck kamen, zwangen den KB zu einer Überprüfung seiner politischen Ausrichtung. Auf seinem 1. Kongress, Anfang 1980, bekräftigte er sein marxistisch-leninistisches Selbstverständnis, fand in den folgenden Jahren allerdings immer weniger Anknüpfungspunkte für eine »revolutionäre Realpolitik«, wie er sie zuvor mit einigem Erfolg praktiziert hatte.

Standortbestimmungen

Anfang Januar 1980, fast zehn Jahre nach seiner Gründung, führte der KB seinen ersten Kongress im Hamburger Curio-Haus durch, bei dem 250 Delegierte die verbliebenen über 1.000 Mitglieder des Bundes vertraten. Zum Zeitpunkt des Kongresses war der Niedergang der Organisation weiter vorangeschritten. Der Schwerpunkt der Versammlung lag dann auch weniger, wie ursprünglich konzipiert, auf einer allgemeinen Programmdiskussion als vielmehr auf einer Generaldebatte über die »Krise« der westdeutschen Linken im Allgemeinen und des Marxismus im Besonderen. In seinem Referat zur »Krisendebatte« beklagte das LG als »Haupttendenz« der als Umbruchphase der radikalen Linken verstandenen Situation einen »Sog in die Grünen«, womit Essentials, »die unter Kommunisten und Sozialisten noch vor kurzem unwidersprochen« gewesen seien, »im Eiltempo« abgeräumt würden. Der Auflösungsprozess der radikalen Linken in die Grünen hinein weise »eindeutig nach rechts«. Der KB wollte hier eine »klare Gegenposition« einnehmen und sprach sich dafür aus, die eigenen Strukturen »als marxistisch-leninistische Organisation« zu erhalten und wieder stärker auszubauen.[1] »Es wird nicht unerheblich von uns abhängen, ob dem Ausverkauf linker Positionen, der Abkehr vom Marxismus und der Aufgabe der revolutionären Ziele der Linken relevanter Widerspruch entgegengesetzt werden kann oder ob die Linke den grünen Sog mit einem mehrjährigen Rückschlag bezahlen muss.«[2] Die dieser Positionierung zugrunde liegende Einschätzung der Grünen war allerdings eine Momentaufnahme. Der KB war in dieser Frage zumindest in der ersten Hälfte der 80er Jahre starken Schwankungen ausgesetzt, die damit zu tun hatten, dass sich die politisch-ideologische Gestalt der Ökopartei nach ihrer

Gründung im Januar 1980 in fraktionellen Auseinandersetzungen erst nach und nach herauskristallisierte. Die ersten Überlegungen, dem KB ein neues Statut zu geben, müssen vor dem Hintergrund der 1978 begonnenen Krisen- und Strukturdebatte begriffen werden. Teile der Basis hatten die fehlende innerorganisatorische Demokratie zum zentralen Problem des KB erklärt. Die Lösung wurde in der Restrukturierung des Bundes als »kommunistische Kaderorganisation« auf Basis eines modifizierten demokratischen Zentralismus gesehen. Das Statut sollte das Mittel sein, den strukturellen Neubeginn programmatisch zu fixieren und der Basis erweiterte Mitwirkungsmöglichkeiten und Kontrollrechte zu garantieren. Hatte auf dem Vorkongress im Dezember 1978 noch eine gewisse Aufbruchstimmung geherrscht, so war davon bei Verabschiedung des Statuts im Juli 1980 (»Statutenkongress«) kaum mehr etwas zu spüren. Im Organisationsleben des Bundes, der in den 80er Jahren weiter an Mitgliedern verlor, spielte das Statut so gut wie keine Rolle mehr. Als es erstmalig 1988 publiziert wurde, hatte es nur noch historischen Wert.[3]

Mit dem Neuanfang 1980 und seiner Positionierung gegen die »modische Abkehr vom Marxismus« wollte der KB gleichzeitig die »größten Hypotheken« aus der Bewegungs- und Kampagnenpolitik der 70er Jahre abtragen, die in »Spontaneismus, Theorielosigkeit und zunehmender Oberflächlichkeit in der Arbeit« bestünden, so Heiner Möller in einer Rede zum zehnjährigen Jubiläum der Gruppe, 1982.[4] Während die »Schulung« der Mitglieder und Sympathisanten des KB in den 70er Jahren keine besondere Rolle gespielt hatte, wurde ihr mit der Einrichtung einer zentralen Schulungskommission (in LG-Verantwortung und angeleitet von Kai Ehlers) in der ersten Hälfte der 80er Jahre deutlich mehr Beachtung geschenkt. Systematische Schulungsaktivitäten auf lokaler Ebene gab es vor allem in den KB-Strukturen in Bremen, Nürnberg und Baden-Württemberg, die in engem Kontakt zur Hamburger Zentrale erfolgten. Ausgangspunkt soll der Wunsch von Genoss(inn)en des KB gewesen sein, sich für die politische Auseinandersetzung mit der Friedensbewegung »Grundkenntnisse über die Natur des Imperialismus« zu erarbeiten. Vorgeschlagen war zunächst ein Programm der kritischen Aneignung und Weiterentwicklung der »Klassiker«, womit Texte von Marx, Engels und Lenin gemeint waren. In der Praxis erfolgte dies in Form von Multiplikatorenschulungen nach dem so genannten Schneeballsystem[5], die von der Hamburger Schulungskommission mit unterschiedlichen Schwerpunkten durchgeführt wurden. Ein erster Zyklus beschäftigte sich mit dem Thema »Imperialismus« (1981), ein zweiter hatte »Politische Ökonomie« (1982/83) zum Gegenstand und ein dritter beinhaltete »Staatsschulung« (1984).[6] Eigentlich zur programmatischen Festigung gedacht, führte insbesondere die Rezeption der »eurokommunistischen« Ansätze von Nicos Poulantzas[7] im Rahmen des Schulungsprogramms zu einer zunehmenden Infragestellung bestimmter Essentials, vor allem der Faschisierungsthese. Mit den weiteren Perspektiven des *AK* hatte sich der KB bereits 1978 beschäftigt, ohne dass es hier zu grundlegenden Änderungen gekommen wäre. Mit der Positionsbestimmung des Bundes nach seiner Spaltung gewann die Frage nach der Ausrichtung des Blatts neue Aktualität, zumal es in seiner bis dahin publizierten Form schon allein aufgrund der reduzierten Ressourcen nicht zu halten war. Anfang 1982 beschäftigte sich der 2. Kongress des KB fast ausschließlich mit diesem Thema (»Zeitungskongress«). Das »neue Zeitungskonzept« sollte nach Auffassung des LG eng auf »unsere spezifische Aufgabenstellung als revolutionäre Organisation« bezogen sein. Der Bedeutungsgewinn von »neoreformistischen Strömungen« mache es notwendig, »die zeitgemäße und notwendige kritische Aneignung und Verbreitung marxistisch-leninistischer Positionen stärker als bisher zum Bestandteil der Zeitungsarbeit zu machen«.[8] Da die veränderte Konzeption auch in einem neuen Namen des Blatts zum Ausdruck kommen sollte, waren die Mitglieder des KB dazu aufgerufen, in einer »Urabstimmung« ihr Votum abzugeben. Nachdem sich der von Teilen des LG um Knut Mellenthin favorisierte Vorschlag »Fünf vor zwölf« und die hiermit verbundene Anti-Kriegs-Ausrichtung des Blattes als nicht mehrheitsfähig herausgestellt hatten, wurde das Verfahren im Mai 1982 abgebrochen, der alte Name beibehalten und lediglich die Erscheinungsweise reduziert.

Den aus dem Zerfallsprozess der ML-Bewegung entstandenen Zusammenhängen und ihren Kooperationen blieb der KB trotz seines »marxistisch-leninistischen« Anspruchs weitgehend fern. Zum einen gab es in den 80er Jahren zahlreiche Zirkel, Abspaltungen und Restbestände von K-Gruppen, die sich um eine modifizierte Fortschreibung ihrer ML-Essentials bemühten, sich aber gleichzeitig gegenüber anderen Strömungen der radikalen Linken öffneten, ohne weiterhin einen Führungsanspruch zu vertreten. Hierzu gehörten die im Vorfeld der 1980 erfolgten Auflösung der KPD gegründete Gruppe der 99 um Alexander von Plato, Jürgen Horlemann, Christian Semler und Werner Heuler und die Komitees für Demokratie und Sozialismus (KDS), die 1979 aus einer »rechten« Strömung im KBW um Willfried Maier entstanden waren und denen sich auch (ehemalige) Mitglieder anderer K-Gruppen, nämlich des KABD und der KPD, anschlossen (vgl. Schröder 1990). Konzeptionell schwebte diesem Zusammenhang eine Art überfraktionelle Sammlung der zerfallenden ML-Bewegung vor (»revolutionärer Block«).

Eine andere Fraktion des KBW um Martin Fochler spaltete sich 1980 ab und gründete eine eigene Organisation, den Bund Westdeutscher Kommunisten (BWK). Dieser versuchte an die leninistischen Essentials der 70er Jahre anzuknüpfen, während »Joscha« Schmierer den Rest-KBW mit einem eher pragmatischen, gleichwohl weiterhin an der Arbeiterklasse orientierten Konzept aus der Isolation herausführen wollte (was mit der Auflösung der Organisation 1985 definitiv gescheitert war). Mit dem BWK verbanden den KB zahlreiche Kontakte, wobei es im Dezember 1984 auch zu einem Treffen auf Leitungsebene kam. Die Gespräche wurden von Seiten der KB-Kader jedoch als »fruchtlos und unergiebig« bewertet. Dissens bestand insbesondere in der Einschätzung der Grünen. Der KB widersprach der Auffassung des BWK, dass sich mit dem Aufkommen der Umweltpartei ein für »Revolutionäre« zu vernachlässigender »Parteibildungsprozess der Mittelschichten« vollziehe.[9]

Eine weitere Post-ML-Formation sammelte sich in der so genannten Volksfront, genauer der »Volksfront gegen Reaktion, Faschismus und Krieg, für Freiheit und Demokratie, Wohlstand und Frieden«. Diese war 1978 von der KPD/ML gegründet worden, nachdem sie auf ihrem IV. Parteitag 1978 ihren bisherigen Kurs als »ultralinks und sektiererisch« verworfen hatte. Die Volksfront galt im Vorfeld der Bundestagswahlen von 1980 als Bündnisprojekt, das auch anderen Gruppen der radikalen Linken offen stand (vgl. Bacia 1986b, 1836, 1841).

Daneben hatte im Niedergang der ML-Bewegung eine sehr spezielle Gruppe Zulauf bekommen: die Neue Hauptseite Theorie (NHT). Sie rechnete sich keiner der bestehenden Fraktionen zu, sondern widmete sich ganz der theoretischen Durchdringung der Grundlagen der ML-Praxis. Ihre Wortführer waren Heiner Karuscheit, Alfred Schröder und Jan Lidtke, ihre Publikation (ab März 1979) trug den Titel *Aufsätze zur Diskussion (AzD)*.[10]

Aus der Kooperation von BWK und KPD/ML, die das Suffix hier schon aus ihrem Namen gestrichen hatte, ging die *Gemeinsame Beilage* hervor, die 1984 erstmals erschien und sich als Vorstufe zu einer Theoriezeitung beider Gruppen verstand. GIM, NHT und einige anarchistische Zirkel schlossen sich dem Blatt an, das zahlreichen Zeitungen beigefügt wurde, darunter auch dem *AK*.[11] Der KB beschränkte sich auf sporadische Beiträge, veröffentlichte jedoch auch einen Grundsatzartikel zur Kooperation der radikalen Linken, mit dem er sich deutlich von den Herausgebern abgrenzte, die einen Zusammenschluss aller »revolutionären Sozialisten« jenseits der neuen sozialen Bewegungen und der Grünen anstrebten.[12]

Trotz dieser »antisektiererischen« Haltung stand der KB auch der zweiten Option, der radikalisierenden Einflussnahme auf die grüne Partei und ihr Umfeld, die sich den K-Gruppen »in Abwicklung« zu Beginn der 80er Jahre bot, skeptisch gegenüber. Eine wichtige »Übergangserscheinung« zwischen der zerfallenden ML-Bewegung und den Grünen war die Sozialistische Konferenz, die 1980/81 insgesamt dreimal tagte (Langguth 1983, 125). Die auf Anregung von Rudolf Bahro initiierte Veranstaltung beschäftigte sich zunächst mit dem Verhältnis der Linken zur Ökologiebewegung, wobei darum gestritten wurde, ob ökologische Essentials sozialistische Gesellschaftsanalysen erweiterten oder diese nicht vielmehr grundsätzlich in Frage stellten (»Klassenkampf vs. Gattungsinteressen«). An der 1. Konferenz beteiligte sich nahezu das gesamte Spektrum der westdeutschen Linken, mit Ausnahme der DKP: von trotzkistischen Zirkeln über die Restbestände der ML-Bewegung, KB, Gruppe Z, Gruppe der 99, KDS bis hin zu zahlreichen Linksintellektuellen aus dem Umfeld des Sozialistischen Büros und der Zeitschriften *Prokla* und *Das Argument*. Letztlich war die Sozialistische Konferenz der Rahmen, in dem sich die Neusortierung der radikalen Linken am Ausgang der 70er Jahre vollzog, wobei es eigentlich die grüne Partei war, an der sich die unterschiedlichen »Fraktionen«, positiv oder negativ, ausrichteten.

Ein Ergebnis der Konferenz war der Zusammenschluss von Gruppen und Einzelpersonen zum Zwecke der Herausgabe einer »sozialistischen Monatszeitschrift« namens *Moderne Zeiten*, die erstmals im Sommer 1981 erschien. In ihrem positiv-kritischen Bezug auf die Grünen stellte das von der Initiative Sozialistische Politik (ISP), einem Trägerkreis um die Gruppe Z, mit einer Startauflage von 10.000 Exemplaren publizierte Magazin so etwas wie eine Brücke zwischen der westdeutschen Linken und der Ökopartei dar. Der KB blieb diesem Projekt fern und kritisierte es als Katalysator des »Sogs in die Grünen«. Allerdings war es bereits 1980 wieder zu ersten Kontakten zwischen den Leitungen der ehemaligen KB-Fraktionen gekommen. Insofern der Rest-Bund sich, bei Wahrung einer kritischen Distanz, gleichfalls um konzeptionellen Einfluss auf die Grünen bemühte (»Listenmodell«), ergaben sich sowohl Berührungspunkte als auch Konkurrenzen, die vor allem im Hamburger Landesverband der Grünen und der Alternativen Liste, die sich später zur Grün-Alternativen Liste (GAL) zusammenschlossen, ausgetragen wurden.

Alles in allem entsprach die Positionierung des KB in der radikalen Linken der beginnenden 80er Jahre einer Gratwanderung: Der Bund ordnete sich weder dem ökosozialistischen Spektrum innerhalb der Grünen zu (das war ja ein wesentlicher Grund seiner Spaltung von 1979 gewesen), noch unterstützte er Ansätze einer »revolutionären« Sammlungsbewegung jenseits der Ökopartei. Im Grunde versuchte der Bund mit der Behauptung seiner politischen und organisatorischen Eigenständigkeit zwischen »Sektierertum« und »Reformismus« an Praxen der 70er Jahren anzuknüpfen, als es ihm gelungen war, wichtige Positionen in den neuen sozialen Bewegungen einzunehmen. In den 80er Jahren hatten sich die Voraussetzungen für eine solche Politik jedoch erheblich verändert. *Erstens* wurde der KB im Verlauf des Jahrzehnts organisatorisch immer schwächer. *Zweitens* waren die sozialen Bewegungen, in denen sich der Bund in den 80er Jahren um Einfluss bemühte, wie etwa die Friedensbewegung, anders als die Anti-AKW-Bewegung in ihren Anfängen professioneller und von Anfang an hoch vermachtet, wofür die grüne Parteibildung nur der augenfälligste Beweis war. Und *drittens* hatte sich das Zentrum der radikalen Linken verlagert. Autonome Gruppen waren in den 80er Jahren noch am ehesten in der Lage, in den unterschiedlichen »Teilbereichsbewegungen« so etwas wie einen linksradikalen Pol zu bilden (vgl. Schultze u. a. 1997).

Organisatorischer Niedergang

Der fortschreitende Zerfall der Gruppe und schließlich ihre Selbstauflösung 1991 korrespondierten mit einer gewissen organisatorischen Formalisierung (Kongresse 1980, 1982, 1989, 1991; Verabschiedung eines neuen Statuts; zweimalige Wahlen zum LG), während institutionelle Mechanismen solcher Art für den Bund in den 70er Jahren, der Zeit seines relativ größten politischen Einflusses, kaum eine Rolle gespielt hatten.

Mitgliederstrukturen

In den 80er Jahren hatte der KB in organisatorischer Hinsicht eine rasante Talfahrt zu verzeichnen. Bis 1984 rechneten sich lediglich noch etwas über 300 Personen dem Bund zu (davon sollen bis zu 40 Prozent Frauen gewesen sein), womit er in den fünf Jahren seit seiner Spaltung noch einmal zwei Drittel seines Mitgliederstamms eingebüßt hatte und die Zahl der KB-Aktiven außerhalb Hamburgs erstmals die in der Hansestadt überstieg.[13] Ortsgruppen, so das Ergebnis einer internen »Volkszählung« 1984 bestanden außerhalb Hamburgs zu diesem Zeitpunkt noch in Flensburg, Pinneberg, Westberlin, Bremen, Bremerhaven, Delmenhorst, Emden, Lüneburg, Hannover, Braunschweig, Dortmund, Köln, Frankfurt, Trier, Würzburg, Nürnberg, Göttingen, Stuttgart, Tübingen, Mannheim, Heidelberg und Baden-Baden. Darüber hinaus existierten kleinere, oft nur ein Mitglied umfassende Zellen in Kiel, Lübeck, Saarbrücken, Freiburg, Marburg und Butzbach.[14]

1984 war der faktische Zusammenbruch der Hamburger Hochburg des KB nicht mehr länger zu übersehen, woraufhin LG-Mitglied Heiner Möller einen pragmatischen Vorschlag zur Verbesserung der lokalen Organisationsstrukturen unterbreitete. Möller plädierte für einen Anlauf zur Reorganisierung, bei dem die veränderten Bedingungen kommunistischer Politik zu berücksichtigen seien, gleichzeitig aber an den eigenen revolutionären Ansprüchen festgehalten werden sollte. Obwohl die wichtigsten Funktionen des KB in den 70er Jahren, die Organisierung und Radikalisierung von Bewegungen, mittlerweile auf andere Akteure übergegangen seien, entsprächen die Strukturen der Gruppe noch immer der alten Rolle und Aufgabenstellung. Statt »wöchentlich eine Zellensitzung mit allem Drum und Dran der Vergangenheit« abzuhalten, schlug Möller vor, neue Arbeitsformen zu finden, die dem Charakter des KB als linksradikaler Diskussionszusammenhang gerecht würden und »die Bereitschaft der Einzelnen und die notwendige Arbeit für Termine in ein sinnvolles Verhältnis« setzten.[15]

Praktisches Resultat der Initiative von Heiner Möller war die Einrichtung der so genannten Hamburger Runde. Im November 1984 kam es zu einem ersten Treffen der Reste der hanseatischen Organisation, »um die Möglichkeiten der verbesserten Zusammenarbeit zu beraten«. In der Folge tagte regelmäßig monatlich der »Wat-löpt-Kreis«, an dem sich alle Hamburger Bereiche verbindlich, jedoch ohne Zwang beteiligen sollten. Außerdem war geplant, etwa alle zwei Monate themenorientierte Veranstaltungen (»jour fixe«) durchzuführen, eine erste zum Thema »Die Grünen nach ihrem Parteitag und die Entwicklung der Hamburger GAL« fand im Januar 1985 statt.[16] Die Hamburger Runde gab ab 1986 zusätzlich einen monatlich erscheinenden Rundbrief heraus (»Wat löpt«), der Veranstaltungskalender, Informationsbroschüre und Debattenforum in einem war und der internen Kommunikation der verbliebenen Strukturen des Bundes diente.[17]

Insgesamt gelang es dem KB mit diesen und ähnlichen Initiativen, das 1984 erreichte organisatorische Niveau zu halten. Allerdings setzte sich der Mitgliederverlust auch in den Jahren nach 1984 fort, konnte aber immer wieder durch Neuaufnahmen kompensiert werden. So soll etwa ein Drittel aller Teilnehmer am 3. KB-Kongress, der im Januar 1989 im Gemeindehaus Wandsbek als Vollversammlung durchgeführt wurde, erst nach 1982 der Organisation beigetreten sein.[18]

Unternehmen

Von der nach der Spaltung des KB einsetzenden Finanzkrise blieben auch die von der Organisation subventionierten Firmen nicht verschont, die zwischen 1980 und 1982 unter zum Teil »erheblichen Verlusten« aufgegeben werden mussten, wobei das zuvor erwirtschaftete Vermögen der Gruppe von einer halben Million Mark größtenteils zur Entschuldung aufgebraucht worden war.[19] Gleichzeitig brach das Beitragsaufkommen ein, das sich 1980 noch auf 34.000 Mark belaufen hatte und im folgenden Jahr um über 10.000 Mark gesunken war. »Die bisherigen Spendenergebnisse lassen keinesfalls darauf schließen, dass hierdurch die monatliche Unterdeckung aufgefangen werden könnte.« Diese Situation machte »einschneidende Rationalisierungsmaßnahmen im Verlags- und Technikbereich und im Redaktions- und Freigestelltenbereich« notwendig.[20]

Der Buchladen des KB, das Arbeiterbuch im Hamburger Grindelhof, wurde zunächst mithilfe eines neuen Teilhabers von den Beschäftigten in eigener Regie fortgeführt. Die Firma wurde aus der Kasse des KB entschuldet und mit einer Startunterstützung versehen, was den Bund insgesamt 140.000 Mark kostete, die nie zurückgezahlt wurden. Im Juni 1990 ging der Laden, der sich inzwischen in Gegenwind umbenannt hatte, pleite.

Mit dem Abgang der Gruppe Z stand auch der j.-reents-verlag (jrv) zur Disposition, in dessen Nachfolge der KB zwei neue Verlage aufbaute. Zum einen wurde der Buntbuch-Verlag gegründet, der neben politischen Sachbüchern auch belletristische Titel im Programm haben sollte. Es bestand die Überlegung, mit einem vom »Stallgeruch« des KB befreiten Buchverlag »bündnispolitisch« tätig zu werden.[21] Mit der weiteren Entwicklung des Buntbuch-Verlages ging dem KB jedoch nicht nur diese Perspektive, sondern auch seine Startinvestition von 100.000 Mark verloren. Trotz anfänglicher kommerzieller Erfolge (insbesondere Svende Merians »Der Tod des Märchenprinzen« erwies sich als wahrer Renner[22]) ging der Verlag, nachdem er 1982 nach einer Spaltung seiner Belegschaft aus der KB-Struktur ausgeschert war[23], noch in den 80er Jahren in Konkurs.

Der zweite 1980 gegründete Verlag war die Hamburger Satz- und Verlagskooperative (HSV), die der KB mit einer Einlage von 120.000 Mark gesponsert hat. Die Aufgabe dieses Betriebes (zunächst in der Lerchenstraße, später in der Lindenallee, zuletzt im Schulterblatt) bestand primär im Satz und Vertrieb des *AK* (»Technik«) und der eher »propagandistischen« KB-Titel. Wie schon in den Jahren zuvor stand den Festangestellten bei der Zeitungsproduktion eine große Zahl an unbezahlten Genoss(inn)en zur Seite (»Technikschichten«). Über die Akquisition weiterer Aufträge (Anfang der 80er Jahre übernahm der Betrieb kurzzeitig die Herstellung der Satirezeitschrift *Pardon*; außerdem zahlreiche Buchproduktionen für den VSA-Verlag; bis in die 90er Jahre hinein Satz und Vertrieb der Veröffentlichungen der Hamburger GAL[24]) entwickelte sich die HSV zu einem sich kommerziell weitgehend selbst tragenden Unternehmen. 1983 musste der KB aber noch einmal »teures Lehrgeld« zahlen, nachdem vier Angestellte gefordert hatten, den Betrieb entweder in eigener Regie weiterzuführen oder aber mit 100.000 Mark Abfindung auszuscheiden. Nach dreimonatiger Auseinandersetzung verließen die vier Beschäftigten den Betrieb mit je 13.000 Mark Kompensation in der Tasche und mit einem Teil des Maschinenparks. Ende der 80er Jahre war die Hamburger Satz- und Verlagskooperative das letzte bestehende Unternehmen des KB (mit sechs Angestellten im Satzbetrieb und Heinrich Eckhoff im Verlag). 1994 musste schließlich Konkurs angemeldet werden.

Positiver gestaltete sich dagegen die weitere Entwicklung der KB-Druckerei. Anfang der 80er Jahre hatte der Hamburger Bund erhebliche Mittel locker gemacht, um Hein & Co (Lerchenstraße) auf eigene Beine zu stellen. Nach einer Sanierungsphase schrieb der Betrieb, der heute noch existiert, schwarze Zahlen. Durch dessen Rückzahlung alter Kredite und Zinsen konnte der KB in den 80er Jahren eine volle Stelle in seinem dezimierten Apparat finanzieren.

Arbeiterkampf

Die Auflage des *AK* befand sich seit 1977, als nach Impressumsangaben durchschnittlich 23.250 Exemplare pro Ausgabe gedruckt worden waren, im freien Fall. Während die Diskussion über eine konzeptionelle Neugestaltung nach dem 2. Kongress (1982) in den Hintergrund trat, blieb die materielle Basis der Zeitung prekär. Mit dem Jahr 1982 musste die Erscheinungsweise von einem 14-täglichen auf einen monatlichen Rhythmus umgestellt werden. Mit durchschnittlich 4.500 Exemplaren pro Ausgabe hatte der *AK* 1985 seinen vorläufigen Tiefpunkt erreicht, konnte jedoch aufgrund der großen Spendenbereitschaft seiner »Basis« (in den 80er Jahren flossen dem Blatt jährlich bis zu 65.000 Mark zu, was zeitweise die Mitgliedseinnahmen des KB überstieg) sein weiteres Erscheinen sicherstellen.[25]

Der verlängerte Erscheinungsrhythmus bei gleichzeitig reduzierter Seitenzahl bewirkte eine gewisse inhaltliche Straffung des *AK*, der jedoch auch in den 80er Jahren alles andere als ein »Vereinsblatt« war, sondern weiterhin als pluralistisches »linksradikales Nachrichtenmagazin« eine fundierte Berichterstattung, etwa zur Entwicklung der Grünen, lieferte. Anders als zuvor bestand in den 80er Jahren bis zur Auflösung des KB eine eigenständige *AK*-Redaktion, die mit dem Freigestelltenapparat des Bundes nahezu identisch war.

Wie schwer sich der KB mit dem »Abschied vom Proletariat« tat, den er im Grunde schon in der zweiten Hälfte der 70er Jahre mit dem Einschwenken auf die Anti-AKW-Bewegung vollzogen hatte, zeigte sich an seinen zögerlichen Versuchen, den Titel seines Zentralorgans der de facto veränderten konzeptionellen Praxis anzupassen. In der 1982 vom LG angestoßenen »Namensdebatte« gerieten Veränderungsvorschläge unter »Modernisierungsverdacht«. So stellte das LG fest, dass die Diskussion zwar mit dem Ziel eines »neuen Anfangs« geführt werden sollte, dieser aber als eine »Fortsetzung« der bisherigen Pressearbeit des KB und nicht als Begründung einer neuen, gar »modernen« Linie des KB zu verstehen sei.[26] Die »Namensurabstimmung« erbrachte jedoch keine Mehrheit: Von den 261 abgegebenen Stimmen – die Hälfte der Mitglieder hatte sich erst gar nicht an dem Votum beteiligt – entfielen die meisten auf den Antrag, den alten Namen beizubehalten (32,95 Prozent). Die Vorschläge »AK«, »Fünf vor zwölf« und »Trotz alledem« erhielten jeweils etwa 13 Prozent der Stimmen. Die restlichen 23 Titelvorschläge erzielten lediglich zwischen einer und elf Stimmen, darunter eher exotische Varianten wie »Belle epoque« oder konventionelle wie »Klassenkampf«.[27] Nachdem die Namensdebatte damit vorerst beendet war, erfuhr zumindest die Unterzeile des *Arbeiterkampfs*, »Arbeiterzeitung des Kommunistischen Bundes« (eine Verstärkung, die ohnehin den Charakter einer Beschwörung gehabt hatte), eine Modifizierung. Das Blatt nannte sich ab 1982 nur mehr »Zeitung des Kommunistischen Bundes«. Die nächste Entrümpelung erfolgte dann erst im April 1988, als die erste Ausgabe ohne die obligatorische »Faust mit Schraubenschlüssel vor aufgehender Sonne« erschien und gleichzeitig der Haupttitel in die Unterzeile rutschte (»Arbeiterkampf, Zeitung des Kommunistischen Bundes«), so dass die Zeitung nun auch offiziell so hieß, wie sie ohnehin seit ihrem ersten Erscheinen 1971 genannt worden war: *ak* (zuvor allerdings zumeist in Versalien geschrieben).

Leitendes Gremium und politischer Apparat

Auf dem 1. Kongress des KB im Januar 1980 in Hamburg hatten die Mitglieder des Bundes, fast zehn Jahre nach dessen Gründung, erstmals die Gelegenheit, ihr Führungsgremium selbst zu wählen. In den 70er Jahren war ein solcher Akt aus Gründen der Konspirativität nicht erfolgt, was selbst gemessen an der Praxis andere K-Gruppen bemerkenswert ist. Allerdings war auch das 1980 angewandte Verfahren nicht gerade Ausdruck einer »demokratischen« Öffnung. Das alte LG, das nach der Spaltung von 1979 personell nur leicht dezimiert war (zwei von elf Kadern hatten den KB mit der ZL verlassen, nämlich Klaus »Willi« Goltermann und Eva Hubert), schlug selbst das neue LG vor, über das dann nur blockweise abgestimmt werden sollte. Nach »einigen Diskussionen« auf dem Kongress ist dieses Modell von den etwa 250 Delegierten »einhellig angenommen« worden.[28] Im Vorfeld des Treffens ist, wie sich die damals für die »Region« Bayern ins LG gewählte Lioba Dicke erinnert, »alles sehr detailliert abgesprochen und geplant« worden. »Von einem wirklichen Kongress, auf dem debattiert und gestritten worden wäre, konnte keine Rede sein.«[29] Mit der Umsetzung dieses Votums wurde die Auflösung der Zentralen Regionalkommission und die Eingliederung der Delegierten der »Regionen«, so die vom Hamburger Zentrismus geprägte Bezeichnung für die KB-Strukturen außerhalb der Hansestadt, direkt in das Leitende Gremium vollzogen. Die 1980 etablierte Leitungsstruktur hatte bis zum organisatorischen Ende des KB, 1991, Bestand.[30]

Das Hauptgewicht des Hamburger LG-Kerns, der zunächst aus neun, zum überwiegenden Teil von der Organisation bezahlten Kadern bestand, ergab sich aus dessen Identität mit dem politischen und organisatorischen Apparat des KB, darunter nahezu die komplette *AK*-Redaktion (dazu kamen noch zwei »Freigestellte« aus Frankfurt, Detlef zum Winkel, den es ja per Verschickung dorthin verschlagen hatte, und Eva Groepler, die sich allerdings 1986 aus der Gruppe zurückzog). Die Delegierten aus den »Regionen«, bei der Wahl von 1980 waren das 13 Kader (ein Stuttgarter Genosse für die Ansätze des Bundes in Baden-Württemberg kam im November 1981 hinzu), hatten demgegenüber eher die Rolle von Informationsvermittlern. Michael Pickardt, der zehn Jahre als Delegierter der Nürnberger Ortsgruppe dem LG angehörte, bewertete die Teilnahme an den LG-Sitzungen rückschauend als teilweise eher frustrierend. Einerseits seien die

Termine »immer sehr informativ« gewesen, »weil man aus allen Regionen die Sachen direkt erfuhr und auch die Hamburger Diskussion mitbekam, die logischerweise auch ein bisschen auf einem anderen Niveau lief als bei uns«. Andererseits, »von der Möglichkeit her, sich dort einzubringen, sich Gehör zu verschaffen«, sei es »ganz furchtbar« gewesen.[31]

Das LG war während der gesamten 80er Jahre allerdings kein besonders homogenes Gremium, wobei die »Meinungsblöcke« die informellen Strukturen des Führungszirkels (Hamburg/Regionen, Alt-/Neumitglieder, Freigestellte/Unbezahlte, Frauen/Männer) zumeist überlagerten, was erst recht für die spätere Fraktionierung des Leitenden Gremiums in »Mehrheit« und »Minderheit« galt. Das LG war im Wesentlichen ein Arbeitsgremium, das sein Schwergewicht auf die Organisierung von Tagespolitik legte. Die wenigen Grundsatzdebatten vor 1989 wurden zumeist in Form von Papieren und Gegenerklärungen im »Organisationsbulletin« oder anderen internen Publikationen ausgetragen. Der Ton der Protokolle der halb konspirativ, halb karikierend »xy-« oder auch »xyz-Runden« genannten, monatlich anberaumten LG-Sitzungen fällt teilweise selbstironisch bis sarkastisch aus. So wurde etwa als Reaktion des LG auf die Bekanntgabe der Neugründung einer Ortsgruppe in Westberlin protokollarisch vermerkt: »Tosender Beifall, Gekreisch, stehende Ovationen, die in einen nicht enden wollenden Klatschmarsch übergehen.«[32]

Mit seiner strukturellen Erweiterung erfuhr das LG eine gewisse Verjüngung. Während bei den Alt-Kadern die 40er Jahrgänge dominierten (der Älteste war Kai Ehlers, Jg. 1944), waren die Delegierten der »Regionen« von Ausnahmen abgesehen in den 50er Jahren geboren (zu den Jüngeren zählte Matthias Küntzel, Jg. 1955). Allerdings war dieser Altersunterschied nicht gravierend, da sich die Kader, die 1980 hinzustießen, dem KB bereits früh angeschlossen hatten – und aufgrund ihrer gemeinsamen Politisierung in der 68er-Bewegung über einen ähnlichen Erfahrungshorizont wie der Hamburger Kern des LG verfügten. Einige der Neuen waren zudem schon seit Mitte der 70er Jahre in die Vertretung der ZRK eingebunden gewesen oder gar von Hamburg aus zum Aufbau lokaler Organisationen in die Orte verschickt worden, für die sie nun als Delegierte im LG saßen. Von den insgesamt 22 LG-Mitgliedern, wie sie 1980 *en bloc* gewählt wurden, waren lediglich acht Frauen, von denen wiederum nur eine für Organisationstätigkeiten »freigestellt« war. Brigitte Honnens, ehemals Delegierte der Bremer KB-Gruppe und während der gesamten 80er Jahre LG-Mitglied, bezeichnet die Atmosphäre der Sitzungen als oftmals »angespannt« und geprägt von »Hahnenkämpfen« zwischen »immer denselben Typen von Männern«.[33] Von den acht LG-Genossinnen waren bis zur nächsten Wahl, 1989, nur noch zwei im Leitenden Gremium vertreten, der Rest hatte sich aus unterschiedlichen Gründen zurückgezogen.

Insgesamt war die Leitung des KB in den 80er Jahren einer starken Fluktuation ausgesetzt (die auf Mitgliederebene ihre Entsprechung hatte), während sie in ihrer personellen Besetzung zuvor relativ konstant geblieben war – auch das ein Symptom des organisatorischen Abschwungs. 1987/88 zog sich auch »Heinz« Wojahn aus dem LG zurück, der in den 70er Jahren zusammen mit »Willi« Goltermann und Knut Mellenthin so etwas wie die informelle »Hierarchieebene eins« des Hamburger Bundes gebildet hatte. Die ausgeschiedenen LG-Mitglieder wurden nur zum Teil ersetzt, wobei die »Regionen« das Recht wahrnahmen, die Neubesetzung ihrer jeweiligen Delegation selbst zu bestimmen.

Dass die nächste (und, rückschauend betrachtet, letzte) LG-Wahl erst neun Jahre später, 1989, auf dem 3. Kongress des KB stattfand, ist ein Beleg dafür, dass der Bund trotz anders lautender Vorsätze auch in den 80er Jahren keine demokratischen Entscheidungsformen etablieren konnte (was dann zu einem Thema der Spaltung der Gruppe 1989/90 werden sollte). 1989 wurden 24 Personen ins LG gewählt, von denen etwa die Hälfte schon seit der Wahl von 1980 in einer solchen Funktion tätig war. Neun Mitglieder stammten aus Hamburg, 15 aus »auswärtigen« Ortsgruppen. Trotz statuarisch festgelegter Frauenquote[34] zogen lediglich sieben Genossinnen ins LG ein. Ein Novum für den KB war, dass die Leitungswahl von 1989 in einem personalen Votum erfolgte. Alle Delegierten hatten so über jeden vorgeschlagenen Kader im Einzelnen (»Ja, Nein, Enthaltung«) abzustimmen, wobei Brigitte Honnens (Bremen) mit 96,96 Prozent aller Stimmen das beste Ergebnis und Jürgen Elsässer (Stuttgart) mit 55,22 Prozent das schlechteste Resultat erzielten.[35] Die Altersstruktur blieb im Wesentlichen unverändert, wenngleich mit »Gaston Kirsche« (so das Pseudonym, unter dem er heute publiziert) erstmals jemand in das LG einzog, der in den 60er Jahren geboren ist (er war allerdings schon seit seinem zwölften Lebensjahr Teil des KB-Milieus und hatte sich bereits 1975 dem Sozialistischen Schülerbund angeschlossen).

Die informellen Strukturen des KB-Führungszirkels blieben von diesem Votum unberührt. Unmittelbar vor der Spaltung von 1979 hatte der Bund über 13 freigestellte *politische* Funktionäre verfügt. Mit dem Abgang der Gruppe Z reduzierte sich dieser Teil des Apparates auf acht Personen, 1981, in der weiter eskalierenden Finanzkrise, noch einmal um zwei auf insgesamt sechs Kader. Die Gruppe der Freigestellten umfasste in ihrem Kern die *AK*-Redaktion, wie sie in den 80er Jahren bestand. Heinrich Eckhoff wurde als »Chef vom Dienst« der Zeitung primär für seine Tätigkeit in der Hamburger Satz- und Verlagskooperative bezahlt; Gabi Bauer war im engeren Sinne kein Teil des politischen Apparates, sondern mit Bürotätigkeiten befasst. Heiner Möller wurde 1984 bezahlter Redakteur des *AK*, war aber auch für organisatorische Aufgaben zuständig, nachdem er 1981 als Freigestellter ausgeschieden war. Eva Groepler kündigte

1986. Matthias Küntzel kam 1988 hinzu, war aber zunächst Angestellter des Satzbetriebes und erst später bezahlter Redakteur des Dach-*ak*. Das informelle Führungsgremium des KB bestand also bis 1989 im engeren Sinne aus sechs Personen: Knut Mellenthin, Detlef zum Winkel, Kai Ehlers, Hans-Hermann Teichler, Heinrich Eckhoff und Heiner Möller – ausschließlich Männer, 1990 um die 40 Jahre und älter und bis auf Eckhoff alles Gründungskader.

Politische Praxen

Aufgrund seiner rückläufigen organisatorischen Kapazitäten musste sich der KB in den 80er Jahren auf wenige politische Tätigkeitsfelder beschränken. Wichtige Bezugspunkte seiner Praxis blieben die Grünen, die von links unter Druck gesetzt werden sollten, während er innerhalb der Friedensbewegung deren unabhängigen Flügel unterstützte. Mit Versuchen zur Revision der Faschisierungsthese seit 1985 wurde zudem der ideologische Zusammenhalt der Organisation immer brüchiger.

KB, Gruppe Z und Grüne

Die Politik des KB gegenüber den Grünen war stark von dem Versuch geprägt, sich von der Gruppe Z und ihrem entristischen Ansatz abzugrenzen. Der Bund bemühte sich, dem »Sog in die Grünen« das Projekt einer Blockbildung des bunt-alternativen Spektrums entgegenzusetzen, um von außen Druck auf die Ökopartei auszuüben. Die Gruppe Z warf dem KB in diesem Zusammenhang die »Abkehr von früheren bündnispolitischen Strategien und eine sektiererische Haltung« vor, während der KB der Gruppe Z umgekehrt »den Ausverkauf linker Positionen und verantwortungslose Unterstützung der allgemeinen Auflösungserscheinungen der Linken« unterstellte.[36] Für beide Gruppen waren die Grünen – positiv hier, negativ dort – der wichtigste Bezugspunkt.

Entrismus versus Blockbildung – Zur Grünenpolitik von KB und Gruppe Z

Die Polarisierung der linken »Wahlbewegung« hatte mit der Offenbacher Versammlung im November 1979 ihren Ausgang genommen. Der Frankfurter Beratungskongress im Dezember 1979 markierte dann die Spaltung der »Wahlbewegung« in entristische Gruppen (hier vor allem die von der KB-Zentrumsfraktion gebildete Minderheit der Buli und Teile der Berliner AL) und solche, die auf externe Blockbildung setzten (primär die KB-Mehrheit der Hamburger Liste und Mitglieder der hessischen GLH).

Die Befürworter einer Blockbildung beschlossen in Frankfurt die Entsendung autonomer Delegierter zum Karlsruher Gründungskongress im Januar 1980 (die dort allerdings weder Rede- noch Stimmrecht bekamen) und verabschiedeten einen Programmkatalog, mit dem die Mitarbeit bei den Grünen von der Berücksichtigung bestimmter politischer Essentials (»Das grüne Programm darf die Tatsache des Klassenkampfes nicht leugnen«) abhängig gemacht wurde.[37] Am Gründungskongress der grünen Bundespartei vom 12. bis zum 13. Januar 1980 nahmen 1004 Delegierte, darunter 140 Vertreter bunt-alternativer Listen, teil. Bereits in den Wochen zuvor hatte sich eine »deutliche Schwächung der machtpolitischen Stellung der SPV-Gruppen« abgezeichnet (van Hüllen 1990, 238), wobei der »rasante Mitgliederzuwachs« die politische Zusammensetzung der Delegiertenbasis so verschoben hatte, »dass sowohl der bürgerlich-ökologische als auch der links-alternative Flügel in Minderheitenpositionen geraten waren« (van Hüllen 1990, 244). Der »harte« rechte Abgrenzungsflügel um Springmann und Gruhl war in Karlsruhe auf 28 Prozent der Delegierten zusammengeschmolzen, womit auch die Umsetzung des »Bremer Modells« auf Bundesebene gescheitert war. Den entscheidenden Faktor in der Partei bildete nun eine »umfangreiche Mittelgruppe« (van Hüllen 1990, 245), die von den »ideologischen« Fraktionen gewonnen werden musste, wollten sie parteiintern mehrheitsfähig werden. Der Karlsruher Kongress brachte hier allerdings noch keine Klarheit. Programmdiskussion und Vorstandswahlen mussten aus Zeitgründen auf das Folgetreffen in Saarbrücken im März 1980 verschoben werden. Die Diskussion der Satzung und ihrer Präambel hatte die gesamte zweitägige Gründungsversammlung beherrscht, wobei insbesondere die Frage der Unvereinbarkeit der Mitgliedschaft in einer anderen Partei den zentralen Dissens markierte. Nachdem das bunt-alternative Lager die Abstimmung über diese Frage zwar verloren hatte, andererseits aber 40 Prozent der Kongressdelegierten für seine Position hatte mobilisieren können, drohten Vertreter der Listen den Gründungsakt, für den eine Zweidrittelmehrheit benötigt wurde, zu verhindern, falls dieser Beschluss aufrechterhalten werde (vgl. Raschke 1993, 896). Erst ein Kompromiss, mit dem den Landesverbänden Übergangsregelungen auch in der Unvereinbarkeitsfrage zugebilligt wurden, machte den Weg frei für die Gründung der Bundespartei Die Grünen, die am Ende mit einer überwältigenden Mehrheit der Delegiertenstimmen erfolgte. »Karlsruhe« deutete so die »beginnende Umkehr« des Kräfteverhältnisses zwischen bürgerlich-ökologischem Lager und bunt-alternativen Entristen an (van Hüllen 1990, 243). Die Gruppe Z sah das Ergebnis der Tagung in einer »vorläufigen Konservierung der bestehenden Frontlinien, an denen entlang nun allerdings vorrangig auf Landesebene womöglich langwierige politische Stellungskriege vonstatten gehen dürften, in denen das Nachschubproblem, d. h. die politische Orientierung neu gewonnener Mitglieder, eines der entscheidendsten sein wird«.[38]

Mit dem Programmparteitag der Grünen im März 1980 in Saarbrücken kam das »Bündnis« der Linken mit dem Mittelblock innerhalb der Partei dann voll zum Tragen. Die bunt-alternativen Vertreter der vorbereitenden PK hatten erhebliches taktisches Geschick bewiesen. In Kombination mit»dem Bündnisverhalten der Mittelgruppe und dem unkoordinierten Agieren des ökologischen Flügels« (van Hüllen 1990, 236) konnte hier eine Linie durchgesetzt werden, mit der die etwa 800 Delegierten in Saarbrücken die Grünen im Parteienspektrum links von der SPD positionierten. Der bürgerlich-ökologische Flügel der Partei hatte damit»eine fast vollständige Niederlage« erlitten (Rühl 1982, 157).

Für die Gruppe Z, die dieses Ergebnis maßgeblich mit herbeigeführt hatte, schien sich hiermit die Richtigkeit ihrer taktisch-strategischen Konzepte (Hegemonie linker Positionen in den Grünen durch ein Bündnis mit dem Mittelblock, die Partei als Katalysator einer sozialistischen Formation) zu bestätigen. Sie geriet infolge der Saarbrücker Bundesversammlung in ein»Stimmungshoch, das sie später nie mehr erreichen sollte«[39] und das noch dadurch verstärkt wurde, dass auch im KB nach»Saarbrücken« eine Debatte einsetzte, in welcher die bisherige Einschätzung der Grünen durch den Bund in Frage gestellt wurde. Knut Mellenthin forderte die Kräfte, die der Ökopartei bis dahin ferngeblieben waren, dazu auf, zu überdenken,»ob sie jetzt durch eine Mitarbeit in der grünen Partei und Stärkung des linken Flügels« dem Vorankommen der alternativen Wahlbewegung nicht besser dienen könnten als im Verharren auf der Position externer Blockbildung.[40]

In einem»Rundbrief des LG« wurden die unterschiedlichen Positionen zu dieser Frage öffentlich gemacht, wobei deutlich wurde, dass die Leitung des Bundes über keine einhellige Meinung in dieser Frage mehr verfügte. Während Knut Mellenthin für eine»massivere Mitarbeit« des KB bei den Grünen plädierte[41], warnte Detlef zum Winkel vor»Illusionen« über den Charakter« der Partei[42]. Heiner Möller nahm eine pragmatische Haltung ein und verwies auf den desolaten organisatorischen Zustand des KB, der einen Entrismus, wie ihn die Gruppe Z forcierte, von vornherein zum Scheitern verurteilen würde, selbst wenn dieser aus politischen Erwägungen heraus, unter Berücksichtigung der Ergebnisse des Saarbrücker Parteitags, zweckmäßig sein könnte.[43] In einem offenen Brief der Gruppe Z an den Hamburger Bund sprachen die Verfasser Thomas Ebermann und»Willi« Goltermann von einem»Karneval des KB« und bezweifelten, dass die Organisation intellektuell überhaupt noch in der Lage sei, das»groteske Ausmaß« ihrer Lächerlichkeit zu überblicken.»Ihr habt in den letzten Monaten die Grünen dargestellt und – sofern es in eurer Macht lag – auch behandelt wie eine Art Verbrechersyndikat, das mehr oder weniger bewusst Hand an die Demontage der autonomen Linken legte und andererseits gar nicht gewillt war, die grüne Partei links und radikaldemokratisch zu profilieren. Nach wie vor seid ihr nicht in der Lage, den Entwicklungsprozess der grünen Partei auch als ein Element im Umgruppierungs- und Reorganisationsprozess der westdeutschen Linken zu begreifen.«[44]

Als ein Ergebnis der Kontroverse veröffentlichte der KB ein Kompromisspapier, mit dem er eine Revision seiner bisherigen Einschätzung der Grünen vornahm, die jetzt als »Teil (aber eben nicht Zentrum) des Prozesses der Herausbildung einer sozialistischen Partei in der BRD« gesehen wurden. »Insofern muss es eine Aufgabe von Kommunisten sein, auch innerhalb der grünen Partei diesen Prozess voranzutreiben.« Andererseits wurde hingenommen, dass die Debatte innerhalb des Bundes »ein explizites oder stillschweigendes Votum« für die bisherige abstinente Praxis des KB ergeben habe.[45] Tatsächlich soll die Bereitschaft an der verbliebenen Basis der Gruppe, in der Partei der Grünen Politik zu machen, gleich null gewesen sein.[46]

Das Verhältnis des KB zu den Grünen blieb während der gesamten 80er Jahre weiterhin ambivalent und Projektionsfläche der eigenen Hoffnungen und Enttäuschungen. Je mehr die Partei auf »Realo«-Positionen überging und je weniger in ihr ökosozialistische Alternativen eine Rolle spielten, desto größer wurde die Distanz. Der *AK*, der im Grunde als »Ersatz für das fehlende Forum innergrüner linker Kritik« fungierte, begleitete die Entwicklung der Grünen mit großem Interesse und fundierter Berichterstattung.[47] In Interviews kamen auch die – aus Sicht der Gruppe – »zwielichtigen Figuren« des grünen Führungspersonals ausführlich zu Wort. »Immer wieder wurden der große Knall, die baldige Spaltung und der dann folgende Niedergang herbeigewünscht.«[48] Ende 1985, nach der Entscheidung der hessischen Grünen für eine Koalition mit der SPD, schrieb der KB die Partei dann aber wohl endgültig ab[49] und forderte »eine Rückkehr der Linken zur Debatte um revolutionäre und kommunistische Perspektiven«[50] – ein Projekt, für das die Ökopartei nun keinen Bezugspunkt mehr bot.

Zur weiteren Entwicklung der Gruppe Z

Bei Gründung verfügte die Gruppe Z über ein zwölfköpfiges Leitungsgremium (»ZL«), u. a. waren das »Willi« Goltermann, Thomas Ebermann und Jürgen Reents gehörten, während Michael Stamm (ein bemerkenswerter Zugang aus der Marxistischen Gruppe in Marburg) und Jürgen Trittin (Göttingen) nachträglich kooptiert wurden und Rainer Trampert dem Kreis faktisch, aber nicht formell zuzurechnen war (vgl. Raschke 1993, 301). Die Gruppe Z, die etwa 200 Mitglieder umfasste (Schwerpunkt Hamburg), betrieb den Ausbau zu einer eigenständigen Organisation mit den Verbänden Nord (Gruppe und einzelne Aktive in Schleswig-Holstein) und Süd (Strukturen und Stützpunkte in Niedersachsen, Nordrhein-Westfalen, Westberlin und Bayern). Als Organ gab sie die *Z* heraus, die sich primär mit Grünenpolitik beschäftigte und hier vor allem den Dissens zum KB betonte.[51]

Auch das Konzept der Gruppe Z, in dem die grüne Partei als »Vor- und Übergangsstufe zu einer sozialistischen Massenbewegung« verstanden wurde (Rühl

1982, 121), war, ähnlich wie der Ansatz des KB, von gewissen Ambivalenzen geprägt. So verglich etwa Goltermann den linken »Run« auf die Grünen, den seine Gruppe ja tatkräftig unterstützte, mit dem berühmten »Zug der Lemminge«, der nicht mehr aufgehalten, sondern nur noch organisiert und in die richtigen Bahnen gelenkt werden könne.[52] Die anfänglichen Erfolge der Z-Fraktion auf der Saarbrücker Bundesversammlung hatten zunächst Einflussmöglichkeiten der Linken aufgezeigt. Nach den Bundestagswahlen vom 5. Oktober 1980, bei denen die Grünen nur 1,5 Prozent der Stimmen erreichten, kam es dann allerdings zu Richtungskämpfen innerhalb der Partei und zu scharfen Angriffen auf die Gruppe Z – ein Vorgang, der als »Z-Streit« in die Parteigeschichte eingegangen ist (vgl. Rühl 1982, 210-226). Schon zuvor, mit der Verabschiedung einer das Saarbrücker Programm relativierenden »Wahlplattform« auf der Dortmunder Bundesversammlung (Juni 1980), hatten sich neue parteiinterne »Koalitionen« angedeutet. Autonome Linke in den Grünen, die aus dem SB oder von den Spontis kamen, schlossen sich zu einer innerparteilichen Plattform, den Basisdemokratischen Undogmatischen SozialistInnen (BUS), zusammen und unterstützten die Mittelgruppe in ihrem Bemühen, die Konservativen um Gruhl und Springmann in der Partei zu halten. Die Kampagne gegen die Gruppe Z, die in ihrer Auswertung des »Desasters« der Grünen bei der Bundestagswahl noch einigen Optimismus gezeigt hatte (Reents: »Die grüne Partei muss links sein oder sie wird überhaupt nicht mehr sein«), sollte hier funktional sein. Seinen Ausgangspunkt nahm der Konflikt im schleswig-holsteinischen Landesverband der Grünen, in dessen Gremien Kader der Gruppe Z nahezu flächendeckend vertreten waren.[53] Der Gruppe Z wurde vorgeworfen, »diesen Umstand im Sinne einer machtpolitischen Unterdrückung ihr nicht genehmer Positionen zu nutzen« (Rühl 1982, 216). Mitglieder des Vorstandes des Landesverbandes forderten den Bundesvorstand der Partei zu einer sofortigen Intervention auf. Der »Z-Streit« beschäftigte zwischen Oktober 1980 und Februar 1981 die höchsten Parteigremien und war eingebettet in eine allgemeine Richtungsdebatte. Die Vorwürfe gegen die Gruppe Z (Machtpolitik, fraktionelle Abgeschlossenheit) waren das »Vehikel«, der Linksentwicklung in den Grünen entgegenzutreten (Rühl 1982, 218), wobei das Lager, das sich gegen die Gruppe Z formierte, höchst heterogen war (BUS, Mittelblock, Konservative). Das Ergebnis des »Aufstands der Mitte«, wie die Gruppe Z den Konflikt nannte, war eine Grenzziehung der Partei nach rechts *und* nach links. Während der konservative Flügel in der Ende 1981 gegründeten Ökologisch-Demokratischen Partei (ÖDP) eine neue Heimat fand, sicherte sich die Gruppe Z mit ihrer Abkehr vom Leninismus ihren weiteren Verbleib in der grünen Partei. So haben dieselben Mittelkräfte, die der Gruppe Z in »Saarbrücken« zu ihrem »größten Triumph« verholfen hatten, »ein halbes Jahr später dazu beigetragen, ihr das Rückgrat zu brechen«.[54]

Der Rahmen, in dem sich die politisch-ideologische und organisatorische Transformation der Gruppe Z und schließlich ihre Auflösung als Fraktionszusammenhang vollzog, war die Initiative Sozialistische Politik (ISP). In der ersten Ausgabe ihrer Zeitschrift *Moderne Zeiten*[55] ist eine Erklärung[56] veröffentlicht, in der sich der Positionswandel der Gruppe Z dokumentiert, wobei als positives Bezugsmodell der (Selbst-) Kritik auf die Praxis der neuen sozialen Bewegungen verwiesen wurde (vgl. Wischermann 1992, 418).

Erstens wurde dem ehemaligen Selbstverständnis als leninistische Avantgarde das Konzept der »Selbstbefreiung« entgegengestellt und eine »Politik der Toleranz und des Respekts vor regional bedingten und anderen Besonderheiten« gefordert.[57]

Zweitens kam es zu auch einer Neubewertung der Ziele des eigenen parlamentsbezogenen Handelns. Hatte der Hauptzweck von Kandidatur und Mandatsausübung für die Hamburger Buli noch im »Angriff auf das etablierte Parteiensystem« gelegen, so wurde die zuvor als »gänzlich illusorisch« bezeichnete Vorstellung, politische Veränderungen seien über die Mitarbeit in parlamentarischen Institutionen zu erreichen, nun in Frage gestellt (van Hüllen 1990, 339). Wegweisend für die Umorientierung war hier ein Theoretiker, der zur gleichen Zeit auch bei der Konkurrenz vom KB hoch im Kurs stand: Nicos Poulantzas, geboren in Griechenland, Dozent für Soziologie in Paris und einer der bedeutenden marxistischen Theoretiker der Neuen Linken. Dieser sah den bürgerlichen Staat in den »Verdichtungen eines Kräfteverhältnisses zwischen den Klassen« konstituiert und nicht – klassisch marxistisch-leninistisch – als »geschäftsführenden Ausschuss der Bourgeoisie«.[58] Einem solchen »eurokommunistischen« Ansatz war in revolutionstheoretischer Hinsicht die Kritik am Etatismus der Tradition der Dritten Internationale wie auch des Reformismus immanent. Für die Gruppe Z legitimierte dieser Abschied vom Leninismus die Praxis sozialer Bewegungen innerhalb *und* außerhalb von Parlamenten, denen nun »als zentralen Organen für die Bildung und Organisierung des politischen Willens in und zwischen den verschiedenen Klassen« erhöhte Wichtigkeit beigemessen wurde.[59] Ziel der auf Basis dieser Einschätzung vertretenen »Doppelstrategie« (van Hüllen 1990, 339), der Eroberung der Staatsmacht im kombinierten Angriff von »innen und außen« (Rühl 1982, 238f), blieb die sozialistische Transformation der Gesellschaft, wobei den Grünen »eine Schlüsselstellung sowohl in der künftigen Entwicklung der Massenbewegung als auch in der Politik der Sozialisten« zugewiesen wurde[60].

Drittens kam die Gruppe Z in der Ökologiefrage zu neuen Antworten, die von einer Mehrheit der Linken lange Zeit ausschließlich als abhängige Variante kapitalistischer Produktionsverhältnisse interpretiert worden war. So war selbst Holger Strohm davon überzeugt, »dass Umweltschutz nur im Sozialismus verwirklicht werden kann«.[61] Für die radikale Linke im Parteibildungsprozess der Grünen war die Ökologieproblematik somit nur ein weiteres Feld für fundamentale Kapitalismuskritik. Als »Extrema« standen sich innerhalb der Grünen so anfangs zwei Erklärungen der ökologischen Krise gegenüber, die sich wechselseitig auszuschließen schienen: Eine, die diese aus dem kapitalismusspezifischen Umgang mit Mensch und Natur erklärte, und eine, die in diesem Zusammenhang generalisierend auf Industrialisierungsprozesse verwies (vgl. Rühl 1982, 241f). Kritiker der Gruppe Z verlangten, bestimmte Positionen aus der Partei auszugrenzen, wie z. B. die des Kieler Z-Funktionärs Nico Sönnichsen, der behauptet hatte, dass es sich bei der These von der Endlichkeit der Ressourcen in Wahrheit um eine »Verknappungslüge« handele, deren ideologische Funktion es sei, zukünftige »Rohstoffkriege des Imperialismus« zu rechtfertigen.[62] Die Neupositionierung der Gruppe Z in dieser für die Grünen so zentralen Thematik bestand dann in dem Versuch, die antikapitalistische und die antiindustrielle Lesart der Ökologiefrage miteinander zu vereinbaren, wobei allerdings an der Transformationsperspektive (»Überwindung des Kapitalismus«) festgehalten wurde.

Aus der Revision ihrer leninistischen Essentials ergab sich ein Ansatz, der dann in den späteren Fraktionskämpfen zwischen den »Fundamentalisten« um Bahro und Ditfurth und den »Realos« erhebliche Bedeutung erlangte: der Ökosozialismus. Dieser Begriff bezeichnete einerseits eine Fraktion, die mit dem organisatorischen Zerfall der Gruppe Z (1982) und dem Ende der *MoZ* (1984) eher informellen Charakter hatte, aber von großem ideologischem Einfluss und personellem Gewicht war. (Rainer Trampert fungierte als einer der Bundesvorsitzenden der Grünen; Jürgen Reents und Thomas Ebermann hatten Bundestagsmandate.) Die Bezeichnung Ökosozialismus meinte andererseits ein von diesem politischen Zusammenhang vertretenes Konzept des Antikapitalismus, in dem der Umweltproblematik ein zentraler strategischer Stellenwert bei der Lösung der sozialen Frage beigemessen wurde (vgl. Wischermann 1992, 48). Als Klassiker dieser Richtung gilt das 1984 erschienene Buch von Thomas Ebermann und Rainer Trampert »Die Zukunft der Grünen«. Hierin entwickeln die Autoren zur Überwindung der tief greifenden globalen »ökologischen Krise« das politische Projekt eines »ökologischen Sozialismus«, in dem die Grünen als »radikale« Partei links von der SPD, gestützt auf neue Bewegungen *und* die Arbeiterklasse, einen wesentlichen politischen Akteur darstellen.[63]

Hamburger Verhältnisse: Grüne, AL und GAL

Seine parlamentarische Bewährungsprobe erfuhr der ökosozialistische Ansatz in Hamburg 1982, nachdem es zu einer Wiederannäherung von Gruppe Z und KB und zu einer Art Reunion der im Dezember 1979 gespaltenen Bunten Liste gekommen war. Nach der Gründung der Bundespartei in Karlsruhe hatte sich im Mai 1980 zunächst ein grüner Landesverband Hamburg konstituiert. Dieser war stark von der Gruppe Z dominiert, die sechs der 15 Mitglieder des Landesvorstandes stellte, darunter Ingo Borsum und Jürgen Reents (vgl. van Hüllen 1990, 289). In verschiedenen Treffen seit Juni 1981 wurden Vorbereitungen zu einer Beteiligung an den ein Jahr später stattfindenden Hamburger Bürgerschaftswahlen getroffen. Im September 1981 bot der hanseatische Landesvorstand der Grünen den interessierten Spektren Bündnisgespräche an, von denen man sich eine Chance zur Überwindung der Fünf-Prozent-Hürde versprach (Wischermann 1992, 123). Ein grünen-kritisches Spektrum gründete dann auf Initiative des KB und zur Stärkung der eigenen Verhandlungsmacht Ende November 1981 die Alternative Liste (AL) Hamburg, ein »diffuses linkes Konglomerat diverser nicht-grüner Personen und Gruppen«, die ein »nicht ausdiskutiertes, irgendwie sozialistisches Grundverständnis« verband.[64] Im März 1982 entstand dann aus dem Hamburger Landesverband der Grünen (500 Mitglieder) und der AL (650 Mitglieder) die Grün-Alternative Liste (GAL). Diese verstand sich als Wahlvorschlag zu den Bürgerschaftswahlen im Juni 1982 und verfügte, da ihre beiden Trägerorganisationen autonom blieben, über eine Doppelstruktur (vgl. Wischermann 1992, 129).

Bei den Bürgerschaftswahlen vom 6. Juni 1982 verlor die SPD ihre absolute Mehrheit und fiel sogar knapp hinter die CDU zurück, während die GAL 7,7 Prozent erzielte und die FDP an der Fünf-Prozent-Hürde scheiterte. Mit diesem Ergebnis hatte sich eine Situation ergeben, für die von den Hamburger Grünen und der AL noch auf der Gründungsversammlung der GAL eine Art Kompromiss vereinbart worden war: die Tolerierung eines Minderheitssenats der SPD, falls diese bereit wäre, Bedingungen zu akzeptieren, die der »Verwirklichung einer sozialen, ökologischen und auf den Frieden ausgerichteten Politik« dienlich seien.[65] Die SPD, die die Grün-Alternativen im Wahlkampf noch als »Utopisten und Spinner« bekämpft hatte, versuchte in ersten Verhandlungsgesprächen auszuloten, inwieweit die Liste tatsächlich bereit war, einen von Klaus von Dohnanyi geführten Minderheitssenat parlamentarisch zu unterstützen (vgl. Wischermann 1992, 228). Für die GAL, in deren Verhandlungskommission KB und Gruppe Z stark vertreten waren[66], hatte die Tolerierungspolitik vor allem eine strategische Funktion: die SPD als »regierungswütige und prinzipienlose Formation« vorzuführen und den linken Flügel der Partei für sich zu gewinnen (Grupp 1986, 48). Die Zielrichtung der Politik der GAL war von Gruppe Z (»ökosozialistisch«) und KB (»linkssozialistisch«) vielleicht unterschiedlich benannt, aber in der Sache selbst bestand kein Widerspruch. Die Verhandlungen um die von der GAL gesetzten Tolerierungsbedingungen begannen im Juli 1982. Nach acht Gesprächsrunden wurden sie im Oktober schließlich von der SPD abgebrochen.

Bei Neuwahlen im Dezember 1982 erreichten die Sozialdemokraten erneut die absolute Mehrheit und konnten wieder allein regieren, während die GAL mit 6,8 Prozent ein Ergebnis erzielte, das sie ebenfalls als Bestätigung ihres Vorgehens interpretieren konnte. Die ökosozialistische Fraktion der Grünen in Bonn verfügte damit über eine starke Hamburger Hausmacht.

Die weitere Zusammenarbeit in der GAL gestaltete sich allerdings schwierig. Versuche, das temporäre »Wahlbündnis« in eine gemeinsame Organisation zu überführen, scheiterten zunächst. Der Dissens bestand vor allem in der Frage der Bindung an die grüne Bundespartei. Die von der AL für die GAL geforderte weitgehende Autonomie lehnten die Hamburger Grünen ab, die für die Bildung eines Landesverbandes mit allen Rechten und Pflichten eintraten. Die AL wurde aufgefordert, Stellung zu nehmen zu den Versuchen, den Grünen eine bundesweite Alternative Liste entgegenzusetzen (vgl. Grupp 1986, 372). Angesichts der Erfahrungen mit den Bremer Bürgerschaftswahlen vom September 1983 erübrigte sich dies.

Mit der Betrieblich-Alternativen Liste (BAL), die von einem breiten linken Spektrum (einschließlich der DKP) und von zahlreichen linken Kolleg(inn)en Bremer Firmen, primär beim Metallunternehmen Klöckner, mitgetragen wurde, hatte der KB noch einmal den Versuch unternommen, »den Grünen von links Stimmen abzujagen« – und war ähnlich wie 1979 mit der Bremer AL kläglich gescheitert.[67] Insofern der Bund dieses Projekt als »Hoffnungsträger« für all jene verstand, »die eine Perspektive für die Entwicklung alternativer Wahlbeteiligung in einer engeren Zusammenarbeit von grünen, alternativen und sozialistischen Strömungen sehen«[68], markierte das Wahlergebnis von 1,4 Prozent (während Olaf Dinnés BGL 2,4 Prozent erzielte und die Bremer Grünen auf 5,4 Prozent kamen) das endgültige Scheitern seines politischen Konzeptes der externen Blockbildung. Damit war der Weg frei für die organisatorische Vereinigung der die Grün-Alternative Liste bildenden Gruppen, wie sie dann im November 1984 »nicht durch Fusion, sondern durch Auflösung der AL und Überführung ihrer Mitglieder in den Landesverband der Grünen, der sich fortan das Kürzel GAL als Beinamen zulegte«, erfolgte (Grupp 1986, 374). Der KB hatte bereits im Juni 1984 den »geordneten Rückzug« angetreten, indem er seine Abgrenzung von der GAL »verbindlich öffentlich« erklärt hatte.[69]

Friedensbewegung

Ein weiteres wichtiges Praxisfeld des KB zu Beginn der 80er Jahre war die Friedensbewegung. Diese war ein über die Bundesrepublik und Westeuropa hinausreichendes Phänomen, das sich vor allem aus der Angst vor einem Atomkrieg zwischen den beiden hochgerüsteten »Blöcken« (Warschauer Pakt und NATO) speiste. Massenkundgebungen fanden nicht nur in Bonn, Amsterdam, Wien und Göteborg statt, sondern auch in Tokio und New York. Die kleineren, jedoch äußerst brisanten friedenspolitischen Initiativen in Staaten des »realen Sozialismus«, etwa die entsprechenden kirchlichen Aktivitäten in der DDR, sind ebenfalls in diesem Zusammenhang zu nennen. Zur größten Demonstration in der Geschichte der Bundesrepublik kam es am 10. Juni 1982 anlässlich des Besuchs von US-Präsident Reagan in Bonn, wo annähernd eine halbe Million Menschen gegen die »Nachrüstung« protestierte, nachdem ein Jahr zuvor, am 10. Oktober, an gleicher Stelle bereits 300.000 auf die Straße gegangen waren. Auslöser der Bewegung, deren »Traditionen« in der Bundesrepublik bis in die politischen Aktivitäten gegen die Wiederbewaffnung in den 50er Jahren zurückreichen, war der so genannte Nato-Doppelbeschluss vom Dezember 1979. Diesem kam in der Dynamik der Friedensbewegung geradezu eine »katalytische Rolle« zu, indem er als das »politisierende, motivierende und aktivierende Kristallisationselement« fungierte, auf das sich deren »Befürchtungen, Kriegsängste und Kriegswahrnehmungen« bündeln ließen (Legrand 1989, 214).

Der KB erkannte schnell die Bedeutung der Friedensbewegung und erklärte deren Anliegen zu »der zentralen Frage jeder progressiven Politik«. Das »Überleben der Menschheit« stehe auf dem Spiel und damit die Grundlage jeglicher sozialistischer Politik. »Dementsprechend werden wir diese Frage künftig zu einem Schwerpunkt unserer Untersuchungsarbeit, Propaganda, Agitation und Praxis machen.«[71] Im Folgenden übernahm der Bund die apodiktische Angst der Friedensbewegung vor einer drohenden atomaren Auslöschung des europäischen Territoriums, verknüpfte hiermit aber ein stark leninistisch geprägtes Kriegsszenarium: Krieg als Mittel zur Neuaufteilung der Welt. Die »Nachrüstung« diene dem Zweck, den »dritten Weltkrieg« für die USA führbar und gewinnbar zu machen. Dieser sei ein Vernichtungskrieg gegen die Sowjetunion, die in ihrer Funktion als »politisches Gegengewicht zum Imperialismus« ausgeschaltet werden sollte.[72] Hatte der Bund in den 70er Jahren die Kriegsgefahr in einer groß angelegten imperialistischen Intervention in die Peripherie des Weltsystems gesehen, etwa zur Sicherung der Ölreserven des Nahen Ostens, so war nun also von einem drohenden Entscheidungskampf gegen das Lager des »realen Sozialismus« die Rede. Dem entsprach auch eine veränderte Wahrnehmung der Außenpolitik der Sowjetunion. In den Debatten des KB der 70er Jahre hatte sich die Auseinandersetzung vor allem darum gedreht, ob diese »imperiale« Züge trage oder insgesamt als »imperialistisch« zu kennzeichnen ist. Aufgrund der Frontstellung innerhalb der Friedensbewegung verschwand ein solcher Gedanke dann stillschweigend in der Versenkung.[73]

In den Vordergrund trat für den KB die Unterstellung eines »dramatischen Anwachsens der Kriegstendenzen«. Diese Annahme wurde in den 80er Jahren in der ursächlichen Verknüpfung mit der Faschisierungsthese zu dem zentralen

Element der politischen und organisatorischen Identität der Gruppe.»In Mitteleuropa wird ein großer Krieg vorbereitet, der noch in diesem Jahrzehnt stattfinden soll. Unser Land soll zu den Hauptschauplätzen gehören. Die Anzeichen für die Vorbereitung werden immer zahlreicher und erdrückender.« Man könne die verschiedenen Ebenen der Vorbereitungen analysieren und werde immer wieder zum gleichen Ergebnis kommen:»Bis spätestens 1990 sind alle Vorbereitungen abgeschlossen, und es kann losgehen«, so Knut Mellenthin in einem Leitartikel für den *AK* von 1982.[74] Wie weit diese Unheilserwartung ging, zeigen u. a. die Versuche von Teilen des LG, dem *AK* den programmatischen Titel»Fünf vor zwölf« zu geben, um auf diese Weise»an der massenhaft verbreiteten Kriegs- und Existenzangst anzusetzen, dieses Bewusstsein mit Fakten und Argumenten zu versorgen und es auf die Notwendigkeit gesellschaftlicher Veränderungen zuzuspitzen«.[75]

Die Möglichkeiten des KB, in der Friedensbewegung Einfluss zu nehmen, waren äußerst begrenzt. Erstens war der Bund gemessen an seiner relativen Stärke in den 70er Jahren insgesamt organisatorisch schwach. Zweitens waren die Friedensbewegung und ihre Arbeitsstrukturen im Unterschied zu anderen Bewegungen»neuen Typs«, mit denen es der KB vorher zu tun gehabt hatte, höchst professionell (vgl. Leif 1985). Während die Basisinitiativen der Friedensbewegung meist locker und informell strukturiert waren, verfügte sie auf Bundesebene mit Gremien wie dem Koordinierungsausschuss (KA), der Geschäftsführung und den Aktionskonferenzen über»ein vergleichsweise zentrales Organisations-, Koordinations-, Informations- und Legitimationsnetz«und erreichte einen Institutionalisierungsgrad,»der sie von anderen neuen sozialen Bewegungen qualitativ unterscheidet« (Legrand 1989, 229). Dass der KA,»getragen von 30 sehr heterogenen Organisationen mit fein austarierter Bündniszuordnung und -politik«, die Klammer höchst unterschiedlicher politischer Spektren war, welche Christen und Pazifisten, Grüne und Alternative, Neue Linke, DKP-Spektrum, Teile der SPD und Gewerkschaften umfasste, schränkte die Wirkungschancen»systemkritischer«Gruppen zusätzlich ein (während die DKP ohnehin nicht geneigt war, sich allzu weit aus dem Fenster zu lehnen). Die Mobilisierungsfähigkeit der Friedensbewegung ergab sich ja gerade daraus, dass es ihr gelang, den Protest in dieser historisch einmaligen politischen und sozialen Breite auf der Basis eines Minimalkonsenses,»Verhinderung der Nato-Nachrüstung«, zu bündeln (Legrand 1989, 219). So wurden für den»Krefelder Appell«, mit welchem die Bundesregierung aufgefordert wurde, die Zustimmung zur Stationierung von Pershing-II-Raketen und Marschflugkörpern zurückzuziehen, innerhalb von drei Jahren drei Millionen Unterschriften gesammelt. Für die in der Friedensbewegung engagierten Spektren ergab sich ihre Ablehnung der Raketenstationierung freilich aus ganz unterschiedlichen politischen Motiven.

Die Grünen, damals noch ganz pazifistisch gestimmt, sahen die Perspektive in einer Auflösung der »Blöcke« und einer lagerübergreifenden Friedensbewegung. Die DKP setzte sich über das von ihr bestimmte Komitee für Frieden, Abrüstung und Zusammenarbeit (Kofaz) besonders vehement für die Einhaltung der vereinbarten Minimalziele ein, von deren Realisierung sie sich eine politische und militärische Stärkung der UdSSR und ihrer Verbündeten versprach. Der SPD, die im Oktober 1982 nach dem Misstrauensvotum gegen Schmidt in die Opposition geraten war und in einer rasanten rüstungspolitischen Wende Anschluss an die Friedensbewegung gefunden hatte, ging es demgegenüber mit ihrem »Nein zu immer neuen Atomraketen«, so Willy Brandt im Oktober 1983 auf der Friedenskundgebung im Bonner Hofgarten, um die »Vertretung eigenständiger europäischer und deutscher Interessen, auch gegenüber den USA« (Hofschen 1989, 532).

Der KB war ein wichtiger Impulsgeber im unabhängigen Spektrum der Friedensbewegung, das in der Bundeskonferenz Unabhängiger Friedensgruppen (BUF) zusammengeschlossen war.[76] Hier waren von christlichen über gewaltfreie bis hin zu antiimperialistischen Spektren alle vertreten, die sich ausdrücklich keinem »Block« verpflichtet fühlten und die Beschränkung der Bewegung auf die Frage der Stationierung von Raketen aus unterschiedlichen Gründen kritisierten. Die KB-Mitglieder Hans-Hermann Teichler und Dietrich Schulze-Marmeling hatten als BUF-Vertreter, Jürgen Jakoby in seiner Funktion für den Bundeskongress entwicklungspolitischer Gruppen (Buko) einen Sitz im KA der Friedensbewegung.[77] Im »heißen Herbst« 1983 organisierte das unabhängige Spektrum entsprechend seiner Forderung, den Widerstand direkt an die Militärstandorte zu tragen, im Rahmen einer Aktionswoche eine eigenständige Demonstration in Bremerhaven, an der sich 30.000 Menschen beteiligten. Nach dem Stationierungsbeschluss des Bundestages vom November 1983 und der folgenden Aufstellung der Raketen begann innerhalb der Friedensbewegung eine Perspektivendebatte, auf die der KB Einfluss nehmen wollte. Während die inhaltlichen Gemeinsamkeiten mit der Niederlage im »Nachrüstungsstreit« erschöpft waren und 1985 der Abschwung der Bewegung einsetzte, war auch innerhalb des BUF kein übergreifender Konsens über das weitere Vorgehen mehr herzustellen. Zwar gelang es 1984, Teile des Spektrums unter der Parole »BRD raus aus der Nato!« zu mobilisieren, doch sollen inhaltliche Differenzen einer Ausweitung dieser Kampagne im Wege gestanden haben. Die »strikte einseitige, antiwestliche Orientierung« des KB teilten auch im unabhängigen Spektrum nur wenige Gruppen.[78] Schon bei seiner anfänglichen Unterstützung einer »Volksbefragung« gegen die Raketenstationierung (1983) hatte sich der KB aus dem Lager des BUF den Vorwurf gefallen lassen müssen, in Wirklichkeit ein »Außenposten der DKP und der Sowjetunion« zu sein.[79]

Nachdem schon in der zweiten Hälfte der 80er Jahre die These vom »dramatischen Anwachsen der Kriegstendenzen« in der KB-Publizistik kaum mehr eine Rolle gespielt hatte (mit dem Amtsantritt von Gorbatschow, 1985, zeichnete sich eine neue Periode der Entspannung ab), folgte 1989 deren offene Revision. Am 14./15. Januar 1989 führte der KB im Gemeindehaus Wandsbek seinen 3. Kongress mit 280 Mitgliedern und 50 Sympathisanten durch. Dazu sollen 140 Gäste gekommen sein, darunter, eine absolute Premiere, Kurt Schacht als offizieller Vertreter des DKP-Parteivorstandes.[80] Am Samstag erfolgte eine »allgemeine politische Aussprache«, wobei Knut Mellenthin ein Referat zur »Entwicklung der internationalen Lage seit 1982« hielt. Statt des prognostizierten Atomkriegs in Mitteleuropa »noch in diesem Jahrzehnt« sei es zu einer neuen Politik der Entspannung gekommen. Dass die Prognose des KB im Wesentlichen nicht dem realen Ablauf entsprach, sei allerdings per se noch kein Fehler. »Wir haben die Kriegsdrohungen gegen antiimperialistische Staaten der Dritten Welt und das öffentliche Nachdenken über ›Enthauptungsschläge‹ gegen die UdSSR ja nicht erfunden, alles das fand wirklich statt und war auch Thema der etablierten Medien.« Offensichtlich falsch sei hingegen der »apodiktische Ton« gewesen, »mit dem wir aus diskutierten, möglichen oder drohenden Entwicklungslinien geradezu feststehende Abläufe machten«.[81] In der Diskussion des Referats kritisierte Kai Ehlers, dass es nicht ausreiche, »von den genannten Einschätzungen nur die Datierung eines wahrscheinlichen Kriegsausbruchs und den apodiktischen Ton« zurückzunehmen. Ähnlich wie bei der Faschisierungsthese sei festzuhalten, dass der KB »über lange Zeit von einem Zusammenbruch des Imperialismus« ausgegangen sei und deshalb innen- wie außenpolitisch »katastrophale Zuspitzungen« erwartet habe. Dem lägen methodische Fehler zugrunde. Die »Innovationsfähigkeit des Imperialismus und sein Reservoir an erfolgreichen Konfliktdämpfungsstrategien« sei unterschätzt worden. Gefragt werden müsse, ob es so etwas wie eine »Pax atomica« gebe, die dann als Rahmen dieser Politik zu interpretieren sei. Matthias Küntzel verstand dies als eine »Verschlimmbesserung« von Mellenthins Papier und warnte davor, die Theorie von der »besonderen Aggressivität des BRD-Imperialismus« unausgesprochen fallen zu lassen. Hans-Hermann Teichler erinnerte an die Grundlagen der KB-Position in dieser Frage. »Die Weltkriege seien aus der Konkurrenz der imperialistischen Staaten entstanden. Nach 1945 hätten diese ihre Konflikte zurückgestellt, um ein Rollback gegen das sozialistische Lager zu erreichen. Auch die atomare Abschreckung ändere daran im Grunde nichts.«[82] Trotz dieser Einschränkungen wurde die von Mellenthin vorgetragene Position vom LG des KB »der Tendenz nach« gemeinsam getragen (auf dem Kongress selbst wurde auf Abstimmungen über inhaltliche Fragen verzichtet), während die von Kai Ehlers gelieferte »innenpolitische Bilanz«[83] umstritten blieb.

Abschied von der Faschisierungsthese

1985 unternahm Kai Ehlers in seiner vierteiligen Artikelfolge im *AK* einen Versuch zur Revision der These.[84] Im Rückblick auf die politische Entwicklung seit 1972 müsse festgestellt werden, dass eine Faschisierung, wie sie der KB vorhergesehen hatte, »nicht eingetreten« ist.[85] Angesichts der Unzulänglichkeit der These stellte sich die Frage nach alternativen Erklärungsansätzen, wobei das von Ehlers vorgeschlagene, auf die Regulationsschule zurückgehende Konzept des »präventiven Sicherheitsstaates« (Hirsch 1980; vgl. Roth 1988) innerhalb des Bundes keine der Faschisierungsthese ähnliche Integrationswirkung mehr hatte.

Im Gegenteil: Der KB blieb in dieser Frage stark polarisiert, wobei die Koexistenz unterschiedlicher Positionen in dieser für den Bund doch eigentlich so wichtigen Frage hingenommen wurde, ohne auf eine Entscheidung zu dringen. Zum einen war die Faschisierungsthese so etwas wie der »Fetisch« der KB-Identität und somit rationalen Argumenten nur bedingt zugänglich.[86] Zum anderen formierte sich Widerspruch gegen das von Ehlers vertretene Konzept, der vor allem in einer bestimmten Ortsgruppe seine Basis hatte und dementsprechend als »Frankfurter Linie« bezeichnet war. Detlef zum Winkel warnte davor, »das Kind mit dem Bade auszuschütten«. Ehlers´ Sicht der deutschen Verhältnisse bescheinige der BRD eine Normalität, die sie als »Nachfolgestaat des deutschen Faschismus« nicht habe und niemals haben könne. »Darin komme ein Bedürfnis nach Selbstberuhigung zum Ausdruck, das parallel zu Reaktionen von Selbstberuhigung und Verdrängung in der gesamten Gesellschaft verlaufe.« Mit dem inflationären Gebrauch der Faschisierungsthese habe der KB dem eigenen Anliegen geschadet. Die damit verbundene innenpolitische Prognose sei in der Tat falsch gewesen. »Nach wie vor gelte es aber, auf die Kontinuitäten zwischen dem Nationalsozialismus und der BRD hinzuweisen und die ›tausend Fäden von der Vergangenheit in die Gegenwart‹ als politischen und moralischen Faktor der westdeutschen Realität ernst zu nehmen.«[87]

Die »eher lethargische Behandlung« des Themas, das in den 80er Jahren Gegenstand fast aller Kongresse und Arbeitskonferenzen des Bundes gewesen war, fand mit den Ereignissen 1989/90 ihr jähes Ende. Die Auseinandersetzungen über die Entwicklung in der DDR und ihren »Anschluss« an die Bundesrepublik führten zu »wütender Scharfmacherei«, wobei die Frankfurter »Dramatisierer« (Detlef zum Winkel und Thomas Kieseritzky) den »Verharmlosern« im politischen Apparat des KB (Knut Mellenthin und Kai Ehlers) gegenüberstanden.[88] Der Konflikt hatte sich mit der Bewertung der deutschen Wiedervereinigung derart ideologisch aufgeladen, dass die widerstreitenden Positionen im LG anscheinend nicht mehr wie zuvor zentristisch auszutarieren waren (für eine solche Position standen Hans-Hermann Teichler und Heinrich Eckhoff). Detlef zum Winkel forderte bei seinem Rücktritt aus dem Apparat des KB im Dezember 1989 eine politische Grundsatzentscheidung des Bundes. Angesichts des »nationalen Vereinigungstaumels« sah er die »Frankfurter Linie« bestätigt und forderte dazu auf, deren Opponenten aus dem Apparat zu entfernen.

Spaltung und Auflösung (1989/91)

Der Auflösungsprozess des KB begann im September 1989 mit einem internen Streit um seine Strukturen, die als undemokratisch und verknöchert beschrieben wurden. Mitgliedern der Führungsebene des Bundes wurde vom LG-Kader Heiner Möller vorgehalten, einem nötigen Generationswechsel im Wege zu stehen. Mit dem Untergang der DDR wurde dieser Konflikt von der Auseinandersetzung über die weitere Praxis angesichts der Wiedervereinigung überlagert, in der sich zwei in etwa gleich starke Fraktionen, »Minderheit« und »Mehrheit«, bekämpften. Die letzte Spaltung des KB hatte, ähnlich wie 1979, in seinem engsten Führungszirkel ihren Ausgang genommen und sich dann in die verbliebenen Strukturen fortgesetzt. Die total polarisierte Organisation erklärte sich im April 1991 auf ihrem letzten Kongress selbst für aufgelöst.

Heiner Möllers Strukturkritik

Mit seinem im September 1989 vollzogenen Rücktritt aus LG, *AK*-Redaktion und politischem Apparat des KB verband Heiner Möller eine scharfe Kritik am Zustand der politischen und organisatorischen Zentrale des Bundes. Der KB-Gründer hielt eine »Demokratisierung« der Arbeit für notwendig, um nicht in der völligen Erstarrung zu versinken. Für ihn war der politische Apparat des KB »desolat, hilflos und festgefahren«. Die »Blockade und Selbstblockade« in der Führung des Bundes müsse aufgehoben werden. Ein »verjüngter« Apparat sei besser in der Lage, neue Initiativen zu starten. Dies erfordere eine »seit langem überfällige Diskussion« wie auch Veränderungen im Freigestelltenapparat, wobei insbesondere dessen Verhältnis zur Organisation neu zu bestimmen sei.[89]

In der folgenden Debatte zeigte sich, dass Möllers Kritik einen heiklen Punkt im Selbstverständnis des KB berührt hatte. Knut Mellenthin, Heinrich Eckhoff und Hans-Hermann Teichler widersprachen der Auffassung, dass der verkrustete Apparat für die organisatorische Stagnation des KB verantwortlich sei und verwiesen stattdessen auf die anhaltende politische Flaute.[90] Tatsächlich war der Apparat des KB in der Anpassung an die Bewegungen der 70er Jahre flexibel und effektiv gewesen, und seine Konstituierung hatte sich in der Vergangenheit als eher unproblematisch erwiesen. Unter den veränderten politischen Rahmenbedingungen der 80er Jahre schlossen sich Teile der Organisation Möllers Grundsatzkritik an.

So argumentierten etwa die Dortmunder Gruppe des KB und ihre LG-Kader, dass die Fähigkeit der Organisation, neue politische Impulse aufzunehmen, von einer radikalen Änderung in der Leitung des KB abhänge – und verlangten, den Apparat aufzuheben.[91] Die Frankfurter KB-Gruppe schloss ich dieser Forderung an. »Wenn wir auf der Höhe der Zeit sein wollen, müssen sich unsere alten Kader vor einer Wagenburgmentalität hüten, und unsere neuen Kader müssen die Möglichkeit haben, ihre eigenen politischen Ansätze zu präsentieren und zu prüfen.« Auch sie selbst hätten in den letzten Jahren häufig das Gefühl gehabt, mit »neuen Ideen« an einer gewissen »Mauer« abgeprallt zu sein. Hier wurde die Strukturproblematik mit einer bestimmten inhaltlichen Kontroverse in Verbindung gebracht. So wurde der Rücktritt von Eva Groepler (Frankfurt) aus dem LG 1986 vor allem damit erklärt, dass ihr Anliegen, den bis weit in die Linke hineinreichenden virulenten Antisemitismus und die »unkritische Übernahme von schlimmen Parolen« (womit Knut Mellenthins Bezeichnung des israelischen Libanonfeldzugs als »Endlösung der Palästinenserfrage« gemeint war) zurückzuweisen, auf eine »ignorante, ablehnende und auch unsolidarische Haltung von KB-Genossen« getroffen sei.[92]

Dass sich ausgerechnet »die Frankfurter« nun als Strukturreformer präsentierten, führte in Teilen der Organisation zu einem gewissen Erstaunen. So bezeichnete etwa Henning Nielsen, LG-Mitglied aus Flensburg, das Auftreten der Frankfurter Kader als »reine Stimmungsmache, absolut infam und demagogisch«.[93] Tatsächlich war es absurd, den Konflikt um die »Endlösungsparole« von 1983 und den Rücktritt von Groepler in diesen Zusammenhang zu rücken. Hier, wie auch in der Debatte um die Faschisierungsthese, in der die Frankfurter Kader ja ebenfalls pointiert aufgetreten waren, hatte es sich um eine *politische* Kontroverse im KB-Apparat gehandelt, von der strukturelle und organisatorische Fragen unberührt blieben. Hinzu kam, dass vor allem Detlef zum Winkel noch zum Kongress von 1989 bei den LG-Wahlen für den »bewährten« Blockwahlmodus eingetreten war, was wenig für seine Rolle als »Demokratisierer« sprach, während Möller ja schon in den frühen 80er Jahren Reforminitiativen gestartet hatte.

Liebe deinen Zoni wie dich selbst

Manifest wurde die Spaltung des KB 1989/91, als weltpolitische Ereignisse die sich als antikapitalistisch und antifaschistisch definierende Organisation vor neue Herausforderungen stellten: die Implosion der »realsozialistischen« Systeme Osteuropas, das Ende der DDR und die deutsche Wiedervereinigung. Im September 1989 publizierte Detlef zum Winkel einen Artikel im *AK* über die Massenabwanderung aus der DDR in die Bundesrepublik nach Öffnung der ungarischen Grenze, in dem sich in Ton und Inhalt schon die Position der späteren »Minderheit« im KB-Richtungsstreit andeutete. Die »Hurra-Flüchtlinge«, so die Polemik des Autors, würden sich als »deutsch-deutsche Zoni-Zombies« den »Nationalen an die Brust werfen« und quasi als Katalysatoren der Faschisierung fungieren. Oder, wie zum Winkel in Abwandlung eines Biermann-Liedes mutmaßte: »Das geht seinen nationalsozialistischen Gang«. Den »Zonis«, die »mit hängender Zunge und hängender schwarz-rot-goldener Fahne in den Bahnhof« einrollten, hätte gleich auf dem Bahnsteig die »Fresse poliert« werden sollen, »denn eine solche Gelegenheit, auf einen Schlag Millionen reaktionärer Arschlöcher mitzutreffen, darf man nicht auslassen«.[94]

Knut Mellenthin und andere warfen zum Winkel auf der folgenden LG-Sitzung »Menschenverachtung« vor. Die DDR-Flüchtlinge seien »Opfer bestimmter Verhältnisse – ihnen könne nur Glück gewünscht werden«.[95] Im Zentrum der Auseinandersetzung stand hier die Frage, ob und inwieweit das Auftreten der Flüchtlingsmassen in der Bundesrepublik als Indikator eines neu heraufziehenden deutschen Nationalismus zu werten sei oder ob die »nationale Welle« eher ein Produkt der Medien und der politischen Klasse sei.[96]

Denk ich an Deutschland in der Nacht ...

Auf seiner aus aktuellem Anlass auf zwei Tage angesetzten Dezembersitzung 1989 beschäftigte sich das LG ausführlich mit der weiteren Perspektive der DDR sowie den politischen Folgen einer möglichen Wiedervereinigung. Am Ende des Treffens kritisierte Hans-Hermann Teichler, dass zwar »neue Tatsachen« genannt, aber dann doch nur »alte Differenzen hervorgekramt« worden seien. Tatsächlich verliefen die »Fronten« analog zu den bereits bekannten Widersprüchen und Konfliktlinien der 80er Jahre um Faschisierungsthese, »Wende« und Kriegsgefahr. Ein Novum in der Geschichte des Bundes bestand darin, dass das Protokoll des ersten Sitzungstages, das von dem Genossen »e.« erstellt worden war, nicht zur internen Veröffentlichung freigegeben wurde, da sich die Mehrzahl der Mitdiskutanten in ihren Aussagen nicht richtig wiedergegeben sah.[97]

Am nächsten Tag wurde dann vereinbart, dass »Genossen der Redaktion« den Entwurf zu einer LG-Erklärung zur Wiedervereinigung verfassen und anschließend den anderen Mitgliedern der Leitung zur Diskussion vorlegen sollten. Falls hier »Einsprüche« erhoben würden, so die Vorüberlegung, werde der Text als »Erklärung der AK-Redaktion« veröffentlicht.[98] Am 11. Dezember 1989 wurde die entsprechende Verlautbarung dann unter dem Titel »Denk ich an Deutschland in der Nacht, bin ich um den Schlaf gebracht« im AK publiziert, und zwar, obwohl nicht einstimmig verabschiedet, als »Erklärung des LG des KB«. Für das Dokument gab es, wie am Textende vermerkt war, »18 Zustimmungen, drei ablehnende Voten und zwei Enthaltungen«.[99] Dass eine Erklärung des KB nicht einstimmig verabschiedet werden konnte, war zuvor nie der Fall gewesen (trotz einer Vielzahl ungeklärter Fragen hatte es immer das Bemühen eines einheitlichen Auftretens nach außen gegeben). Gewichtig und folgenschwer war zudem, dass mit Knut Mellenthin und Kai Ehlers zwei Kader des hauptamtlichen Politapparates gegen den Text gestimmt hatten. Tatsächlich waren Argumentationsmuster, wie sie die später auftretende »Minderheit« im KB vertrat, hier noch auf eine überwiegende Zustimmung des LG getroffen, während Knut Mellenthin, einer der Köpfe der kommenden »Mehrheit«, zunächst in einer minoritären Position war.

Mit der absehbaren Wiedervereinigung, so die LG-Erklärung, die maßgeblich von Detlef zum Winkel formuliert worden sein soll[100], trete »das deutsche Reich neu auf den Plan«. Innenpolitisch bewirke dies eine »Rechtsverschiebung«, außenpolitisch steigere sich die »Kriegsgefahr« – zumal sich diese Politik als »nationaler Taumel« begeisterter Massen, der von Medien der Bundesrepublik befördert werde, durchsetze. Der Ideologie der Wiedervereinigung als Ausdruck »nationaler Selbstbestimmung« sei entschlossen entgegenzutreten: »Ein Recht auf Imperialismus lässt sich nicht begründen.« Die Möglichkeit von Opposition wurde allerdings als denkbar gering eingeschätzt. Die »Gegner der nationalen Verblödung« müsse man inzwischen schon mit der Lupe suchen. Die wenigen verbliebenen Linken sollten auf die Bekämpfung »Deutschlands« orientieren.[101]

Knut Mellenthin stellte fest, dass von einer einheitlichen Position zur »deutschen Frage« im LG trotz der Erklärung keine Rede sein könne. Es gebe in der Leitung die Ansicht, »dass in den beiden deutschen Staaten angesichts einer total verblödeten Bevölkerung mit linker und antifaschistischer Politik nichts mehr zu bestellen sei« und nur noch mit einer »Vollbremsung der Alliierten« der Durchbruch des deutschen Imperialismus zu einem »vierten Reich« verhindert werden könne. In einer Entgegnung auf Detlef zum Winkel, der im Zusammenhang der Erarbeitung der Grundlinien des KB zur »deutschen Frage« vorgeschlagen haben soll, die Siegermächte des Zweiten Weltkriegs aufzufordern, ihre Truppen in beiden deutschen Staaten zu verstärken, stellte Mellenthin fest, dass der »Hilferuf nach ausländischer Militärmacht« für eine kommunistische Organisation wie den KB eine »Bankrotterklärung« sei. Wenn das, was aus den beiden deutschen Staaten wird, sonst wer entscheiden soll, aber keinesfalls die Bevölkerung dieser beiden Staaten, dann entfalle jeder Grund und jede Motivation, überhaupt noch politisch aktiv zu werden. Wenn praktisch sowieso egal sei, was die Leute denken, könne man sich in der Tat darauf beschränken, sie als »Spießerschrott« zu denunzieren und ihnen verbal »die Fresse zu polieren«. Die Frage sei aber, wer mit einer solchen »Publikumsbeschimpfung« eigentlich beeindruckt werden solle. Die Selbstpositionierung als der »einsam aufragende antifaschistische Leuchtturm im Sumpf allumfassender Verblödung« verrate einen »herben Mangel an Bereitschaft und Fähigkeit, in unserer Umwelt Differenzierungen wahrzunehmen und Bündnismöglichkeiten zu erkennen«. Die Linke verfüge nämlich durchaus noch über Optionen – und Subjekte: »Unsere Aufgabe und unser Eigeninteresse ist es, solidarisch mit allen Menschen und Gruppen in der DDR zu sein, die ihrem Staat und seinen antifaschistischen und antiimperialistischen Traditionen so weit wie möglich eigene Identität und Spielraum erhalten wollen.« Das schließe auch, und keineswegs nur unter »ferner liefen«, die SED mit ein.[102]

Das Stuttgarter LG-Mitglied Jürgen Elsässer begründete, »weshalb die Linke anti-deutsch sein muss«. Die Stärke der KB-Erklärung zur Wiedervereinigung liege darin, die wahre Dimension des Umbruchs erkannt zu haben, da es sich um mehr als um eine Ausdehnung der Marktwirtschaft nach Osten handele. Das sei eine Verharmlosung, die von der »deutschen Besonderheit« abstrahiere. Tatsächlich gehe es um Folgendes: »Ein Staat schüttelt eine geografische und eine politische Begrenzung ab, die sein expansionistisches und vielleicht sogar faschistisches Potenzial in den letzten 40 Jahren bändigte.« Linke Utopie könne angesichts dieser Perspektive nur in der Zerstörung des deutschen Staates und seiner Ersetzung durch einen Vielvölkerstaat sowie der Auflösung des deutschen Volkes in eine multikulturelle Gesellschaft liegen. Ohne einen Erfolg in diesem Kampf sei Sozialismus nicht möglich, eher werde ein »neuer Nationalsozialismus« herauskommen.[103]

Heiner Möller unterstützte die LG-Erklärung ebenfalls und verteidigte sie gegen die von Mellenthin vorgebrachten Einwände. Die Frage sei: »Haben wir es bei dem neuen deutschen Nationalismus mit einer neuen politischen Qualität zu tun oder bewegt er sich in der Kontinuität normaler kapitalistischer Entwicklung?« Die LG-Erklärung sei vor dem Hintergrund einer »neuen politischen Komponente« herausgegeben worden: »Ein neuer deutscher Nationalismus, die reale Möglichkeit der Wiedervereinigung und die Schaffung einer ökonomischen Großmacht.« Die bis dahin im KB mehrheitsfähige Aussage habe gelautet, dass »Revanchismus und Wiedervereinigung« (und entsprechend zu interpretierende Ereignisse: Bitburg 1985, Historikerstreit 1986) für die Interessen des BRD-Kapitals »kontraproduktiv« gewesen seien. Hier könnten unter Umständen Veränderungen in der Wirklichkeit eingetreten sein, die eine solche Wertung in Frage stellten.[104]

»Doro«, von der Frankfurter Ortsgruppe, hier zeitweilig als Vertretung von Thomas Kieseritzky im LG, forderte die Ablehnung eines »nationalen Selbstbestimmungsrechts« der Deutschen. Die »Opfer des Nationalsozialismus« hätten in dieser Frage ein maßgebliches Wort mitzusprechen. Indem Knut Mellenthin eine Zusammenarbeit mit der Opposition in der DDR empfehle, setze er auf eine »linke deutsch-deutsche Alternativvereinigung«. Das war im Grunde schon früh der Vorwurf an die kommende »Mehrheit« im KB: Sie befördere die Wiedervereinigung, statt sie zu bekämpfen. »Eine linke, antifaschistische Politik kann zu keinem Zeitpunkt teutonische Tümelei dulden, an der nach Auschwitz das Blut von Millionen Menschen klebt. Jeder Drang nach Normalität und nationaler Selbstbestimmung und positiver deutscher Identität schließt die Opfer ein zweites Mal aus, weil es für diese keinen positiven deutschen Bezug mehr geben kann.«[105]

Kai Ehlers beklagte den moralischen Rigorismus und die politischen Optionen der LG-Erklärung, die er zusammen mit Mellenthin abgelehnt hatte. Statt die Diskussion auf die Unterstützung »des Demokratisierungsprozesses und die Erarbeitung einer neuen sozialistischen Perspektive« zu konzentrieren, flüchte man sich unter der Parole »Kein viertes Reich« in traditionelle Warnungen vor einem drohenden Faschismus und Kriegsabsichten der imperialistischen Länder, besonders eines möglicherweise wiedervereinigten Deutschlands.[106]

Zum Winkel forderte die radikale Linke auf, sich an einem prinzipienorientierten, historisch-moralischen Maßstab zu orientieren. »Im KB sind bisher alle gegen Wiedervereinigung. Die einen jedoch, zu denen ich mich zähle, würden auch einen deutschen Volksentscheid über eine Wiedervereinigung ablehnen, weil sie einem solchen Votum die Legitimität absprechen. Die anderen würden in einem Volksentscheid gegen Wiedervereinigung stimmen, aber sein Ergebnis anerkennen, auch wenn die Wiedervereinigung beschlossen würde.« Ausgangspunkt des hier vorgetragenen prinzipiellen Rigorismus war die Vorstellung von der »deutschen Bestie«, die sich erneut anschicke, ihr Haupt zu erheben. Es sei daher »legitim und massenfreundlich, wenn auch heute nicht populär, zu wünschen, dass Deutschland zerstört wird«.[107]

In der auf die LG-Erklärung folgenden Debatte befürworteten alle Leitungsmitglieder im Grunde eine Aufrechterhaltung der deutschen Doppelstaatlichkeit sowie das Fortbestehen einer souveränen, sich womöglich auf sozialistischer Basis reformierenden DDR. Hierin bestand vermutlich im gesamten KB Konsens. Umstritten war erstens, wie die mögliche Wiedervereinigung politisch zu bewerten sei, und zweitens, welche Optionen linker Politik hieraus entwickelt werden sollten. Insofern sich der reale politische Prozess der Wiedervereinigung als Ausweitung der Bundesrepublik auf die DDR *in kürzester Frist* vollzog und die von den einen erhoffte »Vollbremsung der Alliierten« ausblieb, kam es zu einer Verschärfung der KB-internen Auseinandersetzungen.

Fraktionierung in »Mehrheit« und »Minderheit«

Um »über die politische Entwicklung und die Weiterarbeit im KB« zu debattieren, berief der Bund für den 17. und 18. März 1990 eine Vollversammlung in Hamburg ein, an der 235 Mitglieder teilnahmen. In fast allen strittigen Fragen war eine »weitgehend abgeschlossene Blockbildung« zu erkennen. Abstimmungen ergaben ein Verhältnis von 60 zu 40 Prozent, so dass in der Folge von einer »Mehrheit« und einer »Minderheit« im KB die Rede war, obwohl beide Fraktionen in etwa gleich stark waren.

Am ersten Tag des Treffens wurde über den Zusammenbruch der Nachkriegsordnung in Europa, über den deutschen Nationalismus und politische Haltungen zur Wiedervereinigung gestritten.[108] Hierzu legten beide Richtungen Positionspapiere vor.[109] Heinrich Eckhoff trug mit den »Thesen zur Lage und unseren Aufgaben« eine erste Plattform des Zusammenhanges vor, der dann später als »Mehrheit« bezeichnet wurde. Die Wiedervereinigung sei als Teil der deutschen »Großmachtbestrebungen« kategorisch abzulehnen. Der sich vollziehende Einigungsprozess berge keinerlei »fortschrittliche Elemente« in sich. Fraglich sei jedoch, ob die Perspektive der weiteren politischen und gesellschaftlichen Entwicklung mit der Parole vom »vierten Reich« treffend umschrieben sei, zumal von einem »nationalistischen Taumel« der Bevölkerung in der Bundesrepublik und in der DDR keine Rede sein könne. Insofern die »deutsche Frage« mit der realen Entwicklung praktisch geworden sei, müsse ihr allerdings auch von linker Seite politisch begegnet werden, nicht mehr nur ideologisch. In der Propaganda sollte »prinzipiell gegen die Wiedervereinigung« argumentiert werden, in der praktischen Politik aber versucht werden, »alle Kräfte zu bündeln, die sich in bestimmten Aspekten gegen die Wiedervereinigung stellen«. Hierzu gehöre auch die Kontaktaufnahme zu Organisationen in der DDR. Aufgabe sei es, eine »radikale Linke« zu schaffen, »die sich nicht entlang ideologischer Übereinstimmung in der antinationalen Auffassung findet, sondern in dem Bestreben, in praktisch politischer Hinsicht alle radikalen Gegner der Großmacht BRD zu vereinigen«.[110]

Die dann als »Minderheit« apostrophierte Fraktion im KB legte mit »Kein Volk, kein Reich, kein Führer« ebenfalls eine programmatische Stellungnahme vor.[111] Mit der Wiedervereinigung entstehe ein neues »deutsches Reich«. Außenpolitisch bedeute das »militärische Aggressivität« und die Gefahr von Krieg. »Innenpolitisch sehen wir nahezu überall ein gefährliches Anwachsen nationalistischer Tendenzen.« Träger dieser Tendenzen seien Massen, die von den »Herrschenden« zum »einig Volk« zusammengeschweißt worden seien. Angesichts der Tatsache, dass die Massenverbrechen des deutschen Faschismus »Verbrechen von Massen« waren, sei dieser Umstand besonders gefährlich. Die Position der »Minderheit«, wie sie hier vorgetragen wurde, war stark historisch-moralisch begründet und argumentierte aus der Sicht der Naziopfer, deren »Standpunkt« man unterstützen wollte.[112]

Nach der Mitgliederversammlung vom März veröffentlichte die »Minderheit« unter dem Titel »Die Aufgaben der Linken im Kampf gegen deutschen Imperialismus und Nationalismus« eine eigene Plattform, die sich vor allem aus der Abgrenzung zur »Mehrheit« im KB ergab.[113] Aus der heraufziehenden »neuen Entwicklungsstufe Deutschlands als künftige europäische Supermacht und politische Weltmacht« könne sich für die radikale Linke hier zu Lande nur eine Option ergeben: der »antinationale Kampf«. »Wichtig erscheint uns, dass wir unsere linken Gemeinsamkeiten nicht in einer vermeintlichen Chance einer gesamtdeutschen Linken suchen, die sich auf ihren Platz im neuen Deutschland einzurichten beginnt.« In einer Situation, in der die »massenhafte Zustimmung zum Imperialismus« zur Resignation verleite, bestehe keinerlei Basis für eine »Vermassung linker Politik«. Die Um- und Neugruppierung der Linken müsse sich so als »linke Polbildung« vollziehen. Die Stellung »zum deutschen Wiedervereinigungsprozess, dem neuen Großdeutschland und dem deutschen Nationalismus« sollte dabei konstituierend für eine »neue radikale und sozialistische Linke« sein, deren Essential in der »Negation der gesellschaftlichen Verhältnisse« bestehe.[114]

Mit der Mitgliedervollversammlung des KB im März 1990 war dessen Fraktionierung unwiderruflich vollzogen. »Mehrheit« und »Minderheit« standen sich mit einander ausschließenden Positionen gegenüber. »Das hatte schnell eine Dynamik zur Selbstauflösung. Wie schon bei der Z-Spaltung war auch hier die Form der Auseinandersetzung mindestens so entscheidend wie der Inhalt. Wenn man eine Partei oder Gruppe mit Zukunft gewesen wäre, dann hätte man sich sicher auf Formelkompromisse verständigt und versucht, den Streit beizulegen. Aber die Auseinandersetzungen 1979 wie 1989 wurden in einer Schärfe geführt, wo wir gar nicht verstanden haben, warum die Genossen so vom Leder ziehen. Darüber, dass jemand eine Kritik am ›vierten Reich‹ formuliert und das in praktische Politik umsetzen will, hätte man sich sicher verständigen können. Worum es *eigentlich* ging, ist schwer zu sagen. Ein Großteil der Schärfe ist ja von Detlef zum Winkel da reingebracht worden. Das waren Geschichten, die ja eher mit den alten Vorwürfen gegen Knut Mellenthin in der Antisemitismusdebatte zu tun hatten.«[115] In der Demission von Leitungskadern kam jedenfalls zum Ausdruck, »dass der KB in der Widersprüchlichkeit, die ihn die letzten Jahre überleben ließ«, nicht mehr zu halten war.[116] Der alte politische Apparat der Gruppe, der zum großen Teil aus Gründungskadern bestand, fiel 1990 auseinander. Im September 1989 war bereits Heiner Möller, die »undemokratischen« Strukturen des Bundes kritisierend, von seinen Funktionen zurückgetreten (und avancierte dann zu einem der Köpfe der »Minderheit« und später der Gruppe K). Während der LG-Sitzung vom Dezember 1989 hatte Detlef zum Winkel seine Absicht bekannt gegeben, aus der *AK*-Redaktion auszusteigen. Seinen Verbleib im LG machte er vom weiteren Verlauf der Kontroverse abhängig. Dabei griff er zwar die Strukturkritik Heiner Möllers auf, widersprach aber im Wesentlichen einem

politischen Kurs, wie er von Knut Mellenthin und Kai Ehlers zu verantworten
sei, weshalb er die Organisation zu Korrekturen aufrief, »wenn die Angesprochenen zur Umkehr nicht fähig sind«.[117] Die von ihm genannten Kader verstanden dies nicht zu Unrecht als Aufforderung, sie aus der *AK*-Redaktion zu entfernen.[118] Im Vorfeld der MVV wurde diese Rücktrittsforderung erneut virulent.
Jürgen Elsässer rief dazu auf, Kai Ehlers und Knut Mellenthin »abzuwäh-
len«.[119] Die beiden sahen darin den Versuch des »antideutschen« Flügels, die
»Hauptopponenten dieses neuen Kurses möglichst schnell abzudrängen«.[120] Jürgen Elsässer unterscheide sich von einem Pol Pot nur dadurch, dass ihm die
entsprechenden Machtmittel fehlten, so Mellenthin in einer Replik, in der die
Unversöhnlichkeit des Disputs deutlich zum Ausdruck kam.[121] Der Mitgliedervollversammlung vom März 1990 lag dann ein Antrag vor, »den Genossen Kai«
zu suspendieren. Gemeint war KB-Urgestein Kai Ehlers. Dieser sei auf sozialdemokratische Positionen übergegangen, argumentierten Genossen der Westberliner Ortsgruppe. Die verbliebenen Freigestellten erklärten für den Fall, dass
einem Abwahlanliegen auf der MVV stattgegeben werde, »kollektiv« zurückzu-
treten. Die Versammlung stimmte mehrheitlich (60 zu 40 Prozent) für die von
den Freigestellten geforderte Blockbestätigung[122], verurteilte die »Personifizierung der Auseinandersetzung« sowie den Abwahlantrag gegen Kai Ehlers und
Knut Mellenthin. Innerorganisatorisch sei ein »Klima der Zermürbung und Zersetzung« geschaffen worden, das die »Grenzen der Erträglichkeit durchaus überschreiten kann«.[123]

Vertreter der »Minderheit« verstanden dies als »pauschale Zurückweisung«
ihrer Kritik und fühlten sich jetzt ihrerseits ausgegrenzt. Detlef zum Winkel
erklärte seinen Rücktritt aus dem LG. Jürgen Elsässer wollte einen solchen
Schritt »mit Genossen am Ort« noch einmal beraten, blieb dann aber zunächst
Teil des Gremiums. Eine Mehrheit der Versammlung beschloss daraufhin, den
verabschiedeten Text zu widerrufen, ohne dass zum Winkel damit aber zu einer
Rückkehr ins LG bewegt werden konnte. Einige Tage nach der MVV trat auch
Kai Ehlers von seinem LG-Posten zurück.[124]

Fraktionelle Optionen und Praxen

Im KB entwickelte sich 1990, ähnlich der Spaltung von 1979, eine Form der Kooperation in der Polarisierung. Die restlichen Strukturen blieben trotz der eskalierenden Auseinandersetzung halbwegs intakt. Während sich das LG etwa zur
Hälfte aus Kadern beider Fraktionen zusammensetzte, war der politische Apparat stark »mehrheitslastig«, wenngleich es Versuche gab, auch hier zu einem
Ausgleich zu kommen. Gleichzeitig verfolgten beide Gruppen in ihrer Praxis
politische Ansätze, die einander diametral entgegenstanden.

Unterstützung der PDS (»Mehrheit«)

In den 80er Jahren war der KB dem Projekt, Katalysator einer Formation links der Sozialdemokratie zu sein, keinen Schritt näher gekommen. Auch die Hoffnung, dass sich mit Spaltungsprozessen innerhalb der Grünen die Reorganisierung einer breiter getragenen radikalen Linken vollziehen könnte, war enttäuscht worden. Da schien der Restlinken in der Bundesrepublik mit der Wiedervereinigung und der Umgruppierung der SED zur Partei des Demokratischen Sozialismus (PDS) über Nacht ein neuer Ansatz in den Schoß zu fallen.

Im November 1989 gründete sich in Hamburg die DDR-AG des KB, womit dessen Engagement in der Westausdehnung der PDS begann. Anfangs gehörten der Arbeitsgemeinschaft zwischen acht und zehn Personen an, unter anderem Claudia Gohde und Andrea Lederer, die versuchten, »auf die aktuelle Situation in der DDR zu reagieren«. Zwei Extraausgaben des *AK* wurden produziert, und gleichzeitig wurde damit begonnen, ein Vertriebsnetz des Blattes in der DDR aufzubauen.[125] »Starkes Interesse unsererseits besteht jetzt an offiziellen Kontakten des KB zur PDS, um mit den Genoss(inn)en in die Diskussion zu kommen«, hieß es in einer Selbstdarstellung der DDR-AG vom März 1990.[126] Im Mai 1990 veranstaltete die Arbeitsgemeinschaft in Hamburg ein Treffen, zu dem alle aus dem KB eingeladen waren, »die zum Thema DDR arbeiten wollen bzw. schon arbeiten«. Wichtigster Diskussionspunkt sollte dabei das Verhältnis des Bundes zur PDS sein. »Wie verhalten wir uns im Falle einer Ausdehnung auf die BRD: Wie stellen wir uns zu einem solchen Formierungsprozess, was erwarten wir von ihm?«[127]

Zur LG-Sitzung am 10. Juni 1990 brachten Vertreter der »Mehrheit« eine Antragsvorlage in die Debatte ein, mit der sie das LG auf eine Positionierung in der Frage des Umgangs mit der PDS festlegen wollten. Ausgangspunkt war die These, dass mit dem DDR-Anschluss »die Organisationsfrage für die sozialistische Linke in der BRD und Westberlin neu aufgeworfen« worden sei. Der PDS und ihrer »nach Hunderttausenden zählenden Basis« komme hierbei eine wichtige Rolle zu. »Wir gehen davon aus, dass es im Interesse der gesamten Linken liegt, entweder in Form der PDS oder einer auf die Basis der PDS gestützten neuen linken Formation oder auch eines um die PDS herum aufgebauten Wahlbündnisses eine parlamentarische Repräsentanz zu erreichen, die erstens die Stimmen der linken DDR-Opposition auf diese ›Tribüne‹ trägt und die zweitens auch für die BRD-Linke Ansprechpartner und ›Sprachrohr‹ sein könnte.«[128] Tatsächlich waren die Erwartungen der »Mehrheit« in Bezug auf die Perspektiven ihres Ansatzes teilweise überschwänglich (der folgende Katzenjammer war entsprechend groß). So sprach Knut Mellenthin davon, dass eine Wahlprognose die PDS »gesamtdeutsch« bei 6,9 Prozent verorte, was 1,6 Millionen Stimmen in der »alten« Bundesrepublik entspräche. Gerade in der BRD könne die PDS bei der ersten gemeinsamen Wahl viele Stimmen holen, die nicht unbedingt als Votum »für einen Sozialismus«, sondern in erster Linie »gegen die Annexion der DDR« gemeint seien, nämlich Proteststimmen für eine Partei, »die schon heute wie keine andere in den BRD-Medien diffamiert und gejagt wird«.[129]

Von Vertretern der »Minderheit« wurde die Orientierung auf die PDS scharf kritisiert. Thomas Kieseritzky fragte, ob das Zugehen auf die PDS und die übrige DDR-Linke nicht einen gesamtdeutschen Staat antizipiere, den es doch zu bekämpfen gelte. Für ihn jedenfalls sei die Option der Zweistaatlichkeit noch lange nicht vom Tisch, und er werde in dieser Situation lieber ideologisch »wasserdichte« Positionen vertreten, als sich auf diesen Prozess einzulassen. Folglich erhielt die »Arbeitsgrundlage« nur die Stimmen der »Mehrheit« (zwölf) bei vier Neinstimmen. Einigkeit bestand darin, für den September eine Arbeitskonferenz einzuberufen, auf der über die Zusammenarbeit mit der PDS debattiert und der Kurs der Organisation in dieser Frage festgelegt werden sollte.[130]

Heiner Möller und Matthias Küntzel lieferten Argumente gegen die PDS-Orientierung der LG-Mehrheit. Die Aufgaben der KB-Politik würden in einem Wahlbündnis mit der PDS »absolut einseitig definiert« und entsprächen letztlich einer »Fortsetzung der Abstinenz beim Widerstand gegen die Wiedervereinigung«. Dem sei *erstens* zu entgegnen, dass die gesamtdeutschen Wahlen als »Bestandteil der DDR-Annexion« und »Fortsetzung der Blitzkriegsdiplomatie gegen den Rest der Welt« rigoros abzulehnen seien und somit eine wie auch immer geartete konstruktive Beteiligung für Linke nicht in Frage komme. *Zweitens* verbinde sich mit dem Misserfolg des linksgrünen Parlamentsexperiments das »Scheitern eigener Ansätze«. Die Institutionen hätten sich als stärker herausgestellt als das Wollen einzelner Menschen. »Warum sollen unter gesellschaftlich schlechteren Bedingungen – Fehlen einer sozialen und außerparlamentarischen Basis – die linken, über die PDS entsandten Parlamentarier(innen) besser sein?« *Drittens* sei eine Wahlunterstützung für die PDS aber durchaus denkbar. Grundlage müsste die Anerkennung der Zweistaatlichkeit sein. Falls der Wahlmodus eine gesamtdeutsche Fünf-Prozent-Hürde vorsehen würde, brauche die PDS Unterstützung. »Wir würden es begrüßen, wenn die PDS in diesem Fall in der BRD ausdrücklich als DDR-Partei kandidieren würde, nicht aber als Partei der ›gesamtdeutschen Linken‹.« Die BRD-Linke könnte dann solidarisch mit der PDS sein und Wahlunterstützung betreiben (Motto: »Wählt DDR«). Gegen diese Option spreche allerdings die Festlegung der PDS auf »gesamtdeutsch«. *Viertens* wäre niemand (abgesehen von denen, »die die Null-Komma-Kandidatur bei jeder Wahl für obligatorisch halten«) auf die Idee einer sozialistischen Kandidatur 1990 in der Bundesrepublik gekommen. Kern des LG-Mehrheitsvorschlages sei der Wunsch, »auf dem PDS-Huckepack die eigene Isolation und Perspektivlosigkeit zu bemänteln und via Parlament zu überwinden«.

Fünftens ergebe sich die Schärfe der Debatte im KB aus der Verknüpfung der Einschätzung der PDS mit der Organisationsfrage für den Bund als »Organisation der revolutionären Linken«. Tatsächlich habe aber die PDS-Option für die BRD-Linke »absolut nichts Neues« hervorgebracht, »sondern das alte Denken und die geläufigen Politikformen der gescheiterten Linken in einem letzten Aufbäumen mobilisiert«.[131]

In Hamburg bildete sich im April 1990 ein Kreis heraus, in dem Mitglieder des Sozialistischen Forums, der Zeitschrift *Sozialismus*, des KB und linke Grüne vertreten waren, um über die Art und Weise der Zusammenarbeit mit der PDS zu diskutieren. In Hinblick auf die kommenden gesamtdeutschen Wahlen kristallisierte sich hier der Standpunkt heraus, »dass ein Organisationsbündnis nach altem Muster keine Chance hätte, im Zusammengehen mit der PDS die in der BRD notwendigen Stimmen zu gewinnen«. Gedacht war daran, ein Projekt quer zu den Organisationen aufzubauen, das gleichermaßen Mitglieder bestehender Gruppen, aber auch »frei schwebende Linke« ansprechen und sich auf die PDS als »Katalysator im Umgruppierungsprozess der Linken« beziehen sollte. Aufgabe dieses »Bündnisses« sei es, »die Ausstrahlung des Erneuerungsprozesses der PDS in der BRD« umzusetzen und damit auch »linkssozialistische Personen« anzusprechen, welche von der verbliebenen organisierten Linken »aus sich heraus« nicht mehr erreichbar seien. Das Projekt habe zur Umsetzung dieses Ansatzes einen »pragmatischen Programmansatz« zu wählen und sollte keine »sozialistische Programmkandidatur« verfolgen. Am 28. und 29. Juli 1990 wurde in Köln eine Arbeitskonferenz mit 550 Teilnehmern abgehalten. Die Entscheidung für das anvisierte Projekt fiel per Akklamation, als Gregor Gysi vor die Versammlung trat und das Treffen als die »Geburtsstunde der Linken Liste/PDS« bezeichnete.

Am 5. August 1990 kam es zu einem Treffen im kleinen Kreis in Berlin. Hier wurde nicht, wie ursprünglich in Köln geplant, eine gemeinsame Wahlpartei gegründet, was in der PDS auf erheblichen Widerstand gestoßen war, sondern eine Listenverbindung anvisiert. Am 12. August 1990 wurde dann in Hamburg die Linke Liste/PDS (BRD) gegründet und gleichzeitig beschlossen, zu den gesamtdeutschen Wahlen, die für den 2. Dezember 1990 angesetzt waren, anzutreten und eine Listenverbindung mit der PDS (DDR) einzugehen.[132]

Im Folgenden wurde ein gemeinsamer Beirat gegründet, dem Vertreter der PDS (darunter Gregor Gysi, Hans Modrow und André Brie), der Vereinigten Linken, der Nelken und der Linken Liste/PDS (darunter Andrea Lederer, Christiane Reymann, Jochim Bischoff, Manfred Coppik, Michael Stamm, Bernd Henn, Heidi Hegen und Ulla Jelpke) angehörten. Außerdem wurde eine gemeinsame Wahlkampfleitung gebildet. Die Arbeit im Westen bestand darin, Landesverbände aufzubauen und Kandidaten zur Bundestagswahl zu bestimmen. Hierbei waren

KB-Kader der »Mehrheit« in besonderer Weise aktiv. Im Sommer 1990 wurde *AK*-Redakteurin Claudia Gohde zur ersten »Hauptamtlichen« der PDS in Westdeutschland: Ihr oblag die Vorbereitung des Bundestagswahlkampfs 1990 und der Aufbau der westdeutschen Landesverbände der LL/PDS.[133]

Die Frage des Verhaltens bei den kommenden Bundestagswahlen, zu deren Klärung der KB am 22. September 1990 in Hamburg eine Arbeitskonferenz durchführte, war somit schon im Vorfeld entschieden, und zwar für beide Fraktionen des Bundes. Während die »Mehrheit« die PDS unterstützte, war die »Minderheit« *die* treibende Kraft, die im Rahmen der Radikalen Linken für einen Boykott der »Reichstagswahlen« mobilisierte.[134] Der Vorschlag, das »Wahlbündnis PDS/Linke Liste« zu unterstützen, soll sich mit 54 zu 46 Prozent durchgesetzt haben. Die Konferenz bestätigte somit, dass der KB in zwei Teile zerfallen war, die nun de facto gegeneinander arbeiteten.[135] Das Treffen sei – im Gegensatz zur Mitgliederversammlung vom März – überwiegend als »lästiges Ritual« begriffen worden. Statt über Entwürfe zu diskutieren und abzustimmen, hätte man nur die Namen ihrer Autoren bekannt geben müssen: Das Ergebnis wäre ähnlich ausgefallen. Es wollte nicht einmal »Aufgeregtheit oder Aggressivität« aufkommen. Das Terrain war komplett abgesteckt.[136]

Die Zusammenarbeit zwischen der PDS (DDR) und ihrer überwiegend linksradikalen Unterstützerszene in der Bundesrepublik war anfangs als eher locker strukturierte Listenverbindung angelegt. »Es sollte ein Wahlbündnis sein, in dem die unterschiedlichen Teile ihre Vorstellungen einbringen würden. Alle Teile sollten autonom bleiben, weil durch organisatorische Trennung am besten gewährleistet werden kann, dass Widersprüche ausdiskutiert oder aber Kompromisse gefunden werden.«[137] Mit dem Urteil des Bundesverfassungsgerichts vom 29. September 1990 zum Wahlgesetz, das einerseits eine für die PDS überaus positive Regionalisierung der Sperrklausel vorschrieb, andererseits aber die Verbindung von Landeslisten zu bloßen Zählgemeinschaften untersagte, war das bis dahin praktizierte Modell ost-west-übergreifender Kooperation der Linken Liste/PDS mit der PDS hinfällig. Die Verantwortlichen entschieden sich in dieser Situation, die in der Bundesrepublik gegründeten Strukturen in Landesverbände der PDS umzuwandeln. Zu den Bundestagswahlen 1990 kandidierte dann im Zählgebiet »West« die PDS, während die Partei im Beitrittsgebiet als PDS/Linke Liste, Linke Liste/PDS oder auch nur als PDS antrat (das Wahlgesetz erlaubte für das Gebiet der ehemaligen DDR Listenvereinigungen).

Das Verhältnis des KB zur PDS, wie auch das anderer Unterstützergruppen, war so einer gravierenden Änderung unterworfen: »Statt die Scharnierfunktion zwischen PDS und Westlinker kritisch zu nutzen, wurde man zum Rädchen im PDS-Getriebe.«[138] Ziel war es gewesen, im Westen die nötigen Stimmen zu mobilisieren, um der PDS den Einzug in den Bundestag zu ermöglichen. In der

Bundesrepublik Wahlkampf für die PDS zu machen, war stark von der Motivation geprägt gewesen, der von der politischen Klasse in Bonn und den Medien stigmatisierten Partei (»Nachfolgeorganisation der SED«) in einer Art Anti-Anti-kommunismus beizustehen. Spätestens mit der Entscheidung des Bundesverfassungsgerichts war hier die Luft raus. Eine parlamentarische Repräsentanz der PDS im Berliner Bundestag, die bei den Volkskammerwahlen im März 1990 auf 16,3 Prozent gekommen war, konnte jetzt als gesichert angesehen werden, ohne dass es auch nur einer Stimme aus den »alten« Bundesländern bedurft hätte. Die Bilanz der Bundestagswahl vom 2. Dezember 1990 fiel für die »Mehrheit« im KB ernüchternd aus. Die PDS erlitt mit ihren 0,3 Prozent in den »alten« Bundesländern »eine grandiose Wahlschlappe«[139], zog aber gleichzeitig aufgrund von 9,9 Prozent im Zählgebiet »Ost« in den Bundestag ein. »Das Ergebnis in den Westländern ist von den erreichten Zahlen her indiskutabel. Für diese Stimmenanzahl hätte kein Wahlkampf betrieben werden müssen, es hätte gereicht, einen Sandsack aufzustellen. Die PDS ist im Westen keine linke Alternative, und die Westlinken, einschließlich meiner eigenen Person, die versucht haben, der PDS über diesen Wahlkampf einen Weg in die BRD-Gesellschaft und die BRD-Linke zu ebnen, sind an dieser Aufgabe (für diese Wahl) gescheitert«, so Heinrich Eckhoffs Kommentar zu den Resultaten eines Projektes, das er maßgeblich mitiniiiert und vorangetrieben hatte.[140]

Der PDS-Gruppe im Bundestag gehörten zwei Mitglieder an, die dem KB entstammten: Ulla Jelpke, die nach ihrem Austritt aus den Grünen 1989 als parteilose Kandidatin über die Landesliste Nordrhein-Westfalen in das Parlament eingezogen war, den Hamburger Bund aber bereits Mitte der 80er Jahre verlassen hatte, und LG-Mitglied Andrea Lederer, die sich über die Landesliste Mecklenburg-Vorpommern qualifiziert hatte und später zur stellvertretenden Fraktionsvorsitzenden der PDS/LL hinter Parteichef Gregor Gysi gewählt wurde. Trotzdem wäre es falsch, in diesem Zusammenhang von »Entrismus« zu sprechen. Einzelne aus dem KB wurden zu Funktionären der PDS[141], ohne dass damit noch ein organisierter Wille verbunden gewesen wäre. Die Option, die die Mehrheitsfraktion des KB in Bezug auf die PDS verfolgt hatte, war mit der Wahlniederlage in den alten Bundesländern gescheitert.

Mitarbeit in der Radikalen Linken (»Minderheit«)

Die »Minderheit« suchte für ihre Politik Bündnispartner, die ihre strikte und uneingeschränkte Ablehnung der Wiedervereinigung teilten. Die Radikale Linke mit ihrem »Nie wieder Deutschland«-Projekt schien solch ein Akteur zu sein. Entstanden war diese freilich in einem ganz anderen Kontext. Die Idee zu ihrer Gründung geht auf ein bestimmtes Datum in der Geschichte der Grünen zurück. Die Initiatoren der Radikalen Linken, wie etwa Rainer Trampert, Thomas Ebermann und Jutta Ditfurth, gehörten dem linken Flügel der Ökopartei an. Nach dem Sturz des mehrheitlich linken Bundesvorstands der Partei auf ihrer außerordentlichen Bundesversammlung im Dezember 1988 in Karlsruhe begann dieser Kreis sich eine Basis außerhalb der Grünen zu suchen. Die Radikale Linke entstand in der Kooperation von Einzelpersonen und der sie repräsentierenden politischen Spektren. Zum einen gab es eine starke Gruppe, die den Grünen entstammte und auf deren ökosozialistischem Flügel angesiedelt gewesen war. Einige, wie Trampert und Ebermann und 40 weitere Funktionäre aus Hamburg, gaben ihre Mitgliedschaft in der Partei auf, als sie im April 1990 mit der Perspektive der Radikalen Linken den gemeinsamen Austritt erklärten. Andere, wie Dorothee Piermont, Siggi Fries und Angelika Beer (Beitrag zum Kölner Kongress, 1990:»Gegen die Kolonisierung der osteuropäischen Staaten durch BRD, EG und Nato!«[142]), aber auch zunächst Jutta Ditfurth schienen ihr Engagement in der Radikalen Linke mit einem Verbleib in den Grünen vereinbaren zu können. Eine maßgebliche Rolle in der linksradikalen Formation spielte die Minderheitsfraktion des KB, wobei es insbesondere Heiner Möller und Detlef zum Winkel waren, welche die Initiative mit vorantrieben. Darüber hinaus beteiligten sich so unterschiedliche Personen wie Karl Heinz Roth (Spiritus Rector autonomer Theoriebildung), Michael Wilke (Anarchist und Startbahnaktivist), Jakob Moneta (Gewerkschafter), Winfried Wolf (Trotzkist und Kader der VSP), Regina Michalik (Feministin), Georg Fülberth (Politikprofessor in Marburg und eher randständiges Mitglied der DKP) sowie Hermann L. Gremliza (Herausgeber der Zeitschrift *konkret*), die als eines ihrer publizistischen Foren fungierte. Der Zusammenhang, der gemäß dem eigenen Selbstverständnis »anarchistische, autonome, feministische internationalistische, kommunistische, ökosozialistische, radikalökologische« sowie nicht zu verortende »ultra-originelle« Schattierungen aufwies[143], war folglich in sich äußerst widersprüchlich. Die grundsätzlichen ideologischen Differenzen führten dazu, dass die Formation nur für kurze Zeit bestand.

Erste Gestalt angenommen hatte die Kooperation im April 1989, als sich in Hamburg »einige Frauen und Männer« trafen, um die Möglichkeit zu prüfen, »linke Diskussionszusammenhänge und Interventionen« zu organisieren. Sie gaben sich die Bezeichnung »Radikale Linke« und verstanden diese Initiative als »einen Versuch, systemoppositionelle (und -sprengende?) Kräfte« zu sammeln. Im Juli und Oktober 1989 gab es in Frankfurt und Köln zwei Folgetreffen eines erweiterten Kreises.

Im Oktober 1989 legte die Radikale Linke programmatische Grundlagen vor, mit denen sie sich als »Kraft der Negation« definierte. »Sie will die Opposition im Zeitalter der – sei es triumphierenden, sei es hangenden und bangenden, sei es frustrierten – rosa-grünen Besoffenheit werden. Gegen diese und alles, was rechts davon existiert, interveniert die Radikale Linke überregional zunächst publizistisch, hoffentlich bald zunehmend organisiert, und lokal in konkreten, praktischen Auseinandersetzungen.« Mit dem Zusammenbruch der DDR kam es in der Radikalen Linken zu einem abrupten Themenwechsel. Hatte man sich zunächst gegen die angeblich heraufziehende rot-grüne »Moderne« positioniert, deren Versprechen, »den Kapitalismus etwas umweltverträglicher, sozial abgefedert, friedensfähiger und frauenfreundlicher« zu gestalten, als »irreal« enttarnt werden sollte[144], ging es nun gegen ein ganz anders geartetes politisches Projekt, nämlich die »deutsch-deutsche Wende« und die sie tragende »nationale Besoffenheit«[145].

Ein praktisches Ergebnis dieses Ansatzes war die am 12. Mai 1990 in Frankfurt a. M. von der Radikalen Linken unter dem Marlene Dietrich zugeschriebenen Motto »Nie wieder Deutschland« durchgeführte Demonstration »gegen deutschen Nationalismus, gegen die Kolonisierung Osteuropas und gegen die Annexion der DDR«, zu der immerhin 20.000 Teilnehmer mobilisiert werden konnten. Anfang Juni 1990 veranstaltete die Radikale Linke in Köln einen Kongress, zu dem sich 1.500 Interessierte einfanden.

Während die »Minderheit« im KB die Radikale Linke nach Kräften unterstützte und diesen Ansatz »bei aller Beschränktheit als bedeutendsten Verständigungsversuch der nichtreformistischen Linken der letzten Jahre« wertete[146], distanzierte sich die »Mehrheit« von einem Projekt, das gänzlich auf die »antinationalen« Positionen ihrer widerstreitenden Fraktion übergegangen zu sein schien (tatsächlich aber weit heterogener war, als behauptet). Die Radikale Linke entwickele sich zunehmend zu einem »Sammelpunkt zynisch gewordener Altlinker«. Wenn diese ihre eigenen Analysen, das Heraufziehen des »vierten Reiches«, ernst nehmen würden, ließe sich das mit ihrer »spezifischen Art von Nicht-Politik« nur schwer vereinbaren. Linksradikalismus trete hier einmal nicht als »Kinderkrankheit« auf, sondern als »Altersschwachsinn eines Teils der Linken, der in diesem Land und mit diesem Volk im Grunde nicht mehr viel vorhat«. Für solche Art von Opposition als »Kraft der Negation« seien die Bahamas oder die Kanarischen Inseln der »hinreichend weit entfernte und klimatisch bekömmliche Ort«, um – so Mellenthin frei nach dem biblischen Jona – »zu sehen, was der Stadt widerfahren würde« (deren Untergang der Prophet vorhergesagt hatte, ohne dass das erwartete Ereignis allerdings eingetreten wäre).[147] Das war eine Replik auf Jürgen Elsässer, dessen »Utopie« ja in der »Zerstörung des deutschen Staates und der Auflösung des deutschen Volkes in eine multikulturelle Gesellschaft« lag, und richtete sich gleichfalls gegen Detlef zum Winkel, der, Cato zitierend, meinte, »dass Karthago zerstört werden müsse«.[148] (Die aus der »Minderheit« hervorgehende Gruppe K sollte ihre Zeitung dann in einer Ironisierung der Vorhaltungen Mellenthins *Bahamas* nennen.)

Bereits im Vorfeld der letzten von der Radikalen Linken initiierten Großaktion, der am 3. November 1990 in Berlin unter dem Motto »Der Tod ist ein Meister aus Deutschland. Gegen das Feiern. Gegen das Vergessen« durchgeführten Demonstration, hatten sich zwischen den sie tragenden Spektren und Einzelpersonen tiefe Risse aufgetan. So konnte etwa im Umgang mit den ersten gesamtdeutschen Wahlen im Dezember 1990 keine Übereinstimmung erzielt werden. Während die einen, darunter maßgeblich die Minderheitsfraktion im KB, zum Boykott der »Reichstagswahl« aufriefen, hatten sich andere aus dem Kreis der Radikalen Linken, ähnlich der »Mehrheit« des Hamburger Bundes, auf die PDS zubewegt. So hatten sich die Reihen der Radikalen Linken, deren Koordinationsausschuss sich im Februar 1991 auflöste, stark gelichtet, wobei ihr Ende durch ein weltpolitisches Ereignis beschleunigt wurde, das in der bundesdeutschen Linken insgesamt stark polarisierend wirkte.

Der Golfkrieg der von den USA angeführten Allianz gegen den Irak und zur Befreiung Kuwaits, der im Januar 1991 begann, rief in der Bundesrepublik Proteste einer breiten, spontan auftretenden, pazifistisch und moderat kapitalismuskritisch argumentierenden Antikriegsbewegung (»Kein Blut für Öl«) hervor, in der Strukturen der Linken kaum eine Rolle spielten. Diese war in der Beurteilung der Bombardierung Bagdads gespalten, besonders nachdem das Hussein-Regime Israel mit Scud-Raketen angegriffen hatte. Teile der Radikalen Linken um die Zeitschrift *konkret* befürworteten den westlichen Kriegseinsatz, in dem »aus falschen Gründen und mit falschen Begründungen das Richtige getan zu werden scheint«, nämlich militärischen Beistand für Israel zu leisten.[149] Zahlreiche Intellektuelle, die einem linksliberalen Milieu zuzurechnen waren, betonten den »antifaschistischen« Charakter des Vorgehens der anti-irakischen Streitmacht (etwa Enzensberger mit seinem Hitler-Hussein-Vergleich). Im KB kam es in Abgrenzung zu den »Bellizisten« zu einer Art Wiederannäherung der Flügel, die den Krieg und besonders die Rolle der Bundesrepublik »klassisch« antiimperialistisch interpretierten und zu einem entsprechenden Handeln aufriefen.[150] Trotz dieser neuen Gemeinsamkeit und obwohl *beide* Optionen der widerstreitenden Fraktionen, die Bezugnahme auf die PDS *und* auf die Radikale Linke, definitiv gescheitert waren, konnte eine Spaltung des Bundes nicht mehr verhindert werden.

Auflösung des KB

Bei einem Treffen der Mehrheitsfraktion am 24. November 1990 in Hamburg, an dem sich bis zu 80 Personen beteiligt haben sollen, wurde der Beschluss gefasst, sich »organisatorisch und publizistisch« von der »Minderheit« im KB zu trennen. Die »unterschiedliche Ausrichtung in der Politik« sowie die »Methodik der Auseinandersetzung« lasse einen solchen Schritt als »unausweichlich«

erscheinen.[151] »Seit über einem Jahr haben sich die beiden Hauptgruppen im KB immer weiter auseinander entwickelt und polarisiert. Sie agieren auf entgegengesetzten Polen des linken Spektrums.« Das Treffen, auf dem nur noch das »Wie« der Spaltung verhandelt wurde, nicht mehr das »Ob«, soll sich nicht gerade durch »optimistische Aufbruchstimmung und kämpferische Zuversicht« ausgezeichnet haben, sondern eher durch Resignation. Für die »Mehrheit« ging es um die »einvernehmliche Trennung zweier gleich starker Gruppen, die sich auseinander gelebt haben, und nicht um den Rauswurf einer Gruppe durch die andere, die sich dann als der wahre KB fühlen darf«.[152]

Die »Minderheit«, die parallel zur Versammlung der »Mehrheit« ein Beratungstreffen in Hamburg durchführte, an dem etwa 50 Personen aus verschiedenen Orten der Bundesrepublik teilnahmen, wurde von dem Trennungsbeschluss, nach dessen Bekanntgabe »allgemeine Betroffenheit« geherrscht haben soll, vollkommen überrascht.[153] Eigentlich war man auf eine finale Schlacht um den KB auf einem letzten Kongress eingestellt gewesen. Die »Mehrheit«, so die hier erhobene Kritik, versuche mit ihrem Schritt der »kalten Spaltung« ihrer zu erwartenden Abstimmungsniederlage »durch Abschaffung der innerorganisatorischen Demokratie« zuvorzukommen. Über die Zukunft der Organisation und ihrer Zeitung könne nur ein Kongress der gesamten KB-Mitglieder entscheiden.[154]

Die »Mehrheit« stand dem hier vorgeschlagenen Konzept der Auflösung des KB anfangs skeptisch gegenüber. »Ein Kongress, auf dem es zu einer Schlammschlacht um eine in jedem Fall äußerst knappe Stimmenmehrheit kommen würde, wird als denkbar unglücklichster Weg des Auseinandergehens angesehen.« Stattdessen sollten die Modalitäten der Trennung in kleinem Kreise von Delegierten beider Fraktionen ausgehandelt und dann in einer Urabstimmung aller Mitglieder ratifiziert werden.[155] Das Umschwenken der »Mehrheit«, die sich dann ebenfalls für die Durchführung eines letzten Kongresses aussprach, erfolgte nicht, weil sie einen solchen Modus für den vernünftigsten Weg hielt, die Trennung zu vollziehen, sondern weil hiermit das »demagogische Argument« der Minderheitsfraktion, »wir entzögen uns einer demokratischen Entscheidung«, entkräften werden sollte. »Wenn jetzt alles daran hängt, dass eine Trennung ohne Kongress als Putsch in unsere Geschichte eingehen soll, lassen wir uns noch einmal darauf ein, uns eines Besseren belehren zu lassen.«[156]

Der 4. Kongress des KB, an dem 200 Mitglieder und Sympathisanten teilnahmen, tagte am 20. April 1991 im Gemeindehaus in Hamburg-Wandsbek. Zweck dieses letzten KB-Treffens war es, die Liquidation des Bundes ohne lange Diskussionen unter Dach und Fach zu bringen und gleichzeitig eine weitere Zusammenarbeit der widerstreitenden Fraktionen in der Herausgabe des *AK* anzubahnen. Hinsichtlich der organisatorischen Abwicklung wurde mit 123 zu 30

Stimmen bei 16 Enthaltungen folgender Beschluss gefasst:»Der Kommunistische Bund (KB) ist aufgelöst. Im 20. Jahr seines Bestehens ist der KB in zwei Strömungen zerfallen. Als ein nach außen handelndes Kollektiv auf gemeinsamer theoretischer und praktischer Grundlage besteht der KB nicht mehr.«[157] Die Aufteilung der verbliebenen finanziellen Ressourcen des Bundes war bereits im Vorfeld des Kongresses einvernehmlich geregelt worden.[158]

Im Anschluss an den Kongress trafen die beiden Fraktionen, die so genannte Ex-Mehrheit, die ihre Strukturen aufrechterhielt, sich aber zunächst auf keinen anderen Namen hatte einigen können[159], und die aus der »Minderheit« hervorgegangene Gruppe K eine Vereinbarung, nach der sie den *ak* in kooperativer Verantwortung weiter herausgeben wollten. Bei Beginn des so genannten Dach-*aks*, im August 1991, gehörten der Redaktion zwölf Personen an, wobei beide Fraktionen über einen aus den Erlösen des Blattes finanzierten »Freigestellten« verfügten.[160] Das paritätisch besetzte Projekt scheiterte noch vor Ablauf der einjährigen »Probezeit«. Auf einer bundesweiten Versammlung im Mai 1992 entschied die Ex-Mehrheit, dass sie in einer Fortsetzung der Dach-Kooperation keinen Sinn mehr sehe. Als Begründung wurde angeführt, dass der *ak* »in der jetzigen Form keine gemeinsam erarbeitete und diskutierte Publizistik sei, sondern das reine Additiv zweier völlig unabhängig und kontrovers zueinander arbeitenden Gruppen«. Gleichzeitig erklärte die Ex-Mehrheit, den *ak* zukünftig in alleiniger Verantwortung herauszugeben, ohne damit allerdings die Pluralität linker Meinungen, wie sie im Blatt zum Ausdruck kam, einschränken oder sich selbst als »einzig legitime« Nachfolgegruppe des KB begreifen zu wollen.[161] Auch die Gruppe K sah das gemeinsame Zeitungsprojekt als gescheitert an, wollte aus pragmatischen Gründen aber zunächst am »Zweckbündnis« mit der Ex-Mehrheit festhalten.[162] Auf einem Bundestreffen der Gruppe K, das im Juni 1992 in Berlin stattfand, erklärte diese dann das gemeinsame Projekt ebenfalls für beendet. Zugleich wurde der Ex-Mehrheit der Anspruch bestritten, bei der Weiterherausgabe der Zeitung den traditionsreichen Namen »ak« beibehalten zu dürfen.[163] Die Gruppe K konnte sich bei diesem Veto auf eine vertragliche Vereinbarung zwischen beiden Zirkeln berufen, mit der verhindert werden sollte, dass bei einem Scheitern der Dach-Konstruktion ähnlich konzipierte Blätter gleichen Namens miteinander konkurriert hätten. Da die Gruppe K aber ohnehin kein dem *ak* entsprechendes publizistisches Projekt plante, sah die Ex-Mehrheit sich legitimiert, das von ihr ab August 1992 allein verantwortete Blatt unter dem Namen *ak* herauszugeben, was jetzt in einer bemerkenswerten namenstechnischen Wendung für *analyse & kritik* stand und mit dem Untertitel »Zeitung für linke Debatte und Praxis« versehen war – und bis heute, 2002, erscheint.

1   1. Kongress des KB abgeschlossen. In: AK, Hamburg, 10. Jg. (1980), Nr. 169, S. 46.
2   Referat des LG zur Krisendebatte. In: UW, Hamburg, 6. Jg. (1980), Nr. 32, S. 4-9, hier S. 5.
3   »Das Organisationsstatut von 1980«, in: Orgbulli, Hamburg, 1988, Nr. 65/66 (ak-Archiv), S. 60f.
4   Heute feiern wir Geburtstag. In: AK, Hamburg, 12. Jg. (1982), Nr. 217, S. 26-29, hier S. 28.
5   Beschlussprotokoll, interne Schrift des LG des KB, Hamburg, 1.11.1981 (ak-Archiv), o. P.
6   »Zum Stand der Vorbereitung des ›Staatszyklus‹«, in: Orgbulli, Hamburg, 1983, Nr. 7 (ak-Archiv), S. 9. Vgl. Internes Schulungsinfo, Schrift der Schulungskommission des KB, Hamburg, 1981-84, Nr. 1-14 (ak-Archiv).
7   Vgl. Poulantzas, Nicos: Staatstheorie. Hamburg 1978.
8   Thesen zur Perspektive des *Arbeiterkampfs*. In: AK, Hamburg, 12. Jg. (1982), Nr. 217, S. 29f, hier S. 30.
9   hr.: »Die Entwicklung der Linken seit 1980, Eine Bilanz«, in: Orgbulli, Hamburg, 1988, Nr. 65/66 (ak-Archiv), S. 15-24, hier S. 19.
10   Vgl. Karuscheit, Heiner: Zur Geschichte der westdeutschen ML-Bewegung. Gelsenkirchen 1978.
11   Vgl. Gemeinsame Beilage, Hamburg, 1.-3. Jg. (1984-86), Nr. 1ff.
12   Vgl. »Betrifft: Zusammenführung sozialistischer Kräfte«, in: Orgbulli, Hamburg, 1985, Nr. 22 (ak-Archiv), S. 32-36.
13   HH: »Rechenschaftsbericht Organisation«, a. a. O., S. 48-52, hier S. 48/52. Vgl. ergänzend »Rechenschaftsbericht Organisation«, von dems. verfasster Entwurf für den 3. KB-Kongress, 1989, o. O., o. J. [1988] (ak-Archiv), S. 1/11.
14   Beschlussprotokoll, interne Schrift des LG des KB, Hamburg, 5.8.1984 (ak-Archiv), o. P.
15   Heiner: »Organisiert geht´s wie geschmiert«, in: Orgbulli, Hamburg, 1984, Nr. 16, S. 21-23, hier S. 21f.
16   Heiner.: »Bericht von den Hamburger Organisationsbemühungen«, in: ebd., 1985, Nr. 21, S. 18-20, hier S. 18. Vgl. bs.: »Dies ist der Versuch, den ›Hamburger Konflikt‹ noch mal darzustellen«, in: ebd., 1990, Nr. 81, S. 57-60; Beschlussprotokoll, interne Schrift des LG des KB, Hamburg, 3.2.1985 (ak-Archiv), o. P.
17   Vgl. Wat löpt, Hamburger Rundbrief, Hamburg, 1986-1990 (ak-Archiv).
18   HH: »Rechenschaftsbericht Organisation«, a. a. O., S. 48/52.
19   HH: Brief an d. Vf. vom 4.5.1998 (PBdVf).
20   Beschlussprotokoll, interne Schrift des LG des KB, Hamburg, 13.12.1981 (ak-Archiv), o. P.
21   »Anmerkungen über das Verhältnis Buntbuch-Verlag und KB«, in: Orgbulli, Hamburg, 1982, Nr. 2 (ak-Archiv), o. P.
22   Das Buch, das seit 1983 im Rowohlt-Taschenbuch-Verlag erscheint, blieb ein Verkaufsschlager: Im November 1995 lag die Gesamtauflage bei 568.000 Exemplaren.
23   Vgl. Beschlussprotokoll, interne Schrift des LG des KB, Hamburg, 26.9.1982 (ak-Archiv), o. P.
24   »Umsatz- und Kostenübersicht für den Bereich Technik/EDV«, in: Orgbulli, Hamburg, 1982, Nr. 2 (ak-Archiv), o. P.
25   HH: »Rechenschaftsbericht Organisation«, a. a. O., S. 50f.
26   Beschlussprotokoll, interne Schrift des LG des KB, Hamburg, 1.11.1981 (ak-Archiv), o. P.
27   Vgl. »Namensurabstimmung«, in: Orgbulli, Hamburg, 1982, Nr. 0 (ak-Archiv), S. 1.
28   1. Kongress des KB abgeschlossen (Anm. 1), S. 47.
29   Dicke, Lioba: Protokoll des Gesprächs mit d. Vf. vom 8.6.2001 (PBdVf).
30   Zu den einzelnen Mitgliedern des LG vgl. den ersten Teil des Anhangs, »Biografische Anmerkungen zu leitenden Kadern des KB«.

[31] Pickardt, Michael: Protokoll des Gesprächs mit d. Vf. vom 19.5.2001 (PBdVf).

[32] Beschlussprotokoll, interne Schrift des LG des KB, Hamburg, 11.1.1981 (ak-Archiv), o. P.

[33] Honnens, Brigitte: Protokoll des Gesprächs mit d. Vf. vom 3.10.1998 (PBdVf).

[34] Vgl. Beschlussprotokoll, interne Schrift des LG des KB, Hamburg, 6.11.1988 (ak-Archiv), o. P.

[35] I.: »Leitungswahl«, in: Orgbulli, Hamburg, 1989, Nr. 69 (ak-Archiv), S. 10.

[36] »Stellung und Entwicklung der Grünen«, in: ebd., 1986, Nr. 42/43 (ak-Archiv), S. 52-71, hier S. 56.

[37] Die Essentials findet sich abgedruckt in ebd., S. 54.

[38] Alternative Wahlbewegung nach Karlsruhe. In. Z, Hamburg, (1980), Sonderausgabe, S. 5.

[39] »Stellung und Entwicklung der Grünen« (Anm. 36), S. 57.

[40] Grüne in Saarbrücken: Niederlage für Gruhl und Co. In: AK, Hamburg, 10. Jg. (1980), Nr. 174, S. 1/9f, hier S. 10.

[41] Kt.: »Nach Saarbrücken (Einige Thesen)«, in: Rundbrief des Leitenden Gremiums, o. O., o. J. [1980] (ak-Archiv), o. P.

[42] de.: »Grün und Rot gehen nicht zusammen«, in: ebd., o. P.

[43] hr.: »Zur Grünendiskussion«, in: ebd., o. P.

[44] KB am Scheideweg. Fahrt ins Grüne oder Fahrt ins Blaue? In: Z, Hamburg, (1980), Sondernummer, S. 5.

[45] Thesen zur Perspektive der grünen Partei. In: AK, Hamburg, 10. Jg. (1980), Nr. 179, S. 13.

[46] Vgl. »Stellung und Entwicklung der Grünen« (Anm. 36), S. 60.

[47] F: »Innenpolitische Bilanz seit 1982«, in: Orgbulli, Hamburg, 1988, Nr. 65/66 (ak-Archiv), S. 8-14, hier S. 13.

[48] »Stellung und Entwicklung der Grünen« (Anm. 36), S. 61.

[49] Vgl. Kt.: Vergesst die Grünen! In: AK, Hamburg, 15. Jg. (1985), Nr. 265, S. 14.

[50] hr.: »Die Entwicklung der Linken seit 1980« (Anm. 9), S. 21.

[51] Das Publikationsorgan der Zentrumsfraktion des KB bzw., nach dessen Spaltung, der Gruppe Z erschien in insgesamt zwölf Ausgaben, davon eine Doppelnummer, mit einer durchschnittlichen Auflage von 2.000 Exemplaren und wurde 1981 zugunsten der *MoZ* eingestellt (vgl. Z, Hamburg, 1.-3. Jg., 1979-81, Nr. 0-12).

[52] Zit. n. Referat des LG zur Krisendebatte (Anm. 2), S. 7.

[53] Die Zahl ihrer Mitglieder und Sympathisanten in diesem Bundesland soll demgegenüber lediglich 45 von insgesamt 700 Grünen betragen haben (vgl. Rühl 1982, 216).

[54] »Stellung und Entwicklung der Grünen« (Anm. 36), S. 58.

[55] Vgl. Moderne Zeiten, Hannover, 1.-4. Jg., 1981-84, Nr. 7/81-8/84. Die Redaktion der *MoZ* bestand aus je vier Vertretern der Gruppe Z (»Willi« Goltermann, Thomas Ebermann, Jürgen Reents, Michael Stamm) und dem »rechten« KBW-Abspaltung Komitees/KDS bzw. deren Periodikum *hefte für demokratie und sozialismus* (Ralf Fücks, Willfried Maier, Jochen Esser und Ernst Kuttruff). Dazu kam je ein Delegierter einer Gruppe ehemaliger SEW-Mitglieder, der Sozialistischen Initiative (Wolfgang Gukelberger), des herausgebenden Hannoraner Soak-Verlags (Karl Nolle) sowie der *Prokla* (Frieder O. Wolf).

[56] Vgl. Über die Aktualität des Sozialismus und die Krise der Arbeiterbewegung. In: MoZ, Hannover, 1. Jg. (1981), Nr. 7/81.

[57] Ebd., S. 23.

[58] Poulantzas: Staatstheorie, a. a. O., S. 236.

[59] Über die Aktualität des Sozialismus ... (Anm. 56), S. 25.

[60] Ebd., S. 26.

[61] Strohm: Warum die Bunten bunt sind, a. a. O., S. 131f.

62 Vgl. Club of Rome: Objektive Wissenschaft oder Auftragsarbeit fürs Kapital? In: Z, Hannover, 2. Jg. (1980), Nr. 5, S. 17-31.

63 Vgl. Ebermann, Thomas / Rainer Trampert: Die Zukunft der Grünen. Ein realistisches Konzept für eine radikale Partei. Hamburg 1984.

64 hr.: »Die Entwicklung der Linken seit 1980« (Anm. 9), S. 16.

65 »Stellung und Entwicklung der Grünen« (Anm. 36), S. 62.

66 Der Kommission gehörten u. a. Ulla Jelpke, Heiner Möller, Thomas Ebermann, Jürgen Reents, Günter Hopfenmüller, Bettina Hoeltje und Monika Pein an (vgl. Wischermann 1992, 255).

67 hr.: »Die Entwicklung der Linken seit 1980« (Anm. 9), S. 18. Vgl. »Stellung und Entwicklung der Grünen« (Anm. 36), S. 64.

68 hr.: Bremer Entscheidung. Wie sollten sich die Linken zu den Bürgerschaftswahlen verhalten? In: AK, Hamburg, 13. Jg. (1983), Nr. 235, S. 34f, hier S. 35.

69 hr.: »Wie weiter mit der GAL in Hamburg?«, in: Orgbulli, Hamburg, 1985, Nr. 28 (ak-Archiv), S. 12-17, hier S. 17.

70 Am 12. Dezember 1979 beschloss der Nato-Rat auf einer Tagung in Brüssel, dass vom Herbst 1983 an US-amerikanische Mittelstreckenraketen vom Typ Pershing II in der Bundesrepublik und Marschflugkörper (»Cruise missiles«) in mehreren Ländern Westeuropas stationiert werden sollten. Gleichzeitig wurden Verhandlungen mit der UdSSR zur Begrenzung der Zahl von Mittelstreckenraketen vorgeschlagen. Diese »Parallelität von Aufstellungsentscheidung und Verhandlungsangebot« war der Anlass, in der Folge von einem »Nato-Doppelbeschluss« zu sprechen, obwohl »beide Elemente nicht unmittelbar miteinander verbunden« waren (Fülberth 1999, 199f).

71 Beschlussprotokoll, interne Schrift des LG des KB, Hamburg, 14.1.1980 (ak-Archiv), o. P.

72 »Wochenendseminar zur Kriegsgefahr«, Internes Schulungsinfo, Schrift der Schulungskommission des KB, Hamburg, 1981, Nr. 3 (ak-Archiv), S. 18.

73 »Schulungszyklus zur Sowjetunion«, in: Orgbulli, Hamburg, 1987, Nr. 47 (ak-Archiv), S. 22-24, hier S. 22.

74 Die Ratten verlassen das Schiff. In: AK, Hamburg, 12. Jg. (1982), Nr. 228, S. 1f.

75 Thesen zur Perspektive des Arbeiterkampfs (Anm. 8), S. 30.

76 Diese Kooperation hatte sich nach dem 10. Oktober 1981, der ersten Bonner Großdemonstration, herausgebildet. Zahlreiche Initiativen fühlten sich, was die Vorbereitung dieser Massenmanifestation anging, von den Organisatoren übergangen. Einem alternativen Aufruf schlossen sich bis zu 200 Gruppen an. Aus diesem Kreis und den Initiatoren der Kirchentagsdemo in Hamburg vom Juni 1981 entstand der BUF, der sich zunächst Bundeskongress autonomer Friedensinitiativen (BAF) genannt hatte (vgl. 500.000 gegen Reagan & Nato, hrsg. von Bernd Weidmann u. a., Göttingen 1982, S. 52).

77 Vgl. Jakoby, Jürgen: Protokoll des Gesprächs mit d. Vf. vom 26.5.2001 (PBdVf). Dass die Aktivisten aus dem KB im Namen anderer Zusammenhänge auftraten, führte dazu, dass ihre primäre Gruppe in der »Typologie der Struktur und Zusammensetzung« des KA, wie sie Leif (1989, 32) vorgenommen hat, fehlt.

78 »Für einen linksradikalen Block?«, in: Orgbulli, Hamburg, 1984, Nr. 10 (ak-Archiv), o. P.

79 Beschlussprotokoll, interne Schrift des LG des KB, Hamburg, 18.2.1984 (ak-Archiv), o. P.

80 Vgl. Orgbulli, Hamburg, 1988/89, Nr. 65/66-70 (ak-Archiv).

81 Kt.: »Abschied von der Kriegsgefahr?«, in: Orgbulli, Hamburg, 1988, Nr. 65/66 (ak-Archiv), S. 2-7, hier S. 4.

82 3. ordentlicher Kongress des Kommunistischen Bundes. In: AK, Hamburg, 19. Jg. (1989), Nr. 303, S. 40f, hier S. 40.

83 Vgl. F.: »Innenpolitische Bilanz seit 1982« (Anm. 47).

84 Vgl. F.: Was ist los mit der Faschisierung? In: AK, Hamburg, 15. Jg. (1985), Nr. 256, S. 37-41
    (Tl. 1, Vorstellung und Ursprung der These), Nr. 257, S. 32–37 (Tl. 2, Beschleunigte Faschi-
    sierung und andere Veränderungen), Nr. 258, S. 41-44 (Tl. 3, Die »Essentials« der These aus
    heutiger Sicht), Nr. 259, S. 44-46 (Tl. 4).

85 Ebd., Tl. 3, S. 41.

86 Fülberth, Georg: Faschisierungsdiskurs: Bohren am falschen Holz? In: ak, Hamburg, 26. Jg.
    (1996), Nr. 397, S. 5.

87 3. ordentlicher Kongress des Kommunistischen Bundes (Anm. 82), S. 40.

88 »Stellungnahme der Bremer KB-Gruppe zum Streit um die ›nationale Frage‹«, in: Orgbulli,
    Hamburg, 1990, Nr. 81 (ak-Archiv), S. 12f, hier S. 12.

89 Beschlussprotokoll, interne Schrift des LG des KB, Hamburg, 10.9.1989 (ak-Archiv), o. P.

90 Vgl. »Debattenbeiträge vor und zu hr.s Rücktritt«, in: Orgbulli, Hamburg, 1989, Nr. 76 (ak-
    Archiv), S. 11-36; »KB (zum Zweiten)«, in: ebd., Nr. 77, S. 22-28; »KB-intern«, in: ebd., Nr.
    78/79, S. 3-23.

91 Vgl. »Lasst uns den Apparat aufheben«, in: ebd., Nr. 78/79, S. 14f.

92 »Stellungnahme zu hr.s Rücktritt«, in: ebd., Nr. 77, S. 24.

93 Hn., Flensburg: »Immer feste druff …«, in: ebd., S. 25f, hier S. 25.

94 de., Frankfurt: Liebe deinen Zoni wie dich selbst. In: AK, Hamburg, 19. Jg. (1989), Nr. 310,
    S. 1/6, hier S. 6.

95 Beschlussprotokoll, interne Schrift des LG des KB, Hamburg, 8.10.1989 (ak-Archiv), o. P.

96 Beschlussprotokoll, interne Schrift des LG des KB, Hamburg, 29.10.1989 (ak-Archiv), o. P.

97 Beschlussprotokoll, interne Schrift des LG des KB, Hamburg, 2.12.1989 (ak-Archiv), o. P.

98 Beschlussprotokoll, interne Schrift des LG des KB, Hamburg, 3.12.1989 (ak-Archiv), o. P.

99 »Denk ich an Deutschland in der Nacht, bin ich um den Schlaf gebracht«. In: AK, Hamburg,
    19. Jg. (1989), Nr. 313, S. 1f, hier S. 2.

100 Vgl. hr.: Nieder mit der Grippe? In: Ebd., 20. Jg. (1990), Nr. 315, S. 33.

101 »Denk ich an Deutschland in der Nacht …« (Anm. 99), S. 2.

102 Kt.: Betr. LG-Erklärung zur »deutschen Frage«. In: AK, Hamburg, 20. Jg. (1990), Nr. 314, S.
    18f.

103 Jürgen, Stuttgart: Weshalb die Linke anti-deutsch sein muss. In: Ebd., Nr. 315, S. 32.

104 hr.: Nieder mit der Grippe (Anm. 100).

105 Do., Frankfurt: Gegen die deutsch-nationale Selbstbestimmung. In: AK, Hamburg, 20. Jg.
    (1990), Nr. 315, S. 34.

106 Kai: Antifaschistische Moral statt Politik? In: Ebd., S. 35.

107 de., Frankfurt: Welches Recht? In: Ebd., Nr. 316, S. 30f.

108 HH: Welche Zukunft hat der KB? Zur KB-MV am 17./18.3.1990. In: Ebd., Nr. 317, S. 30.

109 Vgl. he.: Thesen zur Lage und unseren Aufgaben. In: Ebd., S. 30-32; Kein Volk, kein Reich,
    kein Führer. Thesen gegen deutschen Nationalismus. In: Ebd., S. 32f.

110 he.: Thesen zur Lage und unseren Aufgaben (Anm. 109), S. 31f.

111 Die »Thesen gegen den deutschen Nationalismus«, so der Untertitel des Textes (vgl. Kein
    Volk, kein Reich, kein Führer, Anm. 109, S. 32), waren von namentlich nicht genannten KB-
    Mitgliedern aus Frankfurt, Westberlin, Stuttgart, Bremen, Hamburg und Radolfzell unter-
    zeichnet. Der von der »Minderheit« auf der Mitgliederversammlung vorgelegte Text war
    eine überarbeitete Version des Beitrags »Für eine antipatriotische Politik – Vorschlag für
    eine Plattform des KB«, verfasst von »cl.« und »jw.« von der Westberliner Ortsgruppe des
    Bundes (vgl. Orgbulli, Hamburg), 1990, Nr. 81, ak-Archiv, S. 10–12).

112 Kein Volk, kein Reich, kein Führer (Anm. 109).

[113] Der Programmtext war von Werner Steffen, »Gaston Kirsche«, Matthias Küntzel, »sab.« und Jürgen Elsässer (allesamt Mitglieder der Leitung des KB), dazu Detlef zum Winkel und Heiner Möller (zuvor aus dem LG ausgeschieden) sowie als »Freund des KB« Oliver Tolmein, der sich hier »Fasanbass« nannte, unterzeichnet (vgl. Die Aufgaben der Linken im Kampf gegen deutschen Imperialismus und Nationalismus, in: AK, Hamburg, 20. Jg., 1990, Nr. 319, S. 37-39, hier S. 39).

[114] Die Aufgaben der Linken im Kampf gegen deutschen Imperialismus und Nationalismus (Anm. 113), S. 38f.

[115] Vgl. Jos.: Protokoll des Gesprächs mit d. Vf. vom 22.6.2002 (PBdVf).

[116] he.: »Wo soll die KB-Reise hingehen?«, in: Orgbulli, Hamburg, 1989, Nr. 78/79 (ak-Archiv), S. 7-12, hier S. 12.

[117] de., Frankfurt: »Da waren es nur noch vier«, in: ebd., S. 4-6, hier S. 6.

[118] Vgl. Ehlers, Kai / Knut Mellenthin: Hinter den Kulissen. In: AK, Hamburg, 20. Jg. (1990), Nr. 316, S. 30.

[119] Vgl. Jü., Stuttgart: »Wider Vereinigung. Antideutsche Zuspitzung oder antikapitalistische Pflichtübung?«, in: Orgbulli, Hamburg, 1990, Nr. 81 (ak-Archiv), S. 19.

[120] Ehlers/Mellenthin: Hinter den Kulissen (Anm. 118).

[121] Beschlussprotokoll, interne Schrift des LG des KB, Hamburg, 28.1.1990 (ak-Archiv), o. P.

[122] HH: Welche Zukunft hat der KB (Anm. 108).

[123] An., Nürnberg / fo., Bremen / J., Westberlin / Jo., Göttingen / Micha, Nürnberg / A./as./Ga. B./he./HH/Kai/Kt.: »Antrag zur Strukturdebatte«, in: Orgbulli, Hamburg, 1990, Nr. 83 (ak-Archiv), S. 23.

[124] HH: Welche Zukunft hat der KB (Anm. 108).

[125] Der AK wurde ab Februar 1990 in der DDR verkauft, wobei der Absatz in erster Linie über Zeitungskioske erfolgte und zunächst etwa 700 Exemplare pro Ausgabe umfasste (die beiden erwähnten Extraausgaben hatten eine Auflage von je bis zu 15.000 Stück). Im Frühjahr 1991 brach diese Art der Distribution zusammen, als Presseerzeugnisse nur noch von Grossisten vertrieben werden durften. Der KB bemühte sich dann, ähnlich den Strukturen im Westen, auch in den neuen Ländern ein Netz von Buchläden und engagierten Personen aufzubauen. (AK in der DDR abgewickelt?, in: AK, Hamburg, 21. Jg., 1991, Nr. 329, S. 2)

[126] gabi: »Die DDR-AG stellt sich vor«, in: Orgbulli, Hamburg, 1990, Nr. 83 (ak-Archiv), S. 18.

[127] as: »DDR – wie weiter?«, in: ebd., S. 27.

[128] Arbeitsgrundlage des LG zu DDR, PDS und Wahlen. In: AK, Hamburg, 20. Jg. (1990), Nr. 320, S. 39.

[129] Kt.: »Das Milliönchen trauen wir uns schon zu« (Gysi). In: Ebd., Nr. 319, S. 19f, hier S. 20.

[130] Beschlussprotokoll, interne Schrift des LG des KB, Hamburg, 10.6.1990 (ak-Archiv), o. P.

[131] hr./max.: Hoffnungsträger gesamtdeutsche Reichstagswahlen? In: AK, Hamburg, 20. Jg. (1990), Nr. 320, S. 39f.

[132] he.: Linke Liste/PDS als Bündnisprojekt von Linken aus der BRD und der DDR und der PDS. In: Ebd., Nr. 321, S. 26f, hier S. 36.

[133] Vgl. Gohde, Claudia: Protokoll des Gesprächs mit d. Vf. vom 19.5.2001 (PBdVf).

[134] Vgl. Reichstagswahlen – Ohne uns! Keine Stimme für Deutschland! In: AK, Hamburg, 20. Jg. (1990), Nr. 323, S. 36f; Keine linke Stimme für die Reichstagswahl! Nein zu Großdeutschland. In: Ebd., Nr. 322, S. 39.

[135] Festgefahrene Fronten. In: Ebd., Nr. 323, S. 39.

[136] Kt.: Na Servus! In: Ebd., S. 40.

[137] he.: Rein in die Partei? In: Ebd., S. 41f, hier S. 41.

[138] Ch., Bonn: »Einige Gedanken eines mittlerweile ziemlich Außenstehenden«, in: Orgbulli,

Hamburg, 1991, Nr. 89 (ak-Archiv), S. 22f, hier S. 22.

139 HH: KB ade? Trennung nach zwei Jahren Streit. In: SoZ , Köln, 5. Jg. (1990), Nr. 25, S. 17.

140 he.: Rechts gewinnt, weil links zu schwach ist. In: AK, Hamburg, 20. Jg. (1990), Nr. 325, S. 13f, hier S. 13.

141 Zusätzlich zu nennen wären u. a. Claudia Gohde, heute Bereichsleiterin in der Bundesgeschäftsstelle der PDS in Berlin, und Jürgen Jakoby, seit 1995 als Leiter des Regionalbüros Rheinland-Pfalz der PDS so etwas wie die »Außenstelle« der Bundestagsfraktion der Partei im Westen (vgl. den ersten Abschnitt des Anhangs).

142 Vgl. Beer, Angelika / Jochen Brauer / Tay Eich u. a.: Gegen die Kolonisierung der osteuropäischen Staaten durch BRD, EG und Nato! In: Die Radikale Linke. Reader zum Kongress vom 1.-3. Juni 1990 in Köln. Hrsg. von der Kongressvorbereitungsgruppe. Hamburg. 1990. S. 31-41.

143 »Deutschland? Nie wieder!« Kongress der Radikalen Linken. Reden und Diskussionsbeiträge zum Kongress an Pfingsten 1990 und auf der Demo »Nie wieder Deutschland« am 12.5.1990 in Frankfurt am Main. Frankfurt a. M. 1990. S. 10.

144 Die Radikale Linke, Reader zum Kongress vom 1.-3. Juni 1990 in Köln, a. a. O., S. 7/27/30.

145 »Deutschland? Nie wieder!«, Kongress der Radikalen Linken, a. a. O., S. 10.

146 hr./max.: Hoffnungsträger gesamtdeutsche Reichstagswahlen (Anm. 131), S. 40.

147 Kt.: PDS der DDR – eine Herausforderung für die BRD-Linke. In: AK, Hamburg, 20. Jg. (1990), Nr. 318, S. 12f/15, hier S. 15.

148 Jürgen, Stuttgart: Weshalb die Linke anti-deutsch sein muss. In: Ebd., Nr. 315, S. 32. Detlef zum Winkel: Ceterum censeo. In: konkret, Hamburg, (1990), Nr. 1, S. 21.

149 Gremliza, Hermann L.: Richtig falsch. In: Ebd., (1991), Nr. 3, S. 8.

150 Vgl. Kt.: Das linke Ja zum Krieg. In: AK, Hamburg, 21. Jg. (1991), Nr. 327, S. 14; max.: Wer gegen den Krieg ist, ist auch gegen Israel. In: Ebd., S. 15; he.: Nein zum Krieg! In: Ebd., S. 16f.

151 Zur aktuellen Situation. In: Ebd., 20. Jg. (1990), Nr. 325, S. 40.

152 Schmutzige Scheidung? In: Ebd.

153 »Ergänzungen zum ›Protokoll des Treffens der KB-Minderheit‹ am 24.11.90«, in: Orgbulli, Hamburg, 1991, Nr. 89 (ak-Archiv), S. 9–12, hier S. 11.

154 Beschlüsse der Minderheit. In: AK, Hamburg, 20. Jg. (1990), Nr. 325, S. 41.

155 Schmutzige Scheidung (Anm. 152).

156 A./as./Cl./he./HH/Kt.: Vernunft vor Strömungslogik. In: AK, Hamburg, 21. Jg. (1991), Nr. 326, S. 35.

157 4. KB-Kongress: Organisation ist aufgelöst. In: Ebd., Nr. 330, S. 31.

158 Von der »Mehrheit« angeregte Treffen zwischen Delegierten beider Fraktionen zur Klärung der Modalitäten der »Abwicklung« des Bundes hatten seit Dezember 1990 mehrfach stattgefunden (vgl. sab.: Kein Schritt weiter, in: ebd., Nr. 326, S. 35).

159 Inzwischen nennt sie sich Verein für politische Bildung, Analyse und Kritik e. V.

160 Vgl. Neuc ak-Herausgeberschaft vereinbart. In: ak, Hamburg, 21. Jg. (1991), Nr. 333, S. 2.

161 Experiment gescheitert, jedoch kein Ende des ak. In: Ebd., 22. Jg. (1992), Nr. 343, S. 2.

162 Vgl. Be./hr./jw./kla./max./NM/ol./sab./ZF: Der »Dach-AK« vor dem Ende? Ein Rechenschaftsbericht über unsere AK-Arbeit und ein Ausblick auf die Zukunft des AK. In: Ebd., S. 39.

163 Vgl. Be.: Das Ende des AK – Zukunft einer neuen Publizistik? Bericht vom Bundestreffen der Gruppe K in Berlin. In: Ebd., Nr. 344, S. 43.

Anhang

Biografische Anmerkungen zu leitenden Kadern des KB

Die ausgewählten biografischen Skizzen stützen sich im Wesentlichen auf Interviews, die ich zwischen 1993 und 2001 mit ehemaligen Kadern der Gruppe geführt habe. Gefragt wurde nach der sozialen Herkunft, den Politisierungsprozessen vor der Mitgliedschaft im KB, dem Werdegang und den Funktionen innerhalb des Bundes und nach der heutigen beruflichen Tätigkeit; ergänzend wurden Handbücher der Hamburger Bürgerschaft und des Deutschen Bundestages herangezogen, insoweit sich hier Selbstauskünfte der parlamentarisch aktiven Mitglieder des KB bzw. der Gruppe Z finden ließen. Einige ehemalige Kader fanden sich zu keinerlei Auskünften bereit bzw. lehnten es ab, bereits gemachte Angaben zu autorisieren; diese sind hier, soweit es möglich war, anhand verschiedener Quellen (»passim«) sowie der Angaben Dritter dokumentiert, was teilweise äußerst knapp ausfallen musste.

Die Auflistung erfolgt in alphabetischer Reihenfolge, wobei diejenigen Kader, die sich nur unter der Zusicherung der Wahrung ihrer Anonymität für ein Gespräch zur Verfügung gestellt haben, wie jene, zu denen kein Kontakt hergestellt werden konnte, hier wie in den vorangehenden Kapiteln unter Namenskürzeln geführt werden. Die zum Teil in Klammern hinter den Namen vermerkten Bezeichnungen verweisen auf Spitznamen, konspirative Decknamen sowie Kürzel, unter denen die entsprechenden Kader in der Publizistik des KB bzw. seiner Nachfolgezirkel aufgetreten sind.

»a.«

Weiblich, 1952 in Süddeutschland geboren. Vater kaufmännischer Angestellter. Mutter Hausfrau. Zwei Schwestern. Studium der Biologie in Hamburg (Abschluss 1979).

Hochschulpolitisches Engagement. Mitarbeit im SSB.

Fließender Übergang in den KB. Mitglied der AG Frauen. Für diesen Bereich 1976 Aufnahme ins LG (keine Freistellung). Verantwortung für die *AK*-Frauenseiten, Verfasserin zahlreicher Artikel zu diesem Thema. Im inneren Kreis der ZRK zuständig für die Frauenarbeit in den Ortsgruppen. 1980 Mitglied der Frauenleitung. 1984 Rückzug aus den Strukturen des Bundes.

Heute lebt »a.« mit Mann und Kindern in Hamburg und arbeitet als Wissenschaftsjournalistin.

»An.«

Genossin »An.« kam Anfang 1990 als Nürnberger Vertreterin für Andrea Lederer ins LG.

»Ba.«

Genossin »Ba.« war als Delegierte der »Region« Westberlin während der gesamten 80er Jahre Mitglied des LG (1980 und 1989 gewählt).

Bauer, Gabi

Jahrgang 1952, geboren und aufgewachsen in Hamburg. Vater selbstständiger Schrotthändler, Mutter Hausfrau. Keine Geschwister. Abbruch der Schule (Gymnasium) wegen familiärer Verpflichtungen: Pflege des sterbenden Vaters. Später, 1973, Abitur auf der Abendschule.

Erste politische Erfahrungen als 16-Jährige in einem »Schulstreik« gegen das Teilnahmeverbot am »Sternmarsch auf Bonn« (Mai 1968). Beim Go-Spielen im Club des CVJM, »wo auch AK-Verkäufer durchkamen«, erste Kontakte zum KB. Mitarbeit in einem Sympathisantenkreis. »Eigentlich wollte ich immer Kinderärztin werden, weil ich das Elend der Welt bekämpfen wollte. Ich kam dann aber in eine politische Phase, wo klar war, dass wir nicht Akademiker werden, sondern die Massen mobilisieren wollen.«

In den 70er Jahren politische Betriebsarbeit als Angestellte der Iduna-Versicherung in Hamburg. Seit 1980 Anstellung im KB-Verlag, der Hamburger Satz- und Verlagskooperative; zuständig für Finanzverwaltung, Vertrieb, Buchhaltung. »Von der Tätigkeit her war es extrem mehr als in einem normalen Arbeitsverhältnis, vom Geld her weniger.« 1989, auf dem 3. Kongress des KB, Wahl ins LG. In der Spaltung 1989/91 auf Seiten der »Mehrheit«. 1990 Kündigung des Angestelltenverhältnisses beim KB. Anschließend als Redakteurin der Ex-Mehrheit im Dach-*ak* (1991/92).

Gabi Bauer lebt in Hamburg und arbeitet im EDV-Bereich einer Bausparkasse.

Borchers, Ulrich

Als Delegierter der »Region« NRW auf dem 1. Kongress des KB. 1980 Sitz im LG, den er bis zur Wahl 1989 (3. KB-Kongress) wieder aufgab.

Borsum, Ingo

Geboren 1951, aufgewachsen in Hamburg-Barmbek im Milieu eines sozialdemokratischen Elternhauses. Vater Kfz-Schlosser, Mutter Bankangestellte, später Hausfrau. Ein Bruder (1975 gestorben). Volksschulabschluss, Lehre bei der Deutschen Bank, anschließend Anstellung bei der Hamburger Neuspar und Besuch einer Berufsaufbauschule. Mittlere Reife.

Politisierung in der Jugend- und Popkultur der frühen 60er Jahre. »Der Konflikt mit den Eltern begann über das Tragen langer Haare und das Hören englischer Popmusik«. Während der Lehrzeit Eintritt ins SALZ (April 1970). Übergang in den KB. Schwerpunkt Betriebs- und Gewerkschaftsarbeit. Zwischen 1972 und 1976 Tätigkeit als ungelernter Arbeiter bei Beiersdorf (»politische Betriebsarbeit«). Anleiter der Betriebszelle Beiersdorf und des Chemiekomitees. Mitglied des ZRK (zuständig für Ortsgruppen in Niedersachsen und Bayern). Seit 1976 für Funktionärstätigkeit freigestellt. Anleiter der Griechenland-/Türkeikommission. 1979 mit der Zentrumsfraktion Austritt aus dem KB. Als Geschäftsführer des Buchladens der Gruppe Z in der Bellealliancestraße (Eimsbüttel) 1980 freigestellt. Gründer und erster Geschäftsführer der Hamburger Grünen, Wahl in den Landesvorstand, Leiter des Bundestagswahlkampfes der Partei 1980 in Hamburg. 1982 als Fraktionsgeschäftsführer der GAL in der Hamburger Bürgerschaft. Im selben Jahr Rückzug aus den Strukturen der Gruppe Z. »Ich habe durch die Mitarbeit in der GAL eine Entwicklung genommen, die mich relativ schnell in Konfrontation zu Ebermann und Goltermann brachte.« 1984 Austritt aus den Grünen und Rückzug aus der Politik; gleichzeitig Abschluss des Studiums an der Hamburger Hochschule für Wirtschaft und Politik als Diplomvolkswirt.

Ingo Borsum lebt heute in der Nähe von Hamburg und arbeitet als Geschäftsführer des lokalen Fernsehkanals *Hamburg 1*.

»Corry« (»Co.«)

Sie trat 1990 für die »Minderheit« eine halbe Stelle als *AK*-Redakteurin an, Schwerpunkt Internationalismus, zog sich aber im November des Jahres nach dem Beschluss der »Mehrheit« zur organisatorischen und publizistischen Trennung der Fraktionen schon wieder zurück.

Dicke, Lioba

Jahrgang 1953, geboren und aufgewachsen in Düsseldorf in »einer sehr konservativen, strikt katholischen Familie«. Vater Arzt, Mutter Ärztin. Zwei Schwestern, ein Bruder. Abitur, Aufnahme des Psychologiestudiums in Trier. 1975 studienbedingter Umzug zur Therapieausbildung nach Hamburg, ein Jahr später nach Nürnberg (1979 Diplom). Politisierung während der Schulzeit u. a. über die Lektüre der Klassiker. »Die Beschäftigung mit dem Marxismus war bei mir auch immer verbunden mit dem Ziel eines besseren zwischenmenschlichen Miteinanders.« In Hamburg 1975 über Fachschaftsarbeit Eintritt in den SSB, für den sie als gewählte Vertreterin im Studentenparlament saß. »Im SSB sind damals auch allgemeinpolitische Schulungen gemacht worden. Der KB hat damals sehr darauf geachtet, nicht so auf diese studentische Schiene zu kommen.«

1976 als »Studentengenossin« zusammen mit ihrem damaligen Freund, Michael Pickardt, zur Unterstützung der Ortsgruppe des KB nach Nürnberg »verschickt«. Hier Mitarbeit in der Kampagnenpolitik mit Schwerpunkt Antimilitarismus. Über ihre Funktion in der ZRK auf dem 1. KB-Kongress 1980 ins LG gewählt. Nach einer beruflichen Anstellung im September 1981 »ohne große Diskussionen« Rückzug aus den Strukturen des KB.

Lioba Dicke (ledig, aber liiert, keine Kinder) lebt heute in Stein und arbeitet als psychologische Psychotherapeutin, seit 1982 mit eigener Praxis.

Dieter H.

Dieter H. war in den 70er Jahren von Hamburg aus nach Stuttgart verschickt worden, um die »Urzelle« des KB in Baden-Württemberg zu gründen. 1981 ins LG gewählt, das er allerdings schon 1983 im Zuge einer Rotation wieder verließ, was damit zu tun gehabt haben soll, dass er neben der politischen Tätigkeit vollberuflich als Drucker gearbeitet hat, was zeitlich nur schwer zu vereinbaren war.

»Doro«

Die Frankfurter »Genossin D.«, die schon dem 3. KB-Kongress im Januar 1989 zur Wahl vorgeschlagen worden sein soll, »sich das aber nicht zutrauen mochte«, folgte Thomas Kieseritzky, der aus beruflichen Gründen zeitweilig ausfiel, im Februar 1989 ins LG.

Nach der Mitgliedervollversammlung des KB 1990 trat »Doro«, exponierte Vertreterin der »Minderheit«, von ihren Funktionen zurück. Grund: Mit der MVV sei »noch augenscheinlicher« geworden, »wie wenig von der jetzigen Redaktion im Hinblick auf Demokratie und treffende Einschätzung des heutigen Antisemitismus/Nationalismus zu erwarten ist«.

Dreyer, Klaus (»Ks.«)

1990 wurde Klaus Dreyer als AK-Redakteur zum »Festangestellten der Organisation« und hatte damit das Recht, an den LG-Runden »mit Rede-, aber ohne Stimmrecht« teilzunehmen. Zuvor war er schwerpunktmäßig in der Hochschulpolitik aktiv.

Dem KB hatte er sich 1988 vor allem deswegen angeschlossen, weil er hier einen Diskussionszusammenhang sah, »der über Unistrukturen« hinausging. Dreyers Arbeitsschwerpunkt in der AK-Arbeit war der Antifabereich. In der Fraktionierung 1989/91 stand er auf Seiten der »Minderheit«, später war er einer der namentlich Verantwortlichen der Gruppe K.

»e.«

Jahrgang 1950, geboren und aufgewachsen in einem Dorf in der Nähe von Buxtehude. Vater Handwerksmeister mit einer kleinen Baufirma, Mutter Hausfrau und Bürokraft im Familienbetrieb. Ein Bruder, eine Schwester. 1969 Abitur. Politisierung als Schüler eines progressiven Gymnasiums. Zum Lehramtsstudium nach Göttingen (Englisch und Geschichte), Anschluss an die Sozialistischen Lehrerstudenten (SLS), »das waren die Roten Zellen des SDS, alles eher ein bisschen spontimäßig«. In der Suche nach »Orientierung« auf den KB gestoßen. »Speziell die Faschisierungsthese hielten wir für eine realistische Einschätzung«. Nach einer Zeit harten Sympathisantendaseins Aufnahme in die Kommunistische Arbeitergruppe, aus der der Göttinger KB hervorging. Übernahme von verantwortlichen Tätigkeiten, Eintritt in die Ortsleitung. 1977 wegen einer Lehrerstelle Umzug nach Braunschweig. Unterstützung der dortigen Ortsgruppe. Beim 1. KB-Kongress 1980 Wahl ins Hamburger LG, 1989 mit einem relativ niedrigen Ergebnis wiedergewählt. »Das zeigt im Grunde, dass ich in der KB-Öffentlichkeit, was *AK*-Arbeit oder andere Dinge anging, keine große Rolle gespielt habe.« Bei der Spaltung des KB 1989/91 auf Seiten der Mehrheitsfraktion.

Heute lebt »e.«, verheiratet, eine Tochter, in Braunschweig und arbeitet als Realschullehrer. Er ist zahlendes Mitglied der alten KB-Mehrheit und außerdem in der Gruppe »Die Vaterlandslosen« aktiv, ein Diskussionszirkel, der aus Initiativen gegen die Wiedervereinigung hervorgegangen ist.

Ebermann, Thomas (»Langer«, »La.«)

Geboren 1951 in Hamburg. Vater Schweißer, Mutter Näherin. Keine Geschwister. Realschulbesuch, mittlere Reife, Erziehungshelfer in einem Jugendheim. 15 Monate Bundeswehr, letzter Dienstgrad: Panzergrenadier.

Mitglied des Bergedorfer Arbeiter- und Lehrlingszentrums (BALZ), das sich im Juni 1971 dem Hamburger SALZ anschloss. »Der Eintritt in das SALZ, die ersten Monate dort waren für mich persönlich der Höhepunkt der Karikatur meiner Person auf Disziplin, Strenge, Hartnäckigkeit, frühes Aufstehen und weitere ulkige Dinge.« Redakteur der *KAZ*.

Mit dem SALZ in den KB. Bis Mitte der 70er Jahre als ungelernter Arbeiter politische Betriebsarbeit in den Phoenix-Gummiwerken und auf der Norddeutschen Affinerie in Hamburg. »Ich habe meine Haare abgeschnitten, wollte mich mit der Arbeiterklasse gemein machen durch solche Gesten.« Starkes Interesse an den politischen Prozessen in Portugal. Im Folgenden Tätigkeit als bezahlter Funktionär des KB (diese war quasi selbst finanziert: 1975 soll Ebermann seiner Organisation privat 30.000 DM gespendet haben). Aufbau und Anleiter der Afrikakommission, Redakteur für dieses Themengebiet im *AK*. Gleichzeitig Aufnahme ins ZRK (zuständig für Schleswig-Holstein und Westberlin). Mitglied der informellen Zentrumsleitung um Goltermann. Im Dezember 1979 fraktioneller Austritt aus dem KB und Übertritt in die Grünen (»Gruppe Z«). Im Juni 1982 für die GAL in die Hamburger Bürgerschaft (bis 1984), zunächst deren Fraktionsvorsitzender. Auch nach dem Zerfall der Gruppe Z Engagement in den Grünen. 1987 über die Hamburger Landesliste der Partei Einzug in den Bundestag. Einer der drei Sprecher der Bundestagsfraktion (bis Anfang 1988). 1984 zusammen mit Trampert Veröffentlichung des Buches »Die Zukunft der Grünen. Ein realistisches Konzept für eine radikale Partei«. 1990 Austritt aus den Grünen zusammen mit Rainer Trampert, Christian Schmidt, Regula Schmidt-Bott sowie 40 weiteren Hamburger Aktivisten. Engagement in der Radikalen Linken.

Ebermann lebt und arbeitet heute als Publizist in Hamburg (vor allem *Rolling Stones, konkret)*; als Buch erschien 1995 »Die Offenbarung der Propheten« und 2000 eine CD mit einer unter dem Titel »Verpasst Deutschland den Anschluss?« live vorgetragenen Politperformance (beides zusammen mit Trampert)

Eckhoff, Heinrich (»Heini«, »He.«)

Geboren 1951 in Meyenburg/Priegnitz (DDR), 1953 Flucht der Familie in die Bundesrepublik, ab 1965 in Bremervörde. Vater ohne Berufsausbildung, nach 1945 Arbeit als Kaufmann, später als ungelernter Arbeiter, dann Gastwirt, ab 1965 als Lkw-Fahrer in einer Chemiefabrik. Mutter Verkäuferin, später Telefonistin. Drei Geschwister. Realschulabschluss, Besuch der naturwissenschaftlich ausgerichteten Oberschule in Stade (»Athenäum«). 1970 nach Hamburg, Studium (Mathematik und Physik), Abbruch mit dem Vordiplom. 1972 bis 1978 Arbeit als studentische Hilfskraft an einer Privatschule. Danach Tätigkeiten als Programmierer.

Politisierung in der zweiten Hälfte der 60er Jahre, Kontakt zu einer kleinen politischen Gruppe am Athenäum (hieraus ging später das SALZ Stade hervor). Während des Studiums in Hamburg Anschluss an die Rote Zelle Mathematik/Physik. Dann Mitglied im KHB/ML. Bei der ersten Spaltung des KHB/ML im Juni 1971 mit einer Gruppe von Mathematikern, Physikern zu den SdS, und zwar in die Fraktion, die sich später dem MSB anschloss. Nach der Spaltung des SdKB (Januar 1972) Einstieg in den SSB. »Da sind Verantwortliche vom KB zu uns gekommen und haben gefragt, ob wir bei ihnen mitmachen wollen.« Die Gruppe von Mathematikern/Physikern wurde zum Kern des SSB.

Als Mitglied der Politischen Leitung des SSB in den KB, wobei es nie so etwas wie ein »formelles Aufnahmeverfahren« gegeben hat. Ab 1974 Mitarbeit in der Bündniskommission des KB, zuständig für Schul- und Hochschularbeit, ab Mitte der 70er Jahre mit Verantwortung für diesen Bereich im LG (bis 1991). Für Organisationstätigkeiten freigestellt von 1979 bis 1991. Ab 1974 Mitarbeit am

AK, Artikel zu Unipolitik, Berufsverboten, später zum Russell-Tribunal (zusammen mit Detlef zum Winkel). Mitglied der *AK*-Redaktion der 80er Jahre. Seit 1980 Tätigkeit in der Hamburger Satz- und Verlagskooperative, 1983 bis 1991 als deren Geschäftsführer; wesentliche Aufgabe: Leitung der Produktion des *AK* (»Chef vom Dienst«), bis 1995 in der *ak*-Redaktion. In der Fraktionierung des KB 1990/91 auf Seiten der »Mehrheit«. Maßgebliche Rolle beim Aufbau der Weststrukturen der PDS (»Linke Liste«); bei den ersten gesamtdeutschen Wahlen 1990 in der Wahlkampfleitung der Partei.

Eckhoff lebt heute in Berlin und ist Geschäftsführer der »Ost-West-Wochenzeitung« *Freitag*.

Ehlers, Kai (»Fritz«, »F.«)

Geboren 1944 in Brüx bei Prag. Vater unbekannt, Mutter Haus- und Hypothekenmaklerin, gebürtige Hamburgerin. Zwei Schwestern. Nach Kriegsende Flucht in die Bundesrepublik. Abitur, Studium der Germanistik, Publizistik und Theaterwissenschaft, zunächst 1964/65 in Göttingen, dann Berlin, ab 1969 in Hamburg (Abbruch des Studiums).

Ehlers, der sich in den 60er Jahren der antiautoritären Bewegung zugehörig fühlte, war in Westberlin Mitglied der Kommune 1 und 2. In Hamburg war er Mitbegründer der Künstler- und Politkommune »Ablassgesellschaft«. 1970 Eintritt in das SALZ, Mitglied der Leitung und Presseverantwortlicher der Gruppe (später auch des KB), Aufbau des Sicherheitsreferates (intellektuelle Zu- und Archivarbeit) und des Organisationsreferates (Koordinierung unterstützender Tätigkeiten).

Bei Gründung des KB zunächst von der Leitung »kaltgestellt«, da er in Teilen des KB den Ruf hatte, ein »umgekippter Sponti«, ein »Stalinist« zu sein. Ab 1972 Aufbau des IKAH. Ab 1975 als Anleiter der Antifakommission bezahlter Funktionär. Entwicklung der Konzeption der »organisierten kollektiven Untersuchungsarbeit« zur Rechten und zum Neofaschismus (zusammen mit Knut Mellenthin). Ab 1976 Anleiter der Antirepkommission. In der KB-Spaltung 1979 soll Ehlers in internen Treffen als »verbal militantester Vertreter gegen die Zentrumsleitung« aufgetreten sein. Auf dem 1. Kongress des KB (1980) Aufnahme ins LG, dem er zuvor nicht angehört hatte. Mitglied der *AK*-Redaktion der 80er Jahre. Verantwortlich für einen neuen Anlauf zur Schulungsarbeit 1981. Die *AK*-Artikel zur Revision der Faschisierungsthese (1985) wurden von ihm verfasst. Kündigung als freigestellter Funktionär und Rücktritt von seiner LG- und Redaktionsposition nach der KB-Mitgliederversammlung im März 1990.

Ehlers lebt heute in Hamburg und arbeitet als Journalist; zahlreiche Veröffentlichungen zur Transformation der gegenwärtigen russischen Gesellschaft.

Elsässer, Jürgen (»Jü.«, »Jü./Stuttgart«)

Jahrgang 1957, geboren in Pforzheim, aufgewachsen in einem Dorf in der Nähe der baden-württembergischen Schmuckmetropole. Vater Uhrmacher, Mutter Büroangestellte. Zwei Geschwister. Abitur, ab 1976 Lehramtsstudium in Freiburg (Geschichte und Deutsch). Nach der Ausbildung 14 Jahre Tätigkeit als Lehrer in Stuttgart; erst Grundschule, dann Berufsschule.

Politisierung in Pforzheim seit 1974 als Mitglied im Bund Demokratischer Jugend (BDJ), einer der KB-Bündnisorganisationen. Das Abgrenzungsmodell zwischen den Gruppen sei Mitte der 70er Jahre in die Krise geraten, als »wir alle das kommunistische Fieber gekriegt« haben. Der BDJ zerbrach, als sich ein Teil seiner Mitglieder direkt dem KB anschloss.

1976, in Freiburg, wurde Jürgen Elsässer Mitglied der dortigen Sympathisantengruppe des KB. Mit dem beruflich bedingten Wechsel nach Stuttgart Mitarbeit in den dortigen Strukturen des Bundes. Auf dem 3. Kongress des KB 1989 in Hamburg Wahl ins LG – mit dem schlechtesten Ergebnis aller Kandidaten. »Ich war der Einzige, bei dem es eine Gegenrede von der Basis gab.« In der Spaltung des KB 1989/91 trat Elsässer als einer der exponiertesten Vertreter der »Minderheit« auf.

Jürgen Elsässer, ledig, zwei Kinder, lebt heute in der Nähe von Berlin und ist Redakteur der Zeitschrift *konkret* sowie Autor zahlreicher Bücher, zuletzt »Make Love and War – Wie Grüne und 68er die Republik verändern« (Köln 2002).

Facklam, Detlef

In den 70er Jahren war Detlef Facklam als Mitglied des inneren Kreises der ZRK für Strukturen des KB im Saarland und in Baden-Württemberg zuständig und in dieser Funktion von 1976 bis 1979 von der Organisation freigestellt.

Facklam lebt heute in Reppenstedt in der Nähe Hamburgs und ist Apotheker.

»fo.«

1957 in Niedersachsen geboren. Mutter Hausfrau, Vater Beamter. Drei Geschwister. 1979 zum Studium nach Bremen, 1983 Diplomabschluss im Fach Sozialpädagogik. In der Folge Tätigkeit als Sozialarbeiter.

Politisierung in der Jugendzentrumsbewegung der Kleinstadt. Starkes Interesse an der chinesischen Entwicklung. »Die Distanz des KB auch zu diesen Vorgängen war für mich einer der entscheidenden Punkte, mich hierher zu wenden und nicht zu einer anderen Gruppe.« Mitarbeit im Sympathisantenumfeld des KB in Bremen seit 1976, ab 1978 Mitglied.

Zugehörigkeit zum Bremer Führungskader des Bundes; seit 1982 in dieser Funktion unregelmäßige Teilnahme an den Sitzungen des LG, jedoch kein Mitglied der auf dem 1. KB-Kongress 1980 *en bloc* gewählten Leitung. Schwerpunkte seiner Tätigkeit waren die Anleitungsarbeit in Bremen und die publizistische Zuarbeit zum *AK* (Kürzel: fo.), insbesondere zu den Themen Westeuropa und Militär sowie zur Geschichte der Arbeiterbewegung; zahlreiche Artikel im »Orgbulli« zu Fragen der Organisation. Formelle Aufnahme ins LG erfolgte 1989 (keine Freistellung). In der Auflösung 1991 auf Seiten der »Mehrheit«.

Seit 1996 ist der promovierte Politologe »fo.« wieder als Sozialarbeiter tätig; politisch arbeitet er an der Theoriezeitschrift *Krisis* um Robert Kurz mit.

»g. E.«

Weiblich, geboren 1948 in Berlin. Aufgewachsen in Hamburg in einfachen Verhältnissen. Vater Arbeiter, Mutter Büroangestellte. Keine Geschwister. Abitur auf dem zweiten Bildungsweg. Studium der Politikwissenschaften in Hamburg (Abschluss 1971). Anschließend Tätigkeit als Lehrerin.

Genossin »g. E.« war seit 1976 im inneren Kreis der ZRK für Ortsgruppen in Baden-Württemberg zuständig. In den 80er Jahren war sie Verfasserin zahlreicher *AK*-Artikel zu Feminismus, Antirassismus und den Grünen (Kürzel »g.« bzw. »G.«). Von 1989 bis 1991 war sie Mitglied des LG. In der Fraktionierung 1990/91 stand sie auf Seiten der »Minderheit«. Sie schloss sich der bis 1995 bestehenden Gruppe K an und lieferte zahlreiche Beiträge zu deren »Zirkular«, *Bahamas*.

Heute lebt sie in Hamburg und ist als Lehrerin tätig.

»Gaston Kirsche« (»Mo.«)

1963 in Hamburg geboren, Mutter Gesamtschullehrerin, Vater Betreiber eines kleinen Trickfilmstudios, zwei ältere Schwestern. 1983 Abitur, 1984 Lehre als Tiefdrucker (1987 Abschluss), Arbeit als Drucker. Linkes Elternhaus.

Beide älteren Schwestern waren Teil der KB-Subkultur. »Darüber bin ich da praktisch reingekommen.« Als Elfjähriger »kurzes Gastspiel« bei den Jungen Pionieren, Kinderorganisation der DKP, 1975 Jugendsommerlager des KB.

Seit 1976 Mitarbeit im Sozialistischen Schülerbund (SSB). »Es war die Zeit, in der der KB in Hamburg politisch und kulturell die größte Ausstrahlung hatte.« Brachte Kampagnen zu verschiedenen Themen, etwa Anti-AKW-Politik, Antifaschismus, an die Schulen. Dazu klassische Interessenvertreterpolitik, Schulsprecher, Landesschülervertretung. Nach der Auflösung des SSB und der Spaltung des KB (1979) Versuche der Wiederbelebung des »Jugendbereichs« in den 80er Jahren, »unabhängig, aber politisch nah am KB«. Zahlreiche Zeitungsprojekte: *Cyankali* (1980–82), *Karambolage* (1983–85, 1987–88), *Clinch* (1986), *Piranha* (1989–92). Auf dem 3. Kongress des KB im Januar 1989 wegen dieses Engagements als Vertreter des »Jugendbereiches« ins LG gewählt. In der Spaltung des KB 1991 auf Seiten der »Minderheit«, dann Mitglied der Gruppe K.

»Gaston Kirsche«, so das Pseudonym, unter dem er heute publiziert, lebt in Hamburg, arbeitet als Verlagskaufmann und hat gerade (2001) ein Ethnologiestudium abgeschlossen. Außerdem ist er Mitglied der überwiegend publizistisch tätigen Gruppe Demontage.

Gohde, Claudia (»Cl.«)

Jahrgang 1958, geboren in Rotenburg/Wümme, aufgewachsen in Verden/Aller. Vater Arzt, Mutter Arzthelferin und Hausfrau, vier jüngere Geschwister. Abitur, 1977 Aufnahme des Studiums in Göttingen, zunächst der evangelischen Theologie (Abbruch), dann Volkskunde und Deutsch (Abschluss 1988).

Politisierung in der Anti-AKW-Bewegung, in Göttingen als Studentin in der Hochschulgruppe des KB. Seit 1981/82 Mitglied des KB, weil »ich dann im AStA Funktionen übernommen habe und mehr auf die Gruppe angewiesen war«. 1985/86 in der Leitung der OG Göttingen. 1988 aus persönlichen Gründen nach Hamburg. Anschluss an die »Wat löpt«-Gruppe, weil »ich gerne praktisch was machen und mich nicht spezialisieren wollte«. Mitarbeit in der DDR-AG und seit 1989 in der AK-Redaktion (Kürzel »Cl.«). Artikel zu deutsch-deutschen Themen. In der Auflösung 1990/91 auf Seiten der »Mehrheit« des KB. Im Sommer 1990 wurde Claudia Gohde zur ersten »Hauptamtlichen« der PDS in Westdeutschland: Vorbereitung des Bundestagswahlkampfs 1990, Aufbau der westdeutschen Landesverbände. Ab 1991, als es in der PDS erstmals einen Ost-West-Vorstand gab, Sitz im Parteivorstand (bis 1997). Als Vertreterin der »Mehrheit« Redakteurin des Dach-ak (1991/92).

Claudia Gohde lebt heute in Berlin und ist in der Bundesgeschäftsstelle der PDS als Bereichsleiterin tätig.

Goltermann, Klaus (»Willi«, »Wi.«)

1943 in Hamburg geboren. Die Mutter stammt aus einem Arbeiterhaushalt, »in dem die Männer Kommunisten waren und die Frauen unpolitisch«. Sie hat nach dem Krieg als Schneiderin gearbeitet. Vater war Chirurg; verließ die Familie unmittelbar nach der Geburt seines zweiten Sohnes in Richtung Argentinien. »Tauchte erst wieder auf, als ich schon erwachsen war.« Ein Bruder. Abbruch des Gymnasiums, mittlere Reife und kaufmännische Lehre. Arbeit in einer Speditionsfirma. Bundeswehr. Tätigkeit als Im- und Exportkaufmann und als Überseespediteur (bis 1970).

Politisierung in der antimilitaristischen Arbeit, Mitarbeit in der Regionalzentrale Nord des Verbandes der Kriegsdienstverweigerer. Im April 1970 Initiator des Hamburger SALZ, von Anfang an freigestellt. Einer der maßgeblichen KB-Gründer, Mitglied der Leitung (bis zur Spaltung 1979). Bildete zusammen mit Mellenthin und Wojahn die informelle Führung des Bundes. LG-Verantwortlicher des Chemiekomitees, Anleiter der 1974 gegründeten Portugalkommission sowie zahlreicher weiterer Kommissionen. Die Bereiche der Organisation, für die er verantwortlich zeichnete, waren intern als »Zentrum« bezeichnet. Die hieraus hervorgehende Zentrumsfraktion, deren führender Kopf er war, verließ den KB im Dezember 1979 und schloss sich organisiert den Grünen an (»Gruppe Z«).

Mit dem Zerfall der Gruppe Z seit Juli 1981 Aufbau einer eigenständigen beruflichen Existenz im Secondhand-Schallplattengeschäft. Goltermann, der bei den Grünen keine Parteiämter bekleidet hat, zog sich 1982 ganz aus der Politik zurück. Heute lebt er als erfolgreicher Geschäftsmann in Hamburg und will seinen Lebensabend in Portugal verbringen, wo er ein Haus am Meer besitzt.

Groepler, Eva (*«E."*)

Mitglied der Frankfurter Ortsgruppe des KB. Sitz im LG und in den 80er Jahren Teil der *AK*-Redaktion. Als französische Jüdin und Sartre-Übersetzerin für den Rowohlt-Verlag war sie eine der zentralen moralischen und intellektuellen Figuren im »kleinen Historikerstreit« des KB der 80er Jahre.

1982 hatte der *AK* den Libanonkrieg Israels in einer Schlagzeile als »Die Endlösung der Palästinenserfrage« bezeichnet. Diese Position wurde von Groepler und anderen als antisemitisch verurteilt, was Anlass zu einer grundsätzlichen Auseinandersetzung um die Untiefen eines *deutschen* Antizionismus gab. Groepler veröffentlichte 1983/84 im *AK* eine umfassende Artikelfolge »Zur Geschichte des Antisemitismus«, ehe sie sich 1986 aus dem KB zurückzog. Ihr Anliegen, den bis weit in die Linke hineinreichenden virulenten Antisemitismus und die »unkritische Übernahme von schlimmen Parolen« kenntlich zu machen und zurückzuweisen, sei auf eine »ignorante, ablehnende und auch unsolidarische Haltung von KB-Genossen« getroffen – so die Frankfurter KB-Gruppe um Detlef zum Winkel, die den »Fall Groepler« im Strömungsstreit 1989/91 erneut aufgriff.

»H. C.«

Männlich, geboren 1954 in Hamburg. Mutter Hausfrau, Vater selbstständiger Malermeister mit einem eigenen Handwerksbetrieb. Vier Geschwister. Abitur, Ausbildung zum Industriekaufmann (Abschluss 1976). Später Lehramtsstudium (Deutsch, Ökonomie) mit dem Ziel, Berufsschullehrer zu werden (ohne Abschluss).

Als Schüler Mitglied im Kommunistischen Oberschulbund und, nach dessen Spaltung 1972, im Sozialistischen Schülerbund des KB. Redakteur des *Rebells* (zusammen mit Detlef zum Winkel und Peter Pursche), Mitglied der KB-Bündniskommission. Zur Unterstützung der KB-Strukturen in Nordrhein-Westfalen

1976 »Verschickung« nach Bochum. Mitglied der Bochumer Ortsleitung des KB, Leiter der Antifakommission NRW. Mitarbeit im erweiterten Kreis der ZRK. Bei der Blockwahl des LG auf dem 1. KB-Kongress 1980 als Delegierter für NRW (zusammen mit »Reg.« und Ulrich Borchers) vorgeschlagen. Unklar, ob er dem Gremium je angehörte. Wenn, dann ohnehin nur kurz: Nachdem er aus beruflichen Gründen im Oktober 1980 nach Hamburg zurückgekehrt war, konnte ihm als Regionalvertreter im LG keine Funktion mehr zukommen. Mitglied der Antifakommission, Gründer der AG Ausländer. Autor von *AK*-Artikeln zu diesen Themen. Austritt aus dem KB nach dem 3. Kongress, 1989.

Heute lebt »H. C.«, verheiratet, zwei Kinder, in Hamburg und arbeitet als leitender Angestellter.

»Ha.«

Genossin »Ha.« gehörte dem KB seit 1976 an. Auf dem 3. Kongress, 1989, wurde sie als Vertreterin für Niedersachsen ins LG gewählt. In der Fraktionierung der Gruppe von 1989/91 rechnete sie sich zur »Minderheit« und schloss sich im Folgenden der Gruppe K an, für deren Zirkular *Bahamas* sie unter dem Pseudonym »Cora Blume« Beiträge schrieb.

Hebisch, Sylvia (»sy.«, »Sy.«)

Geboren 1951 in Hamburg. Aufgewachsen im Milieu eines linken Elternhauses »zwischen SPD und KPD«. Mutter Angestellte bei der Sparkasse, Stiefvater Hafenarbeiter. Eine Schwester. Mittlere Reife 1969, anschließend Lehre als Schaufenstergestalterin/Dekorateurin bei der Karstadt AG in Hamburg-Altona.

1970 über persönliche Kontakte Anschluss an das SALZ und Mitarbeit beim Layout der *KAZ*.

Mitglied des KB seit Gründung. 1972 bis 1980 politische Betriebsarbeit bei Beiersdorf, Mitarbeit in der Betriebsratsliste »Alternative«. 1975 Ausschluss aus der IG,Chemie. Mitglied der AG Frauen seit 1975, Autorin von *AK*-Artikeln zu frauenpolitischen Themen. 1980 Mitarbeit beim Tribunal gegen den Abtreibungsparagrafen (»Frauen klagen an«) und bis zur Verabschiedung der Neufassung des Gesetzes in der bundesweiten Koordination autonomer Frauengruppen. Als Autodidaktin zeichnete sie für den *AK* in den 70er Jahren auf hohem künstlerischen Niveau Karikaturen, darunter die legendären Cartoons mit der Figur des »Puschenmännchens«, mit denen sich der KB in ironischer Weise mit dem KBW auseinander zu setzen versuchte. Später Arbeiten als Grafikerin und Illustratorin für die Hamburger Satz- und Verlagskooperative. In der Fraktionierung des KB von 1991 auf Seiten der »Mehrheit« und für diese Redakteurin des Dach-*ak*. Mitte der 90er Jahre Rückzug aus den Strukturen der Ex-Mehrheit und ihrer Zeitung.

Nachdem Sylvia Hebisch 1982 ihr Fachabitur nachgeholt hatte, studierte sie an der Fachhochschule für Gestaltung in Hamburg sowie freie Malerei und experimentelle Kunst bei Stephan von Huene. Seit 1990 ist sie Dozentin an der Hamburger Technischen Kunstschule, Berufsfachschule für Grafikdesign. Erste eigene Ausstellungen seit 1989, u.a. zum Thema »Vergewaltigung«. 2002 Eröffnung einer eigenen Kunstschule (»Am Wohlerspark«).

Hoeltje, Bettina
1948 in Sao Paulo (Brasilien) geboren. Abitur, Abbruch des Studiums der Psychologie, »weil klar wurde, dass Probleme des einzelnen Individuums vor allem in Problemen der Gesellschaft zu suchen sind«, so ihre Selbstauskunft im »Handbuch der Hamburgischen Bürgerschaft« von 1985.

Politisierung im gesellschaftlichen Klima der 60er Jahre: »Durch entsprechende Erfahrungen (große Koalition, SPD und der Widerspruch zwischen Traum und Wirklichkeit) zur unverbesserlichen Sozialistin geworden.«

Seit den 70er Jahren KB-Mitglied, redaktionelle Zuarbeit zum *AK*. Ab 1974 politische Betriebs(rats)arbeit beim TÜV Norddeutschland. 1975, nach der Geburt ihres ersten Kindes, Initiative beim Aufbau des in der KB-Kultur angesiedelten Kinderhauses in der Heinrichstraße in Altona, »um für meinen Sohn eine gute Unterkunft zu gewährleisten«. 1978 Gründungsmitglied der Bunten Liste; nach dem Einzug der Liste in die Bezirksvertretung in Hamburg-Eimsbüttel, 1978, Sitz im Ausschuss Stellingen. Mit der Zentrumsfraktion verließ sie 1979 den KB und trat zusammen mit der Gruppe Z in die Grünen ein. Beim Saarbrücker Parteitag (März 1980) kandidierte sie erfolglos als Vorstandssprecherin. Danach Beisitzerin im Bundesvorstand der Partei. In der ersten Hälfte der 80er Jahre war sie für die GAL Mitglied der Hamburger Bürgerschaft. Nach der Wahl vom Juni 1982 Mitglied der Verhandlungskommission der Liste mit der SPD über die »Tolerierung« eines sozialdemokratischen Minderheitensenats.

Honnens, Brigitte (»Bri.«)
1948 geboren in Lunden/Schleswig-Holstein, aufgewachsen in Heide. Mutter gelernte Schneiderin, Tätigkeit als Hausfrau; Vater selbstständiger Handelsvertreter. Zwei Geschwister. Mittlere Reife, Ausbildung als Goldschmiedin (Abschluss 1967).

Politisierung während der Ausbildung in der Heimatstadt. »Es gab in Heide eine Demo gegen den Vietnamkrieg. Als ich dann 1968 nach Hamburg ging, war klar, dass ich weiter politisch aktiv sein wollte und mich der linken Bewegung zugehörig fühlte.« Mitarbeit im SALZ. Mitglied des KB seit Gründung. Organisiert in der Betriebszelle Philips; Betriebs(rats)- und Gewerkschaftsarbeit. »Als Kommunistin ist man nicht Goldschmiedin. Deswegen bin ich in den Großbetrieb gegangen.« Ende 1974 Umzug nach Bremen, um mit dem von der Organisation hierher »verschickten« Heiner Möller, mit dem sie seit 1968 verheiratet war, weiter zusammenleben zu können. Mitarbeit und Sitz in der Leitung der etwa 20-köpfigen Bremer Ortsgruppe des KB. Für die »Region« als Delegierte in der »erweiterten« ZRK. Engagement in der Frauenarbeit; Mitarbeit in der Frauenkommission. Verfasserin von kürzeren *AK*-Artikeln zu lokalen und feministischen Themen. Mitglied des 1980 gewählten LG als Delegierte der »Region« Bremen/Bremerhaven (keine Freistellung); bei der Wahl auf dem 3. Kongress des KB im Januar 1989 in ihrer Funktion bestätigt. Im Juli 1990 Rücktritt »aus persönlichen Gründen«. Nach langjähriger Arbeit als Zahntechnikerin ab 1983 Studium der Sozialwissenschaften an der Universität Bremen. Nach Abschluss (1988) Anstellung als wissenschaftliche Mitarbeiterin am Fachbereich und Promotion zum Thema »Wenn die andere ein Mann ist, Frauen als Partnerinnen bisexueller Männer«. Heute arbeitet sie als Geschäftsführerin des Instituts »Schwul-Lesbische Studien« an der Universität in Bremen und ist (seit 1983) Vorsitzende des Bremer Landesverbandes von Pro Familia.

Hopfenmüller, Günter (»Hopf«)

Geboren 1944 in Freising, aufgewachsen zunächst in München. Mutter Hausfrau, Vater Lehrer. Zwei Brüder, eine Schwester. Anfang der 50er Jahre Umzug der Familie nach Harburg bei Hamburg, »weil wir in keiner Kirche waren und mein Vater nach dem Krieg keine Wiederanstellung in seinem Beruf in Bayern finden konnte«. Abitur, Kriegsdienstverweigerung, »anstelle des Ersatzdienstes anderthalb Jahre in Frankreich gelebt«, Studium der Germanistik, Romanistik und Kunstgeschichte in Hamburg (ohne Abschluss). Zur Bestreitung des Lebensunterhalts Aufnahme verschiedener Tätigkeiten, u. a. als Übersetzer für Französisch und Englisch und technischer Zeichner.

Politisierung als Schüler in der Ostermarschbewegung der 60er Jahre. 1969 bis 1971 Vorsitzender des AStA der Universität Hamburg. Über die Hochschularbeit Eintritt ins SALZ, ohne dort allerdings im inneren Zirkel eine Rolle zu spielen. »Ich war hier wie auch später im KB immer irgendwie so ein Spezialarbeiter – größtenteils ohne direkte Einbindung in die Strukturen der Gruppe.«

Mit dem SALZ in den KB. Enge Zusammenarbeit mit Kai Ehlers. Anfangs Tätigkeit auf Anleiterebene der Bezirksorganisation Harburg/Wilhelmsburg, Aufbau der Stadtteil- und Jugendarbeit sowie der *AK*-Vertriebsorganisation. Mitte der 70er Jahre starkes Engagement in der Internationalismusarbeit, Mitglied der Portugal- und der Afrikakommission. Verfasser zahlreicher *AK*-Artikel zu diesem Themenbereich. 1977 zusammen mit Ralph Oesterreich maßgeblicher, auch öffentlich auftretender Organisator der Anti-AKW-Politik des KB. Angehöriger der Demonstrationsleitungen in Brokdorf, Grohnde und Kalkar. Aktivist in der 1978 maßgeblich vom KB gegründeten Bunten Liste. Günter Hopfenmüller verließ den KB 1979 zusammen mit der Zentrumsfraktion in Richtung Grüne. 1982 Mitglied der Verhandlungskommission der GAL in den Gesprächen mit der SPD über die »Tolerierung« eines sozialdemokratischen Minderheitensenats in der Hansestadt. 1982 bis 1984 Mitglied des Bundesvorstandes der Grünen, zuständig für internationale Fragen. Darüber hinaus Funktion im Bundeshauptausschuss der Partei. 1990 zusammen mit der linken Fraktion um Trampert Austritt aus den Grünen.

Günter Hopfenmüller lebt heute in Hamburg und arbeitet als Garten- und Landschaftsarchitekt.

Hubert, Eva («Evi")

1950 in München geboren. Vater Angestellter beim Bayerischen Bauernverband, Mutter Hausfrau. Eine Schwester. Abitur. Seit 1969 in Hamburg. Zunächst Jurastudium (abgebrochen), dann Studium der Geschichte und Pädagogik (1973 abgeschlossen). Anschließend Tätigkeit als Gewerbeschullehrerin.

Politisierung in der Münchener Schülerbewegung der späten 60er Jahre. In Hamburg Mitarbeit in unterschiedlichen studentischen Gruppen, für die Basisgruppe Jura Sitz im Studentenparlament (1970/71). Über die Mitgliedschaft in SdS und SdKB bei Gründung in den SSB, dort 1972 Mitglied der Politischen Leitung. Ende 1973 bis 1975 Mitarbeit im Initiativkomitee Arbeiterhilfe.

Anfang 1976 Eintritt in den KB, Aufnahme ins LG zusammen mit Ulla Jelpke und Heidi Kaiser. »Das war auch ein bisschen eine Alibiveranstaltung zur Steigerung der Frauenquote.« Zusammen mit Goltermann zuständig für das Redigieren des *AK* (»Schlussredaktion«) und anderer KB-Publikationen. Huberts primärer Verantwortungsbereich im LG war die grün-bunte Bewegung. 1978 im Vorstand der Bunten Liste. Mitglied der informellen Zentrumsleitung um Goltermann. Im Dezember 1979 zusammen mit ihrer Fraktion Austritt aus dem KB. »Mit dem Austritt aus dem KB hatte sich die Sache für mich erledigt.«

Seit 1980 freiberufliche journalistische Tätigkeit. 1986/87 für die GAL und 1989 bis 1991 als »Nachrückerin« der Frauenfraktion Sitz in der Hamburger Bürgerschaft (dabei jeweils Funktion als parlamentarische Geschäftsführerin und stellvertretende Fraktionsvorsitzende).

Eva Hubert, die mit dem einstigen führenden Ideologen des KBW und späteren Hamburger Stadtentwicklungssenator der GAL, Willfried Maier, liiert ist, arbeitet heute als Geschäftsführerin der FilmFörderung Hamburg.

»j.«

Männlich, geboren 1958 in einer süddeutschen Stadt. Mutter Werkstoffprüferin, Vater Ingenieur. Zwei Brüder. 1977 zum Studium der Geschichte nach Freiburg

(Magisterabschluss). Interesse für Politik über die Lektüre belletristischer Texte, etwa Brechts Dramen. »Ich war dann auf so einem Stand, wo ich mich umgucken wollte, wer was macht.« 1974 Eintritt in den BDJ, dem Bund Demokratischer Jugend, eine der Pfadfinderbewegung entstammende Bündnisgruppe des KB. »Das war eine sehr rigide Organisation. Es gab dort eine Zeitung, die heilig gehalten wurde: der *AK*.« Bei Auflösung des BDJ Übertritt in den KB. 1977 in Freiburg Mitglied der dortigen Ortsgruppe. »Da war dann Unipolitik angesagt.« *AK*-Artikel zu unterschiedlichen Themen, u. a. zur chinesischen Kulturrevolution. 1983 als Delegierter der »Region« Baden-Württemberg Mitglied des LG als Ersatz für Dieter H.. Ende der 80er Jahre aus beruflichen Gründen Umzug nach Hamburg, Arbeit im EDV-Bereich. Ausstieg aus dem LG, da er als vormaliger Regionalvertreter hier keine Funktion mehr hatte. In der Spaltung des KB 1990 auf Seiten der Mehrheitsfraktion.

Heute lebt »j.« in Hamburg und arbeitet als EDV-Spezialist in einem Großbetrieb. Er ist zahlendes Mitglied des Vereins für politische Bildung, Analyse und Kritik e. V. und regelmäßig an der *ak*-Produktion beteiligt. Außerdem arbeitet er am Internetauftritt der Zeitung mit (»www.akweb.de«).

Jakoby, Jürgen (»jay-jay«, »JA«)

Jürgen Jakoby, eigentlich: Jürgen-Reinhold Jakoby-Lechel, Jahrgang 1957, geboren und aufgewachsen in Ludwigshafen am Rhein. Vater Schlosser bei der BASF. Mutter Angestellte in einer Bücherei. Eine jüngere Schwester. 1975 mittlere Reife, Ausbildung zum Erzieher und Arbeit in pädagogischen Einrichtungen bis Anfang der 80er Jahre.

Politisierung innerhalb der evangelischen Jugend. »Die ersten 20 Jahre meines Lebens habe ich irgendwas mit der evangelischen Kirche zu tun gehabt.« Ab 1975 Mitarbeit in einem Dritte-Welt-Laden in Mannheim. »Da gab es Leute, die haben den *AK* gelesen.« Teilnahme an der »Winterschulung« des KB in Baden-Württemberg 1980/81. Kontakt zu Leuten aus dem KB, Eintritt in die Ortsgruppe Heidelberg, später Eintritt in die Mannheimer Gruppe. »Da war ich dann bis zum bitteren Ende.« Engagement in der Schulungsarbeit des KB in Baden-Württemberg/Rheinland-Pfalz. Später, Mitte der 80er Jahre, als die zentrale Schulungskommission in Hamburg schon nicht mehr existierte, Erarbeitung eigenständiger Veranstaltungen (z. B. »Wer ist das revolutionäre Subjekt?«).

Ab 1983 als Vertreter des Buko (»Bundeskongress entwicklungspolitischer Aktionsgruppen«) Angestellter der Geschäftsführung der Friedensbewegung (und später, Mitte der 80er Jahre, Betreuung einzelner Projekte der Grünen, etwa Organisierung von Stiftungskongressen im Vorfeld der Gründung von Regenbogen, »ohne je bei denen Mitglied gewesen zu sein«). In der Auflösung des KB 1989/91 auf Seiten der Mehrheitsfraktion. Jürgen Jakoby, verheiratet, ein

Kind, wohnt heute in Ludwigshafen und ist seit 1995 einer der »Außenposten« der PDS-Bundestagsfraktion im Westen (»Regionalbüro Rheinland-Pfalz«) und auch Mitglied der Partei. Außerdem ist er regelmäßiger Beitragszahler an den Verein für politische Bildung, Analyse und Kritik.

Jelpke, Ursula (»Ulla«, »Ul.«)

Geboren 1951 in Hamburg. Mutter Arbeiterin. Vater trat noch vor ihrer Geburt in die Fremdenlegion ein. Drei Geschwister. Hauptschulabschluss »mit Ach und Krach«. Nach Vergewaltigung durch ihren Stiefvater mit der Folge einer Schwangerschaft 1968 Auszug von zu Hause, drei Jahre offenes Mädchenwohnheim. Gelernte Friseurin, Kontoristin und Buchhändlerin.

Politisierung und Beginn sozialen Engagements aufgrund der Erfahrung von »fast knastartigen« Zuständen in den Heimen. Von hier aus im Alter von 17 die erste Verbindung zur Studentenbewegung, Teilnahme an Demonstrationen gegen den Vietnamkrieg. Erste Marx- und Leninlektüre. Organisierung mit anderen aus dem Heim zusammen in der Gewerkschaftsjugend. Gemeinsamer Eintritt ins Hamburger SALZ.

Seit Gründung im KB, zunächst im Druckbereich, dann im Metallbereich organisiert. Mitte der 70er Jahre Aufnahme ins LG. In der Nachfolge Wojahns Anleiterin des Metallkomitees und der von diesem Bereich instruierten Bezirkskomitees. Starkes frauenpolitisches Engagement (jedoch kein Mitglied der AG Frauen); Veröffentlichung zahlreicher *AK*-Artikel und des Buches »Das höchste Glück auf Erden«. In einer 1981 im KB-Zentralorgan geführten Debatte um die weitere Ausrichtung der Frauenpolitik setzte sich Jelpke dafür ein, in diesem Politikfeld wieder stärker an die »kommunistischen« Essentials von 1975 anzuknüpfen und die »Anpassung« an die autonome Frauenbewegung zu beenden. 1981 Mitbegründerin der vom KB dominierten Hamburger Alternativen Liste (AL). Im selben Jahr, in der ersten großen Finanzkrise des Bundes, Ausstieg aus der bezahlten Tätigkeit als Funktionärin im KB-Apparat. Zwischen 1982 und 1989 Mitglied der Hamburger Bürgerschaft für die GAL. Mitte der 80er Jahre Rückzug aus den Strukturen des KB. 1989 Austritt aus den Grünen.

Ulla Jelpke studierte, nachdem sie Mitte der 80er Jahre die Aufnahmeprüfung erfolgreich absolviert hatte, an der Hochschule für Wirtschaft und Politik in Hamburg Soziologie und Volkswirtschaft (Abschluss 1992). Heute lebt sie in Hamburg und Berlin und ist seit 1990 als parteilose Abgeordnete der PDS Mitglied im Deutschen Bundestag (u. a. innenpolitische Sprecherin der Partei).

»Jos.«

Männlich, geboren 1951 in Perles im Banat, heute ein Teil Serbiens. 1953 Übersiedlung der Familie nach Talle, später nach Lemgo in Ostwestfalen-Lippe. Sozialdemokratisches, einem katholischen Milieu (»in der Diaspora«) verhaftetes Elternhaus. Vater Metallarbeiter, Mutter kaufmännische Angestellte. Ein Bruder. Gegen den Willen des Pfarrers Besuch einer evangelischen Volksschule, dann einer liberalen Realschule. Anschließend Gymnasium in Detmold (1970 Abitur).

Politisierung in der 68er-Bewegung. »Meine erste Demo war in Detmold die gegen den Einmarsch des Warschauer Pakts in Prag.« Rezeption der kritischen Theorie, dazu Brecht und Kafka. 1970, zu Beginn des Lehramtsstudiums in Göttingen (Deutsch und Sozialkunde) Engagement in einem der Vorläuferzirkel des KBW, dann Gründung »eines eigenen Vereins«, des Initiativkomitees/Kommunistischer Hochschulbund (IK/KHB), aus dem 1975 in der Verschmelzung mit der Kommunistischen Arbeitergruppe die örtliche KB-Gruppe hervorging. Mitglied der Göttinger Ortsleitung, Delegierter der erweiterten ZRK in Hamburg. Beim 1. Kongress des KB 1980 Wahl ins LG, 1989 bestätigt. In der Spaltung der Organisation 1989/91 als »Parteigänger von Knut« auf Seiten der Mehrheitsfraktion.

Heute lebt »Jos.«, langjährig liiert in einer der wenigen »überlebenden alten KB-Beziehungen«, zwei Kinder, in einem Dorf bei Berlin und arbeitet als Berufsschullehrer.

Kaiser, Heidi

Heidi Kaiser war eine der zentralen Figuren der KB-Frauenpolitik. Leitung des Kinderhauses in Altona seit August 1976. Als Vertreterin der AG Frauen kam sie 1976 ins LG, dem sie bis Ende der 80er Jahre angehörte. Mitglied der zwischen 1980 und 1982 bestehenden Frauenleitung des Bundes.

Heidi Kaiser ist heute Projektleiterin von Findelbaby, einem bundesweiten, seit Ende 1999 bestehenden Hilfsangebot für schwangere Frauen und Mütter mit Neugeborenen in Not mit Zentren in Hamburg und Satrupholm (Schleswig-Holstein).

Kiene, Hans-Joachim (»Achim«, »Richard«, »A.«)

Geboren 1945 in Eschede/Niedersachsen. Vater Bankangestellter, zuletzt Hilfsarbeiter (im April 1945 in Weißrussland gefallen), Mutter Kontoristin. Eine Schwester. Abitur. 1965 bis 1967 Studium der Physik, dann der Politik und Geschichte in Hamburg (ohne Abschluss). Anschließend zwei Jahre in Lüneburg, Studium an der dortigen Pädagogischen Hochschule (Abschluss 1969). Seitdem in Hamburg, Tätigkeit als Lehrer an Haupt- und Realschulen, später an Sonderschulen.

Politisierend wirkten neben den Alltagserfahrungen auf einem Dorf in Niedersachsen, »wo es ein hohes Maß an Intoleranz gab«, die Zustände im »CDU-

Staat« der 60er Jahre, die Spiegelaffäre, die Präsenz von Altnazis im öffentlichen Leben der Bundesrepublik. Abonnement der Zeitschrift *konkret.* 1967/69 Mitglied im Lüneburger SDS. In Hamburg 1970 Organisierung im SALZ, mit diesem 1971 bei Gründung in den KB.

Enge Zusammenarbeit mit Goltermann, Übernahme von Funktionen aus dessen Aufgabenbereich, Mitglied der informellen Zentrumsleitung. Angehöriger des Chemiekomitees, Anleiter einiger Zellen im Chemiebereich (Texaco, Beiersdorf) und des Bezirks Eimsbüttel. Kiene war in der zweiten Hälfte der 70er Jahre für die »bunteren Ecken« der Organisation zuständig: Anleiter der Pastorenzelle und der AG Schwule. Verfasser von Artikeln für den *AK* in einem breiten Themenspektrum. Im Dezember 1979 mit der Zentrumsfraktion Austritt aus dem KB und Eintritt in die Grünen (»Gruppe Z«), ohne allerdings im Folgenden in diesem Rahmen noch einmal aktiv zu werden.

Kiene lebt heute in Hamburg und ist Leiter einer Sonderschule.

Kieseritzky, Thomas (»Th.«)

Kieseritzky war Mitglied der Frankfurter Ortsgruppe des KB und Ende der 70er Jahre Aktivist in der hessischen alternativen «Wahlbewegung". Als Vertreter der Grünen Liste Hessen (GLU) hatte er einen Sitz in der Satzungskommission der Europagrünen, die das auf der Gründungsversammlung der Grünen in Karlsruhe im Januar 1980 verabschiedete Programmdokument erarbeitet hatte.

Kieseritzky wurde auf dem 3. Kongress des Bundes, 1989, ins LG gewählt, an dessen Sitzungen er allerdings nur zeitweilig teilnahm. »Th. verabschiedet sich für ein Jahr aus unserem Kreis. Er ist durch die Prüfung gefallen und soll nun fürs Examen büffeln«, hieß es im LG-Protokoll vom Februar 1989. In der Fraktionierung der Organisation 1990 stand er auf Seiten der »antinationalen« Minderheitenfraktion und wirkte auch im Rahmen der Radikalen Linken mit.

Thomas Kieseritzky lebt heute in Frankfurt a. M. und arbeitet als Rechtsanwalt.

Küntzel, Matthias (»ms«, »max.«)

Jahrgang 1955, geboren in Osnabrück, aufgewachsen in Lüneburg. Vater Hochschullehrer, Mutter Musikpädagogin. Zwei Geschwister. Abitur. Ausbildung zum Maschinenbauer (1980 abgeschlossen). »Das hatte mit der großen Politik oder der damals üblichen Betriebsarbeit nichts zu tun. Das war mein Interesse, weil ich aus einem Elternhaus kam, in dem eine Handbohrmaschine etwas Fremdartiges war.« Anschließend Lehramtsstudium in Hamburg (1984 Staatsexamen).

Erste politische Erfahrungen Anfang der 70er Jahre: Gründung eines Sozialistischen Schülerbundes (der nur zufällig so hieß wie das KB-Pendant, zu diesem aber in keinem Bezug stand). Durch *AK*-Verkäufer in Lüneburg 1972 Interesse an den Positionen des KB. Im Lesezirkel »heftige Debatten« um die Faschisierungsthese.

Mitarbeit in der Lüneburger KB-Ortsgruppe. Seit Ende der 70er Jahre Engagement gegen das Gorlebener Atomprojekt. Erste längere *AK*-Artikel zur Situation in Lüchow-Dannenberg. Gründer von *Gorleben aktuell*, dann *atommüllzeitung*. Starkes Interesse am Zusammenhang von ziviler und militärischer Atomenergienutzung – später war »Bonn und die Bombe« das Thema seiner Promotion. Auf dem 1. Kongress des KB, 1980, Aufnahme ins LG. 1984 Umzug nach Bonn, Tätigkeit als Referent der grünen Bundestagsfraktion, »ohne selbst je Mitglied der Grünen gewesen zu sein«. Im April 1988 Umzug nach Hamburg, bezahlte Tätigkeit für die Hamburger Satz- und Verlagskooperative. In der Spaltung des KB 1990 einer der Wortführer der Minderheitsfraktion. »Das war für mich eine sehr prinzipielle Frage. Ich sah, was es bedeutet, wenn mit der Wiedervereinigung die letzten außenpolitischen Fesseln Deutschlands weg sind.« Küntzel war nach dem Ende des Hamburger Bundes einer der freigestellten Redakteure des Dach-*ak* und setzte sich in seinen Beiträgen (selbst-) kritisch mit dem KB auseinander, insbesondere dessen Antizionismus. Nach dem Scheitern des Zeitungsprojekts war Küntzel einer der intellektuellen Vordenker der Gruppe K, für deren Periodikum *Bahamas* er zahlreiche Beiträge verfasste (Pseudonym »Max Müntzel«).

Matthias Küntzel, liiert, ein Sohn, lebt heute in Reinfeld und arbeitet als Berufsschullehrer in Hamburg. Daneben publiziert er regelmäßig, etwa in *konkret* oder in Buchform, zuletzt »Der Weg in den Krieg. Deutschland, die Nato und das Kosovo« (Berlin 2000).

Lederer, Andrea (»A.«)

Geboren 1957 in Bad Reichenhall. Abitur. Abgeschlossenes Jurastudium.

Politisierung in der autonomen Frauenbewegung, Engagement im Nachgang der Massenverhaftungen im Nürnberger Jugendzentrum Komm, 1981.

Mitte der 80er Jahre Eintritt in den KB, Mitglied der Ortsgruppe Nürnberg, Tätigkeit im Antifabereich. Als Delegierte der »Region« Bayern für die Ortsgruppe Regensburg auf dem 3. KB-Kongress Anfang 1989 ins LG gewählt. 1989 Umzug nach Hamburg, Tätigkeit als freigestellte Redakteurin des *AK*, gleichzeitig aber auch als Anwältin. In der Spaltung des Bundes 1989/91 auf Seiten der »Mehrheit«. 1990 über die Landesliste Mecklenburg-Vorpommern als Abgeordnete Einzug für die PDS/LL in den Bundestag; später stellvertretende Fraktionsvorsitzende. 1991/92 redaktionelle Mitarbeit im Dach-*ak*.

Andrea Lederer lebt heute zusammen mit ihrem Mann, dem früheren PDS-Chef und späterem Berliner Senator Gregor Gysi, und den gemeinsamen Kindern in Berlin.

Mellenthin, Knut (»Kt.«)

Geboren 1946 in Wolfsburg. Vater Buchhalter, Mutter Sekretärin. Eine Schwester. Seit 1952 in Hamburg. 1966 Aufnahme des Studiums der Kunstgeschichte und Geschichte, später »summa cum laude zugunsten der Politik abgebrochen«; arbeitete als Postzusteller (bis Ende 1972).

Einschlägige Erfahrungen in der Zirkelbewegung der späten 60er Jahre: In den Gründungsprozess der KPD/ML involviert, Mitarbeit am *Rebell* der Mannheimer Revolutionären Jugend (ML). Im Mai 1970 Mitbegründer des Hamburger KAB. Verantwortlicher für dessen Blatt, die *KAB-AZ*. Ab Sommer 1971 auch Mitarbeit an der *KAZ* des SALZ. Mellenthin war eine der maßgeblichen Kräfte der KB-Gründung (zusammen mit Goltermann). Seit 1973 freigestellter Funktionär der Gruppe. Mitglied des LG (bis 1991). Zusammen mit Goltermann und Wojahn bildete Mellenthin die informelle Führung des Hamburger Bundes. Als Verfasser zahlreicher programmatischer Artikel, darunter denen zur Faschisierungsthese, der wichtigste ideologische Kopf der Gruppe. Er fungierte als eine Art »Chefredakteur« des *AK*. Prägte mit seinem Politik- und Arbeitsstil den KB, Personifizierung des »Trüffelschweins«. Mellenthin leitete trotz LG-Mitgliedschaft kein Komitee an. 1974 und danach Kontaktperson zum RBJ (zusammen mit zum Winkel), 1975 »Berater« der AG Frauen, Zusammenarbeit mit Ehlers und der Antifakommission. Mitglied der *AK*-Redaktion der 80er Jahre. In der Fraktionierung 1991 auf Seiten der »Mehrheit«. 1994 Aufgabe der bezahlten Funktionärstätigkeit, Austritt aus dem Rest-KB und der Redaktion des Blattes *ak*.

Mellenthin lebt heute in Hamburg und arbeitet als Journalist (*ak, taz, konkret*); Verfasser von Studien für die Bundestagsfraktion der PDS (etwa zum jugoslawischen Bürgerkrieg), von 1991 bis 1994 als Mitarbeiter von MdB Ulla Jelpke. Für sein »Lebenswerk«, eine etwa 1.200 Seiten umfassende »Tag-für-Tag-Gesamtchronologie« des Holocausts (1994 fertig gestellt), hat sich bis heute kein Verlag gefunden.

Möller, Heiner (»hr.«, »Hr.«)

Geboren 1947 in Heide/Dithmarschen (Schleswig-Holstein). Vater Angestellter bei Texaco, der späteren DEA. Mutter Ausbildung als Sekretärin, später als Hausfrau tätig. Vier Geschwister. Buchhändlerlehre, Arbeit in der Buchabteilung des Kaufhofs.

Durch »1968« politisiert, 1970 Mitglied im SALZ, dort Übernahme von Leitungsfunktionen. Mit dem SALZ in den KB. Betriebsarbeit, »Umsetzung« vom Kaufhof in »strategische« Betriebe der Metallindustrie, Umschulung zum Maschinenschlosser, als Arbeiter bei SE-Fahrzeugwerke und Blohm & Voss. Seit 1973/74 Verfasser von Artikeln für den *AK* (Betrieb & Gewerkschaft, später zur Anti-AKW-Bewegung und zu den Grünen). Zunächst als operativer Anleiter des Metallkomitees auf mittlerer Kaderebene organisiert (»Instrukteur« des verantwortlichen LG-Mitgliedes Wojahn). 1975 vom LG zum Aufbau einer KB-Ortsgruppe nach Bremen »verschickt«. Aufnahme ins ZRK, zuständig für Bremen, Bremerhaven und Unterweser, später auch für Nordrhein-Westfalen und Nordhessen. Ab 1976 freigestelltes Mitglied des LG. Anleiter der Gewerkschaftskommission. Ausstieg aus der bezahlten Funktionärstätigkeit 1981 in der ersten großen Finanzkrise des Bundes. Zwischen 1981 und 1983 Arbeit als erster Geschäftsführer der GAL in Hamburg und einer der Initiatoren der Tolerierungsgespräche mit der SPD nach der Bürgerschaftswahl vom Juni 1982. 1984 Aufnahme in die *AK*-Redaktion. Erneute Tätigkeit als bezahlter Funktionär. Kündigung dieser Position 1989 verbunden mit der Anmahnung einer »Demokratisierung« der Organisation. Im September 1989 Eingeständnis des Scheiterns seiner Kritik an den KB-Strukturen. Rücktritt von seinen Posten in LG und *AK*-Redaktion. Möller, einer der Protagonisten der Gruppe K, verließ den KB mit seiner Fraktion im April 1991. Mitarbeit im Dach-*ak* (1991/92). Politische Betätigung in der Gruppe K, Autor von Artikeln in deren »Zirkular« *Bahamas*.

Möller lebt heute in Hamburg und ist arbeitslos.

Nielsen, Henning (»hn.«)

Jahrgang 1950, geboren und aufgewachsen in Flensburg. Vater Landwirt, Mutter Hausfrau. Vier Geschwister. Abitur. Bundeswehr.

Politisierung in der 68er-Bewegung. Mitglied des Flensburger Kommunistischen Bundes/Marxisten-Leninisten (KB/ML), einer der Gruppen, die sich dem KB unmittelbar nach dessen Gründung 1971 angeschlossen haben.

Mitglied der Flensburger OG, bis 1976 politische Betriebsarbeit als Hilfsarbeiter bei einem Ableger der Flensburger Schiffbaugesellschaft. Dann Mitarbeit in der Anti-AKW-Bewegung. Obwohl zuvor kein Mitglied der ZRK, 1980 bei der Block-Wahl Aufnahme ins LG, und zwar als Vertreter der »Region« Schleswig-Holstein. »Hin und wieder« für den *AK* geschrieben, meist zu »schleswig-holstein-spezifischen Sachen«. 1989 auf dem 3. KB-Kongreß erneut ins LG gewählt – mit über 90 Prozent der Delegiertenstimmen. In der Spaltung/Auflösung des Bundes 1989/91 auf Seiten der »Mehrheit« – die andere Position sei »eindeutig zu sektiererisch« gewesen.

Henning Nielsen, ledig, eine Tochter, lebt heute in Flensburg und arbeitet als Buchhändler. Politisch engagiert er sich für die PDS.

Oedekoven, Beate (»Be.«)

Als Delegierte der »Region« Schleswig-Holstein 1989 in das LG des KB gewählt. In der Spaltung 1990 auf Seiten der »Minderheit«; nach Auflösung des KB redaktionelle Mitarbeit im Dach-*ak*. Beate Oedekoven wohnt heute in Kiel.

Pickardt, Michael (»mi.«)

Jahrgang 1952, geboren in Bad Godesberg. Vater Arzt, Mutter Lehrerin, Hausfrau, Arzthelferin in der Praxis ihres Mannes. Zwei jüngere Brüder. 1962 Umzug der Familie nach Köln. Mit 16 Jahren Verweis vom Gymnasium (»Ich galt als politischer Rädelsführer«). 1970 Umzug zusammen mit der Freundin nach Hamburg. 1973 Abitur auf dem Abendgymnasium.

Politisierung als Schüler in der 68er-Bewegung. 1974 trotz »Horrorerfahrungen« mit den KB-Vorläufern, etwa dem SALZ (»Ich fand die furchtbar verbiestert und kam ja auch ursprünglich mehr aus der antiautoritären Ecke«), Eintritt in den SSB, Mitglied einer Mathematikergrundeinheit an der Hamburger Universität. Fließender Übergang in den KB.

1976 als »Studentengenosse« zusammen mit Lioba Dicke von der Organisation nach Nürnberg »verschickt«. Nach zwei Semestern Informatik in Erlangen Abbruch des Studiums. »Ab da habe ich dann nur noch Politik gemacht. Meine Eltern haben mich sozusagen freigestellt.« Teil der Nürnberger Ortsleitung. Seit 1978 aktiv in der grün-bunten »Wahlbewegung«. 1980 ins Hamburger LG gewählt. In der Spaltung des KB 1990 auf Seiten der »Mehrheit«, mit dem Verständnis, dass sich die Linke insgesamt auf den Prozess, wie er Ende 1989 mit der Auflösung der DDR in Gang kam, stärker einlassen sollte. 1990 Umzug nach Berlin, ohne hier noch einmal Zugang zu den Strukturen des Bundes zu bekommen, »weil das eine Szene war, mit der ich überhaupt nicht konnte und die auch mit mir nicht – und die auch mit der PDS nichts zu tun haben wollte«.

Michael Pickardt lebt heute in Berlin und arbeitet freiberuflich als Grafiker.

Reents, Jürgen (»J.«, »Jr.«, »jr.«)

Geboren 1949 in Bremerhaven. Vater kaufmännischer Angestellter bei der US-Armee vor Ort. Mutter zunächst ebenfalls dort als Angestellte tätig, später Hausfrau. Eine Schwester. Abitur, Kriegsdienstverweigerung und anderthalb Jahre Ersatzdienst im Krankenhaus. Im Herbst 1969 Wechsel nach Hamburg. 1970 Aufnahme des Mathematikstudiums (ohne Abschluss).

Seit Mitte der 60er Jahre Aktivitäten in der Apo. 1966/67 Vorsitzender des Stadtschülerrings Bremerhavener Schulen. 1969 Landesvorstandsmitglied der Jungdemokraten (Jugendorganisation der FDP) in Bremen. Im April 1970 Gründungsmitglied des Hamburger SALZ, Angehöriger des Führungszirkels, Verantwortlicher der *KAZ*, zusammen mit Goltermann und anderen Genossen zuständig für die Schulungsarbeit der Gruppe. Mit dem SALZ in den KB.

Bearbeitung internationalistischer Themen für den *AK*: Italien, Frankreich, Chile (speziell ideologische Auseinandersetzung mit den Positionen der Unidad Popular). Bis zu seinem Austritt aus dem KB 1979 als Funktionär von der Gruppe freigestellt. Wahrnehmung von Aufgaben als »Agitpropkader« des Bundes,

Redner auf Veranstaltungen und Kundgebungen. »Ich war zeitweise auch Organisator, aber immer ein schlechter.« Der 1971 gegründete Verlag des KB trug formal seinen Namen (»j.-reents-verlag«), ohne dass er hier allerdings verlegerisch tätig geworden wäre. Leiter der ZRK von 1972 bis 1974. Dann im Auftrag der Gruppe Wechsel nach Frankfurt a. M. zur Ankurbelung der dortigen Ortsgruppe. Von hier aus Anleiter weiterer regionaler Kerne des KB (Baden-Württemberg, Rheinland-Pfalz, nördliches Bayern). 1977 in Frankfurt in dieser Funktion von zum Winkel abgelöst, Rückkehr nach Hamburg. Mitglied der (informellen) Zentrumsleitung um Goltermann. Mitarbeit am *AK* zum Anti-AKW-Bereich und zur »Wahlbewegung«. Tätigkeit in der Bürgerinitiative Umweltschutz Unterelbe (BUU) und im Vorstand der Bunten Liste. Für diese im Oktober 1979 einen Sitz in der Bundesprogrammkommission der entstehenden Grünen (»Saarbrücker Programm«), wo er »rasch zum roten Tuch für den rechten Flügel der Kommission« avancierte. Dezember 1979 zusammen mit der Zentrumsfraktion Austritt aus dem KB und organisierter Eintritt in die Grünen. Mitglied der Leitung der Gruppe Z, Mitarbeit in der Redaktion der *Z*, später der *Moderne Zeiten*. 1980 bis 1982 im Hamburger Landesvorstand der Grünen und, zusammen mit Heiner Möller, einer der Initiatoren der Tolerierungsgespräche. 1983 über die Hamburger Landesliste Einzug für die Grünen in den Bundestag (Rotation 1985). Reents, der auch nach dem Zerfall der Gruppe Z Mitglied der Grünen blieb (1987/88 erneut im Hamburger Landesvorstand, 1989/90 im Bundesvorstand), verließ die Partei im Frühjahr 1991. Seit Juli 1991 Pressesprecher der Bundestagsgruppe der PDS, wobei er der Partei seit Februar 1998 auch als Mitglied angehört.

Jürgen Reents lebt heute in Berlin und ist Chefredakteur des *Neuen Deutschlands* (seit 1999).

»Reg.«

Weiblich, Jahrgang 1950, geboren in Saalfeld in Thüringen. »Als ich drei Monate alt war, sind meine Eltern republikflüchtig geworden.« Aufgewachsen in Hamburg. Vater Architekt, Mutter Hausfrau und Sekretärin. Zwei Schwestern. Abbruch des Gymnasiums nach der 12. Klasse wegen Heirat (1969).

Politisierung in der 68er-Bewegung (Notstandsgesetze, Diktatur in Griechenland). Erste Organisierung im Kommunistischen Oberschülerbund (KOB), einer Vorgängergruppe des am KB orientierten Sozialistischen Schülerbundes (SSB), und in der Apo Bergedorf.

»Im KB war ich von Anfang mit dabei. Ich bin da nie eingetreten.« Politische Betriebs(rats)arbeit in einem Großbetrieb der Metallindustrie in Hamburg. »Das war einerseits Überzeugung, Politik im Betrieb zu machen. Andererseits musste ich ja auch Geld verdienen, weil mein damaliger Mann nichts verdient hat.« 1975 »aus Liebe« nach Bochum, wohin ihr damaliger Freund vom LG

»verschickt« worden war. Aufbau von KB-Strukturen in Nordrhein-Westfalen. Zunächst Tätigkeit bei Opel in Bochum, dann für Organisationsaufgaben freigestellt. Als Vertreterin der »Region« im erweiterten ZRK, in dieser Funktion bei den Wahlen auf dem 1. KB-Kongress, 1980, Aufnahme ins LG. Mitglied der Anfang der 80er Jahre bestehenden Frauenleitung und der *AK*-Frauenredaktion. Ab 1981 Jobs im Theaterbereich, dann, ab 1982, als Souffleuse am Schauspielhaus Bochum. »Darüber bin ich praktisch so aus der Politik rausgerutscht.«
Heute lebt »Reg.« in Berlin, ist zum zweiten Mal verheiratet, hat zwei Kinder und arbeitet freiberuflich als Übersetzerin aus dem Englischen.

»sab.«
Weiblich, Jahrgang 1958. Anfang der 80er Jahre Eintritt in die Lüneburger Ortsgruppe des KB. Von 1989 bis 1990 war sie als Nachrückerin für die grüne Partei Mitglied des niedersächsischen Landtages. Vorher war sie an gleicher Stelle drei Jahre lang persönliche Mitarbeiterin des MdL Jürgen Trittin gewesen. Von Hannover kommend, Mitte 1990 Aufnahme einer bezahlten Tätigkeit als *AK*-Redakteurin; zuvor ins LG kooptiert. In der Fraktionierung des KB 1989/91 auf Seiten der »Minderheit« und in der Folge als deren Vertreterin in der Redaktion des Dach-*ak*, dann mit Verantwortung in der Gruppe K.
Heute lebt »sab.« in Hamburg und arbeitet als Sozialarbeiterin.

Seidl, Eckehard (»E.«)
1943 geboren, aufgewachsen in Feldberg/Mecklenburg (DDR) in einem »Frauenhaushalt« (Mutter, Großmutter). Eine Schwester. Der Vater, ein kleiner Beamter, spielte keine Rolle. »Den habe ich erst kennen gelernt, als ich 16 war.« Der soziale Status der Familie war durch den Großvater geprägt, der eine Stellung als Amtsgerichtsrat innegehabt hatte. Die Privilegien der Familie entfielen mit dem Aufbau der DDR. »Das Kindermädchen gab es nun nicht mehr.« Arbeit der Mutter zunächst als Kleinunternehmerin (Tischlerin), später als Sängerin, schließlich bis zur Rente als Buchhalterin. 1955 Übersiedelung in die Bundesrepublik, nach Hamburg. Abitur. Studium der Physik, Abbruch 1971. »Da kam die Politik dazwischen.« Tätigkeit als Lehrer an einer Abendschule.
Politisierung in der 68er-Bewegung. Lektüre der Klassiker: »Staat und Revolution« von Lenin sei damals ein »echtes Erlebnis« gewesen. Kontakt zum Physikstudenten Hans-Hermann Teichler, einem der Gründungsmitglieder des KAB. Hier zuständig für den Vertrieb der *KAB-AZ* und anderer Publikationen des Bundes.
Mit dem KAB in den KB. 1974/75 Anleiter des Bezirks Altona. Später in der Bezirksorganisation Hamburg-Mitte, Praxis in der Mieterarbeit (seit 1973). Verantwortlicher des Bereiches »Internationalismus«, Schwerpunkte Nahost und

Irland. Zahlreiche *AK*-Artikel zu diesen Themenfeldern. Leitender Redakteur des 1973 gegründeten Blattes *die Internationale*; zahlreiche politische Reisen in den Libanon und nach Irland. Anleiter der Nahostkommission (bis 1980), Mitarbeit in der Europakommission. In der Spaltung 1979 »aus Überzeugung« im KB geblieben. Mitbegründer und Aktivist der 1981 aufgebauten Schulungskommission; Arbeit zu den Themen »Internationalismus«, »Ökonomie« und »Kriegsfrage«. Mitarbeit in der Interrunde; Versuch einer grundlegenden Aufarbeitung des Internationalismus. 1979 Nachholen des Diplomabschlusses in Physik. In den 80er Jahren Rückzug aus den Strukturen des Bundes. Versuch der Aufrechterhaltung des politischen Zusammenhangs in einer selbstironisch so genannten »Sofazelle« frei schwebender KB-Mitglieder. 1991 Einstellung der Beitragszahlung.

Eckehard Seidl lebt heute in Hamburg von seinen Ersparnissen und dem Geld, das ihm der Verkauf seines Anteils einer von ihm mitgegründeten EDV-Firma einbrachte. Er ist seit 1975 mit Marianne von Ilten liiert – »eine der wenigen Partnerschaften, die die Spaltung von 1979 überstand«.

Skrypietz, Andreas (»as«)

Jahrgang 1958; in Osnabrück geboren und aufgewachsen. Vater (1983 gestorben) ungelernter Arbeiter, Tätigkeit in Osnabrück am Binnenhafen als Schauermann beim Be- und Entladen von Schiffen, später im technischen Betrieb der *Neuen Osnabrücker Zeitung*; Mutter gelernte Bankkauffrau, Arbeit als Hausfrau, später nach dem Tod ihres Mannes als Angestellte einer Kreditanstalt. Drei Schwestern. Nach dem Abitur Ableistung des Grundwehrdienstes in Delmenhorst.

Politisierung in den 70er Jahren in den Auseinandersetzungen um die Stadtsanierung in Osnabrück. Engagement für ein unabhängiges Jugendzentrum, Teilnahme an einer Hausbesetzung. Während des Studiums in Göttingen (1980 bis 1986, Diplom in Sozialwissenschaften) hochschulpolitisch aktiv; im Sozialwissenschaftlichen Basiskollektiv (SBK) organisiert, das jahrelang den Fachschaftsrat des Instituts stellte. Erste Kontakte zum KB ergaben sich aus der Zusammenarbeit des SBK mit der Universitätsgruppe des KB in Göttingen, der Linken Bündnisliste (LBL).

1987 Umzug nach Hamburg und Entschluss, »im KB Politik zu machen«. Erste Kontakte ergaben sich auf dem Wochenendseminar des KB in Hamburg zum 70-jährigen Jahrestag der Oktoberrevolution (1987). Mitarbeit in der Betriebs- und Gewerkschaftskommission des KB. *AK*-Beiträge zu den Arbeitskämpfen in Duisburg-Rheinhausen, 1988. Später Funktion in der Vorbereitung des KB-Seminars zur Entwicklung der Sowjetunion in den 20er und 30er Jahre (Herbst 1989). »Das war für mich der tiefere Einstieg in die interne KB-Politik.« Anfang 1990 als Seiteneinsteiger nach dem Rücktritt Heiner Möllers Freistellung, Kooptierung ins LG (zuständig für Organisationsaufgaben) und Aufnahme in die *AK*-Redaktion (Schwerpunkt: Kommentierung der aktuellen Entwicklung in der Sowjetunion). In der Spaltung des Bundes im April 1991 auf Seiten der »Mehrheit«, wobei »ich mich allerdings nie besonders weit aus dem Fenster gelehnt habe«. Skrypietz übernahm nach der Auflösung des KB für die »Mehrheit« organisatorische Aufgaben und arbeitete 1991/92 als einer ihrer Vertreter in der Redaktion des Dach-*ak* mit; enge Zusammenarbeit mit Heinrich Eckhoff.

Andreas Skrypietz lebt heute in Preußisch-Oldendorf, wo er nach einer Umschulung in einer Zimmerei arbeitet, die auf ökologischen Hausbau mit Holz spezialisiert ist.

»So.«

Einen zweiten Sitz für die Vertretung von KB-Strukturen in Baden-Württemberg im LG nahm Anfang 1990 KB-Genossin »So.« ein, Vertreterin der Ortsgruppen Mannheim/Ludwigshafen.

Stoll, Jörg (»J.«)

1989 auf dem 3. Kongress des KB als Westberliner Vertreter ins LG gewählt.

Teichler, Hans-Hermann (»HH«)

Geboren 1947 in Gütersloh. Vater stellvertretender Leiter einer Anstalt für Behinderte, Mutter Hausfrau. Fünf Geschwister. Abitur, seit 1969 in Hamburg, Studium der Physik (Abschluss 1975).

Gründungsmitglied des KAB. Mit dieser Gruppe in den KB. Seit 1973 Übernahme von organisationsinternen Verantwortungsbereichen. Anleiter der ZRK seit 1974 (»Außenminister«). Ab Mitte der 70er Jahre Mitglied des LG, dort Anleiter des HBV-Komitees, nach 1976 auch des Druckkomitees. Zuständig für die Anti-AKW- und für die Antimilkommission. Später verantwortlich für die Finanzen. Mitglied der *AK*-Redaktion der 80er Jahre. 1991 auf Seiten der »Mehrheit«, im selben Jahr Einstellung der bezahlten Funktionärstätigkeit (seit 1975) für den KB.

Hans-Hermann Teichler lebt heute in Hamburg und ist im EDV-Bereich tätig.

Trampert, Rainer (»R. T.«)

1946 in Heuwisch (Kreis Dithmarschen, Schleswig-Holstein) geboren. Vater Anstreicher, Mutter Hausfrau. Zwei Brüder. Abschluss der Mittelschule, Qualifizierung zum Betriebswirt (Besuch einer privaten Abendschule) parallel zur Lehre als Industriekaufmann bei der Deutschen Erdöl AG, der späteren Texaco, die ihn nach der Ausbildung übernahm. Seit 1968 Tätigkeit in der Hauptverwaltung

Hamburg des Konzerns, ab 1972 Freistellung für die Betriebsratsarbeit. Politische Sozialisation in der Studentenrevolte, »linker Autodidakt«.

Zu den Betriebsratswahlen 1972 Gründung einer linken Liste, Ausschluss aus der IG Chemie-Papier-Keramik. »Wir haben auf Anhieb die Mehrheit bekommen und waren völlig unvorbereitet. Wir stellten dann den Betriebsratsvorsitzenden, freigestellte Betriebsräte und mussten jetzt das, was wir in einem Bravourstück gemacht hatten, auch irgendwie füllen. Das kam erst danach. Da stießen wir über unsere oppositionelle Gewerkschaftsarbeit auf andere Linke aus anderen Betrieben. Das waren in Hamburg überwiegend KB-Genossinnen und -Genossen. So kamen wir mit denen ins Gespräch.« Zusammen mit der Betriebszelle 1974 Eintritt in den KB. Als Anleiter der KB-Betriebszelle bei Texaco Mitglied des Chemiekomitees und der Betriebs- und Gewerkschaftskommission. Zahlreiche *AK*-Artikel zu diesem Themenbereich. Ab 1975 einer der führenden Funktionäre der Anti-AKW-Kommission, Verfasser der Broschüre »Atomenergie und Arbeitsplätze«. 1979 in der Spaltung des KB auf Seiten der Zentrumsfraktion; organisierter Eintritt in die Grünen. 1982 bis 1987 einer der Bundesvorsitzenden (»Sprecher«) der Partei. 1984 Beendigung des Arbeitsverhältnisses bei Texaco. 1984 Veröffentlichung des Buches »Die Zukunft der Grünen. Ein realistisches Konzept für eine radikale Partei« (zusammen mit Ebermann). 1989 und danach Engagement in der Radikalen Linken. 1990 Austritt aus den Grünen zusammen mit Thomas Ebermann u. a.

Trampert lebt und arbeitet heute als Publizist in Hamburg (u. a. *Rolling Stone, konkret*), als Buch erschien 1995 »Die Offenbarung der Propheten«, als CD im Jahr 2000 das auf Kleinkunstbühnen live aufgenommene Satireprogramm »Verpasst Deutschland den Anschluss?« (beides zusammen mit Ebermann).

»we.«

Mitglied des LG in den 80er Jahren, Delegierter der »Region« NRW. War allerdings nicht auf der Liste des Block-LG von 1980. Kam mutmaßlich vor 1983 dazu. War dann wahrscheinlich bis zum Schluss dabei. Auf dem 3. Kongress des KB, 1989, in seiner Funktion bestätigt.

Welsch, Joachim

Geboren 1942 in Erfurt/Thüringen. Vater Versicherungsangestellter (1945 auf dem Weg in die Gefangenschaft von Dresden in die Sowjetunion in Polen gestorben). Mutter Angestellte. Keine Geschwister. 1957 Übersiedelung in die Bundesrepublik, seit 1959 in Hamburg. Abitur. Diplom der Ingenieurwissenschaften (1965). 1968 bis 1972/73 Studium der Gesellschaftswissenschaften (ohne Abschluss). Tätigkeit als Architekt bei größeren Baufirmen. Intensive Lektüre der »Klassiker« in Lesekreisen 1964/65. »Aus meiner DDR-Herkunft hatte ich noch einen gewissen gesellschaftskritischen Fundus, der zwar anfangs negativ besetzt war, den ich aber in dieser Zeit wieder aktiviert habe.« Politisierung in der Studentenbewegung. Eintritt in den KAB, Funktion als Presseverantwortlicher. Welsch wird hier als theoretisch »versiert« beschrieben, soll aber »seelische und körperliche Qualen« gelitten haben, wenn er einen Artikel schreiben musste.

Mit dem KAB in den KB. Mitglied des LG von der Gründung des KB bis 1976 (im letzten Jahr freigestellt). Anleiter des Druckkomitees und einiger Bezirksbereiche. Zeitweise Verantwortlicher des KB-Buchladens (»Arbeiterbuch«). Einsatz in verschiedenen Bereichen. 1976 Rücktritt von der LG-Position. »Den ganzen Herrschafts- und Machtgestus habe ich, so erscheint es mir im Nachhinein, nicht mehr durchhalten können und wollen.« Kurzzeitige Tätigkeit als »Reisekader«, danach totaler Rückzug aus den Strukturen des KB.

Welsch wohnt heute in Hamburg und arbeitet als Architekt.

»wg.«

Geboren 1947 in Bremerhaven. Vater kaufmännischer Angestellter, Mutter Hausfrau. Drei Geschwister. 1968 zum Studium der Politikwissenschaften nach Hamburg (1972 abgebrochen).

Politisierung in der 68er-Bewegung. Aktiv beim Aufbau der Schüler- und Lehrlingsgruppe Spartakuskollektiv Anfang 1969 in Bremerhaven, aus dem im Dezember 1969 das dortige SALZ entstand.

Genosse »wg.« fungierte als Mitglied der Leitung der OG Bremerhaven und arbeitete in der »erweiterten« ZRK des KB mit. 1972 bis 1982 politische Betriebsarbeit als Hafenarbeiter. Verfasser von *AK*-Artikeln zu regionalen Themen und im Rahmen der Auslandsberichterstattung (Belgienkommission), später auch zu rechtspolitischen Themen. Ab dem 2. KB-Kongress des KB 1982 als »Delegierter« der Region Bremen/Niedersachsen-Nordwest Mitglied des LG; dem auf dem 3. Kongress von 1989 gebildeten LG gehörte er nicht mehr an. Mitarbeit in der 1981 gegründeten Schulungskommission. Ende der 80er Jahre Tätigkeit als »Hilfsredakteur« in der *AK*-Redaktion. In der Spaltung 1991 auf Seiten der »Mehrheit«.

Heute lebt »wg.« in Bremerhaven und ist dort nach Abschluss eines Jurastudiums mit Promotion (»summa cum laude«) 1994 als Rechtsanwalt mit dem Schwerpunkt Strafverteidigung tätig.

Wojahn, Hartmut (»Heinz«, »Hz.«, »hz.«)

Geboren 1947 in Eystrup/Niedersachsen. Vater Pastor. Mutter Lehrerin. Zwei Schwestern. Abitur. Seit Ende 1968 in Hamburg. Aufnahme des Pädagogikstudiums (ohne Abschluss).

Politisierung in der Schülerbewegung der 60er Jahre. Später in Hamburg Arbeit in linken Buchläden. Mitbegründer des SALZ, Mitglied der Leitung (»ZAK«). Initiator und Verantwortlicher des Buchladens der Gruppe (»Arbeiterbuch«). Mit dem SALZ in den KB.

Mitglied der Leitung des KB seit Gründung (von 1974 bis 1979 freigestellt). Bildete zusammen mit Goltermann und Mellenthin die informelle Führung des Bundes. Verantwortliches LG-Mitglied des Metallkomitees und des ÖTV-/Hafenkomitees sowie der von diesen Bereichen instruierten Bezirkskomitees. In den 70er Jahren maßgeblicher Organisator von Aktionen, Demonstrationen und Großveranstaltungen des KB. Leiter der *AK*-Produktion (»Chef vom Dienst«). Die Spaltung vom Dezember 1979 empfand Wojahn, der im KB blieb, als Wendepunkt: »Das war eine ganz große Schwächung. Beide Teile konnten eigentlich für sich genommen nicht weiterleben.« Einstellung der bezahlten Funktionärstätigkeit, Reduzierung des eigenen Engagements, Aufbau einer beruflichen Existenz außerhalb der Organisation. In den 80er Jahren Zuarbeit zum *AK* als Fotograf und Mitarbeit beim Layout der Zeitung. Austritt aus dem LG 1987/88. Hat die Spaltung 1991 aus einiger Entfernung mit Unverständnis beobachtet.

Hartmut Wojahn lebt heute in Hamburg und ist im kaufmännischen Bereich der Druckerei Hein & Co tätig.

Zum Winkel, Detlef (»De.«, »de.«)

Aus dem KAB kommend, war er einer der KB-Gründer. Verantwortlicher Kader der Bündniskommission. Löste 1977 Jürgen Reents als Anleiter der Frankfurter Ortsgruppe des KB und weiterer regionaler Kerne der Gruppe in Hessen (Kassel, Darmstadt), Baden-Württemberg und im Saarland ab. Delegierter im ZRK, Mitglied des LG (bis 1990). Aktiv in der KB-Jugendpolitik der 70er Jahre (»Aktionseinheit gegen die reaktionäre Jugend- und Bildungspolitik des Hamburger Senats«). Bis 1979 Leitender Redakteur des *Rebells*. Einer der verantwortlichen KB-Aktivisten der Russell-Kampagne (1977/78). Mitglied der *AK*-Redaktion der 80er Jahre. Maßgeblicher Ideologe der »Frankfurter Linie« im KB, die der Revision der Faschisierungsthese widersprach. Mit der deutschen Wiedervereinigung, die er historisch-moralisch konsequent vom geschichtlichen Ort »Auschwitz« aus beurteilte und publizistisch vehement bekämpfte, sah er Krieg, Restauration und eine Welle des Antisemitismus heraufziehen. Als »Antinationaler« war er Teil der Minderheitsströmung im KB und zusammen mit Heiner Möller einer der Initiatoren der Radikalen Linken. 1990 Aufgabe der Funktionärstätigkeit für den KB, weil er für die Politik der »Mehrheit« nicht länger in Anspruch genommen werden wollte.

Zum Winkel, in den 90er Jahren im EDV-Bereich eines großen Handelsunternehmens tätig, lebt in Frankfurt und hat zusammen mit Eva Groepler ein Kind.

KBW-Schmähwitze

Auf den folgenden Seiten ist eine kleine Auswahl jener Karikaturen dokumentiert, mit denen sich der KB mit seinem schärfsten Konkurrenten im ML-Lager, dem KBW, auseinander setzte. Gezeichnet wurden die Cartoons überwiegend von Sylvia Hebisch. Im Mittelpunkt der teils polemischen, teils ironischen Witze, die während der gesamten 70er Jahre das illustratorische Beiwerk entsprechender AK-Artikel waren, stand eine Figur, das so genannte»Puschenmännchen«, die als Repräsentanz des KBW und seiner Mitglieder fungierte: ein akademischer Spießer im selbst gestrickten Pullover und in Filzpantoffeln, bärtig, mit Nickelbrille, der die teilweise leicht verfremdeten Parolen der Gruppe in Sprechblasen zum Besten gab. Stoff zur ironischen Distanzierung lieferte auch das bombastische Organisationsgebilde des Rivalen, besonders als dieser 1976 mit millionenschwerem Aufwand seine Zentrale nach Frankfurt verlagerte. In Bezug auf seine politische Praxis wurde dem KBW in den Schmähwitzen vor allem eine die Realitäten verkennende Großmäuligkeit zugeschrieben. Der überwiegende Teil der Karikaturen beschäftigte sich aber mit der internationalistischen Bezugnahme des KBW, also z. B. seiner Stellung zur Drei-Welten-Theorie, zur Sowjetunion und zur VR China.

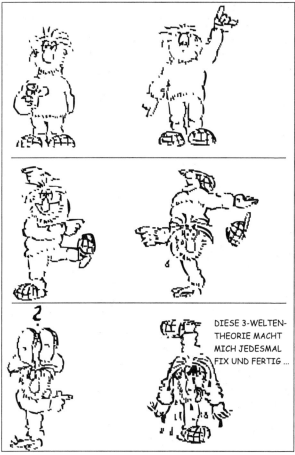

Abkürzungsverzeichnis

Siglen für Bände

BRD-VS	Verfassungsschutzbericht des Bundes
Dimitroff, AW	Dimitroff, Ausgewählte Werke
Engels, MEW	Marx-Engels-Werke
HDW	Handbuch der Dritten Welt
HHB	Handbuch der Hamburgischen Bürgerschaft
HKWM	Historisch-Kritisches Wörterbuch des Marxismus
KPW	Kleines politisches Wörterbuch
KVDB	Kürschners Volkshandbuch Deutscher Bundestag
Lenin, W	Lenin, Werke
Lukács, PA	Lukács, Politische Aufsätze
Mao, AW	Mao, Ausgewählte Werke
Mao, T	Mao, Texte
Marx, MEW	Marx-Engels-Werke
Stalin, W	Stalin, Werke
Zetkin, ARS	Zetkin, Ausgewählte Reden und Schriften

Siglen für Periodika

ak	analyse & kritik
AK	Arbeiterkampf
APZ	Aus Politik und Zeitgeschichte, Beilage zur Wochenzeitung Das Parlament
AzD	Aufsätze zur Diskussion
Blätter	Blätter für deutsche und internationale Politik
dI	die Internationale
EKE	Einheit – Kritik – Einheit
FAZ	Frankfurter Allgemeine Zeitung
FjNSB	Forschungsjournal Neue Soziale Bewegungen
FR	Frankfurter Rundschau
KAB-AZ	Arbeiterzeitung des Kommunistischen Arbeiterbundes
KAZ	Kommunistische Arbeiterzeitung
KJ	Kämpfende Jugend
MoZ	Moderne Zeiten
NRF	Neues Rotes Forum
oi	Org-Info
Orgbulli	Organisationsbulletin
Prokla	Projekt Klassenkampf
RPK	Rote Presse Korrespondenz
RS	Rundschreiben der Aktionseinheit zur Metall-Runde '71
SoZ	Sozialistische Zeitung
SPO	Studieren Propagieren Organisieren
SSF	Sozialistisches Schüler-Forum

SZ	Süddeutsche Zeitung
taz	die tageszeitung
USta	Unsere Stadt
UW	Unser Weg
Z	Organ der Zentrumsfraktion

Siglen für Quellenfundorte

ak-Archiv	Archiv der Zeitschrift *analyse & kritik*, Hamburg
Apo-Archiv	Archiv Außerparlamentarische Opposition und Soziale Bewegungen, Berlin
HIfS-Archiv	Archiv des Hamburger Instituts für Sozialforschung, Hamburg
PBdVf	Privatbestände des Verfassers, Marburg

Allgemeine Abkürzungen

AAU	Anarchistische Arbeiterunion
AB	Arbeiterbund für den Wiederaufbau der KPD
ABG	Arbeiter-Basis-Gruppen
ADS	Aktionsgemeinschaft von Demokraten und Sozialisten
AE	Aktionseinheit
AG	Arbeitsgemeinschaft
AK	Aktivistenkollektiv bzw. Arbeitskreis
AK/FU	Aktionskomitee gegen die Berufsverbote an der FU
AKW	Atomkraftwerk
AL	Alternative Liste
AMS	Assoziation Marxistischer Studenten
ANC	African National Congress
ANS/NA	Aktionsfront Nationaler Sozialisten / Nationale Aktivisten
Antifakommission	Antifaschismuskommission
Antimilkommission	Antimilitarismuskommission
Antirepkommission	Antirepressionskommission
AO	Aufbauorganisation
Apo	Außerparlamentarische Opposition
AStA	Allgemeiner Studentenausschuss
AUD	Aktionsgemeinschaft Unabhängiger Deutscher
BAF	Bundeskongress autonomer Friedensinitiativen
BAL	Betrieblich-Alternative Liste
BALZ	Bergedorfer Arbeiter- und Lehrlingszentrum
BBU	Bundesverband Bürgerinitiativen Umweltschutz
BDJ	Bund Demokratischer Jugend
BGS	Bundesgrenzschutz
BI	Bürgerinitiative
BLZ	Bergedorfer Lehrlingszentrum
BO	Bezirksorganisation
BUF	Bundeskonferenz unabhängiger Friedensgruppen
Buko	Bundeskongress entwicklungspolitischer Gruppen
Buli	Bunte Liste – Wehrt Euch: Initiativen für Demokratie und Umweltschutz

BUND	Bund für Umwelt und Naturschutz
BUU	Bürgerinitiative Umweltschutz Unterelbe
BWK	Bund Westdeutscher Kommunisten
CDU	Christlich-Demokratische Union
CRS	Compagnies Républicaines de Sécurité
CSU	Christlich-Soziale Union
d. Vf.	der Verfasser
DAG	Deutsche Angestellten-Gewerkschaft
DFU	Deutsche Friedensunion
DGB	Deutscher Gewerkschaftsbund
DK	Delegiertenkonferenz
DKP	Deutsche Kommunistische Partei
dpa	Deutsche Presse-Agentur
DPG	Deutsche Postgewerkschaft
DVU	Deutsche Volksunion
EFLE	Eritreans for Liberation in Europe
EKKI	Exekutivkomitee der Kommunistischen Internationale
ESG	Evangelische Studentengemeinde
FDP	Freie Demokratische Partei
FIU	Freie Internationale Universität
FLNC	Nationale Befreiungsfront des Kongos
FNL	Nationale Front für die Befreiung Südvietnams
FNLA	Nationale Front für die Befreiung Angolas
Frelimo	Front für die Befreiung von Mozambik
FSP/ML	Freie Sozialistische Partei/Marxisten-Leninisten
FU	Freie Universität
FUR	Frente de Unidate Revolucionaria
GAL	Grün-Alternative Liste
GAU	größter anzunehmender Unfall
GAZ	Grüne Aktion Zukunft
GEW	Gewerkschaft Erziehung und Wissenschaft
GIM	Gruppe Internationale Marxisten
GLH	Grüne Liste Hessen
GLSH	Grüne Liste Schleswig-Holstein
GLU	Grüne Liste Umweltschutz
GLW	Grüne Liste – Wählergemeinschaft für Umweltschutz und Demokratie
GNK	Gruppe Nürnberger Kommunisten
GNN	Gesellschaft für Nachrichtenerfassung und Nachrichtenverbreitung
GO	gewerkschaftlich orientiert
GTB	Gewerkschaft Textil und Bekleidung
HBV	Gewerkschaft Handel, Banken und Versicherungen
HU	Humanistische Union
ID	Informations-Dienst zur Verbreitung unterbliebener Nachrichten
IG CPK	Industriegewerkschaft Chemie, Papier, Keramik
IG Druck	Industriegewerkschaft Druck und Papier
IGBE	Industriegewerkschaft Bergbau und Energie
IGM	Industriegewerkschaft Metall

IK/KHB	Initiativkomitee/Kommunistischer Hochschulbund
IKAH	Initiativkomitee Arbeiterhilfe Hamburg e.V.
ISP	Initiative Sozialistische Politik
ISZ	Initiative Sozialistisches Zentrum
JN	Junge Nationale
KA	Koordinierungsausschuss
KAB	Kommunistischer Arbeiterbund
KAB/ML	Kommunistischer Arbeiterbund/Marxisten-Leninisten
KABD	Kommunistischer Arbeiterbund Deutschlands
KAG	Kommunistische Arbeitergruppe
KB	Kommunistischer Bund
KBW	Kommunistischer Bund Westdeutschland
KDS	Komitees für Demokratie und Sozialismus
KG (NHT)	Kommunistische Gruppen (Neue Hauptseite Theorie)
KG (NRF)	Kommunistische Gruppe (Neues Rotes Forum)
K-Gruppen	Kommunistische Gruppen
KHB	Kommunistischer Hochschulbund
KHG	Kommunistische Hochschulgruppe
KI	Kommunistische Internationale bzw. Komintern
KJVD	Kommunistischer Jugendverband Deutschlands
KKW	Kernkraftwerk
Kofaz	Komitee für Frieden, Abrüstung und Zusammenarbeit
Komintern	Kommunistische Internationale bzw. KI
KP	Kommunistische Partei
KPCh	Kommunistische Partei Chinas
KPD	Kommunistische Partei Deutschlands
KPD/AO	Kommunistische Partei Deutschlands/Aufbauorganisation
KPD/ML	Kommunistische Partei Deutschlands/Marxisten-Leninisten
KPD/ML (RF)	Kommunistische Partei Deutschlands/Marxisten-Leninisten (Fraktion Rote Fahne)
KPD/ML (RM)	Kommunistische Partei Deutschlands/Marxisten-Leninisten (Fraktion Roter Morgen)
KPD/ML (RW)	Kommunistische Partei Deutschlands/Marxisten-Leninisten (Fraktion Revolutionärer Weg)
KPdSU	Kommunistische Partei der Sowjetunion
KSB	Kommunistischer Studentenbund
KSG	Kommunistische Studentengruppen
KSV	Kommunistischer Studentenverband
KWU	Kraftwerke Union
LDK	Liste Demokratischer Kampf
LDU	Liste für Demokratie und Umweltschutz
LG	Leitendes Gremium
MES	Movimento da Esquerda Socialista
MFA	Movimento das Forcas Armadas
MIR	Movimiento de Izquierda Revolucionaria
ML	Marxismus-Leninismus bzw. Marxisten-Leninisten bzw. marxistisch-leninistisch
MLPD	Marxistisch-Leninistische Partei Deutschlands

MPLA	Volksbewegung für die Befreiung Angolas
MRI	Marxistisch-Reichistische Initiativgruppe
MRPP	Movimento Reorganizativo do Partido do Proletario
MSB	Marxistischer Studentenbund Spartakus
MVV	Mitgliedervollversammlung
NGG	Gewerkschaft Nahrung – Genuss – Gaststätten
NHT	Neue Hauptseite Theorie
NPD	Nationaldemokratische Partei Deutschlands
NSB	neue soziale Bewegungen
NSDAP	Nationalsozialistische Deutsche Arbeiterpartei
NWK	Nordwestdeutsche Kraftwerke
ÖDP	Ökologisch-Demokratische Partei
OG	Ortsgruppe
ÖTV	Gewerkschaft Öffentliche Dienste, Transport und Verkehr
PdAA	Partei der Arbeit Albaniens
PCP	Kommunistische Partei Portugals
PCP/ML	Partido Communista de Portugal/Marxista-Leninista
PFLP	Popular Front for the Liberation of Palestine
PK	Programmkommission
PRP	Partei der Volksrevolution
PSU	Parti Socialiste Unifié
PV	Parteivorstand
RAF	Rote Armee Fraktion
RBJ	Ring Bündischer Jugend
RGB	Revolutionäre Gewerkschaftsbewegung
RGO	Revolutionäre Gewerkschaftsopposition
RJ (ML)	Revolutionäre Jugend (Marxisten-Leninisten)
RZ	Revolutionäre Zellen
RZ-Nord	Regionalzentrale Nord
SALZ	Sozialistisches Arbeiter- und Lehrlingszentrum
SB	Sozialistisches Büro
SDAJ	Sozialistische Deutsche Arbeiterjugend
SDAPR	Sozialdemokratische Arbeiterpartei Russlands
SdKB	Sympathisanten des KB
SDS	Sozialistischer Deutscher Studentenbund
SdS	Sympathisanten des SALZ
SED	Sozialistische Einheitspartei Deutschlands
SEW	Sozialistische Einheitspartei Westberlins
SFA	Sozialistische Front der Arbeiter
SHB	Sozialistischer Hochschulbund
SLZ	Sozialistisches Lehrlingszentrum
SPD	Sozialdemokratische Partei Deutschlands
SPV	Sonstige Politische Vereinigung – Die Grünen
SSB	Sozialistischer Schülerbund bzw. Sozialistischer Studentenbund
SSF	Sozialistische Schüler-Front
Swapo	South West African People´s Organization
TU	Technische Universität
UDP	Uniao Democrática Popular

Unita	Nationale Union für die vollständige Unabhängigkeit Angolas
USP	Umweltschutzpartei
VDS	Verband Demokratischer Studentenschaften
VK	Verband der Kriegsdienstverweigerer
VS	Verfassungsschutz
VSP	Vereinigte Sozialistische Partei bzw. Vereinigung für Sozialistische Politik
VV	Vollversammlung
WGA	Wählergemeinschaft Atomkraft – Nein Danke
Z	Zentrumsfraktion
ZAK	Zentrales Aktivistenkollektiv
Zanu	Zimbabwe African National Union
Zapu	Zimbabwe African People's Union
Zipa	Zimbabwe People's Army
ZK	Zentralkomitee bzw. Zentrales Komitee
ZRK	Zentrale Regionalkommission

Bibliografie (Auswahl)

Quellen

Archivalien[1]

Bahama-News, Organ der ehemaligen »Minderheit« im KB (»Gruppe K«), Hamburg, 1./2. Jg. (1991/92), Nr. 0–7 (ak-Archiv).

Beschlussprotokoll, interne Schrift des LG des KB, Hamburg, 1978–91 (ak-Archiv).

»Der KB«. In: ISZ-Materialien, Nr. 2, hrsg. von der Medien-AG der ISZ, Hamburg 1976 (HIfS-Archiv).

HH: »Rechenschaftsbericht Organisation«, in: Orgbulli, hrsg. vom LG des KB, Hamburg, 1988, Nr. 65/66 (ak-Archiv), S. 48–53.

Internes Schulungsinfo, Schrift der Schulungskommission des KB, Hamburg, 1981–84, Nr. 1–14 (ak-Archiv).

Kassiber, internes Blatt der ehemaligen KB-«Mehrheit«, 1991ff, Nr. 1ff (ak-Archiv).

Organisationsbulletin (Orgbulli), hrsg. vom LG des KB, Hamburg, 1982–91, Nr. 0–90 (ak-Archiv).

»Organisationssoziologie«, in: Orgbulli, hrsg. vom LG des KB, Hamburg, 1988, Nr. 65/66 (ak-Archiv), S. 54–59.

Org-Info (oi), internes Periodikum des KB Westberlin, 1986–90 (Apo-Archiv).

Rundschreiben der Aktionseinheit zur Metallrunde ‚71 (RS), Hamburg, 1971, Nr. 1–12 (ak-Archiv).

»Studentenbewegung, Leninismus und der Mythos vom Wiederaufbau der KPD«, Geschichte der revolutionären Linken in der BRD 1969–1973, 2 Bde., hektografiertes Manuskript des Autorenkollektivs der ehemaligen Marxistischen Aufbauorganisation, o. O., o. J. (HIfS-Archiv).

Protokolle, Korrespondenzen[2]

»a.«: Kurznotizen der Telefongespräche mit d. Vf. vom 23.2.1998, 23.3.1998, 25.3.1998; Brief an d. Vf. vom 6.8.1998.

»Ba.«: Brief an d. Vf. vom 28.8.1998.

Bauer, Gabi: Protokoll des Gesprächs mit d. Vf. vom 4.6.2001; E-Mail an d. Vf. vom 28.5.2001, 17.7.2001, 9.9.2001.

»BNO« / Daniela Hitzwebel / Jörn Dirk Hitzwebel / Hans-Hermann Teichler: Protokoll des Gesprächs mit d. Vf. vom 4.4.1998; Briefe an d. Vf. vom 29.4.1998 (J. D. Hitzwebel), 9.6.1998 (»BNO«, D. Hitzwebel, Teichler).

Borchers, Ulrich: Kurznotizen der Telefongespräche mit d. Vf. vom 25.5.2001, 30.7.2001.

Borsum, Ingo: Protokoll des Gesprächs mit d. Vf. vom 28.4.1998; Brief an d. Vf. vom 26.5.1998.

Dicke, Lioba: Protokoll des Gesprächs mit d. Vf. vom 8.6.2001; E-Mail an d. Vf. vom 4.6.2001, 6.6.2001, 5.9.2001.

»e.«: Protokoll des Gesprächs mit d. Vf. vom 19.5.2001; Brief an d. Vf. vom 4.6.2001.

Ebermann, Thomas: Protokoll des Gesprächs mit d. Vf. vom 25.2.1994.

Eckhoff, Heinrich: Protokoll des Gesprächs mit d. Vf. vom 18.6.1997; Kurznotizen der Telefongespräche mit d. Vf. vom 27.12.1997, 11.5.1998; E-Mail an d. Vf. vom 27.7.2001.

Ehlers, Kai: Protokolle der Gespräche mit d. Vf. vom 12.6.1993, 25.2.1994, 12.6.1997; Briefe an
d. Vf. vom 20.9.1994, 2.10.1994, 18.11.1994, 8.10.1997.

Elsässer, Jürgen: Protokoll des Gesprächs mit d. Vf. vom 29.5.2001; Kurznotiz des Telefongesprächs mit d. Vf. vom 7.6.2001.

Facklam, Detlef: Brief an d. Vf. vom 1.3.1998; Kurznotiz des Telefongesprächs mit d. Vf. vom
25.3.1998.

»fo.«: Protokoll des Gesprächs mit d. Vf. vom 10.9.1998; Kurznotizen der Telefongespräche mit
d. Vf. vom 4.9.1998, 9.9.1998; Brief an d. Vf. vom 27.9.1998.

»Gaston Kirsche«: Protokoll des Gesprächs mit d. Vf. vom 19.5.2001; Briefe an d. Vf. vom
15.8.1993, 19.4.1998, 29.5.2001; Postkarte an d. Vf. vom 21.1.2000; E-Mail an d. Vf. vom
27.1.2000.

»g. E.«: Kurznotizen der Telefongespräche mit d. Vf. vom 23.3.1998, 25.3.1998, 24.8.1998.

Gohde, Claudia: Protokoll des Gesprächs mit d. Vf. vom 19.5.2001; E-Mail an d. Vf. vom
19.6.2001.

Goltermann, Klaus: Protokolle der Gespräche mit d. Vf. vom 24.2.1994, 13.6.1997; Kurznotizen
der Telefongespräche mit d. Vf. vom 29.7.1996, 7.5.1998; Brief an d. Vf. vom 26.9.1994.

Groepler, Eva: Kurznotiz des Telefongesprächs mit d. Vf. vom 18.5.2001.

»Ha.«: Kurznotiz des Telefongesprächs mit d. Vf. vom 30.7.2001.

»H. C.«: Protokoll des Gesprächs mit d. Vf. vom 25.7.2001; E-Mail an d. Vf. vom 10.7.2001,
30.7.2001.

Hebisch, Sylvia: Protokoll des Gesprächs mit d. Vf. vom 25.10.1999; Kurznotiz des Telefongesprächs mit d. Vf. vom 4.10.1999; Brief an d. Vf. vom 18.11.1999.

Hoeltje, Bettina: Kurznotiz des Telefongesprächs mit d. Vf. vom 20.2.1998.

Honnens, Brigitte: Protokoll des Gesprächs mit d. Vf. vom 3.10.1998; Kurznotizen der Telefongespräche mit d. Vf. vom 15.9.1998, 2.10.1998; Brief an d. Vf. vom 26.10.1998.

Hopfenmüller, Günther: Protokoll des Gesprächs mit d. Vf. vom 24.12.1998; Brief an d. Vf. vom
1.3.1999.

Hubert, Eva: Protokoll des Gesprächs mit d. Vf. vom 1.4.1998; Brief an d. Vf. vom 17.4.1998.

»j.«: Protokoll des Gesprächs mit d. Vf. vom 27.7.2001; E-Mail an d. Vf. vom 27.6.2001, 8.9.2001,
3.10.2001.

Jakoby, Jürgen: Protokoll des Gesprächs mit d. Vf. vom 26.5.2001.

Jelpke, Ulla: Protokoll des Gesprächs mit d. Vf. vom 16.6.1997; Kurznotiz des Telefongesprächs
mit d. Vf. vom 12.5.1998; Postkarte an d. Vf. vom 5.11.1997.

»Jos.«: Protokoll des Gesprächs mit d. Vf. vom 22.6.2001; E-Mail an d. Vf. vom 18.9.2001,
28.5.2001, 17.7.2001, 9.9.2001.

Kaiser, Heidi: Kurznotiz des Telefongesprächs mit d. Vf. vom 16.3.1998.

Kiene, Hans-Joachim: Protokoll des Gesprächs mit d. Vf. vom 1.4.1998; Brief an d. Vf. vom
20.4.1998.

Kieseritzky, Thomas: Kurznotiz des Telefongesprächs mit d. Vf. vom 18.5.2001.

Küntzel, Matthias: Protokoll des Gesprächs mit d. Vf. vom 1.6.2001; Brief an d. Vf. vom
7.6.2001.

Lederer, Andrea: Kurznotiz des Telefongesprächs mit d. Vf. vom 23.5.2001 (Büro Gysi).

Marunde, Wolf-Rüdiger: Kurznotiz des Telefongesprächs mit d. Vf. vom 19.5.1998; Brief an d.
Vf. vom 12.5.1998.

Mellenthin, Knut: Protokolle der Gespräche mit d. Vf. vom 11.6.1993, 14.1.1994, 24.2.1994;
Briefe an d. Vf. vom 19.8.1994, 12.9.1994, 28.9.1994, 16.11.1994, 17.9.1996, 7.11.1996,
22.5.1997, 16.12.1997, 15.1.1998, 6.3.1998.

Merian, Svende: Brief an d. Vf. vom 8.4.2000.

Möller, Heiner: Protokoll des Gesprächs mit d. Vf. vom 11.6.1997; Kurznotizen der Telefongespräche mit d. Vf. vom 23.12.1997, 12.5.1998.

Nielsen, Henning: Protokoll des Gesprächs mit d. Vf. vom 9.6.2001; Brief an d. Vf. vom
10.6.2001; Fax an d. Vf. vom 12.6.2001.

Oedekoven, Beate: Kurznotizen der Telefongespräche mit d. Vf. vom 25.7.2001, 30.7.2001.

Pickardt, Michael: Protokoll des Gesprächs mit d. Vf. vom 19.5.2001; Brief an d. Vf. vom
16.6.2001.

»Reg.«: Protokoll des Gesprächs mit d. Vf. vom 6.6.2001; Kurznotiz des Telefongesprächs mit d.
Vf. vom 24.7.2001; E-Mail an d. Vf. vom 28.5.2001, 31.5.2001, 8.6.2001, 13.6.2001, 28.6.2001,
6.7.2001, 17.7.2001, 24.7.2001, 27.7.2001.

Reents, Jürgen: Protokoll des Gesprächs mit d. Vf. vom 10.3.1998; Brief an d. Vf. vom 13.3.1998;
E-Mail an d. Vf. vom 29.5.1998, 29.6.2001.

»sab.«: Protokoll des Gesprächs mit d. Vf. vom 28.5.2001; Kurznotiz des Telefongesprächs mit
d. Vf. vom 18.7.2001.

Seidel, Eike Andreas: Protokoll des Gesprächs mit d. Vf. vom 3.4.1998; Brief an d. Vf. vom
15.5.1998.

Seidl, Eckehard: Protokoll des Gesprächs mit d. Vf. vom 3.4.1998; Briefe an d. Vf. vom 2.5.1998,
9.7.1998.

Skrypietz, Andreas: Protokoll des Gesprächs mit d. Vf. vom 3.10.1998; Kurznotizen der Telefongespräche mit d. Vf. vom 4.9.1998, 28.9.1998, 19.11.1998; Brief an d. Vf. vom 16.3.1999.

Teichler, Hans-Hermann: Protokolle der Gespräche mit d. Vf. vom 25.1.1997, 14.6.1997, 4.4.1998,
23.12.1998; Kurznotizen der Telefongespräche mit d. Vf. vom 21.2.1998, 14.3.1998, 7.5.1998,
11.5.1998, 27.1.2001; Briefe an d. Vf. vom 22.3.1997, 1.6.1997, 21.12.1997, 1.1.1998, 4.5.1998,
9.6.1998, 4.7.1998, 2.1.1999; E-Mail an d. Vf. vom 25.5.1999, 1.2.2000, 8.1.2001, 24.1.2001,
28.5.2001, 29.5.2001, 7.6.2001, 26.7.2001.

Trampert, Rainer: Protokoll des Gesprächs mit d. Vf. vom 15.6.1997; Kurznotizen der Telefongespräche mit d. Vf. vom 20.2.1994, 4.12.1997.

Venske, Henning: Brief an d. Vf. vom 18.4.2000.

Welsch, Joachim: Protokoll des Gesprächs mit d. Vf. vom 1.4.1998; Kurznotiz des Telefongesprächs mit d. Vf. vom 6.3.1998; Brief an d. Vf. vom 6.6.1998.

»wg.«: Protokoll des Gesprächs mit d. Vf. vom 2.10.1998; Kurznotizen der Telefongespräche
mit d. Vf. vom 4.9.1998, 28.9.1998; Brief an d. Vf. vom 18.10.1998; E-Mail an d. Vf. vom
2.7.2001.

Wojahn, Hartmut: Protokoll des Gesprächs mit d. Vf. vom 2.4.1998; Kurznotiz an d. Vf. vom
18.5.2001; Brief an d. Vf. vom 20.4.1998.

Zum Winkel, Detlef: Kurznotiz des Telefongesprächs mit d. Vf. vom 24.2.1998.

Gründungserklärungen, Statuten, Programme

Die erste Etappe des Aufbaus der Kommunistischen Partei des Proletariats – Thesen. In: RPK,
Berlin, 1. Jg. (1969), Nr. 43/44/45, S. 8–14.

Entwurf des Programms des Arbeiterbundes für den Wiederaufbau der KPD. In: Programment-
wurf und Statut, hrsg. vom ZK des AB, München 1973, S. 6–30.

Erklärung zur Gründung der Kommunistischen Partei Deutschlands/Marxisten-Leninisten
(KPD/ML). In: Programmatische Erklärung und Statut der Kommunistischen Partei Deutsch-
lands/Marxisten-Leninisten, lt. Beschluss des Gründungsparteitages vom 31.12.1968, o. O.,
o. J., S. 1–5.

Gründungserklärung. In: Ergebnisse der Gründungskonferenz des Kommunistischen Bundes Westdeutschland, hrsg. vom ZK des KBW, Mannheim o. J. [1973], S. 5f.

Kommunistischer Bund gegründet. Gemeinsame Erklärung von SALZ und KAB Hamburg. In: KAB-AZ, Hamburg, 2. Jg. (1971), Nr. 11/12, S. 1f.

Programm der Kommunistischen Partei Deutschlands. Verabschiedet vom 1. Parteitag der KPD, Juni 1974. In: Programm und Aktionsprogramm der Kommunistischen Partei Deutschlands, Berlin 1974, S. 7–43.

Programm der Kommunistischen Partei Deutschlands/Marxisten-Leninisten. Beschlossen vom III. ordentlichen Parteitag der KPD/ML. In: Programm und Statut der KPD/ML, Dortmund 1977, S. 1–276.

Programm des Arbeiterbundes für den Wiederaufbau der KPD. Hrsg. vom ZK des AB. München 1974.

Programm des Kommunistischen Bundes Westdeutschland. In: Ergebnisse der Gründungskonferenz des Kommunistischen Bundes Westdeutschland, hrsg. vom ZK des KBW, Mannheim o. J. [1973], S. 7–18.

Programmatische Erklärung der Kommunistischen Partei Deutschlands. In: Rote Fahne, Berlin, 2. Jg. (1971), Nr. 21, S. 1f, 12–16.

Statut der Kommunistischen Partei Deutschlands. Verabschiedet auf dem 1. Parteitag der KPD am 28. Juni 1974. Hrsg. vom ZK der KPD. Köln o. J. [1974].

Statut der Kommunistischen Partei Deutschlands/Marxisten-Leninisten. Beschlossen vom III. ordentlichen Parteitag der KPD/ML. In: Programm und Statut der KPD/ML, Dortmund 1977, S. 279–299.

Statut der Kommunistischen Partei Deutschlands/Marxisten-Leninisten. In: Programmatische Erklärung und Statut der Kommunistischen Partei Deutschlands/Marxisten-Leninisten, lt. Beschluss des Gründungsparteitages vom 31.12.1968, o. O., o. J. [1968], S. 6–20.

Statut des Arbeiterbundes für den Wiederaufbau der KPD. Hrsg. vom ZK des AB. München 1974.

Statut des Kommunistischen Arbeiterbundes Deutschlands. Verabschiedet vom 1. Zentralen Delegiertentag des KABD am 5./6. August 1972. O. O., o. J. [1972].

Statut des Kommunistischen Bundes Westdeutschland. In: Ergebnisse der Gründungskonferenz des Kommunistischen Bundes Westdeutschland, hrsg. vom ZK des KBW, Mannheim o. J. [1973], S. 19f.

Statut des Kommunistischen Bundes. In: KAB-AZ, Hamburg, 2. Jg. (1971), Nr. 11/12, S. 2–4.

Vorwärts zum Sozialismus! Grundsatzerklärung des Kommunistischen Arbeiterbundes Deutschlands. In: Dokumente des 1. Zentralen Delegiertentags des KABD, Tübingen 1972, S. 3–29.

Periodika

ak, hrsg. gemeinsam von den Nachfolgegruppen des KB (»Mehrheit« u. »Minderheit«), Hamburg, 21./22. Jg. (1991/92), Nr. 330–344.

Aktiv Ruder, Zeitung des KB »für Seeleute«, Hamburg, 1. Jg. (1973), Nr. 1f.

analyse & kritik (ak), Zeitung für linke Debatte und Praxis, hrsg. von der ehemaligen »Mehrheit« des KB, Hamburg, 22. Jg.ff (1992ff), Nr. 345ff.

Arbeiterkampf (AK), zentrales Organ des KB, Hamburg, 1.–21. Jg. (1971–91), Nr. 13–329.

Arbeiterzeitung, Betriebszeitung des SALZ bei Blohm & Voss, 1./2. Jg. (1970/71), Nr. 1ff.

Arbeiterzeitung, Zeitung des KAB, Hamburg, 1./2. Jg. (1970/71), Nr. 1–11/12.

Bahamas, Zirkular der Gruppe K, Hamburg, 1.–4. Jg. (1992–95), Nr. 8–17.

Barrikade, Stadtzeitung des KB Göttingen, 1./2. Jg. (1975–76), Nr. 12–25.

Blinkfüer, Zeitung des KB für Schleswig-Holstein, Kiel, 1./2. Jg. (1976/77), Nr. 1–10.

Das Leitwerk, Betriebszeitung der Betriebszelle Lufthansa des KB, Hamburg, 1. Jg.ff (1975ff), Nr. 1ff.

Der Chemiearbeiter, Betriebszeitung des KB, Hamburg, 1. Jg.ff (1971ff), Nr. 14ff.

Der Chemiearbeiter, Betriebszeitung des SALZ, 1. Jg. (1971), Nr. 1–13.

Der Druckarbeiter, Betriebszeitung des KB, Hamburg, 1. Jg.ff (1972ff), Nr. 1ff.

Der Druckarbeiter, Betriebszeitung des SALZ, 1. Jg. (1971), Nr. 1–4.

Der Hafenarbeiter, Betriebszeitung des KB, Hamburg, 1. Jg.ff (1971ff), Nr. 5ff.

Der Hafenarbeiter, Betriebszeitung des SALZ, 1. Jg. (1971), Nr. 1–4.

Der hessische Landbote, Regionalzeitung des KB für Südhessen, Frankfurt a. M./Darmstadt, 1./2. Jg. (1976/77), Nr. 1–3.

Der Metallarbeiter, Betriebszeitung des KB, Hamburg, 1. Jg.ff (1971ff), Nr. 14ff.

Der Metallarbeiter, Betriebszeitung des SALZ, 1. Jg. (1971), Nr. 1–13.

Die Barrikade, Stadtzeitung des KB Oldenburg, 1. Jg. (1975), Nr. 1ff.

die Internationale (dI), Organ des KB »für den proletarischen Internationalismus«, Hamburg, 1.–6. Jg. (1973–78), Nr. 1–29/30.

die rote Anna, Frauenbetriebszeitung des KB, Hamburg, 1. Jg. (1976), Nr. 0.

Einheit Kritik Einheit (EKE), Theorieorgan des SALZ, Hamburg, 1./2. Jg. (1970/71), Nr. 1ff.

Frische Brise! Zeitung des KB für das Weser-Ems-Gebiet, Oldenburg, 1. Jg. (1976), Nr. 5ff.

Info Arbeitsrecht, Blatt des IKAH, Hamburg, 1./2. Jg. (1975/76), Nr. 1–8.

Informationsdienst des Initiativkomitees Arbeiterhilfe, Hamburg, 1./2. Jg. (1975/76), Nr. 1–10.

KAB, Revisionismuskritik, Theorieorgan des KAB, o. J., Nr. 1–3.

Kämpfende Jugend (KJ), Antifaschistische Jugendzeitung des RBJ/BDJ, Hamburg, 1.–3. Jg. (1974–76), Nr. 1ff.

Kommunistische Arbeiterzeitung (KAZ), Zeitung des SALZ, Hamburg, 1. Jg. (1971), Nr. 1–12.

Moderne Zeiten, Sozialistische Monatszeitschrift bzw. Sozialistisches Monatsmagazin der Initiative Sozialistische Politik (ISP), Hannover, 1.–4. Jg. (1981–84), Nr. 7/81–8/84.

RBJ-Kommunikation, Informations- und Diskussionsorgan des RBJ, Hamburg, 1.–5. Jg. (1970–74), Nr. 1ff.

Rebell, Blatt der RJ (ML), Mannheim/Tübingen, 1./2. Jg. (1968/69), Nr. 4–11/12.

Rebell, Jugendzeitung des KB, Hamburg, 1.–5. Jg. (1974–78), Nr. 1–29.

Rote Presse, Organ der SdKB, 1./2. Jg. (1971/72), Nr. 1ff.

Rote SDAJ-Opposition, Blatt der RJ (ML), Mannheim, 1. Jg. (1968), Nr. 1–3.

Rote Stimme, Zeitung des KB für Lüneburg, 1. Jg. (1976), Nr. 1ff.

Rote Tribüne, Organ des IK/KHB, Göttingen, 1.–4. Jg. (1972–74), Nr. 1–22.

Rotfront-Stadt, Stadtzeitung des KB Westberlin, 1.–3. Jg. (1975–77), Nr. 3–30.

Schleswig-Holstein wird rot!, Landesbeilage zum AK, Kiel, 1. Jg. (1975), Nr. 1–4.

Solidarität, Organ des SSB, Hamburg (später ergänzend: Westberlin/Göttingen), 1.–8. Jg. (1972–79), Nr. 1–48.

Sozialistisches Schüler-Forum (SSF), Organ des SSB, Hamburg, 1.–4. Jg. (1971–74), Nr. 1–24.

Stadtzeitung, Blatt des KB Hannover, 1. Jg. (1975), Nr. 1ff.

Studieren Propagieren Organisieren (SPO), Organ des KHB/ML, Hamburg, 1./2. Jg. (1970/71), Nr. 1ff.

Unser Weg (UW), Revisionismuskritik, Theorieorgan des KB, Hamburg, 1.–3. Jg. (1972–74), Nr. 4–6.

Unser Weg (UW), Schulungshefte des KB, Hamburg, 1./2. Jg. (1978/79), Nr. 1–4.

Unser Weg (UW), Theorieorgan des KB, Hamburg, 1.–7. Jg. (1971–74, 1979–81), Nr. 13–33.

Unsere Stadt (USta), Stadtteilzeitung des KB, Hamburg, 1./2. Jg. (1974/75), Nr. 1–11.

Unsere Stadt, Zeitung des KB Bremen, 1./2. Jg. (1975/76), Nr. 1ff.

Unsere Stadt, Zeitung des KB Bremerhaven, 1.-3. Jg. (1974-76), Nr. 1ff.

Wie geht´s uns denn?, Zeitung des KB »für die Kollegen im Gesundheitsbereich«, Hamburg, 1. Jg.ff (1976ff), Nr. 1ff.

Z, Organ der Zentrumsfraktion im KB bzw. der Gruppe Z, Hamburg, 1.-3. Jg. (1979-81), Nr. 0-12.

Zur Sache, Zeitung des Kommunistischen Bundes, Gruppe Hamburg, für die Kollegen des Handels, der Banken und der Versicherungen, Hamburg, 1. Jg.ff (1971ff), Nr. 1ff.

Artikel, Aufsätze, Broschüren, Bücher

10 Jahre Antwort auf die Frage »Was tun?«, 10 Jahre Arbeiterbund für den Wiederaufbau der KPD. Hrsg. vom AB. München 1986.

10 Jahre Stonewall - 10 Jahre Schwulen- & Lesbenbewegung. Hrsg. von der AG Schwule im KB. Hamburg 1979.

1956-1976: 20 Jahre KPD-Verbot. Kampf dem Antikommunismus! Hrsg. vom Verlag Arbeiterkampf. Hamburg 1976 (2. Aufl.).

3. Internationales Russell-Tribunal. Zur Situation der Menschenrechte in der Bundesrepublik Deutschland. Bd. 1. Hrsg. vom deutschen Beirat und Sekretariat des 3. Internationalen Russell-Tribunals. Bd. 2-4. Hrsg. von der Jury, dem deutschen Beirat u. dem Sekretariat des 3. Internationalen Russell-Tribunals. Berlin 1978/79.

3. KB-Kongress, 14./15. Januar 1989: Materialien und Rechenschaftsberichte. Ausgabe für Gäste. Hrsg. vom KB. Hamburg 1989.

500.000 gegen Reagan & Nato. Hrsg. von Bernd Weidmann u. a. Göttingen 1982.

Agnoli, Johannes u. 13 andere: »... da ist nur freizusprechen!« Die Verteidigungsreden im Berliner Mescalero-Prozess. Reinbek b. Hamburg 1979.

Aktionseinheit oder »Partei«ladenpolitik? In: UW, Hamburg, (o. J.), Sondernr.

Albanien. Bericht einer Reisegruppe. Hrsg. vom Verlag Arbeiterkampf. Hamburg 1976.

Angola war nur der Anfang. KBW offen auf Seiten der Konterrevolution. Hrsg. von der Afrikakommission des KB. Hamburg 1976.

Arbeitslosenratgeber. Hrsg. vom IKAH. Hamburg 1977 (2., erw. Aufl.).

Arbeitsmaterialien zur Auseinandersetzung um die Jugendpolitik im KB. Hrsg. vom KB. Hamburg 1979.

Arbeitsrecht. In: Ratgeber des IKAH, hrsg. vom IKAH, Hamburg 1975.

Atomenergie und Arbeitsplätze. Eine Auseinandersetzung mit den Thesen des DGB-Vorstandes und der Atomindustrie. Hrsg. von der Bürgerinitiative Chemiekollegen gegen AKW, Mitglied der BUU Hamburg. Hamburg o. J. [1977].

Aust, Ernst: Kampf der wachsenden Kriegsgefahr durch die zwei Supermächte! Für die Einheit und Solidarität der europäischen Völker. Hrsg. vom Verlag Roter Morgen. Dortmund o. J. [1975].

Autonomie oder Getto? Kontroversen über die Alternativbewegung. Hrsg. Von Wolfgang Kraushaar. Frankfurt a. M. 1978.

Bauer, Karin: Clara Zetkin und die proletarische Frauenbewegung. Berlin 1978. Oberbaum.

Bebel, August: Die Frau und der Sozialismus (1879). Frankfurt a. M. 1977.

Beschluss des Zentralen Komitees vom 15.12.73 zur Frage der kommunistischen Massenorganisationen unter den Studenten. In: Die Arbeit der Kommunisten unter den Studenten, hrsg. vom ZK des KBW, Mannheim 1974, S. 3-6.

Bilanz und Perspektiven zum Widerstand gegen Atomanlagen. Hrsg. vom AK Politische Ökologie (BUU Hamburg). O. O. 1978.

Bilstein, Helmut / Sepp Binder / Manfred Elsner u. a.: Organisierter Kommunismus in der Bundesrepublik Deutschland. DKP – SDAJ – MSB Spartakus. KPD / KPD(ML) / KBW / KB. Opladen 1977 (4., erw. Aufl.).

BRD-VS 1974f> betrifft: Verfassungsschutz 1974f. Rechts- und linksextremistische Bestrebungen, Spionageabwehr, sicherheitsgefährdende Bestrebungen von Ausländern. Hrsg. vom Bundesminister des Innern, Referat Öffentlichkeitsarbeit. Bonn 1975f.

BRD-VS 1976f> betrifft: Verfassungsschutz 1976f. Rechtsextremismus, Linksextremismus, Spionageabwehr, sicherheitsgefährdende Bestrebungen von Ausländern. Hrsg. vom Bundesminister des Innern, Referat Öffentlichkeitsarbeit. Bonn 1977f.

BRD-VS 1978> betrifft: Verfassungsschutz 1978. Rechtsextremismus, Linksextremismus, Spionageabwehr, sicherheitsgefährdende und extremistische Bestrebungen von Ausländern. Hrsg. vom Bundesminister des Innern, Referat Öffentlichkeitsarbeit. Bonn 1979.

BRD-VS 1979ff> betrifft: Verfassungsschutz 1979ff. Rechtsextremismus, Linksextremismus, Terrorismus, Spionageabwehr, sicherheitsgefährdende und extremistische Bestrebungen von Ausländern. Hrsg. vom Bundesminister des Innern. Bonn 1980ff.

BRD-VS 1982> betrifft: Verfassungsschutz 1982. Linksextremismus, deutscher linksextremistischer Terrorismus, Rechtsextremismus, sicherheitsgefährdende und extremistische Bestrebungen von Ausländern, Spionageabwehr. Hrsg. vom Bundesminister des Innern. Bonn 1983.

BRD-VS 1983f> Verfassungsschutzbericht 1983f. Linksextremistische Bestrebungen, rechtsextremistische Bestrebungen, sicherheitsgefährdende und extremistische Bestrebungen von Ausländern, Spionageabwehr. Hrsg. vom Bundesminister des Innern. Bonn 1984f.

BRD-VS 1985f> Verfassungsschutzbericht 1985f. Linksextremistische Bestrebungen, rechtsextremistische Bestrebungen, sicherheitsgefährdende und extremistische Bestrebungen von Ausländern, Spionageabwehr, Geheimschutz, vorbeugende Spionageabwehr. Hrsg. vom Bundesminister des Innern. Bonn 1986f.

Brokdorf ein Exempel. Zur Strategie und Taktik des Polizeieinsatzes. Hrsg. vom Verlag Arbeiterkampf. Hamburg o. J. [1977].

Brokdorf: Der Bauplatz muss wieder zur Wiese werden! Hrsg. von der BUU. Hamburg 1977.

Broyelle, Claudie: Die Hälfte des Himmels. Frauenemanzipation und Kindererziehung in China. Berlin 1976.

Brückner, Peter: Die Transformation des demokratischen Bewusstseins. In: Johannes Agnoli u. a., Die Transformation der Demokratie, Berlin 1967, S. 89–191.

Bundestagswahlen 76. Stellungnahmen von GIM, KB, KSG und MRI. Freiburg 1976.

Chile: Vom »friedlichen Übergang« zum Bürgerkrieg [Nachdruck der wesentlichen AK-Artikel von April bis September 1973]. In: UW, Revisionismuskritik, Hamburg, o. J., Nr. 5 (2., erw. Aufl.).

Chile: Vom »friedlichen Übergang« zur faschistischen Militärdiktatur [Nachdruck der wesentlichen AK- u. dI-Artikel von September 1973 bis Februar 1974]. In: UW, Hamburg, (1974), Sondernr. (3., erw. Aufl.).

Chronologie 1970–1980: 10 Jahre KPD. In: Karl Schlögel u. a., Partei kaputt, Das Scheitern der KPD und die Krise der Linken, Berlin 1981, S. 129–139.

Damit Deutschland den Deutschen gehört! Programmerklärung zur friedlichen Wiedervereinigung Deutschlands. Hrsg. vom ZK des AB. München 1974.

Das höchste Glück auf Erden. Frauen in linken Organisationen. Hrsg. von Ulla Jelpke. Hamburg 1981.

Demokratie, Reaktion und Faschismus. In: Gemeinsame Beilage zu den Publikationen von AAU

u. a., Hamburg, 3. Jg. (1986), Nr. 3.

Der »Osthandel«. Politische Waffe des BRD-Imperialismus. In: UW, Revisionismuskritik, Hamburg, o. J., Nr. 4.

Der deutsche Kommunismus. Dokumente. Hrsg. u. komm. v. Hermann Weber. Köln u. a. 1964 (2. Aufl.).

Der Griff zur Bombe. Westdeutsche Plutoniumpolitik 1954-1984 [Nachdruck der wesentlichen AK-Artikel von August 1982 bis August 1984]. Hrsg. vom KB Lüneburg. Hamburg 1984.

Der I. und II. Kongress der Kommunistischen Internationale. Hrsg. vom Institut für Marxismus-Leninismus beim ZK der SED. Berlin (DDR) 1959.

Der KB (»Arbeiterkampf«) entbietet dem erfolgreichen Parteitag der KPD flammende Kampfesgrüße. Hrsg. vom KB. Hamburg o. J.

Der KB-Nord: Eine Gruppierung ohne politischen Halt. In: Kommunismus und Klassenkampf, Mannheim, 2. Jg. (1974), Nr. 1, S. 27-30.

Der KBW lügt! Dokumentation des KB. Hamburg 1975.

Deutsche Linke zwischen Israel und Palästina. Ein unvermeidlicher Streit. Hrsg. von der AK-Redaktion. Hamburg 1988.

Deutschland dem deutschen Volk! Erklärung des ZK der KPD/ML zur nationalen Frage. In: Der Weg der Partei, Dortmund, (1974), Nr. 1.

»Deutschland? Nie wieder!« Kongress der Radikalen Linken. Reden und Diskussionsbeiträge zum Kongress an Pfingsten 1990 und auf der Demo »Nie wieder Deutschland« am 12.5.1990 in Frankfurt am Main. Frankfurt a. M. 1990.

Die »Harting-Bande«. Dokumentation von JN-NPD-NSDAP-Umtrieben in Nordrhein-Westfalen. Hrsg. vom KB Bielefeld. Bielefeld 1979.

Die »Wunder von Stammheim und Stadelheim vor Gericht«. Wir glauben immer noch nicht an Selbstmord! Hrsg. vom KB. Hamburg 1979.

Die Bewegung 2. Juni. Gespräche über Haschrebellen, Lorenz-Entführung, Knast. Berlin 1995.

Die chinesische Kulturrevolution in Dokumenten. Hrsg. vom Verlag Arbeiterkampf. Hamburg 1974.

Die Emanzipation der Frau in Palästina [Nachdruck einer Broschüre der PFLP]. In: UW, Hamburg, (o. J.), Sondernr.

Die Entwicklung des Klassenkampfes und die Aufgaben der westdeutschen Kommunisten. In: Ergebnisse der Gründungskonferenz des Kommunistischen Bundes Westdeutschland, hrsg. vom ZK des KBW, Mannheim o. J. [1973], S. 21-33.

Die italienische Linke ... Lotta Continua, il manifesto ... und die Außenpolitik der VR China. In: UW, Hamburg, (1975), Sondernr.

Die K-Gruppen in der Bundesrepublik - Unbekannte zwischen Marx und Mao. In: dpa-Hintergrund, Archiv- u. Informationsmaterial, dpa-Archiv/HG 2707, hrsg. von der dpa, Hamburg 1977.

Die Polemik über die Generallinie der internationalen kommunistischen Bewegung. Peking 1965.

»Die politische Macht kommt aus den Gewehrläufen«. Texte zu den politischen Problemen des bewaffneten Kampfes der Arbeiterklasse. In: Arbeiterbuch 3, hrsg. vom Verlag Arbeiterkampf, Hamburg 1976 (2. Aufl.).

Die politischen Parteien in Portugal. In: AK-Sonderbroschüre, hrsg. von der Portugal-/Spanienkommission des KB, Hamburg 1975 (5. Aufl.).

Die Radikale Linke. Reader zum Kongress vom 1.-3. Juni 1990 in Köln. Hrsg. Von der Kongressvorbereitungsgruppe. Hamburg. 1990.

Die Schriften von Mao Tse-tung. In: Stuart R. Schram, Das Mao-System, Die Schriften von Mao

Tse-tung, Analyse und Entwicklung, München 1972, S. 127–388.

Dimitroff, AW> Dimitroff, Georgi: Ausgewählte Werke. Bd. I/II. Hrsg. vom Verlag Marxistische Blätter. Frankfurt a. M. 1972.

Dokumentation der Bundesregierung zur Entführung von Hanns Martin Schleyer. Hrsg. vom Presse- und Informationsamt der Bundesregierung. München 1997.

Dokumentation von Texten und Vorschriften gegen den Faschismus und ihrer Anwendung, Verdrehung, Missachtung seitens der BRD-Staatsorgane von 1945 bis 1977. In: Antifaschistische Russell-Reihe, Bd. 1, hrsg. vom j.-reents-verlag, Hamburg 1977.

Dokumentation zu den Sparmaßnahmen im Gesundheitsbereich. Hrsg. vom Verlag Arbeiterkampf. Hamburg 1975.

Dokumente. Betriebsräteveranstaltung, Hamburg, 6. Dezember 1975. Hamburg o. J.

Droht der gemeinsame Untergang? Marxismus und Ökologie. Originaltexte von Marx und Engels in Gegenüberstellung zu ihren aktuellen Kritikern. Hamburg 1980.

Droht ein neuer Faschismus [Nachdruck der wesentlichen AK-Artikel von März 1972 bis Juli 1976]? Hrsg. vom Verlag Arbeiterkampf. Hamburg 1976 (2., erw. Aufl.).

Druckerstreik. Ein großer Kampf – ein mieser Abschluss! Hrsg. vom Verlag Arbeiterkampf. Hamburg 1976.

Duve, Freimut / Heinrich Böll / Klaus Staeck (Hrsg.): Briefe zur Verteidigung der Republik. Reinbek b. Hamburg 1978.

Ebermann, Thomas / Rainer Trampert: Die Zukunft der Grünen. Ein realistisches Konzept für eine radikale Partei. Hamburg 1984.

Einige Grundfragen der afrikanischen Revolution. Rundgespräch mit Vertretern afrikanischer Befreiungsbewegungen in Hamburg. Hrsg. vom Verlag Arbeiterkampf. Hamburg 1976.

Einige Materialien über den Kommunistischen Bund und die Zeitung Arbeiterkampf. Hrsg. vom KB Nürnberg. Nürnberg o. J. [1989].

Eins teilt sich in zwei. Originaltexte der chinesischen Kulturrevolution. In: Arbeiterbuch 1, hrsg. vom Verlag Arbeiterkampf, Hamburg 1975 (3. Aufl.).

Engels, MEW> s. Marx/Engels, MEW.

Ergebnisse einer Rundreise. Basisgruppenarbeit an den Hochschulen. Hrsg. vom SSB Hamburg. In Zusammenarbeit mit »Bubag«, TU Westberlin, Basisgruppen an der Uni Bochum, Basisorientierte linke Fraktion im AStA der Uni Kiel, Rainer vom AStA der Uni Osnabrück, Basisgrüppler aus Tübingen, AStA der FHS Darmstadt. Hamburg 1980.

Es lebe die afrikanische Revolution! Großveranstaltung in Hamburg mit Sprechern der Befreiungsbewegungen aus: Angola, Mozambique, Zimbabwe, Namibia, Rep. Südafrika, Eritrea, Rep. Sahara. Hrsg. vom Verlag Arbeiterkampf. Hamburg 1976.

Firestone, Shulamith: Frauenbefreiung und sexuelle Revolution. Frankfurt a. M. 1975.

Frauen fordern Selbstbestimmung. Hrsg. von den Frauen gegen den § 218 (bundesweite Koordination). Hamburg 1989.

Frauen in Chile. Hrsg. von der AG Frauen, KB Hamburg und Chile-Frauen Hamburg. Hamburg 1976.

Frauenarbeit. Gegen die Benachteiligung der Frau am Arbeitsplatz. Gleicher Lohn für gleiche Arbeit. Gegen Akkordhetze und Fließbandarbeit. Für bessere Arbeitsbedingungen. Hrsg. vom Verlag Arbeiterkampf. Hamburg 1976 (2. Aufl.).

Frauenpolitik [Nachdruck der wesentlichen AK-Artikel vom August 1976 bis August 1978]. In: UW, Schulungshefte des KB, Hamburg, 2. Jg. (1979), Nr. 4.

Frisch, Peter: Extremistenbeschluss. Zur Frage der Beschäftigung von Extremisten im öffentlichen Dienst mit grundsätzlichen Erläuterungen, Argumentationskatalog, Darstellung extremistischer Gruppen und einer Sammlung einschlägiger Vorschriften, Urteile und Stellungnahmen. Leverkusen 1976 (2., aktual. u. erw. Aufl.).

Fülberth, Georg: Der Tod des linken Trüffelschweins. In: konkret, Hamburg, (1991), Nr. 1, S. 52–54.

Fülberth, Georg: Faschisierungsdiskurs: Bohren am falschen Holz? In: ak, Hamburg, 26. Jg. (1996), Nr. 397 (Jubiläumsbeilage), S. 5.

Für ein unabhängiges, vereintes und sozialistisches Deutschland! Erklärung des ZK der KPD. Köln 1975.

Gedanken zur Krise des KB. Hrsg. vom SDAJ. In: Unser Standpunkt, Hamburg, (1979), Nr. 5.

Gegen die schrittweise Faschisierung von Staat und Gesellschaft. Bd. 1 [Nachdruck der wesentlichen AK-Artikel vom März bis November 1972]. Hrsg. vom j.-reents-verlag. Hamburg 1973.

Geronimo: Feuer und Flamme. Zur Geschichte der Autonomen. Berlin 1995 (4. Aufl.).

Geschichte der Bundesrepublik Deutschland in Quellen und Dokumenten. Von Georg Fülberth. Köln (2., durchges. u. erw. Aufl.) 1983.

Geschichte der MLPD. Tl. 1, Entstehung, Entwicklung und Ende der »marxistisch-leninistischen Bewegung«. Hrsg. vom ZK der MLPD. Stuttgart 1985.

Geschichte der MLPD. Tl. 2, Halbbd. 1 u. 2, Parteiaufbau vom KABD zur MLPD. Hrsg. vom ZK der MLPD. Düsseldorf 1986.

GEW: Kampf um innergewerkschaftliche Demokratie. Weg mit den Unvereinbarkeitsbeschlüssen [Nachdruck der wesentlichen AK-Artikel vom März 1973 bis Mai 1976]. Hrsg. vom Verlag Arbeiterkampf. Hamburg 1976 (2., erw. Aufl.).

GLU – Feigenblatt oder Alternative? Hrsg. vom Presse- und Öffentlichkeitsausschuss der Bunten Liste/Wehrt Euch. Hamburg 1978.

Hamburg – Stadt mit Herz für Faschisten. Dokumentation: Zehn Jahre Begünstigung der NSDAP-Umtriebe. Hrsg. vom KB. Hamburg 1979 (2. Aufl.).

Hamburg: Faschisten eine Abfuhr erteilt! Dokumentation zu den Ereignissen am 14./15.5.77. Hrsg. vom KB. Hamburg 1977.

Harrisburg war nur der Anfang. Was ist dran an der Energiekrise? Hrsg. vom j.-reents-verlag. Hamburg 1979.

Hartung, Klaus: Versuch, die Krise der antiautoritären Bewegung wieder zur Sprache zu bringen. In: Kursbuch, Berlin, (1977), Nr. 48, S. 14–43.

HHB 10> Handbuch der Hamburgischen Bürgerschaft. Personalien 10. Wahlperiode. Hamburg 1982.

HHB 11> Handbuch der Hamburgischen Bürgerschaft. Personalien 11. Wahlperiode. Hamburg 1985 (2. Nachtrag).

HHB 12> Handbuch der Hamburgischen Bürgerschaft. Personalien 12. Wahlperiode. Hamburg 1987.

HHB 13> Handbuch der Hamburgischen Bürgerschaft. Personalien 13. Wahlperiode. Hamburg 1990 (3. Nachtrag).

Hoernle, Edwin: Grundfragen proletarischer Erziehung. Hrsg. von Lutz von Werder u. a. Berlin 1970 (2. Aufl.).

Horchem, Hans Josef: Extremisten in einer selbstbewussten Demokratie. Freiburg 1975.

Hurra, wir sind jetzt autonom! Erstes kommunistisches Frauenstatut verabschiedet. Frauen in linken Organisationen am Beispiel des Kommunistischen Bundes. Hrsg. von der Frauenleitung des KB. Hamburg 1980.

Im Kampf um die Einheit der Marxisten-Leninisten nicht nachlassen! Zur ideologischen Auseinandersetzung mit dem Kurswechsel der KPD/ML-Führung. Hrsg. vom ZK der KPD. Köln 1976.

Ist der »Arbeiterbund« noch zu retten? Zur Auseinandersetzung mit der Politik des »Arbeiterbundes für den Wiederaufbau der KPD«. Hrsg. vom Verlag Arbeiterkampf. Hamburg 1976.

»Jeder kann der Nächste sein«. Dokumentation der polizeilichen Todesschüsse seit 1971 und ihre Legitimation. In: Antifaschistische Russell-Reihe, Bd. 4, hrsg. von der Antifakommission des KB und dem j.-reents-verlag, Hamburg 1978.

K., Ulli: ... vom Ende. in: konkret, Hamburg, (1991), Nr. 6, S. 32f.

Kalkar am 24.9. 30 Seiten aktuelle Fotos. Hrsg. vom KB. Hamburg 1977.

Kampf dem Faschismus. Nachdruck von Texten aus den 20er und 30er Jahren. In: Arbeiterbuch, Bd. 5, hrsg. vom Verlag Arbeiterkampf, Hamburg 1976 (2. Aufl.).

Kampf den Mieterhöhungen! Hrsg. vom j.-reents-verlag. Hamburg 1976.

Kampf den Nazibanden! Dokumentation über Nazibanden in Nordwestdeutschland. Nie wieder Faschismus – Nie wieder Krieg! Aber sie haben schon längst wieder begonnen ...! Hrsg. vom KB Oldenburg. Oldenburg 1977.

Kampf der Schwulenunterdrückung [Nachdruck der wesentlichen AK- u. Rebell-Artikel von September 1974 bis Januar 1977]! Hrsg. vom j.-reents-verlag. Hamburg o. J. [1977] (2. Aufl.).

Karl, Frank D.: Die K-Gruppen. Kommunistischer Bund Westdeutschland, Kommunistische Partei Deutschlands, Kommunistische Partei Deutschlands/Marxisten-Leninisten. Entwicklung – Ideologie – Programme. Bonn 1976.

Karuscheit, Heiner: Zur Geschichte der westdeutschen ML-Bewegung. Gelsenkirchen 1978.

KB am Scheideweg. Fahrt ins Grüne oder Fahrt ins Blaue. In: Z-Sonderbroschüre, hrsg. von der Gruppe Z, Hamburg 1980.

KBW am Scheideweg. Vaterlandsverteidigung oder Sozialismus [Nachdruck der wesentlichen AK-Artikel von Januar 1974 bis Oktober 1975]. Hrsg. vom Redaktionskollektiv des KB. Hamburg 1975.

Kein AKW in NRW ... und auch nicht anderswo! Hrsg. vom KB Bochum. Hamburg 1977.

Keine Stimme den bürgerlichen Parteien. CDU, CSU, SPD, FDP, NPD – frauenfeindlich. Hrsg. von der Aktionseinheit Hamburger Frauengruppen. Hamburg 1976.

Kinder, Küche, Heim und Herd sind kein ganzes Leben wert. Zur Familienpolitik der CDU/CSU. Hrsg. von Genossinnen des KB. Hamburg 1980.

Kirche, Klerus und Christen. Anpassung oder Widerstand. Hrsg. von der Kirchenkommission des KB. Hamburg 1979.

Koenen, Gerd: Das rote Jahrzehnt. Unsere kleine deutsche Kulturrevolution 1967–1977. Köln 2001.

»Kommunistischer Bund (Arbeiterkampf)« = Konterrevolutionäre Trotzkisten. Hrsg. von der KPD/ML, Landesverband Wasserkante. O. O. 1976.

Kopfgeburt? Gruppe K. In: Atom, Göttingen, (1991), Nr. 36, S. 50.

KPD 1945–1968. Dokumente. Bd. 1, 1945–1952. Bd. 2, 1953–1968. Hrsg. u. eingel. von Günter Judick u. a. Neuss 1989.

»KPD« und CDU – ein positiver Beitrag (?) Die Lissabonner Konferenz gegen den »russischen Imperialismus«. Hrsg. vom KB. Hamburg 1978.

Krahl, Hans-Jürgen: Konstitution und Klassenkampf. Schriften u. Reden 1966–1970. Mit einem Nachwort von Detlev Claussen. Frankfurt a. M. 1985 (4. Aufl.).

Kurz, Robert: Vorhut oder Nachtrab? Eine Kritik der politischen Dekadenz in der marxistisch-leninistischen Bewegung am Beispiel des »Kommunistischen Arbeiterbundes Deutschlands« (KABD). Fürth 1978.

KVDB 10> Kürschners Volkshandbuch Deutscher Bundestag: 10. Wahlperiode 1983. Sonderdruck des Presse- und Informationszentrums des Deutschen Bundestages – Öffentlichkeitsarbeit. Darmstadt 1983 (39. Aufl.).

KVDB 11> Kürschners Volkshandbuch Deutscher Bundestag: 11. Wahlperiode 1987. Sonderdruck für den Deutschen Bundestag – Referat Öffentlichkeitsarbeit. Hrsg. von Klaus-J. Holzapfel. Darmstadt 1988 (53. Aufl.).

KVDB 12> Kürschners Volkshandbuch Deutscher Bundestag: 12. Wahlperiode 1990. Sonderdruck für den Deutschen Bundestag – Referat Öffentlichkeitsarbeit. Hrsg. von Klaus-J. Holzapfel. Darmstadt 1992 (67. Aufl.)

Lebendiges Darmstadt. Faschisten und ihr Umfeld. Eine Dokumentation. Hrsg. vom KB Darmstadt. Darmstadt 1979.

Leitsätze zur Arbeit in den Gewerkschaften. In: Ergebnisse der Gründungskonferenz des Kommunistischen Bundes Westdeutschland, hrsg. vom ZK des KBW, Mannheim o. J. [1973], S. 35–43.

Lenin, W> Lenin, Wladimir Iljitsch: Werke. Bd. 1–40. Hrsg. vom Institut für Marxismus-Leninismus beim ZK der SED. Berlin (DDR) 1961 ff.

»Linke« Phrasen – rechte Politik. Zur Politik und Praxis des KBW. Materialien eines Streitgesprächs am 22. Mai 1975 in Bremen. In: DKP-Extra, hrsg. vom Parteivorstand der DKP, Düsseldorf 1975.

Los Angeles Research Group: Zur materialistischen Analyse der Schwulenunterdrückung. Mit einer Dokumentation der Standpunkte von KBW, KPD/ML und KB. Hrsg. von der Gruppe Schwule Texte II. Berlin 1977.

Lukács, Georg: Taktik und Ethik. Politische Aufsätze I, 1918–1920. Hrsg. von Jörg Kammler u. a. Darmstadt u. a. 1975.

Mao Tse-tung: Reden und Schriften. »Band V«. Hrsg. vom Verlag Arbeiterkampf. Hamburg 1977.

Mao, AW> Mao Tse-tung: Ausgewählte Werke. Bd. I–V. Peking 1968ff.

Mao, T> Mao Zedong: Texte. Bd. I–VI/2. Schriften, Dokumente, Reden und Gespräche. Deutsche Bearbeitung u. chinesische Originalfassung. Hrsg. von Helmut Martin. München u. a. 1979ff.

Marcuse, Herbert: Das Ende der Utopie. Vorträge u. Diskussionen in Berlin 1967. Frankfurt a. M. 1980.

Marcuse, Herbert: Der eindimensionale Mensch. Studien zur Ideologie der fortgeschrittenen Industriegesellschaft. Neuwied u. a. 1970.

Marx/Engels, MEW> Marx, Karl / Friedrich Engels: Werke. Bd. 1–40. Hrsg. vom Institut für Marxismus-Leninismus beim ZK der SED. Berlin (DDR) 1956ff.

Marxismus, Ökologie und grüne Partei. Texte zur Diskussion von Komitees für Demokratie und Sozialismus, KB, Zentrumsfraktion Hrsg. von Dens. Hamburg o. J. [1980].

Materialien zur Auseinandersetzung in der marxistisch-leninistischen Bewegung Westdeutschlands. Dokumente zu dem Gespräch zwischen KBW, KABD, Gruppe Rote Fahne (KPD) und Gruppe Roter Morgen (KPD/ML) in Mannheim am 14.2.1976 über die Beteiligung an den Bundestagswahlen. Hrsg. vom Ständigen Ausschuss des ZK des KBW. Mannheim 1976.

Mellenthin, Knut: Der Pekinger Prozess. Dokumente und Analysen. Hamburg 1981.

Merian, Svende: Der Tod des Märchenprinzen. Reinbek b. Hamburg 1995.

Meulenbelt, Anja: Die Scham ist vorbei. Eine persönliche Erzählung. München 1995 (16. Aufl.).

Meyer, Till: Staatsfeind. Erinnerungen. Hamburg 1996.

Modau, Helmut: Zu einigen Fragen der Geschichte des KABD. Tl. 1 u. 2. In: AzD, Frankfurt a. M., 1. Jg. (1979), Nr. 1, S. 26–57 u. Nr. 2, S. 30–41.

Modell Deutschland. Berufsverbote. Hrsg. vom Verlag Arbeiterkampf. Hamburg 1976.

Möller, Heiner: 20 Jahre KB: Das war´s. In: Atom, Göttingen, (1991), Nr. 36, S. 48f.

Möller, Heiner: KB aufgelöst, *ak* nicht. Gastkommentar. In: SoZ, Köln, 6. Jg. (1991), Nr. 9, S. 4.

Müller-Plantenberg, Urs: Chile 1973–1978: Fragen an unseren Internationalismus. In: kritik, Berlin, (1978), 6. Jg., Nr. 18, S. 89–99.

Mutumbuka, S. [Dzingai]: Schlacht um Zimbabwe. Hrsg. von der Afrikakommission des KB. Hamburg 1976.

Nach Schleyer: »Sonderkommandos« in der BRD. Dokumentation zum Wiederaufbau einer Gestapo in Westdeutschland. In: Antifaschistische Russell-Reihe, Bd. 5, hrsg. von der Antifakommission des KB und dem j.-reents-verlag, Hamburg 1978.

Nachdruck von Artikeln der KAB-AZ. In: UW, Hamburg, (o. J.), Sondernr., Tl. 1 u. 2.

Nahost. Klassenkampf und nationale Befreiung. Hrsg. von der BO Altona des KB. Hamburg 1977.

Naziterror im Rhein/Main-Gebiet. Dokumentation. Hrsg. von der Antifakommission des KB Frankfurt. Frankfurt a. M. 1979.

Neetix, Trautchen: Die Gruft des Märchenprinzen. Hamburg 1984.

Niedenhoff, Horst-Udo: Jetzt muss etwas getan werden … Die Basisarbeit linksextremer Gruppen im Betrieb. Köln 1976.

Nollau, Günther: Wie sicher ist die Bundesrepublik? München 1976.

»NSDAP«-Propagandisten unter der Lupe. Dokumentation antisemitischer, antidemokratischer und offener NS-Provokationen der Schönborn-Roeder-Christophersen-Bande und ihre Deckung seitens staatlicher Organe. In: Antifaschistische Russell-Reihe, Bd. 3, hrsg. vom Anti-Roeder-AK und j.-reents-verlag, Hamburg 1978.

Nur mit der proletarischen Frau wird der Sozialismus siegen! Hrsg. von der AG Frauen des KB. Hamburg 1976 (3. Aufl.).

Opportunismus unter »linker« Flagge. Eine Auseinandersetzung mit Politik und Praxis des KB-Nord. Materialien einer Veranstaltung der DKP am 8. Januar 1976 in Hamburg. In: DKP-Extra, hrsg. vom Hamburger Bezirksvorstand der DKP, Hamburg 1976.

Otto: Kommunistischer Bund vor der Auflösung. In: SoZ, Köln, 6. Jg. (1991), Nr. 8, S. 4.

Palästina. Interviews mit dem Widerstand. Hrsg. vom Verlag Arbeiterkampf. Hamburg 1974.

Peters, Jan (Hrsg.): Alternativen zum Atomstaat. Das bunte Bild der Grünen. Berlin 1979.

Piewitz, Arne [Venske, Henning]: Ich war der Märchenprinz. Aus den Tagebüchern des Arne Piewitz. Hamburg 1984 (8. Aufl.).

Polizei der BRD – keine staatlichen Mörder? Justiz legitimiert die Todeskommandos der neuen Gestapo. Dokumentation des Prozesses: Hamburger Polizeiführung gegen KB. Hrsg. vom KB in Zusammenarbeit mit dem IKAH. Hamburg 1975.

Polizeiaktion gegen den KB. In: UW, Hamburg, (o. J.), Sondernr.

Polizeiterror gegen AKW-Gegner. Erfahrungen aus der Wilster Marsch und Grohnde. Hrsg. vom Verlag Arbeiterkampf. Hamburg 1977.

Portner, Dieter: Bundeswehr und Linksextremismus. München u. a. 1976.

Portugal. Der Kampf der arbeitenden Frau. Hrsg. von der AG Frauen des KB Hamburg. Hamburg 1975.

Poulantzas, Nicos: Staatstheorie. Hamburg 1978.

Presserecht. Zeitungsverkauf und Plakatkleben. In: Ratgeber des IKAH, hrsg. vom IKAH, Hamburg 1976.

Protokoll des Düsseldorfer Parteitages der Deutschen Kommunistischen Partei. Hrsg. vom PV der DKP. Hamburg 1971.

Protokoll des Mannheimer Parteitags der Deutschen Kommunistischen Partei. Hrsg. vom PV der DKP. Neuss 1978.

Ratgeber. Erste Orientierung in Rechtsfragen. Hrsg. vom IKAH. Hamburg 1973 (2. Aufl.).

Raus aus der DKP! Austrittserklärung der Ortsgruppe Butzbach aus der DKP. Hrsg. vom Verlag Arbeiterkampf. Hamburg o. J.

Rebellion ist gerechtfertig! Zur chinesischen Kulturrevolution [Nachdruck der wesentlichen AK-Artikel von Mai 1981 bis Juni 1989]. Hrsg. vom KB. Hamburg 1989.

Rechenschaftsbericht des Leitenden Gremiums. In: UW, Hamburg, 5. Jg. (1979), Nr. 26, S. 3–20.

Rechenschaftsbericht des Zentralkomitees an den II. Parteitag der KPD. Verabschiedet am 31. Juli 1977. Köln 1977.

Rechenschaftsbericht des ZRK. In: UW, Hamburg, 5. Jg. (1979), Nr. 26, S. 23–26.

Reemtsma, Jan Philipp: ... the bad and the ugly. In: konkret, Hamburg, (1990), Nr. 12, S. 26f.

Reents, Jürgen u. a. (Hrsg.): Es grünt so rot. Alternativen zwischen Mode und Modell. Hamburg 1982.

Revisionismuskritik [Nachdruck der wesentlichen KAB-AZ- u. AK-Artikel vom September 1971 bis August 1978]. In: UW, Schulungshefte des KB, Hamburg, 1. Jg. (1978), Nr. 1

Rossanda, Rossana: Der Marxismus von Mao Tse-tung. Berlin 1971.

Rotbuch zu den Gewerkschaftsausschlüssen. Mit Gutachten zum Russell-Tribunal. Hrsg. vom j.-reents-verlag. Hamburg 1978.

Rote Armee Fraktion. Texte u. Materialien zur Geschichte der RAF. Hrsg. vom ID-Verlag. Berlin 1997.

Roter Oktober 1917. Textsammlung u. Dokumentation. Von der Februarrevolution 1917 bis zur Neuen Ökonomischen Politik 1921. Hrsg. vom KB. Hamburg 1987.

Schleswig-Holstein »braun durchdrungen«. Hrsg. vom KB Kiel. O. O., o. J.

Schlögel, Karl: Was ich einem Linken über die Auflösung der KPD sagen würde. In: Ders. u. a., Partei kaputt, Das Scheitern der KPD und die Krise der Linken, Berlin 1981, S. 12–39.

Schluss mit den Lebenslügen. Ein Beitrag zur Entwicklung eines realistischen und historisch korrekten Selbstverständnisses der KPD[/ML]. Hamburg 1984.

Schneider, Michael: Gegen den linken Dogmatismus, eine »Alterskrankheit« des Kommunismus. In: Kursbuch, Berlin, (1971), Nr. 25, S. 73–121.

Schulkampf [Nachdruck der wesentlichen AK-Artikel von Dezember 1972 bis April 1974]. Hrsg. vom Verlag Arbeiterkampf. Hamburg 1974 (2., erw. Aufl.).

Schwarz-braunes »Musterländle«. Von Filbinger bis Stammheim. Hrsg. vom KB. Hamburg o. J. [1978].

Schwarzer, Alice: Der »kleine Unterschied« und seine großen Folgen. Frauen über sich, Beginn einer Befreiung. Frankfurt a. M. 1998 (1. Aufl.: 1977).

Schwarzer, Alice: So fing es an! Die neue Frauenbewegung. München 1983.

Schwule Rechte jetzt [Nachdruck der wesentlichen AK-Artikel von August 1976 bis April 1979]! Hrsg. von der AG Schwule im KB. Hamburg 1979.

Solanas, Valerie: Manifest der Gesellschaft zur Vernichtung der Männer (SCUM). Aus dem Amerikanischen von Nils Lindquist. Reinbek b. Hamburg 1983.

Sollen Naziverbrecher begnadigt werden? Dokumentation einer Podiumsdiskussion. Hrsg. vom Unterstützungsausschuss Arbeiterkampf gegen Rosenbaum. Hamburg 1977 (2. Aufl.).

Sowjetunion 1921–1939. Von Lenin zu Stalin. Sowjetische Frauenpolitik 1917–1939. Materialien des KB. Hrsg. von der Vorbereitungsgruppe des KB. Hamburg 1989.

SPD. Das »kleinere Übel«, das zu immer größeren Übeln führt. Hrsg. vom Verlag Arbeiterkampf. Hamburg 1976.

Stammheim, Kontaktsperre, Croissant. Die demokratische Öffentlichkeit protestiert. Hrsg. vom IKAH. Hamburg 1977.

Stammheim. Das Buch – der Film – die Diskussion. Fakten zur Stammheimer Nacht. Wir glauben immer noch nicht an Selbstmord [Nachdruck der wesentlichen AK-Artikel vom Dezember 1977 bis Dezember 1979]. Hrsg. vom KB. Hamburg 1986.

Stammheim: Wir glauben nicht an Selbstmord [Nachdruck der wesentlichen AK-Artikel von Oktober 1977 bis Februar 1978]! Hrsg. vom KB Westberlin. Berlin 1978.

Stefan, Verena: Häutungen. München 1975.

Strauß – Nein Danke! Sonthofener Rede und Anti-DGB-Papier im Wortlaut. Hrsg. vom Buntbuch-Verlag. Hamburg 1980 (5. Aufl.).

Strohm, Holger: Warum die Bunten bunt sind. In: Der grüne Protest, Herausforderung durch die Umweltparteien, hrsg. von Rudolf Brun, Frankfurt a. M. 1978, S. 126–138.

Texte zur Stalinfrage. Hrsg. vom j.-reents-verlag. Hamburg 1979.

Über die gegenwärtige Lage und die Aufgaben der KPD. Resolution, angenommen vom II. Parteitag der KPD am 31. Juli 1977. Köln 1977.

Über die Kampagne gegen linke Betriebsräte bei der Texaco Hamburg. Dokumentation. Hrsg. vom Verlag Arbeiterkampf. Hamburg 1974.

... und auch nicht anderswo! Die Geschichte der Anti-AKW-Bewegung. Hrsg. von der Redaktion des Atom Express. Mit Fotos von Günter Zint. Göttingen 1997.

... und es begann die Zeit der Autonomie. Politische Texte von Karl Heinz Roth u. a. Eingel. u. komment. von Frombeloff. Hamburg 1993.

Unser Weg: Revisionismuskritik [Nachdruck der wesentlichen KAB-AZ- u. Revisionismuskritik-Artikel von 1971]. Hrsg. vom j.-reents-verlag. Hamburg 1972.

Von der Anti-Hitler-Koalition zum Kalten Krieg. 8. Mai 1945: Befreiung vom Faschismus. Hrsg. vom KB in Zusammenarbeit mit Genoss(inn)en des BWK. Hamburg 1985.

Von Pinelli zu Feltrinelli. Politischer Mord in Italien. In: UW, Hamburg, (1972), Sondernr.

Warum kämpfen wir gegen Atomkraftwerke? Hrsg. vom KB. Hamburg o. J. [1977] (3. Aufl.).

Was sind die Super-«Linken« und wie schaden sie der Sache des Proletariats? Hrsg. vom SALZ und dem KAB. Hamburg 1971.

Was will die KPD/ML? Einige Fragen und Antworten. Hrsg. vom ZK der KPD/ML. Hamburg 1974 (2., verb. Aufl.).

Weg mit dem § 218. Abtreibung – Ja oder Nein, das muss Sache der Frauen sein! Hrsg. vom Verlag Arbeiterkampf. Hamburg 1976 (2. Aufl.).

Wem nützen die Bomben bei Springer? Reden auf der Informationsveranstaltung des KB am 29. Mai 1972. In: UW, Hamburg, (o. J.), Sondernr.

Wenn wir die Maoisten bekämpfen, so ist das gut und nicht schlecht. Eine Auseinandersetzung mit der Politik maoistischer Gruppierungen in der BRD. Hrsg. vom Bundesvorstand des MSB Spartakus. Bonn o. J. [1974].

Wer mit wem? Braunzone zwischen CDU/CSU und Neonazis. Ein Nachschlagewerk für Antifaschisten. Hrsg. von der Antifakommission des KB. Hamburg 1981.

Wer sind die Linkskräfte? Eine Auseinandersetzung mit Theorie und Praxis des KB-Nord und des SSB. Hrsg. vom MSB Spartakus. Hamburg 1976.

Wie der KBW der Bewegung gegen den § 218 schadet. Hrsg. von der AG Frauen im KB. Hamburg 1976.

Wie geht´s weiter im KB? Eine Debatte, die die ganze Linke angeht. In: UW, Hamburg, (1978), extra 1 u. 2.

Wie kriminell ist die NPD? Analysen, Dokumente, Namen. Hrsg. von der Antifakommission des KB. Hamburg 1980.

»Wir das Volk ...« Kalkar 24.9.1977. Eine Dokumentation des Ermittlungsausschusses der Bürgerinitiativen gegen Kernenergie in Schrift und Bild. Hrsg. vom Ermittlungsausschuss der nordrhein-westfälischen Bürgerinitiativen gegen Kernenergie. Köln o. J. [1977].

Wir klagen an: § 218. Tribunal gegen § 218. Dokumentation. Hrsg. von Katrin Retzlaff u. a. Hamburg 1981.

Wir müssen jeden unserer Schritte an unserer Hauptaufgabe, dem Wiederaufbau der Kommunistischen Partei, messen. Stellungnahme des ZK der ABG zur Gründung eines Kommunistischen Bundes durch das SALZ und den »KAB« Hamburg. München 1972.

Wir sehen rot! Zur Frauenpolitik des Kommunistischen Bundes. Hrsg. von den Frankfurter KB-Frauen. Frankfurt a. M. 1981.

Wir waren so unheimlich konsequent ... Ein Gespräch zur Geschichte der RAF mit Stefan Wisniewski. Berlin 1997.

Wir warn die stärkste der Partein ... Erfahrungsberichte aus der Welt der K-Gruppen. Berlin (1. Aufl.: 1977) 1978.

Wohin steuert die GEW? Hrsg. vom KB. Hamburg 1974.

Wohin treibt der Kommunistische Bund? Eine Auseinandersetzung mit seiner Theorie und Praxis. Hrsg. von der GIM Hamburg. Frankfurt a. M. 1976.

Wohnungsprobleme in Westdeutschland [Nachdruck der wesentlichen AK-Artikel von Februar 1972 bis Juni 1973]. Hrsg. vom KB. Hamburg 1973 (4., erw. Aufl.).

Zanu – Zipa – Zapu – Patriotische Front? Auseinandersetzung innerhalb der westdeutschen Solidaritätsbewegung über den *Arbeiterkampf*-Artikel »Anmerkungen zur Situation des zimbabwischen Widerstandes«. In: dI, Hamburg, 5. Jg. (1977), Nr. 25.

Zetkin, ARS> Zetkin, Clara: Ausgewählte Reden und Schriften. Bd. I–III. Hrsg. vom Institut für Marxismus-Leninismus beim ZK der SED. Berlin (DDR) 1957/1960.

Zetkin, Clara: Zur Geschichte der proletarischen Frauenbewegung in Deutschland (1906/28). Hrsg. vom Institut für Marxismus-Leninismus beim ZK der SED. Berlin (DDR) 1958 (3. Aufl.).

Ziesemer, Bernd: Fraktionsmentalität und soziale Bewegungen. Zu einigen Aspekten des Scheiterns der KPD. In: Karl Schlögel u. a., Partei kaputt, Das Scheitern der KPD und die Krise der Linken, Berlin 1981, S. 63–84.

Zum Aufbau eines Sozialistischen Studentenbundes. In: UW, Hamburg, (1972), Sondernr., Tl. 1 u. 2.

Zum Nahostproblem [Nachdruck der wesentlichen AK-Artikel von April bis Dezember 1973]. Hrsg. von der Leitung des KB. Hamburg 1973 (2., erw. Aufl.).

Zum richtigen Verständnis der Kernindustrie. 66 Erwiderungen. Hrsg. von der Autorengruppe des Projektes SAIU an der Universität Bremen. Berlin 1975.

Zur Außenpolitik der VR China. Hrsg. vom Verlag Arbeiterkampf. Hamburg 1976 (3., erw. Aufl.).

Zur Geschichte der westdeutschen ML-Bewegung. Resolution der NHT-Konferenz. In: AzD, Frankfurt a. M., 5. Jg. (1983), Nr. 21, S. 89–91.

Zur kleinbürgerlichen Politik des KB. Das Verhalten des KB in der Anti-AKW-Bewegung. Hrsg. vom AK Politische Ökologie in der BUU Hamburg. Hamburg 1977 (2. Aufl.).

Zur Kritik des »Eurokommunismus« [Nachdruck der wesentlichen AK-Artikel vom Januar 1976 bis September 1978]. In: UW, Schulungshefte des KB, Hamburg, 2. Jg. (1979), Nr. 3.

Zur Kritik des »realen Sozialismus« [Nachdruck der wesentlichen KAB-AZ- u. AK-Artikel von 1971 bis Juli 1978]. In: UW, Schulungshefte des KB, Hamburg, 1. Jg. (1978), Nr. 2.

Zur Politik des KBW (NRF) [Nachdruck der wesentlichen AK- u. UW-Artikel vom März 1972 bis November 1973]. Hrsg. von der Leitung der BO Hamburg des KB. Hamburg o. J. [1973].

Zuwi [zum Winkel], Detlef: Hochniedervorwärtsherauszumwegmit. Schwacher Abgang – oder: Vorwärts mit der Niederlage des KBW. In konkret, Hamburg, (1984), Nr. 12, S. 50–52.

Zwei Kulturen? Tunix, Mescalero und die Folgen. Hrsg. Von Dieter Hoffmann-Axthelm u. a. Berlin o. J. [1978].

Darstellungen und Sekundärliteratur

Ahlberg, René 1979: Differenzen und Konflikte zwischen den kommunistischen Parteien der Bundesrepublik Deutschland. In: Beiträge zur Konfliktforschung, Köln, 9. Jg., Nr. 3, S. 67-83.

Anderson, Perry 1978: Über den westlichen Marxismus. Frankfurt a. M.

Bacia, Jürgen 1986: Der Kommunistische Bund Westdeutschland. In: Parteienhandbuch, Die Parteien in der Bundesrepublik Deutschland 1945-1980, Sonderausgabe, Bd. 3, EAP bis KSP, hrsg. von Richard Stöss, Opladen, S. 1648-1662.

Bacia, Jürgen 1986a: Die Kommunistische Partei Deutschlands (Maoisten). In: Parteienhandbuch, Die Parteien in der Bundesrepublik Deutschland 1945-1980, Sonderausgabe, Bd. 3, EAP bis KSP, hrsg. von Richard Stöss, Opladen, S. 1810-1830.

Bacia, Jürgen 1986b: Die Kommunistische Partei Deutschlands/Marxisten-Leninisten. In: Parteienhandbuch, Die Parteien in der Bundesrepublik Deutschland 1945-1980, Sonderausgabe, Bd. 3, EAP bis KSP, hrsg. von Richard Stöss, Opladen, S. 1831-1851.

Backes, Uwe / Eckhard Jesse 1989: Politischer Extremismus in der Bundesrepublik Deutschland. Bd. I, Literatur. Bd. II, Analyse. Bd. III, Dokumentation. Köln.

Backes, Uwe / Eckhard Jesse 1993: Politischer Extremismus in der Bundesrepublik Deutschland. Schriftenreihe der Bundeszentrale für politische Bildung. Bd. 272. Bonn (3., völlig überarb. u. aktual. Aufl.).

Balsen, Werner / Karl Rössel 1986: Hoch die internationale Solidarität. Zur Geschichte der Dritte-Welt-Bewegung in der Bundesrepublik. Köln.

Bock, Hans Manfred 1976: Geschichte des »linken Radikalismus« in Deutschland. Ein Versuch. Frankfurt a. M.

Brand, Karl-Werner / Detlef Büsser / Dieter Rucht 1986: Aufbruch in eine andere Gesellschaft. Neue soziale Bewegungen in der Bundesrepublik. Frankfurt a. M. (aktual. Neuausg.).

Brand, Karl-Werner 1982: Neue soziale Bewegungen. Entstehung, Funktion und Perspektive neuer Protestpotenziale. Eine Zwischenbilanz. Opladen.

Brand, Karl-Werner 1991: Kontinuität und Diskontinuität in den neuen sozialen Bewegungen. In: Neue soziale Bewegungen in der Bundesrepublik Deutschland, hrsg. von Roland Roth u. a., Bonn (2., überarb. u. erw. Aufl.), S. 40-53.

Brand, Karl-Werner 1992: Neue soziale Bewegungen. In: Handwörterbuch zur deutschen Einheit, hrsg. von Werner Weidenfeld u. a., Frankfurt a. M., S. 508-517.

Deppe, Frank / Georg Fülberth / Jürgen Harrer 1989 (Hrsg.): Geschichte der deutschen Gewerkschaftsbewegung. Köln (4., aktual. u. wesentlich erw. Aufl.).

Deppe, Frank 1979: Autonomie und Integration. Materialien zur Gewerkschaftsanalyse. Marburg.

Deppe, Frank 1989: Zwischen Integration und autonomer Klassenpolitik - die DGB-Gewerkschaften in der Ära des Sozialliberalismus (1966/67-1982). In: Geschichte der deutschen Gewerkschaftsbewegung, hrsg. von dems. u. a., Köln (4., aktual. u. wesentlich erw. Aufl.), S. 576-707.

Flechtheim, Ossip K. 1976: Die KPD in der Weimarer Republik. Frankfurt a. M. (2. Aufl.).

Fogt, Helmut 1987: Die Grünen und die Neue Linke. Zum innerparteilichen Einfluss des organisierten Linksextremismus. In: Die Grünen auf dem Prüfstand, Analyse einer Partei, hrsg. von Manfred Langner, Bergisch-Gladbach, S. 129-208.

Fülberth, Georg 1990: KPD und DKP 1945-1990. Heilbronn.

Fülberth, Georg 1991: Leitfaden durch die Geschichte der Bundesrepublik Deutschland. Köln (3., aktual. u. erw. Aufl.).

Fülberth, Georg 1995: KPD und DKP 1945–1990. Heilbronn. (2., überarb. Aufl.).

Fülberth, Georg 1999: Berlin–Bonn–Berlin. Deutsche Geschichte seit 1945. Köln.

Gerhard, Ute 1989: Alte und neue Frauenbewegung. Vergleich und Perspektiven. In: Alternativen zur alten Politik?, Neue soziale Bewegungen in der Diskussion, hrsg. von Ulrike C. Wasmuht, Darmstadt, S. 64–81.

Gerhard, Ute 1991: Unerhört. Die Geschichte der deutschen Frauenbewegung. Reinbek b. Hamburg (1. Aufl.: 1990).

Gorz, André 1981: Abschied vom Proletariat. Jenseits des Sozialismus. Frankfurt a. M. (2. Aufl.).

Gossweiler, Kurt 1972: Über Wesen und Funktion des Faschismus. Material zur Faschismusdiskussion. In: Ders. u. a., Faschismus: Entstehung und Verhinderung, Materialien zur Faschismusdiskussion, Frankfurt a. M., S. 3–38.

Greven, Michael Th. 1988: Zur Kritik der Bewegungswissenschaft. In: FjNSB, Wiesbaden, 1. Jg., Nr. 4, S. 51–60.

Grupp, Joachim 1986: Abschied von den Grundsätzen. Die Grünen zwischen Koalition und Opposition. Berlin.

Hallensleben, Anna 1984: Von der Grünen Liste zur grünen Partei? Die Entwicklung der Grünen Liste Umweltschutz von ihrer Entstehung in Niedersachsen 1977 bis zur Gründung der Partei Die Grünen 1980. Göttingen u. a.

Hartung, Klaus / Max Thomas Mehr 1997: Der Schuss, der die Studenten in Bewegung setzte. In: Die Zeit, Hamburg, 52. Jg., Nr. 23, S. 9–11.

Haug, Wolfgang Fritz 1993: Vom hilflosen Antifaschismus zur Gnade der späten Geburt. Hamburg (2., erw. Aufl.).

HDW> Handbuch der Dritten Welt. Bd. 1–8. Hrsg. von Dieter Nohlen u. a. Bonn 1992ff (3., völlig neu bearb. Aufl.).

Heimann, Siegfried 1986: Die Deutsche Kommunistische Partei. In: Parteienhandbuch, Die Parteien in der Bundesrepublik Deutschland 1945–1980, Sonderausgabe, Bd. 2, CSU bis DSU, hrsg. von Richard Stöss, Opladen, S. 901–981.

Hirsch, Joachim 1980: Der Sicherheitsstaat. Das »Modell Deutschland«, seine Krise und die neuen sozialen Bewegungen. Frankfurt a. M.

HKWM> Historisch-kritisches Wörterbuch des Marxismus. Bd. 1ff. Hrsg. von Wolfgang Fritz Haug. Berlin 1994ff.

Hobsbawn, Eric 1995: Das Zeitalter der Extreme. Weltgeschichte des 20. Jahrhunderts. München u. a.

Hofschen, Heinz-Gerd / Erich Ott 1989: SPD und sozialliberale Koalition I: Die »Bewegungsphase« (1969 bis 1973/74). In: Geschichte der deutschen Sozialdemokratie, hrsg. von Jutta von Freyberg u. a., Köln (3., überarb. u. erw. Aufl.), S. 466–501.

Hofschen, Heinz-Gerd 1989: Kontinuität und Wandel: Die SPD seit 1982. In: Geschichte der deutschen Sozialdemokratie, hrsg. von Jutta von Freyberg u. a., Köln (3., überarb. u. erw. Aufl.), S. 523–552.

Honegger, Claudia 1978: Die Hexen der Neuzeit. Studien zur Sozialgeschichte eines kulturellen Deutungsmusters. Frankfurt a. M.

Huster, Ernst-Ulrich / Gerhard Kraiker / Burkhard Scherer u. a. 1980: Determinanten der westdeutschen Restauration 1945 bis 1949. Frankfurt a. M. (7. Aufl.).

Inglehart, Ronald 1979: Wertwandel in den westlichen Gesellschaften: Politische Konsequenzen von materialistischen und postmaterialistischen Prioritäten. In: Wertwandel und gesellschaftlicher Wandel, hrsg. von Helmut Klages u. a., Frankfurt u. a., S. 279–316.

Kitschelt, Herbert 1980: Kernenergiepolitik. Arena eines gesellschaftlichen Konflikts. Frankfurt a. M. u. a.

Kloke, Martin W. 1990: Israel und die deutsche Linke. Zur Geschichte eines schwierigen Verhältnisses. Frankfurt a. M.

Klönne, Arno 1984: Sozialdemokratie – eine Agentur kapitalistischer Interessen? In: Der bürgerliche Staat der Gegenwart, Formen bürgerlicher Herrschaft, Bd. 2, hrsg. von Reinhard Kühnl, Reinbek b. Hamburg, S. 57–86.

Klotzsch, Lilian / Richard Stöss 1986: Die Grünen. In: Parteienhandbuch, Die Parteien in der Bundesrepublik Deutschland 1945–1980, Sonderausgabe, Bd. 3, EAP bis KSP, hrsg. von Richard Stöss, Opladen, S. 1509–1598.

Knafla, Leonore / Christine Kulke 1991: 20 Jahre neue Frauenbewegung. Und sie bewegt sich noch! – Ein Rückblick nach vorn. In: Neue soziale Bewegungen in der Bundesrepublik Deutschland, hrsg. von Roland Roth u. a., Bonn (2., überarb. u. erw. Aufl.), S. 91–115.

Koopmans, Ruud 1995: Bewegung oder Erstarrung? Bestandsaufnahme der deutschen Bewegungsforschung in den letzten zehn Jahren. In: FjNSB, Wiesbaden, 8. Jg. (1995), Nr. 1, S. 90–96.

KPW> Kleines politisches Wörterbuch. Hrsg. von Waltraud Böhme u. a. Berlin (DDR) 1973.

Krippendorff, Ekkehart 1997: Italien: Heißer Herbst, bleierne Jahre. In: Wild + Zahm, Die 70er Jahre, Berlin (Reprint), S. 120–125.

Kühnl, Reinhard 1972: Kapitalismus und Faschismus. Thesen zu Kurt Gossweilers »Material zur Faschismusdiskussion«. In: Kurt Gossweiler u. a., Faschismus: Entstehung und Verhinderung, Materialien zur Faschismusdiskussion, Frankfurt a. M., S. 39–45.

Kühnl, Reinhard 1973: Faschismus – Ursachen, gesellschaftliche Funktion und Bedeutung in der Bundesrepublik. In: Wolfgang Abendroth, Faschismus und Militarismus, Analysen und Thesen für die antifaschistische Praxis, Materialien der Hanauer Konferenz gegen Faschismus und Militarismus, Frankfurt a. M., S. 19–36.

Kukuck, Margareth 1974: Student und Klassenkampf. Studentenbewegung in der BRD seit 1967. Hamburg.

Langguth, Gerd 1971: Protestbewegung am Ende. Die Neue Linke als Vorhut der DKP. Mainz.

Langguth, Gerd 1976: Die Protestbewegung in der Bundesrepublik Deutschland 1968–1976. Köln.

Langguth, Gerd 1983: Protestbewegung. Entwicklung, Niedergang, Renaissance. Die Neue Linke seit 1968. Köln.

Lefèvre, Wolfgang 1977: Wird die »neue« Studentenbewegung die alte sein? In: 2. Juni 1967 und die Studentenbewegung heute, hrsg. von Frank Deppe, Dortmund, S. 11–17.

Legrand, Hans-Josef 1989: Die bundesrepublikanische Friedensbewegung 1979–1988. Entstehung, Verlauf und Wirkungsaspekte einer neuen sozialen Bewegung. In: Alternativen zur alten Politik?, Neue soziale Bewegungen in der Diskussion, hrsg. von Ulrike C. Wasmuht, Darmstadt, S. 209–235.

Leif, Thomas 1985: Die professionelle Bewegung. Friedensbewegung von innen. Bonn.

Leif, Thomas 1989: Die Friedensbewegung zu Beginn der 80er Jahre. Themen und Strategien. In: APZ, Bonn, 37. Jg., Nr. 26, S. 28–40.

Lübbe, Hermann 1983: Es ist nichts vergessen, aber einiges ausgeheilt. In: FAZ, Frankfurt a. M., Nr. 19 (24.1.), S. 9.

Lüders, Michael 1982: PLO. Geschichte, Strategie. Aktuelle Interviews. Hannover.

Markovits, Andrei S. / Philip S. Gorski 1997: Grün schlägt Rot. Die deutsche Linke nach 1945. Hamburg.

Martin, Helmut 1979: Staatsmaoismus: Eine Einführung in den Funktionsbereich der Mao-Zedong-Schriften. In: Mao Zedong Texte, Bd. I, Schriften, Dokumente, Reden und Gespräche, Deutsche Bearbeitung und chinesische Originalfassung, hrsg. von Helmut Martin, München u. a., S. VII–C.

Meyer, Herbert 1981: Zur neueren Entwicklung der Bürgerinitiativbewegung im Bereich Kernenergie. Bochum.

Näth, Marie-Luise 1975: Die Außenpolitik der VR China: Talleyrand Redivivus? In: Jürgen Domes, China nach der Kulturrevolution, Politik zwischen zwei Parteitagen, München, S. 259–331.

Nave-Herz, Rosemarie 1989: Die Geschichte der Frauenbewegung in Deutschland. Hannover.

Nullmeier, Frank / Joachim Raschke 1989: Soziale Bewegungen. In: Regierungssystem und Regierungslehre, Fragestellungen, Analysekonzepte, Forschungsstand, hrsg. von Stephan Bandemer u. a., Opladen, S. 249–272.

Opitz, Reinhard 1972: Wie bekämpft man den Faschismus. Thesen über antifaschistische Politik. In: Kurt Gossweiler u. a., Faschismus: Entstehung und Verhinderung, Materialien zur Faschismusdiskussion, Frankfurt a. M., S. 46–64.

Opitz, Reinhard 1974: Über die Entstehung und Verhinderung von Faschismus. In: Das Argument, Berlin, 16. Jg., Nr. 87, S. 543–603.

Probst, Ulrich 1980: Die Kommunistischen Parteien der Bundesrepublik Deutschland. Einführung – Materialien – Bibliografie. München.

Raschke, Joachim 1985: Soziale Bewegungen. Ein historisch-systematischer Grundriss. Frankfurt a. M.

Raschke, Joachim 1993: Die Grünen. Wie sie wurden, was sie sind. Mit Beiträgen von Gudrun Heinrich u. a. Köln.

Robbe, Martin 1987: Scheidewege in Nahost. Der Nahostkonflikt in Vergangenheit und Gegenwart. Berlin (DDR; 2., erg. Aufl.).

Roth, Karl Heinz 1995: Auf dem Glatteis des neuen Zeitalters. Die Krise, das Proletariat und die Linke. In: Krise – welche Krise?, hrsg. von der IG Rote Fabrik Zürich, Berlin u. a., S. 97–117.

Roth, Roland / Dieter Rucht (Hrsg.) 1991: Neue soziale Bewegungen in der Bundesrepublik Deutschland. Schriftenreihe der Bundeszentrale für politische Bildung. Bd. 252. Bonn (2., überarb. u. erw. Aufl.).

Roth, Roland 1985: Neue soziale Bewegungen in der politischen Kultur der Bundesrepublik – eine vorläufige Skizze. In: Neue soziale Bewegungen in Westeuropa und den USA, hrsg. von Karl-Werner Brand, Frankfurt/M, S. 20–82.

Roth, Roland 1988: Regulationstheorie und neue soziale Bewegungen. In: Widerspruch, Zürich, 8. Jg., Nr. 16, S. 69–83.

Rowold, Manfred / Stefan Immerfall 1992: Im Schatten der Macht. Nicht-etablierte Kleinparteien. In: Parteien der Bundesrepublik Deutschland, hrsg. von Alf Mintzel u. a., Opladen (2. Aufl.), S. 362–420.

Rowold, Manfred 1974: Im Schatten der Macht. Zur Oppositionsrolle der nicht-etablierten Parteien in der Bundesrepublik. Düsseldorf.

Rucht, Dieter 1980: Von Wyhl nach Gorleben. Bürger gegen Atomprogramm und nukleare Entsorgung. München.

Rucht, Dieter 1989: Protestbewegungen. In: Die Geschichte der Bundesrepublik Deutschland, Bd. 3, Gesellschaft, hrsg. von Wolfgang Benz, Frankfurt a. M., S. 311–344.

Rühl, Elisabeth 1982: Sozialistische Strömungen in der Partei Die Grünen. Diplomarbeit. Marburg.

Sachse, Wolfgang 1985: Das Aufnahme- und Verbleiberecht in den Gewerkschaften der Bundesrepublik. Unter besonderer Berücksichtigung der Unvereinbarkeitsbeschlüsse des Deutschen Gewerkschaftsbundes. Köln.

Schenk, Herrad 1992: Die feministische Herausforderung. 150 Jahre Frauenbewegung in Deutschland. München (6., unveränd. Aufl.).

Schlomann, Friedrich Wilhelm / Paulette Friedlingstein 1970: Die Maoisten. Pekings Filialen in Westeuropa. Frankfurt a. M.

Schlomann, Friedrich-Wilhelm 1980: Trotzkisten – Europäische Arbeiter-Partei – »Maoisten«. In: APZ, Bonn, 28. Jg., Nr. 27, S. 12-28.

Schmidt, Christian 1998: Wir sind die Wahnsinnigen. Joschka Fischer und seine Frankfurter Gang. München.

Schneider, Michael 1988: Die radikale Erbschaft dieser Zeit. In: Blätter, Köln, 33. Jg., Nr. 5, S. 586-591.

Schröder, Jürgen 1990: Ideologischer Kampf vs. regionale Hegemonie. Ein Beitrag zur Untersuchung der »K-Gruppen«. In: Berliner Arbeitshefte u. Berichte zur sozialwissenschaftlichen Forschung, Nr. 40, Berlin.

Schultze, Thomas / Almut Gross 1997: Die Autonomen. Ursprünge, Entwicklung und Profil der autonomen Bewegung. Hamburg.

Siegert, Jens 1988: »AKW? – Nein Danke!« Kontinuität der Motive, Strategien und Erfolge der Anti-AKW-Bewegung in der Bundesrepublik. Diplomarbeit. Marburg.

Sperling, Urte 1997: April, April? Die »Revolution der Nelken« in Portugal – von der Diktatur zum gewöhnlichen Kapitalismus. In: Wild + Zahm, Die 70er Jahre, Berlin (Reprint), S. 57-63.

Staadt, Jochen 1997: Der Versuch, sich an der Glatze aus dem Sumpf zu ziehen. Die K-Gruppen. In: Wild + Zahm, Die 70er Jahre, Berlin (Reprint), S. 74-76.

Stöss, Richard 1983: Einleitung: Struktur und Entwicklung des Parteiensystems der Bundesrepublik – Eine Theorie. In: Parteienhandbuch, Die Parteien der Bundesrepublik Deutschland 1945-1980, Bd. 1, AUD bis EFP, hrsg. von dems., Opladen, S. 17-309.

Stöss, Richard 1984: Vom Mythos der »neuen sozialen Bewegungen«. Neun Thesen und ein Exkurs zum Elend der NSB-Forschung. In: Politische Willensbildung und Interessenvermittlung, Verhandlungen der Fachtagung der DVPW vom 11. bis 13. Oktober 1983 in Mannheim, hrsg. von Jürgen W. Falter u. a., Opladen, S. 548-559.

Van Hüllen, Rudolf 1990: Ideologie und Machtkampf bei den Grünen. Untersuchung zur programmatischen und innerorganisatorischen Entwicklung einer deutschen »Bewegungspartei«. Bonn.

Von Weiß, Andreas 1975: Linksradikale Organisationen in der Bundesrepublik Deutschland und ihre politische Bedeutung. In: Zeitschrift für Politik, Köln u. a., 22. Jg. (Neue Folge), Nr. 1., S. 41-58.

Weber, Hermann 1969: Die Wandlung des deutschen Kommunismus. Die Stalinisierung der KPD in der Weimarer Republik. Bd. 2. Frankfurt a. M.

Weggel, Oskar 1989: Geschichte Chinas im 20. Jahrhundert. Stuttgart.

Weil, Roger 1991: Der Kommunistische Arbeiterbund Deutschlands (KABD). Studien zu Struktur, Funktion und innerer Entwicklung einer sogenannten »K-Gruppe«. Diplomarbeit. Marburg.

Wischermann, Jörg 1992: Anpassung und Gegenwehr. Die Parlamentsbeteiligung der Grün-Alternativen Liste Hamburg und ihre Folgen in der ersten Hälfte der 80er Jahre. In: Europäische Hochschulschriften, Reihe XXXI, Politikwissenschaft, Bd. 196, Frankfurt a. M.

---

[1] Der jeweilige Fundort ist in Klammern vermerkt.

[2] Die Protokolle und Korrespondenzen befinden sich im Besitz des Verfassers (PBdVf).

Madjiguéne Cisse
Papiere für alle
Die Bewegung der Sans Papiers
in Frankreich

1996 wurde in Paris die erste Kirche besetzt und die Bewegung der Sans Papiers breitete sich in kürzester Zeit. Madjiguéne Cisse wurde schnell zu einer bekannten Sprecherin der Bewegung. Deren Kampf beschreibt sie als Teil ihrer eigenen Biographie: die Selbstorganisation von illegalisierten MigrantInnen. Madjiguéne Cisse, im Senegal geboren, erhielt 1998 die Carl-von-Ossietzky-Medaille. Seit Juli 2000 lebt sie in Dakhar.
ISBN 3-935936-14-1 | 220 Seiten | 16 €

media 68 und il manifesto (Hg.)
»68« Eine Weltrevolution
Filme, Texte, Fotos, Dokumente

Vietnam – Italien – Frankreich – BRD – Spanien – China – Griechenland – Großbritannien – Europa – Lateinamerika – USA – Japan: Diese CD bietet einen umfassenden Überblick des weltweiten Aufbruch des Jahres 1968. Die Mischung aus Text, Film-, Ton- und Bilddokumenten erlaubt einen Zugang zu den damaligen Diskussionen und Aktionen.
CD–ROM im Karton, 96-seitiges Booklet.
ISBN 3-935936-00-1 | 20,50 €

Forschungsgesellschaft Flucht und Migration
Solidarité sans frontières   FFM Heft 9
Marokko
Transit NON Stop

Seit der Unabhängigkeit Marokkos haben Jahr für Jahr Tausende ihre Zukunft in der Migration gesehen. Marokko ist zugleich zu einem Transitland für MigrantInnen aus den Ländern südlich der Sahara geworden.
Dieses Heft gibt ein Bild der gesellschaftlichen und politischen Wirklichkeit Marokkos, zugleich ist es ein kritischer Beitrag zur europäischen Migrationspolitik.
ISBN 3-935936-10-9 | 160 Seiten | 9 €

ASSOZIATION A

Materialien für einen neuen
Antiimperialismus Heft 7

Die Globalisierung des Migrationsregimes
Zur neuen Einwanderungspolitik in Europa

Das Buch gibt einen Überblick, wie die neuen
Migrationsregime durchgesetzt werden sollen.
Dagegen stehen die Strategien der Flüchtlinge und
MigrantInnen, sich der Kontrolle zu entziehen, die
Zonierungen von Reichtum und Armut aufzubre-
chen und selbstbestimmte Wege zu suchen.
ISBN 3-935936-02-8 | 224 Seiten | 12 €

Gaby Weber
Die Verschwundenen von Mercedes-Benz

Während der argentinischen Militärdiktatur
»verschwand« praktisch der gesamte Betriebsrat
des Mercedeswerkes von González Catán. Gaby
Weber hat die Verwicklung der Firmenleitung in
die blutige Repression recherchiert. Die Nürnberger
Staatsanwaltschaft ermittelt gegen DaimlerChrys-
ler wegen Beihilfe zum Mord in mindestens 13
Fällen.
ISBN 3-922611-92-3 | 128 Seiten | 10 €

Raul Zelik
Grenzgängerbeatz

Grenzgängererfahrungen bestimmen den gemeinsamen
Grundton dieser Geschichten, die unter denen spielen,
die nicht genau wissen, wo sie hingehören. Sie alle
haben ein Thema: die absurden, amüsanten oder
tragischen Unwägbarkeiten des Lebens.
Raul Zelik hat »das Zeug zu einem Shooting Star der
jungen deutschen Literatur«. Jamal Tuschick
ISBN 3-922611-89-3 | 206 Seiten, geb. | 15,25 €

ASSOZIATION A

Nanni Balestrini und Primo Moroni
Die goldene Horde
Arbeiterautonomie, Jugendrevolte und
bewaffneter Kampf in Italien

Die politischen Auseinandersetzung der sechziger
und siebziger Jahre brachten enorme Veränderungen. Prim Moroni und Nanni Balestrini, Akteure
und Chronisten der italienischen Linken, haben
eine neue Art von Geschichtsbuch geschrieben.
Unabdingbar für das Verständnis der radikalen
Bewegungen in Italien. Neuauflage 2002.
ISBN 3-935936-08-7 | 420 Seiten | 24 €

Nanni Balestrini
Die Unsichtbaren

Im Mittelpunkt des Romans steht die »Generati-
on von 1977«, die Italien in ein Experimentierfeld
neuer Lebensentwürfe verwandelte. Mit beispiel-
loser Kreativität und Radikalität forderte eine
Bewegung von Jugendlichen die herrschende Kultur und das Bürgertum. Neuauflage 2001.
ISBN 3-922611-88-5 | 232 Seiten | 14,50 €

Forschungsgesellschaft Flucht und Migration
Italien
Legalisierung der Flüchtlinge –
Militarisierung der Grenzen?

Italien ist dem Schengener Staatenbund beigetreten. In dem Heft wird ausführlich auf die in-
nergesellschaftlichen Veränderungen durch den
Wechsel der in der Flüchtlingspolitik eingegangen. FFM Heft 8.
ISBN 3-935936-09-5 | 280 Seiten | 9 €

ASSOZIATION A

HKS 13 (Hg.)
vorwärts bis zum nieder mit

30 Jahre Plakate
unkontrollierter Bewegungen

Der Nachfolgeband des Plakatbuchs
»hoch die kampf dem« mit 26 völlig
neuen Beiträgen: Von APO bis »Anti-
Globalisierung«, von Sport bis ML-
Gruppen, von Lesben bis Schwulen,
von »Stammheim« bis Die Grünen, von
Imagebeschmutzung bis Knastplakten,
von Düsseldorf bis Hannover und Nürnberg, von Solidarität bis Anti-Apartheid-
bewegung, von Chile bis Anti-Gentech,
von Scherben-, Punk- und Popplakaten bis blutdruck. Und ein Leitfaden »Das gute
Plakat«. Gewidmet den unbekannten wilden PlakatiererInnen.
815 Plakate im Buch abgedruckt, 8.300 auf der beiliegenden CD-ROM.
ISBN 3-935936-05-2 | 288 vierfarbige Seiten | 25,50 €

autonome a.f.r.i.k.a.-gruppe
Handbuch der Kommunikationsguerilla

Prinzipien, Methoden, Techniken und Praxen,
Gruppen und Aktionen.
4. Auflage
ISBN 3-922611-64-8 | 240 Seiten | 15,25 €

Klaus Schönberger (Hg.)
VA BANQUE!

Bankraub.
Theorie. Praxis. Geschichte.

Bei keinem anderen Delikt können Täter auf soviel Sym-
pathie hoffen, wie nach einem gelungenen Banküberfall.
ISBN 3-922611-83-4 | 332 Seiten | 17,40 €

ASSOZIATION A